Gaius Suetonius Tranquillus
Leben der Caesaren

Übersetzt und herausgegeben
von André Lambert

Deutscher Taschenbuch Verlag

Ungekürzte Ausgabe
1. Aufl. Februar 1972
2. Aufl. März 1977; 11. bis 16. Tausend
Deutscher Taschenbuch Verlag GmbH & Co. KG,
München
© 1955 Artemis Verlags-AG, Zürich
Umschlaggestaltung: Celestino Piatti unter Verwendung der
Gemma Augustea, »Augustus und Roma beim Triumph des
Tiberius«
Gesamtherstellung: C. H. Beck'sche Buchdruckerei,
Nördlingen
Printed in Germany · ISBN 3-423-06005-0

Das Buch

Die Kaiserbiographien des Gaius Suetonius Tranquillus (etwa 70 bis 150 n. Chr.) gehören zu den meistgelesenen Werken der römischen Literatur; einmal wegen des Stoffes, den Sueton hier ausbreitet – er berichtet völlig unbefangen von den Taten und Untaten, den Tugenden und Lastern der zwölf römischen Kaiser von Caesar bis Domitian und vom Leben und Treiben in Rom –, dann aber auch wegen seines klaren, ungekünstelten Stils und wegen seiner Glaubwürdigkeit und Zuverlässigkeit, besonders im biographischen und kulturgeschichtlichen Detail. Er war eher Wissenschaftler als Literat; seinen Stoff sammelte er systematisch, vor allem als er unter Hadrian als Kanzleisekretär – procurator ab epistulis – Zutritt zu den Archiven hatte. Sueton schrieb nicht für, sondern über die Herrscher; sein Werk stand nicht im Dienste politischer Interessen oder einer Geschichtsideologie. Was er in der Augustus-Biographie über den Stil des Kaisers sagt, gilt auch für sein Werk: »In seiner Ausdrucksweise befleißigte er sich eines eleganten aber einfachen Stils, wobei er das törichte Suchen nach Pointen vermied wie auch jede Künstelei und, wie er selbst sagt, ›den Modergeruch veralteter Worte‹. Seine Hauptsorge galt dem möglichst klaren Ausdruck seiner Gedanken.«

dtv-bibliothek
Literatur · Philosophie · Wissenschaft

Meinem Vater
Max Lambert
in Dankbarkeit
gewidmet

Inhalt

Gaius Iulius Caesar (100–44 v. Chr.) 9
Augustus (63 v. Chr.–14 n. Chr.) 55
Tiberius (42 v. Chr.–37 n. Chr.) 121
Caligula (12–41 n. Chr.) 164
Claudius (10 v. Chr.–54 n. Chr.) 201
Nero (37–68 n. Chr.) 232
Galba (5 v. Chr.–69 n. Chr.) 270
Otho (32–69 n. Chr.) 284
Vitellius (15–69 n. Chr.) 292
Vespasian (9–79 n. Chr.) 304
Titus (39–81 n. Chr.) 320
Domitian (51–96 n. Chr.) 327

Nachwort 345
Zu dieser Ausgabe (Abkürzungen) 355
Stammtafel des iulisch-claudischen Kaiserhauses . . . 356
Zeittafel 358
Literaturhinweise 360
Register 362

Gaius Iulius Caesar
100–44 v. Chr.

1. ...[1] In seinem sechzehnten Lebensjahr verlor Caesar seinen Vater. Das Jahr darauf wurde er zum Priester des Iuppiter ernannt. Fast noch als Knabe war er mit Cossutia, einem Mädchen aus ritterlicher, aber sehr vermögender Familie, verlobt worden; doch heiratete er, nachdem er diese Verbindung gelöst hatte, Cornelia, die Tochter des viermaligen Konsuls Cinna, die ihm bald eine Tochter namens Iulia schenkte. Der Diktator Sulla konnte ihn auf keine Art und Weise dazu bringen, sich von Cornelia zu trennen. Deshalb wurde er von ihm seiner Priesterstelle enthoben, der Mitgift seiner Frau und seiner Erbschaften beraubt und als zur Gegenpartei gehörig betrachtet, so daß er sich ganz zurückziehen mußte. Obwohl die Malaria ihm gerade sehr zu schaffen machte, war er gezwungen, beinahe jede Nacht ein anderes Versteck aufzusuchen und sich von seinen Verfolgern um hohe Summen loszukaufen, bis er endlich durch Fürsprache der Vestalischen Jungfrauen und seiner Freunde und Verwandten, Mamercus Aemilius und Aurelius Cotta, begnadigt wurde. Es ist allgemein bekannt, daß Sulla, nachdem er eine Zeitlang den Bitten dieser ihm sehr befreundeten und auch sonst sehr angesehenen Männer kein Gehör geschenkt hatte, auf deren unentwegtes Drängen hin endlich nachgab und – sei es durch göttliche Eingebung oder in irgendeiner richtigen Vorahnung – ausrief: sie sollten nur ihren Willen haben und Caesar behalten, aber auch wissen, daß der, dessen Wohlergehen ihnen so sehr am Herzen liege, einmal den Untergang der Adelspartei, deren Interessen sie mit ihm gemeinsam verteidigt hätten, herbeiführen werde; denn in Caesar stecke mehr als *ein* Marius.

2. In Kleinasien leistete er seinen ersten Kriegsdienst im Stab des Prätors Marcus Thermus, von dem er nach Bithynien geschickt wurde, um die Flotte zu holen. Er blieb dort längere Zeit bei König Nikomedes, so daß das Gerücht umging, er habe sich mit diesem in ungebührliche Beziehungen eingelassen. Dadurch, daß er wenige Tage nach seiner Rückkehr wiederum nach Bithynien ging, angeblich um für einen seiner Klienten, einen Freigelassenen, eine Geldschuld einzutreiben, erhielt dieses Ge-

---

[1] Der Anfang der Caesarbiographie ist nicht erhalten. Er enthielt gemäß dem üblichen Aufbau der suetonischen Biographien Caesars Abstammung und Jugendzeit. Ferner fehlt der Titel und die Widmung an Septicius Clarus; vgl. S. 348.

rücht weitere Nahrung. Der Rest dieser Dienstzeit stand unter einem günstigeren Stern, und er wurde von Thermus bei der Eroberung von Mytilene sogar mit der Bürgerkrone ausgezeichnet.

3. Caesar diente auch unter Servilius Isauricus in Kilikien, allerdings nur kurze Zeit. Denn auf die Nachricht vom Tode Sullas ging er in der Hoffnung auf neue Wirren, deren Urheber Marcus Lepidus war, eilends nach Rom zurück. Obwohl Lepidus ihn durch glänzende Angebote zu gewinnen suchte, schloß er sich diesem dann nicht an, da er dessen Fähigkeiten sowie der allgemeinen Lage mißtraute, die ihm weniger günstig schien, als er gehofft hatte.

4. Nach Beilegung dieser inneren Unruhen klagte er übrigens Cornelius Dolabella, der das Konsulat bekleidet und einen Triumph gefeiert hatte, wegen Erpressung an. Als dieser aber freigesprochen wurde, beschloß er, sich nach Rhodos zurückzuziehen, erstens, um der allgemeinen Mißstimmung auszuweichen, und zweitens, um dort in Ruhe und Muße bei Apollonius Molon, dem damals berühmtesten Lehrer der Beredsamkeit, zu studieren.

Auf der Überfahrt, die er im Winter antrat, wurde er in der Nähe der Insel Pharmacussa von Seeräubern aufgegriffen und mußte bei diesen zu seinem größten Ärger beinahe vierzig Tage, mit nur einem Arzt und zwei Kammerdienern, bleiben; seine restlichen Begleiter und Sklaven hatte er nämlich gleich anfangs fortgeschickt, um das nötige Lösegeld zu beschaffen. Er bezahlte fünfzig Talente und wurde daraufhin an der Küste abgesetzt. Unverzüglich sammelte er eine Flotte zur Verfolgung der Fliehenden und bestrafte diese nach ihrer Gefangennahme mit dem Tode, wie er es ihnen oft im Scherz angedroht hatte.

Da Mithridates zu der Zeit gerade die (seinem Reich) benachbarten Gebiete verwüstete, ging Caesar sofort von Rhodos, wo er inzwischen eingetroffen war, nach Kleinasien hinüber, um nicht, während es um die Existenz römischer Bundesgenossen ging, den Anschein eines Müßiggängers zu erwecken. Er zog Hilfstruppen zusammen, vertrieb den Statthalter des Königs aus der Provinz, und so gelang es ihm, die bereits schwankend und unsicher gewordenen Städte für die römische Sache zurückzugewinnen.

5. Als Militärtribun – das erste Amt, das ihm nach seiner Rückkehr durch Volksabstimmung übertragen wurde – half er mit allen ihm zu Gebote stehenden Mitteln den Befürwortern einer

Verstärkung der tribunizischen Gewalt, die von Sulla eingeschränkt worden war. Auch verschaffte er seinem Schwager Lucius Cinna und denen, die mit ihm im Bürgerkrieg Parteigänger des Lepidus gewesen waren und sich nach dessen Tod zu Sertorius geflüchtet hatten, auf Antrag des Plotius die Möglichkeit, wieder nach Rom zurückzukehren, und sprach selbst über diese Angelegenheit in einer Volksversammlung.

6. Während seiner Quästur hielt er auf dem Forum nach altem Brauch die Totenrede auf die Schwester seines Vaters, Iulia, und auf seine Frau Cornelia. In der Rede auf seine Tante führte er über deren und seines Vaters Abstammung folgendes aus: »Die Vorfahren meiner Tante Iulia sind mütterlicherseits von königlicher, väterlicherseits von göttlicher Herkunft. Denn von Ancus Marcius stammen die Marcius Rex ab, welchen Namen ihre Mutter trug, von Venus aber die Iulier, welches unser Familienname ist. Es ist also in ihrer Abstammung beides vereint: die Majestät der Könige, die unter den Menschen die größte Macht besitzen, und die Heiligkeit der Götter, denen auch die Könige untertan sind.«[2]

An Stelle Cornelias heiratete er Pompeia, die Tochter des Quintus Pompeius und Enkelin des Lucius Sulla. Später ließ er sich von dieser wieder scheiden, da er vermutete, sie habe ihn mit Publius Clodius betrogen, der sich während einer religiösen Feier in Frauenkleidung Eintritt bei ihr verschafft haben soll. Dieses Gerücht war so hartnäckig, daß der Senat sogar eine Untersuchung wegen Entweihung des Gottesdienstes anordnen mußte[3].

7. Sein Wirkungsfeld als Quästor war Südspanien. Dort hatte er im Auftrag des Prätors an verschiedenen Orten die Gerichtsverhandlungen zu leiten und war unter anderm auch nach Gades gekommen. Beim Anblick des Standbildes Alexanders des Großen in der Nähe des Herkulestempels mußte er laut aufseufzen, und wie angewidert über seine eigene Untätigkeit – hatte er doch in einem Alter, in dem Alexander schon die Welt unterworfen hatte, noch nichts Bemerkenswertes geleistet –, forderte er sofort seine Entlassung, um möglichst rasch in Rom Gelegenheit zu größeren Unternehmungen zu erhalten. Er war auch in der vorangegangenen Nacht durch einen Traum beunruhigt wor-

---

[2] Die Iulier leiten ihre Abstammung von Iulus, dem Sohn des Aeneas, her. Aeneas selbst war ein Sohn der Venus.

[3] Es handelt sich um das Fest der Guten Göttin (Bona Dea), zu dem nur Frauen Zutritt hatten; vgl. Caes. 74. Publius Clodius trat später in den Plebeierstand über; vgl. Caes. 20.

den: ihm hatte nämlich geträumt, er habe seine Mutter vergewaltigt. Die Traumdeuter machten ihm darauf die größten Hoffnungen und behaupteten, das bedeute die Herrschaft über die ganze Welt, da die Mutter, die er im Traume überwältigt habe, nichts anderes sei als die Erde, die ja für die Mutter von allem gehalten werde.

8. Er verließ also vor der Zeit Spanien und ging in die Kolonien, die nur das latinische Bürgerrecht besaßen und jetzt das römische zu erlangen suchten[4]; und er hätte sie auch zu kühnem Losschlagen verleitet, wenn nicht die Konsuln die für Kilikien bestimmten Legionen gerade wegen dieser Gefahr noch einige Zeit zurückgehalten hätten.

9. Nichtsdestoweniger ließ er sich bald darauf in Rom in eine größere Unternehmung ein. Wenige Tage vor seinem Amtsantritt als Ädil kam er nämlich in Verdacht, sich mit dem ehemaligen Konsul Marcus Crassus, wie auch mit Publius Sulla und Lucius Autronius, die nach ihrer Wahl zum Konsul wegen Amtserschleichung verurteilt worden waren, in der Absicht verschworen zu haben, anfangs des Jahres den Senat zu überfallen und alle die, welche vorher bezeichnet worden waren, niederzumachen; Crassus sollte die Diktatur errichten, er selbst zu seinem Adjutanten ernannt werden; und nach einer Neuordnung der Verfassung wären Sulla und Autronius wieder in das Konsulat eingesetzt worden.

Diese Verschwörung wird von Tanusius Geminus in seinem Geschichtswerk, Marcus Bibulus in seiner Sammlung von Edikten und Gaius Curio dem Älteren in seinen Reden erwähnt. Auch Cicero scheint auf diese Sache in einem Brief an Axius anzuspielen, worin er schreibt, daß Caesar während seines Konsulates die Königsherrschaft befestigt habe, an die er als Ädil schon gedacht. Tanusius fügt hinzu, daß Crassus aus Reue oder auch aus Angst den für den Mord bestimmten Tag nicht eingehalten habe, und daß deshalb auch Caesar das Zeichen, das sie abgemacht hatten, nicht habe geben können. Nach Curio wäre abgemacht gewesen, daß Caesar die Toga von der Schulter hätte herabgleiten lassen. Der gleiche Curio, aber auch Marcus Actorius Naso berichten, Caesar habe ebenfalls mit dem jungen Gnaeus Piso eine Verschwörung angezettelt; diesem sei dann, gerade weil vermutet wurde, er wolle in der Hauptstadt ein Kom-

---

[4] Die Einwohner von Gallia Transpadana (nördlich des Po) und Gallia Cispadana (südlich des Po) besaßen noch nicht das römische Vollbürgerrecht, das die italischen Städte 88 v. Chr. erhalten hatten, sondern nur das latinische, eine Vorstufe zum römischen Bürgerrecht.

plott anspinnen, die Provinz Spanien außer der Reihenfolge gegeben worden. Es sei vorgesehen gewesen, daß beide zugleich, Piso außerhalb Roms, Caesar in der Stadt selbst, einen Aufstand machten, und zwar mit Hilfe der Ambrones und Transpadani. Beider Plan sei nur infolge von Pisos Tod nicht zur Ausführung gelangt.

10. Als Ädil schmückte er außer dem Versammlungsplatz, dem Forum und den Basiliken, auch das Kapitol mit provisorischen Säulenhallen, in denen ein Teil seiner Sammlungen ausgestellt werden sollte, für den bei der Unsumme von Gegenständen kein anderer Platz hatte gefunden werden können. Tierhetzen und Spiele veranstaltete er teils gemeinsam mit seinem Amtskollegen, teils auf eigene Rechnung. So kam es, daß er allein den Dank erntete, auch wenn sie die Auslagen zusammen getragen hatten. Sein Kollege Marcus Bibulus war sich dessen wohl bewußt, so daß er sagen konnte, er teile das Schicksal des Pollux: denn genau wie der für die Zwillingsbrüder errichtete Tempel auf dem Forum immer nur Kastortempel genannt werde, so spreche man von seiner und Caesars Freigebigkeit nur immer als von der des Caesar allein.

Außerdem gab Caesar noch ein Gladiatorenspiel, aber mit wesentlich weniger Fechterpaaren als vorgesehen; da er nämlich mit seiner von allen Seiten zusammengekauften Truppe seinen Gegnern Angst eingejagt hatte, wurde vorsorglicherweise ein Gesetz über die Höchstzahl von Gladiatoren erlassen, die ein Bürger in Rom halten durfte.

11. Nachdem er so die Volksgunst gewonnen hatte, versuchte er mit Hilfe einiger Tribunen, auf Grund eines Volksbeschlusses Ägypten als Provinz zu erhalten. Er glaubte die Gelegenheit zu einem solchen außerordentlichen Kommando gekommen, da die Einwohner von Alexandria ihren König, der vom Senat mit dem Titel »Bundesgenosse und Freund« ausgezeichnet worden war, vertrieben hatten, was allgemein mißbilligt wurde. Aber sein Wunsch ging nicht in Erfüllung, da die Adelspartei Widerstand leistete. Um seinerseits deren Ansehen mit allen ihm zu Gebote stehenden Mitteln zu schwächen, ließ er die Siegeszeichen, die Gaius Marius aus Anlaß seiner Siege über Iugurtha und über die Cimbern und Teutonen errichtet hatte, und die einst von Sulla niedergerissen worden waren, wieder aufstellen. Ferner rechnete er als Mitglied des Gerichtshofs über Kapitalverbrechen auch diejenigen zur Kategorie der Mörder, die zur Zeit der Proskriptionen unter Vorweisung der Köpfe römischer Bürger

Geld aus der Staatskasse empfangen hatten, obschon sie durch die Gesetze Sullas davon ausgenommen waren.

12. Er stiftete auch jemanden an, Gaius Rabirius wegen Hochverrats anzuklagen. Der Senat hatte vor einigen Jahren hauptsächlich mit dessen Hilfe den Aufruhr, den der Tribun Lucius Saturninus angezettelt hatte, niederzuschlagen vermocht. Caesar selbst wurde durch das Los zum Richter über den Angeklagten bestimmt und verurteilte ihn so rücksichtslos, daß diesem bei seiner Berufung an das Volk nichts so zustatten kam als eben diese Schärfe seines Richters.

13. Die Hoffnung, Ägypten als Provinz zu erhalten, mußte er aufgeben, aber dafür strebte er, nicht ohne ausgiebige Bestechungen, nach der Würde des Oberpriesters. Als er sich frühmorgens auf den Weg zur Wahl machte, soll er, seine große Schuldenlast überdenkend, seiner Mutter beim Abschiedskuß gesagt haben, er werde nicht mehr nach Hause zurückkehren, es sei denn als Oberpriester. Seine zwei Gegenkandidaten, sehr einflußreiche Leute, die ihn sowohl an Alter als auch Würde übertrafen, schlug er bei der Wahl derart, daß er selbst in ihren eigenen Wahlkreisen mehr Stimmen erhielt als die beiden in allen zusammen.

14. Zur Zeit seiner Prätur wurde die Catilinarische Verschwörung[5] aufgedeckt, und obschon der gesamte Senat die Todesstrafe für die Verschwörer beantragte, vertrat er als einziger die Ansicht, daß man sie, auf einzelne Landstädte verteilt, nur in Haft behalte und ihre Güter beschlagnahme. Indem er immer wieder betonte, welchen Haß die Befürworter der schärferen Strafe später von seiten des römischen Volkes zu gewärtigen hätten, jagte er diesen solche Angst ein, daß sich der zum Konsul für das nächste Jahr bestimmte Decimus Silanus nicht scheute, seinen Antrag durch folgende Auslegung abzuschwächen – ihn ganz zu ändern, wäre allzu schmählich gewesen –: er sei schärfer aufgefaßt worden, als er selbst gewollt habe. Caesar wäre fast durchgedrungen – er hatte nämlich schon mehrere Senatoren für sich gewonnen, unter anderen auch den Bruder Ciceros, des amtierenden Konsuls –, wenn nicht Marcus Cato durch seine Rede dem schwankend gewordenen Senat wieder den Rücken gestärkt hätte. Aber auch danach hörte er nicht auf, den Verlauf der Verhandlung zu hemmen, bis eine Schar römischer Ritter, die die Versammlung zu schützen hatte, den immer hartnäckiger

---

[5] Im Konsulatsjahr Ciceros, 63 v. Chr., vgl. Sallust, Catilinarische Verschwörung, und die vier Reden gegen Catilina von Cicero.

auf seiner Meinung Beharrenden mit dem Tode bedrohte: mit gezückten Schwertern drängten sie sich zu ihm vor, so daß die in seiner Nähe Sitzenden ihren Platz verließen. Nur ganz wenige verteidigten ihn, indem sie sich über ihn warfen oder ihre Toga schützend vorhielten. Diesmal wirklich zutiefst erschrocken, gab er nicht nur nach, sondern betrat auch für den Rest des Jahres das Rathaus nicht mehr.

15. Am ersten Tag seiner Prätur rief er Quintus Catulus zur Rechenschaftsablegung über den Wiederaufbau des Kapitols vor das Volk und forderte die Vergebung dieses Auftrags an einen andern. Aber er fühlte, daß er der geschlossenen Adelspartei nicht gewachsen sei, und als er sah, wie deren Anhänger sogleich das Geleit, das sie den neuen Konsuln gaben, verließen und zum Widerstand entschlossen in großer Zahl zusammenliefen, zog er diesen Antrag zurück[6].

16. Ferner stellte er sich dem Volkstribunen Caecilius Metellus, der gegen das Veto seiner Kollegen sehr revolutionäre Gesetze durchzubringen versuchte, als energischer Befürworter und Vorkämpfer zur Verfügung, bis beide durch Senatsbeschluß aus der Staatsverwaltung entlassen wurden. Aber trotz allem wagte er es, im Amt zu bleiben und Recht zu sprechen. Als er aber erfuhr, daß Leute aufgeboten seien, um ihn an der Ausübung seiner Funktionen mit Waffengewalt zu hindern, entließ er seine Liktoren, entledigte sich seiner Amtstracht und floh heimlich nach Hause, um sich den besonderen Umständen entsprechend ruhig zu verhalten. Auch beschwichtigte er die Volksmenge, die sich zwei Tage später ganz spontan vor seinem Haus zusammenrottete und stürmisch versprach, ihm bei der Wiedererlangung seiner Würde behilflich zu sein. Da er dies wider aller Erwartung getan hatte, ließ ihm der Senat, der gerade wegen dieses Auflaufs eilends zusammengetreten war, durch seine prominentesten Mitglieder Dank sagen und ihn ins Rathaus holen; dort setzte man ihn mit dem Ausdruck größter Anerkennung wieder in Amt und Würden ein, während der frühere Beschluß als nichtig erklärt wurde.

17. Gleich nachher geriet er wieder in neue Unannehmlichkeiten, da sein Name im Zusammenhang mit der Catilinarischen Verschwörung genannt wurde und der Angeber Lucius Vettius

---

[6] Quintus Catulus war einer der unterlegenen Gegner Caesars bei der Wahl zum Oberpriester gewesen; vgl. Caes. 13. Caesar hatte den 1. Januar für diese Verhandlung bestimmt, da sämtliche Anhänger der Adelspartei die neuen Konsuln zum Amtsantritt begleiteten, um ungestört gegen diesen durchaus unbescholtenen Mann vorgehen zu können.

beim Quästor Novius Niger und gleichzeitig Quintus Curius im Senat Anzeige gegen ihn erstatteten. Dem Curius war, da er als erster die Pläne der Verschwörer aufgedeckt hatte, eine öffentliche Belohnung bestimmt worden, und er behauptete, er habe die Sache von Catilina selbst erfahren. Vettius versprach sogar, einen von Caesar eigenhändig geschriebenen, an Catilina adressierten Brief beizubringen. Caesar glaubte, dies keinesfalls auf sich sitzen lassen zu dürfen, und unter Anrufung des Zeugnisses Ciceros bewies er, daß er gewisse Dinge, die Verschwörung betreffend, aus freien Stücken diesem hinterbracht hatte; die Folge davon war, daß Curius die Belohnung nicht gegeben wurde. Vettius, der durch die Pfändung und Verschleuderung seiner Habe bös mitgenommen[7] und in einer Versammlung vor der Rednertribüne vom Volk fast in Stücke gerissen worden war, ließ er ins Gefängnis werfen. Das gleiche geschah mit dem Quästor Novius, da er es zugelassen hatte, daß eine ihm übergeordnete Amtsperson vor seinem Gericht angeklagt wurde.

18. Nach der Prätur erhielt Caesar Südspanien als Provinz. Die Gläubiger, die ihn nicht abreisen lassen wollten, hielt er sich mittels Bürgen vom Leibe, und gegen Recht und Sitte brach er auf, bevor er noch die nötigen Anweisungen für die Verwaltung vom Senat erhalten hatte. Es ist nicht ganz sicher, ob er dies aus Furcht vor einer Anzeige tat, die gegen ihn für die Zeit zwischen seinen beiden Ämtern vorbereitet wurde, oder um rascher einem Hilferuf der Bundesgenossen nachzukommen.

Nach Wiederherstellung von Ruhe und Ordnung in der Provinz kehrte er in gleicher Eile, ohne seinen Nachfolger abzuwarten, wieder nach Rom zurück, um seinen Triumph zu feiern und sich zugleich um das Konsulat zu bewerben. Da der Wahltag schon festgesetzt war, er aber nur berücksichtigt werden konnte, wenn er als Privatmann die Stadt betrat, sah er sich, als seinem Versuch, von diesen Bestimmungen befreit zu werden, heftiger Widerstand geleistet wurde, gezwungen, den Triumph aufzugeben, um nicht von der Möglichkeit der Bewerbung um das Konsulat ausgeschlossen zu werden[8].

19. Von seinen zwei Mitbewerbern um das Konsulat, Lucius Lucceius und Marcus Bibulus, schloß er sich an Lucceius an und machte mit ihm ab, daß dieser, da er weniger Ansehen, dafür aber

---

[7] Vettius war nicht zur Verhandlung erschienen. Daher wurde seine Habe gemäß den bestehenden Gesetzen gepfändet und billig verkauft.

[8] Die Kandidaten für das Konsulat mußten persönlich bei ihrer Bewerbung in Rom erscheinen, andererseits durfte aber vor dem Triumph ein Feldherr die Stadt nicht betreten. So mußte Caesar auf eines verzichten. Er ließ den Triumph fallen.

mehr Geld besäße, in den einzelnen Centurien in ihrer beider Namen Geldversprechungen mache (diese aber allein einlöse). Als die Adelspartei davon erfuhr, fürchtete sie, daß Caesar, einmal zur höchsten Würde gelangt, vor nichts mehr zurückschrecken würde, noch dazu mit einem ihm restlos ergebenen Amtskollegen. Deshalb veranlaßte sie Bibulus, die gleichen Summen zu versprechen, wobei die meisten aus eigenen Mitteln Geld beisteuerten; sogar Cato billigte diese Spenden, da sie im Staatsinteresse lägen.

So wurde Caesar schließlich mit Bibulus zusammen zum Konsul gewählt. Aus dem erwähnten Grunde sorgte die Adelspartei dafür, daß den zukünftigen Konsuln nur unwichtige Amtsgeschäfte zugesprochen wurden, das heißt die Aufsicht über Wälder und Wege. Über diese Zurücksetzung sehr verärgert, machte er sich mit allerlei Gefälligkeiten an Gnaeus Pompeius heran, der sich durch den Senat beleidigt fühlte, da nach seinem Sieg über Mithridates seine Maßnahmen nur zurückhaltend bestätigt wurden. Ferner söhnte er Pompeius mit dessen altem Feind Marcus Crassus wieder aus; während ihrer gemeinsamen Konsulatszeit hatten sich nämlich beide erbittert befehdet. Er selbst ging mit beiden ein Bündnis ein, daß nichts im Staate geschehen solle, was einem der drei mißfalle[9].

20. Gleich zu Beginn seiner Amtszeit führte er als erster ein, daß die Geschäfte des Senats und des Volkes in täglichen Berichten zusammengestellt und veröffentlicht werden sollten. Er griff auch die alte Sitte wieder auf, daß in dem Monat, in welchem er nicht die Geschäfte führte, nur ein Amtsdiener vor ihm hergehe und die Liktoren hinten nachfolgten.

Nach Verkündung eines neuen Ackergesetzes ließ er seinen Kollegen, der Einspruch erhob, mit Waffengewalt vom Forum treiben. Als sich dieser am nächsten Tag im Senat beklagte, aber niemand fand, der es gewagt hätte, über eine solch unerhörte Gewalttat einen Antrag zu stellen oder seine Meinung zu sagen, wie man es doch schon oft bei leichteren Zwischenfällen getan, war dieser dermaßen verzweifelt, daß er bis zu seiner Amtsniederlegung, zu Hause versteckt, nur noch schriftlich Einspruch erhob.

Von dieser Zeit an besorgte Caesar ganz allein und nach seinem Gutdünken alle Staatsgeschäfte, so daß einige Leute, wenn sie etwas unterschreiben mußten, zum Scherz schrieben: »im Konsulatsjahr von Iulius und Caesar«, anstatt von »Caesar und Bibu-

[9] Das 1. Triumvirat, 60 v. Chr.

lus«, indem sie zweimal die gleiche Person einsetzten, und zwar mit ihrem Geschlechts- und ihrem Beinamen. Auch gingen bald im Volk folgende Verse um:

> Neulich geschah was, doch nicht durch Bibulus,
>   sondern durch Caesar.
> Weiß ich doch nicht, ob je Bibulus selbst was gemacht.

Das Gebiet von Stella, das früher feierlich zum Staatseigentum erklärt, und das Ackerland von Campanien, das von Staats wegen verpachtet war, verteilte er ohne Verlosung unter zwanzigtausend Bürger, die drei oder mehr Kinder hatten. Den Zollpächtern, die einen Nachlaß forderten, erließ er ein Drittel ihrer Schulden, warnte sie aber in aller Öffentlichkeit, bei der Verpachtung der neuen Zölle zu hoch zu gehen.

Ebenso gewährte er alles, was man forderte, wobei niemand ihm zu widersprechen wagte, und wenn es einer tat, so wurde er bald eingeschüchtert. Marcus Cato, der einmal Widerspruch erhob, ließ er durch einen Liktor aus dem Rathaus schleppen und ins Gefängnis abführen. Dem Lucius Lucullus, der ihm allzu offen und hartnäckig Widerstand entgegensetzte, jagte er eine solche Angst vor einer Anklage ein, daß dieser sich von selbst ihm zu Füßen warf, um ihn um Gnade anzuflehen. Als Cicero in einer Gerichtsrede die jetzigen Zustände beklagte, bewilligte er Publius Clodius, Ciceros Feind, der schon lange vergeblich versucht hatte vom Adel zu den Plebeiern hinüberzuwechseln, noch am gleichen Tage mittags vier Uhr seinen Wunsch[10]. Zuletzt ging er gegen seine Gegner insgesamt vor, indem er jemand[11] durch Bestechung zu der Behauptung verleitete, man habe ihn angegangen, Pompeius umzubringen; ferner sollte dieser vor der Rednertribüne die Anstifter nach vorheriger Übereinkunft bezeichnen. Aber als er verschiedene Namen ohne Erfolg genannt hatte, kam der Verdacht eines Betruges auf; Caesar mußte dann diesen gefährlichen Plan aufgeben und ließ, wie man annimmt, den Angeber vergiften.

21. Um diese Zeit heiratete er Calpurnia, die Tochter Lucius Pisos, der seine Nachfolge im Konsulat antreten sollte, und vermählte seine eigene Tochter Iulia mit Gnaeus Pompeius, nach-

---

[10] Lucullus sollte wegen seiner Amtsführung in Kleinasien angeklagt werden. – Rede Ciceros: De domo sua 16, 41. – Der Übertritt zu den Plebeiern erfolgte durch Adoption. Clodius wollte Volkstribun werden, ein Amt, das den Plebeiern vorbehalten war. Er setzte später die Verbannung Ciceros durch. Über Clodius vgl. Caes. 6 und 26, ferner Tib. 2.

[11] Der Text ist hier nicht ganz sicher.

dem er ihre Verlobung mit Servilius Caepio – dem gleichen, der ihm kurz vorher bei der Bekämpfung des Bibulus vor allem behilflich gewesen war – aufgelöst hatte.

Nach dieser neuen verwandtschaftlichen Beziehung begann er, im Senat immer zuerst Pompeius um seine Meinung zu fragen, obschon er sonst bei Crassus zu beginnen pflegte und es üblich war, die Reihenfolge der Befragung, die der Konsul am ersten Januar eingeführt hatte, das ganze Jahr durch beizubehalten.

22. Dank der Unterstützung seines Schwiegervaters und Schwiegersohns konnte er aus allen Provinzen gerade Gallien für sich auswählen, da er hoffte, daß dort die Vorteile am größten seien und er dort auch am ehesten Möglichkeiten für militärische Erfolge finden werde. Anfänglich erhielt er auf Antrag des Vatinius nur Gallia Cisalpina und Illyricum, bald aber auch durch Senatsbeschluß Gallia Comata; der Senat befürchtete nämlich, daß Caesar bei einer abschlägigen Haltung sonst auch diese Provinz durch Volksbeschluß bekomme. In übermütiger Freude darüber, konnte er es nicht lassen, sich wenige Tage später im vollbesetzten Rathaus zu brüsten: er habe gegen den Willen und trotz Seufzen und Klagen seiner Gegner das erreicht, was er haben wollte, und er könne jetzt über die Köpfe aller hinwegmarschieren. Als aber einer, um ihn zu beleidigen, sagte, das werde für eine Frau nicht leicht sein[12]; antwortete er, wie wenn er auf den Scherz eingehe: auch in Syrien habe Semiramis geherrscht, und einst hätten die Amazonen einen großen Teil Asiens innegehabt.

23. Als nach Ablauf seines Konsulats die Prätoren Gaius Memmius und Lucius Domitius Rechenschaft über die Geschehnisse des vergangenen Jahres ablegten, übertrug Caesar dem Senat die Untersuchung; aber da jener diese Aufgabe nicht übernehmen wollte und schon drei Tage in unnützen Diskussionen verstrichen waren, ging er einfach in seine Provinz, worauf sogleich sein Quästor wegen einiger Vergehen in Anklagezustand versetzt wurde[13].

Kurz darauf wurde Caesar selbst vom Volkstribunen Lucius Antistius zitiert, und erst als Caesar an das gesamte Tribunenkollegium appellierte, erreichte er, da er ja im Auftrag des

[12] Anspielung auf Caesars Abenteuer mit Nikomedes; vgl. Caes. 2 und 49.

[13] In diesem Rechenschaftsbericht muß auch von Caesars Gesetzesverletzung die Rede gewesen sein. Der Senat wagte aber nicht, etwas zu unternehmen. Erst als Caesar nach Gallien gegangen war, wurde sein Quästor angeklagt, um durch dessen Verurteilung später Caesar selbst treffen zu können. Über Lucius Domitius vgl. Nero 2.

Staates abwesend war, daß die Anklage nicht zustande kam. Um sich für die Zukunft zu sichern, achtete er streng darauf, sich immer die jährlichen Beamten zu verpflichten und von den Kandidaten nur solche zu unterstützen oder zu einem Amt gelangen zu lassen, die bereit waren, ihn während seiner Abwesenheit zu schützen. Auch zögerte er nicht, von gewissen Leuten eidliche oder sogar schriftliche Bestätigung dieser Abmachung zu verlangen.

24. Aber als Lucius Domitius sich um das Konsulat bewarb und öffentlich drohte, daß er, einmal Konsul, das vollenden werde, was er als Prätor nicht habe durchsetzen können, und er Caesar seine Truppen wegnehmen werde, bestellte dieser Crassus und Pompeius nach Luca, einer Stadt seiner Provinz, und brachte sie dazu, sich, um Domitius zu stürzen, zum zweitenmal um das Konsulat zu bewerben[14]; so gelang es ihm, dank beider Hilfe, sein Kommando um fünf Jahre verlängern zu lassen.

Im Vertrauen hierauf vermehrte er auf eigene Kosten die Zahl der Legionen, die er vom Staat erhalten hatte, durch neuangeworbene. Eine rekrutierte er sogar aus Leuten der Provinz Transalpina und gab ihr auch einen gallischen Namen, nämlich Alauda[15]. Diese beschenkte er später, nachdem sie ganz nach römischem Muster ausgebildet und ausgerüstet war, mit dem Bürgerrecht.

Seitdem ließ er sich keine Gelegenheit zum Kriegführen entgehen, auch wenn es ungerechtfertigt und gefährlich war; auch griff er ohne Grund gleichermaßen Verbündete wie feindliche Barbarenvölker an, so daß eines Tages der Senat beschloß, eine Kommission zu entsenden, um sich über die Zustände in Gallien unterrichten zu lassen. Einige waren sogar der Meinung, man solle ihn dem Feind ausliefern. Aber da immer alles gut ausging, erhielt er zahlreichere und längere Dankfeste zugesprochen als irgend jemand zuvor[16].

25. In den neun Jahren seines Kommandos vollbrachte er ungefähr folgendes: das ganze zwischen Pyrenäen, Alpen und Cevennen, dem Rhein und der Rhône gelegene Gallien, das einen Umfang von etwa dreitausendzweihundert Meilen hat, gestaltete er mit Ausnahme einiger verbündeter und verdienter Städte zu einer Provinz um und forderte einen jährlichen Tribut

---

[14] Über das erste gemeinsame Konsulat von Pompeius und Crassus im Jahre 70 vgl. Caes. 19.

[15] *Alauda* = Haubenlerche (vgl. fr. *alouette*): wegen der Helmbüsche.

[16] Caesar erwähnte diese jeweils mit Genugtuung in seinen Rechenschaftsberichten an den Senat, den Commentarii de bello Gallico (vgl. Caes. 56).

von vierzig Millionen Sesterzen. Als erster Römer schlug er eine Brücke über den Rhein, griff die jenseits dieses Flusses wohnenden Germanen an und brachte ihnen schwerste Niederlagen bei. Er machte auch einen Angriff gegen die vorher noch unbekannten Britannier und verlangte nach ihrer Niederwerfung Tribut und Geiseln. Und während all dieser Erfolge widerfuhr ihm nicht mehr als dreimal ein Mißgeschick: in Britannien ging durch einen Sturm die Flotte fast verloren, in Gallien wurde bei Gergovia eine Legion zersprengt[17], und bei den Germanen fielen zwei Offiziere, Titurius und Aurunculeius, in einen Hinterhalt und wurden niedergemacht.

26. Zu dieser Zeit verlor er zuerst seine Mutter, dann seine Tochter und wenig später sein Enkelkind. Im Staat herrschte indessen nach der Ermordung des Publius Clodius große Unruhe, so daß der Senat beschloß, nur *einen* Konsul zu wählen und als diesen Gnaeus Pompeius zu bezeichnen. Caesar verhandelte darauf mit den Volkstribunen, die ihn als Kollegen für Pompeius vorgesehen hatten, sie möchten lieber folgendes dem Volk beantragen: man solle ihm gegen Ende seines Kommandos die Möglichkeit geben, sich trotz seiner Abwesenheit um sein zweites Konsulat zu bewerben, damit er nicht deswegen zu früh und ohne den Krieg beendet zu haben nach Rom zurückkehren müsse. Er setzte dies auch durch, und da er bereits nach noch Höherem trachtete und überhaupt voller Hoffnung war, ließ er sich keine Gelegenheit zu Spenden oder Gefälligkeiten sowohl öffentlicher als auch privater Natur entgehen.

Mit seinem Beuteanteil begann er ein neues Forum zu bauen, dessen Platz allein über hundert Millionen Sesterzen kostete. Zum Gedächtnis an seine Tochter versprach er dem Volk einen Gladiatorenkampf und ein Festessen, was vor ihm noch niemand getan hatte. Damit die Spannung darauf möglichst groß sei, ließ er die für den Schmaus benötigten Speisen, obschon mit der Zubereitung Köche beauftragt waren, sogar in Privathäusern zurichten. – Bekannte Gladiatoren wurden, sobald sie Gefahr liefen, vom Publikum für einen gefährlichen Kampf bestimmt zu werden, in seinem Auftrag mit Gewalt aus der Arena entfernt und für ihn aufgespart. Die Gladiatorenschüler ließ er nicht in einer Fechtschule oder bei Fechtlehrern unterrichten, sondern in Privathäusern bei waffenkundigen Rittern und sogar Senatoren, die er dringend bat – wie es auch durch Briefe bezeugt ist –, sich der einzelnen anzunehmen und persönlich ihnen bei ihren

---

[17] Vgl. Caesar, Bellum Gallicum VII 36 ff.

Übungen die nötigen Anweisungen zu erteilen. – Den Sold seiner Legionen verdoppelte er für alle Zeiten, und sooft genügend Getreide vorhanden war, verteilte er es unter sie ohne Rücksicht auf das festgesetzte Maß; zuweilen gab er auch aus der Beute jedem Mann einen Sklaven.

27. Um aber die verwandtschaftlichen und freundschaftlichen Bande mit Pompeius zu erhalten, bot er ihm die Hand Octavias an, der Enkeltochter seiner Schwester, die mit Gaius Marcellus verheiratet gewesen war, und warb selbst um die bereits Faustus Sulla versprochene Tochter des Pompeius. Er hatte sich auch dessen ganze Umgebung, ferner einen großen Teil des Senates durch zinslose Darlehen oder solche zu sehr niedrigem Zins verpflichtet und beschenkte Leute aller Stände, die auf seine Einladung hin oder von selbst zu ihm kamen, fürstlich; ebenfalls deren Freigelassene und Sklaven, je nachdem diese bei ihrem Herrn oder Patron in Gunst standen. Schon suchten alle Angeklagten, Verschuldeten und jungen Verschwender einzig bei ihm Zuflucht, der sich stets hilfsbereit zeigte, außer sie waren zu schwer mit Verbrechen, Schulden oder Ausschweifungen belastet, als daß er ihnen hätte aus eigenen Mitteln helfen können. Solchen Menschen pflegte er dann in aller Offenheit zu sagen: für sie wäre ein Bürgerkrieg das beste.

28. Mit nicht geringerem Eifer kettete er fremde Könige und die Provinzen der ganzen Welt an sich, indem er den einen Tausende von Gefangenen zum Geschenk anbot, den andern, ohne Senat oder Volk zu befragen, Hilfstruppen sandte, wohin und wie oft sie wollten. Außerdem verschönerte er die wichtigsten Städte Italiens, Galliens und Spaniens, auch Asiens und Griechenlands mit prächtigen Bauten.

Alles war darüber sehr beunruhigt, und man fragte sich, wohin das noch führen solle, bis endlich der Konsul Marcus Claudius Marcellus mit einem Edikt ankündigte, er wolle Maßnahmen zum Wohl des Staates ergreifen, und dem Senat einen Antrag folgenden Inhalts vorlegte: man solle Caesar vorzeitig im Kommando ablösen, da der Krieg beendet und der Friede wiederhergestellt sei; auch das siegreiche Heer müsse entlassen werden; bei der Wahlversammlung dürfe keine Rücksicht auf Caesar genommen werden, da er ja abwesend sei und Pompeius das entsprechende Gesetz nicht durch Volksbeschluß abgeändert habe – es hatte sich nämlich zugetragen, daß Pompeius beim Entwurf zum Beamtengesetz in dem Abschnitt, in dem die Kandidatur für Abwesende als unmöglich bezeichnet wurde, aus Versehen auch für Caesar keine Ausnahme gemacht hatte[18], so daß er bald darauf, als der Gesetzestext schon in Erz gegossen und im Archiv deponiert war, den Irrtum berichtigen mußte. Aber damit nicht zufrieden, Caesar seiner Provinzen und jenes Vorrechts zu berauben, beantragte Marcellus auch, daß man die Kolonisten, die Caesar auf Grund des Vatinischen Gesetzes in Como angesiedelt hatte, des römischen Bürgerrechts wieder verlustig erkläre, denn dieses sei ihnen in eigennütziger Absicht und in Überschreitung der Gesetzesbestimmungen verliehen worden.

29. Caesar war dadurch sehr beunruhigt, und in der Überzeugung, es sei schwerer, ihn, den ersten Mann des Staates, vom ersten Platz auf den zweiten als vom zweiten auf den letzten zu verweisen – dies äußerte er angeblich auch öfters öffentlich –, wehrte er sich mit allen Mitteln gegen diese Machenschaften, teilweise durch Einspruch der Volkstribunen, teilweise mit Hilfe des andern Konsuls Servius Sulpicius.

Auch im folgenden Jahr, als Gaius Marcellus, der Nachfolger seines Vetters Marcus im Konsulat, die gleichen Pläne verfolgte, machte er sich dessen Kollegen, Aemilius Paulus, und Gaius Curio, den energischsten der Volkstribunen, mit ungeheuren Summen zu seinen Verteidigern. Aber wie er sah, daß allenthalben der Widerstand sich nur noch mehr versteifte und auch die Konsuln für das neue Jahr von der Gegenpartei gestellt werden sollten, bat er den Senat schriftlich, ihm die durch Volksbeschluß gewährte Vergünstigung nicht zu entziehen, oder aber auch die übrigen Feldherren zu veranlassen, von ihrem Kommando zurückzutreten. Wahrscheinlich tat er dies im Vertrauen darauf, daß er leichter, sobald es ihm beliebe, seine Veteranen aufbieten könne als Pompeius neue Soldaten.

Mit seinen Gegnern aber verhandelte er in dem Sinne, daß er acht Legionen entlassen und Gallia Transalpina aufgeben wolle, daß er hingegen, bis er Konsul sei, zwei Legionen und Gallia Cisalpina oder auch nur eine Legion mit Illyricum behalten dürfe.

30. Aber da der Senat nichts unternahm und seine Gegner sich weigerten, mit ihm irgendeine Abmachung über staatliche Angelegenheiten zu treffen, ging er ins diesseitige Gallien, hielt Gerichtstage ab und schlug sein Hauptquartier in Ravenna auf, in der Absicht, mit seinen Truppen eine Entscheidung zu erzwingen, falls der Senat schärfere Maßnahmen gegen

[18] Vgl. Caes. 26.

die zu seinen Gunsten intervenierenden Volkstribunen ergreifen sollte.

Dies war freilich für ihn nur der Vorwand für den Bürgerkrieg. Die eigentlichen Gründe aber, wie allgemein angenommen wird, waren andere. Gnaeus Pompeius pflegte zu sagen, Caesar habe deshalb alles durcheinanderbringen wollen, weil er weder die Bauwerke, die er begonnen hatte, vollenden noch die Hoffnungen, die das Volk sich in bezug auf seine Rückkehr gemacht hatte, mit eigenen Mitteln erfüllen konnte. Andere behaupten, er habe gefürchtet, man werde ihn zwingen, über die Maßnahmen, die er während seines ersten Konsulates gegen Auspizien, Gesetze und Veto getroffen habe, Rechenschaft abzulegen[19]. Denn Marcus Cato erklärte sich mehrmals sogar unter Eid bereit, ihn anzuklagen, sowie er seine Truppen entlassen habe; und auch im Volke wurde gesagt, daß er sich, sobald er als Privatmann zurückkehre, wie Milo unter militärischer Bewachung vor Gericht verantworten müsse. Dies Gerücht gewinnt noch an Wahrscheinlichkeit dadurch, daß Asinius Pollio berichtet, Caesar habe, als er nach der Schlacht bei Pharsalus die gefallenen Gegner sah, wörtlich gesagt: »Sie haben es gewollt! Nach all meinen Taten wäre ich, Gaius Caesar, verurteilt worden, wenn ich nicht bei meinem Heer Hilfe geholt hätte.« Manche glauben auch, er habe Geschmack am Herrschen bekommen und nach Abwägung seiner und seiner Gegner Kräfte die Gelegenheit ergriffen, die Alleinherrschaft an sich zu reißen, die er schon seit seiner Jugend begehrte. Dieser Ansicht scheint auch Cicero gewesen zu sein, wenn er im dritten Band seines Buches ›Die Pflichten‹ schreibt, daß Caesar immer die von Cicero dort folgendermaßen übersetzten Verse des Euripides im Munde geführt habe:

> Wenn Recht gebrochen werden soll, so sei das Ziel
> Ein Königreich; *sonst* sollst du achten das Gesetz[20].

31. Als dann gemeldet wurde, das Veto der Volkstribunen sei mißachtet worden und diese hätten sich sogar aus Rom zurückziehen müssen, ließ er sofort heimlich seine Kohorten vorausmarschieren, und damit kein Verdacht aufkäme, wohnte er noch zur Irreführung der Öffentlichkeit einer Schaustellung bei, begutachtete den Plan einer Gladiatorenschule, die er bauen lassen

---

[19] Vgl. Caes. 23.
[20] Cicero, De officiis III 21, 82 und Euripides, Phoenissen 524/5.

wollte, und aß nach seiner Gewohnheit in zahlreicher Gesellschaft zu Abend. Gleich nach Sonnenuntergang ließ er Maultiere aus der nächsten Mühle vor seinen Wagen spannen und brach mit kleinem Gefolge in aller Heimlichkeit auf. Da die Fackeln verlöschten, kam er vom Weg ab und irrte lange umher, bis er endlich einen Führer auftrieb und über beschwerliche Pfade bei Morgengrauen zu Fuß an seinen Bestimmungsort gelangte.

Er erreichte die Kohorten beim Flüßchen Rubico, das die Grenze seiner Provinz bildete, stand einen Moment still und überlegte, was alles auf dem Spiel stehe. Dann sagte er zu seiner Umgebung gewendet: »Jetzt können wir noch zurück. Wenn wir aber diese kleine Brücke überschritten haben, müssen wir alles den Waffen anheimstellen.«

32. Während er noch zögerte, geschah folgendes Wunder: ein großgewachsener, schöner Mann saß plötzlich in der Nähe und blies Flöte. Als außer einigen Hirten viele Soldaten, unter ihnen auch Trompeter, von ihren Posten zu ihm liefen, um ihm zuzuhören, riß der Unbekannte plötzlich einem Soldaten die Trompete aus der Hand, sprang zum Fluß hinunter, begann aus Leibeskräften das Signal zum Angriff zu blasen und ging ans andere Ufer hinüber. Darauf rief Caesar: »Auf, laßt uns ziehen, wohin die Zeichen der Götter und die Ungerechtigkeit der Gegner uns rufen! Der Würfel ist gefallen!«[21]

33. So führte er denn das Heer hinüber und hielt im Beisein der Volkstribunen, die, von Rom verjagt, zu ihm gestoßen waren, eine Rede vor den Soldaten, worin er sie weinend und sich die Kleider von der Brust reißend um ihre Gefolgschaft anflehte. Man glaubt auch, daß er einem jeden das Vermögen eines Ritters versprochen habe[22], was aber auf einem Mißverständnis beruht; da er nämlich während seiner Rede öfters beschwörend den Ringfinger seiner linken Hand zeigte, um zu bekräftigen, daß er zur Befriedigung der Ansprüche all derer, die seine Ehre verteidigen wollten, ohne Zögern sogar seinen Ring hergeben würde, legten die Leute, die zuhinterst standen und den Sprechenden besser sehen als hören konnten, diese Geste falsch aus. So konnte sich das Gerücht verbreiten, er habe ihnen den Ritterring und die vierhunderttausend Sesterzen versprochen.

---

[21] *Alea iacta est*: lateinische Übersetzung eines sprichwörtlich gewordenen Verses des griechischen Komödiendichters Menander (2. Hälfte des 4. Jahrhunderts v. Chr.).

[22] Die Ritterwürde war abhängig vom Besitze eines Vermögens von 400 000 Sesterzen und berechtigte zum Tragen eines goldenen Ringes.

34. Die Reihenfolge der hauptsächlichsten Ereignisse, an denen Caesar maßgebend beteiligt war, ist folgende: als erstes besetzte er Picenum, Umbrien und Etrurien, zwang Lucius Domitius, der in der allgemeinen Aufregung zu seinem Nachfolger ernannt worden war und Corfinium besetzt hielt, zur Übergabe und schickte ihn wieder heim. Dann zog er längs des Adriatischen Meeres nach Brindisi, wohin sich die Konsuln mit Pompeius geflüchtet hatten, um so rasch wie möglich nach Griechenland überzusetzen. Nach dem vergeblichen Versuch, seine Gegner mit allen Mitteln an der Überfahrt zu hindern, wandte er sich nach Rom, setzte dem Senat seine Ansicht über die politischen Verhältnisse auseinander[23] und marschierte dann gegen die außerordentlich starken Truppen des Pompeius, die unter dem Kommando von Marcus Petreius, Lucius Afranius und Marcus Varro in Spanien stationiert waren, wobei er vorher zu seiner Umgebung sagte, er ziehe gegen ein Heer ohne Führer und werde von dort zu einem Führer ohne Heer zurückkehren. Und obschon er durch die Belagerung von Marseille, das ihm auf seinem Vormarsch die Tore verschlossen hatte, und außerdem durch große Nachschubschwierigkeiten aufgehalten wurde, unterwarf er alles in kurzer Zeit.

35. Von Spanien nach Rom zurückgekehrt, setzte er nach Makedonien über und schlug nach einer sehr schwierigen Belagerung von fast vier Monaten Pompeius zuletzt bei Pharsalus, verfolgte den Fliehenden bis Alexandria, traf ihn aber nicht mehr unter den Lebenden an, da er bereits ermordet worden war. Als Caesar merkte, daß König Ptolemaeus auch ihn in eine Falle locken wollte, führte er trotz der Ungunst des Geländes und der Jahreszeit einen äußerst gefährlichen Krieg gegen ihn; er sah sich nämlich gezwungen, zur Winterszeit und in den Mauern eines aufs beste gerüsteten und sehr zähen Feindes zu kämpfen, während er selbst des Nötigsten ermangelte und gänzlich unvorbereitet war. Dennoch ging er als Sieger aus dem Kampfe hervor und überließ die Herrschaft über Ägypten Kleopatra und ihrem jüngeren Bruder; er scheute sich nämlich, Ägypten zur Provinz zu machen, damit es nicht, wenn es einmal einen allzu unternehmungslustigen Statthalter bekomme, zum Herd neuer Unruhen werde[24].

Von Alexandria zog er nach Syrien und von dort nach Pontus, woher sehr beunruhigende Nachrichten über Pharnakes, den

---

[23] Vgl. Caesar, Bellum civile I 32 ff., wo auch alle folgenden Ereignisse dargestellt sind.
[24] Ägypten wird erst unter Augustus zur Provinz; vgl. Aug. 18.

Sohn Mithridates' des Großen, eingetroffen waren, der, die Situation ausnützend, einen Krieg angefangen hatte und schon durch zahlreiche Erfolge übermütig geworden war. In einer einzigen vierstündigen Schlacht schlug er diesen fünf Tage nach seiner Ankunft vernichtend[25]. Oft erwähnte er daher spöttisch das Glück, das Pompeius gehabt habe, der seinen militärischen Ruhm zur Hauptsache auf Siege über einen so unkriegerischen Feind habe gründen können. – Darauf besiegte er noch Scipio und Iuba, die die Reste der gegnerischen Partei in Afrika zum Widerstand aufgerufen hatten, ferner die Söhne des Pompeius in Spanien[26].

36. Während des ganzen Bürgerkrieges erlitt er persönlich keine Niederlage, dafür zum Teil seine Offiziere: von diesen fiel Gaius Curio in Afrika, Gaius Antonius geriet in Illyricum in die Hand des Feindes, Publius Dolabella verlor, ebenfalls in Illyricum, eine Flotte, Gnaeus Domitius Calvinus ein Heer in Pontus.

Caesar selbst focht immer aufs glücklichste und, außer zweimal, sozusagen nie mit ungewissem Ausgang: das erstemal bei Dyrrachium, wo er von Pompeius geschlagen, aber dann nicht verfolgt wurde, so daß er sagen konnte, Pompeius wisse nicht zu siegen; das zweitemal während seiner letzten Schlacht in Spanien, wo die Lage so verzweifelt war, daß er sogar daran dachte, Hand an sich zu legen.

37. Zum Abschluß dieser Kämpfe feierte er fünf Triumphe, und zwar nach der Niederlage Scipios vier im selben Monat, aber mit einigen Tagen Zwischenraum, und dann noch einen nach dem Sieg über die Söhne des Pompeius. Als ersten und glänzendsten Triumph veranstaltete er den über Gallien, dann den Alexandrinischen, den über Pontus, darauf den Afrikanischen und zuletzt den Spanischen, jeden in Aufmachung und Prachtentfaltung verschieden. Als er am Tag des Gallischen Triumphes am Velabrum vorbeifuhr, wurde er durch einen Achsenbruch fast aus dem Wagen geworfen. Er stieg zum Kapitol hinauf beim Schein von Fackeln, die vierzig Elefanten zur Rechten und zur Linken in Kandelabern hielten. Im Pontischen Triumphzug ließ er unter andern im Festzug mitgeführten Gegenständen eine Inschrift von drei Worten vorantragen: »Kam, sah, siegte«, womit er nicht, wie in den übrigen, auf die Geschehnisse des Krieges hinweisen wollte, sondern auf dessen rasche Beendigung.

---

[25] Bei Zela im Jahre 47 v. Chr. Von dort sandte er die Botschaft »*veni, vidi, vici*« (ich kam, sah, siegte) nach Rom; vgl. Caes. 37 und Plutarch, Caesar 50.

[26] Bei Thapsus, südöstlich von Karthago, 46 v. Chr., und bei Munda, nahe bei Cordoba, 45 v. Chr.

38. Jedem Soldaten der Veteranenlegionen gab er aus der Beute zu den zu Beginn des Bürgerkrieges ausbezahlten zweitausend Sesterzen weitere vierundzwanzigtausend. Er teilte ihnen auch Grundstücke zu, die aber nicht alle zusammenhingen, um nicht die alten Besitzer vertreiben zu müssen. Das Volk erhielt außer zehn Scheffel Getreide und ebensoviel Pfund Öl dreihundert Sesterzen pro Kopf, die er ihm einst versprochen hatte; dazu noch hundert als Entschädigung für die verspätete Auszahlung. Auch bezahlte er allen eine Jahresmiete, in Rom bis zum Betrag von zweitausend Sesterzen, in Italien bis zu fünfhundert. Ferner veranstaltete er ein öffentliches Festmahl und eine Fleischverteilung und nach seinem Sieg in Spanien zwei öffentliche Speisungen; da er nämlich der Ansicht war, die erste sei zu mager und nicht seiner Großzügigkeit entsprechend ausgefallen, ließ er vier Tage später eine zweite, außergewöhnlich reichliche servieren.

39. Er gab auch Spiele verschiedenster Art: ein Gladiatorenspiel, Theateraufführungen – diese sogar quartierweise in der ganzen Stadt, und zwar durch Schauspieler aller Sprachen –, ebenso Zirkusvorführungen, Wettkämpfe von Athleten und eine Seeschlacht. Am Gladiatorenkampf, den er auf dem Forum veranstaltete, nahmen der aus einer Prätorenfamilie stammende Furius Leptinus und Quintus Calpenus, ehemaliger Senator und Advokat, teil. Den pyrrhichischen Waffentanz führten Fürstensöhne aus Asien und Bithynien auf. Bei den Schauspielen wirkte der römische Ritter Decimus Laberius in einem eigenen Stück mit und wurde dafür mit fünfhunderttausend Sesterzen und erneut mit dem Ritterring beschenkt. Er verließ darauf die Bühne und ging über die Orchestra zu seinem Platz auf den vierzehn für die Ritter reservierten Rängen zurück[27].

Bei den Zirkusspielen – der Zirkus war zu diesem Zweck nach beiden Seiten vergrößert und rings mit einem Wassergraben versehen worden – zeigten die vornehmsten jungen Leute ihre Künste mit Vier- und Zweigespannen und sprangen auch von einem Pferd aufs andere. Das Troiaspiel führten zwei Gruppen älterer und jüngerer Knaben durch. Jagden wurden während fünf Tagen gegeben, und bei der letzten wurde ein Kampf in zwei Abteilungen gezeigt, bei dem fünfhundert Mann zu Fuß,

---

[27] Decimus Laberius war ein berühmter Mimendichter seiner Zeit. Er wurde von Caesar gezwungen, persönlich aufzutreten, was sich mit seinem Ritterrang nicht vereinbaren ließ. Nach der Vorstellung erhielt er allerdings von ihm wieder die nötige Geldsumme und den Ring geschenkt, um aufs neue unter die Ritter aufgenommen werden zu können; vgl. S. 25, Anm. 22. Dem Schmerz über diese Erniedrigung gibt Laberius in einem uns erhaltenen Prolog ergreifenden Ausdruck.

zwanzig Elefanten und dreihundert Reiter auf jeder Seite teilnahmen. Um mehr Platz für die Kämpfer zu schaffen, waren die Wendemarken der Rennbahn entfernt und an deren Stelle zwei einander gegenüberliegende Lager errichtet worden.

Die Athleten kämpften drei Tage auf einem eigens für diesen Zweck hergerichteten Stadion in der Gegend des Marsfelds. Für das Seegefecht war in der kleineren Codeta ein See ausgehoben worden, wo Zwei-, Drei- und Vierdecker, die tyrische und ägyptische Flotte darstellend, mit einer großen Zahl von Kämpfern ein Treffen aufführten.

Zu all diesen Schaustellungen war von allen Seiten eine solche Menschenmenge herbeigeströmt, daß die meisten Fremden in Zelten auf Straßen und Plätzen übernachten mußten; und verschiedentlich wurden Leute im Gedränge erdrückt oder ohnmächtig, unter ihnen auch zwei Senatoren.

40. Darauf wandte sich Caesar der Neuordnung des Staates zu und verbesserte zuerst den Kalender, der schon lange durch Schuld der Priester, die willkürlich Schalttage einzulegen pflegten, so sehr in Unordnung geraten war, daß weder das Erntefest in den Sommer noch das Fest der Weinlese in den Herbst fiel. Das Jahr glich er dem Lauf der Sonne an, so daß es dreihundertfünfundsechzig Tage hatte, der Schaltmonat aber nicht mehr nötig war und nur ein Tag in jedem vierten Jahr eingeschoben werden mußte[28]. Damit aber die Zeitrechnung für die Zukunft vom neuen ersten Januar an stimme, schaltete er zwischen November und Dezember des alten Jahres zwei Monate ein; und so hatte das Jahr, in welchem diese Reform beschlossen wurde, einschließlich des Schaltmonats, der traditionsgemäß auf dieses Jahr gefallen war, fünfzehn Monate.

41. Er ergänzte den Senat, nahm neue Leute in den Patrizierstand auf und vergrößerte die Zahl der Prätoren, Ädilen, Quästoren und auch der unteren Behörden. Die durch Censorenbeschluß ihrer Ehren verlustig erklärten und die durch Gerichtsbeschluß wegen Amtserschleichung verurteilten Personen setzte er wieder in Amt und Würden ein. Das Recht, Beamte zu wählen, teilte er mit dem Volk in der Weise, daß dieses die Hälfte der Kandidaten, mit Ausnahme der Bewerber um das Konsulat, bekanntgeben durfte, die andere Hälfte aber von ihm selbst bestimmt

---

[28] Das römische Jahr war bis auf Caesar ein Mondjahr, und alle zwei Jahre mußte ein Schaltmonat eingelegt werden. Das Recht dazu besaßen die Priester, die damit ziemlich willkürlich umgingen, so daß das römische Kalendersystem in große Unordnung geraten war. Die Reform Caesars hat sich bis auf unsere Tage erhalten – mit einer kleinen Abänderung, die Papst Gregor XIII. 1582 vornehmen ließ – wie auch die römischen Monatsnamen.

wurde. Seine Leute bezeichnete er in einem Sendschreiben an die einzelnen Wahlbezirke in folgender kurzer Form: »Der Diktator Caesar an den und den Wahlbezirk. Ich empfehle Euch die und die, damit sie durch Eure Stimmen ihre Würde bekommen.« Er ließ zu den Ämtern auch Söhne von Proskribierten zu. In die Gerichtsbehörden kamen nur noch zwei Klassen von Richtern: Ritter und Senatoren; die dritte Klasse, die Ärartribunen[29], hob er auf.

Die Volkszählung ließ er nicht auf gewohnte Art und Weise und am alten Ort[30], sondern quartierweise durch die Besitzer der Mietshäuser durchführen und beschränkte die Zahl der öffentlichen Getreideempfänger von dreihundertzwanzigtausend auf hundertfünfzigtausend. Damit aber in Zukunft dieser Bestimmung wegen nicht neue Unruhen entstünden, verordnete er, daß jährlich durch den Prätor an Stelle der verstorbenen neue Empfänger ausgelost werden, und zwar aus den Leuten, die noch nicht in die Liste aufgenommen waren.

42. Er verteilte achtzigtausend Bürger auf die überseeischen Kolonien, und damit die Bevölkerung der Hauptstadt nach diesem Verlust noch genügend groß sei, setzte er fest, daß kein Bürger über zwanzig und unter vierzig, der nicht im Heer dient, länger als drei Jahre hintereinander von Italien abwesend sein und daß kein Sohn eines Senators, außer im Stab eines Feldherrn oder als Begleiter eines Beamten, ins Ausland gehen dürfe; ferner, daß alle Viehzüchter mindestens ein Drittel erwachsene Freigeborene unter ihren Hirten hätten. – Allen Ärzten und Lehrern der freien Künste in Rom schenkte er das Bürgerrecht, um sie und andere zu veranlassen, lieber in der Stadt selbst zu wohnen.

Die Hoffnung auf völligen Schuldenerlaß, die häufig geäußert wurde, erfüllte sich allerdings nicht, und schließlich entschied er, daß die Schuldner ihre Gläubiger auf Grund einer Schätzung des Kaufpreises ihrer Güter vor dem Bürgerkrieg entschädigen müßten, wobei von der Schuldsumme die schon bar bezahlten oder in Werten überschriebenen Zinsen abgezogen wurden. Durch diese Verordnung verloren die Schuldscheine fast ein Viertel ihres Wertes.

Alle Vereine, außer den seit alters her bestehenden, löste er auf. Die Strafen für Vergehen verschärfte er; und da die reichen Leute deshalb so ungehemmt Verbrechen begingen, weil sie

[29] Diese waren Plebeier gewesen.
[30] Auf dem Forum.

ohne Vermögensverlust in die Verbannung gehen konnten, bestrafte er, wie Cicero schreibt, die Mörder mit vollständigem, andere Übeltäter mit halbem Vermögensentzug.

43. Die Rechtsprechung übte er sehr gewissenhaft und streng aus. Der Erpressung überführte Senatoren gingen sogar ihres Ranges verlustig. Die Ehe eines ehemaligen Prätors, der eine Frau geheiratet hatte, die erst seit zwei Tagen von ihrem Gatten geschieden war, löste er auf, obschon kein Verdacht auf Ehebruch vorlag.

Er führte Zölle für ausländische Waren ein. Sänften zu benutzen, ebenso Purpurkleider und Edelsteine zu tragen, gestattete er nur gewissen Personen und Altersklassen, und auch dann nur an gewissen Tagen. Besonders achtete er auf Einhaltung der Luxusgesetze. So stellte er rings um den Markt Wächter auf, die verbotene Lebensmittel einziehen und ihm bringen mußten, wobei er manchmal Liktoren und Soldaten noch in die Wohnungen schickte mit dem Befehl, sogar schon aufgetragene Speisen, die die Wächter übersehen hatten, vom Tisch wegzunehmen.

44. Für die Ausschmückung und Ausgestaltung Roms, wie auch für den Schutz und die Vergrößerung des ganzen Reiches, entwarf er von Tag zu Tag zahlreichere und größere Pläne: vor allem wollte er einen Marstempel errichten, so groß wie er nirgends bestand, indem er den See, wo die Seeschlacht stattgefunden, hätte auffüllen und einebnen lassen; ferner ein Theater von ungewöhnlichem Ausmaß, angelehnt an den Tarpeischen Felsen. Das Zivilrecht wollte er auf ein vernünftiges Maß bringen und aus der ungeheuren, unübersehbaren Menge von Gesetzen das Beste und Notwendigste in einigen wenigen Büchern zusammenfassen. Möglichst große griechische und lateinische Bibliotheken sollten dem Publikum zugänglich gemacht werden – Marcus Varro übertrug er die Verantwortung für die Beschaffung und Ordnung der Bücher. Die Pontinischen Sümpfe sollten entwässert, der Fucinersee abgelassen, eine Straße von der Adria über den Apennin bis zum Tiber gebaut und der Isthmus von Korinth durchstochen werden. Ferner plante er, die Daker, die in Pontus und Thrakien eingedrungen waren, wieder zurückzuwerfen; darauf auch die Parther von Kleinarmenien aus mit Krieg zu überziehen, aber erst eine Schlacht zu wagen, wenn er ihre Art zu kämpfen kennengelernt hätte.

Diese seine Vorbereitungen und Pläne vereitelte ein früher Tod. Bevor ich über diesen spreche, wird es gut sein, in großen Zügen das zu berichten, was sein Äußeres, seine Lebensweise,

Bildung und Charakter sowie seine zivilen und militärischen Fähigkeiten angeht.

45. Er soll von stattlicher Figur gewesen sein, weiße Haut, schlanke Gliedmaßen, ein etwas zu volles Gesicht, schwarze, lebhafte Augen und eine gute Gesundheit gehabt haben, außer daß er gegen Ende seines Lebens öfters plötzlich ohnmächtig wurde und im Schlaf aufschreckte. Auch von epileptischen Anfällen wurde er zweimal mitten in einer Versammlung befallen. Um sein Aussehen war er allzu besorgt; so ließ er sich nicht nur sorgfältig die Haare schneiden und rasieren, sondern auch am Körper entfernen, was ihm von gewissen Leuten vorgehalten wurde. Über seine Glatze war er sehr ärgerlich, da sie seinen Gegnern oft Anlaß zu Witzen bot. Deshalb pflegte er seine Haare vom Scheitel nach vorn zu bürsten, und von allen Ehren, die ihm von Senat und Volk zuerkannt waren, nahm er keine lieber an und machte von keiner häufiger Gebrauch als von dem Vorrecht, immer einen Lorbeerkranz tragen zu dürfen.

Auch seine Kleidung soll bemerkenswert gewesen sein: seine mit dem breiten Purpurstreifen versehene Tunika hatte nämlich Fransen, die bis zu den Händen reichten, und er trug den Gürtel niemals anders als gerade auf diesem Streifen und ziemlich locker. Auf diese Gewohnheit nimmt der Ausspruch Sullas Bezug, der die Adelspartei oft ermahnte, sie solle sich vor dem schlecht gegürteten Jungen hüten[31].

46. Zuerst wohnte Caesar in der Subura in einem bescheidenen Haus, nachdem er aber Oberpriester geworden war, in einer Amtswohnung an der Sacra Via. Viele berichten, daß er sehr auf Luxus und Eleganz erpicht war: eine Villa in der Nähe des Nemisees, die er von Grund auf neu bauen und mit großen Kosten erstellen ließ, soll er, da sie nicht ganz nach seinem Geschmack ausgefallen war, gänzlich haben abreißen lassen, obschon er damals noch in bescheidener Stellung und sehr verschuldet war. Es wird auch behauptet, er habe auf seinen Feldzügen Mosaikfußböden und Marmorfliesen mit sich geführt.

47. Nach Britannien ist er angeblich gezogen, weil er hoffte, dort Perlen zu finden; und um deren Größe zu vergleichen, habe er sie bisweilen mit eigener Hand gewogen. Edelsteine, kunstvolle Vasen und alte Bilder sammelte er immer mit Leiden-

---

[31] Ein breiter Purpurstreifen auf der Tunika war Zeichen der Senatoren. Darüber trägt man die Toga und zwar so, daß dieser Streifen sichtbar bleibt. Caesar befestigt nun gerade auf dem Streifen den Gürtel. Den Gürtel lose zu tragen, galt als ein Zeichen von Verweichlichung.

schaft. Schlanke, gut gewachsene Sklaven soll er zu ungeheuren Preisen gekauft haben, so daß er sich selbst darüber schämte und verbot, die Summen in die Rechnungsbücher einzutragen.

48. Man erzählt auch, daß er in den Provinzen regelmäßig Festessen gab, bei denen an zwei Tafeln serviert wurde; an einer nahmen die Offiziere und die Griechen seines Gefolges Platz, an der andern die römischen Zivilpersonen mit den Spitzen des Landes.

Über die Disziplin in seinem Hause wachte er in kleinen und größeren Dingen genau und scharf: so ließ er einen Bäcker, der ihm anderes Brot als seinen Gästen vorsetzte, in Fesseln legen, und einen seiner Freigelassenen, der ihm sehr lieb war, bestrafte er, obschon keine Anklage gegen ihn eingegangen war, mit dem Tode, weil er mit der Frau eines römischen Ritters Ehebruch getrieben hatte.

49. Nichts schadete seinem Ruf der Sittenstrenge so wie sein Aufenthalt bei Nikomedes[32], der ihm immer schwer zum Vorwurf gemacht wurde und Anlaß zu Schmähungen von allen Seiten gab. Ich übergehe dabei die allgemein bekannten Verse des Calvus Licinius:

> ... was nur Bithynien
> und Caesars Liebster je besessen hat.

Ich lasse auch die Reden Dolabellas und des älteren Curio beiseite, in denen ihn Dolabella »Rivale der Königin«, »Polster der königlichen Sänfte«, und Curio »Stall des Nikomedes« und »bithynisches Hurenhaus« nennt. Ebenso spreche ich nicht von den Edikten des Bibulus[33], in denen dieser seinen Kollegen als bithynische Königin anprangerte und sagte, früher sei Caesar ein König am Herzen gelegen, jetzt die Königsherrschaft. Zu dieser Zeit begrüßte auch, wie Marcus Brutus berichtet, ein gewisser Octavius, der geistesgestört war und deshalb allzu hemmungslos herausschwatzte, vor vielen Leuten Pompeius mit »König«, Caesar mit »Königin«. Gaius Memmius wirft ihm ferner vor, daß er Nikomedes zusammen mit verschiedenen andern Lustknaben bei einem großen Gelage, an dem auch einige namentlich aufgeführte Kaufleute aus Rom teilnahmen, als Mundschenk gedient habe. Cicero aber, nicht damit zufrieden, in gewissen Briefen geschrieben zu haben, daß Caesar von den

---

[32] Vgl. Caes. 2 und 22.
[33] Caesars Kollege im ersten Konsulat; vgl. Caes. 19/20.

Gefolgsleuten des Königs in das königliche Schlafgemach geleitet wurde und auf einem goldenen Bett in Purpurkleidern gelegen habe und die Jugendblüte eines von Venus Abstammenden in Bithynien befleckt worden sei, sagte sogar einmal im Senat, als Caesar die Verteidigung Nysas, der Tochter des Nikomedes, übernahm[34] und die Gunstbezeugungen des Königs ihm gegenüber erwähnte: »Bitte, hör auf damit, denn es ist ja allbekannt, was jener dir und was du jenem gegeben hast!« Beim Gallischen Triumphzug endlich hörte man von seinen Soldaten neben andern Liedern, die sie hinter dem Triumphwagen einherziehend zu singen pflegen, auch das allgemein bekannte Liedchen:

> Caesar unterwarf ganz Gallien, Nikomedes Caesar einst.
> Sieh, Triumphzug feiert Caesar, der ganz Gallien unterwarf,
> Nikomedes triumphiert nicht, der den Caesar unterwarf.

50. Alle sind sich darin einig, daß er sehr vergnügungssüchtig war, zur Befriedigung seiner Leidenschaften viel Geld ausgab und sehr viele hochgestellte Frauen verführte, unter ihnen Postumia, die Gattin des Servius Sulpicius, Lollia, die des Aulus Gabinius, Tertulla, die Frau des Marcus Crassus, und auch Mucia, die Gemahlin des Gnaeus Pompeius. Auf jeden Fall warfen Curio, Vater und Sohn, und viele andere Pompeius vor, aus Ehrgeiz die Tochter Caesars geheiratet zu haben, des Mannes, der ihn gezwungen hatte, seine Frau, die Mutter seiner drei Kinder, zu verstoßen, und den er seufzend oft seinen »Aegisth« nannte.

Aber vor allen andern liebte Caesar die Mutter des Marcus Brutus, Servilia, der er während seines ersten Konsulates eine Perle im Wert von sechs Millionen Sesterzen gekauft hatte und während des Bürgerkriegs neben andern Geschenken riesige Güter zu billigstem Preis bei Auktionen zuschlagen ließ; als sich aber einige über den geringen Preis wunderten, sagte Cicero sehr witzig: »Wißt, er hat noch viel besser gekauft – wenn man nämlich Tertia abzieht«; denn man vermutete, daß Servilia auch ihre Tochter Tertia an Caesar verkuppelte[35].

51. Daß er sogar in den Provinzen die verheirateten Frauen nicht respektierte, geht zum Beispiel aus diesen zwei Versen hervor, die ebenfalls beim Gallischen Triumph von den Soldaten gesungen wurden:

---

[34] Vgl. Aulus Gellius, Noctes Atticae V 13.
[35] Ein Wortspiel. *Tertia deducta* heißt 1.: wenn man nämlich ein Drittel abzieht, und 2.: da ihm (Caesar) ja die Tertia zugehalten wurde.

Städter, sperrt die Frauen ein! Den kahlen Buhlen bringen wir.
Gold verhurtest du in Gallien, das du einstens hier gepumpt.

52. Er hatte auch Mätressen königlichen Geblüts, unter andern Eunoë, die Gattin des Maurenkönigs Bogud, und wie Naso schreibt, machte er ihr und ihrem Gatten zahlreiche kostbare Geschenke. Aber am meisten liebte er Kleopatra, mit der er die Gelage oft bis zum Morgengrauen ausdehnte. Auch fuhr er mit ihr auf ihrer Luxusjacht[36] durch ganz Ägypten und wäre fast bis Äthiopien gelangt, hätte sich nicht das Heer geweigert weiterzuziehen. Er rief sie sogar nach Rom und ließ sie erst nach Verleihung größter Ehren und reich beschenkt wieder ziehen; er gestattete auch, daß ein dieser Verbindung entsprossener Sohn seinen Namen trug. Einige griechische Schriftsteller berichten sogar, daß dieser Caesar in Aussehen und Gang geähnelt habe. Marcus Antonius bestätigte dem Senat gegenüber, daß dieser Sohn von Caesar auch anerkannt worden sei, und das wüßten auch Gaius Matius, Gaius Oppius und die übrigen Freunde Caesars. Einer von diesen, Gaius Oppius, veröffentlichte allerdings ein Buch – wie wenn die Sache überhaupt einer Verteidigung und Rechtfertigung wert gewesen wäre –, worin er zu beweisen sucht, daß derjenige, den Kleopatra dafür ausgab, nicht Caesars Sohn sein könne. Der Volkstribun Helvius Cinna bezeugte vor mehreren Leuten, daß er einen Gesetzesentwurf bereitgehalten habe, den Caesar in seiner Abwesenheit vorzulegen befohlen hätte, des Inhalts, er könne heiraten, wen und wie viele Frauen er wolle, um männliche Nachkommenschaft zu erhalten. – Damit aber niemand im unklaren sei, wie sehr er im Ruf der Unzucht und der Buhlerei stand, füge ich hinzu, daß der ältere Curio ihn in einer Rede »aller Frauen Mann und aller Männer Frau« nennt.

53. Wein trank er nur sehr wenig, was selbst seine Gegner zugeben mußten. Darauf bezieht sich auch das Wort des Marcus Cato: als einziger von allen sei Caesar nüchtern an eine Revolution herangegangen. Auch in bezug auf das Essen – wie uns Gaius Oppius berichtet – war er so wenig wählerisch, daß er, als ihm einmal ein Gastgeber ranziges statt frisches Öl vorsetzte, im Gegensatz zu allen andern, die es zurückwiesen, noch mehr davon verlangte, damit es nicht den Anschein habe, er werfe dem Gastgeber Nachlässigkeit oder Mangel an Lebensart vor. Die

---

[36] Eine Beschreibung dieses Prachtschiffes findet sich Athenaeus V 38 ff. Über Caesar und Kleopatra vgl. Plutarch, Caesar 49.

gleiche Bescheidenheit zeigte er allerdings weder in seinen militärischen noch zivilen Stellungen.

54. Nach dem Zeugnis verschiedener Schriftsteller nahm er während seines Prokonsulats in Spanien als Beitrag zur Bezahlung seiner Schulden sogar bei den Bundesgenossen zusammengebetteltes Geld an; und einige Städte der Lusitani ließ er plündern wie die eines Feindes, obschon sie seinen Befehlen nachgekommen waren und bei seiner Ankunft die Tore geöffnet hatten. In Gallien raubte er die mit Weihgeschenken gefüllten Heiligtümer und Tempel aus, und öfters schleifte er Städte mehr um der Beute willen als wegen eines Vergehens. Daher kam es, daß er Gold nur so im Überfluß hatte und das Pfund in Italien und den Provinzen für dreitausend Sesterzen verkaufte[37]. Während seines ersten Konsulates raubte er aus dem Kapitol dreitausend Pfund Gold und ersetzte es durch vergoldetes Erz im gleichen Gewicht. Bündnisse mit Rom und Königreiche waren bei ihm käuflich; wie er auch allein Ptolemaeus gegen sechstausend Talente in Pompeius' und seinem Namen abverlangte[38]. Später aber trug er die finanziellen Lasten des Bürgerkriegs, der Triumphe und Geschenke nur durch offensichtlichen Raub und Tempelfrevel.

55. In bezug auf Beredsamkeit und Kriegskunst kam er den Allergrößten an Ruhm gleich oder überragte sie sogar. Nach seiner Anklagerede gegen Dolabella konnte man ihn zweifellos zu den besten Anwälten zählen. Auf jeden Fall sagt Cicero bei der Aufzählung der berühmten Redner im ›Brutus‹[39], er kenne niemanden, hinter dem Caesar zurückstehen müßte, und fügt hinzu, daß er eine elegante, glänzende und auch großartige und in gewissem Sinn adlige Art zu reden habe; und in einem Brief an Cornelius Nepos schrieb er über ihn folgendes: »Wie? Welchen Redner von denen, die sich ausschließlich diesem Beruf gewidmet haben, könntest Du ihm vorziehen? Wer ist in der Gedankenführung schärfer oder überzeugender? Wer in der Wortwahl reicher oder eleganter?«

Caesar scheint sich in seiner Jugend Strabo Caesar zum Muster für seine Reden genommen zu haben, aus dessen Rede ›Für die Sardinier‹ er einiges wörtlich in seine Divinationsrede übernahm[40].

---

[37] Ein römisches Pfund Gold war damals etwa 4000 Sesterzen wert. Es fand also eine Entwertung statt.
[38] Vgl. Caes. 11, wo von der Vertreibung des Ptolemaeus die Rede ist.
[39] Rede gegen Dolabella: vgl. Caes. 4. – Cicerozitat: Brutus 75, 261/2.
[40] Wenn bei einem Prozeß mehrere Ankläger auftraten, wurde zuerst eine *divinatio* veranstaltet, eine Bewerbungsrede, auf Grund derer der Ankläger ausgelesen wurde. Hier handelt es sich um den Prozeß des Dolabella, vgl. oben und Caes. 4.

Seine Stimme soll hell, seine Bewegungen und Gesten lebhaft und nicht ohne Anmut gewesen sein.

Verschiedene seiner Reden, unter denen auch einige falsche figurieren, sind auf uns gekommen. Augustus glaubt nicht zu Unrecht, daß die Rede ›Für Quintus Metellus‹ eher von Stenographen aufgenommen worden ist, die aber seinen Worten nur schlecht folgten, als daß sie von ihm selbst herausgegeben worden sei; denn in gewissen Exemplaren finde ich nicht einmal die Überschrift ›Für Metellus‹, sondern ›Rede, für Metellus von Caesar verfaßt‹, obschon es Caesar war, der sprach und Metellus und sich selbst gegen die Vorwürfe gemeinsamer Gegner verteidigte. Ebenso meint Augustus, daß auch die Rede ›Zu den Soldaten in Spanien‹ kaum von ihm selbst sei, obschon man ihm deren zwei zuschreibt: eine vor der ersten Schlacht, die andere vor der zweiten, wozu Asinius Pollio bemerkt, daß Caesar ja nicht einmal Zeit zum Reden gehabt habe, so rasch sei der Angriff der Feinde erfolgt.

56. Er hinterließ auch Rechenschaftsberichte über seine Taten während des Gallischen und des Bürgerkrieges, wenigstens soweit es seinen Kampf gegen Pompeius betrifft. Denn die Autorschaft des ›Alexandrinischen‹, ›Afrikanischen‹ und ›Spanischen Krieges‹ ist unsicher; die einen glauben, der Verfasser sei Oppius, die anderen Hirtius, der auch das letzte, unvollständige Buch des ›Gallischen Krieges‹ vollendet haben soll[41].

Über die Rechenschaftsberichte Caesars schreibt Cicero im gleichen ›Brutus‹[42]: »Er verfaßte Rechenschaftsberichte, über die man nur des Lobes voll sein kann; sie sind schmucklos, ohne Umschweife und anmutig, wobei alles rednerische Beiwerk wie ein Kleid abgelegt ist; aber er, der nur den Stoff bereitlegen wollte als Grundlage für die, die im Sinne hätten, Geschichte zu schreiben, machte dies vielleicht zum Nutzen von Dummen, die seine Worte wie mit Brenneisen auffrisieren wollen; vernünftige Menschen aber hat er vom Schreiben abgeschreckt.« Über die gleichen Berichte schreibt Hirtius folgendes[43]: »So sehr werden sie in aller Urteil gebilligt, daß den Historikern die Möglichkeit, Geschichte zu schreiben, wie vorweggenommen, nicht dargeboten scheint. Unsere Bewunderung ist allerdings noch größer als die der übrigen; diese wissen nämlich nur, wie gut und fehlerlos er

---

[41] Die Autorschaft dieser Bücher ist bis heute umstritten. Auf jeden Fall ist Hirtius der Verfasser des 8. Buches des Gallischen Krieges.
[42] Cicero, Brutus 75, 262.
[43] Bellum Gallicum VIII, Vorwort.

sie schrieb, wir aber auch, wie leicht und schnell.« Pollio Asinius glaubt, sie seien zu wenig genau und mit zu wenig Achtung vor der Wahrheit verfaßt, da Caesar in bezug auf sehr vieles, besonders wenn es sich um Taten von Drittpersonen handelte, allzu leichtgläubig gewesen sei, und was er selbst ausgeführt hatte, mit Vorbedacht oder sich ungenau erinnernd unwahr erzählte; und er ist der Meinung, daß Caesar die Absicht gehabt habe, sie noch einmal zu schreiben und zu berichtigen.

Caesar hinterließ ferner zwei Bände ›Über die Analogie‹[44], einen ›Anti-Cato‹, ebenfalls in zwei Bänden, und außerdem ein Gedicht ›Die Reise‹. Das erste dieser Werke verfaßte er während der Überquerung der Alpen, als er nach den Gerichtstagen von der Gallia Citerior wieder zu seinem Heer zurückkehrte, das zweite während des Kampfes bei Munda, das letzte während der vierundzwanzig Tage dauernden Reise von Rom nach Südspanien.

Es haben sich auch Briefe von ihm an den Senat erhalten, die er, wie es scheint, als erster auf einzelne Seiten in Form eines Notizbuches schrieb, während vorher die Konsuln und Heerführer nur lose, über die ganze Breite beschriebene Blätter sandten. Auch Briefe an Cicero sind vorhanden und ebenso die an seine Vertrauten über häusliche Angelegenheiten, in denen er, wenn er etwas geheimhalten wollte, in einer Geheimschrift schrieb, das heißt mit veränderter Reihenfolge der Buchstaben, so daß man kein Wort verstehen konnte: wenn man sie entziffern will, muß man den vierten Buchstaben, das heißt das D für das A einsetzen und die andern entsprechend ändern[45].

Es sollen auch einige Jugendwerke bestehen, wie ein ›Lob des Herkules‹, eine Tragödie ›Oedipus‹ und dazu eine ›Sammlung von Aussprüchen‹. Die Veröffentlichung dieser Werke verbot Augustus in einem kurzen bündigen Brief an Pompeius Macer, dem er die Verwaltung der Bibliotheken anvertraut hatte.

57. Er führte die Waffen mit großem Geschick, war ein ausgezeichneter Reiter und erstaunlich ausdauernd. Bei Märschen zog er manchmal zu Pferd, öfter zu Fuß voran, barhaupt bei Sonnenschein oder Regen. Die längsten Strecken legte er mit unglaub-

---

[44] Ein grammatikalisches Werk, in dem Caesar den Standpunkt der Analogisten verficht, d. h. derjenigen Stilrichtung, die eine möglichst reine Sprache anstrebte und jede Freiheit, sowohl in der Syntax als auch in der Formenlehre und Wortwahl, ablehnte. Der Gegensatz zur Analogie ist die Anomalie. Aus Caesars Werk ist uns ein typischer Satz erhalten geblieben: »Wie ein Riff sollst Du jedes selten gehörte und ungewohnte Wort fliehen« (Aulus Gellius I 10).

[45] Über Caesars Briefe vgl. Plutarch, Caesar 17, und Appian, Bellum civile II 79. Über die Geheimschrift vgl. Aulus Gellius XVII 9. Über diejenige des Augustus vgl. Aug. 88.

licher Geschwindigkeit zurück, ohne Gepäck, in einem gemieteten Wagen, pro Tag hundert Meilen; Flußläufe hielten ihn nicht auf, er durchquerte sie schwimmend oder sich auf aufgeblasene Schläuche stützend, so daß er sehr oft schneller ankam als die Nachrichten über seine Bewegungen.

58. Es ist schwer zu sagen, ob er bei seinen Unternehmungen mit mehr Vorsicht oder mehr Kühnheit vorging: nie führte er das Heer durch unübersichtliches Gelände, ohne vorher die ganze Gegend ausgekundschaftet zu haben. Auch setzte er erst nach Britannien über, nachdem er persönlich die Häfen, die Navigationsverhältnisse und die Zufahrt zur Insel in Augenschein genommen hatte[46]. Aber der gleiche Mann gelangte, als die Einschließung seines Lagers in Germanien gemeldet wurde, zu seinen Leuten, indem er sich als Gallier verkleidet durch die feindlichen Posten schlich. Von Brindisi fuhr er zwischen den feindlichen Flotten mitten im Winter nach Dyrrachium hinüber, und als die Truppen, denen er zu folgen befohlen hatte, zögerten und er öfters vergeblich Boten geschickt hatte, um sie zu holen, bestieg er zuletzt selbst heimlich nachts mit verhülltem Gesicht ein Schiff und gab sich nicht vorher zu erkennen oder duldete, daß der Steuermann wegen des Sturms umkehre, als bis er beinahe von den Fluten überspült wurde[47].

59. Auch ließ er sich nie durch irgendwelche religiöse Bedenken von irgendeinem Vorhaben abbringen oder darin auch nur aufhalten. Als während eines Opfers das Opfertier vor dem Messer floh, verschob er seinen Marsch gegen Scipio und Iuba nicht. Selbst als er beim Aussteigen aus dem Schiff ausglitt, wendete er sofort dieses schlechte Vorzeichen zu seinen Gunsten, indem er sagte: »Ich halte dich, Afrika!« Um aber den Vorhersagen, nach denen durch Schicksalsbestimmung in dieser Provinz der Name der Scipionen glückbringend und unbesiegbar sei, Genüge zu leisten, ließ er zum Scherz das verachtetste Mitglied der Cornelischen Familie, das seinem schlechten Lebenswandel den Spitznamen Salvito[48] verdankte, im Lager in seiner Umgebung sich aufhalten.

60. Gefechte suchte er weniger nach einem bestimmten Plan herbeizuführen, als wenn die Gelegenheit sich bot, oft sogleich aus dem Marsch heraus, bisweilen bei schlechtestem Wetter,

---

[46] Diese Angabe widerspricht Caesars eigenem Bericht, Bellum Gallicum IV 21, wo er Volusenus auf Kundschaft ausschickt.

[47] Mit dem bekannten Wort: »Du fährst Caesar und sein Glück!«, vgl. Plutarch, Caesar 38, und Florus IV 2, 37.

[48] Cornelius ist der Familienname der Scipionen. Die Deutung des Spitznamens ist nicht bekannt.

wenn man am wenigsten einen Angriff vermutete; und nur in der allerletzten Zeit zeigte er sich etwas zögernder, Schlachten zu schlagen, da er der Ansicht war, daß man, je öfter man gesiegt habe, um so weniger das Glück versuchen solle, und daß er durch einen Sieg nicht so viel erreichen wie durch eine Niederlage verlieren könne.

Niemals schlug er einen Feind, ohne nicht zugleich ihm auch sein Lager zu nehmen: so ließ er den Verwirrten keine Zeit, sich wieder zu sammeln. In Gefechten mit zweifelhaftem Ausgang ließ er die Reitpferde fortführen – zuallererst sein eigenes –, damit die Soldaten eher gezwungen würden standzuhalten und weniger leicht fliehen könnten[49].

61. Er ritt ein merkwürdiges Pferd, das menschenähnliche Füße hatte und dessen Hufe wie in Finger gespalten waren. Es war in Caesars eigenem Stall geboren, und er pflegte es mit großer Liebe, da ihm Wahrsager gesagt hatten, daß diese Eigenschaft für ihn die Herrschaft über die Welt bedeute. Er bestieg es als erster, da es keinen anderen Reiter duldete. Ein Standbild dieses Pferdes ließ er auch später vor dem Tempel der Venus Genetrix aufstellen.

62. Eine ins Wanken geratene Schlachtreihe brachte er oft ganz allein wieder zum Stehen, indem er sich den Fliehenden entgegenstellte, sie einzeln anhielt, am Kragen packte und wieder gegen den Feind wandte, und zwar auch Leute, die schon so verwirrt waren, daß ein Fahnenträger sogar den ihn Aufhaltenden mit der Spitze des Fahnenschafts bedrohte und ein anderer das Feldzeichen in der Hand Caesars, der ihn halten wollte, zurückließ.

63. Dies sind einige Beweise für seine Unerschrockenheit; aber noch größere könnten aufgeführt werden. Nach der Schlacht bei Pharsalus schickte er seine Truppen nach Asien voraus, überquerte selbst den Hellespont auf einem kleinen Handelsschiff, und als ihm Lucius Cassius von der Gegenpartei mit zehn Kriegsschiffen entgegenkam, floh er nicht, sondern fuhr näher heran, forderte ihn als erster zur Übergabe auf und nahm ihn, als er sich ergab, an Bord.

64. In Alexandria beim Sturm auf eine Brücke machten die Feinde plötzlich einen Ausfall, und er wurde in ein Boot gedrängt. Da mehrere ihm dorthin nachstürzten, sprang er ins Meer und gelangte schwimmend zu einem etwa zweihundert

---

[49] Vgl. Bellum Gallicum I 25 in der Schlacht bei Bibracte gegen die Helvetier. Nach Florus IV 2, 82 und Velleius Paterculus II 55, 3 tat er das gleiche in der Schlacht bei Munda; vgl. Caes. 35.

Fuß weit entfernten Schiff, wobei er die Linke hochhielt, damit die Schriften, die er bei sich hatte, nicht naß würden; den Feldherrnmantel hielt er mit den Zähnen fest, um ihn nicht eine Beute der Feinde werden zu lassen.

65. Seine Soldaten beurteilte er weder nach ihrer Moral noch nach ihrer äußeren Stellung, sondern nur nach ihren militärischen Fähigkeiten, und behandelte sie mit gleich viel Strenge wie Nachsicht; er hielt sie nämlich nicht überall und zu jeder Zeit fest in der Hand, aber immer dann, wenn der Feind in der Nähe war; in einem solchen Moment forderte er allerdings strengste Disziplin, gab weder den Zeitpunkt des Abmarsches noch des Kampfes bekannt, alles mußte immer alarmbereit sein, und plötzlich ließ er das Heer ausrücken, wohin er wollte. Öfters machte er dies auch ohne besonderen Grund; mit Vorliebe, wenn es regnete, oder an Feiertagen. Häufig ermahnte er die Soldaten, ihn genau zu beobachten, verschwand dann plötzlich bei Tag oder Nacht und forcierte den Marsch, um die zu spät Aufgebrochenen zu ermüden.

66. Waren die Soldaten durch Gerüchte über die Stärke feindlicher Truppen verängstigt, so sprach er ihnen Mut zu, indem er diese Zahlen nicht abstritt oder abschwächte, sondern aus freier Erfindung übertrieb. Als sie so einmal das Herannahen Iubas mit Schrecken erwarteten, sprach er zu ihnen: »Wisset, daß in sehr wenigen Tagen der König mit zehn Legionen, dreißigtausend Reitern, hunderttausend Leichtbewaffneten und dreihundert Elefanten da sein wird. Gewisse Leute sollen darum aufhören, immer weiter zu fragen oder Vermutungen anzustellen; sie sollen mir, der ich wohl unterrichtet bin, glauben, oder ich werde befehlen, sie auf das älteste Schiff zu setzen und fortfahren zu lassen, wohin sie die Winde treiben.«

67. Weder nahm er alle Vergehen zur Kenntnis noch bestrafte er sie ihrer Schwere entsprechend, war aber gegenüber Deserteuren und Meuterern ein sehr strenger Richter und Rächer; im übrigen drückte er ein Auge zu. Manchmal, nach einer großen siegreichen Schlacht, befreite er seine Leute von jeder Dienstleistung und erlaubte ihnen, herumzustreifen und sich jedem Vergnügen hinzugeben, indem er sich zu brüsten pflegte, seine Soldaten könnten auch gut kämpfen, wenn sie parfümiert seien.

Bei Ansprachen redete er sie nicht mit »Soldaten«, sondern mit dem schmeichelhaften »Kameraden« an[50], und er hielt auch auf ihr Äußeres: so stattete er sie mit silber- und goldverzierten Waf-

[50] Vgl. dagegen Aug. 25.

fen aus, einmal des Aussehens wegen, dann auch, damit sie im Kampf eher darauf achteten und Angst hätten, sie zu verlieren. Er liebte sie so sehr, daß er auf die Niederlage des Titurius hin Bart und Haupthaar wachsen ließ und nicht wieder schnitt, als bis er sich gerächt hatte[51].

68. Auf diese Weise spornte er sie zu größter Ergebenheit und Tapferkeit an. Als er den Bürgerkrieg begann, steuerten die Offiziere jeder Legion aus ihrem Ersparten die Ausrüstung je eines Reiters bei, und alle Soldaten anerboten sich, ohne Sold und Getreiderationen, ganz umsonst, für ihn zu kämpfen: die Reicheren übernahmen dabei die Unterstützung der Ärmeren; und während des ganzen langen Krieges verließ ihn niemand, und die meisten seiner Soldaten, wenn sie in Gefangenschaft gerieten und ihnen ihr Leben unter der Bedingung geschenkt wurde, daß sie gegen ihn kämpften, wiesen dieses Ansinnen zurück.

Hunger und andere Unbill ertrugen sie, nicht nur wenn sie belagert wurden, sondern auch wenn sie selbst eine Belagerung durchführten, mit solchem Mut, daß Pompeius, als er in den Befestigungen bei Dyrrachium das Brot aus Kräutern sah, mit dem Caesars Soldaten ihren Hunger stillten, sagte, er habe es anscheinend mit wilden Tieren zu tun, und befahl, es schnell zu entfernen und niemandem zu zeigen, damit nicht durch die Standhaftigkeit und Ausdauer der Feinde der Mut der Seinen gebrochen werde.

Ein Zeugnis für ihre Tapferkeit ist, daß sie bei Dyrrachium, wo sie ein einziges Mal geschlagen wurden, von selbst eine Bestrafung forderten, so daß der Feldherr sie eher glaubte trösten als bestrafen zu müssen. In den übrigen Kämpfen besiegten sie, obschon sie oft in der Minderzahl waren, ungeheure feindliche Truppenmassen leicht. Ja eine einzige Kohorte der sechsten Legion, der die Bewachung eines Kastells anvertraut war, hielt während mehrerer Stunden dem Angriff von vier Legionen des Pompeius stand, wobei fast alle durch die vielen Pfeile des Feindes durchbohrt wurden – man fand später hundertdreißigtausend Geschosse innerhalb der Befestigung. Und das ist kein Wunder, wenn man die Taten einzelner Leute betrachtet, zum Beispiel des Centurionen Cassius Scaeva oder des Soldaten Gaius Acilius, von den andern ganz zu schweigen. Obschon Scaeva bereits ein Auge verloren hatte, am Schenkel und an der Schulter verwundet war und seinen Schild hundertzwanzig Schüsse

[51] Vgl. Caes. 25 und Bellum Gallicum V 37.

durchlöchert hatten, behauptete er doch ganz allein seinen Posten am Tor des ihm anvertrauten Kastells[52]. Acilius, dem bei einer Seeschlacht bei Marseille, als er sich an ein feindliches Schiff anklammerte, die rechte Hand abgeschlagen worden war, ahmte die bekannte Heldentat des Griechen Kynegirus nach[53], sprang auf das Schiff hinüber und trieb mit dem Buckel seines Schildes die ihm entgegentretenden Feinde in die Enge.

69. Während der zehn Jahre des Gallischen Krieges kam keine einzige Meuterei vor, während des Bürgerkrieges einige, aber die Soldaten waren bald wieder zur Vernunft gebracht, weniger durch die Milde des Führers als durch seine Entschlossenheit; denn er gab niemals Meuterern nach, sondern trat ihnen offen entgegen. So entließ er, obschon Pompeius noch unter den Waffen stand, die ganze neunte Legion bei Placentia mit Schimpf und Schande und nahm sie nur ungern, auf ihr wiederholtes reuiges Bitten hin, wieder in Gnaden auf, und auch das erst nach Bestrafung der Rädelsführer.

70. Als aber in Rom die Soldaten der zehnten Legion unter heftigsten Drohungen, ja unter größter Gefährdung der Sicherheit in der Stadt, ihre Entlassung und ihre Belohnungen forderten, obwohl gerade in Afrika der Krieg entbrannt war, zögerte er trotz des Versuchs seiner Freunde, ihn davon abzuhalten, nicht, vor sie zu treten und sie zu entlassen; aber mit dem einzigen Wort »Bürger«[54] anstatt »Soldaten«, mit dem er sie ansprach, stimmte er sie leicht um und machte sie so gefügig, daß sie ihm sofort antworteten, sie seien Soldaten, und ihm trotz seiner Weigerung von sich aus nach Afrika folgten. Dies hinderte ihn aber nicht daran, den Hauptädelsführern die Beute und den Landanteil um ein Drittel zu kürzen.

71. An Anhänglichkeit und Pflichtgefühl gegenüber seinen Klienten ließ er es nie fehlen, auch nicht während seiner Jugend. Masintha, einen vornehmen jungen Mann, verteidigte er gegen König Hiempsal so leidenschaftlich, daß er Iuba, den Sohn des Königs, sogar während der Verhandlungen am Bart zog; obschon Masintha vom Gericht als tributpflichtig gegenüber Hiempsal erklärt wurde, entriß er ihn sofort den Leuten, die ihn abführen wollten, verbarg ihn lange Zeit bei sich und brachte ihn dann, als er kurz nach seiner Prätur nach Spanien reiste, mitten unter den

---

[52] Vgl. Caesar, Bellum civile III 53.

[53] Vgl. Herodot VI 114.

[54] *Quirites* = Bürger, Zivilisten. Mit diesem einen Wort zeigte Caesar den Soldaten, daß er sie bereits als entlassen betrachte.

Freunden, die ihm das Geleit gaben, und unter dem Schutz seiner Liktoren in seiner eigenen Sänfte in Sicherheit.

72. Gegenüber seinen Freunden war Caesar immer von solcher Zuvorkommenheit und Nachsicht, daß er Gaius Oppius, seinen Reisebegleiter, der mitten in einer waldreichen Gegend plötzlich erkrankte, die einzige Schutzhütte, die vorhanden war, abtrat und selbst auf dem Boden unter freiem Himmel übernachtete.

Auf dem Gipfel seiner Macht erhob er auch Leute aus den untersten Schichten zu hohen Ehren, und als er deswegen einmal angegriffen wurde, sagte er vor allen Leuten, daß er sich auch gegen Banditen und Mörder, falls er deren Hilfe zur Verteidigung seiner Stellung benötigt hätte, gleicherweise erkenntlich zeigen würde.

73. Andrerseits saßen seine Feindschaften nie so tief, daß er sie nicht bei Gelegenheit gerne beilegte. Gaius Memmius, auf dessen heftige Rede er mit nicht geringerer Heftigkeit schriftlich geantwortet hatte, unterstützte er sogar bald darauf bei seiner Bewerbung um das Konsulat. Dem Gaius Calvus, der nach Abfassung von Schmähgedichten durch Vermittlung einiger Freunde ihn um Aussöhnung bat, schrieb er von sich aus als erster. Valerius Catullus, der ihn, wie ihm ganz klar war, mit seinen Gedichtchen über Mamurra einen dauernden Schimpf angetan hatte, lud er, als dieser ihm Genugtuung geleistet hatte, noch am gleichen Tag zum Essen ein und blieb auch mit dessen Vater in alter Gastfreundschaft verbunden[55].

74. Auch noch in der Rache bewährte sich seine angeborene Milde. So ließ er, nachdem er der Seeräuber, die ihn gefangengenommen hatten, habhaft geworden war, diese kreuzigen, da er nun einmal geschworen hatte, sie ans Kreuz zu schlagen[56]; vorher aber waren sie erdrosselt worden. Er wollte es auch niemals zulassen, daß Cornelius Phagita bestraft würde, der ihm einst, als er trotz seiner Krankheit, um Sulla nicht ausgeliefert zu werden, in Verstecken leben mußte, nächtlicherweile einen Hinterhalt gelegt hatte, aus dem er nur mit knapper Not und unter Bezahlung einer großen Summe entrinnen konnte[57]. Philemon, seinen Sekretär, der seinen Gegnern versprochen hatte, ihn zu vergiften, ließ er nur hinrichten, ohne vorhergehende Folterung. Gegen Publius Clodius, den Liebhaber seiner Frau Pompeia, der in diesem Zusammenhang auch der Entweihung des Gottesdienstes

---

[55] Catull greift in den Gedichten 29 und 57 Mamurra, den Günstling Caesars, an.
[56] Vgl. Caes. 4.
[57] Vgl. Caes. 1.

angeklagt worden war, sagte er als Zeuge aus, daß er nichts über die ganze Sache wisse, obschon seine Mutter Aurelia und seine Schwester Iulia vor den gleichen Richtern alles wahrheitsgemäß dargestellt hatten. Als er gefragt wurde, warum er denn trotzdem seine Frau von sich gestoßen habe, antwortete er: »Weil ich der Ansicht bin, daß meine Angehörigen sowohl von Verdacht als auch Verbrechen frei sein müssen.«[58]

75. Während des Bürgerkriegs und auch nach seinem Sieg zeigte er eine bewunderungswürdige Mäßigung und Milde. Als Pompeius bekanntgab, daß er die unter seine Feinde rechnen werde, die nicht zu den Waffen griffen, erklärte Caesar, daß er die Desinteressierten und Neutralen als seine Freunde ansehe. Allen aber, denen er früher auf Pompeius' Empfehlung hin Offiziersrang gegeben hatte, stellte er es frei, zu Pompeius überzutreten.

Als bei Ilerda Übergabeverhandlungen angebahnt worden waren und zwischen den beiden feindlichen Parteien ein lebhafter freundschaftlicher Verkehr und Handel begonnen hatte, ließen Afranius und Petreius, die plötzlich ihren Entschluß bereuten, alle in ihrem Lager befindlichen Caesarianer niedermachen; da duldete er es nicht, daß dieser an ihm begangene Treubruch von den Seinen mit Gleichem vergolten werde.

Nach der Schlacht bei Pharsalus gab er die Parole aus, die römischen Bürger zu schonen, und gestattete jedem seiner Leute, einem Mann der Gegenpartei das Leben zu schenken. Man wird auch niemand finden, der dort anders ums Leben gekommen ist als in der Schlacht selbst, mit Ausnahme allerdings von Afranius, Faustus und dem jungen Lucius Caesar; aber man nimmt an, daß nicht einmal diese mit seiner Einwilligung getötet wurden, obgleich die beiden ersteren, nachdem sie in Gnade aufgenommen worden waren, wieder die Waffen gegen ihn ergriffen hatten, letzterer aber die Freigelassenen und Sklaven Caesars mit Feuer und Schwert auf grausame Weise ums Leben gebracht hatte und sogar die von Caesar für ein öffentliches Schauspiel gekauften Tiere hatte abschlachten lassen.

Endlich erlaubte er gegen Ende seines Lebens allen, denen er noch nicht ausdrücklich verziehen hatte, nach Italien zurückzukehren und Ämter und Kommandos zu übernehmen.

Er ließ auch die Standbilder Sullas und Pompeius', die vom Volk niedergerissen worden waren, wieder aufrichten, und wenn später gewisse Leute über ihn nachteilig dachten oder sprachen, zog er es vor, sie statt zu bestrafen von einer Tat abzuhalten. Des-

[58] Vgl. Caes. 6.

halb wurden aufgedeckte Verschwörungen und nächtliche Zusammenkünfte nicht weiter verfolgt, sondern er zeigte nur mittels eines Ediktes an, daß sie ihm bekannt geworden seien. Gegenüber feindlichen Äußerungen ließ er es dabei bewenden, in öffentlicher Versammlung zu warnen, auf diesem Wege fortzufahren. Mit großem Gleichmut trug er auch die Verunglimpfungen seiner Person in der Schmähschrift des Aulus Caecina und in den bösartigen Gedichten des Pitholaus.

76. Allerdings wiegen gewisse andere seiner Taten und Aussprüche so schwer, daß man der Ansicht sein kann, er habe seine Herrschaft mißbraucht und sei mit Recht umgebracht worden. Denn nicht nur nahm er übertriebene Ehren an, wie die stete Wiederwahl zum Konsul, die Diktatur und das Sittenrichteramt auf Lebenszeit, außerdem den Vornamen »Imperator«, den Beinamen »Vater des Vaterlands«, ein Standbild neben denen der Könige und einen Thron in der Orchestra; sondern er duldete es auch, daß ihm über das menschliche Maß hinausgehende Ehrungen zuteil wurden: ein goldener Sessel im Rathaus und im Gericht, ein Wagen und ein Traggestell beim Umzug im Zirkus, Tempel, Altäre, Bilder neben den Göttern, ein Opferbett, ein eigener Priester, ein neues Kollegium Panpriester, die Benennung eines Monats nach seinem Namen[59].

Auch nahm und vergab er jede Auszeichnung nach Belieben. Sein drittes und viertes Konsulat übte er nur dem Namen nach aus, zufrieden mit seiner Stellung als Diktator, die ihm zugleich mit den Konsulaten zugesprochen wurde; für beide Jahre setzte er für die drei letzten Monate Ersatzkonsul ein, so daß er zwischenhinein keine Wahlversammlungen abhalten mußte, außer für die Wahl der Tribunen und der plebeischen Ädilen; außerdem bestimmte er Präfekten an Stelle der Prätoren, die im Falle seiner Abwesenheit die Geschäfte in der Stadt zu führen hatten.

Als einmal am Vortag des ersten Januar plötzlich einer der Konsuln starb, gab er diese Stelle für die wenigen noch verbleibenden Stunden einem Bewerber[60]. Mit der gleichen Freiheit und unter Mißachtung der althergebrachten Sitten sprach er Ämter auch für mehrere aufeinanderfolgende Jahre zu, gestattete zehn ehemaligen Prätoren, die Auszeichnungen von Kon-

---

[59] Zirkusumzug: es wurden auf Wagen und Gestellen Götterbilder herumgeführt. Caesar ließ sein eigenes Bild mittragen.

Panpriester: ein drittes Kollegium von *luperci*, neben den zwei althergebrachten. Es trug auch Caesars Namen.

Der frühere *mensis Quintilis* (5. Monat) wurde zum Juli; vgl. Aug. 31.

[60] Der »eintägige Konsul«, vgl. Cicero, Briefe VII 30, und Macrobius, Saturnalia II 3, 6; vgl. auch Nero 15.

suln zu tragen, und auch Leute, die er mit dem Bürgerrecht beschenkt hatte, und einige Halbbarbaren gallischer Abstammung nahm er in den Senat auf. Außerdem anvertraute er die Aufsicht über das Münzwesen und die Staatssteuern Sklaven aus seinem eigenen Hause. Die Verantwortung und das Kommando über drei Legionen, die er in Alexandria gelassen hatte, übertrug er seinem Liebling Rufio, dem Sohn eines seiner Freigelassenen.

77. Er tat auch in aller Öffentlichkeit Äußerungen, die von nicht geringerer Unbeherrschtheit zeugen. So schreibt Titus Ampius, Caesar habe gesagt, die Verfassung sei ein Nichts, nur ein Name ohne Körper und Gestalt; Sulla habe sich wie ein Erstkläßler aufgeführt, da er die Diktatur niederlegte; die Leute müßten von jetzt an überlegter zu ihm sprechen und seine Worte wie Gesetze achten. Ja als ihm der Eingeweideschauer einmal meldete, die Vorhersagen würden schlecht ausfallen, da das Herz des Tieres gefehlt habe, ging er in seiner Überheblichkeit so weit, zu sagen: wenn er wolle, würden sie besser ausfallen, und man dürfe es nicht als ein Wunder ansehen, wenn ein Vieh herzlos sei.

78. Aber nachhaltigen, ja tödlichen Haß zog er sich vor allem dadurch zu, daß er den gesamten Senat, der sich ihm mit zahlreichen Ehrendekreten nahte, *sitzend* vor dem Tempel der Venus Genetrix empfing. Einige nehmen an, er sei von Cornelius Balbus zurückgehalten worden, als er sich erheben wollte; andere glauben, er habe nicht einmal die Absicht gehabt, sondern er habe sogar Gaius Trebatius, der ihn aufforderte aufzustehen, einen wenig freundlichen Blick zugeworfen.

Diese seine Handlungsweise schien deshalb noch viel unerträglicher, weil er selbst, als er im Triumphwagen an den Sitzen der Tribunen vorbeifuhr und Pontius Aquila als einziger von allen sich nicht erhob, so beleidigt war, daß er sagte: »So fordere doch du, Tribun Aquila, den Staat aus meiner Hand zurück!« Und während einiger Tage unterließ er es nicht, bei irgendeinem Versprechen die Einschränkung zuzufügen: »wenn es mir mit Erlaubnis des Pontius Aquila möglich ist.«

79. Zu dieser unerhört schmählichen Behandlung des Senats fügte er noch etwas viel Anmaßenderes hinzu. Als er nämlich vom Latinerfest unter stürmischem, in dieser Form noch nie dagewesenem Jubel des Volkes zurückkehrte, krönte jemand aus der Menge sein Standbild mit einem von einer weißen Binde umwundenen Lorbeerkranz[61], und als die Volkstribunen Epidius Marullus und Caesetius Flavus die Binde vom Kranz herunterzu-

---

[61] Das Zeichen der Königswürde.

reißen und den Mann in Fesseln zu legen befahlen, schrie er, sei es aus Enttäuschung über die zu wenig erfolgreiche Andeutung in bezug auf seine Königswürde, oder sei es, wie er selbst behauptete, deshalb, weil man ihm so die Genugtuung genommen habe, diese Würde auszuschlagen, die Tribunen wütend an und ließ sie ihres Amtes entheben.

Seither konnte er nicht mehr die schmachvolle Anschuldigung von sich abwälzen, sogar nach der Königskrone gestrebt zu haben, obgleich er dem Volke, das ihn mit »König« begrüßte, antwortete, er sei Caesar und nicht König, und am Luperkalienfest das Diadem, das ihm der Konsul Antonius mehrmals aufsetzen wollte, zurückwies und es Iuppiter Optimus Maximus ins Kapitol als Weihgeschenk bringen ließ.

Ja es ging auch verschiedentlich das Gerücht um, er wolle nach Alexandria oder Troia gehen und, da Italien durch Aushebungen erschöpft sei, zugleich die Schätze des Reiches dorthin überführen und die Verwaltung Roms seinen Freunden überlassen; in der nächsten Senatssitzung sollte ferner Lucius Cotta, ein Mitglied des Fünfzehnmännerkollegiums, den Antrag stellen, Caesar zum König zu ernennen, da gemäß den Sibyllinischen Büchern die Parther nur von einem König besiegt werden könnten[62].

80. Dies war auch für die Verschwörer der Hauptgrund, ihr Vorhaben zu beschleunigen; sie wollten nämlich nicht gezwungen werden, diesem Antrag zuzustimmen.

Deshalb hielten sie, die vorher nur verstreut und oft nur zu zweit oder dritt miteinander verhandelt hatten, jetzt eine gemeinsame Versammlung ab; dazu kam noch, daß das Volk mit den gegenwärtigen Zuständen nicht zufrieden war und heimlich und auch öffentlich an der Alleinherrschaft Kritik übte und sehnlich nach Befreiung verlangte. Wegen der in den Senat aufgenommenen Ausländer wurde zum Beispiel ein Plakat angeschlagen: »Zur Kenntnisnahme! Niemand darf einem neuen Senator den Weg zum Rathaus zeigen!« Auch wurde folgendes Liedlein überall gesungen:

> Gallier führte Caesar im Triumph – ins Rathaus gleich darauf.
> Hosen tragen sie nicht mehr, dafür den Purpurstreif
> am Kleid[63].

---

[62] Nach Cicero, De divinatione II 54, 110, war dieses Orakel in der Sammlung nicht enthalten.
[63] Über die Ausländer vgl. Caes. 76. – Die Hosen gehörten zur Tracht der Gallier. Der Purpurstreifen ist Abzeichen der Senatoren; vgl. S. 32, Anm. 31.

Als Quintus Maximus, der zum dreimonatigen Ersatzkonsul ernannt worden war, das Theater betrat und der Liktor nach der Sitte sein Erscheinen ankündigte, riefen alle, er sei ja gar nicht Konsul. Nach der Amtsenthebung der Tribunen Caesetius und Marullus fand man bei den nächsten Wahlen mehrere Stimmzettel, auf denen sie als Konsuln vorgeschlagen wurden. Einige Leute schrieben unter das Standbild des Lucius Brutus: »O daß du doch lebtest!«, und unter dasjenige Caesars:

> Brutus, der vertrieb die Könige, unser erster Konsul ward;
> Dieser, der vertrieb die Konsuln, unser König ward zuletzt[64].

Mehr als sechzig Personen verschworen sich gegen ihn; ihre Anführer waren Gaius Cassius, Marcus und Decimus Brutus. Zuerst fragten sie sich, ob sie ihn auf dem Marsfeld während der Wahlversammlung, wenn er die einzelnen Wahlbezirke zur Wahl rufe, ermorden sollten – die einen hätten dann die Aufgabe gehabt, ihn von der Brücke[65] zu stoßen, die andern, ihn unten noch ganz zu erledigen –, oder ob sie ihn in der Sacra Via oder beim Betreten des Theaters überfallen sollten. Als aber eine Senatssitzung auf den fünfzehnten März im Rathaus des Pompeius angesetzt wurde, gaben sie ohne Zögern diesem Datum und diesem Ort den Vorzug.

81. Übrigens wurde Caesar der baldige Tod durch deutliche Vorzeichen angekündigt. Als wenige Monate zuvor die gemäß dem Iulischen Gesetz nach Capua übersiedelten Kolonisten einige uralte Gräber aufdeckten, um ihre Häuser zu bauen, und dieses Geschäft deshalb mit besonderem Eifer besorgten, weil sie während ihrer Arbeit eine Anzahl wertvoller alter Vasen ausgegraben hatten, wurde auch in einem Grab eine eherne Tafel gefunden, auf der in griechischer Schrift und Sprache stand, daß, wenn die Gebeine des Capys entdeckt würden, ein Nachkomme des Iulus von der Hand seiner Blutsverwandten fallen und bald darauf Italien dessen Tod mit großen Heimsuchungen büßen werde[66]. Man kann diese Sache nicht als ins Reich der Sage gehörig oder als reine Erfindung abtun, da sie von Cornelius Balbus, einem der intimsten Freunde Caesars, verbürgt ist.

---

[64] Lucius Brutus hatte den letzten König Roms vertrieben, ca. 500 v. Chr. Es mag sein, daß die Namensgleichheit auf den Caesarmörder Marcus Brutus von Einfluß gewesen ist; vgl. Dio Cassius XLIII 45. (Übersetzung dieser Verse nach M. Heinemann.)

[65] Eine Brücke, über die die Wähler zur Stimmabgabe gehen mußten.

[66] Capua ist nach der Sage eine Gründung des mit Aeneas nach Italien gelangten Capys; vgl. Vergil, Aeneis X 145, und Livius IV 37.

Wenige Tage vor seinem Tod wurde ihm gemeldet, daß die Roßherden, die er beim Überschreiten des Rubico dem Flußgott geweiht und ohne Hüter hatte frei laufen lassen, überhaupt nichts mehr fressen wollten und sehr häufig Tränen vergössen[67].

Ferner ermahnte ihn der Seher Spurinna während eines Opfers, sich vor einer Gefahr in acht zu nehmen, die nicht länger als bis zum fünfzehnten März sich werde aufhalten lassen. Am Tage vor diesem Datum aber beobachtete man, wie ein Zaunkönig mit einem Lorbeerzweig im Schnabel in das Rathaus des Pompeius flog und ihn eine Schar Vögel aus dem nächsten Park verfolgte und dann im Rathaus zerriß.

In der Nacht vor seiner Ermordung sah er sich selbst im Traume bisweilen über den Wolken schweben und dann wieder Iuppiter die Rechte reichen; und seiner Gattin Calpurnia schien es, als ob der Giebel ihres Hauses einstürze und ihr Gatte in ihrem Schoß erdolcht werde; auch öffneten sich plötzlich von selbst die Türen ihres Schlafzimmers.

Dieser ungünstigen Vorzeichen und auch seines schlechten Gesundheitszustandes wegen war er lange unschlüssig, ob er nicht lieber zu Hause bleiben und die Geschäfte, die er dem Senat hatte vortragen wollen, vertagen solle; aber auf die Aufforderung des Decimus Brutus hin, den gut besuchten und schon längere Zeit wartenden Senat nicht zu enttäuschen, ging er endlich ungefähr um elf Uhr aus dem Hause. Auf dem Weg steckte er eine Schrift, die eine Anzeige des Komplotts enthielt und ihm von einem Unbekannten überreicht worden war, zu den übrigen Schriften, die er in der Linken hielt, in der Absicht, sie später zu lesen. Obwohl mehrere Opfertiere geschlachtet wurden, waren die Vorzeichen ungünstig; aber dennoch betrat er den Senat unter Mißachtung jeglicher religiöser Bedenken, lächelte spöttisch zu Spurinna hinüber und sagte, um ihn bloßzustellen, daß der fünfzehnte März gekommen, ohne daß ihm etwas zugestoßen sei, worauf dieser antwortete, er sei zwar gekommen, aber noch nicht vorüber.

82. Während er Platz nahm, umstanden ihn die Verschworenen, scheinbar um ihm ihre Ergebenheit zu bezeugen, und sogleich trat Cimber Tillius, der die erste Rolle übernommen hatte, näher an ihn heran, wie um ihn um etwas zu bitten. Als Caesar eine abschlägige Antwort erteilt und ihn mit einem Wink auf eine andere Zeit vertröstet, faßt Tillius ihn an beiden Schultern an der Toga; Caesar ruft: »Das ist ja Gewalt!« Da verwundet ihn

---

[67] Vgl. die Pferde des Achill, Ilias XVII 426 ff.

einer der beiden Casca von hinten wenig unter der Kehle. Caesar hält den Arm Cascas fest und durchsticht ihn mit dem Schreibgriffel; als er versucht aufzuspringen, wird er durch eine zweite Verwundung daran gehindert. Wie er nun von allen Seiten gezückte Dolche auf sich gerichtet sieht, verhüllt er das Haupt mit der Toga und glättet sie zugleich mit der Linken bis hinab zu den Füßen, um mit Anstand zu fallen und auch den unteren Teil des Körpers zu verhüllen. In dieser Stellung wurde er, ohne einen Laut von sich zu geben, durch dreiundzwanzig Stiche durchbohrt; nur beim ersten Stoß hatte er einen Seufzer hören lassen. Allerdings berichten einige, er habe zu dem auf ihn eindringenden Marcus Brutus auf griechisch gesagt: »Auch du, mein Sohn?«

Da alle auseinanderstoben, blieb seine Leiche eine Zeitlang liegen, bis ihn drei Sklaven in eine Sänfte legten – den einen Arm ließen sie heraushängen – und nach Hause brachten. Nach Ansicht des Arztes Antistius war unter all diesen Wunden keine tödliche gewesen außer der zweiten, die er in die Brust erhalten hatte.

Die Verschworenen hatten die Absicht gehabt, seinen Leichnam in den Tiber zu werfen, seine Güter zu konfiszieren und alle seine Anordnungen für ungültig zu erklären, aber aus Furcht vor dem Konsul Marcus Antonius und Lepidus, dem Adjutanten Caesars[68], führten sie ihren Plan nicht aus.

83. Auf Antrag seines Schwiegervaters Lucius Piso wurde daher das Testament, das er am dreizehnten September letzten Jahres auf seinem Landgut bei Lavicum verfaßt und dann der Oberpriesterin der Vesta anvertraut hatte, eröffnet und im Hause des Antonius verlesen.

Quintus Tubero berichtet, daß er seit seinem ersten Konsulat bis zu Beginn des Bürgerkriegs immer Gnaeus Pompeius als seinen Erben bezeichnet und dies auch den Soldaten in einer Versammlung bekanntgegeben habe. Aber in seinem letzten Testament hatte er die drei Enkel seiner Schwestern als Erben eingesetzt: Gaius Octavius hinterließ er drei Viertel, Lucius Pinarius und Quintus Pedius zusammen das restliche Viertel seines Vermögens. Am Schluß der Urkunde nahm er Gaius Octavius sogar in seine Familie auf und gab ihm seinen Namen; mehrere seiner Mörder hatte er zu Vormündern seines Sohnes, falls ihm noch einer geboren würde, bestimmt; Decimus Brutus sogar zum

---

[68] Dem Diktator stand ein *magister equitum*, ein Adjutant, zur Seite. Dieses Amt hatte Lepidus bei Caesar innegehabt.

Erben zweiten Grades. Dem Volke vermachte er seine Gärten am Tiber zur freien Benutzung und pro Kopf dreihundert Sesterzen.

84. Nachdem der Tag des Begräbnisses bekannt war, wurde ein Scheiterhaufen auf dem Marsfeld in der Nähe des Grabmals der Iulia[69] errichtet und vor der Rednertribüne ein vergoldetes Modell des Tempels der Venus Genetrix aufgestellt; in dessen Innern stand ein elfenbeinernes Bett mit Gold- und Purpurdecken und obenan ein Gestell mit den Kleidern, die Caesar bei seiner Ermordung getragen hatte.

Da ein Tag für all die, welche im Leichenzug Geschenke mitzutragen beabsichtigten, nicht auszureichen schien, wurde vorgeschrieben, daß man diese ohne eigentliche Prozession auf jedem beliebigen Weg nach dem Marsfeld bringen könne. Während der Leichenspiele wurden gewisse Partien aus Tragödien aufgeführt, die zum Mitleid mit Caesar und zum Haß gegen seine Mörder aufrufen sollten, zum Beispiel aus dem ›Waffengericht‹ des Pacuvius die Stelle:

Hab' ich sie bewahrt zu meinem Untergang?

und ähnliche Stellen aus der ›Elektra‹ des Atilius.

An Stelle einer Leichenrede ließ der Konsul Antonius durch den Herold einen Senatsbeschluß verlesen, worin Caesar alle göttlichen und menschlichen Ehren verliehen wurden; ferner den Eid, mit dem sich alle Senatoren verpflichtet hatten, das Leben dieses einen zu schützen. Er selbst fügte nur einige wenige Worte hinzu.

Das Totenbett trugen amtierende und ehemalige Magistratspersonen zur Rednertribüne auf dem Forum. Während die einen ihn im Allerheiligsten des Tempels des Iuppiter Capitolinus verbrennen lassen wollten, die andern aber das Rathaus des Pompeius dafür vorschlugen, legten plötzlich zwei mit Schwertern gegürtete und zwei Speere in Händen haltende Unbekannte brennende Wachsfackeln an das Gerüst, und sofort trug die herumstehende Menge trockenes Reisig, die Richterstühle mitsamt den Bänken, und was an Leichengeschenken vorhanden war, zusammen. Darauf zogen die Musikanten und Schauspieler die Festkleider, die sie von den Triumphzügen her besaßen und zur heutigen Feier angelegt hatten, ab, rissen sie in Stücke und warfen sie in die Flammen; die Veteranen seiner Legionen taten

[69] Caesars Tochter.

das gleiche mit ihren Waffen, in deren Schmuck sie der Leichenfeier beigewohnt hatten; desgleichen die meisten Frauen mit den Schmuckstücken, die sie auf sich trugen, und den Amuletten und Kleidern ihrer Kinder. Während der allgemeinen Staatstrauer begingen die einzelnen ausländischen Kolonien in Rom Trauerfeiern nach ihrem eigenen Ritus, vor allem die Juden, die sogar einige Nächte hintereinander die Grabstätte besuchten.

85. Unmittelbar nach dem Leichenbegängnis eilte das Volk mit Fackeln nach dem Haus des Brutus und Cassius und konnte nur mit Mühe von Tätlichkeiten zurückgehalten werden. Helvius Cinna wurde unterwegs getötet und sein Kopf auf einer Lanze aufgespießt herumgetragen[70]. Er war nämlich mit seinem Namensvetter Cornelius Cinna verwechselt worden, der gesucht wurde, weil er am Tag zuvor eine heftige Rede gegen Caesar gehalten hatte. Später errichtete die Menge auf dem Forum eine fast zwanzig Fuß hohe massive Säule aus numidischem Marmor mit der Inschrift: »Dem Vater des Vaterlands.« Bei dieser pflegte man noch lange Zeit zu opfern, Gelübde abzulegen und gewisse Streitfälle durch einen Schwur bei Caesars Namen zu schlichten.

86. Manche seiner Verwandten hegten den Verdacht, Caesar habe gar nicht länger leben wollen und sich deshalb auch nicht um seine angegriffene Gesundheit gekümmert; aus dem gleichen Grunde habe er auch nicht auf die schlechten Vorzeichen und die Warnungen seiner Freunde geachtet. Einige nehmen an, er habe im Vertrauen auf den letzten Senatsbeschluß und den von den Senatoren abgelegten Eid auch seine spanische Leibgarde, die ihn überallhin mit ihren Schwertern begleitete, entlassen. Andere im Gegenteil sind der Ansicht, er habe lieber den ihm von allen Seiten drohenden Gefahren auf einmal entgegengetreten wollen, als immer in Unruhe zu leben; und einige berichten, daß er zu sagen pflegte: es sei nicht so sehr in seinem Interesse als in dem des Staates, daß er am Leben bleibe; er habe schon lange den Gipfel der Macht und des Ruhms erreicht; falls ihm etwas zustoßen sollte, werde der Staat nicht in Ruhe bleiben können, sondern nur noch schlimmere Bürgerkriege erleben.

87. Darin sind sich aber fast alle einig, daß ihm ein solcher Tod sozusagen nach Wunsch gekommen ist. Einmal nämlich, als er bei Xenophon[71] las, daß Kyros während seiner letzten Krankheit Anordnungen für sein Begräbnis getroffen habe, zeigte er seine Abneigung gegen ein so langsames Sterben und wünschte

---

[70] Diese Begebenheit ist in Shakespeares Julius Caesar, 3. Aufzug, 3. Szene, verwertet.
[71] Vgl. Xenophon, Kyropaedie VIII 7, 25.

für sich einen plötzlichen und raschen Tod; und am Tage vor seiner Ermordung, als während des Essens bei Marcus Lepidus das Gespräch darauf kam, welches wohl der angenehmste Tod sei, gab er einem plötzlichen, unerwarteten den Vorzug.

88. Caesar starb in seinem sechsundfünfzigsten Lebensjahr und wurde nicht nur durch einen offiziellen Beschluß, sondern auch der tiefsten Überzeugung des Volkes entsprechend unter die Götter erhoben. Ja, während der erstmaligen Veranstaltung der Spiele, die für seine Aufnahme unter die Götter sein Erbe Augustus aufführen ließ[72], glänzte ein Komet während sieben Tagen hintereinander am Himmel – er erschien etwa um sechs Uhr abends –, und man glaubte, es sei die Seele des in den Himmel aufgenommenen Caesar; aus diesem Grund wird an seinem Bild über dem Scheitel ein Stern angebracht. Man beschloß, das Rathaus, in dem er ermordet worden war, niederzureißen und den fünfzehnten März »Vatermordtag« zu nennen und an diesem Tag niemals eine Senatssitzung abzuhalten.

89. Von seinen Mördern überlebte ihn sozusagen keiner länger als drei Jahre, und keiner starb eines natürlichen Todes. Nach ihrer Verurteilung ereilte jeden ein anderes Schicksal: einige kamen zur See um, andere im Kampf; wieder andere töteten sich selbst mit demselben Dolch, mit dem sie Caesar ermordet hatten.

[72] Vgl. Aug. 10.

Augustus
63 v. Chr. – 14 n. Chr.

1. Verschiedene Tatsachen beweisen uns, daß die Familie der Octavier einst zu den bedeutendsten der Stadt Velitrae gehörte; ein Quartier im bevölkertsten Teil der Stadt hieß nämlich seit alters Octavius, und man zeigte dort auch einen einem Octavius geweihten Altar. Dieser Octavius hatte als Feldherr in einem Grenzkrieg während des Opfers, das er Mars darbrachte, die Nachricht vom plötzlichen Einfall der Feinde erhalten. Da riß er die noch halbrohen Eingeweide des Opfertieres aus dem Feuer, zerschnitt sie und schritt so zum Kampfe, aus dem er dann als Sieger heimkehrte. Es bestand auch ein offizielles Dekret, wonach in Zukunft die Eingeweide dem Mars immer auf diese Art dargebracht und die Reste des Opfertieres den Octaviern überlassen werden sollten.

2. Die Familie war, als zu den Geschlechtern zweiter Klasse gehörig, von König Tarquinius Priscus zum Senat zugelassen worden, später aber wurde sie von Servius Tullius unter die Patrizier aufgenommen; sie hatte sich dann im Laufe der Zeit wieder auf die Seite der Plebeier geschlagen und kehrte erst nach langer Zeit, unter dem zu den Göttern aufgenommenen Iulius (Caesar), in den Adelsstand zurück. Der erste der Familie, der ein Amt durch Volkswahl erhielt, war Gaius Rufus. Er brachte es zum Quästor und hatte zwei Söhne, Gnaeus und Gaius, von denen die zwei Linien der Familie der Octavier abstammen. Diese hatten ein sehr ungleiches Schicksal: Gnaeus und seine Nachkommen nahmen nämlich alle hohen Staatsstellungen ein, wohingegen Gaius und seine Nachkommen, sei es durch Zufall oder mit Absicht, bis zum Vater des Augustus im Ritterstand blieben. Augustus' Urgroßvater leistete im Zweiten Punischen Krieg unter dem Kommando des Aemilius Papus als Militärtribun Kriegsdienst in Sizilien. Sein Großvater, mit Munizipalämtern zufrieden, verlebte im Genusse eines großen Vermögens ein sehr friedliches Alter.

All diese Angaben stammen von anderen Leuten; Augustus selbst schreibt nichts weiter über sich, als daß er aus einer alten und reichen ritterlichen Familie stamme, in welcher sein Vater der erste Senator gewesen sei. Marcus Antonius wirft ihm vor, sein Urgroßvater sei Freigelassener, ein Seiler aus Thurii, und sein Großvater ein Geldwechsler gewesen. Sonst habe ich nichts weiter über Augustus' Vorfahren väterlicherseits gefunden.

3. Gaius Octavius, Augustus' Vater, lebte von Jugend an in großem Reichtum und genoß auch allgemeines Ansehen, so daß ich mich wundere, daß auch von ihm einige behauptet haben, er sei Geldwechsler, ja sogar Stimmenvermittler und Claqueur auf dem Marsfeld gewesen. Tatsächlich aber im Genusse eines bedeutenden Vermögens, erlangte er mit Leichtigkeit hohe Staatsämter und verwaltete sie mit Auszeichnung. Nach seiner Prätur erhielt er durch das Los Makedonien als Provinz und vernichtete auf der Fahrt dorthin im Sonderauftrag des Senates die Reste der Banden des Spartacus und Catilina, zum größten Teil entlaufene Sklaven, die das Gebiet um Thurii besetzt hatten. Die Provinz verwaltete er mit nicht geringerer Gerechtigkeit als Härte: so schlug er die Bessi und Thraker in einer großen Schlacht, behandelte aber die römischen Bundesgenossen so vorbildlich, daß Cicero in Briefen, die uns erhalten geblieben sind[1], seinen Bruder Quintus, der zu gleicher Zeit der wenig geschätzte Prokonsul von Kleinasien war, dringend ermahnt, sich seinen Kollegen und Nachbarn Octavius als Beispiel für die Behandlung von Bundesgenossen zu nehmen.

4. Bei seiner Rückkehr von Makedonien starb er eines plötzlichen Todes, noch bevor er seine Kandidatur für das Konsulat bekanntgeben konnte. Er hinterließ drei Kinder: die ältere Octavia, Tochter seiner Gattin Ancharia, die jüngere Octavia und Augustus von seiner zweiten Frau Atia. Atia war die Tochter des Marcus Atius Balbus und der Iulia, der Schwester Gaius Caesars.

Balbus stammte väterlicherseits aus einer Familie von Aricia und zählte zahlreiche Senatoren unter seine Vorfahren; mütterlicherseits war er sehr nahe mit dem Großen Pompeius verwandt. Nach seiner Prätur gehörte er dem Zwanzigmännerkollegium an, das kraft des Iulischen Gesetzes das Gebiet von Campanien unter das Volk zu verteilen hatte[2]. Der gleiche Antonius allerdings, um auch die Familie von Augustus' Mutter in den Schmutz zu ziehen, wirft ihm vor, sein Großvater sei von afrikanischer Herkunft gewesen und habe bald einen Salbenladen, bald eine Bäckerei in Aricia betrieben. Cassius von Parma bezeichnet Augustus in einem Brief nicht nur als Enkel eines Bäckers, sondern sogar eines mehr als bescheidenen Geldwechslers: »Das Mehl Deiner Mutter stammt aus der trübsten Bäckerei von Aricia,

---

[1] Epistulae ad Quintum fratrem I 1, 21; 2, 7.
[2] Vgl. Caes. 20.

und ein Makler aus Nerulum hat es mit seinen vom Schmutz des Geldes verfärbten Händen geknetet.«

5. Geboren ist Augustus im Konsulatsjahr von Marcus Tullius Cicero und Gaius Antonius³ am dreiundzwanzigsten September, kurz vor Sonnenaufgang, in der Gegend des Palatins, die »Bei den Rinderköpfen« genannt wird; dort steht jetzt ein Heiligtum, das einige Zeit nach seinem Tode errichtet wurde. In den Senatsakten ist nämlich aufgezeichnet, daß ein junger Mann von patrizischer Herkunft, Gaius Laetorius, um eine leichtere Strafe für einen von ihm begangenen Ehebruch zu erlangen, außer seiner Jugend und seiner vornehmen Ahnen auch folgenden Milderungsgrund den Senatoren vorgebracht habe: er sei der Besitzer und sozusagen der Hüter des Bodens, den der göttliche Augustus zuerst nach seiner Geburt berührt habe, und man solle ihn mit Rücksicht auf die ihm gleichsam zugehörige und eigentümliche Gottheit begnadigen. Darauf wurde beschlossen, diesen Teil des Hauses zum Heiligtum zu erklären.

6. Noch heute wird der Ort gezeigt, wo er aufgewachsen ist: eine sehr bescheidene und einer Vorratskammer ähnliche Stube auf einem Gut in der Nähe von Velitrae, das seiner Familie seit langem gehörte. Die Leute in der Gegend glauben sogar, Augustus sei dort geboren. Dieses Zimmer ohne dringenden Grund und nicht in frommer Absicht zu betreten verbietet die religiöse Ehrfurcht; es besteht nämlich ein alter Glaube, daß solche, die dort unbedacht hineingehen, von Grauen und Furcht gepackt werden. Das bestätigte sich auch bald, als ein neuer Besitzer des Hauses, sei es aus Zufall oder aus Wagemut, sich dorthin zum Schlafen begeben hatte. Da geschah es, daß er nach wenigen Stunden, mitten in der Nacht, plötzlich durch eine unbekannte Macht hinausgeworfen und halbtot samt seinem Bett vor der Tür gefunden wurde.

7. Als kleines Kind erhielt Augustus zum Gedächtnis an die Herkunft seiner Vorfahren, oder weil in der Gegend von Thurii sein Vater Octavius kurz nach der Geburt seines Sohnes gegen die aufständischen Sklaven erfolgreich gekämpft hatte, den Beinamen Thurinus. Zum Beweis dafür, daß er diesen Namen wirklich trug, könnte ich anführen, daß ich eine Bronzestatuette erwarb, die Augustus als Knaben darstellt und in eisernen, kaum noch leserlichen Buchstaben diesen Namen als Inschrift trägt; diese wurde von mir dem Kaiser⁴ zum Geschenk gemacht,

³ 63 v. Chr.; vgl. Caes. 14.
⁴ Hadrian, dessen Sekretär Sueton war; vgl. Nachwort, S. 347.

und er verehrt sie unter den Hausgöttern in seinem Schlafgemach. Aber auch in den Briefen des Marcus Antonius wird Augustus oft, um ihn zu beleidigen, Thurinus genannt; er selbst schreibt aber als Antwort nur, er wundere sich, daß man ihm seinen früheren Namen zum Vorwurf mache.

Später nahm er die Beinamen Gaius Caesar und Augustus an, den einen auf Grund des Testamentes seines Großonkels[5], den andern gemäß dem Antrag des Munatius Plancus. Obschon nämlich gewisse Senatoren vorschlugen, ihn Romulus zu nennen, gewissermaßen als zweiten Gründer Roms, setzte sich die Anregung durch, ihm eher den Namen Augustus zu geben, nicht nur wegen der Neuheit dieses Beinamens, sondern auch wegen seines grandiosen Charakters, da ja auch die Plätze für religiöse Feiern und diejenigen, wo durch Auguren Weihungen vorgenommen werden, *augustus* (erhaben, geweiht) genannt werden – das Wort wird entweder von *auctus* (Gedeihen, Fülle) oder von *avium gestus gustusve* (Gebaren oder Fressen der Vögel) hergeleitet; dasselbe meint auch Ennius, wenn er schreibt:

> *augusto augurio postquam incluta condita Roma est*
> (Als einst gegründet ward Rom, das berühmte,
> $\qquad\qquad\qquad\qquad$ durch heilige Weihe).

8. Mit vier Jahren verlor Augustus seinen Vater; mit zwölf hielt er die öffentliche Leichenrede auf seine Großmutter Iulia. Vier Jahre später, als er bereits die Männertoga trug, wurde er anläßlich von Caesars Triumph über Afrika mit militärischen Ehrengeschenken bedacht, obschon er seiner Jugend wegen am Kriege selbst nicht teilgenommen hatte. Als bald darauf sein Onkel (Caesar) gegen die Söhne des Gnaeus Pompeius nach Spanien zog[6], folgte er ihm, nur von sehr wenigen Leuten begleitet, mitten durch die Feinde, obgleich er sich noch kaum von einer schweren Krankheit erholt und sogar noch Schiffbruch erlitten hatte; diese Leistung erwarb ihm die besondere Gunst Caesars, der bald seine glücklichen Charakteranlagen neben dem auf dieser Fahrt bewiesenen Mut anerkannte.

Caesar, der nach der Unterwerfung Spaniens einen Feldzug gegen die Daker und von dort gegen die Parther plante, sandte ihn nach Apollonia voraus, wo er seine Zeit mit Studien zubrachte. Als er von Caesars Ermordung hörte und erfuhr, daß er

---
[5] Über das Testament vgl. Caes. 83.
[6] Zum Afrikanischen Triumph vgl. Caes. 37. Zum Feldzug in Spanien vgl. Caes. 35/36.

zu seinem Erben bestimmt sei, war er zuerst lange Zeit unschlüssig, ob er nicht die in der Nähe stationierten Legionen zu Hilfe rufen solle, ließ dann aber diesen Plan als zu verwegen und voreilig fallen. Er ging also nach Rom zurück und trat, trotz dem Bedenken seiner Mutter und dem wiederholten Abraten seines Stiefvaters Marcius Philippus, eines gewesenen Konsuls, sein Erbe an. Er schuf sich eine Armee und stand von diesem Zeitpunkt an, zunächst gemeinsam mit Marcus Antonius und Lepidus, darauf zwölf Jahre lang nur noch mit Antonius und zuletzt während vierundvierzig Jahren allein an der Spitze des Staates.

9. Nachdem ich so gewissermaßen einen Überblick über sein Leben gegeben habe, will ich jetzt einzeln die Abschnitte behandeln, allerdings nicht zeitlich, sondern thematisch geordnet, damit die Darstellung und das Verständnis um so klarer werde.

Bürgerkriege führte er fünf: den von Mutina, Philippi, Perusia, Sizilien und Aktium, von denen der erste und der letzte gegen Marcus Antonius ging, der zweite gegen Brutus und Cassius, der dritte gegen Lucius Antonius, den Bruder des Triumvirn, und der vierte gegen Sextus Pompeius, den Sohn des Gnaeus.

10. Für Augustus war der Ausgangspunkt und Antrieb zu all diesen Kriegen folgender: er betrachtete es als seine erste Pflicht, den Tod seines Onkels zu rächen und dessen Werk zu erhalten; und so beschloß er gleich nach seiner Rückkehr von Apollonia, gegen Brutus und Cassius, solange sie noch nichts ahnten, mit Gewalt vorzugehen und dann, da sie sich inzwischen der Gefahr wohlweislich entzogen hatten, den gesetzlichen Weg zu beschreiten und sie in ihrer Abwesenheit des Mordes anzuklagen. Außerdem veranstaltete er die Spiele zu Ehren der Siege Caesars[7], und zwar persönlich, da diejenigen, denen diese Aufgabe eigentlich zugefallen war, nicht wagten, sie durchzuführen.

Um nun mit noch größerem Nachdruck auch seine weiteren Pläne verwirklichen zu können, bewarb er sich um die Stelle eines Volkstribunen, die zufällig durch Todesfall frei wurde, obschon er Patrizier und noch nicht Senator war[8]. Aber seinem Vorhaben stellte sich der Konsul Marcus Antonius entgegen, auf dessen Hilfe er ganz besonders gezählt hatte; dieser wollte

---

[7] Vgl. Caes. 88.

[8] Dieses Amt war eigentlich Plebeiern vorbehalten; vgl. S. 18, Anm. 10. Ferner war es üblich, vorher wenigstens Quästor gewesen zu sein, wodurch man automatisch in den Senat eintrat. Der verstorbene Volkstribun war Helvius Cinna; vgl. Caes. 85.

ihm nämlich jeweils ohne die Bezahlung ungeheurer Summen nicht einmal die gewöhnlichen und überlieferten Rechte zugestehen. Daher ging Augustus zur Partei der Optimaten[9] über, der, wie er gemerkt hatte, Antonius verhaßt war, besonders weil er Decimus Brutus in Mutina belagert hielt und versuchte, ihn aus der ihm von Caesar gegebenen und offiziell zugestandenen Provinz mit Waffengewalt zu vertreiben. Auf Zureden einiger Leute hin plante Augustus ein Attentat gegen Antonius, das aber entdeckt wurde; aus Angst vor den möglichen Folgen zog er dann unter größten finanziellen Opfern zu seinem und des Staates Schutz die Veteranen Caesars zusammen. Man bestimmte ihn zum Führer dieses Heeres im Range eines Proprätors und befahl ihm, zusammen mit Hirtius und Pansa, die ihr Konsulat angetreten hatten, Decimus Brutus Hilfe zu bringen.

Er beendete den ihm übertragenen Krieg innerhalb dreier Monate in zwei Schlachten. Antonius schreibt, daß Augustus in der ersten geflohen und ohne Feldherrnmantel und Pferd nach zwei Tagen endlich wieder aufgetaucht sei; in der zweiten erfüllte er, wie zuverlässig überliefert ist, seine Pflicht nicht nur als Feldherr, sondern auch als Soldat, indem er mitten in der Schlacht, als der Adlerträger seiner Legion schwer verwundet worden war, den Adler selbst auf die Schulter nahm und während längerer Zeit trug.

11. Da in diesem Krieg Hirtius während der Schlacht und wenig später auch Pansa an einer Verwundung starben, verbreitete sich das Gerücht, daß Augustus nicht unschuldig an ihrem Tod gewesen sei[10], um, wenn Antonius geschlagen und der Staat seiner Konsuln beraubt wäre, allein an die Spitze der siegreichen Heere treten zu können. Ja der Tod Pansas schien so verdächtig, daß dessen Arzt Glykon festgenommen wurde und man ihn beschuldigte, er habe Gift in die Wunde geträufelt. Aquilius Niger fügt noch hinzu, daß Hirtius, der andere Konsul, im Schlachtgetümmel von Augustus selbst getötet worden sei.

12. Als Augustus aber erfuhr, daß Antonius nach seiner Flucht bei Marcus Lepidus Zuflucht gefunden habe und die andern Feldherren und Heere sich der Gegenpartei anschlössen, verließ er ohne Zögern die Optimatenpartei, indem er zum Vorwand für seine Sinnesänderung böswillig die Worte und Taten einiger

---

[9] Die Senatspartei, zu der die Caesarmörder gehörten. Dies war aber nur eine vorübergehende Verbindung; vgl. Aug. 12.
[10] Vgl. Tacitus, Annalen I 10, 2.

Leute verdrehte, von denen die einen ihn als »Knaben« bezeichnet hätten, die andern »er sei einer, dem man die Ehre antun müsse, um ihn dann ›weiterzubefördern‹«[11]; auch sei weder ihm noch seinen Veteranen der gebührende Dank zuteil geworden. Um seine Reue darüber, daß er Anhänger der Optimatenpartei gewesen war, deutlicher zu zeigen, bestrafte er die Einwohner von Nursia, weil sie für ihre bei Mutina gefallenen Mitbürger auf Staatskosten ein Grabmal mit der Inschrift »Sie starben für die Freiheit« errichtet hatten, mit einer großen Geldbuße und, als sie nicht bezahlen konnten, sogar mit Vertreibung aus der Stadt.

13. Nachdem er sich mit Antonius und Lepidus verbündet hatte, beendete er auch den Krieg von Philippi trotz einer Schwäche und Krankheit in einer Doppelschlacht. Im Verlauf der ersten Schlacht war sein Lager vom Feind genommen worden, und er vermochte nur mit knapper Not sich zum Flügel des Antonius zu retten. Weit davon entfernt, seinen Sieg mit Mäßigung auszunützen, sandte er das Haupt des Brutus nach Rom, damit es vor dem Standbild Caesars niedergelegt werde, und gerade gegen die vornehmsten Gefangenen wütete er, nicht ohne sie auch mit Worten schwer zu beleidigen. So soll er einem, der ihn kniefällig um ein ehrenvolles Begräbnis bat, geantwortet haben, er stelle das dem Willen der Vögel anheim. Zwei andern, Vater und Sohn, die um ihr Leben baten, soll er befohlen haben, das Los zu ziehen oder es im Morraspiel untereinander auszumachen, wem das Leben geschenkt werde; und er soll zugeschaut haben, wie der Sohn Selbstmord beging, weil der Vater sich dem Henker überliefert hatte. Deshalb schmähten ihn auch die übrigen Gefangenen, unter ihnen Marcus Favonius, der Nacheiferer Catos, als sie in Ketten vorgeführt wurden, in aller Öffentlichkeit mit den gröbsten Schimpfworten, während sie Antonius ehrerbietig als Feldherrn begrüßten.

Nach ihrem Sieg verteilten sie die Chargen: Antonius bekam den Orient, und Augustus übernahm die Aufgabe, die Veteranen nach Italien zurückzuführen und auf dem Gebiet der Provinzstädte anzusiedeln, wobei er sich weder den Dank der Veteranen noch der Landbesitzer erwarb, weil die einen sich beklagten, daß sie vertrieben würden[12], die andern, daß man sie nicht behandle, wie sie es ihren Verdiensten entsprechend erwarten durften.

14. Zu dieser Zeit nötigte er Lucius Antonius, der im Ver-

---

[11] Nämlich ins Jenseits. Wortspiel mit *tollere*: »in die Höhe heben« und »aus dem Weg räumen«. Der Ausspruch stammt von Cicero; vgl. Briefe XI 20, 1 und Velleius Paterculus II 62.

[12] Vgl. Vergil, Eklogen I und IX.

trauen auf seine Würde – er war gerade zu der Zeit Konsul – und den Einfluß seines Bruders eine Revolution vorbereitete, nach Perusia zu fliehen, wo er ihn durch Aushungern zur Übergabe zwang, jedoch nicht ohne vor dem Krieg und während desselben in große Gefahren zu geraten. Als er nämlich während eines öffentlichen Schauspiels einen gemeinen Soldaten, der auf den vierzehn für die Ritter reservierten Bänken Platz genommen hatte, durch einen Polizeidiener wegweisen ließ, wurde sogleich von seinen Gegnern das Gerücht verbreitet, daß er den Mann habe foltern und dann umbringen lassen; und so fehlte nicht viel, und er wäre bei dem Auflauf der erbitterten Soldateska umgekommen. Sein Glück war, daß der Vermißte plötzlich heil und unversehrt erschien. Ein andermal, als er unter den Mauern von Perusia opferte, wäre er beinahe von einer Schar Gladiatoren, die einen Ausfall aus der Stadt gemacht hatte, gefangengenommen worden.

15. Nach der Einnahme von Perusia sprach er zahlreiche Todesurteile aus und antwortete denen, die Gnade zu erflehen oder sich zu entschuldigen suchten, mit dem einen Wort: »Man muß sterben.« Gewisse Autoren berichten, er habe aus den Besiegten dreihundert ausgelesen, alle aus dem Ritter- und Senatorenstand, und sie an einem zu Ehren des unter die Götter aufgenommenen Iulius (Caesar) errichteten Altar am fünfzehnten März wie Opfertiere niedermachen lassen. Es gab auch Leute, die behaupteten, er habe im Einverständnis mit Antonius die Waffen ergriffen, damit sich seine heimlichen Gegner und die, die sich mehr aus Furcht als aus Überzeugung ruhig verhalten hatten, bloßstellten. So wurde diesen die Gelegenheit gegeben, sich der Führung des Lucius Antonius anzuvertrauen, während es Augustus dann seinerseits möglich war, nach der Niederlage ihre Güter zu konfiszieren und damit die den Veteranen versprochenen Belohnungen zu bezahlen.

16. Der Sizilische Krieg war einer der ersten, die er unternommen hatte. Aber er zog sich wegen mehrmaliger Unterbrechungen in die Länge: das eine Mal, weil er die Flotten wieder neu bauen mußte, die zweimal mitten im Sommer durch Stürme Schiffbruch erlitten hatten, das andere Mal, weil er auf Verlangen des Volkes hatte Frieden schließen müssen; die Lebensmittelzufuhr war nämlich abgeschnitten worden, und die Hungersnot wurde allzu drückend. Als der Neubau der Flotte endlich beendet war und er zwanzigtausend Sklaven freigelassen hatte, um sie als Ruderer zu verwenden, schuf er den Iulischen Hafen in

der Nähe von Baiae, indem er den Lucriner- und Avernersee mit dem Meere verband[13]. Dort übte er seine Flotte während des ganzen Winters und vermochte dann auch Pompeius zwischen Mylae und Naulochus zu schlagen.

Um die Stunde der Schlacht überfiel ihn plötzlich ein so tiefer Schlaf, daß er von seinen Freunden aufgeweckt werden mußte, um das Signal zum Angriff geben zu können. Auf diese Begebenheit, glaube ich, bezieht sich der Vorwurf des Antonius, der sagt, Augustus habe nicht einmal ruhigen Auges eine in Schlachtordnung aufgestellte Armee anzusehen vermocht, sondern sei auf dem Rücken, mit dem Blick gen Himmel, stumpfsinnig dagelegen und nicht eher aufgestanden und vor die Soldaten getreten, als bis die feindlichen Schiffe von Marcus Agrippa in die Flucht geschlagen waren. Andere rügen von seinen Worten und Taten folgende: als die Flotten durch Sturm verlorengingen, soll er ausgerufen haben, daß er auch gegen Neptuns Willen den Sieg davontragen werde; und bei den nächsten Zirkusspielen habe er bei der feierlichen Prozession das Bild dieses Gottes nicht mitführen lassen.

Vielleicht gab es keinen Krieg, in dem er zahlreichere und größere Gefahren zu bestehen hatte. Nach der Übersetzung seines Heeres nach Sizilien wollte er den Rest seiner Truppen in Italien holen, wurde aber unversehens von Demochares und Apollophanes, zwei Unterfeldherren des Pompeius, angefallen und vermochte gerade noch mit einem einzigen Schiff zu entfliehen. Ein anderes Mal, als er an Lokri vorbei zu Fuß nach Regium ging, sah er von weitem einige Zweidecker der pompeianischen Flotte, die an der Küste entlangsegelten, stieg im Glauben, es seien eigene, zum Ufer hinab und wäre um ein Haar in Gefangenschaft geraten. Als er damals auf unwegsamen Pfaden flüchtete, versuchte ein Sklave seines Begleiters Aemilius Paulus, ihn umzubringen; dieser glaubte nämlich den Zeitpunkt gekommen, für den von Augustus einst geächteten Vater des Paulus Rache zu nehmen, ein Ereignis, das den Sklaven sehr erbittert hatte.

Nach der Flucht des Pompeius entblößte er den einen seiner Kollegen, Marcus Lepidus, den er aus Afrika zu Hilfe gerufen hatte, seines Heeres, da dieser, im stolzen Vertrauen auf seine zwanzig Legionen, die Hauptrolle zu spielen und Augustus durch Drohungen einzuschüchtern versuchte. Augustus ließ

---

[13] Die beiden landeinwärts gelegenen Seen wurden mit dem Meer durch einen Kanal verbunden, und so wurde ein großer Hafen geschaffen. Dieses Werk war viel bewundert; vgl. Vergil, Georgika II 160–163.

ihm auf sein kniefälliges Bitten hin das Leben, verbannte ihn aber für immer nach Circeii.

17. Sein Bündnis mit Marcus Antonius, das immer zweifelhaft und unsicher gewesen und durch verschiedentliche Versöhnungen nur schwach zusammengehalten wurde, brach er endlich; und um deutlicher zu zeigen, daß Antonius sich dem Römertum immer mehr entfremdet habe, ließ er das Testament, das dieser in Rom niedergelegt hatte und worin sogar seine Kinder von Kleopatra als erbberechtigt aufgezählt waren, eröffnen und vor versammeltem Volk verlesen. Augustus erklärte ihn zum Staatsfeind, gestattete aber dennoch all seinen Freunden und Verwandten zu ihm zu gehen, unter andern auch Gaius Sosius und Gnaeus Domitius[14], die damals noch Konsuln waren. Ebenso erließ er es offiziell den Einwohnern von Bologna, auf seinen Namen zu schwören, wie es das ganze übrige Italien tun mußte, da sie seit alters Klienten der Familie des Antonius waren.

Wenig später siegte er in der Seeschlacht bei Aktium. Der Kampf zog sich so spät in die Nacht hinein, daß der Sieger auf dem Schiff übernachten mußte. Nachdem er sich von Aktium nach Samos in die Winterquartiere zurückgezogen hatte, wurde er durch die Nachricht aufgeschreckt, daß seine aus allen möglichen Einheiten zusammengewürfelten Truppen, die er nach dem Sieg nach Brindisi vorausgeschickt hatte, meuterten und Belohnung und Entlassung forderten. Sofort ging er nach Italien zurück, wobei er zweimal durch einen Sturm schwer mitgenommen wurde: das erstemal zwischen den Vorgebirgen der Peloponnes und Aetoliens, das zweitemal beim Keraunischen Gebirge. Beidemal versank ein Teil seiner Schnellsegler; sein eigenes Schiff erlitt großen Schaden an der Takelung, und das Steuerruder wurde zerbrochen.

In Brindisi blieb er nur siebenundzwanzig Tage, bis alles nach Wunsch der Soldaten geregelt war, und fuhr darauf über Asien und Syrien nach Ägypten. Nach kurzer Belagerung nahm er Alexandria ein, wohin sich Antonius mit Kleopatra geflüchtet hatte. Antonius machte einen letzten Versuch, Frieden zu erlangen, aber Augustus zwang ihn, Selbstmord zu begehen, und ließ sich seine Leiche zeigen. Kleopatra hätte er sehr gerne für seinen Triumphzug aufgespart, und er zog auch Psylli bei, die das Gift aus ihrer Wunde saugen sollten, denn man nahm an, daß sie sich durch den Biß einer Natter den Tod gegeben habe. Beiden gestand er die Ehre eines gemeinsamen Grabes zu und befahl,

[14] Urgroßvater Neros, vgl. Nero 3. In den Handschriften falscher Vorname Titus.

das Grabmal, das sie selbst zu bauen begonnen hatten, zu vollenden.

Den Sohn des Antonius, das ältere der beiden Kinder Fulvias, ließ er vom Standbild des unter die Götter aufgenommenen Iulius (Caesar), zu dem er sich nach langem, vergeblichem Flehen geflüchtet hatte, wegreißen und töten. Ebenso ließ er Caesarion, den angeblichen Sohn Caesars und Kleopatras, den man auf der Flucht aufgegriffen hatte, hinrichten. Die Kinder des Antonius und der Kleopatra behandelte er hingegen wie eigene Verwandte; nicht nur schenkte er ihnen das Leben, sondern unterstützte und begünstigte sie später ihrem Rang entsprechend.

18. Um die gleiche Zeit sah er sich Sarg und Leiche Alexanders des Großen, die man aus der Gruft genommen hatte, mit eigenen Augen an, legte zum Zeichen seiner Verehrung einen goldenen Kranz und Blumen nieder, und auf die Frage, ob er auch die Gruft der Ptolemäer besichtigen wolle, antwortete er, er habe einen König sehen wollen, nicht Leichen.

Ägypten wandelte er in eine Provinz um[15], damit es ertragreicher und für die Getreideversorgung Roms ergiebiger gestaltet werden könne, und ließ zu diesem Zweck durch seine Soldaten alle Kanäle, in die sich der Nil bei seinen Überschwemmungen ergießt und die seit langer Zeit verschlammt waren, reinigen.

Damit sein Sieg bei Aktium auch im Gedächtnis der Nachwelt erhalten bleibe, gründete er in der Nähe die Stadt Nikopolis und veranlaßte die Einführung von Spielen, die dort alle vier Jahre abgehalten werden sollten; ferner vergrößerte er den alten Apollotempel, schmückte seinen ehemaligen Lagerplatz mit Schiffstrophäen und weihte ihn Neptun und Mars.

19. Verschiedene Erhebungen und Verschwörungen vermochte er, da sie ihm durch Anzeige hinterbracht wurden, jeweils zu unterdrücken, bevor sie einen gewissen Umfang angenommen hatten. Es waren folgende: diejenige des jungen Lepidus, darauf die des Varro Murena und des Fannius Caepio, dann die des Marcus Egnatius, eine weitere angezettelt von Plautius Rufus und Lucius Paulus, dem Gemahl seiner Enkelin[16], außerdem eine begonnen von Lucius Audasius, der wegen Urkundenfälschung angeklagt war, schon ein alter und schwacher Mann, desgleichen die des Asinius Epicadus, eines Mischlings illyrischer Herkunft, und zuletzt die des Sklaven Telephus, der bei einer vornehmen

---

[15] Vgl. Caes. 35. Ägypten war aber kaiserlicher Besitz, im Gegensatz zu den anderen senatorischen Provinzen; vgl. S. 86, Anm. 41.

[16] Tochter Agrippas und Iulias, ebenfalls mit Namen Iulia; vgl. Aug. 64.

Dame das Amt eines Nomenklators versah – denn auch von Verschwörungen und Anschlägen, die von Leuten niedrigsten Standes ausgingen, blieb er nicht verschont. Audasius und Epicadus hatten sich vorgenommen, seine Tochter Iulia und seinen Enkel Agrippa von den Inseln, auf denen sie als Verbannte leben mußten[17], zu den Heeren zu entführen; Telephus plante, im Glauben, er sei vom Schicksal für die Alleinherrschaft bestimmt, einen Anschlag gegen Augustus und den Senat. Ja man griff sogar eines Nachts einen mit einem Jagdmesser bewaffneten Marketender des illyrischen Heeres, der sich zwischen den Türhütern hatte durchschleichen können, neben Augustus' Schlafzimmer auf, und nie wurde mit Sicherheit festgestellt, ob er verrückt war oder sich nur so stellte, denn auch die Folter vermochte ihm kein Geständnis zu entreißen.

20. Auswärtige Kriege führte Augustus im ganzen nur zwei selbst: den in Dalmatien in seiner Jugend und nach seinem Sieg über Antonius den gegen die Kantabrer. Im Dalmatischen Krieg wurde er auch verwundet: in der einen Schlacht am rechten Knie durch einen Steinwurf, in der andern am Schenkel und an beiden Armen beim Einsturz einer Brücke. Die übrigen Kriege ließ er durch Unterfeldherren führen, wenn er auch bei gewissen Feldzügen in Pannonien und Germanien selbst dabei war oder doch nicht weit davon entfernt sich aufhielt, indem er sich von Rom aus bis Ravenna, Mailand oder Aquileia begab.

21. Teils unter seinem Befehl, teils unter dem seiner Unterfeldherren wurden Kantabrien, Aquitanien, Pannonien, Dalmatien mit ganz Illyricum, Rätien und die Vindelici und Salassi, zwei Alpenvölker, unterworfen. Er wehrte die Einfälle der Daker ab und schlug riesige Truppenmassen derselben, wobei auch drei ihrer Führer fielen. Die Germanen drängte er bis über die Elbe zurück; von ihnen verpflanzte er die Suebi und Sigambri, die sich ergeben hatten, nach Gallien und siedelte sie in der Nähe des Rheins an. Ebenso zwang er andere unruhige Völker zum Gehorsam.

Aber mit keinem Volk begann er ohne gerechte und notwendige Gründe Krieg und hielt sich vom Ehrgeiz, auf jede Art und Weise sein Reich und seinen Kriegsruhm zu mehren, frei; wie er auch gewisse barbarische Stammesfürsten im Tempel des Mars Ultor nur schwören ließ, Frieden und Freundschaft, um die sie baten, zu achten; bei einigen Völkern aber machte er den Versuch, eine neue Art Geiseln zu verlangen, nämlich Frauen, da er

[17] Vgl. Aug. 65.

die Erfahrung gemacht hatte, daß ihnen die männlichen Geiseln weniger wichtig waren. Und trotz allem gab Augustus sämtlichen immer die Möglichkeit, sooft sie es wollten, Geiseln wieder auszulösen, und Stämme, die sich öfter oder auf besonders hinterlistige Art erhoben, bestrafte er nie anders, als indem er die Gefangenen unter der Bedingung verkaufte, daß sie weder in der Nähe ihrer Heimat dienen noch vor Ablauf von dreißig Jahren freigelassen werden durften.

Der Ruf von Augustus' Tapferkeit und seiner Mäßigung drang sogar bis zu den Indern und Skythen, die man bisher nur dem Hörensagen nach kannte, und veranlaßte diese Völker, durch eine Gesandtschaft von sich aus um seine und des römischen Volkes Freundschaft nachzusuchen. Auch die Parther gestanden ihm ohne Schwierigkeiten auf sein Verlangen hin Armenien zu, gaben ihm die Feldzeichen, die unter Marcus Crassus und Marcus Antonius verlorengegangen waren[18], wieder zurück und boten obendrein noch Geiseln an; schließlich anerkannten sie, als sich einmal mehrere Prätendenten um den Thron stritten, nur den von Augustus Auserwählten als ihren König.

22. Den Tempel des Ianus Quirinus, der seit der Gründung der Stadt bis auf Augustus mit Ausnahme von zwei Malen immer geöffnet gewesen war, schloß er während einer viel kürzeren Zeitspanne dreimal, da zu Wasser und zu Land der Friede hergestellt war. Zweimal zog er im kleinen Triumph in die Stadt ein: nach Philippi und dem Sizilischen Krieg; dreimal feierte er den regelrechten Triumph: für Dalmatien, Aktium und Alexandria, jeden drei Tage lang.

23. Schwere, schimpfliche Niederlagen erlitt er nur zwei, und zwar beide in Germanien: die des Lollius und die des Varus[19]; von diesen war die erstere eher schmachvoll als verlustreich, die letztere aber brachte das Reich fast an den Rand des Abgrunds, da drei Legionen mitsamt ihrem Feldherrn, den Offizieren und Hilfstruppen gänzlich vernichtet wurden. Auf die Nachricht von dieser Niederlage hin ließ er Rom durch Wachen besetzen, damit kein Aufruhr entstehe; auch verlängerte er das Kommando der Provinzstatthalter, damit die Bundesgenossen durch erfahrene und ihnen bekannte Leute in Zaum gehalten würden. Er versprach auch feierlich große Spiele zu Ehren von Iuppiter Optimus

---

[18] In der Schlacht von Karrhae (53 v. Chr.) und später (35 v. Chr.) bei einem Rachefeldzug des Marcus Antonius; vgl. Caes. 44 und 79, Aug. 13 und Tib. 9.

[19] 16 v. Chr. in Nordgallien, wobei der Adler der 5. Legion verlorenging (vgl. Velleius Paterculus II 97), und 9 n. Chr. im Teutoburger Wald.

Maximus, wenn die Staatsangelegenheiten eine Wendung zum Besseren genommen hätten, wie das schon im Krieg gegen die Cimbern und gegen die Marser gemacht worden war. Er soll so niedergeschlagen gewesen sein, daß er sich einige Monate lang Bart- und Haupthaar habe wachsen lassen und bisweilen den Kopf gegen die Türe gerannt und gerufen habe: »Quinctilius Varus, gib mir meine Legionen wieder!«; und jedes Jahr soll er den Tag dieser Niederlage in Trauer und Niedergeschlagenheit begangen haben.

24. Im Heerwesen führte er viele Änderungen und Neuerungen ein, stellte aber auch in verschiedenen Dingen die alten Verhältnisse wieder her. Die Disziplin handhabte er sehr streng. Sogar Legionskommandanten gestattete er es nur ungern und nur während der Wintermonate, ihre Frauen zu besuchen. – Einen römischen Ritter, der seinen beiden Söhnen, um sie dem Heeresdienst zu entziehen, die Daumen verstümmelt hatte, ließ er in die Sklaverei verkaufen und brachte seine Habe zur Versteigerung. Als er aber sah, daß die Steuerpächter sich anschickten, den Mann zu kaufen[20], sprach er ihn einem seiner Freigelassenen zu mit dem Befehl, ihn aufs Land zu schicken und dort wie einen freien Mann zu halten. – Die ganze zehnte Legion, die nur unter Murren seinen Befehlen nachkam, entließ er mit Schimpf und Schande; ebenso verabschiedete er andere, die in ungebührlicher Form ihre Entlassung forderten, ohne die üblichen Belohnungen für ihre Dienste. Kohorten, die vor dem Feind gewichen waren, ließ er dezimieren und ihnen Gerste für ihr Brot liefern. – Centurionen, die ihren Posten verließen, bestrafte er mit dem Tode, genau wie gemeine Soldaten; für andere Vergehen bedachte er sie mit den verschiedensten ehrenrührigen Strafen, wie zum Beispiel den ganzen Tag vor dem Feldherrnzelt zu stehen, zuweilen nur mit dem Hemd bekleidet und ohne Gürtel, manchmal mit einer zehn Fuß langen Stange oder auch einem Rasenstück in der Hand.

25. Niemals nannte er bei Ansprachen oder in Erlassen seine Truppen »Kameraden«, sondern einfach »Soldaten«[21]; und er duldete es auch nicht, daß sie von seinen Söhnen oder Stiefsöhnen, wenn sie ein Kommando innehatten, anders genannt wurden, da er die Bezeichnung »Kameraden« für zu schmeichelhaft hielt und unvereinbar mit den Forderungen der Disziplin, den ruhigen Zeitläufen und seiner und seines Hauses Würde.

---

[20] Die Steuerpächter gehörten dem Ritterstande an. Aus Standesbewußtsein wollten sie den Mann kaufen, um ihm gleich darauf die Freiheit wieder zu schenken.

[21] Vgl. dagegen Caes. 67.

Abgesehen von dem Fall, daß Feuersbrünste in Rom oder Unruhen wegen der Lebensmittelversorgung es nötig machten, ließ er nur zweimal Freigelassene zum Heeresdienst zu: einmal zum Schutz der an Illyricum angrenzenden Provinzen, das zweite Mal zur Sicherung des Rheinufers; und zwar wurden diese auf seinen Befehl von reichen Männern und Frauen gestellt und ohne Aufschub freigelassen; sie mußten dann in vorderster Linie kämpfen, wurden aber nicht in die gleichen Abteilungen wie die Freigeborenen eingereiht und auch nicht auf gleiche Art bewaffnet.

Was die militärischen Auszeichnungen anbetrifft, so verlieh er eher Brustschmuck und Ketten aus Gold und Silber als Wall- und Mauerkronen, deren Besitz ungleich ehrenvoller war; diese verteilte er aufs sparsamste, ohne Rücksicht auf Popularität, auch an gemeine Soldaten. Marcus Agrippa beschenkte er in Sizilien nach seinem Seesieg mit einer blauen Standarte. Seiner Ansicht nach sollten Feldherren, die schon einen Triumph gefeiert hatten, keine Geschenke mehr erhalten, wenn sie auch an seinen Feldzügen teilnahmen und an seinen Siegen mitbeteiligt waren, weil sie selbst auch einmal das Recht besessen hätten, solche nach Belieben zu verleihen.

Augustus war der Auffassung, daß sich nichts für einen vollkommenen Feldherrn weniger schicke als Überstürzung und Unbesonnenheit. Und so wiederholte er auch häufig die griechischen Sprüche: »Eile mit Weile« und:

»Vorsicht ist für einen Feldherrn besser als Verwegenheit«[22],

ferner den lateinischen Merksatz, daß schnell genug getan werde, was recht getan werde. Auch erklärte er, daß die Verantwortung für ein Gefecht oder einen Krieg nur dann zu übernehmen sei, wenn der zu erwartende Erfolg größer scheine als die zu befürchtenden Verluste; denn diejenigen, die nicht einen kleinen Gewinn mit einem kleinen Einsatz zu erstreben suchen, pflegte er mit Fischern zu vergleichen, die mit einem goldenen Angelhaken angeln – wenn dieser abreißt, so kann der Verlust durch keinen Fang wettgemacht werden.

26. Ämter und Ehren nahm er teils vor dem gesetzlichen Alter an, teils wurden ihm auch solche ganz neuer Art auf Lebenszeit verliehen. Das Konsulat riß er in seinem zwanzigsten Lebensjahr an sich, indem er seine Legionen in feindlicher Absicht vor der

---

[22] σπεῦδε βραδέως = *festina lente*, vgl. Aulus Gellius X 11. Der zweite Spruch aus Euripides, Phoenissen 599.

Hauptstadt aufmarschieren ließ und Soldaten schickte, die im Namen des Heeres dieses Amt für ihn fordern sollten; als der Senat noch zögerte, warf der Centurio Cornelius, der Führer der Gesandtschaft, den Mantel zurück, zeigte auf den Knauf seines Schwertes und scheute sich nicht zu sagen: »Das da wird's machen, wenn ihr's nicht macht!«

Sein zweites Konsulat bekleidete er neun Jahre später, das dritte nur nach einem Jahr Unterbrechung und die folgenden bis zum elften alle hintereinander. Nachdem er viele abgeschlagen hatte, die ihm angetragen wurden, bewarb er sich nach der langen Zwischenzeit von siebzehn Jahren um sein zwölftes Konsulat und zwei Jahre später zum dreizehntenmal, um als oberster Beamter seine Söhne Gaius und Lucius bei ihrer Volljährigkeit auf das Forum führen zu können. Die fünf mittleren Konsulate, das heißt das sechste bis zehnte, übte er das ganze Jahr aus, die übrigen entweder neun, sechs, vier oder drei Monate, das zweite sogar nur wenige Stunden; nachdem er nämlich am Morgen des ersten Januar vor dem Tempel des Iuppiter Capitolinus auf seinem Amtssessel kurze Zeit Platz genommen hatte, legte er nach Ernennung eines Stellvertreters seine Würde ab. Auch trat er nicht alle Konsulate in Rom an, sondern das vierte in Asien, das fünfte auf der Insel Samos, das achte und neunte in Tarragona.

27. Während zehn Jahren war er Mitglied des Triumvirats zur Neugestaltung des Staates; in dieser Stellung bekämpfte er zwar eine Zeitlang seine Kollegen, die Proskriptionen durchführen wollten, zeigte sich dann aber, nachdem diese einmal begonnen waren, in der Ausübung noch schärfer als die beiden andern. Denn während diese in zahlreichen Fällen sich durch Bitten erweichen ließen, blieb er allein stets hart und vertrat die Auffassung, daß keiner geschont werden dürfe; so ächtete er auch Gaius Toranius, seinen früheren Vormund, der als Ädil Kollege seines Vaters Octavius gewesen war. Iulius Saturninus überliefert ferner noch, daß, als nach Beendigung der Proskriptionen Marcus Lepidus im Senat die vergangenen Geschehnisse entschuldigte und für die Zukunft Hoffnung auf Milde zu erwecken suchte, da jetzt genug Strafen verhängt worden seien, Augustus im Gegensatz dazu erklärte, er habe die Proskriptionen nur eingeschränkt, um sich für die nächste Zeit in jeder Beziehung freie Hand zu wahren. Aus Reue über seinen Starrsinn erhob er allerdings später Titus Vinius Philopoemen dafür, daß er seinen proskribierten Patron einst bei sich verborgen haben soll, in den Ritterstand.

Gerade in seiner Stellung als Triumvir zog Augustus sich den Haß vieler Kreise zu. Während einer Ansprache an seine Soldaten, bei der auch viele Zivilisten zugegen waren, ließ er nämlich den römischen Ritter Pinarius vor aller Augen als Spitzel und Spion niederstechen, da er bemerkt hatte, daß dieser sich heimlich Notizen machte. – Dem zum Konsul bestimmten Tedius Afer, der eine von Augustus' Maßnahmen mit bissigen Bemerkungen bedacht hatte, drohte er so heftig, daß dieser sich selbst zu Tode stürzte. – Den Prätor Quintus Gallius, der bei einer offiziellen Begrüßung eine zusammengefaltete Schreibtafel unter seinem Gewand verdeckt hielt, verdächtigte er, ein Schwert zu verbergen, wagte aber aus Angst, es könnte doch etwas anderes gefunden werden, nicht, ihn sogleich zur Rede zu stellen, sondern ließ ihn wenig später durch seine Centurionen und Soldaten vom Richterstuhl zerren, wie einen Sklaven foltern und, als er nichts gestand, endlich töten. Vorher hatte er ihm noch mit eigener Hand die Augen ausgestochen. Augustus selbst stellt allerdings diese Angelegenheit folgendermaßen dar: er habe ihm auf sein Ansuchen hin eine Unterredung gewährt, sei dabei tätlich angegriffen worden und habe ihn daraufhin Haft setzen lassen; Gallius sei dann unter der Bedingung, die Hauptstadt nicht mehr zu betreten, freigelassen worden und wohl später in einem Schiffbruch oder durch Räuber umgekommen.

Die tribunizische Gewalt übernahm Augustus auf Lebenszeit, wobei er sich zweimal, immer für je fünf Jahre, einen Amtskollegen zugesellte[23]. Ebenfalls auf Lebenszeit wurde ihm auch die Aufsicht über Sitten und Gesetze anvertraut. In dieser Stellung führte er, obschon er nie Censor gewesen war, dreimal eine Volkszählung durch, das erste- und drittemal mit einem Kollegen, das zweitemal allein[24].

28. Zweimal trug Augustus sich mit dem Gedanken, seine Macht niederzulegen: das erstemal gleich nach der Niederlage des Antonius, in Erinnerung an dessen häufigen Vorwurf, er sei das einzige Hindernis für die Wiederherstellung der alten Staatsform; das zweitemal aus Verzweiflung über eine lange Krankheit, als er sogar alle Beamten und den Senat in sein Haus gerufen hatte und ihnen die Abrechnung über den Staatshaushalt übergab. Aber aus der Überlegung heraus, daß er als Privatmann

---

[23] Zuerst Marcus Agrippa, von 18 bis 12 v. Chr., dann Tiberius; vgl. Tib. 9.

[24] Eine Bestandsaufnahme des Vermögens und der Zahl der Einwohner, verbunden mit Sittenprüfung; vgl. Aug. 39/40. In der Weihnachtsgeschichte haben wir das Bild einer solchen Schätzung. 28 v. Chr. war Agrippa sein Kollege, 8 v. Chr. führte er sie allein durch, 14 n. Chr. mit Tiberius; vgl. Monumentum Ancyranum II 8 (über dieses vgl. S. 120, Anm. 87).

immer gefährdet sein werde und es unklug sei, die Regierung wieder einer Vielzahl von Personen anzuvertrauen, behielt er die Macht in seinen Händen, wobei es zweifelhaft bleibt, ob der Erfolg oder die Absicht besser waren. Seine gute Absicht äußerte er zu wiederholten Malen und bezeugte sie auch in einem Edikt mit folgenden Worten: »Möge es mir vergönnt sein, den Staat auf eine gesunde und sichere Basis zu stellen und den Lohn dafür zu empfangen, den ich mir wünsche: als der Urheber der besten Verfassung zu gelten und die Hoffnung mit mir ins Grab nehmen zu können, daß die Grundlagen des Staates, die ich legte, unerschütterlich bleiben werden.« Und er selbst war es auch, der am meisten zur Erfüllung dieses Wunsches beitrug, indem er sich auf jede Art und Weise bemühte, daß niemand sich über die neuen Verhältnisse zu beklagen hätte.

Rom, das weder der Größe und Würde des Reiches entsprechend ausgebaut war und oft durch Überschwemmungen und Brände heimgesucht wurde, verschönerte Augustus in solchem Maße, daß er sich mit Recht rühmen durfte, an Stelle der Stadt aus Backsteinen, die er übernommen hatte, eine aus Marmor zu hinterlassen. Für die Sicherheit Roms sorgte er, soweit es menschlicher Voraussicht nach möglich war, bis in die ferne Zukunft.

29. Er errichtete zahlreiche öffentliche Bauten, von denen folgende wohl die bedeutendsten sind: ein neues Forum mit dem Tempel des Mars Ultor, der Apollotempel auf dem Palatin und der Tempel des Iuppiter Tonans auf dem Kapitol. Das neue Forum erbaute er, weil für die große Einwohnerzahl und die Menge der Prozesse die beiden alten nicht mehr genügten und ein drittes notwendig zu werden schien[25]; deshalb wurde es in großer Eile, bevor noch der Marstempel vollendet war, der Öffentlichkeit übergeben, und zwar mit der Bestimmung, daß auf ihm im besonderen die Strafprozesse und die Auslosungen der Richter stattfinden sollten. Den Marstempel hatte er im Krieg von Philippi gelobt, den er, um seinen Vater zu rächen, begonnen hatte; deshalb setzte er auch fest, daß der Senat dort über Kriege und Triumphe berate, daß von hier aus im feierlichen Geleit die Provinzstatthalter zum Antritt ihres Kommandos auszögen und daß dorthin die siegreichen Feldherren die Auszeichnungen für ihre Triumphe bringen sollten. Den Apollotempel ließ er in dem Teil seines Hauses auf dem Palatin errichten, den nach Aussagen

---

[25] Das neue Forum = *Forum Augusti*. Die erwähnten alten: *Forum Romanum* und *Forum Iulium*; vgl. Caes. 26.

der Eingeweideschauer der Gott selbst durch einen Blitzschlag gewünscht und bezeichnet habe; daran anstoßend baute er Säulenhallen mit einer lateinischen und griechischen Bibliothek, wo er in seinem Alter oft auch Senatssitzungen abhielt und die verschiedenen Richtergruppen auswählte. Iuppiter Tonans weihte er einen Tempel zum Dank für Rettung aus Todesgefahr; auf dem Feldzug in Kantabrien hatte nämlich auf einem nächtlichen Marsch der Blitz dicht vor seiner Sänfte eingeschlagen und einen ihm voranleuchtenden Sklaven getötet[26].

Einige Bauwerke ließ er auch im Namen anderer ausführen, zum Beispiel seiner Enkel, seiner Frau und seiner Schwester, wie die Säulenhalle und die Basilika des Gaius und Lucius, ebenso die Säulenhallen der Livia und Octavia und das Theater des Marcellus. Aber er forderte auch Männer von Rang auf, jeder solle nach seinen Mitteln die Stadt durch neue Monumente verschönern oder alte ausbessern oder wiederaufbauen lassen. Viele folgten damals dieser Aufforderung, und es entstanden viele Bauten: so ließen zum Beispiel Marcius Philippus den Tempel des Herkules mit den Musen, Lucius Cornificius den Dianatempel, Asinius Pollio die Halle des Tempels der Freiheitsgöttin, Munatius Plancus den Saturntempel, Cornelius Balbus ein Theater, Statilius Taurus ein Amphitheater und Marcus Agrippa sogar mehrere prächtige Gebäude errichten.

30. Die ganze Stadt teilte Augustus in Bezirke und Stadtkreise ein und traf die Einrichtung, daß über die ersteren jährlich durch das Los zu bestimmende Beamte die Aufsicht zu führen hätten, über die letzteren von der Bevölkerung der Stadtkreise selbst gewählte Vorsteher. Als Abwehr gegen Brände schuf er Nachtwächter und Feuerwehr; zur Behebung der Überschwemmungen ließ er das Tiberbett, das seit langer Zeit durch Abfälle aufgefüllt und durch Vergrößerung der Gebäude eingeengt worden war, verbreitern und reinigen. Damit der Zugang zur Stadt von allen Richtungen her leichter sei, übernahm er selbst den Ausbau der Flaminia Via bis nach Rimini und verteilte die anderen Zufahrtsstraßen unter die durch einen Triumph geehrten Feldherren, die aus dem ihnen zugefallenen Beuteanteil die Pflasterung zu bestreiten hatten. Die infolge ihres Alters baufälligen Tempel renovierte er, an Stelle der durch Feuer zerstörten errichtete er Neubauten und bedachte diese und andere mit großzügigen Spenden. So legte er zum Beispiel im Allerheiligsten des Iuppiter Capitolinus sechzehntausend Pfund Gold zusammen

[26] Vgl. Aug. 90.

mit Edelsteinen und Perlen im Wert von fünfzig Millionen Sesterzen in einer einzigen Schenkung nieder.

31. Als Augustus nach dem Tode des Lepidus das Amt des Oberpriesters, das er diesem zu seinen Lebzeiten nicht hatte entziehen wollen, endlich übernehmen konnte, sammelte er überall sämtliche griechischen und lateinischen Orakelbücher, die entweder anonym oder von unzuverlässigen Autoren verfaßt in Umlauf waren – im ganzen über zweitausend Bände –, und verbrannte sie, mit Ausnahme der Sibyllinischen Bücher; und auch diese ließ er nur in einer Auswahl unter der Statue des Palatinischen Apollo in zwei vergoldeten Kapseln aufbewahren.

Im Kalenderwesen stellte er die von dem unter die Götter aufgenommenen Iulius (Caesar) eingeführte Ordnung wieder her, da durch Nachlässigkeit ein großer Wirrwarr entstanden war. Die Neuordnung benutzte er, um dem Monat Sextilis seinen Beinamen (Augustus) zu geben[27]; diesen Monat zog er seinem Geburtsmonat September vor, da er im August sein erstes Konsulat und seine großen Siege errungen hatte.

Die Zahl und das Ansehen der Priesterstellen vergrößerte er, aber auch deren Einkünfte, hauptsächlich die der Vestalischen Jungfrauen. Als es einmal nötig wurde, an Stelle einer Verstorbenen eine neue Priesterin zu wählen, und er sah, wie viele Leute Schritte unternahmen, damit nicht ihre Töchter an der Auslosung teilnehmen mußten, schwur er feierlich, daß er, falls eine seiner Enkeltöchter das nötige Alter hätte, sie selbst dafür vorschlagen würde.

Auch stellte er verschiedene althergebrachte Bräuche, die allmählich in Vergessenheit geraten waren, wieder her, wie zum Beispiel das Augurium für das Wohl des Staates[28], das Amt des Iuppiterpriesters, das Luperkalienfest, die Jahrhundertfeier und das Kompitalienfest. Am Luperkalienfest verbot er es jungen Männern, solange sie sich noch nicht rasieren mußten, am Wettlauf teilzunehmen, und ebenso war es den jungen Leuten beiderlei Geschlechts untersagt, während der Jahrhundertfeier, außer in Begleitung einer erwachsenen Person ihrer Verwandtschaft, nächtliche Vorstellungen zu besuchen. Er bestimmte ferner, daß die Götter an den Straßenkreuzungen zweimal jährlich, im Frühling und im Sommer, mit Blumen geschmückt würden.

Nächst den unsterblichen Göttern erwies er dem Andenken

---

[27] Vgl. Caes. 76.

[28] Das *augurium salutis* durfte nur im Frieden stattfinden. Man fragt die Götter, ob sie es gestatten, daß man zu ihnen um weitere Erhaltung des Friedens bittet.

der Feldherren, die das Römische Reich aus kleinsten Anfängen zu solcher Größe gebracht hatten, die höchsten Ehren. Deshalb ließ er auch die von einem jeden errichteten Bauwerke unter Beibehaltung der alten Inschriften wiederherstellen und ihnen allen in den beiden Säulenhallen seines Forums Standbilder weihen, die sie als Triumphatoren darstellten. Auch gab er in einem Edikt bekannt, seine Absicht dabei sei, daß er selbst zu seinen Lebzeiten und dann auch die folgenden Kaiser gleichsam nach dem Vorbild dieser großen Männer von der Bürgerschaft beurteilt würden. Er entfernte auch die Statue des Pompeius aus dem Rathaus, wo Gaius Caesar ermordet worden war, und ließ sie gegenüber der Halle des Pompeiustheaters über einem marmornen Durchgang aufstellen.

32. Verschiedene schwerste Übelstände hatten sich zum Schaden des Gemeinwesens entweder durch Gewöhnung an die Zügellosigkeit der Bürgerkriege erhalten können oder sich auch erst während der Friedenszeit breitgemacht. Es zeigte sich nämlich eine große Zahl von Wegelagerern in aller Öffentlichkeit mit dem Schwert an der Seite, angeblich um sich selbst schützen zu können; Reisende wurden auf freiem Feld angefallen und verschwanden ohne Unterschied, ob Freie oder Sklaven, in den Sklavenarbeitshäusern der Großgrundbesitzer; auch bildeten sich zahlreiche Klubs unter dem Namen irgendeiner neuen Vereinigung zur gemeinsamen Verübung aller möglichen Verbrechen. Augustus unterdrückte die Wegelagerei durch Aufstellung von Militärposten an geeigneten Orten, ließ die Arbeitshäuser für Sklaven kontrollieren und löste alle Vereine außer den alten, gesetzmäßigen auf[29].

Die alten Schuldnerlisten der Staatskasse, die hauptsächlich Stoff zu Verleumdungen boten, verbrannte er; Grundstücke in Rom, die der Staat für sich beanspruchen wollte, deren Besitzverhältnisse aber umstritten waren, sprach er den alten Besitzern wieder zu. Die Namen derjenigen, die sich seit langer Zeit im Anklagezustand befanden und deren jämmerliche Lage ihren Gegnern nichts anderes als Schadenfreude gewährte, ließ er aus den Listen streichen und verordnete noch, daß diejenigen, die von neuem wieder einen dieser Leute anklagen wollten, im Falle einer Abweisung ihrer Klage die gleiche Strafe zu gewärtigen hätten wie der, den sie verurteilt wissen wollten.

Damit aber kein Delikt unbestraft bleibe und kein Geschäft auf die lange Bank geschoben werden könne, bestimmte er, daß

[29] Vgl. die Bestimmungen Caesars Caes. 42.

mehr als dreißig Tage, an denen bis anhin wegen der von den Magistraten veranstalteten Spiele keine Verhandlungen stattfanden, dafür verwendet würden. Die drei bisherigen Richtergruppen vermehrte er um eine aus weniger bemittelten Bürgern zusammengestellte vierte, die *ducenarii* genannt wurde und über kleinere Streitigkeiten zu richten hatte[30]. Schon vom dreißigsten Altersjahr an war man jetzt als Richter wählbar, das heißt fünf Jahre früher, als es sonst der Brauch war. Und da sehr viele sich ihrer Richterfunktion zu entziehen suchten, gestand er nach einigem Widerstand zu, daß die einzelnen Richtergruppen abwechslungsweise ein Jahr lang von den Amtsgeschäften befreit würden, und daß während der Monate November und Dezember, im Gegensatz zur bestehenden Ordnung, Gerichtsferien seien.

33. Er selbst sprach mit großer Ausdauer Recht, manchmal bis in die Nacht hinein, und wenn er sich zu schwach fühlte, ließ er seine Sänfte vor der Richtertribüne aufstellen, oder er blieb auch zu Hause und erfüllte seine Pflicht vom Bett aus. Die Rechtsprechung übte er nicht nur mit höchster Gewissenhaftigkeit, sondern auch mit großer Milde aus: so soll er einmal einen auf frischer Tat ertappten Vatermörder, um ihm die Strafe, in einen Sack eingenäht zu werden, die nur bei einem vollständigen Geständnis angewendet werden konnte, zu ersparen, bei der Untersuchung gefragt haben: »Du hast doch sicher deinen Vater nicht umgebracht[31]?« Und als es ein andermal um eine Testamentsfälschung ging und alle, die unterschrieben hatten, unter die Bestimmungen des Cornelischen Gesetzes gefallen wären, gab er den Richtern, die mit ihm zusammen den Fall untersuchten, nicht nur zwei Täfelchen für Verurteilung und Freispruch, sondern noch ein drittes für Begnadigung derer, die offensichtlich Opfer eines Betrugs oder Irrtums geworden waren.

Fälle von Berufungen übertrug er, falls es sich um Streitigkeiten in Rom selbst handelte, jährlich dem Stadtprätor, solche in der Provinz gewesenen Konsuln, von denen er je einen in jeder Provinz mit dieser Aufgabe betraut hatte.

34. Die Gesetze revidierte er und führte auch einige neue ein: zum Beispiel ein Luxusgesetz, ein Gesetz über Ehebruch und Verletzung des Anstands, eines über Amtsschleichung und

---

[30] Vgl. Caes. 41; *ducenarii*: Leute, die ein halbes Rittervermögen besaßen (200 000 Sesterzen; vgl. S. 25, Anm. 22).

[31] Ein Vatermörder wurde nach einem uralten Brauch zusammen mit einem Affen, einem Hund, einem Hahn und einer Schlange in einen Sack eingenäht und in fließendes Wasser geworfen; vgl. Cicero, Pro Sexto Roscio Amerino 11, 30; 26, 71/72.

eines über die Ehebestimmungen in den Ständen. Da er bei letzterem um einiges strengere Strafen als bei den übrigen festgesetzt hatte, waren die Protestkundgebungen so heftig, daß er es so nicht durchbringen konnte und schließlich einen Teil der Strafen gänzlich aufheben oder sie doch mildern mußte; ferner gestand er eine Übergangszeit von drei Jahren und Erhöhung der Belohnungen (für gutes Verhalten) zu[32]. Als die Ritter auch nach diesem Zugeständnis während eines öffentlichen Schauspiels hartnäckig die Aufhebung des Gesetzes forderten, ließ er die Kinder des Germanicus holen, zeigte sie, indem er die einen selbst auf den Arm nahm, die andern auf den Schoß ihres Vaters sitzen ließ, und bedeutete mit der Hand und dem Blick, daß man gut täte, dem Beispiel dieses jungen Mannes zu folgen. Weil Augustus bemerkte, daß man durch Verlöbnisse mit noch nicht heiratsfähigen Mädchen und durch häufigen Wechsel der Ehe sein Gesetz zu umgehen suchte, schränkte er die Dauer der Verlöbnisse ein und regelte die die Scheidung betreffenden Bestimmungen.

35. Da der Senat wegen der allzu großen Zahl der Senatoren zu einem unförmigen und unübersichtlichen Gebilde geworden war – er hatte nämlich über tausend, darunter ganz unwürdige Mitglieder, die nach Caesars Ermordung durch Protektion und Bestechung aufgenommen worden waren und die man allgemein »Orkusmitglieder«[33] nannte –, gab ihm Augustus durch eine doppelte Auslese wieder die frühere Größe und seinen alten Glanz zurück: die erste wurde vom Senat selbst vorgenommen, indem jedes Mitglied ein anderes zu wählen hatte, die zweite durch Augustus und Agrippa. Bei diesem Akt soll er zu seinem Schutz einen Panzer unter dem Kleid getragen und mit einem Schwert gegürtet den Vorsitz geführt haben, während zehn der kräftigsten Senatoren aus seinem Freundeskreis seinen Sessel umgaben. Cordus Cremutius schreibt, daß er damals nur einen Senator an sich heranließ, wenn dieser ohne Begleitung kam und vorher nach Waffen abgetastet worden war. Einige Senatoren brachte er dazu, daß sie sich, um den Schein zu wahren, von selbst zum Rücktritt entschlossen, und er beließ diesen das Vorrecht der senatorischen Kleidung, den Ehrenplatz im Theater und die Teilnahmeberechtigung an den gemeinsamen öffentlichen Festessen. Damit aber die von ihren Kollegen gewählten und die von

---

[32] Z. B. diejenigen für die Eltern von drei Kindern (Drei-Kinder-Recht, *lex Papia Poppaea*).

[33] Leute, die auf Grund angeblicher testamentarischer Verfügungen Caesars (aus dem Orkus, der Unterwelt, heraus) von Antonius in den Senat aufgenommen worden waren.

ihm bestätigten Senatoren ihre Pflicht mit mehr Ehrfurcht, aber trotzdem mit geringerer zeitlicher Belastung erfüllen könnten, bestimmte er, daß jeder, bevor er Platz nähme, beim Altar des Gottes, in dessen Tempel die Versammlung stattfand, ein Opfer von Weihrauch und ungemischtem Wein darbringe, daß andrerseits der Senat nicht mehr als zweimal monatlich, am ersten und fünfzehnten, zusammentrete und im September und Oktober nur so viele durch das Los zu wählende Mitglieder anwesend zu sein hätten, daß gültige Beschlüsse gefaßt werden könnten; ferner traf er die Einrichtung, für jedes Halbjahr eine Kommission auszulosen, mit der er die Geschäfte, bevor sie der Vollversammlung vorgelegt wurden, durchberaten könne. Bei wichtigeren Verhandlungsgegenständen befragte er den Senat nicht nach der überlieferten Reihenfolge, sondern wie es ihm beliebte. So mußte sich jeder eingehend mit der Angelegenheit befassen, und es kam mehr darauf an, sich eine eigene Meinung zu bilden, als dem Vorredner einfach zuzustimmen.

36. Er traf auch viele andere Anordnungen. Zum Beispiel verbot er, die Senatsprotokolle zu veröffentlichen[34] oder die Beamten sofort nach Niederlegung ihrer Würde in die Provinzen zu schicken; dagegen bestimmte er, daß den Prokonsuln für die Anschaffung von Maultieren und Zelten, die ihnen früher auf Staatskosten geliefert worden waren, nur eine fixe Summe zugesprochen werde, daß die Aufsicht über die Staatskasse von den städtischen Quästoren an die ehemaligen oder amtierenden Prätoren übergehe und daß die Einberufung des Centumviralgerichts, die bis dahin Sache der ehemaligen Quästoren gewesen war, dem Zehnmännerkollegium überlassen werde.

37. Damit aber die Beteiligung an der Staatsverwaltung reger werde, schuf er neue Ämter: eine Aufsicht über die öffentlichen Bauten, über die Wege, die Wasserleitungen, die Regulierung des Tiberbetts, die Getreideverteilungen an das Volk, eine Stadtpräfektur, ein Dreimännerkollegium für die Senatorenwahlen und ein weiteres für die Musterung der Ritterabteilungen, sooft dies nötig war. Er bestimmte Censoren, was lange unterlassen worden war, ferner vermehrte er die Zahl der Prätoren. Er forderte auch, daß ihm jedesmal, wenn er das Konsulat erhalte, statt eines zwei Kollegen beigesellt würden. Dies wurde ihm aber nicht zugestanden, da alle einwandten, seine Würde werde schon dadurch genug geschmälert, daß er dieses Amt nicht allein, sondern mit einem andern zusammen bekleide.

[34] Vgl. Caes. 20.

38. Ebenso freigebig zeigte er sich in der Belohnung kriegerischer Tüchtigkeit und zeichnete über dreißig Feldherren durch richtige Triumphe und eine noch höhere Zahl durch die Triumphabzeichen aus.

Um die Senatorensöhne rascher an die Staatsgeschäfte zu gewöhnen, gestattete er ihnen, gleich nach Erhalt der Männerkleidung den senatorischen Purpurstreifen zu tragen und den Senatssitzungen beizuwohnen; und beim Eintritt in den Heeresdienst gab er ihnen den Rang eines Legionstribunen oder auch das Kommando über eine Reiterschwadron; und damit alle das Militärleben kennenlernen könnten, stellte er meist zwei von ihnen an die Spitze einer Schwadron.

Die Ritterabteilungen musterte er häufig, nachdem diese traditionelle Parade seit langem nicht mehr üblich gewesen war[35]. Doch duldete er nicht mehr, daß während des Vorbeiritts jemand von einem Ankläger vom Pferd gezogen werde, wie es früher zu geschehen pflegte; und den Älteren oder denen, die durch irgendein Gebrechen außerstande waren mitzureiten, gestattete er, ihr Pferd im Umzug nur mitführen zu lassen und zum Namensaufruf zu Fuß zu kommen; später erlaubte er es sogar denen, die über fünfunddreißig Jahre alt waren, ihr Pferd abzugeben, wenn sie es nicht mehr behalten wollten.

39. Mit zehn ihm vom Senat bewilligten Helfern zwang er jeden einzelnen Ritter, Rechenschaft über seinen Lebenswandel abzulegen, und diejenigen, die sich als nicht würdig erwiesen, bedachte er teils mit Geldstrafen, teils mit Ehrenentzug, die meisten aber mit Verwarnungen. Diese waren ganz verschieden: die leichteste Art von Verwarnung war die öffentliche Überreichung einer Tafel, die sofort an Ort und Stelle schweigend zu lesen war. Einige wurden zum Beispiel verwarnt, weil sie Geld, das sie zu einem geringeren Zinsfuß aufgenommen, zu einem höheren wieder ausgeliehen hatten.

40. Wenn für die Wahlen der Volkstribunen Kandidaten aus dem Senatorenstand fehlten[36], so ernannte er römische Ritter, stellte es ihnen aber frei, nach ihrer Amtsniederlegung im einen oder andern Stand zu bleiben. Da ferner die Mehrzahl der Ritter, deren Vermögen durch die Bürgerkriege zusammengeschmolzen war, es nicht mehr wagte, im Theater auf den vierzehn für sie

---

[35] Vgl. Aug. 37. Augustus führte diese Musterung, die eigentlich in den Bereich der Censoren fiel, in seiner Eigenschaft als Sittenrichter durch; vgl. Aug. 27. Bei dieser Parade wurden unwürdige Ritter oder solche, die nicht mehr die Mittel besaßen, um das Pferd und ihre Ausrüstung zu unterhalten, ausgeschieden.
[36] Vgl. S. 59, Anm. 8.

reservierten Rängen Platz zu nehmen, aus Angst, wegen Übertretung des Theatergesetzes bestraft zu werden, gab Augustus bekannt, daß die Bestimmungen dieses Gesetzes auf jene, die selbst oder deren Väter einmal das nötige Vermögen besessen hätten, keine Anwendung finden.

Die Volkszählung ließ er quartierweise durchführen, und damit das Volk nicht allzu häufig durch die Getreideverteilungen von seinen Geschäften abgehalten werde, plante er, dreimal jährlich Gutscheine für den Bezug einer Viermonatsration auszugeben; da das Volk aber die alte Einrichtung wieder wünschte, bewilligte er wie früher monatliche Verteilungen.

Auch das alte Recht der Wahlversammlungen führte er wieder ein und belegte den Stimmenkauf mit hohen Strafen; am Wahltag ließ er an die Tribus Fabia und Scaptia, deren Mitglied er war, pro Kopf tausend Sesterzen verteilen, damit sie auf keine Gelder von Kandidaten angewiesen seien.

Von großer Bedeutung war es seiner Ansicht nach außerdem, das Volk in seiner Reinheit und frei von jeder Blutsvermischung mit Angehörigen fremder Rassen oder Sklaven zu erhalten. Deshalb erteilte er nur sehr sparsam das römische Bürgerrecht und schränkte die Freilassungen ein. An Tiberius, der einmal für einen griechischen Klienten das Bürgerrecht erbat, schrieb er, er werde dies nur unter der Bedingung gewähren, daß er ihn persönlich von der Rechtmäßigkeit des Gesuches überzeugen könne; und Livia, die für einen tributpflichtigen Gallier um das Bürgerrecht nachsuchte, schlug er diese Bitte ab, bot ihr aber an, ihm Abgabenfreiheit zu bewilligen, mit der Erklärung, daß er sich eher damit abfinden könne, wenn der Staatskasse etwas verlorengehe, als wenn die Ehre des römischen Bürgerrechts zum Allgemeingut werde.

Den Sklaven wurde durch viele Schwierigkeiten der Weg zur Freiheit und durch noch viel mehr der zum Vollbürgerrecht verbaut, da er sowohl über die zulässige Zahl als auch über die Bedingungen und die verschiedenen Kategorien derer, die freigelassen werden konnten, ganz genaue Bestimmungen aufgestellt hatte. Dazu kam noch, daß keiner, der einmal hatte eingesperrt oder gefoltert werden müssen, durch irgendeine Form der Freilassung das Bürgerrecht erlangen konnte.

Augustus bemühte sich auch, die althergebrachte Tracht und Kleidung wieder einzuführen, und als er einmal in einer

Volksversammlung eine Menge Leute in dunklen Mänteln sah, ereiferte er sich und rief aus:

»Sieh da!
›Römer, das togagewandete Volk und der Welten Gebieter!‹«

Er übertrug darauf den Ädilen die Aufgabe, zu verhindern, daß sich jemand auf dem Forum oder in dessen Umgebung aufhalte, ohne seinen Mantel abgelegt zu haben[37].

41. Allen Ständen gegenüber bewies er bei den verschiedensten Gelegenheiten seine Freigebigkeit. Als beim Alexandrinischen Triumph der ägyptische Königsschatz nach Rom gebracht wurde, kam dadurch so viel Geld in Umlauf, daß die Grundstücke im Preis beträchtlich stiegen, da der Zinsfuß gesunken war. Jedesmal, wenn später der Staatskasse durch Konfiskationen reichlich Geld zugeflossen war, gewährte er für eine gewisse Zeit zinslose Darlehen an solche Leute, die doppelte Sicherheit bieten konnten. Den Ansatz für das senatorische Vermögen setzte er von achthunderttausend auf eine Million zweihunderttausend Sesterzen herauf und stellte den Senatoren, die die nötige Summe nicht aufbringen konnten, das Geld zur Verfügung. Häufig machte er dem Volk Geldspenden, aber jedesmal andere Summen: bald vierhundert, bald dreihundert, manchmal nur zweihundertfünfzig Sesterzen pro Kopf; und er überging auch nicht die kleinen Kinder, obwohl es üblich war, daß man erst vom elften Lebensjahr an berücksichtigt wurde. Bei Versorgungsschwierigkeiten ließ er oft auch Getreide zu sehr geringem Preis, bisweilen sogar umsonst, an jeden Bürger verteilen; ferner verdoppelte er den Wert der Gutscheine für Geldspenden.

42. Daß Augustus ein Herrscher war, der mehr auf das öffentliche Wohl als auf Popularität bedacht war, mag folgendes beweisen: als das Volk sich einmal darüber beklagte, daß der Wein nur sehr schwer erhältlich und hoch im Preise sei, wies er es streng zurecht, indem er sagte, sein Schwiegersohn Agrippa habe durch den Bau mehrerer Wasserleitungen genügend Vorsorge getragen, daß niemand Durst leiden müsse. Ein anderes Mal, als das Volk eine ihm versprochene Geldspende verlangte, antwortete er, daß er schon Wort zu halten wisse; als es aber eine Spende forderte, die ihm gar nicht zugesagt worden

---

[37] In der Öffentlichkeit erschien der Römer nur in der Toga. Der Mantel war ein billiger und bequemer Ersatz für dies teure und umständliche Kleidungsstück. Der Vers stammt aus Vergil, Aeneis I 282.

war, bezeichnete er dies in einem öffentlichen Erlaß als eine gemeine Unverschämtheit und erklärte, daß er nun nichts geben werde, obschon er es im Sinn gehabt hätte.

Mit nicht geringerer Strenge und Festigkeit ging er vor, als er einmal erfahren hatte, daß bei Ankündigung einer Geldspende viele Sklaven freigelassen und in die Bürgerlisten eingeschmuggelt worden waren; er ließ darauf mitteilen, daß nur die etwas erhalten werden, denen es versprochen worden war, und gab den übrigen weniger als vorgesehen, damit die angesetzte Summe ausreiche.

Als einst eine große Hungersnot ausbrach und Abhilfe schwierig war, ließ er die zum Verkauf bestimmten Sklaven, die Gladiatorentruppen, alle Ausländer, mit Ausnahme der Ärzte und Lehrer, und einen Teil des Sklavengesindes aus Rom ausweisen; als endlich die Versorgungslage sich wieder gebessert hatte, »hätte er«, wie er selbst schreibt, »den Plan gefaßt, die öffentlichen Getreidespenden für immer abzuschaffen, weil das Volk auf sie zähle und deshalb den Ackerbau vernachlässige, aber er habe diesen Gedanken dann aufgegeben, weil er überzeugt sei, daß diese Einrichtung doch wieder einmal zur Gewinnung der Gunst der Massen eingeführt werde«. Später regelte er die Sache so, daß die Interessen der Bauern und Händler ebenso berücksichtigt wurden wie die des Volkes.

43. Alle seine Vorgänger übertraf er an Zahl, Mannigfaltigkeit und Glanz der Schauspiele. Er selbst sagt, daß er in seinem Namen viermal Spiele veranstaltet habe, im Namen anderer Beamten, die entweder von Rom abwesend waren oder nicht die nötigen Mittel hatten, dreiundzwanzigmal; manchmal fanden diese sogar in den einzelnen Quartieren statt und auf mehreren Bühnen mit Schauspielern aller Sprachen. (Gladiatorenspiele)[38] gab er nicht nur auf dem Forum und im Amphitheater, sondern auch im Zirkus und auf dem Wahlplatz; manchmal beschränkte er die Spiele auf eine Jagd. Athletenwettkämpfe veranstaltete er auch auf dem Marsfeld, wo hölzerne Sitzbänke errichtet wurden, ebenso eine Seeschlacht, für die er in der Nähe des Tiber, wo heute der Park der Caesaren ist, einen See ausheben ließ[39]. An den Tagen, an denen solche Feste stattfanden, wurden Wachen in der Stadt ausgestellt, damit nicht bei der geringen Zahl von Zuhausegebliebenen Diebe ihr Unwesen treiben könnten.

[38] Das Wort fehlt in den Handschriften. – Zu dem im vorhergehenden Satz Gesagten vgl. Caes. 39.
[39] Die sog. Naumachie.

Im Zirkus ließ er Wagenlenker, Wettläufer und Tierkämpfer auftreten, die manchmal sogar aus den Söhnen der ersten Familien ausgewählt waren. Sehr häufig wurde durch Gruppen älterer und jüngerer Knaben das Troiaspiel aufgeführt, da er der Ansicht war, daß es ein alter, schöner Brauch sei, der adligen Jugend Gelegenheit zu geben, sich auf diese Weise hervorzutun. Als während dieses Spieles Nonius Asprenas stürzte und sich verletzte, beschenkte er ihn mit einem goldenen Halsreif und gab ihm und seinen Nachkommen die Bewilligung, den Beinamen Torquatus zu führen. Bald stellte er aber diese Veranstaltungen ein, da sich der Redner Asinius Pollio im Senat heftig und bitter beschwerte, weil sein Enkel Aeserninus gestürzt war und ein Bein gebrochen hatte. Bei Theateraufführungen und Gladiatorenkämpfen ließ er zuweilen auch römische Ritter auftreten, bis dies durch Senatsbeschluß verboten wurde. Später führte er nur noch einmal einen ganz jungen Mann von edler Abstammung, mit Namen Lycius, vor, und zwar wollte er ihn nur zeigen, da dieser nicht größer als zwei Fuß war und nur siebzehn römische Pfund wog, aber eine mächtige Stimme besaß[40]. – An einem Tage, an dem gerade eine Vorstellung stattfand, ließ er die Geiseln der Parther, die damals zum erstenmal nach Rom gesandt worden waren, als Schaustück mitten durch die Arena führen und ihnen über seiner eigenen Loge auf dem zweiten Rang Plätze anweisen. – Er hatte auch die Gewohnheit, an den Tagen, an denen keine Schauspiele gegeben wurden, etwas noch nie Gesehenes oder sonst Merkwürdiges, das nach Rom gebracht worden war, irgendwo öffentlich zu zeigen, zum Beispiel ein Nashorn beim Wahlplatz, einen Tiger im Theater und eine Schlange von über zweiundzwanzig Meter Länge vor dem Versammlungsplatz.

Anläßlich gewisser von ihm feierlich gelobter Spiele im Zirkus traf es sich, daß er, von einem plötzlichen Unwohlsein befallen, in der Sänfte liegend die Prozession der Götterwagen anführen mußte. – Ein anderes Mal, bei der Eröffnung der Spiele zur Einweihung des Marcellustheaters, geschah es, daß sein Amtssessel unter ihm zusammenbrach und er rücklings hinfiel. – Als während eines Schauspiels, das seine Enkel gaben, das Volk den Einsturz der Tribünen befürchtete und eine Panik entstand, es Augustus aber nicht gelang, das Publikum zurückzuhalten und zu beruhigen, ver-

---

[40] Über das Auftreten römischer Ritter vgl. Caes. 39 mit Anm. 1. Der Name Lycius ist nicht sicher überliefert.

ließ er seinen Platz und setzte sich an den Ort, der der gefährdetste zu sein schien.

44. Der bei den Schauspielen eingerissenen Unordnung und Zügellosigkeit setzte er durch verschiedene Verordnungen ein Ende. Den Anstoß dazu bot ihm die Beleidigung, die ein Senator erleben mußte, als ihm während einer sehr gut besuchten Veranstaltung in Puteoli von der großen Zuschauermenge kein Platz angeboten wurde. Augustus veranlaßte deshalb einen Senatsbeschluß, daß, wenn immer irgendwo ein öffentliches Schauspiel stattfinde, die erste Sitzreihe für die Senatoren freizubleiben habe, und für Rom verbot er den Gesandten freier oder verbündeter Völker, in der Orchestra Platz zu nehmen, da er festgestellt hatte, daß sich unter den Mitgliedern dieser Gesandtschaften auch Freigelassene befanden. Das Militär schied er im Theater vom Volke. Den verheirateten Männern aus den unteren Schichten wies er besondere Reihen zu, den Knaben einen bestimmten Sektor und gleich daneben einen für ihre Erzieher; ferner bestimmte er, daß niemand, der im Mantel gekommen war, auf den Plätzen in der Mitte sitzen dürfe. Den Frauen gestattete er den Besuch von Gladiatorenkämpfen, die sie früher unter den Männern sitzend hatten betrachten dürfen, nur noch, wenn sie für sich von den oberen Reihen aus zuschauten. Den Vestalischen Jungfrauen wies er einen eigenen Platz im Theater an, und zwar gegenüber der Loge des Prätors. Vom Besuch der Athletenwettkämpfe schloß er die Frauen gänzlich aus, so daß er bei den Spielen, die er als Oberpriester gab, einen Faustkampf, den das Publikum forderte, auf die Morgenstunden des folgenden Tages verschob und bekanntgab, es sei unerwünscht, daß Frauen vor morgens zehn Uhr ins Theater kommen.

45. Er selbst schaute den Zirkusspielen meist von der Wohnung eines seiner Freunde oder Freigelassenen, manchmal auch von seiner Loge aus zu, sogar begleitet von seiner Frau und seinen Kindern. Er blieb dem Schauspiel oft für viele Stunden, bisweilen sogar für Tage fern, doch nie, ohne sich entschuldigt und seine Stellvertreter dem Volke vorgestellt zu haben. Sooft er aber anwesend war, schenkte er dem Spiel seine ganze Aufmerksamkeit, sei es, um dem Tadel zu entgehen, der, wie er sich erinnerte, seinen (Adoptiv-) Vater Caesar häufig getroffen hatte – dieser pflegte nämlich während der Vorstellung Briefe und Bittschriften zu lesen oder zu beantworten –, oder sei es aus reiner Freude und

Vergnügen am Zusehen, die er keineswegs verbarg und auch vielfach offen bekundete.

So stiftete er auch häufig aus seiner Privatkasse wertvolle Kränze und Preise für Spiele, die andere gaben, und wohnte keinem nach griechischem Muster durchgeführten Wettkampf bei, ohne jedem der Kämpfer je nach Verdienst einen Preis zu geben. Mit größtem Interesse sah er Faustkämpfer, besonders latinische, und zwar nicht nur ordentliche Berufsboxer, die er auch mit griechischen kämpfen ließ, sondern auch Leute aus dem Volke, die sich in den engen Straßen Roms, wie es gerade kam und ohne Beobachtung der Regeln, in Gruppen herumschlugen.

Alle Leute endlich, die durch irgendeine Fertigkeit die öffentlichen Schauspiele bereicherten, würdigte er seiner besonderen Fürsorge. Nicht nur bestätigte er die Vorrechte der Athleten, sondern vermehrte sie sogar; er verbot, die Gladiatoren auf Leben und Tod kämpfen zu lassen; den Beamten nahm er das alte Recht, gegen Schauspieler zu jeder Zeit und überall vorgehen zu können, und beschränkte dies auf die Zeit der Spiele und die Bühne.

Trotzdem forderte er die größte Disziplin bei den Athleten- und Gladiatorenwettkämpfen. Auch die Frechheiten gewisser Schauspieler bestrafte er streng; so ließ er den in nationalrömischen Lustspielen auftretenden Schauspieler Stephanio, von dem er erfahren hatte, daß er sich von einer nach Knabenart kurzgeschorenen römischen Dame bei Tisch hatte bedienen lassen, in drei Theatern mit Ruten schlagen und aus der Stadt weisen; den Pantomimen Hylas ließ er auf eine Klage des Prätors hin im Atrium seines eigenen Hauses vor aller Augen auspeitschen, und Pylades verbannte er aus Rom und ganz Italien, weil er auf einen Zuschauer, der ihn ausgepfiffen hatte, mit dem Finger gezeigt und ihn so allgemein gekennzeichnet hatte.

46. Nachdem er auf diese Weise die Angelegenheiten in der Hauptstadt geregelt hatte, besiedelte er in Italien achtundzwanzig von ihm gegründete Koloniestädte, stattete sie mit Bauwerken aus, sicherte ihnen auf verschiedene Art öffentliche Einkünfte und glich sie bis zu einem gewissen Grad an Recht und Würde der Hauptstadt an, indem er ein von ihm ausgedachtes Abstimmungsverfahren zur Anwendung brachte, wonach die Stadträte der Kolonien, jeder in seiner Stadt, über die Beamten der Hauptstadt abzustimmen hatten und am Wahltag diese Stimmen versiegelt nach Rom gebracht werden sollten. Und damit in

diesen Kolonien Adel und bürgerlicher Nachwuchs nicht fehle, verlieh er, nur auf eine offizielle Empfehlung ihrer Stadt hin, all denen den Ritterrang, die sich darum bewarben, und ließ den Leuten aus dem Volke, die sich bei seinen Inspektionsreisen über Söhne oder Töchter ausweisen konnten, für jedes Kind tausend Sesterzen auszahlen.

47. Die Verwaltung der wichtigeren Provinzen, bei denen es nicht bequem und ratsam gewesen wäre, sie jährlich wechselnden Beamten zu übergeben, übernahm er persönlich[41] und vertraute die übrigen durch das Los bestimmten Prokonsuln an; aber auch hier ließ er später bisweilen Änderungen eintreten. Den Großteil der Provinzen beider Kategorien besuchte er öfters selbst. Gewisse verbündete Städte, die durch die in ihnen herrschende Anarchie dem Untergang entgegenzugehen schienen, beraubte er ihrer Freiheit; anderen, die durch Schulden in Not geraten waren, kam er zu Hilfe; solche, die durch Erdbeben zerstört waren, baute er neu auf; wieder andere, die ihre Verdienste um das römische Volk geltend machen konnten, beschenkte er mit dem latinischen oder auch mit dem Vollbürgerrecht. Es gibt meines Wissens keine Provinz mit Ausnahme von Afrika und Sardinien, die er nicht besuchte. Als er sich nach der Niederlage des Sextus Pompeius anschickte, von Sizilien aus dorthin zu fahren, verhinderten andauernde schwere Stürme sein Vorhaben, und später fand sich keine Gelegenheit oder Veranlassung mehr dazu.

48. Die Königreiche, deren er sich auf Grund des Kriegsrechts bemächtigt hatte, gab er mit wenigen Ausnahmen entweder denselben Fürsten, denen er sie genommen hatte, wieder zurück oder teilte sie fremden Herrschern zu. Mit Rom verbündete Könige schloß er durch gegenseitige Heiraten auch unter sich eng zusammen und zeigte sich immer als ein sehr bereitwilliger Mittler und Förderer jedes Verwandtschafts- und Freundschaftsverhältnisses; ja er betrachtete sie alle nicht anders denn als Glieder und Teile seines Reiches. Auch pflegte er den minderjährigen oder geistesschwachen Prinzen bis zu ihrer Volljährigkeit oder Gesundung einen Vormund zur Seite zu stellen; die Kinder zahlreicher Fürsten ließ er sogar zusammen mit seinen eigenen erziehen und unterrichten.

---

[41] Diese Scheidung der Provinzen in kaiserliche und senatorische, die immer mehr zugunsten ersterer ausgebaut wurde, war eine wichtige Machtgrundlage des Kaisertums und drückte den Senat in seine spätere Statistenrolle; vgl. S. 65, Anm. 15.

49. Von seinen Streitkräften verteilte er Legionen und Hilfstruppen auf die einzelnen Provinzen; eine Flotte stationierte er in Misenum, eine andere in Ravenna zum Schutze des Adriatischen und Tyrrhenischen Meeres. Den Rest der Truppen bestimmte er teilweise zum Schutze Roms, teilweise zu seiner eigenen Bewachung, nachdem er die Calagurritani, die er bis zur Niederlage des Antonius, und die Germanen, die er bis zu derjenigen des Varus in seiner Leibgarde gehabt, entlassen hatte. Allerdings stationierte er nie mehr als drei Kohorten in der Hauptstadt selbst und auch diese nicht in einer besonderen Kaserne; die restlichen pflegte er in der Umgebung der benachbarten Städte in ihre Sommer- und Winterquartiere zu legen.

Im übrigen setzte er für alle Truppen im Reich ganz genau die Zahl der Dienstjahre und die Belohnungen fest, indem er je nach dem Grad die Dauer der Dienstleistung und die Vergünstigungen bei der Entlassung bestimmte, damit die Soldaten nicht nach ihrer Verabschiedung wegen übertriebener Länge der Dienstzeit oder ungenügender Entschädigungen zu Aufständen gereizt würden. Um für alle Zeit und ohne Schwierigkeiten die nötigen Mittel für den Unterhalt der aktiven und für die Entschädigung der entlassenen Truppen aufbringen zu können, schuf er eine durch neue Steuern gespeiste Militärkasse. Und damit ihm schneller und leichter über die Vorgänge in jeder Provinz gemeldet und rapportiert werden könne, verteilte er anfänglich junge Leute, später Wagen in Abständen längs der Heerstraßen. Das zweite System erwies sich als günstiger, weil so der gleiche Kurier die Nachrichten von Ort und Stelle bringen und nötigenfalls auch noch persönlich befragt werden konnte.

50. Als Siegel für Empfehlungsschreiben, offizielle Schriftstücke und Briefe benützte er anfänglich eine Sphinx, später das Bild Alexanders des Großen, zuletzt sein eigenes, geschnitten von der Hand des Dioskurides; dieses blieb auch das Siegel der folgenden Kaiser. Auf allen Briefen gab er immer genau die Tages- oder Nachtstunde an, zu der sie aufgegeben worden waren.

51. Zahlreich und schlagend sind die Beispiele für Augustus' Milde und Leutseligkeit. Ohne aufzuzählen, wie oft und welchen seiner Gegner er Verzeihung und Straflosigkeit gewährte, ja sie sogar an wichtigen Posten im Staate beließ, möchte ich doch den Fall des Iunius Novatus und des Cassius Patavinus, zweier

Plebeier, erwähnen, von denen er den einen nur mit einer Geldbuße, den andern mit einer kurzen Verbannung bestrafte, obschon jener unter dem Namen des jungen Agrippa einen höchst beleidigenden Brief über ihn veröffentlicht und dieser bei einem großen Gastmahl sich laut gebrüstet hatte, ihm fehle weder die Lust noch der Mut, Augustus zu ermorden.

Als bei einer Untersuchung gegen Aemilius Aelianus aus Cordova diesem unter anderen Vergehen besonders zum Vorwurf gemacht wurde, er habe sich öfters abfällig über den Kaiser geäußert, wandte Augustus sich gegen den Ankläger und sagte zornig: »Hoffentlich kannst du mir das beweisen. Dann wird Aelianus erfahren, daß auch ich eine Zunge habe; ich werde ihm nämlich noch mehr nachsagen.« Damit schloß er für den Moment und auch für später die Untersuchung ab. Dem Tiberius, der sich über die gleiche Sache, nur noch energischer, brieflich bei ihm beklagte, schrieb er folgende Antwort: »Mein lieber Tiberius, gib in dieser Angelegenheit nicht Deinem jugendlichen Ungestüm nach und sei nicht allzu unwillig darüber, daß es Leute gibt, die schlecht von mir reden; es soll uns nämlich genug sein, wenn wir sicher sind, daß uns niemand Schlechtes tun kann.«

52. Obschon ihm bekannt war, daß sogar zu Ehren von Prokonsuln Tempel errichtet zu werden pflegten, ließ er dies für sich in keiner Provinz zu, außer wenn der Name der Göttin Roma zu dem seinen hinzugefügt wurde. In der Hauptstadt lehnte er sogar dies entschieden ab. Auch ließ er alle silbernen Statuen, die einst für ihn aufgestellt worden waren, einschmelzen und weihte aus ihrem Erlös dem Palatinischen Apollo goldene Dreifüße. – Als das Volk ihm mit aller Gewalt die Diktatur aufdrängen wollte, ließ er sich auf die Knie nieder, riß die Toga von der Schulter, entblößte seine Brust und bat in dieser Haltung die Menge, ihn damit zu verschonen.

53. Die Anrede »Herr« verabscheute er immer wie eine persönliche Beschimpfung und Beleidigung. Als einmal bei der Aufführung eines Mimus in seiner Anwesenheit auf der Bühne die Worte gesprochen wurden:

> O gerechter und gütiger Herr!

und das Publikum jubelnd Beifall klatschte, wie wenn sich diese Stelle auf Augustus bezogen hätte, dämmte er sofort mit einer Handbewegung und einem Blick diese unziemliche Huldigung ein und tadelte das Vorkommnis am folgenden Tag in einem sehr ungehaltenen Edikt; später duldete er es nicht einmal bei seinen Kindern oder Enkeln, daß sie ihn im Ernst oder Scherz »Herr« nannten, und verbot ihnen auch diese Art Schmeicheleien im Verkehr untereinander.

Wenn immer es möglich war, verließ oder betrat er Rom oder sonst eine Stadt spät am Abend oder nachts, um offizielle Empfänge oder Abschiedsfeierlichkeiten zu vermeiden. Als Konsul ging er meist zu Fuß, sonst ließ er sich oft in einer geschlossenen Sänfte durch die Stadt tragen. Zu den öffentlichen Audienzen hatten sogar Plebeier Zutritt, und er nahm mit solcher Freundlichkeit die Wünsche der Besucher entgegen, daß er einmal jemand scherzend tadelte, er strecke ihm seine Bittschrift so zaghaft entgegen wie einem Elefanten ein Geldstück. An den Sitzungstagen des Senates begrüßte er die Senatoren immer nur im Rathaus, und zwar blieben sie sitzen[42], wenn er sie ohne fremde Hilfe einzeln beim Namen aufrief. Ebenso blieben sie sitzen, wenn er beim Verlassen der Versammlung sich von ihnen verabschiedete.

Mit vielen Familien stand er in regem Verkehr und unterließ es nie, sich bei den Festtagen eines jeden einzufinden, bis ihn die Beschwerden des Alters daran hinderten und er einmal bei einer Verlobungsfeier im Gedränge gestoßen worden war. Als der Senator Gallus Terrinius, der nicht zu Augustus' engerem Freundeskreis gehörte, plötzlich erblindete und deswegen den Hungertod sterben wollte, ging er persönlich zu ihm, um ihn zu trösten, und gab ihm so den Mut zum Leben wieder.

54. Während einer von Augustus im Senat gehaltenen Rede rief ihm einmal einer der Senatoren zu: »Ich habe es nicht verstanden«, und ein anderer: »Ich würde dir widersprechen, wenn ich Gelegenheit dazu hätte.« Wenn er bisweilen, erbost über die maßlosen Zänkereien der debattierenden Parteien, das Rathaus fluchtartig verließ, riefen ihm einige nach, es müsse doch Senatoren noch erlaubt sein, über öffentliche Angelegenheiten zu reden. Als anläßlich der Neuwahlen des Senats, bei denen jeder sich einen Kollegen zu bestimmen hatte, Antistius Labeo den damals noch in der Verbannung lebenden, alten Gegner des Augustus, Marcus Lepidus, wählte und von Augustus gefragt wurde, ob es vielleicht nicht noch andere, würdigere gäbe, antwortete er, jeder

---

[42] Er ließ also den Senat nicht zu sich kommen, sondern ging selbst in das Rathaus. Zum Sitzenbleiben vgl. dagegen Caes. 78.

habe seine eigene Ansicht[43]. Trotz allem wurde keiner für seine Freimütigkeit oder Frechheit bestraft.

55. Augustus fürchtete auch nicht gegen ihn gerichtete, im Senat zirkulierende Pamphlete, aber er gab sich doch große Mühe, sie zu widerlegen. Nicht einmal die Urheber ließ er aufspüren; nur dies wurde verordnet, daß in Zukunft gegen diejenigen eingeschritten werde, die Schriften oder Gedichte, gegen wen sie auch immer gerichtet seien, unter fremdem Namen veröffentlichten.

56. Ebenso reagierte er auch auf die hämischen oder beleidigenden Scherze, mit welchen ihn gewisse Personen angriffen, nur in einem Edikt; und trotz allen Vorkommnissen verhinderte er, daß durch einen Senatsbeschluß die freie Meinungsäußerung im Testament eingeschränkt werde.

Jedesmal, wenn er den Wahlen der Beamten beiwohnte, ging er mit seinen Kandidaten in den Wahlabteilungen umher und bat nach alter feierlicher Sitte um ihre Stimme. Er selbst gab ebenfalls, genau wie ein gewöhnlicher Bürger, seine Stimme in seiner Abteilung ab. Er duldete es auch mit größter Seelenruhe, daß er als Zeuge vor Gericht ausgefragt und sogar widerlegt wurde. Er baute sein Forum kleiner als vorgesehen, weil er es nicht wagte, die Eigentümer der umliegenden Häuser zu enteignen. Niemals empfahl er dem Volk seine Söhne, ohne beizufügen: »Wenn sie es verdienen werden.« Als er einmal sah, daß das Publikum bei deren Eintritt ins Theater – sie trugen damals noch die Kindertoga – aufstand und ihnen stehend Beifall spendete, beklagte er sich bitter darüber.

Er wollte, daß seine Freunde im Staat groß und mächtig daständen, doch vor dem Gesetz sollten sie gleich wie alle übrigen Bürger sein und hatten sich wie jedermann den gerichtlichen Entscheiden zu fügen. Als Asprenas Nonius, mit dem er eng befreundet war, von Cassius Severus in einer Giftmordaffäre angeklagt war, fragte Augustus den Senat, was er zu tun habe; er sei nämlich darüber im unklaren und fürchte, man könnte, wenn er ihn verteidige, sagen, er wolle den Angeklagten der gesetzlichen Strafe entziehen, wenn er aber nichts tue, er lasse einen Freund im Stich und verurteile ihn im voraus. Der einstimmig geäußerten Ansicht des Senats Folge leistend, setzte er sich dann einige Stunden auf die Bank neben die Verteidiger, sprach aber kein

[43] Über die Neuwahlen vgl. Aug. 35.
[44] Es war Sitte, sich in den Testamenten offen über alles zu äußern. Auch Beleidigungen gegen die Kaiser waren nicht selten; vgl. Aug. 66 und Tacitus, Annalen VI 38.

Wort und gab nicht einmal ein Leumundszeugnis für den Angeklagten ab.

Er stand auch seinen Klienten bei, so zum Beispiel dem wegen Beleidigung gerichtlich verfolgten Scutarius, einem jener Veteranen, die sich wieder freiwillig zum Dienst gemeldet hatten. Einen einzigen Angeklagten entzog er der gerichtlichen Verurteilung, und auch ihn nur, nachdem er den Ankläger in Gegenwart der Richter durch Bitten milde gestimmt hatte; es handelte sich hier um Castricius, der ihm seinerzeit die Verschwörung Murenas aufgedeckt hatte[45].

57. Wie sehr er sich durch solches Verhalten beliebt machte, ist leicht zu begreifen. Ich übergehe die Senatsbeschlüsse, von denen man annehmen könnte, sie seien einem Zwang oder der Angst entsprungen. Die römischen Ritter jedenfalls feierten seinen Geburtstag von sich aus nach einstimmigem Beschluß, solange er lebte, während zweier Tage. Alle Stände warfen jährlich gemäß einem Gelübde, das sie für die Erhaltung seines Lebens getan hatten, ein Geldstück in den Curtiussee; ebenso brachten sie ihm am ersten Januar, auch in seiner Abwesenheit, auf dem Kapitol Neujahrsgeschenke dar, aus deren Erlös Augustus die größten und wertvollsten Götterbilder kaufte, die er dann in den verschiedenen Quartieren aufstellen ließ, wie zum Beispiel den Apollo Sandaliarius, den Iuppiter Tragoedus und andere mehr. Als sein Haus auf dem Palatin durch Brand vernichtet worden war, halfen ihm bei dessen Wiederaufbau freiwillig die Veteranen, die Dekurien, die Tribus und auch einzelne Privatleute aus allen Klassen mit einer Geldsammlung, jeder nach seinem Vermögen; er nahm aber von jedem Geldhaufen nur eine Kleinigkeit, und zwar von keinem mehr als einen Denar. Wenn er aus einer der Provinzen nach Rom zurückkehrte, wurde er nicht nur mit feierlichen Gebeten, sondern auch mit Festgesängen empfangen. Man achtete auch darauf, daß am Tage seiner Rückkehr niemals ein Todesurteil vollstreckt wurde.

58. Den Beinamen »Vater des Vaterlandes« erkannte ihm das gesamte Volk spontan und in vollster Einmütigkeit zu: zuerst die Plebs durch eine nach Anzio gesandte Abordnung; darauf, als er diese Ehrung ablehnte, eine riesige mit Lorbeer bekränzte Menge bei seinem Eintritt im Theater in Rom; wenig später der Senat im Rathaus, und zwar nicht durch ein Dekret oder durch Akklamation, sondern durch Valerius Messala als Sprecher. Dieser hielt im Namen aller folgende Ansprache: »Glück und Segen

[45] Vgl. Aug. 19.

dir und deinem Hause, Caesar Augustus! Mit diesen Worten glauben wir nämlich ewiges Glück für den Staat und Freude für die Stadt heraufzubeschwören. Der Senat im Einverständnis mit dem ganzen römischen Volke begrüßt dich als Vater des Vaterlandes.« Weinend erwiderte ihm Augustus folgendes – ich zitiere, ebenso wie bei Messala, wörtlich: »Da nun alle meine Wünsche in Erfüllung gegangen sind, Senatoren, worum kann ich dann die unsterblichen Götter noch bitten, als daß es mir vergönnt sei, dieses euer Einvernehmen bis zu meinem letzten Tag erhalten zu sehen?«

59. Für Augustus' Arzt Antonius Musa, durch dessen Bemühungen er eine gefährliche Krankheit überstanden hatte[46], errichtete man aus freiwilligen Spenden eine Statue, die neben dem Bild Aeskulaps aufgestellt wurde. Einige Familienoberhäupter sorgten testamentarisch dafür, daß von ihren Erben Opfertiere auf das Kapitol geführt wurden, denen man eine Tafel vorantrug[47]; und dies in Erfüllung eines Gelübdes, das sie abgelegt hatten, falls Augustus sie überlebe. Gewisse Städte Italiens ließen das Jahr an dem Tag, an dem er zum erstenmal zu ihnen gekommen war, beginnen. Die meisten Provinzen stifteten außer Tempeln und Altären auch Spiele zu seinen Ehren, die fast in jeder Stadt alle vier Jahre begangen wurden.

60. Befreundete und verbündete Könige gründeten, jeder in seinem Reich, Städte mit dem Namen Caesarea, und alle zusammen beschlossen, den Tempel des Olympischen Iuppiter in Athen, der seit langer Zeit unvollendet geblieben war, auf gemeinsame Kosten fertigstellen zu lassen und ihn dem Schutzgott des Augustus zu weihen. Oft verließen sie auch ihre Reiche und machten ihm nicht nur in Rom, sondern auch auf seinen Reisen in der Provinz täglich ihre Aufwartung, und zwar in der Toga, ohne königliche Abzeichen, ganz wie ein gewöhnlicher Klient.

61. Nachdem ich bis jetzt berichtete, wie Augustus sich als Feldherr und als Staatsmann sowie als Herrscher über ein Weltreich im Krieg und Frieden bewährte, will ich nun sein Privat- und Familienleben, seine Verhältnisse und Geschicke zu Hause und bei den Seinen von Jugend an bis zu seinem letzten Tag schildern.

Seine Mutter verlor er während seines ersten Konsulats, seine Schwester Octavia in seinem vierundfünfzigsten Lebensjahr. Beiden hatte er zu ihren Lebzeiten die höchste Achtung entge-

---

[46] 23 v. Chr. erkrankte Augustus an einem schweren Leberleiden; vgl. Aug. 81 und 28.

[47] Darauf war die Bestimmung des Opfers angegeben.

gengebracht, und auch nach ihrem Tode erwies er ihnen die größten Ehren.

62. Als junger Mann war Augustus mit der Tochter des Publius Servilius Isauricus verlobt gewesen; aber nachdem es nach seinem ersten Zwist mit Antonius wieder zu einer Aussöhnung gekommen war und ihre Soldaten sie auch durch irgendein Verwandtschaftsverhältnis verbunden zu sehen wünschten, heiratete er Claudia, obschon sie noch kaum in heiratsfähigem Alter stand, eine Tochter Fulvias aus ihrer Ehe mit Publius Clodius und Stieftochter des Antonius. Da er sich aber mit seiner Schwiegermutter Fulvia überwarf, ließ er sich von Claudia wieder scheiden, ohne sie ihrer Jungfräulichkeit beraubt zu haben.

Kurz darauf nahm er Scribonia zur Frau; diese war schon zweimal verheiratet gewesen, beide Male mit gewesenen Konsuln; von dem einen hatte sie auch Kinder. Auch von dieser ließ er sich scheiden, wie er schreibt, »angeekelt von ihrem unsittlichen Lebenswandel«, und heiratete unmittelbar darauf Livia Drusilla, die er ihrem Gemahl Tiberius Nero trotz ihrer Schwangerschaft wegnahm, und bewahrte ihr bis zum Ende die größte Anhänglichkeit und Hochachtung[48].

63. Scribonia schenkte ihm eine Tochter Iulia; von Livia bekam er keine Kinder, obschon er es brennend wünschte. Einmal wurde sie schwanger, doch kam das Kind vorzeitig zur Welt. Iulia verheiratete er zuerst mit Marcellus, dem Sohn seiner Schwester Octavia, obschon er noch kaum dem Knabenalter entwachsen war. Nach dessen Tod vermählte er sie mit Marcus Agrippa, nachdem er Octavia gebeten hatte, ihm diesen als Schwiegersohn zu überlassen; Agrippa war nämlich damals mit einer der beiden Schwestern des Marcellus verheiratet und hatte auch Kinder von ihr. Da auch dieser starb, schaute er sich lange, sogar im Ritterstande, nach einer passenden Partie für sie um, wählte schließlich seinen Stiefsohn Tiberius[49] und zwang ihn, seine Frau, obgleich sie ihm schon ein Kind geschenkt hatte und eben gerade wieder schwanger war, zu verlassen. – Marcus Antonius schreibt, daß Augustus zuerst Iulia seinem eigenen Sohn Antonius versprach, darauf Cotiso, dem König der Geten; zu gleicher Zeit hätte Augustus selbst um die Hand der Tochter dieses Königs angehalten.

64. Aus der Ehe Iulias mit Agrippa hatte er drei Enkelsöhne:

---

[48] Vgl. Tib. 3 und 4. Die Hochzeit fand 38 v. Chr. statt. Drei Monate später kam ihr zweiter Sohn Drusus nach dem 42 geborenen Tiberius) zur Welt; vgl. Claud. 1.
[49] Der nachmalige Kaiser; vgl. Tib. 7.

Gaius, Lucius und Agrippa, und zwei Enkeltöchter: Iulia und Agrippina. Iulia verheiratete er mit dem Sohne des Censors Lucius Paulus, Agrippina mit Germanicus, dem Enkel seiner Schwester. Gaius und Lucius adoptierte er, nachdem er sie im Hause ihres Vaters Agrippa unter Beachtung der alten Sitten gekauft hatte[50]; noch ganz jung ließ er sie an der Staatsverwaltung teilhaben und schickte sie als gewählte Konsuln auf eine Besuchsreise in die Provinzen und zu den Heeren.

Seine Tochter und seine Enkelinnen ließ er sehr streng erziehen; so mußten sie sogar Wolle spinnen, und es war ihnen verboten, irgend etwas heimlich zu tun oder zu sprechen, so daß es nicht ins Hofjournal hätte aufgenommen werden können. Von der Außenwelt schnitt er sie vollkommen ab. Lucius Vinicius, einem jungen Mann aus erster Familie, schrieb er sogar einmal, daß er es wenig schicklich finde, seiner Tochter in Baiae seine Aufwartung gemacht zu haben.

Seine Enkel unterrichtete er meist selbst im Lesen, Schreiben und anderen Elementarfächern und gab sich die größte Mühe, daß sie seine Handschrift nachahmen lernten. Wenn er mit ihnen zusammen aß, mußten sie sich zu Füßen seines Divans hinsetzen, und wenn er eine Reise machte, so fuhren sie voraus oder ritten ihm zur Seite.

65. Aber weder die Freude über seine Nachkommenschaft noch die Zuversicht, die er auf die Zucht seines Hauses gesetzt hatte, wurden ihm vom Schicksal gegönnt. Seine Tochter und seine Enkelin, die beiden Iulia, mußte er in die Verbannung schicken, da sie ihren Ruf durch alle möglichen Laster befleckt hatten; Gaius und Lucius verlor er beide in einer Zeitspanne von achtzehn Monaten: Gaius starb in Lykien, Lucius in Marseille. Darauf adoptierte er seinen dritten Enkelsohn Agrippa zusammen mit seinem Stiefsohn Tiberius auf dem Forum auf Grund eines Sondergesetzes. Wenig später verstieß er allerdings Agrippa seines gemeinen und groben Charakters wegen und verbannte ihn nach Sorrento.

Den Tod der Seinen trug er mit größerer Fassung als ihre Schande; der Verlust des Gaius und Lucius schmerzte ihn nämlich nicht so sehr; aber über seine Tochter ließ er im Senat, ohne selbst zu erscheinen, durch den Quästor einen Bericht verlesen und hielt sich lange aus Scham der Öffentlichkeit fern; auch trug er sich mit dem Gedanken, sie töten zu lassen. Auf jeden Fall äußerte er, als zu dieser Zeit eine Vertraute Iulias, die Freigelas-

[50] Bei der Adoption Minderjähriger wurde ein Scheinkauf getätigt.

sene Phoebe, durch Erhängen ihrem Leben ein Ende machte, er hätte lieber der Vater Phoebes sein wollen. In der Verbannung verbot er ihr das Weintrinken und jeden Luxus und gestattete weder einem Freien noch einem Sklaven, außer mit seiner ausdrücklichen Erlaubnis, den Zutritt zu ihr, und zwar ließ er sich zuvor genau über Alter, Größe, Gesichtsfarbe, besondere körperliche Kennzeichen oder Narben des Besuchers unterrichten.

Erst nach fünf Jahren ließ er Iulia endlich von der Insel aufs Festland bringen[51] und gestand ihr etwas angenehmere Lebensbedingungen zu. Sie ganz wieder zurückzurufen, dazu konnte er auf keine Art und Weise gebracht werden; und als das römische Volk immer wieder um ihre Begnadigung bat und sich energisch für sie einsetzte, wünschte er allen in offener Versammlung solche Töchter und solche Frauen. Ein Kind seiner Enkeltochter Iulia, das diese nach ihrer Verurteilung gebar, weigerte er sich anzuerkennen und aufziehen zu lassen.

Agrippa, der mit der Zeit immer weniger umgänglich wurde, ja sogar mehr und mehr geistiger Umnachtung verfiel, ließ er auf eine Insel bringen und außerdem militärisch bewachen. Ferner wurde zur Vorsicht durch einen Senatsbeschluß seine lebenslängliche Haft an diesem Ort offiziell festgelegt. Auch pflegte er bei jeder Erwähnung Agrippas oder der beiden Iulias seufzend den griechischen Vers zu zitieren:

> Wär' ich doch ehlos geblieben und kinderlos einsam
> gestorben![52]

So nannte er sie auch immer nur seine drei Eiterbeulen oder seine drei Krebsgeschwüre.

66. Freundschaften schloß Augustus nicht leicht, aber wenn, dann war er der treuste Freund, indem er nicht nur die Tugenden und Verdienste eines jeden zu würdigen wußte, sondern auch ihre Laster und Fehler duldete, solange sie nicht zu schwerwiegend waren. Man wird nämlich unter seinen Freunden kaum einen finden, den er hätte in Ungnade fallen lassen außer Salvidienus Rufus und Cornelius Gallus, von denen er den einen zum Konsul, den andern zum Präfekten von Ägypten befördert hatte, obschon sie beide aus kleinsten Verhältnissen kamen. Rufus, der

---

[51] Von der Insel Pandataria, im Golf von Gaëta, nach Regium, gegenüber von Messina; vgl. Tacitus, Annalen I 53. Die jüngere Iulia war auf die Insel Trimetus, heute Tremiti, an der Küste Apuliens verbannt. Pandataria war auch Verbannungsort der Agrippina, vgl. Tib. 53.

[52] Homer, Ilias III 40. Übersetzung Voß.

eine Revolution vorbereitete, übergab er dem Senat zur Aburteilung; Gallus verbot er wegen seiner undankbaren und übelwollenden Gesinnung den Zutritt zum Hofe und zu den kaiserlichen Provinzen. Als aber Gallus durch Anzeigen seiner Ankläger und durch Senatsbeschlüsse zum Selbstmord getrieben wurde, lobte er zwar die hingebungsvolle Treue derjenigen, die sich so sehr für den Kaiser eingesetzt hatten, beklagte aber unter Tränen sein Los, weil es ihm allein nicht erlaubt sei, seinen Freunden, nur soweit *er* es wolle, zu zürnen.

Seine anderen Freunde genossen bis an ihr Lebensende als die ersten ihres Standes Macht und Reichtum, obschon auch sie ihn bisweilen kränkten. Er hatte sich nämlich verschiedentlich über die Empfindlichkeit des Marcus Agrippa und über die mangelnde Verschwiegenheit des Maecenas zu beklagen – um von andern ganz zu schweigen. Denn Agrippa hatte auf den leisen Verdacht hin, er werde zu kühl behandelt und Marcellus ihm vorgezogen, alles im Stich gelassen und sich nach Mytilene[53] zurückgezogen, während Maecenas das Geheimnis der Aufdeckung der Verschwörung Murenas seiner Frau Terentia ausgeplaudert hatte.

Von seinen Freunden forderte er gleiches Wohlwollen, wie er es ihnen entgegenbrachte, sowohl nach ihrem Tode als zu ihren Lebzeiten, und obschon er keineswegs auf Erbschaften ausging – wie er auch niemals eine testamentarische Vergabung eines ihm Unbekannten annahm –, so wog er doch die Urteile seiner Freunde, die sie über ihn in ihren letzten Verfügungen niederlegten, aufs peinlichste ab[54] und verbarg seinen Schmerz nicht, wenn sie ihn zu knapp und mit zu wenig ehrenden Worten bedachten, aber auch nicht seine Freude, wenn sie sich dankbar und anhänglich erwiesen.

Vermächtnisse oder Erbschaftsanteile, die ihm von Leuten mit Familie vermacht wurden, pflegte er entweder sofort ihren Kindern zu überlassen oder diesen, falls sie noch unmündig waren, am Tage ihrer Mündigkeit oder Verheiratung mit Zinsen zurückzugeben.

67. Als Patron seiner Klienten und Herr seiner Sklaven konnte Augustus streng, aber auch wieder freundlich und milde sein. So standen viele seiner Freigelassenen bei ihm in großen Ehren, und er verkehrte mit ihnen freundschaftlich, wie zum Beispiel mit Licinus und Celadus und anderen mehr. Seinen Sklaven Cosmus, der sich sehr abfällig über ihn geäußert hatte, ließ er nur in Ketten

[53] Vgl. Tib. 10.
[54] Vgl. Aug. 56.

legen. Seinen Verwalter Diomedes, der ihn bei einem gemeinsamen Spaziergang, als ihnen plötzlich ein wilder Eber entgegenlief, aus Angst im Stiche gelassen hatte, wollte er lieber der Furchtsamkeit als böser Absicht zeihen und zog die Angelegenheit, obschon sie nicht ungefährlich gewesen, ins Scherzhafte, da doch offensichtliche Böswilligkeit nicht nachzuweisen war. Andrerseits zwang er aber den ihm sehr nahestehenden Freigelassenen Polus zum Selbstmord, als er erfahren hatte, daß er ehebrecherische Beziehungen zu vornehmen Damen unterhalte; seinem Sekretär Thallus ließ er, weil er für fünfhundert Denare den Inhalt eines Briefes verraten hatte, die Beine brechen; den Erzieher und die Diener seines Sohnes Gaius, die dessen Krankheit und Tod dazu benutzt hatten, mit Grausamkeit und Habgier in der Provinz zu hausen, befahl er mit schweren Gewichten um den Hals in einen Fluß zu stürzen.

68. Als jungem Mann wurden ihm verschiedene unehrenhafte Handlungen nachgesagt. Sextus Pompeius warf ihm vor, ein verweichlichter Kerl zu sein; Marcus Antonius, sich die Adoption durch seinen Onkel mit der Preisgabe seiner Unschuld verdient zu haben[55]; des Antonius Bruder, Lucius, behauptet sogar, Augustus habe seine schon von Caesar mißbrauchte Unschuld in Spanien nochmals Aulus Hirtius für dreihunderttausend Sesterzen geopfert und habe die Gewohnheit gehabt, sich die Haare an den Beinen mit heißen Nußschalen abzusengen, um einen weicheren Flaum zu bekommen. Auch das ganze Volk faßte einmal anläßlich einer Theatervorstellung folgenden Vers, in dem es von einem das Tamburin schlagenden Priester der Kybele hieß:

Siehst du, wie der Finger des schamlosen Weichlings den Kreis regiert?[56]

als eine auf Augustus gemünzte Beleidigung auf und klatschte allgemein Beifall.

69. Daß er Liebschaften mit verheirateten Frauen unterhalten habe, geben sogar seine Freunde zu, doch führen sie als Entschuldigung an, daß er sich nicht aus Wollust dazu habe verleiten lassen, sondern aus Gründen der Politik; durch ihre Frauen habe er nämlich leichter die Pläne seiner Gegner erfahren können. Marcus Antonius hat ihm außer seiner überstürzten Heirat

---

[55] Vgl. Cicero, Philippische Reden III 6, 15.

[56] Kreis *(orbis)* in doppeltem Sinn: Kreis des Tamburins und Erdkreis. Die Priester der Kybele, der sog. »Großen Mutter«, waren Eunuchen.

mit Livia noch vorgeworfen, daß er einmal die Frau eines Konsuls unter den Augen ihres Gatten aus dem Speisesaal ins Schlafzimmer geführt und mit roten Ohren und in Unordnung geratenem Haar wieder zur Gesellschaft zurückgebracht habe; auch habe er Scribonia von sich gestoßen, da sie allzu offen ihren Verdruß über den zu großen Einfluß einer Mätresse geäußert hatte; ferner habe er seine Freunde zu Kupplerdiensten benutzt; sie hätten nämlich verheiratete Frauen und erwachsene Mädchen nackt in Augenschein nehmen müssen, wie wenn sie diese beim Sklavenhändler Toranius kauften. Auch schreibt ihm Antonius einmal in einem vertraulichen Brief, als sie einander noch nicht völlig entfremdet als Feinde gegenüberstanden: »Warum hast Du Dich mir gegenüber so geändert? Weil ich bei der Königin (Kleopatra) schlafe? Sie ist meine Frau. Ist sie's erst jetzt oder nicht schon seit neun Jahren? Und Du, schläfst Du nur bei Drusilla? Wahrscheinlich ist es doch so, daß Du, wenn Du diesen Brief liest, bei Tertulla oder Terentilla oder Rufilla oder Salvia Titisenia oder bei allen zusammen geschlafen hast. Kommt es denn darauf an, wo und mit wem man seine Lust befriedigt?«

70. Man sprach auch allerlei über ein geheimes Gelage, das allgemein das Zwölfgötterfest genannt wurde. An diesem Fest sollen die Gäste als Götter und Göttinnen verkleidet teilgenommen haben und Augustus selbst als Apollo erschienen sein. Dies machte ihm nicht nur Antonius in seinen Briefen zum Vorwurf, worin er auch mit bitterem Hohn die Namen der Teilnehmer aufzählt, sondern ebenfalls die allbekannten Verse eines anonymen Autors:

Als den Ordner des Fests die böse Gesellschaft gedungen,
   Götter und Göttinnen sechs kommen sah Mallia da[57].
Caesar in eigner Person vermaß sich, Apollo zu spielen,
   Und er lehrte den Tisch äffen der Himmlischen Lust.
Sämtliche Götter darauf entsetzt von der Erde sich wandten,
   Iuppiter selber, er floh weit von dem goldenen Thron.

Dieses Gelage erregte auch deshalb besonderen Skandal, weil damals gerade eine böse Hungersnot in Rom herrschte; und so konnte man am folgenden Tag bei Augustus' Erscheinen Rufe hören wie: die Götter hätten alles Getreide gegessen, und: Caesar

---

[57] Mallia scheint der Name des Gastgebers zu sein, der die Ausstattung und Bewirtung der Gesellschaft übernommen hatte, vielleicht auch der Name des Hauses, wo das Gelage stattfand.

sei wirklich Apollo, aber Apollo der Schinder – ein Beiname des Gottes, unter dem er in einem gewissen Quartier Roms verehrt wurde.

Es wurde Augustus ebenfalls vorgehalten, daß er besonders auf kostbaren Hausrat und korinthische Gefäße erpicht sei und dem Würfelspiel zu sehr huldige. So fand man auch zur Zeit der Proskriptionen unter seiner Statue folgende Aufschrift:

> Mein Vater liebte Silber, Bronze liebe ich[58].

Man vermutete nämlich, er habe einige Leute nur in die Proskriptionslisten aufnehmen lassen, um sich ihrer korinthischen Vasen bemächtigen zu können. – Im Sizilischen Krieg wurde später folgender Zweizeiler über ihn verbreitet:

> Nachdem er zweimal im Kampf die Schiffe all' verlor,
> Versucht er, um einmal zu siegen, häufig der Würfel Glück.

71. Von all diesen Anschuldigungen oder Verleumdungen wies er sowohl durch die Sauberkeit seiner damaligen als seiner späteren Lebensführung den Vorwurf der widernatürlichen Unzucht mit der größten Leichtigkeit zurück; ebenso den Tadel, den Luxus zu lieben; denn nach der Einnahme von Alexandria behielt er aus dem königlichen Schatz nichts für sich als einen murrhinischen Kelch, und später ließ er alles für den täglichen Gebrauch bestimmte Goldgeschirr einschmelzen.

Der Sinnlichkeit blieb er allerdings immer verfallen, und in späteren Jahren soll er besonders auf junge Mädchen versessen gewesen sein, die ihm seine Frau selber von überallher verschaffte.

Der Ruf, ein Spieler zu sein, schreckte ihn keineswegs, und er spielte auch noch als alter Mann zu seinem Vergnügen ohne Hehl und Heimlichkeit, und zwar nicht nur im Dezember[59], sondern auch in den anderen Monaten an Werk- und Feiertagen. Hierüber besteht keinerlei Zweifel, denn in einem eigenhändig geschriebenen Brief an Tiberius sagt er: »Ich speiste mit den gleichen Personen, mein lieber Tiberius; dazu gesellten sich noch Vinicius und der ältere Silius. Während des Essens spielten wir nach Altherrenart, gestern und heute; wir würfelten, und jedesmal, wenn einer den Hund oder einen Sechser warf,

---

[58] Anspielung auf des Vaters angeblichen Beruf; vgl. Aug. 3.
[59] Der Monat der Saturnalien.

mußte er für jeden Würfel einen Denar in die Mitte legen, die dann alle der wegnehmen durfte, der die Venus geworfen hatte.«[60]

In einem andern Brief wieder heißt es: »Mein lieber Tiberius, wir haben das Minervafest ganz nett verbracht; wir spielten alle Tage, und das Würfelbrett wurde nicht kalt. Dein Bruder (Drusus) hat dabei großes Geschrei vollführt; zuletzt verlor er allerdings nicht viel, sondern erholte sich wider Erwarten allmählich von den großen Verlusten. Ich für meine Person habe zwanzigtausend Sesterzen verloren, aber nur, weil ich im Spiel, wie das meine Art ist, außerordentlich entgegenkommend bin; denn wenn ich alle Einsätze, die ich einem jeden erließ, zurückgefordert oder das behalten hätte, was ich jedem schenkte, so hätte ich wohl etwa fünfzigtausend Sesterzen gewonnen. Aber ich will's so haben: meine Güte wird mich zu himmlischer Ehre bringen.« An seine Tochter schreibt er: »Ich habe Dir zweihundertfünfzig Denare geschickt, die Summe, die ich jedem meiner Gäste gab, falls sie während des Essens miteinander Würfel oder Pair und Impair spielen wollten.«

72. Im übrigen bewies Augustus größte Einfachheit und blieb vom Verdacht irgendeines Lasters frei. Zuerst wohnte er beim Forum Romanum oberhalb der Ringmachertreppe im Haus, das dem Redner Calvus gehört hatte; später auf dem Palatin, aber auch dort nur im bescheidenen Haus des Hortensius, das sich weder durch Größe noch Komfort auszeichnete. Es besaß nur kleine Säulenhallen aus Albanerbergstein, und in den Zimmern waren kein Marmor und keine prächtigen Mosaikfußböden. Mehr als vierzig Jahre lang schlief er dort Sommer und Winter im gleichen Zimmer, und obschon er erfahren mußte, daß der Winter in Rom seiner Gesundheit wenig zuträglich war, blieb er ständig in der Stadt.

Falls er ganz für sich, ohne jede Störung arbeiten wollte, benützte er ein besonderes Zimmer im oberen Stockwerk, das er sein »Syrakus«[61] und sein »kleines Kunstwerk« zu nennen pflegte; dorthin oder in die Vorstadtwohnung eines seiner Freigelassenen zog er sich zurück. War er krank, so wohnte er im Hause Mäzens. Seinen Sommeraufenthalt verbrachte er meist am Meer, auf den Inseln Campaniens, oder in Städten in der Nähe Roms,

---

[60] Als Würfel dienten Knöchelchen, die auf vier Seiten bezeichnet waren, und zwar mit 1, 3, 4 und 6. Gespielt wurde mit vier Würfeln. Der Hundewurf war eine 1; als Venuswurf galt, wenn alle Würfel verschiedene Zahlen zeigten. Neben diesen Knöchelchen gab es auch Würfel, wie wir sie kennen; dann spielte man mit zwei oder drei Würfeln.

[61] Die Bedeutung dieses Ausdrucks ist nicht klar.

wie Lanuvium, Palestrina und Tivoli, wo er auch in den Hallen des Herkulestempels oft Recht sprach.

Große luxuriöse Landhäuser hatte er nicht gern; so ließ er auch dasjenige seiner Enkelin Iulia, das diese mit großem Aufwand errichtet hatte, dem Erdboden gleichmachen; seine eigenen waren bescheiden, und er stattete sie weniger mit Statuen und Gemälden als mit gedeckten Gängen und Parkanlagen sowie Altertümern und Raritäten aus. So besaß er zum Beispiel in seinem Landhaus auf Capri eine Sammlung riesiger Knochen von Land- und Seeungeheuern, sogenannter Gigantenknochen und Heroenwaffen.

73. Wie einfaches Hausgerät und Mobiliar er hatte, erkennt man an den noch heute erhaltenen Betten und Tischen, von denen die meisten für einen gewöhnlichen Privatmann kaum elegant genug wären. Man sagt auch, daß er nur auf einem niedrigen, schwach gepolsterten Bett geschlafen habe. Er trug kaum eine andere Kleidung als einen Hausrock, der von seiner Schwester, seiner Frau, seiner Tochter oder seinen Enkelinnen angefertigt wurde. Seine Toga war nicht zu eng und nicht zu weit, der Purpurstreifen daran nicht zu breit und nicht zu schmal. Nur seine Schuhe waren etwas hoch, um ihn größer erscheinen zu lassen. Seine Staatskleider und Schuhe mußten immer in seinem Zimmer für unvorhergesehene Fälle bereitliegen.

74. Regelmäßig gab er Gesellschaften und immer waren sie mit einem vollständigen Essen verbunden. Bei den Einladungen achtete er genau auf Rang und Person. Valerius Messala berichtet, daß niemals ein Freigelassener zu einem Essen eingeladen worden sei, mit Ausnahme des Menas, der jedoch, weil er Augustus die Flotte des Sextus Pompeius ausgeliefert hatte, mit den Rechten eines Freigeborenen bedacht worden war. Augustus selbst schreibt auch, daß er einmal eine seiner früheren Ordonnanzen, in deren Landhaus er weilte, eingeladen habe.

Manchmal kam er später zu Gesellschaften und verließ sie früher, weil die Gäste mit dem Essen beginnen durften, bevor er Platz genommen hatte, und auch noch nach seinem Aufbruch bleiben konnten. Die Mahlzeiten bestanden aus drei, höchstens sechs Gängen, aber wenn der Aufwand auch bescheiden war, so entfaltete er doch die größte Liebenswürdigkeit als Gastgeber; denn schweigsame Gäste oder solche, die leise miteinander sprachen, wußte er ins allgemeine Gespräch zu ziehen, und er ließ während des Essens Musiker, Schauspieler oder sogar gewöhnliche Possenreißer aus dem Zirkus und noch häufiger Geschichtenerzähler auftreten.

75. Feste und Feiertage beging er mit großem Gepränge, manchmal auch nur mit einfachen Scherzen. An den Saturnalien, oder wenn es ihm sonst in den Sinn kam, verschenkte er bald Kleider oder Gold und Silber, bald Münzen jeder Prägung, auch alte aus der Königszeit oder ausländische, bisweilen nichts anderes als Ziegenhaardecken, Schwämme, Kohlenschaufeln, Zangen und andere derartige Dinge, versehen mit dunkeln und zweideutigen Aufschriften.

Er pflegte auch bei Einladungen Lose für Gegenstände von ganz unterschiedlichem Wert, auch Bilder, von denen man nur die Rückseite sah, zu verkaufen, wobei der Zufall die Hoffnungen der Käufer enttäuschte oder erfüllte. An jedem Tisch gab es dabei eine Versteigerung, und Verlust oder Gewinn wurden bekanntgegeben.

76. Seine Ansprüche das Essen betreffend – denn auch das möchte ich nicht unerwähnt lassen – waren äußerst bescheiden und beinahe etwas gewöhnlich. Besonders gern hatte er einfaches Hausbrot, kleine Fische, handgepreßten Kuhkäse und frische Feigen von der Sorte, die zweimal im Jahr zur Reife kommt. Er aß sogar vor der Hauptmahlzeit, zu jeder Zeit und an jedem Ort, sobald er Hunger spürte. Das bezeugen seine eigenen Worte in seinen Briefen: »Im Wagen haben wir Brot und Datteln gegessen«, und an einer anderen Stelle: »Während meine Sänfte mich von der Regia nach Hause brachte, aß ich ein Stück Brot[62] und einige Weinbeeren mit harter Haut.« Ein anderes Mal wieder schreibt er: »Mein lieber Tiberius, nicht einmal ein Jude hält am Sabbat so gewissenhaft sein Fasten ein, wie ich es heute tat, der ich erst eine Stunde nach Sonnenuntergang im Bad, bevor ich mich salben ließ, zwei Bissen nahm.« Diese Unregelmäßigkeit war auch der Grund, warum er öfters vor Beginn oder nach Aufhebung der Tafel allein für sich aß, während er bei Tisch nichts anrührte.

77. Auch im Weintrinken war er von Natur aus sehr mäßig. Im Heerlager von Mutina trank er, wie Cornelius Nepos berichtet, während der Mahlzeiten nicht öfter als dreimal. Später, auch wenn er sich sehr gehen ließ, trank er nicht mehr als einen halben Liter, und wenn er einmal dieses Maß überschritt, so mußte er sich übergeben. Am meisten schätzte er den Räterwein. Untertags trank er im allgemeinen nicht. Statt dessen nahm er dann ein in frisches Wasser getauchtes Stück Brot, ein Stück Gurke, einen Lattichstengel oder frische

[62] Wörtlich eine Unze = 27 g.

oder auch gedörrte Früchte mit etwas Weingeschmack zu sich.

78. Nach der Mittagsmahlzeit pflegte er in Kleidern und Schuhen, ohne die Füße zuzudecken, ein wenig zu ruhen, wobei er die Hand über die Augen legte. Nach dem Abendessen zog er sich in sein Arbeitszimmer auf ein Sofa zurück; dort blieb er bis spät in die Nacht hinein, bis er die restlichen Geschäfte des Tages entweder ganz oder doch zum größten Teil erledigt hatte. Dann ging er zu Bett und schlief höchstens sieben Stunden, aber auch nicht ohne Unterbrechung, denn er wachte in dieser Zeit drei- bis viermal auf. Wenn er, wie es oft vorkam, nicht wieder einschlafen konnte, so ließ er Vorleser oder Märchenerzähler kommen, um den Schlaf wieder finden zu können, und schlief dann auch oft bis nach Sonnenaufgang. Nie wachte er in der Dunkelheit, ohne daß jemand an seinem Bett saß.

Es war ihm unangenehm, früh aufstehen zu müssen, und wenn er eines offiziellen Anlasses oder eines Opfers wegen früher als gewöhnlich bereit zu sein hatte, verbrachte er die Nacht zu seiner Bequemlichkeit in der am nächsten gelegenen Wohnung von irgendeinem seiner Leute. Aber trotzdem war er oft noch schlafbedürftig, und so konnte er auch, während er in der Sänfte durch die Stadt getragen wurde, oder wenn sie wegen irgendeines Aufenthaltes abgestellt werden mußte, ein Schläfchen machen.

79. Augustus war von außergewöhnlicher Schönheit und während seines ganzen Lebens von großer Anmut; trotzdem verschmähte er jede aufdringliche Eitelkeit und maß zum Beispiel seiner Frisur so wenig Bedeutung bei, daß er, um Zeit zu gewinnen, mehrere Friseure zu gleicher Zeit beschäftigte und bald den Bart nur schneiden, bald ganz rasieren ließ und unterdessen irgend etwas las oder auch schrieb.

Sein Antlitz strahlte, ob er sprach oder schwieg, eine solch ruhige Heiterkeit aus, daß ein gallischer Fürst einmal seinen Landsleuten gestand, er habe den Plan gehabt, Augustus während eines Alpenüberganges in den Abgrund zu stürzen, und sich zu diesem Zwecke unter dem Vorwand, ihm etwas sagen zu müssen, Zutritt zu ihm verschafft, habe dann aber sein Vorhaben nicht ausführen können, da Augustus' Anblick ihn zurückhielt und versöhnlich stimmte.

Augustus hatte helle, glänzende Augen; er ließ seine Umgebung in dem Glauben, in ihnen stecke göttliche Kraft, und er freute sich, wenn jemand, den er scharf ansah, vor ihm wie von der Sonne geblendet die Augen senkte. Im Alter sah er allerdings auf dem linken Auge weniger gut.

Seine Zähne standen auseinander und waren klein und unsauber. Sein Haar war leicht gelockt und hellblond, seine Augenbrauen zusammengewachsen, seine Ohren mittelgroß, die Nase oben hervorspringend und unten gebogen. Seine Hautfarbe war nicht zu dunkel und nicht zu hell, seine Figur klein – doch gibt sein Freigelassener und Hofhistoriograph Iulius Marathus seine Größe immerhin mit ein Meter siebzig an. Allerdings wurde dieser Nachteil durch die gute Proportion und Ausgeglichenheit seiner Gliedmaßen verborgen, so daß man es nur gewahrte, wenn jemand Größerer neben ihm stand und man so eine Vergleichsmöglichkeit hatte.

80. Sein Körper war, wie berichtet wird, voller Flecken und Muttermale, die so über Brust und Bauch verteilt waren, daß sie nach ihrer Anordnung und Zahl das Sternbild des Großen Bären wiedergaben. Er hatte auch zahlreiche flechtenartige Schwielen, die sich durch ein Hautjucken und den fortwährenden übertriebenen Gebrauch des Badestriegels gebildet hatten. Hüftgelenk, Ober- und Unterschenkel auf der linken Seite waren etwas schwach, so daß er oft sogar hinken mußte. Aber mit Hilfe von Sandbädern und Beinschienen konnte immer wieder Linderung geschafft werden. Auch fühlte er bisweilen im Zeigefinger der rechten Hand eine solche Schwäche, daß er das starre und wie erfrorene Glied selbst mit Hilfe eines beinernen Ringes kaum zum Schreiben gebrauchen konnte. Er litt auch an schmerzhaften Blasenbeschwerden, die sich gewöhnlich erst nach Abgang der Steine mit dem Urin besserten.

81. Im Laufe seines Lebens wurde er von mehreren schweren, gefährlichen Krankheiten heimgesucht. Am schlimmsten stand es nach der Unterwerfung Kantabriens, als er durch krankhafte Gallenabsonderungen in einen hoffnungslosen Zustand geriet und sich notgedrungen einer gefährlichen, der gewöhnlichen Methode zuwiderlaufenden Kur unterziehen mußte: da warme Umschläge nichts genutzt hatten, ließ er sich auf Verordnung Antonius Musas[65] mit kalten behandeln.

Gewisse Krankheiten bekam er jedes Jahr zu einer bestimmten Zeit wieder; so fühlte er sich zur Zeit seines Geburtstages jeweils schwach, bei Frühlingsbeginn litt er an Entzündungen der inneren Organe und während der Zeit der Südwinde an Schnup-

---

[65] Vgl. Aug. 59 und Plinius, Naturgeschichte XIX 128, nach dem dieser Arzt auch Rohkost verschrieb.

fen, so daß sein angegriffener Körper weder Kälte noch Hitze ohne Beschwerden ertrug.

82. Im Winter schützte er sich deshalb mit einer dicken Toga, vier Unterkleidern, einem Hemd, einem wollenen Leibchen und Binden um Schenkel und Waden. Im Sommer schlief er bei offenen Türen oder auch im Hof seines Hauses neben einem Springbrunnen, wobei ihm manchmal ein Sklave Kühlung zufächeln mußte. Nicht einmal im Winter ertrug er die Sonne und setzte deshalb, wenn er bei sich zu Hause spazieren ging, immer einen Hut mit breitem Rand auf.

Seine Reisen machte er in der Sänfte, meist bei Nacht und recht langsam, in kleinen Etappen, so daß er nach Palestrina oder Tivoli zwei Tage brauchte. Wenn er irgendwohin auf dem Seeweg gelangen konnte, so gab er diesem den Vorzug.

Durch große Vorsicht konnte er aber seinen schlechten Gesundheitszustand etwas bessern, besonders dadurch, daß er selten badete. Dafür ließ er sich öfters salben oder schwitzte bei einem Feuer und ließ sich darauf mit lauem oder von der Sonne stark erwärmtem Wasser übergießen. Sooft er seiner Nerven wegen Meerbäder brauchte oder die warmen Albulaquellen besuchte, begnügte er sich damit, in einer hölzernen Badewanne sitzend, die er mit dem spanischen Wort »Dureta« zu bezeichnen pflegte, abwechselnd Hände und Füße zu bewegen.

83. Auf Reiten und Waffenübungen verzichtete er gleich nach dem Bürgerkrieg und ging zunächst zum Ballspiel mit kleinen und großen Bällen über, später tat er nichts anderes mehr als Ausfahren oder Spazierengehen, wobei er zum Schluß in kleinen Sprüngen eine Strecke rannte, bekleidet mit einem Mantel aus Pelz oder Tuch.

Um sich zu erholen, angelte er oder spielte mit Würfeln, Steinchen oder Nüssen in Gesellschaft kleiner, hübscher und gesprächiger Kinder, die er sich von überallher kommen ließ, besonders aus Syrien und Mauretanien. Zwerge, Verwachsene und sonstige Mißgeburten verabscheute er nämlich als Spielereien der Natur und betrachtete sie als von schlechter Vorbedeutung.

84. In der Beredsamkeit und den übrigen freien Künsten übte er sich von früher Jugend an mit Begeisterung und größtem Fleiß. Während des Krieges um Mutina soll er trotz seiner großen Beanspruchung täglich gelesen, geschrieben und sich im Reden weitergebildet haben. Später sprach er nie, sei es im Senat, vor dem Volk oder vor dem Heer, ohne seine Rede wohl überdacht und vorbereitet zu haben, obschon er ohne weiteres in un-

vorhergesehenen Fällen auch aus dem Stegreif sprechen konnte. Um sich nicht auf sein Gedächtnis verlassen zu müssen oder durch Auswendiglernen Zeit zu verlieren, gewöhnte er sich daran, alles abzulesen.

Gespräche mit Einzelpersonen und auch wichtigere mit seiner Gattin Livia führte er nur, nachdem er sie schriftlich in seinem Notizbuch festgelegt hatte, damit er nicht improvisierend zu viel oder zu wenig sage.

Er hatte eine angenehme Stimme mit eigenartigem Timbre; auch arbeitete er fleißig bei einem Lehrer der Stimmbildung. Manchmal aber, wenn er Halsbeschwerden hatte, mußte statt seiner ein Herold zum Volk sprechen.

85. Er verfaßte mehrere Prosawerke verschiedensten Inhalts, von denen er einige im Freundeskreis, der ihm als Auditorium diente, vorlas, so zum Beispiel seine ›Antwort auf den ‚Cato' des Brutus‹[64]. Als er bereits den größten Teil dieses Werkes vorgetragen hatte – er war damals schon älter –, ließ er ermüdet Tiberius die Lektüre beenden. Ferner schrieb er ›Ermunterungen zur Philosophie‹ und ›Lebenserinnerungen‹, worin er in dreizehn Bänden seine Erlebnisse bis zum Kantabrischen Krieg, aber nicht weiter, schildert.

Auch in der Poesie versuchte er sich. Es gibt von seiner Hand eine Hexameterdichtung in einem Band, deren Inhalt und Titel ›Sizilien‹ ist; ferner ein zweites Werk von gleich geringem Umfang: ›Epigramme‹; diese Epigramme pflegte er während des Bades zu ersinnen. Er hatte auch mit großer Begeisterung eine Tragödie begonnen, aber da sie ihm nicht gelingen wollte, vernichtete er sie, und auf die Frage seiner Freunde, was denn der ›Ajax‹ mache, antwortete er, Ajax habe sich in den Schwamm gestürzt[65].

86. In seiner Ausdrucksweise befleißigte er sich eines eleganten aber einfachen Stils, wobei er das törichte Suchen nach Pointen vermied, wie auch jede Künstelei und, so sagt er selbst, »den Modergeruch veralteter Wörter«. Seine Hauptsorge galt dem möglichst klaren Ausdruck seiner Gedanken. Damit er diese Absicht leichter erreiche und nirgends den Leser oder Hörer verwirre oder unnötig aufhalte, fügte er ohne Bedenken die Präpositionen zu den Städtenamen hinzu[66] und wiederholte

---

[64] Brutus hatte eine Lobschrift auf Cato verfaßt. Caesar schrieb einen ›Anti-Cato‹; vgl. Caes. 56.

[65] Der richtige Ajax hatte sich in das Schwert gestürzt, derjenige des Augustus in den Schwamm, mit dem das Werk ausgewischt wurde.

[66] Augustus schrieb also statt *Romae* (in Rom) *in Roma*.

öfters die Konjunktionen, bei deren Fehlen gern Unklarheiten entstehen, mag es auch gefälliger wirken.

Er hatte eine gleiche Abneigung gegen die Modernisten wie gegen die Altertümelnden, denn seiner Meinung nach fallen beide in entgegengesetzte Fehler. Auch verfolgte er sie häufig mit seinem Spott; hauptsächlich seinen Freund Maecenas, über dessen »parfümierte Schnörkeleien«, wie er sie nennt, er sich dauernd lustig macht und sie scherzhaft imitiert[67]. Aber auch Tiberius verschonte er nicht, der sich bisweilen einen Sport daraus machte, gesuchte und veraltete Ausdrücke zu gebrauchen. Marcus Antonius bezeichnet er sogar als verrückt, weil er einen Stil schreibe, der die Leute mehr in Verwunderung versetze, als daß sie ihn wirklich verständen; dann fügt er, indem er seinen schlechten und launenhaften Geschmack in der Wahl seiner Ausdrucksweise verspottet, hinzu: »Du bist Dir nicht klar, ob Du Cimber Annius und Veranius Flaccus nachahmen sollst, wobei Du die Ausdrücke, die Crispus Sallustius aus den ›Origines‹ Catos ausgeschrieben hat, gebrauchst, oder ob Du eher die hohle phrasenhafte Wortfülle der asiatischen Redner in unsere Sprache einführen sollst.«[68] Und in einem Brief an seine Enkelin Agrippina, worin er ihre guten Anlagen lobt, sagt er: »Aber Du mußt Dir Mühe geben, nicht schwerfällig zu schreiben und zu sprechen.«

87. In der Sprache des täglichen Verkehrs gebrauchte Augustus, wie seine eigenhändigen Briefe bezeugen, gewisse eigentümliche Ausdrücke; so schreibt er in diesen immer wieder, wenn er sagen will, daß jemand nie seine Schulden bezahlen werde, er werde »an den griechischen Kalenden zahlen«; und wenn er jemand aufmuntert, die Zeiten zu nehmen, wie sie eben sind: »seien wir mit *unseren* Catos zufrieden«[69]; und um die Schnelligkeit, mit der etwas ausgeführt wurde, auszudrücken: »schneller, als man Spargel kocht«.

Regelmäßig gebraucht er statt *stultus* (dumm) *baceolus* (stockdumm), statt *pullus* (schwarz) *pulleiaceus* (schwarzfarbig), statt *cerritus* (verrückt) *vacerrosus* (vernagelt); *vapide se habere* (einen

---

[67] Eine solche Parodie ist erhalten bei Macrobius, Saturnalia II 4, 12.

[68] Cimber Annius und Veranius Flaccus: Vertreter der altertümelnden Ausdrucksweise. Sallust, der große Geschichtsschreiber, gehört auch in diese Richtung. Die ›Origines‹ des Cato sind das älteste Geschichtswerk in lateinischer Sprache, uns nur in Bruchstücken erhalten. Die asiatische Redekunst (gleichzusetzen mit den obengenannten »Modernisten«) zeichnet sich durch gekünstelten Bombast aus, vgl. Tib. 70 und als Gegner dieses Stils Caesar (vgl. S. 38, Anm. 44).

[69] Kalenden = 1. des Monats. Typisch römische Bezeichnung, die es im Griechischen nicht gab. Griechische Kalenden also = nie. – Da wir keinen großen Cato mehr haben, müssen wir mit den Leuten unserer Zeit vorliebnehmen.

Kater haben) aber für *male se habere* (sich schlecht fühlen), *betizare* (weich wie ein Krautstiel sein) für *languere* (müde sein) oder *lachanizare* (dem Gemüse gleichen), wie das Volk sagt. Ebenso setzt er *simus* für *sumus* (wir sind) und *domos* im Genitiv singularis für *domuos* (des Hauses)[70]. Nie schrieb er diese zwei Wörter anders; es war also seine Gewohnheit und nicht, wie man vermuten könnte, ein Schreibfehler.

Ich habe auch in bezug auf seine Handschrift folgende Eigentümlichkeiten festgestellt: nie trennt er die Worte, und am Schluß einer Linie nimmt er nicht die überzähligen Buchstaben auf die folgende hinüber, sondern schreibt sie unter das betreffende Wort und versieht sie mit einem Haken als Verbindungsstrich.

88. Die Rechtschreibung, das heißt die von den Grammatikern aufgestellten Schreibregeln, beachtet er nicht unbedingt und scheint sich damit eher der Ansicht derer angeschlossen zu haben, die der Meinung sind, man solle schreiben, wie man spricht. Daß er übrigens nicht nur oft Buchstaben, sondern ganze Silben verwechselt oder ausläßt, das sind Fehler, die jedermann begeht. Auch würde ich das gar nicht anführen, wenn ich nicht zu meiner Verwunderung bei einigen Schriftstellern gelesen hätte, daß Augustus einmal einen Offizier konsularischen Ranges als zu wenig kultiviert und gebildet habe ablösen lassen, da er bemerkt hatte, daß dieser *ixi* statt *ipsi* (selpst statt selbst) schrieb. Wenn Augustus aber chiffrierte, setzte er ein B für ein A, ein C für ein B und so weiter; für X aber zwei A[71].

89. Die griechische Sprache und Literatur studierte er ebenfalls mit großem Eifer, und auch hier zeichnete er sich aus. Sein Lehrer der Redekunst war Apollodor von Pergamon. Ihn, den damals hochbetagten, hatte der junge Augustus von Rom aus nach Apollonia mitgenommen[72]. Später erwarb er sich eine umfassende Bildung im Umgang mit dem Philosophen Areios und dessen Söhnen Dionysios und Nikanor.

Allerdings brachte er es nicht so weit, fließend Griechisch sprechen zu können oder es wagen zu dürfen, in dieser Sprache etwas abzufassen. Falls dies einmal die Umstände erforderten, so setzte er es lateinisch auf und ließ es dann von jemand anderem übersetzen. In der griechischen Poesie war er recht

---

[70] Ältere Form des Genitivs für *domūs*.
[71] Vgl. Caes. 56. Y und Z kamen im Lateinischen kaum vor.
[72] Vgl. Aug. 8 und 94.

bewandert und wußte sogar die »Alte Komödie«[73] zu schätzen, von der er verschiedene Stücke öffentlich aufführen ließ.

Bei der Lektüre der Autoren beider Sprachen richtete er sein Augenmerk vor allem darauf, in ihnen beherzigenswerte Vorschriften und Beispiele für das öffentliche oder private Leben zu finden. Solche Stellen schrieb er sich wörtlich heraus und schickte sie oft an die Angehörigen des Hofes, an die Heerführer und Provinzstatthalter oder auch an die Beamten Roms, je nachdem einer eine Ermahnung nötig zu haben schien. Er las auch dem Senat ganze Bücher vor und machte oft das Volk durch Edikt mit ihnen bekannt, so zum Beispiel mit den Reden des Quintus Metellus ›Die Hebung der Geburtenziffer‹ und denen des Rutilius ›Das Maßhalten beim Häuserbau‹, um auf diese Art besser zeigen zu können, daß diese beiden Gedanken nicht erst von ihm stammen, sondern schon ein Anliegen der Vorfahren waren.

Die Talente seiner Zeit förderte er mit allen Mitteln. Vortragende hörte er sich mit Wohlwollen und Geduld an, und zwar nicht nur Vorlesungen von Gedichten und Geschichtswerken, sondern auch Reden und Dialoge. Doch schätzte er es nicht, daß man über ihn selbst schreibe, außer wenn es auf würdige Weise und von den besten Schriftstellern geschah; auch gab er den Prätoren die Weisung, seinen Namen nicht in literarischen Wettbewerben mißbrauchen zu lassen.

90. Über Augustus' Verhältnis zu Religion und Aberglaube wird uns folgendes berichtet: vor Donner und Blitz hatte er eine etwas krankhafte Angst, so daß er immer und überall als Abwehrmittel ein Robbenfell mit sich führte und sich beim geringsten Anzeichen eines Gewitters in einen abgelegenen, ausgemauerten Ort zurückzog, da er vor Jahren auf einer nächtlichen Fahrt durch einen Blitzschlag sehr erschreckt worden war, wie wir bereits oben erzählt haben[74].

91. Er pflegte sowohl auf seine eigenen Träume wie auch auf das, was andere Personen von ihm träumten, zu achten. Obwohl er sich in der Schlacht von Philippi vorgenommen hatte, das Zelt seines Gesundheitszustands wegen nicht zu verlassen, tat er dies doch, gewarnt durch den Traum eines Freundes; und dies war sein Glück, da bei der Einnahme des Lagers seine Sänfte von den stürmenden Feinden durchbohrt und in Stücke

---

[73] Vertreten in der Hauptsache durch Aristophanes; war gegenüber der sogenannten »Neuen Komödie« mit ihrem Hauptvertreter Menander (vgl. S. 25, Anm. 21) in den Hintergrund getreten.
[74] Vgl. Aug. 29.

gehauen wurde, weil sie glaubten, er sei dort krank zurückgeblieben. Während des Frühjahrs hatte er immer zahlreiche und schreckliche Träume, die sich aber als leer und nichtig erwiesen; während des restlichen Jahres geschah dies seltener, dafür gingen die Träume öfter in Erfüllung.

In der Zeit, da er den dem Iuppiter Tonans auf dem Kapitol geweihten Tempel häufiger besuchte, träumte ihm, der Kapitolinische Iuppiter beklage sich, daß ihm seine Anhänger entzogen würden, worauf er, Augustus, geantwortet habe, Iuppiter Tonans sei ihm ja nur als Türhüter beigegeben; deshalb ließ er dann später auch den Giebel des Iuppiter-Tonans-Tempels mit Glöckchen versehen, wie solche gewöhnlich an den Türen hingen. Ebenfalls auf Grund einer nächtlichen Vision pflegte Augustus jährlich an einem bestimmten Tag das Volk um Almosen anzubetteln und streckte den Leuten, die ihm ein As geben wollten, die hohle Hand hin[75].

92. An bestimmte Vorbedeutungen und Vorzeichen glaubte er fest; wenn er sich morgens die Schuhe verkehrt anzog, den linken statt des rechten, so sah er darin eine sehr böse Vorbedeutung; wenn er zu Land oder zu See eine weite Reise antrat und zufällig Tau gefallen war, so deutete er das als günstig für eine rasche und gesunde Rückkehr.

Aber auch durch Wunderzeichen wurde er stark beeindruckt. Eine zwischen den Fugen der Steine vor seinem Hause hervorgesprossene Palme ließ er in den Hof bringen, wo der Platz der Hausgötter war, und umsorgte ihr Wachstum auf alle mögliche Art und Weise. Als er hörte, daß sich auf der Insel Capri die schon zur Erde herabhängenden welken Zweige einer uralten Eiche bei seiner Ankunft wieder aufgerichtet hätten, freute er sich so darüber, daß er Capri gegen die Insel Aenaria von der Stadt Neapel eintauschte.

Er beobachtete auch streng gewisse Daten; so trat er niemals am Tage nach den Nundinen irgendwohin eine Reise an oder begann an den Nonen eine wichtigere Unternehmung: wie er an Tiberius schreibt, aus keinem anderen Grund als wegen der schlechten Vorbedeutung des Wortes[76].

---

[75] Wahrscheinlich hat dieses Betteln eine religiöse Bedeutung.

[76] *Nundinae*: der neunte Tag. Da man am neunten Tag nach dem Todestag auch die Leichenfeiern beging, so mag Augustus' Furcht vor diesem Tage damit zusammenhängen. *Nonae*: im Julianischen Kalender der 5. oder 7. des Monats (ursprünglich der 9. Tag vor den Iden). Das Wort *Nonis* (am 5. oder 7.) kann in *non is* (du gehst nicht) zerlegt werden. Offenbar leitete Augustus die Wörter nicht von *non* = neun ab, sondern von *non* = nicht.

93. Von den ausländischen Kulten umgab er die alten und durch die Zeit geheiligten mit gleich großer Hochachtung, wie er die anderen verachtete. In Athen hatte er sich nämlich in die Mysterien einweihen lassen, und als später einmal in Rom vor seinem Richterstuhl über ein Vorrecht der athenischen Cerespriester verhandelt wurde und gewisse geheime Dinge zur Sprache kamen, entließ er das Richterkollegium sowie alle Zuhörer und folgte allein den Verhandlungen der streitenden Parteien.

Dagegen unterließ er es, bei der Fahrt durch Ägypten einen kleinen Umweg zu machen, um das Apisheiligtum zu besuchen, und lobte auch seinen Enkel Gaius ausdrücklich, daß er bei der Reise durch Iudaea in Jerusalem nicht geopfert habe.

94. Da wir nun gerade auf diese Dinge zu sprechen gekommen sind, so wird es nicht fehl am Platze sein, hier den Bericht über die Vorzeichen einzuschalten, die vor seiner Geburt, am Tage seiner Geburt und später auf seine kommende Größe und sein fortwährendes Glück hoffen ließen und deutlichen Hinweis gaben. Vor langer Zeit war in Velitrae ein Teil der Stadtmauer vom Blitz getroffen worden, woran die Weissagung sich knüpfte, daß ein Bürger dieser Stadt einst die höchste Stelle im Staat einnehmen werde; im Vertrauen darauf hatten die Bewohner von Velitrae damals und auch später wieder die Waffen gegen das römische Volk ergriffen, was fast zu ihrer völligen Vernichtung führte. Erst spät zeigten die Ereignisse, daß jenes Vorzeichen auf die Macht des Augustus hingedeutet hatte.

Iulius Marathus berichtet: wenige Monate vor Augustus' Geburt sei an einem öffentlichen Ort in Rom ein Wunderzeichen geschehen, durch welches verkündet wurde, daß die Natur dem römischen Volk einen König gebären werde; der Senat habe darauf voller Schrecken beschlossen, kein in diesem Jahre geborenes Kind dürfe aufgezogen werden. Die Männer aber, deren Frauen schwanger waren, hätten dafür gesorgt, daß jener Senatsbeschluß nicht Gesetzeskraft erlangte, da jeder diese Weissagung auf sein Kind bezogen habe.

In den ›Theologischen Schriften‹ des Asklepiades von Mendes lese ich: Atia habe sich um Mitternacht zu einer feierlichen Zeremonie zu Ehren Apollos begeben, ihre Sänfte im Tempel abstellen lassen und sei dann, während die anderen Frauen nach Hause gingen, eingeschlafen. Darauf sei eine Schlange plötzlich zu ihr in die Sänfte gekrochen, habe sie aber bald darauf wieder verlassen. Bei ihrem Erwachen habe sie sich gereinigt, wie wenn ihr Mann mit ihr den Beischlaf vollzogen hätte. Sofort zeigte sich an ihrem Körper ein Fleck in Form einer Schlange, der nicht mehr zu entfernen war, so daß sie kein öffentliches Bad mehr besuchen konnte. Augustus sei neun Monate später geboren und deshalb als Apollos Sohn angesehen worden. Außerdem träumte Atia kurz vor der Niederkunft, ihre Eingeweide würden zu den Sternen emporgehoben und breiteten sich über den ganzen Umfang der Erde und des Himmels aus. Auch Augustus' Vater Octavius träumte, daß aus dem Schoße Atias der Strahlenkranz der Sonne aufgehe.

Am Tag von Augustus' Geburt wurde gerade im Senat über die Catilinarische Verschwörung verhandelt, und Octavius traf wegen der Niederkunft seiner Gattin später ein; als Publius Nigidius den Grund seiner Verspätung und auch die Stunde der Geburt erfuhr, erklärte er, es sei der Herr der Welt geboren – eine Prophezeiung, die ja allgemein bekannt ist. Als Octavius später sein Heer durch die Einöden Thrakiens führte und in einem dem Bacchus geweihten Hain das dortige Orakel der Barbaren über seinen Sohn befragte, erhielt er von den Priestern die gleiche Versicherung, weil der über den Altar gegossene Wein eine gewaltige Flamme verursachte, die über das Tempeldach hinaus bis zum Himmel schlug, ein Wunder, das sich einzig und allein zeigte, als Alexander der Große am gleichen Altar opferte. In der darauffolgenden Nacht glaubte Octavius seinen Sohn zu sehen, und zwar in übermenschlicher Gestalt, mit Blitz und Zepter, in den Prachtgewändern des Iuppiter Optimus Maximus, mit einer Strahlenkrone auf dem Haupte, auf einem mit Lorbeer bekränzten Wagen, der von zweimal sechs leuchtenden Schimmeln gezogen wurde.

Als Augustus noch ganz klein war – diese Geschichte findet sich bei Gaius Drusus –, hatte ihn die Amme abends in seine Wiege gelegt, und zwar in einem Zimmer zu ebener Erde. Am andern Morgen fand man ihn nicht mehr dort, und nach langem Suchen wurde er endlich auf einem sehr hohen Turm entdeckt, am Boden liegend und gegen Sonnenaufgang gewendet. Als er zu sprechen begann, hieß er die gerade in der Nähe des großelterlichen Vorstadthauses quakenden Frösche schweigen, und seither, sagt man, quaken die Frösche dort nicht mehr. Während er einmal beim vierten Meilenstein der Campanischen Straße in einem Wäldchen frühstückte, riß ihm plötzlich ein Adler das Brot aus der Hand, trug es hoch in die Lüfte, ließ sich unversehens langsam wieder niedergleiten und gab es ihm zurück.

Quintus Catulus hatte in den zwei Nächten nach der Weihe des Kapitols[77] folgende Träume: in der ersten Nacht erschien ihm Iuppiter Optimus Maximus, wie er aus mehreren um den Altar herum spielenden Knaben einen aussonderte und in dessen Arme das Abbild des römischen Staates, das er in Händen hielt, legte; in der zweiten sah er auf dem Schoß des Kapitolinischen Iuppiter den gleichen Knaben, und als er befahl, ihn herunterzuziehen, soll er durch die Mahnung des Gottes daran gehindert worden sein, welcher sagte, der Knabe werde zum Schutz des Staates heranwachsen. Als ihm am nächsten Tag der ihm sonst nicht bekannte Augustus begegnete, betrachtete er ihn voll Verwunderung und sagte, er gleiche dem Knaben, den er im Traum erblickt, aufs Haar.

Einige erzählen den ersten Traum des Catulus allerdings anders und sagen, Iuppiter habe auf die Bitte mehrerer Knaben, ihnen einen Vormund zu geben, einen von ihnen bezeichnet, an den sie all ihre Begehren richten sollten, ihm die Finger zum Kuß gereicht und sie dann an seinen eignen Mund gedrückt.

Als Marcus Cicero einmal Gaius Caesar auf das Kapitol begleitete, erzählte er seinen Freunden einen Traum, den er in der vergangenen Nacht gehabt hatte: ein Knabe von adligem Aussehen sei an einer goldenen Kette vom Himmel herabgelassen worden und habe sich vor das Tor des Kapitolinischen Iuppitertempels hingestellt, wo ihm Iuppiter eine Geißel übergeben habe. Plötzlich erblickte Cicero den Augustus, der den meisten bisher noch unbekannt war und den sein Onkel (Caesar) zum Opfer hatte kommen lassen, und versicherte, das sei der gleiche, dessen Bild ihm im Schlaf erschienen sei.

Als Augustus die Männertoga bekam, sah man, wie sich der auf der Toga aufgenähte Purpurstreifen auf beiden Seiten löste und ihm vor die Füße fiel. Dies wurde von einigen so ausgelegt, daß der Stand, dessen Abzeichen dieser Streifen war, Augustus einst untertan sein werde.

Bei Munda ließ der unter die Götter aufgenommene Iulius (Caesar) einen Wald schlagen, um für sein Lager einen Platz zu haben, befahl aber, eine Palme, die man dort fand, stehen zu lassen als gute Vorbedeutung für den Sieg. Ein Schoß, der sofort aus der Palme hervorsproß, wuchs in wenigen Tagen zu solcher

[77] Vgl. Caes. 15.

Höhe, daß er nicht nur die Größe des Mutterstammes erreichte, sondern ihn sogar verdeckte und vielen Tauben[78] als Nistplatz diente, obschon diese Vögel sonst gerade Bäume mit harten und rauhen Blättern vermeiden. Man erzählt, daß in erster Linie dieses Zeichen Caesar dazu veranlaßt hat, keinen andern zu seinem Nachfolger zu wählen als den Enkel seiner Schwester.

Während seines Aufenthalts in der Abgeschiedenheit von Apollonia war Augustus in Begleitung Agrippas auf den Beobachtungsturm des Astrologen Theogenes gestiegen. Als Agrippa, der Theogenes zuerst um sein Horoskop befragte, große und kaum glaubliche Dinge vorausgesagt wurden, verschwieg Augustus selbst hartnäckig seine Geburtsstunde und gab sie um keinen Preis bekannt, aus Furcht und Scham, er möchte nicht so erfolgreich befunden werden. Nachdem er endlich nach langem guten Zureden ungern und zögernd die Angaben gemacht hatte, sprang Theogenes auf und fiel vor ihm auf die Knie. Später hatte Augustus ein solches Vertrauen in sein Schicksal, daß er sein Horoskop öffentlich bekanntgab und eine Silbermünze mit dem Zeichen des Steinbocks, in dem er geboren ist, prägen ließ.

95. Als er nach der Ermordung Caesars von Apollonia zurückkehrte und Rom wieder betrat, wurde die Sonne plötzlich bei hellem, heiterem Himmel von einem Kreis umgeben, ähnlich einem Regenbogen, und unmittelbar darauf das Grabmal von Caesars Tochter Iulia von einem Blitz getroffen. Während seines ersten Konsulats zeigten sich ihm bei der Beobachtung des Vogelflugs zwölf Geier, wie dem Romulus; und als er opferte, waren die Lebern sämtlicher Opfertiere von unten her nach einwärts zurückgeschlagen, was kein Kundiger anders deutete, als daß dadurch großes Glück verheißen werde.

96. Sogar der Ausgang all seiner Kriege wurde ihm im voraus zur Kenntnis gebracht. Als die Triumvirn bei Bologna ihre Truppen zusammengezogen hatten, setzte sich ein Adler auf Augustus' Zelt und richtete zwei Raben, die ihn von links und rechts angriffen, so zu, daß sie zu Boden fielen; das ganze Heer schloß daraus auf einen zukünftigen Zwist zwischen Amtskollegen, der später auch richtig ausbrach, und ahnte den Ausgang des Streites.

Bei Philippi prophezeite ihm ein Thessaler im Auftrag des unter die Götter aufgenommenen Caesar, der ihm auf einem einsamen Weg begegnet sei, den Sieg. Vor Perusia schien das

---

[78] Lieblingsvögel der Venus, der Stammutter des iulischen Hauses; vgl. S. 11, Anm. 2. Munda: vgl. Caes. 35.

Opfer nichts Gutes zu versprechen, da befahl er die Zahl der Opfertiere zu vermehren. Unterdessen machten die Feinde plötzlich einen Ausfall und raubten alle Opfergeräte mitsamt den Tieren, was die Eingeweideschauer so auslegten, daß jetzt alle Gefahr und alles Unglück, das man dem Opfernden vorausgesagt hatte, auf die fallen werde, in deren Besitz die Eingeweide seien. Und so geschah es auch.

Am Vortage der Seeschlacht bei Sizilien sprang bei einem Spaziergang, den Augustus am Strand unternahm, ein Fisch aus dem Meer und blieb vor seinen Füßen liegen. Bei Aktium kam ihm, als er sich in die Schlacht begab, ein Eseltreiber mit seinem Esel entgegen: der Mann hieß Eutychus (Glückskind), das Tier Nikon (Sieger). Beiden ließ er nach seinem Sieg ein ehernes Standbild in dem Tempel errichten, den er auf seinem Lagerplatz später erbaute[79].

97. Auch sein Tod, von dem ich nun sprechen werde, und seine Aufnahme unter die Götter wurden durch deutlichste Zeichen im voraus verkündet. Als er auf dem Marsfeld vor einer großen Volksmenge das Sühneopfer verrichtete, umflog ihn ein Adler mehrmals und setzte sich dann auf einen Tempel in der Nähe, und zwar gerade über den ersten Buchstaben des dort angebrachten Namens des Agrippa[80]. Wie er das sah, hieß er Tiberius, der mit ihm die Censur antreten sollte, die für die nächste Amtszeit üblichen Gelübde sprechen; obschon diese bereits schriftlich ausgefertigt vorlagen, lehnte Augustus es nämlich ab, etwas auf sich zu nehmen, das er doch nicht mehr erfüllen könne.

Ungefähr zur selben Zeit wurde durch einen Blitzschlag der erste Buchstabe seines Namens aus der Inschrift seines Standbilds weggeschmolzen. Dies wurde von den Sehern dahin gedeutet, daß er nur noch hundert Tage zu leben habe, denn diese Zahl bedeutet der Buchstabe C; ferner daß er unter die Götter aufgenommen werde, denn »aesar«, der Rest des Namens Caesar, heiße auf etruskisch »Gott«.

Er wollte damals gerade Tiberius nach Illyrien schicken und hatte die Absicht, ihn bis Benevent zu begleiten, doch wurde er durch die Entscheidung immer neuer Gerichtsfälle zurückgehalten, worauf er ausrief, daß er nicht mehr länger in Rom bleiben werde, und wenn alles sich gegen ihn verschworen hätte. Auch dieser Ausspruch wurde später unter den Vor-

---

[79] Vgl. Aug. 18.
[80] Ein M = *mors* (Tod), da die Inschrift M(arcus) Agrippa lautete. – Das Sühneopfer fand nach der letzten Reichsschätzung statt; vgl. Aug. 27.

zeichen seines Todes berichtet. Er begab sich also auf die Reise und gelangte bis Astura; von dort fuhr er, um den günstigen Wind auszunützen, ganz gegen seine Gewohnheit bei Nacht, zu Schiff weiter, zog sich dabei einen Durchfall zu, was der Anlaß zu seiner Erkrankung werden sollte.

98. Er segelte dann der campanischen Küste und den nächsten Inseln entlang und verbrachte noch vier Tage auf Capri, wo er ohne jede düsteren Gedanken und voll Leutseligkeit die Ruhe genoß. Als er an der Bucht von Puteoli vorbeikam, riefen ihm Passagiere und Matrosen eines Schiffes aus Alexandria, das eben erst eingelaufen war, alle weiß gekleidet, mit Kränzen geschmückt und Weihrauch verbrennend, ihre Glückwünsche zu und spendeten ihm die größten Lobsprüche: nur dank ihm würden sie leben, dank ihm zur See fahren und dank ihm Freiheit und Wohlstand genießen. Diese Ehrung freute ihn so, daß er vierzig Goldstücke an jeden seiner Begleiter verteilte und sich von jedem den feierlichen Schwur ablegen ließ, diese Summe nur zum Kauf alexandrinischer Waren zu verwenden.

Aber auch an den folgenden Tagen verschenkte er außer verschiedenen kleineren Gaben römische Togen und griechische Mäntel, wobei er die Bedingung stellte, daß die Römer sich griechisch kleideten und auch griechisch sprächen, und die Griechen umgekehrt. Häufig wohnte er den sportlichen Übungen der griechischen Jünglingsvereine bei, von denen auf Capri noch eine Anzahl in der hergebrachten Form bestand. Diese ließ er in seiner Anwesenheit auch bewirten und erlaubte ihnen, ja verlangte sogar ausdrücklich, daß sie sich ohne Rücksicht auf ihn vergnügten und Körbe, gefüllt mit Früchten, Eßwaren und anderen Dingen, die er ihnen zuwarf, ausplünderten. Mit einem Wort, er gönnte sich jedes Vergnügen.

Eine Capri benachbarte Insel nannte er nur »Apragopolis« (Nichtstuerstadt) nach dem müßigen Leben, das verschiedene seiner Höflinge, die sich dorthin zurückgezogen hatten, führten. Einen seiner Lieblinge, Masgaba, pflegte er »Ktistes« (Städtegründer) zu nennen, wie wenn er der Gründer der Insel gewesen wäre. Als er vom Speisezimmer aus bemerkte, wie das Grab dieses Masgaba, der vor einem Jahr gestorben war, von einer großen Menge mit vielen Fackeln besucht wurde, sprach er mit lauter Stimme aus dem Stegreif folgenden griechischen Vers:

»Das Grab des ›Gründers‹ seh' ich ganz in Flammen stehn.«

Darauf wandte er sich zu dem ihm gegenübersitzenden Thrasyllus, dem Begleiter des Tiberius, der von der ganzen Sache nichts wußte, und fragte ihn, von welchem Dichter dieser Vers stammen könnte; als jener mit der Antwort zögerte, fügte Augustus einen zweiten hinzu:

»Siehst du der Fackeln Glanz zu Ehren Masgabas?«

und stellte ihm die gleiche Frage. Als jener nichts anderes zu antworten wußte, als daß sie ausgezeichnet seien, von wem sie auch stammten, mußte Augustus hell auflachen und war sehr ausgelassen.

Darauf setzte er nach Neapel über, obschon ihm gerade zu dieser Zeit sein Darmleiden zu schaffen machte und sein Gesundheitszustand wechselnd war. Trotzdem wohnte er dort dem zu seinen Ehren alle vier Jahre veranstalteten gymnastischen Wettkampf bis zuletzt bei und begleitete Tiberius an den vorgesehenen Ort. Aber auf dem Rückweg verschlechterte sich sein Zustand zusehends, und er mußte sich endlich in Nola zu Bett legen, ließ Tiberius von seiner Fahrt zurückrufen und unterhielt sich lange mit ihm unter vier Augen[81]. Danach befaßte er sich mit keinem wichtigen Geschäft mehr.

99. An seinem letzten Lebenstag fragte er immer wieder, ob wegen seines Zustandes draußen schon ein Auflauf entstanden sei. Dann verlangte er nach einem Spiegel, ließ sich die Haare kämmen und die herabhängenden Wangen heben und forschte die zu ihm eingelassenen Freunde aus, ob sie fänden, daß er die Komödie des Lebens bis zum Ende gut gespielt habe. Auch fügte er auf griechisch die auf der Bühne übliche Schlußformel hinzu:

»Wenn es gut
Gefallen euch, gewähret Beifall diesem Spiel,
Und dankend laßt uns alle nun nach Hause gehn!«

Darauf verabschiedete er alle, und während er noch einige Leute, die eben aus Rom gekommen waren, über die Krankheit von Drusus' Tochter[82] befragte, starb er plötzlich in den Armen Livias mit den Worten: »Livia, bleibe immer unserer glücklichen Ehe eingedenk und lebe wohl!«

[81] Vgl. Tib. 21 und dagegen Tacitus, Annalen I 5, 3.
[82] Livilla, die Tochter der Antonia minor und die Schwester des Germanicus und Claudius; vgl. Claud. 1.

Er hatte das Glück, einen leichten Tod zu haben, wie er ihn sich stets gewünscht. Er pflegte nämlich fast immer, wenn er von jemand hörte, der schnell und ohne zu leiden hatte sterben können, für sich und die Seinen von den Göttern eine solche »Euthanasia« – das war das Wort, welches er gebrauchte –, einen solch »leichten Tod« zu erflehen.

Nur einmal vor seinem Ableben zeigte er ein Zeichen von Geistesabwesenheit, als er plötzlich zusammenschrak und sich beklagte, er werde von vierzig Jünglingen fortgeschleppt. Auch dies war allerdings eher eine Vorahnung als ein Nachlassen seiner Geisteskräfte, da es später gerade so viele Leibgardisten waren, die seine Leiche hinaustrugen.

100. Augustus starb im selben Zimmer wie sein Vater Octavius, unter dem Konsulat der beiden Sextus, Pompeius und Appuleius, am neunzehnten August, ungefähr um vier Uhr nachmittags, und es fehlten noch fünfunddreißig Tage bis zu seinem sechsundsiebzigsten Geburtstag. Seine Leiche trugen die Vorstände der Gemeinden und Koloniestädte von Nola bis Bovillae, und zwar, der Jahreszeit wegen, bei Nacht; tagsüber wurde sie in der Basilika oder dem Haupttempel jeder Stadt niedergelegt. Von Bovillae an nahmen sie Angehörige des Ritterstandes in Empfang und trugen sie nach Rom, wo sie im Vorraum seines Hauses aufgebahrt wurde.

Die Senatoren überboten sich gegenseitig in Vorschlägen für die Begehung der Leichenfeier und die Ehrung seines Andenkens, ja man ging so weit, beschließen zu wollen, daß der Leichenzug durch das Triumphtor ziehen solle und man ihm das Bild der Siegesgöttin, das im Rathaus steht, vorantrage; Söhne und Töchter der vornehmsten Familien hätten dazu das Trauerlied zu singen. Andere schlugen vor, am Tag der Beisetzung die goldenen Ringe abzulegen und eiserne zu tragen; wieder andere, seine Gebeine durch die Priester der obersten Kollegien sammeln zu lassen. Ein Senator wollte sogar den Monatsnamen August auf den September übertragen, da Augustus in diesem geboren, in jenem aber gestorben sei; ein weiterer regte an, die ganze Zeitspanne von dem Tage seiner Geburt bis zu dem seines Todes das Augusteische Zeitalter zu nennen und es unter dieser Bezeichnung in den Kalender aufzunehmen. Aber man bewahrte Maß in den Ehrungen.

Es wurden zwei Leichenreden gehalten: vor dem Tempel des unter die Götter aufgenommenen Iulius (Caesar) von Tiberius und auf der alten Rednertribüne von Drusus, dem Sohn des

Tiberius. Darauf trugen ihn Senatoren auf ihren Schultern zum Marsfeld, wo er verbrannt wurde. Und es fand sich auch ein ehemaliger Prätor, der eidlich bezeugte, er habe das Bild des Verbrannten zum Himmel aufsteigen sehen. Seine Überreste sammelten die angesehensten Mitglieder des Ritterstandes, nur mit der Tunika bekleidet, ohne Gürtel und barfuß, und setzten sie im Mausoleum bei. Diesen Bau hatte Augustus während seines sechsten Konsulats[83] zwischen der Flaminischen Straße und dem Tiberufer errichten lassen und schon damals die ringsum angelegten Gärten und Spazierwege der Öffentlichkeit übergeben.

101. Sein Testament, das er unter dem Konsulat von Lucius Plancus und Gaius Silius[84] am dritten April, ein Jahr und vier Monate vor seinem Tod, verfaßt hatte und das in zwei Ausfertigungen, teils eigenhändig, teils von seinen Freigelassenen Polybios und Hilarion geschrieben, bei den Vestalischen Jungfrauen niedergelegt worden war, wurde von diesen mit noch drei andern in gleicher Weise versiegelten Schriftstücken ausgehändigt. Diese Dokumente wurden alle im Senat eröffnet und verlesen.

Als Haupterben setzte er Tiberius ein mit sieben Zwölfteln, Livia mit vier Zwölfteln, mit der Bestimmung, daß sie beide auch seinen Namen tragen sollten[85]. Als Erben zweiten Grades waren bestimmt: Drusus, der Sohn des Tiberius, mit einem Drittel des letzten Zwölftels und für den Rest Germanicus und seine drei Söhne. Erben dritten Grades waren mehrere Verwandte und Freunde. Dem Volk vermachte er vierzig Millionen Sesterzen, den Tribus dreieinhalb Millionen, den Prätorianern je tausend Sesterzen, den städtischen Kohorten fünfhundert pro Mann und jedem Legionär dreihundert. Er schrieb vor, diese Summe, die er für diesen Zweck in seiner Privatkasse immer zurückgelegt hatte, bar auszubezahlen.

Die übrigen Legate waren von unterschiedlicher Höhe, manche bis zu zwanzigtausend Sesterzen; zu deren Ausbezahlung hatte er ein Jahr als Frist gesetzt, indem er sich für die geringe Höhe seines Vermögens entschuldigte und erklärte, daß auf seine Erben nicht mehr als hundertfünfzig Millionen fallen, obschon er in den letzten zwanzig Jahren durch testamentarische Verfügungen seiner Freunde vierzehnhundert Millionen erhal-

---

[83] 28 v. Chr.
[84] 13 n. Chr.
[85] Vgl. Tib. 26.

ten habe; diese Summe habe er aber fast ganz, zusammen mit seinen beiden väterlichen[86] und anderen Erbschaften, zum Wohl des Staates aufgewendet.

In bezug auf die beiden Iulien, seine Tochter und seine Enkelin, hatte er vorgeschrieben, daß sie nach ihrem Ableben nicht in seinem Grab beigesetzt werden dürften. Von den drei anderen Schriftstücken enthielt das eine Anordnungen über seine Bestattung, das zweite ein Verzeichnis seiner Taten, das auf eherne Tafeln geschrieben vor seinem Mausoleum aufgestellt werden sollte[87], das dritte eine kurze Übersicht über das ganze Reich: wie viele Soldaten überall unter den Fahnen standen, und wieviel Geld im Staatsschatz und in der kaiserlichen Kasse vorhanden war sowie die Rückstände von Einkünften. Ferner hatte er auch die Namen der Freigelassenen und Sklaven beigefügt, von denen Rechenschaft gefordert werden konnte.

[86] Die Erbschaften von Octavius und Caesar.

[87] Uns ist dieses unschätzbare Dokument erhalten geblieben, zwar nicht das römische, aber das von Ankara, das sog. *Monumentum Ancyranum* (aufgefunden im Jahre 1555); ferner Überreste der gleichen Inschrift in Antiochia, das *Monumentum Antiochenum*. Bereits Aug. 43 hat Sueton daraus zitiert.

Tiberius
42 v. Chr. – 37 n. Chr.

1. Das patrizische Geschlecht der Claudier – es gab nämlich noch ein anderes, plebeisches[1], das weder an Macht noch Ansehen diesem nachstand – stammt aus Regilli, einer Sabinerstadt. Von dort wanderte es auf Betreiben des Titus Tatius, des Mitregenten des Romulus, mit einer großen Gefolgschaft nach Rom aus, kurz nach dessen Gründung; besser beglaubigt ist aber die Nachricht, daß dies erst unter Atta Claudius, dem damaligen Familienoberhaupt, ungefähr sechs Jahre nach der Vertreibung der Könige[2] geschah. Nach ihrer Aufnahme unter die Patrizier wurde ihnen von Staats wegen für ihre Klienten ein Gebiet jenseits des Anio und für sie selber ein Begräbnisplatz am Fuße des Kapitols angewiesen. Im Laufe der Zeit erlangten Angehörige dieses Geschlechts achtundzwanzigmal das Konsulat, fünfmal die Diktatur, siebenmal die Censur und sechs große und zwei kleine Triumphe. Sie führten verschiedene Vor- und Beinamen, von denen der Vorname Lucius einstimmig ausgeschlossen wurde, nachdem von zwei Familienmitgliedern, die diesen Namen getragen hatten, der eine der Wegelagerei, der andere des Mords überführt worden war. Unter die Beinamen wurde der Name Nero aufgenommen, der auf sabinisch »stark« und »tapfer« bedeutet.

2. Viele Claudier erwarben sich hervorragende Verdienste um den Staat, viele vergingen sich aber auch gegen seine Interessen. Ich möchte hier nur das Wichtigste anführen: Appius Caecus riet von einem Bündnis mit König Pyrrhus als zu wenig vorteilhaft ab. Claudius Caudex war der erste, der mit einer Flotte über die Meerenge von Messina segelte und die Karthager aus Sizilien vertrieb. Claudius Nero schlug den aus Spanien mit ungeheurer Heeresmacht heranrückenden Hasdrubal, bevor er sich mit seinem Bruder Hannibal vereinigen konnte.

Dagegen versuchte Claudius Regillianus, ein Mitglied des mit der Aufzeichnung der Gesetze betrauten Zehnmännerkollegiums, ein freigeborenes Mädchen zur Befriedigung seiner Lust gewaltsam zur Sklavin zu machen, was der Grund zur

---

[1] Der plebeische Zweig der Familie heißt Clodii (in der populären Aussprache wird au zu o; vgl. das Französische und ferner Vesp. 22).

[2] Diese wird auf das Jahr 510 v. Chr. angesetzt.

zweiten Trennung der Plebeier von den Patriziern war[3]. Claudius Drusus ließ sich eine mit dem Königsdiadem geschmückte Statue in Forum Appii errichten und wollte sich mit Hilfe seiner Klienten zum Herrn von Italien aufschwingen. Claudius Pulcher ließ in Sizilien, als bei der Vogelschau die Hühner nicht fraßen, diese ohne jede religiöse Scheu ins Meer werfen, gleichsam damit sie tränken, wenn sie nicht fressen wollten, und begann so die Seeschlacht; nach seiner Niederlage bekam er vom Senat den Auftrag, einen Diktator zu ernennen, und wie um sich über seinen Mißerfolg lustig zu machen, ernannte er seinen Amtsdiener Glykias.

Ebenso bieten die Frauen dieses Geschlechts Beispiele ganz verschiedener Art, gehören doch beide Claudias zur gleichen Familie: die eine, die das mit den heiligen Geräten der Idäischen Göttermutter[4] beladene Schiff, das auf einer Sandbank im Tiber festgefahren war, mit eigener Hand wieder flott machte, nachdem sie laut gebetet hatte, das Schiff solle ihr nur dann folgen, wenn sie noch Jungfrau sei; die andere, die sich wegen Majestätsbeleidigung – für eine Frau etwas Unerhörtes – vor dem Volk verantworten mußte, da sie, als ihr Wagen inmitten einer großen Menschenmenge nur langsam vorwärtskam, laut gesagt hatte, sie wünsche, ihr Bruder Pulcher möge wieder lebendig werden und nochmals eine Flotte verlieren, damit das Gedränge in Rom weniger groß werde.

Außerdem ist wohlbekannt, daß alle Claudier, mit Ausnahme des Publius Clodius, der sich, um Cicero aus Rom verbannen zu können, von einem Plebeier, der sogar jünger als er selber war, adoptieren ließ[5], immer zur Adelspartei gehörten und überzeugte Verteidiger der Würde und Macht der Patrizier waren. Dem Volk gegenüber aber waren sie so heftig und anmaßend, daß keiner, auch wenn er zum Tod verurteilt war, es über sich gebracht hätte, vor dem Volk in Trauerkleidung zu erscheinen oder es um sein Leben zu bitten; einige wurden sogar in einem Wortwechsel gegen Volkstribunen tätlich. Auch stieg eine Claudia, die Vestalin war, zusammen mit ihrem Bruder, der gegen den Willen des Volkes einen Triumph feierte, auf den Wagen und begleitete ihn bis zum Kapitol, damit keiner der Tribunen sein Veto einlegen oder einschreiten konnte.

---

[3] Die bekannte Geschichte der Virginia (vgl. Livius III 44). – Die Gesetze = das »Zwölftafelgesetz«.
[4] Über die Göttermutter Kybele vgl. S. 97, Anm. 56. Der Kult wurde 204 v. Chr. in Rom eingeführt.
[5] Vgl. Caes. 20.

3. Der Kaiser Tiberius war Nachkomme eines solchen Geschlechts, und zwar durch beide Eltern: der Vater stammte von Tiberius Nero, die Mutter von Appius Pulcher ab, die ihrerseits beide Söhne des Appius Caecus waren. Er gehörte auch zur Familie der Livier, da der Großvater seiner Mutter durch Adoption in diese aufgenommen worden war. Diese Familie, obschon plebeisch, stand dennoch in hohem Ansehen, war sie doch achtmal mit dem Konsulat, zweimal mit der Censur, dreimal mit dem Triumph, auch mit der Diktatur sowie dem Amt eines *magister equitum*[6] ausgezeichnet worden. Sie hatte auch Berühmtheit durch einige hervorragende Männer erlangt, besonders durch Salinator und diejenigen mit dem Beinamen Drusus.

Salinator erteilte während seiner Censur sämtlichen Wahlbezirken einen Verweis wegen Leichtfertigkeit, da sie ihn, obschon er nach seinem ersten Konsulat mit einer Buße belegt worden war, zum zweitenmal zum Konsul und Censor gewählt hatten. – Drusus verschaffte sich und seinen Nachkommen diesen Beinamen, da er im Nahkampf den feindlichen Führer Drausus getötet hatte. Er soll auch als Proprätor das Gold, das einst bei der Belagerung des Kapitols den Senonen gegeben worden war und ihnen nicht, wie die Sage geht, von Camillus wieder abgenommen wurde, aus Gallien zurückgebracht haben. Sein Urenkel wurde wegen seiner hervorragenden Hilfe, die er gegen die Gracchen leistete, »Schutzherr des Senates« genannt; dieser hatte einen Sohn, der bei einem ähnlichen Zwist verschiedene Reformen durchführen wollte, dann aber von der Gegenpartei meuchlings ums Leben gebracht wurde.

4. Der Vater des Tiberius, Nero, befehligte als Quästor unter Gaius Caesar im Kampf um Alexandria die Flotte und trug sehr viel zum Siege bei. Deshalb wurde er auch als Oberpriester an Stelle Publius Scipios eingesetzt und nach Gallien geschickt, um dort Koloniestädte zu gründen, unter andern Narbonne und Arles. Trotzdem beantragte er nach der Ermordung Caesars, als sämtliche Senatoren aus Angst vor Unruhen für Straflosigkeit aller an dem Verbrechen Beteiligten stimmten, sogar noch eine Belohnung der Tyrannenmörder.

Später behielt er, als am Ende des Jahres, in dem er die Prätur bekleidet hatte, Streit zwischen den Triumvirn ausbrach, über die gesetzliche Zeit hinaus seine Amtsabzeichen, folgte dem Konsul Lucius Antonius, dem Bruder des Triumvirn, nach Perusia und blieb nach der Unterwerfung der übrigen allein sei-

[6] Vgl. S. 51, Anm. 68.

ner Partei treu, entkam zuerst nach Palestrina, von dort nach Neapel und floh dann nach Sizilien, nachdem er die Sklaven vergeblich zur Freiheit und zum Aufstand aufgerufen hatte. Aber unwillig darüber, daß er nicht sofort von Sextus Pompeius vorgelassen und ihm auch die Führung der Rutenbündel untersagt worden war, setzte er nach Griechenland zu Marcus Antonius über. Mit diesem kehrte er nach dem allgemeinen Friedensschluß nach Rom zurück und trat seine Gattin Livia Drusilla, obschon sie damals schwanger war und ihm schon vorher einen Sohn geboren hatte, Augustus auf dessen Bitten ab[7]. Wenig später starb er und hinterließ zwei Söhne, Tiberius und Drusus Nero.

5. Einige geben Fundi als Geburtsort des Tiberius an, was allerdings eine haltlose Vermutung ist, die sich nur darauf stützt, daß seine Großmutter mütterlicherseits von dort stammte und später auf Senatsbeschluß hin in dieser Stadt eine Statue der Glückseligkeitsgöttin öffentlich aufgestellt wurde. Aber nach Ansicht der meisten besseren Gewährsmänner ist er in Rom auf dem Palatin am sechzehnten November im Jahr, als Marcus Lepidus zum zweitenmal und mit ihm Lucius Munatius Plancus Konsuln waren, während des Krieges von Philippi geboren. So steht es nämlich im Staatskalender und in den offiziellen Tagesberichten. Allerdings gibt es auch Schriftsteller, die seine Geburt teils ins vorhergehende Jahr, nämlich ins Konsulatsjahr der Hirtius und Pansa, teils ins darauffolgende des Servilius Isauricus und Lucius Antonius verlegen[8].

6. Seine Kinder- und Knabenjahre waren unglücklich und sehr bewegt, da er überallhin seine Eltern auf ihrer Flucht begleitete. Als diese in Neapel beim Heranrücken der Feinde heimlich ein Schiff zu erreichen suchten, hätte er sie beinahe durch sein Gewimmer zweimal verraten: einmal, als er von der Brust seiner Amme, das zweitemal, als er hastig aus den Armen seiner Mutter gerissen wurde, da man in diesem kritischen Augenblick den Frauen ihre Last abnehmen wollte.

Auch durch Sizilien und Griechenland wurde er mitgeschleppt und den Lakedaemoniern, die unter dem Schutz der Claudier standen, offiziell anvertraut. Beim nächtlichen Aufbruch von dort geriet er in Lebensgefahr, als plötzlich von allen Seiten Flammen aus den Wäldern schlugen und die ganze Gesellschaft rings eingeschlossen war, so daß sogar ein Teil der Kleidung Livias und ihre Haare angesengt wurden. Die Geschenke, die er

---

[7] Vgl. Aug. 62.
[8] Es handelt sich um die Jahre 43–41.

in Sizilien von Pompeia, der Schwester des Sextus Pompeius, bekommen hatte, ein Mäntelchen mit einer Spange und die goldenen Amulette sind erhalten und werden noch heute in Baiae gezeigt.

Nach seiner Rückkehr nach Rom wurde er vom Senator Marcus Gallius durch testamentarische Verfügung adoptiert und trat dessen Erbe an, legte aber bald seinen neuen Namen wieder ab, weil Gallius zu Augustus' Gegenpartei gehört hatte.

Im Alter von neun Jahren hielt er auf der Rednertribüne die Leichenrede auf seinen Vater. Später, beim Eintritt ins Jünglingsalter, begleitete er anläßlich des Triumphes von Aktium den Wagen des Augustus auf dem äußeren Pferd links, während Marcellus, der Sohn Octavias, jenes rechts ritt. Er hatte auch den Vorsitz über die städtischen Spiele und nahm am Troiaspiel im Zirkus als Führer der Reitergruppe der älteren Knaben teil.

7. Nachdem er die Männertoga erhalten hatte, verliefen seine Jünglingszeit und die folgenden Jahre bis zu seinem Regierungsantritt ungefähr folgendermaßen: Er gab ein Gladiatorenspiel zu Ehren seines Vaters und ein anderes zu Ehren seines Großvaters Drusus, und zwar zu verschiedenen Zeiten und an verschiedenen Orten, das erste auf dem Forum, das zweite im Amphitheater, wobei er auch einige Gladiatoren, die bereits im Ruhestand waren, für eine Summe von hunderttausend Sesterzen wieder auftreten ließ. Er veranstaltete auch andere Spiele, aber ohne selbst anwesend zu sein; alle waren prächtig und wurden von seiner Mutter und seinem Stiefvater bezahlt.

Er heiratete Agrippina, die Tochter Marcus Agrippas und Enkelin des römischen Ritters Caecilius Atticus, an den Ciceros bekannte Briefe gerichtet sind. Nachdem sie ihm einen Sohn, Drusus, geschenkt hatte, mußte er sich, obschon sie in gutem Einvernehmen standen und sie wieder schwanger war, von ihr scheiden lassen und gleich darauf Iulia, Augustus' Tochter, zur Frau nehmen. Dies bereitete ihm großen Kummer, da er an Agrippina sehr hing und den Lebenswandel Iulias verurteilte, besonders seitdem er bemerkt hatte, daß sie sich schon zu Lebzeiten ihres früheren Gatten an ihn heranzumachen versuchte, eine Tatsache, die allgemein bekannt war. Nach der Scheidung schmerzte es ihn sehr, Agrippina verstoßen zu haben, und als er ihr einmal begegnete, folgte er ihr mit solch seligen Blicken, aber mit Tränen in den Augen, daß man in Zukunft darauf achtete, sie nie mehr zusammentreffen zu lassen.

Die Ehe mit Iulia begann in Eintracht und gegenseitiger Liebe, aber bald kam es zu einer Entfremdung, und zwar so stark, daß er für immer getrennt von ihr schlief, besonders als das gemeinsame Pfand ihrer Liebe, ihr in Aquileia geborener Sohn, noch ganz jung starb. – Seinen Bruder Drusus verlor er in Germanien[9] und führte seine Leiche nach Rom über, wobei er auf dem ganzen Weg dem Zug voranschritt.

8. Seine ersten Schritte im öffentlichen Leben waren die Verteidigung des Königs Archelaus, der Bewohner von Tralles und der Thessaler in verschiedenen Prozessen vor dem Richterstuhl des Augustus. Ferner machte er sich zum Fürsprecher der Bewohner von Laodikea, Thyatira und Chios, die durch ein Erdbeben heimgesucht worden waren und den Senat um Hilfe angingen. Fannius Caepio, der mit Varro Murena zusammen gegen Augustus konspiriert hatte, klagte er vor Gericht wegen Hochverrats an und bewirkte seine Verurteilung[10].

Außerdem war er mit der Getreideversorgung beauftragt worden, die sich als ungenügend erwiesen hatte, ferner mit der Untersuchung der Arbeitshäuser in ganz Italien, deren Besitzer in den Verdacht gekommen waren, nicht nur Reisende, die sie überfallen hatten, dort zurückzuhalten, sondern auch solche Leute, die die Angst vor dem Heeresdienst in derartige Schlupfwinkel getrieben hatte.

9. Den ersten Kriegsdienst leistete Tiberius als Militärtribun im Kantabrischen Feldzug, darauf führte er ein Heer in den Orient, setzte Tigranes wieder auf den Thron Armeniens und krönte ihn vor seinem Feldherrntribunal mit dem Diadem. Er bekam auch wieder die Feldzeichen, welche die Parther dem Marcus Crassus abgenommen hatten. Später verwaltete er fast ein Jahr lang die Provinz Gallia Comata, die durch Barbareneinfälle und Zwistigkeiten ihrer Führer in Unruhe versetzt war. Unmittelbar darauf führte er Kriege in Rätien und Vindelikien, später in Pannonien und endlich in Germanien. In Rätien und Vindelikien besiegte er die Alpenvölker, in Pannonien die Breuker und Dalmater, von Germanien führte er vierzigtausend Unterworfene nach Gallien und siedelte sie am linken Rheinufer auf zugewiesenen Wohnplätzen an.

Auf Grund dieser Erfolge zog er in Rom im kleinen Triumphzug, aber im Wagen, ein, nachdem er, laut den Angaben verschiedener Schriftsteller, vorher die Triumphabzeichen ehrenhalber bekommen hatte, was vor ihm noch niemandem zugestanden wor-

[9] Vgl. Claud. 1.
[10] Vgl. Aug. 19.

den war. – Die Ämterlaufbahn begann er vorzeitig und durchlief Quästur, Prätur und Konsulat in fast ununterbrochener Reihenfolge. Nach einer Zwischenzeit wurde er zum zweitenmal Konsul und erhielt auch die tribunizische Gewalt auf fünf Jahre.

10. Während ihm so alles nach Wunsch zu geraten schien – er war im besten Alter und erfreute sich auch einer ausgezeichneten Gesundheit –, beschloß er plötzlich, sich gänzlich zurückzuziehen und möglichst weit von allen Umtrieben eine Zuflucht zu suchen; es steht nicht fest, ob aus Widerwillen gegen seine Frau, die er allerdings weder anzuklagen noch zu verstoßen wagte, aber auch nicht länger ertragen konnte, oder ob er sich seinen Einfluß wahren, vielleicht sogar noch steigern wollte, falls der Staat einmal seiner bedürfe, indem er durch sein Fernsein vermied, daß man bei einer dauernden Anwesenheit seiner überdrüssig würde. Einige glauben, daß er den lange von ihm eingenommenen Platz und sozusagen den Besitz der zweiten Stelle im Staat freiwillig den inzwischen herangewachsenen Kindern des Augustus abgetreten habe, nach dem Beispiel Marcus Agrippas, der sich, nachdem Marcus Marcellus zu den hohen Staatsstellen berufen worden war, nach Mytilene zurückzog, um ihm nicht im Wege zu stehen oder gar als Widersacher zu erscheinen. Diesen Grund führte auch Tiberius an, allerdings erst später[11]. Zu der Zeit aber gebrauchte er bei seinem Urlaubsgesuch den Vorwand, genug der Ehren zu haben und Ruhe von seinen Anstrengungen zu bedürfen. Er schenkte weder den flehentlichen Bitten seiner Mutter noch seines Stiefvaters, der sich auch im Senat beklagte, daß er verlassen werde, Gehör. Ja er trat sogar, als sie ihn energischer zurückzuhalten suchten, in einen viertägigen Hungerstreik. Sowie er die Erlaubnis zur Abreise hatte, ließ er Frau und Sohn in Rom zurück, begab sich sofort nach Ostia und sprach mit den Freunden, die ihm das Geleit gaben, kein Wort. Ganz wenigen nur gab er einen Abschiedskuß.

11. Von Ostia aus fuhr er an der Küste Campaniens entlang, unterbrach aber seine Reise auf die Nachricht von einer Erkrankung Augustus' hin für kurze Zeit. Aber da das Gerücht sich verbreitete, er warte nur auf die Gelegenheit, größere Hoffnungen verwirklichen zu können, fuhr er trotz ungünstiger Windverhältnisse nach der Insel Rhodos, die ihm schon, als er bei seiner Rückkehr von Armenien dort landete, durch ihre Lieblichkeit und ihr gesundes Klima gefallen hatte. Dort begnügte er sich mit einer kleinen Wohnung und einem nicht viel größeren Landhaus,

[11] Vgl. Tib. 11 und Aug. 66.

führte das Leben eines gewöhnlichen Privatmannes, ging ohne Liktor oder Amtsdiener bisweilen im Gymnasium spazieren und verkehrte mit den Griechen fast wie mit seinesgleichen.

Eines Morgens, als er sich die Tageseinteilung zurechtlegte, hatte er den Wunsch geäußert, alle Kranken in der Stadt besuchen zu wollen. Dies wurde von seiner Umgebung falsch verstanden, und man befahl, alle Kranken nach ihren verschiedenen Gebrechen getrennt in eine öffentliche Halle zu bringen. Durch diesen unerwarteten Anblick erschüttert, wußte er lange nicht, was er tun solle, ging dann endlich zu jedem einzelnen und entschuldigte sich, selbst bei den Ärmsten, ihm ganz Unbekannten, wegen dieses Mißverständnisses.

Außer folgendem Beispiel ist keines bekannt, wo er von seiner Tribunengewalt Gebrauch gemacht hätte; er besuchte nämlich häufig die Schulen und Hörsäle der Professoren, und als einmal ein ziemlich heftiger Streit zwischen verschiedenen Sophisten ausgebrochen war und er selbst zu vermitteln suchte, da beschimpfte ihn einer, der glaubte, er wolle die eine Partei begünstigen. Tiberius ging darauf ruhig nach Hause, erschien aber plötzlich wieder mit seinen Amtsdienern und ließ durch Heroldsruf den, der ihn beleidigt hatte, vor sein Gericht rufen und ins Gefängnis werfen.

In der Folge erfuhr er von der Verurteilung seiner Gattin Iulia wegen liederlichen Lebenswandels und Ehebruchs[12] und von der Scheidung, die ihr in seinem Namen von Augustus befohlen worden war. Aber obschon ihn diese Nachricht freute, hielt er es dennoch für seine Pflicht, soviel in seinen Kräften stand zu tun und beim Vater in zahlreichen Briefen für die Tochter Verzeihung zu erwirken. Auch überließ er ihr, obwohl sie es keineswegs verdiente, sämtliche Geschenke, die er ihr gemacht hatte.

Als seine Amtszeit als Tribun abgelaufen war, gestand er endlich, daß er durch seinen Weggang von Rom nichts anderes als den Verdacht, mit Gaius und Lucius in Wettbewerb zu treten, habe vermeiden wollen, und bat, ihm zu gestatten, jetzt, da in dieser Hinsicht nichts mehr befürchtet werden müsse – diese seien nun erwachsen und könnten leicht den zweiten Platz im Staat für sich bewahren –, seine Verwandten, nach denen er Sehnsucht hätte, wiederzusehen. Er erhielt die Erlaubnis aber nicht, sondern dazu noch die Ermahnung, sich nicht mehr um die Seinen zu kümmern, die er ja auch so gern verlassen hätte.

12. Tiberius blieb also gegen seinen Willen in Rhodos und er-

[12] Vgl. Aug. 65.

reichte nur mit großer Mühe durch seine Mutter, daß er von Augustus den Titel eines Gesandten bekam, um seine Schande etwas zu verdecken. Von dieser Zeit an spielte er tatsächlich nicht nur die Rolle eines Privatmannes, sondern sogar eines Verdächtigen, der sich in acht zu nehmen hat. Er verbarg sich im Innern des Landes und vermied die Aufwartungen der Vorbeifahrenden, die ihn sonst häufig besuchten – kein General oder Beamter ging nämlich irgendwohin auf seinen Posten, ohne einen Abstecher nach Rhodos zu machen.

Dazu kamen noch weitere Gründe zu vermehrter Besorgnis. Denn bei einem Besuch, den er seinem mit der Verwaltung des Orients betrauten Stiefsohn Gaius in Samos abstattete, fühlte er, daß dieser ihm infolge der Beschuldigungen des Begleiters und Beraters des Gaius, Marcus Lollius, nicht besonders gut gesinnt sei. Tiberius kam sogar in den Verdacht, durch einige von ihm beförderte Centurionen, die nach einem Urlaub wieder zu ihren Truppen zurückkehrten, an mehrere Leute zweideutige Aufträge übermittelt zu haben, die dazu angetan schienen, die Einstellung der einzelnen in bezug auf einen Regierungswechsel zu erforschen. Durch Augustus erhielt er Nachricht von diesen Verdächtigungen und unterließ es nicht, immer wieder um jemand zu bitten, wes Standes er auch sei, der seine Taten und Worte zu kontrollieren hätte.

13. Er gab sogar seine gewohnten Ausritte und Waffenübungen auf; auch legte er die römische Tracht ab und entschloß sich, den griechischen Mantel und griechische Sandalen zu tragen. In diesem Zustand befand er sich etwa zwei Jahre und verlor immer mehr an Achtung und Anteilnahme, so daß zum Beispiel die Einwohner von Nîmes seine Büsten und Statuen umstürzten; ferner geschah es, daß während eines Festessens in kleinem Kreis bei der Erwähnung seines Namens sich einer fand, der Gaius versprach, sofort auf seinen Befehl nach Rhodos zu fahren und das Haupt des »Verbannten« – so wurde er nämlich allgemein genannt – zurückzubringen.

Daher sah er sich gezwungen, nicht so sehr aus Angst als wegen drohender Lebensgefahr, persönlich und durch seine Mutter inständig um die Erlaubnis zur Rückkehr zu bitten. Diese erhielt er auch, wobei der Zufall etwas half. Augustus war nämlich entschlossen, in dieser Sache nichts zu entscheiden ohne das Einverständnis seines älteren Sohnes. Dieser war zufällig damals auf Marcus Lollius schlecht zu sprechen und milde und versöhnlich seinem Stiefvater gegenüber gestimmt. Auf die Erlaubnis des

Gaius hin wurde Tiberius also zurückgerufen, aber nur unter der Bedingung, daß er sich weder an der Regierung noch sonstwie am politischen Leben beteilige.

14. Nach achtjähriger Abwesenheit kehrte er nach Rom zurück, zuversichtlich Großes von der Zukunft erwartend, worin ihn auch verschiedene Wunderzeichen und Voraussagen von früher Jugend an bestärkt hatten. Während ihrer Schwangerschaft versuchte nämlich seine Mutter Livia durch verschiedene Vorzeichen zu erfahren, ob sie einen Sohn gebären werde. So hatte sie auch einer brütenden Henne ein Ei weggenommen, das sie, mit ihren Dienerinnen abwechselnd, in der Hand solange wärmte, bis ein Hähnchen mit einem besonders großen Kamm ausschlüpfte. – Schon dem kleinen Kind hatte der Astrologe Scribonius eine große Zukunft vorausgesagt: er werde einst König sein, aber ohne königliche Abzeichen – obgleich damals die künftige Herrschaft der Caesaren noch ganz im Dunkeln lag.

Als er seinen ersten Feldzug antrat und das Heer durch Makedonien nach Syrien führte, geschah es, daß auf den einst bei Philippi für die siegreichen Legionen geweihten Altären plötzlich von selbst Flammen aufleuchteten. Später, als er nach Illyrien zog und bei Padua das Orakel des Geryon aufsuchte, zog er ein Los, das ihn aufforderte, goldene Würfel in die Aponusquelle zu werfen, um Antwort auf seine Fragen zu erhalten; da geschah es, daß die Würfel die höchste Zahl zeigten. – Dort kann man übrigens heute noch diese Würfel unter Wasser sehen.

Wenige Tage aber vor der Erlaubnis zu seiner Rückkehr ließ sich ein Adler – ein Vogel, der vorher auf Rhodos noch nie gesehen worden war – auf dem Dach seines Hauses nieder; und am Tage bevor er die Nachricht seiner Rückberufung erhielt, schien ihm beim Wechseln der Kleider seine Tunika zu brennen. Auch konnte er gerade damals die Kunst des Astrologen Thrasyllus, den er als Lehrer der Weisheit unter sein Gefolge aufgenommen hatte, erproben, der behauptete, daß das in der Ferne gesichtete Schiff frohe Botschaft bringe; gerade in diesem Moment hatte übrigens Tiberius, da die Situation immer verzweifelter wurde und alles anders herauskam, als Thrasyllus voraussagte, den Vorsatz gefaßt, diesen als Lügner und gefährlichen Mitwisser seiner Geheimnisse auf einem gemeinsamen Spaziergang ins Meer zu stürzen.

15. Nach Rom zurückgekehrt, stellte er seinen Sohn Drusus anläßlich seiner Volljährigkeit auf dem Forum dem Volke vor und verließ sogleich seine Wohnung, das Haus des Pompeius in den

Carinen, um in die Gärten des Mäzen auf dem Esquilin überzusiedeln. Dort lebte er in aller Ruhe, ohne sich am öffentlichen Leben zu beteiligen, und erfüllte nur seine privaten Pflichten.

Als aber Gaius und Lucius beide innerhalb dreier Jahre starben, wurde Tiberius von Augustus zusammen mit deren Bruder Marcus Agrippa adoptiert. Vorher hatte man ihn gezwungen, Germanicus, den Sohn seines Bruders, zu adoptieren[13]. Seitdem wirkte er nicht mehr als Familienoberhaupt und nahm keines der verlorenen Rechte irgendwie in Anspruch. So machte er weder Schenkungen noch gab er jemandem die Freiheit. Nicht einmal eine Erbschaft oder Legate nahm er an, ohne sie dem ihm vom »Vater« überlassenen Besitz zuzurechnen[14]. Trotz allem wurde von da an nichts unterlassen, um sein Ansehen zu mehren, und das noch viel mehr, seit Agrippa in Ungnade gefallen und verbannt worden war[15], so daß mit Sicherheit angenommen werden konnte, daß auf ihn allein die Hoffnung der Nachfolgerschaft falle.

16. Man übertrug ihm neuerdings für fünf Jahre die tribunizische Gewalt; auch wurde er beauftragt, die Ruhe in Germanien wiederherzustellen. Ferner erhielten die parthischen Gesandten, nachdem sie ihre Anliegen bei Augustus in Rom vorgebracht hatten, den Befehl, auch Tiberius in der Provinz aufzusuchen. Auf die Nachricht vom Abfall Illyriens hin übernahm er den Oberbefehl über diesen neuen Krieg, den schwersten aller auswärtigen Kriege nach den Punischen. Mit fünfzehn Legionen und der gleichen Anzahl Hilfstruppen führte er ihn trotz größter Schwierigkeiten aller Art und stärkster Lebensmittelknappheit während dreier Jahre. Obgleich er mehrfach zurückgerufen wurde, hielt er dennoch durch, da er fürchtete, daß bei einem Rückzug ein so starker Feind, dazu noch in nächster Nähe Italiens, ihnen weiterhin gefährlich würde. Seine Ausdauer trug denn auch in reichem Maß Früchte, da Illyrien in seiner ganzen Ausdehnung von Italien bis zum Königreich Noricum, bis Thrakien und Makedonien, von der Donau bis zur Adria, bezwungen und unter die Gewalt der Römer gebracht wurde.

17. Aber was seinen Ruhm noch erhöhte, war der Zeitpunkt seines Erfolges; denn fast zur gleichen Zeit ging Quinctilius Varus mit drei Legionen in Germanien jämmerlich zugrunde, und niemand konnte darüber im Zweifel sein, daß die siegreichen Germanen sich mit den Pannoniern verbunden hätten, wenn

---

[13] Zur Adoption des Germanicus vgl. Cal. 1 und 4.
[14] Dieser Besitz *(peculium)* ist strenggenommen Eigentum des Hausvaters.
[15] Vgl. Aug. 65.

nicht vorher Illyrien auf die Knie gezwungen worden wäre. Auf Grund dieser Taten wurden ihm der Triumph sowie zahlreiche andere große Ehren zugesprochen. Einige machten sogar den Vorschlag, ihm den Beinamen »Pannonicus« zu verleihen, andere, daß er »Der Unbezwingbare«, und wieder andere, »Der Pflichtgetreue« genannt werde. Augustus aber schritt dagegen ein und gab dafür die Zusicherung, daß Tiberius mit dem Namen, den er nach seinem (Augustus') Tod erhalten werde, zufrieden sein dürfe[16].

Tiberius selbst verschob den Triumph auf später, da in Rom Staatstrauer wegen der Niederlage des Varus herrschte. Nichtsdestoweniger hielt er in Rom im purpurbesetzten Staatsgewand und mit einem Lorbeerkranz auf dem Haupte Einzug, bestieg, während der Senat sich erhoben hatte, die auf dem Wahlplatz errichtete Tribüne und nahm zwischen den beiden Konsuln, zusammen mit Augustus, Platz. Er begrüßte das Volk und besuchte dann in feierlichem Zug die verschiedenen Tempel.

18. Im nächsten Jahr ging er wieder nach Germanien, und überzeugt, daß die Niederlage des Varus auf überstürztes Handeln und Nachlässigkeit zurückzuführen sei, unternahm er nichts, ohne vorher die Meinung eines Kriegsrates angehört zu haben. In den anderen Kriegen hatte er immer alles selbst bestimmt und sich nur auf sein Urteil verlassen, jetzt aber beriet er sich gegen seine Gewohnheit mit mehreren Ratgebern über die Kriegführung. Auch ging er noch sorgfältiger als gewöhnlich vor. Bei der Überquerung des Rheins ließ er den ganzen Troß, dessen Umfang er genau vorgeschrieben hatte, nicht vorher hinüber, als bis er selbst am Ufer stehend die Beladung der Wagen daraufhin kontrolliert hatte, ob nichts anderes als Erlaubtes und Notwendiges mitgeführt werde. Jenseits des Rheines aber hielt er sich an folgende Lebensweise: auf dem bloßen Rasen sitzend nahm er seine Mahlzeiten; oft übernachtete er ohne Zelt; alle Befehle für den folgenden Tag, auch wenn etwas plötzlich anzuordnen war, gab er nur schriftlich, wobei er die Mahnung hinzufügte, man solle sich, wenn etwas unklar sei, nur an ihn allein und niemand anderen wenden, gleich zu welcher Zeit, ja selbst bei Nacht.

19. Er hielt auf strengste Disziplin und führte auch alte Züchtigungsarten und Ehrenstrafen wieder ein. So bestrafte er zum Beispiel einen Legionskommandanten, der einige wenige Soldaten zusammen mit seinem Freigelassenen zur Jagd ans andere Ufer geschickt hatte, mit Ehrverlust.

[16] Nämlich ebenfalls »Augustus«; vgl. Tib. 26.

Obschon er sehr wenig dem Glück und dem Zufall überließ, so entschloß er sich doch mit größerer Zuversicht zum Beginn einer Schlacht, wenn während der nächtlichen Arbeit das Licht plötzlich, ohne daß jemand daran gestoßen hätte, herabfiel und auslöschte; dieses Vorzeichen habe nämlich, wie er selbst sagte, ihn und seine Vorfahren noch in keinem Feldzug betrogen, und er setze großes Vertrauen darein.

Nach einer glücklich verlaufenen Schlacht wäre er allerdings von einem Brukterer um ein Haar ermordet worden; dieser hatte sich unter seine Umgebung gemischt, machte sich aber durch sein unruhiges Wesen verdächtig und gestand dann auf der Folter, diese Untat vorgehabt zu haben.

20. Nach zweijähriger Abwesenheit in Germanien nach Rom zurückgekehrt, feierte er, begleitet von seinen Kommandanten, denen er auch die Triumphabzeichen erwirkte, den seinerzeit verschobenen Triumph. Bevor er sich zum Kapitol wandte, stieg er vom Wagen und warf sich seinem Vater, der bei der Feier den Vorsitz führte, zu Füßen. Den Pannonierhäuptling Bato beschenkte er reich und wies ihm Ravenna als Wohnsitz zu, aus Dankbarkeit dafür, daß er ihn einst mit seinem Heer aus einem schwierigen Gelände, wo er eingeschlossen war, hatte entkommen lassen. Ferner gab er dem Volk ein Essen an tausend Tischen und verteilte eine Geldspende von dreihundert Sesterzen pro Kopf. Er stiftete auch einen Concordiatempel und ebenso aus dem Ertrag der Beute in seinem und seines Bruders Namen einen Tempel für Kastor und Pollux.

21. Nicht viel später war durch die Konsuln ein Gesetz erlassen worden, wonach Tiberius gemeinsam mit Augustus die Provinzen verwalten sollte und auch zusammen mit ihm eine Schätzung durchzuführen hätte. Nach Abhaltung der Sühneopfer brach er dann nach Illyrien auf. Er wurde aber schon unterwegs wieder zurückgerufen und traf Augustus, zwar bereits schwer leidend, aber doch noch lebend an und blieb einen ganzen Tag mit ihm allein zusammen[17].

Ich weiß, daß allgemein die Meinung verbreitet ist, die Kammerdiener des Augustus hätten von diesem, als Tiberius nach der geheimen Unterredung das Zimmer verließ, das Wort aufgefangen: »Du armes römisches Volk, das zwischen so langsamen Kinnbacken zermalmt wird!« Auch weiß ich wohl, daß einige berichtet haben, Augustus habe öffentlich und ohne Hehl das finstere Gemüt des Tiberius verurteilt, manchmal sei er sogar so

[17] Vgl. Aug. 97/98.

weit gegangen, bei seinem Erscheinen unbeschwerte und heitere Gespräche abzubrechen. Aber bewogen durch die Bitten seiner Gattin habe er die Adoption nicht verweigert, vielleicht auch in der eigennützigen Absicht, daß man sich einst bei einem solchen Nachfolger um so mehr nach ihm zurücksehnen werde. Ich kann mich aber nicht dazu bringen lassen, anzunehmen, daß ein so umsichtiger und kluger Herrscher in einem so wichtigen Geschäft leichtfertig gehandelt habe, sondern ich glaube, daß Augustus des Tiberius gute und schlechte Eigenschaften abgewogen hat und dann doch fand, daß die guten überwögen. Auch versicherte Augustus eidlich vor versammeltem Volk, daß er Tiberius im Interesse des Staates adoptiere; in einigen Briefen feiert er ihn sogar als erfahrensten Feldherrn und einzigen Schutz des Staates.

Ich habe als Beweise einige Stellen aus diesen Briefen hier und da herausgeschrieben und lege sie im Folgenden vor: »Leb wohl, mein liebster Tiberius, und mach Deine Sache gut, für mich und (für Deine und meine Feldherren!). Mein Inniggeliebter, und so wahr ich glücklich sein möge, tapferster Mann und verdienstvollster Feldherr, leb wohl!« – »Welche Ordnung in Deinem Sommerlager! Ich glaube, mein lieber Tiberius, daß sich unter solch schwierigen Umständen und mit so niedergeschlagenen Truppen[18] niemand hätte klüger verhalten können, als Du es getan hast. Auch bestätigen alle, die mit Dir waren, daß jener bekannte Vers auf Dich passe:

Ein Mann hat uns den Staat durch wachsame Vorsicht
gerettet.«

– »Trägt sich etwas zu, worüber ich genau nachdenken muß, oder ärgert mich etwas, dann, bei Gott, sehne ich mich nach meinem Tiberius, und jener homerische Vers kommt mir in den Sinn:

Wenn mich dieser begleitet, sogar aus flammendem Feuer
Kehrten wir beide zurück, weil keiner ihm gleicht an
Erfindung.«[19]

– »Höre und lese ich, daß Du durch die ewigen Mühen schwer mitgenommen bist, dann schaudert's mich, Gott straf mich, am

---

[18] Im Original griechisch, wie auch oben das Wort »verdienstvollster«. Augustus liebte diese eingestreuten Worte und Zitate (vgl. Claud. 4). Die eingeklammerten Worte oben sind ebenfalls griechisch, aber ihre Lesung in den Handschriften unsicher.

[19] Das erste Zitat: berühmter Vers des Ennius, Annalen 370, der auf Hannibals Gegner Fabius Cunctator gemünzt war, nur heißt es dort statt »durch wachsame Vorsicht« *(vigilando)* »durch Zaudern« *(cunctando)*. Das zweite Zitat aus Homers Ilias X 246/47, wo Odysseus gemeint ist. Übersetzung Voß.

ganzen Leib. Bitte, schone Dich, damit ich nicht hören muß, Du seiest krank, und ich und Deine Mutter vor Kummer sterben, und das römische Volk um die Existenz seines Reiches zittert.« – »Es kommt nicht darauf an, ob es mir gut geht oder nicht, wenn Du nicht wohl bist.« – »Ich flehe zu den Göttern, daß sie Dich uns erhalten mögen und es Dir jetzt und immer gut gehen lassen, wenn sie nicht das römische Volk hassen.«

22. Augustus' Tod gab Tiberius nicht vorher bekannt, als bis der junge Agrippa aus dem Weg geschafft war. Ihn ermordete ein ihm als Wächter beigegebener Militärtribun, nachdem er den offiziellen schriftlichen Befehl zu dieser Tat erhalten hatte. Es blieb immer zweifelhaft, ob Augustus diesen Befehl auf dem Totenbett erlassen hatte, um Unruhen nach seinem Tode vorzubeugen, oder ob Livia ihn in Augustus' Namen, vielleicht mit oder ohne Tiberius' Wissen, diktiert habe. Tiberius jedenfalls gab dem Tribunen, der ihm den Vollzug des Befehls meldete, die Antwort, dies sei ihm nicht befohlen worden und er werde sich vor dem Senat zu verantworten haben. Dies tat er wahrscheinlich deshalb, um für den Augenblick jeden Verdacht von sich abzulenken, denn später begrub er die Angelegenheit in Stillschweigen.

23. Kraft seiner tribunizischen Amtsgewalt rief er den Senat zusammen und begann eine Ansprache. Plötzlich seufzte er aber wie von Schmerz überwältigt auf, sagte, er wünsche, daß ihn nicht nur die Stimme, sondern auch das Leben im Stich lasse, und übergab das Manuskript seinem Sohn Drusus, um es zu Ende zu lesen. Darauf wurde Augustus' Testament gebracht und durch einen Freigelassenen verlesen, während von den Zeugen, die es unterschrieben hatten, nur diejenigen senatorischen Ranges zugelassen waren, und alle anderen außerhalb des Rathauses ihre Unterschriften anerkennen mußten.

Der Anfang des Testaments lautete folgendermaßen: »Da ein grausames Geschick mir meine Söhne Gaius und Lucius entriß, sei Tiberius Caesar mit sieben Zwölfteln des Vermögens mein Erbe.«[20] Auch durch diese Formulierung verstärkte sich die Vermutung derer, die der Meinung waren, Augustus habe Tiberius mehr notgedrungen als aus freier Wahl zum Nachfolger bestimmt, da er es nicht unterlassen habe, diese Worte dem Testament vorauszuschicken.

24. Obgleich Tiberius nicht gezögert hätte, sofort die Herrschaft in Besitz zu nehmen und auszuüben – er hatte sich bereits

[20] Vgl. Aug. 101.

eine Leibwache zugelegt, das heißt die Macht und die äußeren Kennzeichen der Alleinherrschaft –, so wies er sie doch lange zurück; indem er die unverschämteste Komödie spielte, schalt er bald seine ihm zuredenden Freunde, sie wüßten nicht, was für ein reißendes Tier die Herrschaft sei, bald ließ er den Senat, der ihn bat und ihm zu Füßen fiel, mit zweideutigen Antworten und schlauem Zögern im ungewissen, so daß einigen die Geduld ausging und jemand in der allgemeinen Aufregung ausrief: entweder möge er annehmen oder zurücktreten! Ein anderer warf ihm in aller Öffentlichkeit vor, daß sonst die Menschen spät hielten, was sie versprochen hätten, er aber spät verspreche, was er bereits halte.

Endlich übernahm er den Thron, gleichsam genötigt und sich beklagend, daß man ihm eine elende und drückende Sklaverei aufzwinge. Auch tat er es nur, indem er die Hoffnung durchblikken ließ, das Amt später wieder ablegen zu können. Seine eigenen Worte sind: »... bis die Zeit kommen wird, da es richtig erscheinen könnte, meinem Alter etwas Ruhe zu gönnen.«

25. Der Grund seines Zögerns war die Furcht vor den ihm von allen Seiten drohenden Gefahren; so sagte er auch öfters, er halte einen Wolf bei den Ohren[21]. Tatsächlich hatte ein Sklave Agrippas, mit Namen Clemens, um seinen Herrn zu rächen, eine nicht zu verachtende Schar Aufrührer gesammelt, und der Adlige Lucius Scribonius Libo bereitete heimlich eine Revolution vor. Auch brachen zwei Meutereien unter den Soldaten aus, in Illyrien und Germanien[22]. Beide Heere verlangten verschiedene außergewöhnliche Zugeständnisse, vor allem, daß sie im Sold den Prätorianern gleichgestellt würden. Die Truppen in Germanien wollten sogar den Kaiser, da er nicht von ihnen eingesetzt sei, nicht anerkennen und versuchten mit größtem Nachdruck, Germanicus, der sie damals befehligte, zur Übernahme der Macht zu bewegen, obschon er sich heftig widersetzte.

Diese Angelegenheit machte Tiberius am meisten Sorge, und er verlangte vom Senat nur den Teil der Amtsgeschäfte, den er ihm zugestehen wolle, da niemand allein der ganzen Aufgabe gewachsen sei, ohne einen oder mehrere Gehilfen. Sogar seine schwache Gesundheit schob er vor, damit Germanicus mit größerer Gelassenheit eine rasche Nachfolge oder doch sicher die Mitregentschaft erwarten könne.

---

[21] Ein griechisches Sprichwort; vgl. Terenz, Phormio 506.
[22] Vgl. Cal. 1 und Tacitus, Annalen I 16–52.

Nach Beilegung der Meuterei brachte er auch Clemens durch List in seine Gewalt. Libo klagte er erst nach zwei Jahren vor dem Senat an, um nicht bei seinem Regierungsantritt allzu hart zu erscheinen. In der Zwischenzeit begnügte er sich damit, ihn überwachen zu lassen. So sorgte er zum Beispiel dafür, daß ihm bei einem gemeinsamen Opfer anstatt des richtigen Opfermessers ein Messer aus Blei untergeschoben würde, und als Libo ihn um eine Privataudienz nachsuchte, gab er sie ihm nur im Beisein seines Sohnes Drusus; auch hielt er beim Herumgehen im Zimmer bis zum Schluß der Unterredung Libos rechte Hand fest, als müsse er sich auf ihn stützen.

26. Von seiner Furcht befreit, führte er anfänglich ein recht bescheidenes Leben, fast dem eines Privatmannes entsprechend. Von den zahlreichen sehr großen Ehren, die ihm angetragen wurden, nahm er nur wenige, und zwar die geringsten, an. So gestattete er es kaum, daß zur Feier seines Geburtstages, der mit den plebejischen Zirkusspielen zusammenfiel, ein Zweigespann mehr als gewöhnlich zugelassen werde. Er verbot es, ihm zu Ehren Tempel, Flamines- und Priesterstellen zu stiften; auch Statuen und Bilder von ihm durften nur mit seiner Erlaubnis aufgestellt werden, und wenn er es gestattete, dann mit der Bedingung, daß sie nicht unter den Götterbildern ständen, sondern nur als Gebäudeschmuck dienten. Er schritt auch dagegen ein, daß man auf seine Verordnungen schwöre und der Monat September »Tiberius« und der Oktober »Livius« genannt würde. Den Vornamen »Imperator« sowie den Beinamen »Vater des Vaterlandes« und das Aufhängen einer Bürgerkrone in der Vorhalle seines Hauses lehnte er ebenfalls ab; den Namen »Augustus«, obschon er ererbt war, fügte er nur in Briefen an Könige und Fürsten bei. Auch hatte er das Konsulat nicht mehr als dreimal inne: eines dauerte nur wenige Tage, das zweite drei Monate und das dritte in seiner Abwesenheit bis zum fünfzehnten Mai.

27. Gegen Schmeicheleien war Tiberius so empfindlich, daß er keinen Senator an seine Sänfte heranließ, ob er ihm nun seine Aufwartung machen oder ein Geschäft behandeln wollte. Als ein gewesener Konsul ihn um Verzeihung bat und ihm zu Füßen fallen wollte, sprang er so heftig zurück, daß er rücklings hinfiel. Wenn jemand im Gespräch oder auch in einer Ansprache allzu schmeichelhaft über ihn redete, scheute er sich nicht, ihn zu unterbrechen, zu tadeln und den Ausdruck zu ändern. Nachdem ihn jemand mit »Herr« angesprochen

hatte[23], verbat er es sich, nochmals diesen beleidigenden Namen hören zu müssen. Einen, der von Tiberius' »heiligen« Geschäften sprach, und einen andern, der sagte, er habe sich auf sein »Geheiß« an den Senat gewandt, zwang er, die Worte zu ändern und »Rat« statt Geheiß zu sagen und »mühsam« statt heilig.

28. Selbst gegenüber Beleidigungen, üblem Geschwätz und Spottgedichten über sich und seine Familie war er von einer unerschütterlichen Geduld; so sagte er oft, daß in einem freien Staat auch die Zunge und der Geist frei sein müssen. Als einst der Senat ein Vorgehen gegen Delikte dieser Art und ihre Urheber forderte, meinte er: »Wir haben nicht so viel Zeit, daß wir uns mit noch mehr Geschäften belasten dürften. Wenn ihr einmal dieses Fenster öffnet, dann werdet ihr bald nichts anderes mehr zu tun haben: alle privaten Gehässigkeiten werden unter diesem Vorwand vor euch gebracht werden.« Auch folgende maßvolle Erklärung, die er im Senat getan, ist erhalten: »Wenn jemand eine andere Meinung geäußert hat, werde ich mir Mühe geben, ihm eine Erklärung für meine Taten und Worte zu liefern; wenn er aber auf seiner Meinung beharrt, werde ich ihn auch meinerseits zu hassen wissen.«

29. Diese Haltung war um so bemerkenswerter, weil er persönlich im Umgang und in der Achtung, die er einzelnen und auch ganzen Gruppen entgegenbrachte, fast das Maß der Höflichkeit überschritt. Als er einmal im Senat anderer Meinung war als Quintus Haterius, sagte er: »Ich bitte um Verzeihung, wenn ich in meiner Eigenschaft als Senator gegen dich etwas allzu frei gesprochen habe.« Dann wandte er sich an alle und sagte: »Ich sage es jetzt und habe es schon oft gesagt, Senatoren, daß ein guter und auf das Gemeinwohl bedachter Herrscher, den ihr mit so weitreichender und unbegrenzter Machtvollkommenheit ausgestattet habt, dem Senat und allen Bürgern dienen muß, in vielen Fällen sogar Einzelpersonen; und ich bereue nicht, dies gesagt zu haben, denn ich habe in euch gute, gerechte und wohlwollende Herren gefunden und finde sie immer noch.«

30. Ja es blieb sogar ein gewisser Schein von Freiheit gewahrt, indem Senat und Beamte das frühere Ansehen und die frühere Machtfülle behielten. Jede öffentliche oder private Angelegenheit, mochte sie auch noch so unbedeutend oder bedeutend sein, wurde vor den Senat gebracht. Man befragte diesen über Zölle und Monopole, über Neubauten oder Renovationen, sogar über Einberufung und Entlassung von Soldaten und Verteilung der

[23] Vgl. Aug. 53.

Legionen und Hilfstruppen, endlich über die Verlängerung von Kommandos oder ihre Übertragung in außerordentlichen Kriegsfällen und über Inhalt und Form der Antworten auf Briefe fremder Könige. – Er zwang auch einen Schwadronskommandanten, der wegen Gewalttätigkeit und Räubereien angeklagt war, sich vor dem Senat zu verteidigen. – Das Rathaus betrat er immer allein; als er einmal krank war, ließ er seine Sänfte hineintragen und schickte dann seine Begleiter weg.

31. Gewisse Beschlüsse, die seiner eigenen Ansicht zuwiderliefen, ließ er, ohne sich zu beklagen, durchgehen. Obschon er der Meinung war, daß für einen bestimmten Posten vorgesehene Beamte nicht von Rom abwesend sein dürften, sondern sich an Ort und Stelle auf ihr Amt vorzubereiten hätten, erhielt einmal ein als Prätor gewählter Mann einen außerordentlichen Gesandtschaftsposten. – Ein andermal stimmte er dafür, den Einwohnern von Trebiae zu gestatten, das ihnen für den Bau eines neuen Theaters testamentarisch vermachte Geld zum Unterhalt einer Straße zu verwenden, drang aber damit nicht durch, da der Wille des Erblassers als unumstößlich bezeichnet wurde. – Als sich bei einer Senatsabstimmung zwei Parteien bildeten, trat er auf die Seite der schwächeren, aber niemand folgte seinem Beispiel.

Auch alle anderen Angelegenheiten wurden nur durch die zuständigen Beamten und nach dem geltenden Recht erledigt. Das Ansehen der Konsuln war so groß, daß sich einmal Gesandte aus Afrika an diese wandten und sich beklagten, sie würden vom Kaiser, an den sie abgesandt seien, hingehalten. Und dies ist nicht weiter verwunderlich, da alle Welt sah, wie sogar Tiberius vor ihnen aufstand und ihnen auf der Straße Platz machte.

32. Ehemaligen Konsuln, die Heere befehligten, erteilte Tiberius Verweise, weil sie dem Senat über ihre Tätigkeit nicht schriftlich Bericht erstatteten und sich, bevor sie gewisse militärische Auszeichnungen verliehen, erst an ihn wandten, wie wenn sie nicht selbst das Recht zu allen derartigen Verleihungen hätten. – Einen Prätor lobte er, weil dieser bei seinem Amtsantritt die alte Sitte wieder aufgegriffen hatte, seiner Vorfahren in öffentlicher Versammlung zu gedenken. – Die Leichenzüge gewisser hochgestellter Persönlichkeiten begleitete er bis zum Scheiterhaufen.

Ein gleich bescheidenes Wesen zeigte er auch gegenüber geringeren Personen und Sachen von weniger großer Bedeutung. Die Behörden von Rhodos, die in einem offiziellen Schreiben an ihn die übliche Schlußformel weggelassen hatten, berief er nach Rom, tadelte sie mit keinem Wort, sondern forderte sie nur auf, die Formel unten beizufügen, und entließ sie wieder in ihre Heimat. – Der Grammatiker Diogenes, der in Rhodos an den Sabbattagen seine Vorträge zu halten pflegte, hatte Tiberius einmal nicht empfangen, der gekommen war, um ihn außer dieser Zeit zu hören, sondern ließ ihm durch einen Sklaven mitteilen, auf den siebten Tag zu warten. Als Diogenes später dem Kaiser in Rom seine Aufwartung machen wollte und sich bei seiner Tür einfand, gab Tiberius ihm nur dadurch einen leisen Wink, daß er ihm ausrichten ließ, er möge in sieben Jahren wiederkommen. – Den Statthaltern, die zu einer Steuererhöhung in den Provinzen rieten, schrieb er zurück, ein guter Hirte dürfe die Herde wohl scheren, aber nicht abhäuten.

33. Allmählich kehrte er aber den Herrscher heraus, und wenn er auch auf die Länge sich als launisch erwies, so blieb er doch öfter auch zugänglich und auf das öffentliche Wohl bedacht. Anfänglich schritt er nur ein, um Mißbräuche zu verhindern. Deshalb erklärte er auch mehrere Senatsverordnungen als ungültig, stellte sich häufig den Gerichtsbehörden als Berater zur Verfügung und nahm neben ihnen oder ihnen gegenüber auf der vordersten Reihe Platz. Wenn das Gerücht laut wurde, daß ein Angeklagter sich der Strafe durch Begünstigung entziehen könne, erschien er plötzlich und rief den Richtern, entweder von den Schranken aus oder vom Sitz des Vorsitzenden herab, die Gesetze, die Heiligkeit ihrer Aufgabe und das Verbrechen, über das sie zu entscheiden hätten, in Erinnerung. Auch unternahm er es, gewisse Übelstände, die sich in der öffentlichen Sittlichkeit durch Nachlässigkeit oder üble Gewohnheit einzubürgern drohten, abzustellen.

34. Den Aufwand für Schauspiele und Gladiatorenkämpfe schränkte er ein, indem er die Gagen der Schauspieler kürzte und die Zahl der zulässigen Fechterpaare genau festlegte. Er tadelte schwer, daß die Preise für korinthische Gefäße ins Ungeheuerliche gestiegen waren und daß einmal drei Seebarben für dreißigtausend Sesterzen verkauft wurden. So verlangte er, daß der Luxus im Hausrat auf ein vernünftiges Maß gebracht werde und die Lebensmittelpreise alljährlich durch Senatsverordnung zu regeln seien. Die Ädilen erhielten ferner den Auftrag, alle Küchen und Wirtschaften in ihrem Betrieb soweit einzuschränken, daß nicht einmal Gebäck zum Verkauf ausgestellt werden durfte[24]. Und um die Sparsamkeit des Publikums durch sein

[24] Vgl. die Anordnungen Caesars (Caes. 43), Augustus' (Aug. 34) und Neros (Nero 16).

eigenes Beispiel zu fördern, ließ er häufig, selbst bei Festessen, vom Vortag übriggebliebene Speisen auftragen, wie zum Beispiel einmal ein halbes Wildschwein, wobei er versicherte, daß es genau die gleichen Qualitäten habe wie ein ganzes.

In einem Edikt verbot er das Küssen bei der täglichen Begrüßung[25] und ebenso den Austausch von Neujahrsgeschenken über den ersten Januar hinaus. Er selbst pflegte Neujahrsgeschenke persönlich im vierfachen Wert zurückzugeben. Aber da es ihm lästig geworden war, während des ganzen Monats von denen, die keine Möglichkeit gehabt hatten, am Festtag selbst bei ihm vorzusprechen, gestört zu werden, wurde das Geschenkemachen überhaupt vom Neujahrstag an verboten.

35. Er erließ die Verordnung, daß gegen Ehefrauen, die einen unsittlichen Lebenswandel führten und gegen die kein öffentlicher Ankläger auftrat, nach alter Vätersitte die Verwandten in einem Familienbeschluß vorgehen konnten. Ein römischer Ritter, der seine Frau des Ehebruchs mit seinem Schwiegersohn überführt hatte und sich von ihr scheiden lassen wollte, entband Tiberius des Schwures, sie nie zu verstoßen, den er einst abgelegt hatte. Berüchtigte Frauen von Rang waren, um der gesetzlichen Strafe zu entgehen, darauf verfallen, sich öffentlich als Dirnen zu erklären und auf die Rechte und Würden einer verheirateten Frau zu verzichten, und sittlich verkommene junge Leute aus dem Senatoren- und Ritterstand nahmen freiwillig die Verurteilung durch ein Ehrengericht auf sich, um ungeachtet der bestehenden Senatsbeschlüsse auf der Bühne oder in der Arena auftreten zu können. Alle diese, Männer und Frauen, bestrafte Tiberius mit Verbannung, damit niemand aus solchen Umgehungen der Gesetze einen Nutzen ziehe.

Einem Senator nahm er den Purpurstreifen weg, da er erfahren hatte, daß er vor dem ersten Juli aufs Land gezogen sei, um nach diesem Termin in Rom billiger eine Wohnung mieten zu können. Einen andern enthob er seines Amtes als Quästor, weil er seine Frau, die er am Tage vor der Verlosung der Amtsbereiche geheiratet hatte, am Tage nach derselben wieder verstieß[26].

[25] Wegen einer ansteckenden, vom Orient eingeschleppten Hautkrankheit, von der Tiberius selbst auch befallen war; vgl. Tib. 68 und Plinius, Naturgeschichte XXVI 1 ff.
[26] Zum ersten Fall: die Senatsferien waren im September und Oktober, vgl. Aug. 35. Der hier erwähnte Senator wollte während der Ferien seiner Kollegen eine billige Wohnung in Rom mieten und in Ruhe umziehen. Andrerseits mochte er auch nicht auf seine eigenen Ferien verzichten, weshalb er schon Ende Juni aufs Land zog und so die Sitzungen im Juli und August versäumte. Zum zweiten Fall: wahrscheinlich war nach den Ehegesetzen des Augustus die Verheiratung Vorschrift für die Beamten. Dieser Quästor hatte also nur eine Scheinehe geschlossen.

36. Ausländische Kulte, besonders die ägyptische und jüdische Religion, unterdrückte er und zwang die Anhänger dieses Glaubens, ihre zum Gottesdienst gehörigen Kleider samt allen Kultgeräten zu verbrennen. Die jungen Juden ließ er unter dem Vorwand des Militärdienstes über die Provinzen mit ungesundem Klima verteilen, die übrigen Angehörigen dieses Volkes oder ähnlicher Sekten wies er aus der Stadt Rom aus, wobei auf Nichtbeachtung dieses Befehls lebenslängliche Sklaverei als Strafe stand. Auch die Astrologen wollte er aus Rom verweisen, doch erließ er ihnen dann dies auf ihre Bitten und das Versprechen hin, ihre Kunst aufzugeben.

37. Seine Hauptsorge galt der Aufrechterhaltung der öffentlichen Ordnung gegen Landstreicher, Straßenräuber und drohende Unruhen. Die Militärposten über ganz Italien wurden gegenüber früher vermehrt. In Rom wurde eine Kaserne eingerichtet, in der die Prätorianerkohorten, die vorher ohne festen Aufenthaltsort und in verschiedenen Quartieren zerstreut gewesen waren, untergebracht wurden[27]. Unruhen dämmte er mit großem Nachdruck ein und traf andrerseits alle Vorkehrungen, um solche zu verhindern. Als es im Theater anläßlich eines Streites zu einem Totschlag kam, schickte er die Parteiführer und Schauspieler, derentwegen der Streit ausgebrochen war, in die Verbannung und konnte durch keine Bitten des Volkes zu ihrer Rückberufung bewogen werden. – In Pollentia hatte die Volksmenge den Leichenzug eines Primipilars nicht vorher vom Marktplatz abgehen lassen, als bis den Erben mit Gewalt eine Summe für ein Gladiatorenspiel abgepreßt worden war; da ließ Tiberius eine Kohorte von Rom und eine andere vom Reich des Königs Cottius ohne Angabe des Grundes aufbrechen und plötzlich mit gezogenem Schwert und schmetternden Trompeten zu allen Toren der Stadt einmarschieren. Der Großteil des Volkes und der Stadtbehörden wurde darauf in lebenslängliche Gefangenschaft gesetzt. – Er schaffte auch überall den Brauch des Asylrechts ab. – Den Einwohnern von Kyzikos, die sich einige Gewalttaten gegen römische Bürger hatten zuschulden kommen lassen, nahm er die Freiheit, die sie sich im Krieg gegen Mithridates verdient hatten.

Erhebungen von Feinden ließ Tiberius, da er selbst nicht mehr zu Felde zog, durch seine Generale niederschlagen, und auch dies nur zögernd und notgedrungen. Rom feindlich gesinnte oder verdächtige Könige hielt er mehr mit Drohungen

[27] Vgl. Aug. 49.

und Beschwerden als mit Gewalt von irgendwelchen Unternehmungen ab; einzelne, die er durch Schmeicheleien und Versprechungen zu sich nach Rom gelockt hatte, ließ er nicht mehr in ihre Heimat zurückkehren, wie den Germanen Marobodus, den Thraker Rhaskypolis und den Kappadoker Archelaus, dessen Königreich er sogar in eine Provinz umwandelte.

38. Nach der Machtübernahme setzte Tiberius zwei Jahre lang keinen Fuß vor das Tor der Stadt; später ging er, außer in die nächsten Städte, höchstens bis Anzio, und auch dies sehr selten und nur für wenige Tage, obschon er oft einen Besuch der Provinzen und Heere bekanntgegeben hatte und fast alljährlich die Reise vorbereitete. Er ließ Wagen zusammenbringen, alles Nötige in den Land- und Koloniestädten bereitstellen und zuletzt sogar Gelübde für eine glückliche Reise und Heimkehr tun, so daß er im Scherz allgemein schon »Kallippides« genannt wurde, der nach einem griechischen Sprichwort immer rennt und doch keine Elle vorwärtskommt.

39. Nachdem er aber seine beiden Söhne verloren hatte – Germanicus war in Syrien, Drusus in Rom gestorben –, zog er sich nach Campanien zurück. Beinahe alle Welt war darin einig und sagte es auch laut, daß er nicht mehr nach Rom zurückkehren und wohl sogar bald sterben werde. Beides wäre auch beinahe eingetroffen; denn wirklich ging er nicht mehr nach Rom zurück, und wenige Tage nach seiner Abreise, als er in der Nähe von Terracina in einem Landhaus, »Grotte« genannt, speiste, lösten sich mehrere große Felsblöcke zufällig von dem Gewölbe und begruben viele der Gäste und Diener unter sich; er selbst kam wider Erwarten mit heiler Haut davon.

40. Bei seiner Fahrt durch Campanien weihte er in Capua das Kapitol, in Nola einen Tempel für Augustus – angeblich der Grund zu dieser Reise. Dann begab er sich nach der Insel Capri, die ihm deshalb ganz besonders gefiel, weil man sie nur von einer einzigen schmalen Landungsstelle aus betreten kann und sie sonst auf allen Seiten von sehr steilen, hohen Felsen und tiefem Meer eingeschlossen ist.

Kurz nach seiner Ankunft ging er wieder aufs Festland, da ihn das Volk immer wieder flehentlich darum ersuchte. Es waren nämlich bei einem Unglücksfall in Fidenae[28] – das Amphitheater war während eines Gladiatorenkampfes eingestürzt – mehr als zwanzigtausend Menschen umgekommen. Nun gab er allen die Möglichkeit, bei ihm vorzusprechen, was um so angebrachter

[28] Das Unglück ereignete sich 27 n. Chr. Tiberius war 26 nach Capri gegangen.

war, als er sich bei seiner Abreise von Rom jede Belästigung verbeten und auf dem ganzen Weg niemanden zu sich gelassen hatte.

41. Nach seiner Rückkehr auf die Insel kümmerte er sich überhaupt nicht mehr um die Staatsgeschäfte. Er ergänzte kein einziges Mal die Dekurien der Ritter[29], nahm keine Veränderungen mehr unter den Militärtribunen, den Kavalleriekommandanten und den Statthaltern der Provinzen vor, ließ Spanien und Syrien während einiger Jahre ohne konsularische Legaten und er kümmerte sich nicht darum, daß die Parther Armenien besetzten, die Daker und Sarmaten Moesien und die Germanen Gallien verwüsteten – eine große Schande und nicht geringe Gefahr für das Reich.

42. Als er so in der Abgeschiedenheit, gleichsam verborgen vor den Augen der Öffentlichkeit, die ersehnte Freiheit erlangt hatte, ließ er all seinen Lastern, die er lange Zeit nur schlecht verhehlt hatte, auf einmal freien Lauf. Über sie will ich jetzt einzeln von Anfang an berichten: schon bei seinem Eintritt in das Heer wurde er wegen seiner unmäßigen Trunksucht »Biberius« statt Tiberius, »Caldius« statt Claudius und »Mero« statt Nero genannt[30]. – Später, als Kaiser, verjubelte er einmal eine Nacht und zwei ganze Tage in Gesellschaft von Pomponius Flaccus und Lucius Piso, während er sich gerade mit den Maßnahmen zur Hebung der öffentlichen Sittlichkeit befaßte[31]. Dem einen übertrug er kurz darauf die Statthalterschaft über Syrien, dem andern das Amt eines Präfekten von Rom und bezeichnete sie in ihren Ernennungsschreiben als seine besten Freunde in allen Stunden. – Bei Sestius Gallus, einem alten Lüstling und Verschwender, der einst von Augustus mit einer Ehrenstrafe belegt worden war und von Tiberius selbst wenige Tage vorher im Senat einen schweren Tadel erhalten hatte, lud er sich unter der Bedingung zum Essen ein, daß dieser in nichts von seinen Gewohnheiten abgehe oder diese etwa ändere, und daß man bei Tafel von nackten Mädchen bedient werde. – Einen ganz unbekannten Kandidaten für die Quästur zog er weit vornehmeren Persönlichkeiten vor, weil dieser einmal bei einem Gelage auf sein Zutrinken hin eine ganze Amphore Wein geleert hatte. – Asellius Sabinus gab er zweihunderttausend Sesterzen zum Geschenk für einen Dialog, worin der Champignon, die Schnepfe,

---

[29] Richterbehörden.
[30] *Biberius* = Trinker; *Caldius* = Heißer! (Ruf der Glühweintrinker); *Mero* = Ablativ des Wortes für ungemischten Wein *(merum)*.
[31] Vgl. Tib. 33.

die Auster und der Krammetsvogel um den Vorrang stritten. – Endlich richtete er ein neues Hofamt ein, den Vergnügungsmeister, und übertrug dieses dem römischen Ritter Titus Caesonius Priscus.

43. In seiner Zurückgezogenheit auf Capri erdachte er sich ein mit Polsterbänken ausgestattetes Lokal als Ort für geheime Ausschweifungen. In diesem mußten Scharen von überallher zusammengesuchten Mädchen und Lustknaben und Erfinder allerart widernatürlicher Unzucht, die er »Spintriae« nannte, in Dreiergruppen miteinander Geschlechtsverkehr treiben. Er schaute dabei zu, um durch diesen Anblick seine erschlafften Kräfte aufzupeitschen. Die an den verschiedensten Orten gelegenen Schlafzimmer schmückte er mit Bildern und Plastiken, die die laszivsten Szenen darstellten, und legte die Schriften der Elephantis auf, damit niemandem für die Ausführung der befohlenen Stellungen ein Muster fehle. Er ließ auch in den Wäldern und Parken da und dort der Venus geweihte Plätze einrichten, wo in Grotten und Felshöhlen junge Leute beiderlei Geschlechts, als Pane und Nymphen verkleidet, zur Wollust einluden. Deshalb nannte ihn auch schon alle Welt mit einem Wortspiel über den Namen der Insel »Caprineus«[32].

44. Aber man sagte ihm noch größere Schändlichkeiten nach, so daß man es kaum zu berichten oder zu hören, geschweige denn zu glauben wagt. Er habe sich nämlich noch ganz junge Buben, die er seine »Fischlein« zu nennen pflegte, abgerichtet, die ihm beim Baden zwischen den Beinen durchschwimmen, dort spielen und ihn lecken und beißen mußten. Auch habe er sich von kräftigen, aber noch nicht entwöhnten Kindern an seinem Glied wie an der Mutterbrust saugen lassen, seiner ganzen Veranlagung und seinem Alter entsprechend eher dieser Art von Vergnügen ergeben. So wurde ihm einmal ein Bild von Parrhasios, auf dem dargestellt war, wie Atalante dem Meleager mit dem Mund Wollustgefühle bereitet, unter der Bedingung vermacht, daß er, falls er an dem Thema Anstoß nehmen sollte, eine Million Sesterzen dafür erhalte. Er zog aber vor, es zu behalten, und ließ es sogar in seinem Schlafzimmer anbringen.

Er soll auch einmal während eines Opfers von der Schönheit eines Opferdieners, der das Räuchergefäß trug, so ergriffen worden sein, daß er nach kaum beendeter Zeremonie ihn, wie auch seinen Bruder, einen Flötenspieler, gleich vom Platz weg etwas abseits geführt und mißbraucht habe. Kurz darauf ließ

---

[32] »Mann von Capri« und »alter Bock«.

er beiden die Beine brechen, weil sie sich gegenseitig ihre Schande vorgeworfen hatten.

45. Daß er auch mit dem Leben und der Ehre verheirateter Frauen, und zwar aus den vornehmsten Familien, spielte, zeigte am besten der Tod einer gewissen Mallonia, die ihm zugehalten worden war, sich aber aufs entschiedenste seinen Zudringlichkeiten widersetzt hatte. Da übergab er sie öffentlichen Anklägern und ließ selbst vor Gericht nicht ab, sie zu fragen, ob es sie jetzt nicht reue. Schließlich verließ sie den Gerichtshof, stürzte nach Hause und durchbohrte sich mit einem Dolch, nachdem sie mit lauter Stimme die Lasterhaftigkeit »des alten, stinkenden Bokkes« gebrandmarkt hatte. Daher kam es auch, daß man bei der nächsten Theatervorstellung mit großem Beifall das Wort aus dem zum Abschluß gespielten Atellanenspiel aufnahm, das bald in aller Munde war: »Der alte Bock beleckt den Ziegen die natürlichen Teile.«[33]

46. Tiberius war sehr sparsam, ja geradezu geizig. So gab er seinem Gefolge auf Reisen und Feldzügen niemals Geld, sondern kam nur für ihre Verpflegung auf. Einmal nur zeigte er sich freigebig, allerdings auf Kosten seines Stiefvaters, indem er seine Begleiter, je nach ihrem Rang, in drei Klassen einteilte und der ersten sechshunderttausend, der zweiten vierhunderttausend und der dritten, die er nicht »Freunde«, sondern »Griechen«[34] nannte, zweihunderttausend Sesterzen spendete.

47. Als Kaiser ließ er keinerlei Prachtbauten erstellen; denn die einzigen, die er begonnen hatte, der Augustustempel und der Wiederaufbau des Pompeiustheaters, blieben nach so viel Jahren unvollendet[35]; auch gab er keine Schauspiele, und den von andern Personen veranstalteten wohnte er höchst selten bei, damit man von ihm nichts verlangen könne; er war nämlich einst anläßlich einer Theateraufführung gezwungen worden, dem Schauspieler Actius die Freiheit zu schenken.

Nachdem er einige in Armut geratene Senatoren unterstützt hatte, sagte er, um nicht noch weiteren helfen zu müssen, daß niemand mehr auf seine Hilfe rechnen dürfe, der nicht vor dem Senat seine Notlage als unverschuldet habe darstellen können. Dadurch schreckte er die meisten ab, die zuviel Bescheidenheit und Ehrgefühl besaßen, dies zu tun, unter andern auch Hortalus, den Enkel des Redners Quintus Hortensius,

---

[33] »den Ziegen« *(capreis)* ist zweideutig und kann auch als »in Capri« *(Capreis)* aufgefaßt werden.

[34] Griechische Gelehrte, Künstler, Astrologen; vgl. Tib. 56.

[35] Vollendet durch Caligula; vgl. Cal. 21.

der trotz seines sehr bescheidenen Vermögens auf Zureden des Augustus vier Kinder aufgezogen hatte[36].

48. Im ganzen zeigte er sich dem Volk gegenüber nur zweimal großzügig: das erstemal, als er ihm ein Darlehen von hundert Millionen Sesterzen ohne Zins auf drei Jahre gewährte, das zweitemal, als er einige Hausbesitzer, deren Miethäuser auf dem Caeliushügel abgebrannt waren, für ihren Verlust entschädigte. Im ersteren Falle war er zur Zeit großer Geldknappheit durch die dringenden Hilfegesuche des Volkes zu diesem Schritt gezwungen worden; er hatte nämlich durch Senatsbeschluß verfügt, daß die Finanzleute zwei Drittel ihres Vermögens in Grundbesitz anzulegen und die Schuldner ebensoviel von ihren Schulden sofort zu tilgen hätten; aber dies erwies sich als unmöglich. Den zweiten Schritt unternahm er zur Linderung einer zeitbedingten schweren Notlage. Letztere Wohltat schätzte er selbst so hoch ein, daß er den Namen des Caeliushügels in Augustushügel ändern ließ.

Der Armee verdoppelte er die von Augustus gemachten Legate[37], aber sonst spendete er ihr nie mehr etwas, außer jedem Prätorianer tausend Denare, weil sie sich Sejan nicht angeschlossen hatten, ferner den Legionen in Syrien gewisse Geschenke, weil sie als einzige kein Bild Sejans unter ihren Feldzeichen zur Verehrung aufgestellt hatten. Auch Entlassungen von Veteranen nahm er sehr selten vor, da er wegen ihres hohen Alters auf ihren baldigen Tod spekulierte und durch ihren Tod auf eine Ersparnis. Nicht einmal den Provinzen half er mit irgendeiner großzügigen Spende, mit Ausnahme der Provinz Asien, wo durch ein Erdbeben die Städte zerstört worden waren.

49. Mit der Zeit ging er geradezu auf Raub aus. Es ist hinreichend belegt, daß er den zu den reichsten Leuten gehörenden Gnaeus Lentulus Augur mit Einschüchterungen und Drohungen dazu brachte, des Lebens überdrüssig zu werden und Tiberius zum Alleinerben zu machen. Er ließ auch Lepida, eine Frau aus sehr vornehmer Familie, zugunsten ihres Gatten Quirinius, eines sehr reichen und kinderlosen ehemaligen Konsuls, verurteilen, der sie zwanzig Jahre nach der Scheidung wegen eines früheren Giftmordversuches anklagte. Außerdem ließ er in Gallien, Spanien, Syrien und Griechenland die führenden Persönlichkeiten auf die unbegründetsten und schamlosesten Anschuldigungen hin enteignen. So wurde zum Beispiel einigen

---

[36] Vgl. Tacitus, Annalen II 37/38 und Aug. 72.
[37] Vgl. Aug. 101.

nichts anderes vorgeworfen, als daß sie einen Teil ihres Vermögens in Bargeld liegen hätten. Sehr vielen Städten und Privatleuten wurden ihre alten Rechte, ihre Monopole auf Bergwerke und ihre Steuereinnahmen entzogen. Auch den Partherkönig Vonones, der sich, von seinem Volk vertrieben, mit seinen ungeheuren Schätzen nach Antiochia geflüchtet hatte und glaubte, dort unter dem Schutz des römischen Volkes zu stehen, ließ er treulos ausrauben und töten.

50. Tiberius' Haßgefühle gegen seine Verwandten kamen zuerst seinem Bruder Drusus gegenüber zum Ausdruck, von dem er einen Brief veröffentlichte, worin dieser mit ihm über Mittel und Wege verhandelte, um Augustus zur Wiederaufrichtung der Freiheit zu zwingen. Später war die Reihe an den andern Familienmitgliedern. Weit davon entfernt, das Exil seiner Gattin Iulia durch Gefälligkeiten oder Wohltaten zu mildern, was doch das wenigste gewesen wäre, verbot er ihr, die nach Augustus' Vorschrift in einer bestimmten Stadt eingeschlossen war, sogar das Verlassen ihres Hauses und jeden gesellschaftlichen Verkehr. Er entzog ihr auch unter dem rechtlichen Vorwand, Augustus habe in seinem Testament nichts darüber bestimmt, das väterliche Vermögen und die jährlichen Renten[38].

Über seine Mutter Livia war er erbittert, weil sie angeblich die Macht mit ihm teilen wolle, und vermied ängstlich ein Zusammentreffen oder längere und intimere Gespräche mit ihr, damit es nicht scheine, er höre auf ihre Ratschläge, die er doch zuweilen benötigte und auch einholte. Er nahm auch einen Antrag im Senat sehr übel auf, nach dem zu seinen Titeln neben der Bezeichnung »Sohn des Augustus« noch »Sohn der Livia« hinzugefügt werden sollte. So duldete er es nicht, daß sie »Mutter des Vaterlandes« genannt werde oder irgendeine außergewöhnliche öffentliche Ehrung erhalte. Ja er ermahnte sie sogar mehrfach, sich nicht in wichtigere, Frauen nicht zukommende Geschäfte zu mischen, besonders als er erfahren hatte, daß sie bei einem Brand in der Nähe des Vestatempels persönlich erschienen und Volk und Soldaten zu vermehrter Hilfeleistung angespornt hatte, wie sie das zu Lebzeiten ihres Gatten zu tun gewohnt war.

51. Darauf kam es zum offenen Bruch, und zwar, wie man sagt, aus folgendem Grund: als sie ihn öfters drängte, er solle einen mit dem römischen Bürgerrecht beschenkten Mann in die Richterbehörden aufnehmen, erklärte er, das nur unter der Bedingung machen zu wollen, wenn sie gestatte, im Protokoll den

[38] Vgl. dagegen Tib. 11.

Zusatz hinzuzufügen, die Gewährung dieser Gunst sei ihm von seiner Mutter aufgezwungen worden. Sehr erregt ließ sie darauf gewisse von Augustus an sie gerichtete Briefe aus dem Archiv holen, worin dieser sich über den schroffen, unverträglichen Charakter des Tiberius beklagt, und las sie ihm vor. Er war darüber sehr ungehalten, daß man diese Briefe so lange aufbewahrt hatte und sie ihm jetzt so gehässig vorhielt.

Dieses Ereignis war nach Ansicht einiger Leute neben andern der Hauptgrund seiner Entfernung von Rom gewesen. Jedenfalls sah er Livia während der ganzen drei Jahre, die sie nach seinem Weggang noch lebte, nur ein einziges Mal und nicht länger als während eines Tages ein paar Stunden. Als sie bald darauf erkrankte, hielt er es nicht der Mühe wert, sie zu besuchen, und nach ihrem Tod ließ er, immer sein Kommen in Aussicht stellend, mehrere Tage verstreichen und verhinderte dann, nachdem der Leichnam schließlich in ganz verwestem Zustand beigesetzt worden war, ihre Aufnahme unter die Götter, wie wenn sie selbst dies gewünscht hätte. Ferner erklärte er ihr Testament für ungültig und stürzte innerhalb kurzer Zeit all ihre Freunde und Bekannten, selbst die, denen sie sterbend die Sorge für ihr Begräbnis anvertraut hatte, ins Unglück. Einen derselben, einen Mann aus dem Ritterstand, verurteilte er sogar zu Zwangsarbeit in der Wassertretmühle.

52. Weder seinem leiblichen Sohn Drusus noch seinem Adoptivsohn Germanicus gegenüber zeigte er wirkliche väterliche Liebe. Drusus haßte er seiner Laster wegen, denn er führte ein ziemlich weichliches und leichtsinniges Leben. So wurde er auch von dessen Tod nicht weiter betroffen und ging fast unmittelbar nach dem Begräbnis wieder seinen gewohnten Geschäften nach. Auch verbot er eine längere Unterbrechung der Gerichtstätigkeit. Ja er machte sich sogar über die Gesandten von Troia, die ihm etwas spät ihr Beileid aussprachen, lustig und gab ihnen, als habe die Zeit ihn schon ganz seinen Schmerz vergessen lassen, die Antwort, er spreche auch ihnen seinerseits sein Beileid aus, weil sie in Hektor einen hervorragenden Mitbürger verloren hätten.

Gegen Germanicus trieb er seine Mißgunst so weit, daß er dessen glänzende Erfolge als völlig nutzlos hinstellte und dessen ruhmvolle Siege als für den Staat verderblich schalt. Als Germanicus aber anläßlich einer furchtbaren, plötzlich hereingebrochenen Hungersnot, ohne Tiberius gefragt zu haben, nach Alexandria gegangen war, beklagte Tiberius sich darüber im

Senat. Man glaubt auch, er habe Germanicus durch den Legaten von Syrien, Gnaeus Piso, umbringen lassen, und man vermutet, dieser hätte, als er kurz darauf wegen dieses Verbrechens angeklagt wurde, die entsprechenden Befehle vorgewiesen, wenn nicht Tiberius dafür besorgt gewesen wäre, daß man sie Piso, der damit geprahlt hatte, heimlich (wegnahm und ihn erdrosselte)[39]. Daher fand man an vielen Orten die Aufschrift und hörte nachts häufig den Ruf: »Gib uns Germanicus zurück!« Später bestärkte Tiberius selbst diesen Verdacht, indem er Gattin und Kinder des Germanicus auf grausame Art und Weise seinen Haß fühlen ließ.

53. Als seine Schwiegertochter Agrippina nach dem Tod ihres Gatten sich allzu offenmütig bei ihm beklagte, faßte er sie bei der Hand und antwortete ihr mit dem griechischen Vers: »Wenn du nicht herrschst, mein Töchterchen, glaubst du dann, dir geschehe Unrecht?« Und bald würdigte er sie überhaupt keines Wortes mehr. Als sie aber einmal während eines Essens nicht wagte, die ihr von Tiberius angebotenen Früchte zu kosten, lud er sie, unter dem Vorwand, sie beschuldige ihn des Giftmordversuchs, überhaupt nicht mehr ein. Doch die ganze Geschichte war ein abgekartetes Spiel gewesen: Tiberius wollte sie dadurch, daß er ihr die Früchte anbot, auf die Probe stellen, und sie war fest davon überzeugt, daß es ihren sicheren Untergang bedeute, davon zu essen. Zuletzt beschuldigte er sie, daß sie zu Füßen der Augustusstatue oder auch beim Heer Zuflucht nehmen wolle, und verbannte sie nach Pandataria[40]. Als sie ihn beschimpfte, ließ er sie durch einen Offizier mit Schlägen traktieren, wobei sie ein Auge verlor. Darauf wollte sie freiwillig den Hungertod leiden, aber Tiberius befahl, ihr gewaltsam den Mund aufzureißen und Nahrung hineinzustopfen. Agrippina harrte dennoch aus und erreichte ihr Ziel.

Auch nach ihrem Tod verfolgte er sie mit den gemeinsten Anschuldigungen und nach einem Antrag im Senat, ihren Geburtstag zu den Unglückstagen im Kalender zu rechnen, rühmte er sich noch, daß er sie nicht habe erdrosseln und die Gemonien hinabwerfen lassen; für diese Milde ließ er sich in einem Senatsbeschluß den Dank aussprechen und dem Kapitolinischen Iuppiter ein goldenes Weihgeschenk darbringen.

54. Von Germanicus hatte Tiberius drei Enkel (eigentlich Großneffen), Nero, Drusus und Gaius; von Drusus einen,

---

[39] Diese Stelle ist stark verderbt. Vgl. zur Sache Tacitus, Annalen III 7–18 und Cal. 2.

[40] Das Ganze war eine von Sejan eingefädelte Intrige; vgl. Tacitus, Annalen IV 54.

Tiberius mit Namen. Da er seine eigenen Söhne durch den Tod verloren hatte, empfahl er die beiden ältesten Söhne des Germanicus, Nero und Drusus, dem Senat und feierte den Tag ihrer Volljährigkeit mit einer Spende an das Volk. Aber als er erfuhr, daß zu Beginn des Jahres auch für ihr Wohl öffentliche Gelübde getan wurden, erklärte er im Senat, solche Auszeichnungen gebührten nur bewährten älteren Männern. Hiermit offenbarte er seine wahre Gesinnung und von diesem Zeitpunkt an gab er sie allen Verleumdungen preis. Er ließ ihnen verschiedene Fallen stellen, um sie dazu zu bringen, gereizt ihrem Unmut freien Lauf zu lassen, was ihm dann sofort hinterbracht wurde. Darauf klagte er sie in einem Brief an, der voll der bittersten Schmähungen war, erklärte sie zu Staatsfeinden und ließ sie verhungern: Nero auf der Insel Pontia, Drusus in den untersten Gewölben des Palatiums. Man nimmt an, daß Nero zum Selbstmord getrieben wurde, und zwar dadurch, daß man ihm, angeblich im Auftrag des Senats, einen Henker sandte, der ihm die Stricke und Haken zeigte. Drusus aber soll jede Nahrung entzogen worden sein, so daß er sogar die Polsterung seiner Matratze zu essen versuchte. Ferner wurden angeblich die Überreste beider so zerstreut, daß man sie später kaum mehr sammeln konnte[41].

55. Außer seinen alten Freunden und Vertrauten hatte er sich zwanzig der hervorragendsten Persönlichkeiten Roms sozusagen als Ratgeber in Staatsgeschäften verpflichtet. Kaum zwei oder drei von diesen ließ er ungeschoren, die übrigen stürzte er aus den verschiedensten Gründen ins Unglück, wobei der Sturz des Aelius Seianus die meisten Opfer forderte. Ihn hatte er nicht so sehr aus Wohlwollen zur höchsten Macht erhoben, als um jemand zu haben, der ihm dabei behilflich wäre, die Söhne des Germanicus in eine Falle zu locken und seinem richtigen Enkel, dem Sohn des Drusus, die Thronfolge zu sichern.

56. Ebenso hart verfuhr Tiberius mit seinen griechischen Gesellschaftern, obschon ihm diese der liebste Verkehr waren. Als einmal ein gewisser Xenon in allzu gesuchter Sprache redete, fragte er ihn, was das für ein unangenehmer Dialekt sei. Auf die Antwort, es sei dorisch, glaubte er, das sei eine Anspielung auf seine frühere Verbannung, da die Rhodier dorisch sprechen, und verbannte ihn nach Kinaria. Er pflegte auch bei Tisch Fragen zu stellen, die ihm bei seiner täglichen Lektüre aufgetaucht waren. Als er erfahren hatte, daß sich der Grammatiker Seleukos bei seinen Dienern erkundige, welche Autoren er

[41] Vgl. Cal. 15.

jeweils gerade lese, und so vorbereitet bei Tisch erscheine, schloß er ihn zunächst aus seiner Umgebung aus und zwang ihn später, Selbstmord zu begehen.

57. Tiberius' grausame und zähe Natur zeigte sich schon im Knabenalter. Theodorus von Gadara, sein Rhetoriklehrer, scheint der erste gewesen zu sein, der sie hellsichtig durchschaute und in einem treffenden Bild ausdrückte; wenn er ihn tadelte, nannte er ihn nämlich auf griechisch »einen mit Blut getränkten Lehmkloß«.

Aber sein wahres Wesen kam erst richtig nach der Thronbesteigung zum Vorschein, selbst zu Beginn schon, als er noch durch eine geheuchelte Mäßigung um die Gunst der Öffentlichkeit warb. Beim Vorbeigehen eines Leichenzuges hatte zum Beispiel ein Spaßvogel dem Verstorbenen mit lauter Stimme aufgetragen, Augustus auszurichten, daß die Vermächtnisse, die er dem Volke hinterlassen habe, immer noch nicht ausbezahlt seien. Tiberius ließ diesen darauf vor sich bringen, gab ihm die geschuldete Summe und befahl dann, ihn zur Hinrichtung zu führen, wobei er ihm seinerseits auftrug, seinem Vater nun die Wahrheit zu sagen. Als nicht lange darauf im Senat ein gewisser Pompeius, ein römischer Ritter, ihm Opposition machte, drohte Tiberius dem Mann mit Gefängnis und versicherte ihm, daß aus Pompeius ein Pompejaner werde – ein grausamer Scherz zugleich mit dem Namen des Mannes und mit dem Schicksal, das einst diese Partei erlitten hatte[42].

58. Um dieselbe Zeit stellte ein Prätor die Frage, ob Tiberius befehle, die Gerichte für die Behandlung von Majestätsbeleidigungen einzuberufen. Man müsse die Gesetze anwenden, war seine Antwort – und er wandte sie aufs grausamste an. Jemand hatte einer Augustus-Statue den Kopf abgenommen, um einen andern aufsetzen zu lassen. Die Angelegenheit kam vor den Senat, und da die Beweise nicht zwingend waren, schritt man zur Folter. Der Angeklagte wurde verurteilt, und allmählich ging man in dieser Art von Anklagen so weit, daß als todeswürdiges Verbrechen angesehen wurde, wenn jemand in der Nähe eines Augustus-Bildes einen Sklaven auspeitschen ließ oder seine Kleider wechselte, ein Geldstück oder einen Ring mit dem Bild des Augustus auf den Abtritt oder in ein Bordell mitnahm, oder einen Ausspruch oder eine Maßnahme von Augustus zu kritisieren wagte. Ferner verwirkte der sein Leben,

---

[42] Die Pompejaner (Anhänger des Pompeius, Gegner Caesars) hatten Macht und Ansehen, Besitz und Leben verloren.

der sich in seiner Stadt an dem Tag eine Ehre verleihen ließ, an dem einst solche auch Augustus verliehen worden waren.

59. Er beging außerdem unter dem Mantel der Strenge und der Wiederherstellung der Sitten, in Tat und Wahrheit aber eher seiner wahren Natur nachgebend, so grausame und schreckliche Dinge, daß einige Leute ihm auch in Versform die gegenwärtigen Übel vorhielten und die zukünftigen voraussagten:

> Grausamer Rohling, soll alles in wenigen Worten ich sagen?
> Straf' mich der Himmel, wenn je lieben die Mutter dich kann!

> Nicht einmal Ritter bist du. – Warum? – Am Gelde da fehlt's dir;
> Wenn du noch weiter mich fragst: Rhodos, das ist dein Exil.

> Caesar, du hast sie vertrieben, die goldene Zeit des Saturnus:
> Nämlich solange du lebst, immer wird eisern sie sein.

> Hassen tut er den Wein, da jetzt nach Blut es ihn dürstet;
> Dieses trinkt er so gern, wie er getrunken einst Wein.

> Romulus, sieh doch auf Sulla, der »glücklich« für sich, nicht
> für dich war,
> Marius sieh dir auch an, als er zurückkam nach Rom,
> Sieh dir Antonius an, die Bürgerkriege entfesselnd,
> Sieh seine Hände mit Blut wieder und wieder bespritzt!
> Dann aber sprich: zugrunde geht Rom! Die Herrschaft war
> blutig,
> Jedesmal wenn über Rom herrschte, wer einstens ver-
> bannt[43].«

Zuerst wollte Tiberius, daß man diese Epigramme als das Werk von Leuten ansehe, die mit seinen Reformen unzufrieden wären und eher ihrem Ärger und ihrer Wut Luft machten, als ihre wahre Gesinnung zeigten; und er sagte öfters: »Sie sollen mich ruhig hassen, wenn sie mir nur recht geben müssen.«[44]

---

[43] Im zweiten Distichon wird darauf angespielt, daß Tiberius nicht einmal das nötige Vermögen besitze, um Ritter zu werden, da er nur *peculium* habe (vgl. S. 131, Anm. 14), ja er sei nicht einmal Bürger, sondern lebe auf Rhodos im Exil. Im dritten Distichon Anspielung auf die vier Weltalter, deren erstes, das goldene, unter der Herrschaft Saturns stand und von Augustus wieder heraufgeführt worden war. – Das letzte Epigramm: Sulla, der sich den Beinamen der »Glückliche« (*Felix*) beigelegt hatte und die berüchtigten Proskriptionen in Rom durchführte, ebenso wie Marius vor ihm und Antonius nach dem Krieg um Mutina (vgl. Aug. 10–12), waren alle aus der Verbannung nach Rom zurückgekehrt, wie auch Tiberius aus Rhodos.

[44] Vgl. den Ausspruch Cal. 30.

Später aber bewies er selbst, daß diese Angriffe in jeder Hinsicht gerechtfertigt waren.

60. Als Tiberius in Capri, wenige Tage nach seiner Ankunft, allein einen Spaziergang machte, tauchte plötzlich ein Fischer vor ihm auf, der ihm eine ungewöhnlich große Seebarbe als Geschenk überreichen wollte. Heftig darüber erschrocken, daß jener vom hinteren Teil der Insel über rauhe, kaum begehbare Felsen sich hatte an ihn heranmachen können, ließ er ihm das Gesicht mit diesem Fisch bearbeiten. Als dieser sich aber, während er bestraft wurde, glücklich pries, Tiberius nicht auch den Riesenkrebs, den er gefangen hatte, geschenkt zu haben, befahl er, ihm auch mit diesem das Gesicht zu zerfleischen. – Einen Prätorianer, der aus einem Garten einen Pfau gestohlen hatte, bestrafte er mit dem Tode. – Als sich auf einer Reise die Sänfte, in der er getragen wurde, in Dornbüschen verfangen hatte, ließ er den Offizier, der den Weg zu erkunden hatte, einen Centurio der ersten Kohorten[45], zu Boden werfen und fast zu Tode peitschen.

61. Bald kam seine Grausamkeit in jeder Beziehung zum Ausbruch, wobei es ihm nie an Möglichkeiten fehlte, da er zuerst die Freunde und sogar die Bekannten seiner Mutter, darauf die seiner Enkel und seiner Schwiegertochter, zuletzt die des Seianus verfolgte. Nach dessen Tod erreichte sein Wüten den Höhepunkt, woraus ganz deutlich hervorgeht, daß er nicht so sehr von Sejan zur Grausamkeit angestiftet wurde, als daß dieser ihm die erwünschten Gelegenheiten dazu verschafft hatte. Dennoch wagte Tiberius in einer von ihm verfaßten, summarisch kurzen Selbstbiographie zu schreiben, er habe Seianus bestraft, weil er erfahren hätte, daß diesem die Kinder seines Sohnes Germanicus zutiefst verhaßt seien. Dabei hat er selbst den einen zur Zeit, als Sejan ihm schon verdächtig war, und den andern nach dessen Hinrichtung ums Leben gebracht[46].

Es würde zu weit führen, einzeln seine Grausamkeiten zu berichten; es wird genügen, an Hand von Beispielen die verschiedenen Arten aufzuzählen. Kein Tag verging ohne Hinrichtungen, auch nicht die Feiertage oder sonst geheiligte Tage, ja es fanden sogar am Neujahrstag Hinrichtungen statt. Viele Leute wurden mitsamt ihren Kindern und auch von ihren Kindern angeklagt und verurteilt. Es war untersagt, daß die Angehörigen um ihre zum Tod verurteilten Verwandten trauerten.

---

[45] Besondere Ehrenstellung.
[46] Sejan starb 31 n. Chr., Nero 30 und Drusus 33 n. Chr.; vgl. Tib. 54.

Anklägern wurden hohe Belohnungen ausgesetzt, manchmal auch den Zeugen. Keinem Angeber versagte man den Glauben. Jedes Verbrechen wurde mit dem Tode bestraft, mochte es sich auch nur um wenige unschuldige Worte handeln. Einem Dichter ward vorgeworfen, daß er in einer Tragödie Agamemnon mit Schimpfworten bedacht hatte; ebenso einem Historiker, er habe Cassius und Brutus die letzten Römer genannt[47]. Man ging sofort gegen beide Schriftsteller vor, und ihre Werke wurden vernichtet, obschon sie allgemeinen Beifall gefunden hatten und vor einigen Jahren auch in Augustus' Anwesenheit vorgelesen worden waren.

Gewissen Häftlingen wurde nicht nur der Trost wissenschaftlicher Betätigung genommen, sondern auch jedes Gespräch und jeder Besuch untersagt. Leute, die man vor Gericht rief, brachten sich teils zu Hause tödliche Verwundungen bei, da sie ihrer Verurteilung sicher waren und der Schande der Folterung entgehen wollten, teils nahmen sie während der Verhandlungen Gift; aber man verband ihre Wunden und schleppte sie halbtot mit zuckenden Gliedern ins Gefängnis. Alle Verurteilten wurden die Gemonien hinabgestürzt und mit einem Haken geschleift; an zwanzig Personen, unter ihnen Frauen und Kinder, ward an einem einzigen Tag beides vollzogen. Da es nach alter Sitte verboten war, Jungfrauen zu erdrosseln, wurden alle Mädchen zuerst vom Henker geschändet und dann erdrosselt.

Andrerseits zwang man weiterzuleben, wer zu sterben wünschte. Tiberius hielt nämlich den Tod für eine so leichte Strafe, daß er auf die Meldung hin, ein Angeklagter namens Carnulus habe Selbstmord begangen, ausrief: »Carnulus ist mir entwischt.« Und als er einst die Gefängnisse besichtigte und ihn einer bat, die Strafe zu beschleunigen, antwortete er: »Ich bin noch nicht mit dir versöhnt.«

Ein gewesener Konsul beschreibt in seinen Memoiren unter anderm folgenden Vorfall: bei einem gut besuchten Gastmahl, an dem er selbst teilgenommen habe, sei Tiberius plötzlich mit lauter Stimme von einem Zwerg, der mit andern Possenreißern am Tisch stand, gefragt worden, warum Paconius, der wegen Majestätsbeleidigung angeklagt war, so lange am Leben bleibe; darauf habe der Kaiser ihm sofort seine vorlaute Sprache verwiesen, im übrigen aber wenige Tage später an den Senat geschrieben, sobald als möglich über die Bestrafung des Paconius Beschluß zu fassen.

---

[47] In Agamemnon wollten die Ankläger Tiberius erkennen. – Der hier erwähnte Historiker ist Cremutius Cordus.

62. Erbittert über die Entdeckung der wahren Todesursache seines Sohnes Drusus, steigerte und verschärfte sich seine Grausamkeit noch. Tiberius war nämlich im Glauben gewesen, Drusus sei an einer Krankheit und seiner Unmäßigkeit gestorben[48]. Als er aber endlich erfuhr, daß er auf hinterlistige Weise von seiner Gattin Livilla und Seianus vergiftet worden war, ließ er jedermann schonungslos foltern und hinrichten. Die Untersuchung dieses Verbrechens nahm ihn ganze Tage lang in Anspruch und beschäftigte ihn dermaßen, daß er auf die Nachricht, ein Gastfreund aus Rhodos, den er durch einen vertraulichen Brief zu sich nach Rom berufen hatte, sei angekommen, diesen auf der Stelle foltern ließ, wie wenn er einer der wichtigsten Zeugen für die Untersuchung sei, und nach Entdeckung seines Irrtums ihn sogar zu töten befahl, damit er das erlittene Unrecht nicht in die Öffentlichkeit bringe.

Auf Capri wird noch heute die Richtstätte gezeigt, wo er die Verurteilten nach langen, ausgesuchten Martern in seiner Anwesenheit ins Meer stürzen ließ; unten fing sie eine Schar Matrosen auf, die mit Stangen und Rudern auf sie einschlugen, bis keiner mehr ein Lebenszeichen von sich gab. – Unter anderen Martern hatte er sich auch folgende ausgedacht: er gab seinen Opfern unter irgendeinem trügerischen Vorwand reichlich Wein zu trinken und ließ ihnen gleich darauf die Harnröhre unterbinden, so daß sie sowohl durch die Schnüre als auch durch das Bedürfnis, Wasser zu lösen, Folterqualen auszustehen hatten.

Wenn Tiberius nicht vom Tod überrascht worden wäre und Thrasyllus ihm nicht – wie man annimmt, absichtlich – Hoffnung auf ein längeres Leben gemacht hätte, falls er einige Hinrichtungen aufschiebe, so würde er wahrscheinlich noch viel mehr Menschen getötet und nicht einmal seine noch am Leben gebliebenen Enkel verschont haben; Gaius[49] war ihm nämlich bereits verdächtig, und Tiberius verachtete er, da er in ihm das Kind eines ehebrecherischen Verhältnisses sah. Daß er solche Absichten hatte, ist gar nicht so unglaubwürdig, pries er doch oftmals Priamus glücklich, weil er alle die Seinen überlebt habe.

63. Daß er bei einem solchen Leben nicht nur verhaßt und verabscheut, sondern auch beständig in Angst schwebend und allen Schmähungen ausgesetzt war, dafür sind zahlreiche Beweise vorhanden. So verbot er zum Beispiel, die Eingeweideschauer insgeheim und ohne Zeugen zu befragen. Er versuchte

---

[48] Vgl. Tib. 52.
[49] Der spätere Kaiser Caligula.

sogar, die in der Nachbarschaft Roms gelegenen Orakelstätten aufzuheben, ließ aber aus Angst vor der Macht der Orakellose von Palestrina davon ab. Diese hatte er nämlich in einem versiegelten Kasten nach Rom bringen lassen, wo sie aber nicht vorher gefunden wurden, als bis dieser Kasten wieder in seinen Tempel zurückgeschafft war.

Zweimal wagte er es nicht, gewesene Konsuln nach Zuteilung ihrer Provinzen ziehen zu lassen. Er hielt diese so lange in Rom zurück, bis er ihnen nach einigen Jahren Nachfolger geben konnte. In der Zwischenzeit führten sie immer ihren Titel und erhielten auch beständig zahlreiche Aufträge, die sie durch ihre Vertreter und Gehilfen ausführen lassen mußten.

64. Seine Schwiegertochter und seine Enkel ließ er nach ihrer Verurteilung nie anders als gefesselt und in einer geschlossenen Sänfte von einem Ort zum andern bringen. Sie wurden von Soldaten begleitet, die dafür zu sorgen hatten, daß die ihnen begegnenden Leute und Reisenden nicht zurückschauten oder stehen blieben.

65. Seianus, der eine Revolution vorbereitete und bereits so hoch gestiegen war, daß Tiberius es mit ansehen mußte, wie dessen Geburtstag öffentlich gefeiert und goldene Bilder von ihm allgemein verehrt wurden, brachte er erst nach längerer Zeit mit Mühe zu Fall, und zwar mehr durch List und Trug als kraft seiner kaiserlichen Machtvollkommenheit. Zuerst nahm er ihn zum Kollegen in seinem fünften Konsulat, das er nach einer langen Unterbrechung und ohne in Rom zu sein nur aus dem Grund angenommen hatte, um Sejan unter einem ehrenvollen Vorwand von sich fernhalten zu können. Darauf erweckte er in ihm die Hoffnung auf eine verwandtschaftliche Verbindung[50] und die tribunizische Gewalt, um dann gegen den nichts Ahnenden mit einer schamlosen, jämmerlichen Anklageschrift vorzugehen, worin er unter anderem die Senatoren bat, einen der Konsuln zu schicken, der ihn, den verlassenen Greis, unter militärischem Schutz vor sie führe.

Auch so noch immer unruhig und einen Aufruhr befürchtend, hatte er Befehl gegeben, seinen Enkel Drusus, der immer noch in Rom in Fesseln lag, wenn nötig freizulassen und zum Führer auszurufen. Er hielt auch Schiffe bereit, in der Absicht, sich zu irgendwelchen Legionen zu flüchten, und spähte vom höchsten

---

[50] Drusus, der Sohn des Claudius, war mit der Tochter Sejans verlobt (vgl. Claud. 27; Tacitus, Annalen III 29, 4), und Tiberius hatte Sejan die Hand Iulias, der Tochter seines Sohnes Drusus, versprochen; vgl. Tacitus, Annalen V 6, 2 und VI 8, 3.

Felsen (Capris) immer wieder nach den Zeichen, die er, je nach dem Gang der Ereignisse, aus großer Entfernung zu geben angeordnet hatte, um ja keine Zeit durch Boten zu verlieren. Aber auch nach der Unterdrückung der Verschwörung Sejans war er keineswegs sicherer oder ruhiger und verließ für die nächsten neun Monate seine sogenannte »Io-Villa« nicht.

66. Außerdem quälten sein verängstigtes Gemüt die verschiedensten, von allen Seiten kommenden Schmähungen; denn es gab keinen Verurteilten, der ihm nicht entweder selber jede Art von Schimpfwort ins Gesicht schleuderte oder gegen ihn gerichtete Schmähschriften im Theater auf die Bänke der Senatoren legen ließ. Auf diese reagierte er auf ganz verschiedene Weise: bald schämte er sich und wünschte, daß alles unbekannt und geheim bleibe, dann wollte er im Gegenteil manchmal seine Verachtung zum Ausdruck bringen, wiederholte selbst solche Schmähungen und brachte sie in Umlauf. Er wurde sogar in einem Brief des Partherkönigs Artabanus übel hergenommen; dieser warf ihm Brudermord und andere Mordtaten, Feigheit und schlechten Lebenswandel vor und forderte ihn auf, durch den Freitod dem großen und berechtigten Haß seiner Mitbürger Genüge zu leisten.

67. Zuletzt wurde Tiberius sich selbst zum Ekel und gestand sozusagen sein ganzes Elend in einem Brief, den er folgendermaßen begann: »Was soll ich Euch schreiben, Senatoren, oder wie soll ich schreiben, oder was soll ich im jetzigen Moment nicht schreiben? Wenn ich das weiß, so mögen mich Götter und Göttinnen schlimmer zugrunde gehen lassen, als ich mich jetzt schon täglich zugrunde gehen fühle.«

Einige sind der Ansicht, Tiberius habe sein Schicksal durch einen Blick in die Zukunft vorausgesehen und auch lange Zeit vorher geahnt, welcher Haß und welche Schande ihm einst bestimmt seien. Deswegen habe er auch hartnäckig bei seinem Regierungsantritt den Titel »Vater des Vaterlandes« zurückgewiesen und verboten, daß man auf seine Taten schwöre; er wollte nämlich später nicht zu seiner um so größeren Schande als dieser Ehren unwürdig befunden werden. Dies kann auch aus der Rede, die er über diese beiden Gegenstände gehalten hat, geschlossen werden, worin er zum Beispiel an einer Stelle sagt, er werde sich selber immer gleich bleiben und nie seinen Charakter ändern, solange er bei klarem Verstande bleibe; aber man müsse grundsätzlich vermeiden, daß der Senat sich an die Taten irgendeines Menschen binde, da dieser sich durch irgendeinen Zufall ändern könne. Und an einer andern Stelle heißt es: »Wenn Ihr je einmal an meinem Charakter und an meiner Ergebenheit Euch gegenüber zweifeln solltet – der Tod möge mich davor bewahren, erleben zu müssen, daß Ihr Eure Meinung über mich ändert –, so wird der Titel ›Vater‹ für mich keine Erhöhung der Ehre sein, Euch aber wird man Voreiligkeit bei der Verleihung dieses Beinamens oder Unbeständigkeit wegen der Änderung Eures Urteils vorwerfen.«[51]

68. Tiberius' Körperbau war fest und stark, seine Figur über Mittelgröße. Schultern und Brust waren breit, und auch die übrigen Gliedmaßen bis hinunter zu den Füßen ebenmäßig und gut proportioniert. Mit der linken Hand war er geschickter und stärker als mit der andern, und deren Gelenke so fest, daß er einen frischgepflückten, makellosen Apfel mit dem Finger durchbohren und einen Knaben oder sogar einen jungen Mann am Kopf durch Schnellen der Finger verwunden konnte. Seine Hautfarbe war weiß, sein Haar am Hinterkopf dichter, so daß es auch den Nacken bedeckte, was eine Familieneigentümlichkeit zu sein schien. Sein Gesicht hatte einen edlen Ausdruck, war allerdings oft durch zahlreiche, plötzlich auftretende Pickel entstellt. Er hatte sehr große Augen, mit denen er merkwürdigerweise auch nachts und in der Dunkelheit sehen konnte, allerdings nur für kurze Zeit und gerade wenn er sie nach dem Schlafen aufschlug; dann verloren sie wieder diese Eigenschaft.

Er schritt mit steifem, zurückgebogenem Nacken einher, meist mit ernstem Gesicht, fast immer schweigend, denn er pflegte sogar mit seiner engeren Umgebung nicht oder nur sehr selten zu sprechen, und dann sehr bedächtig, mit einer gewissen gezierten Bewegung der Finger. All diese unangenehmen und anmaßenden Gewohnheiten hatte schon Augustus an ihm wahrgenommen und oft vor Senat und Volk zu entschuldigen versucht, indem er sagte, dies seien Fehler seines äußeren, aber nicht seines inneren Wesens.

Er erfreute sich immer der besten Gesundheit, die sozusagen während seiner ganzen Regierungszeit nie erschüttert wurde, obschon er seit seinem dreißigsten Jahr seine Lebensweise ganz nach Gutdünken einrichtete, ohne die Hilfe oder den Rat der Ärzte in Anspruch zu nehmen.

69. Den Göttern und kultischen Angelegenheiten gegenüber war er ziemlich nachlässig, da er ganz der Astrologie ergeben und fest überzeugt war, daß alles vom Schicksal bestimmt sei.

---

[51] Vgl. Tib. 26.

Den Donner fürchtete er allerdings über das vernünftige Maß hinaus, und sowie der Himmel sich bedeckte, trug er einen Lorbeerkranz auf dem Kopf, da diese Art von Blättern angeblich nicht vom Blitz getroffen wird[52].

70. Die freien Künste pflegte er in beiden Sprachen sehr eifrig. In der lateinischen Redekunst nahm er Corvinus Messala zum Muster, den er in seiner Jugend, als dieser schon ein alter Mann war, viel gehört hatte. Aber durch zu große Geziertheit und Wortklauberei war sein Stil unklar, so daß seine Stegreifreden höher geschätzt wurden als seine vorbereiteten. Er verfaßte auch ein lyrisches Gedicht mit dem Titel ›Klage auf Lucius Caesars Tod‹. Auch griechische Gedichte schrieb er, wobei er Euphorion, Rhianos und Parthenios[53] nachahmte, von denen er so begeistert war, daß er in den öffentlichen Bibliotheken ihre Schriften und Porträts unter denen der hervorragendsten Klassiker aufstellen ließ. Aus diesem Grunde überboten sich auch viele Gelehrte darin, zahlreiche Kommentare über diese Dichter herauszugeben und sie Tiberius zu widmen.

Am meisten interessierte er sich aber für das Studium der alten Sagengeschichte, und zwar bis ins Läppische und Lächerliche. Auch die Grammatiker, Leute, mit denen er, wie schon gesagt[54], besonders gern verkehrte, stellte er mit Fragen ungefähr folgender Art auf die Probe: wer die Mutter der Hekuba gewesen sei, wie Achill unter den Mädchen geheißen habe, oder was die Sirenen zu singen pflegten. Und als er zum erstenmal nach Augustus' Tod das Rathaus betrat, opferte er nach dem Beispiel des Minos mit Weihrauch und Wein, aber ohne Flötenbegleitung, wie es jener einst beim Tode seines Sohnes getan haben soll. Tiberius wollte damit gleichzeitig seiner Sohnespflicht und einem alten religiösen Brauch Genüge leisten.

71. Obschon er fließend und mit Leichtigkeit Griechisch sprach, tat er dies nicht überall und vermied es besonders im Senat. Er ging darin so weit, daß er, bevor er das Wort »Monopol« gebrauchte, um Verzeihung bat, sich eines Fremdwortes bedienen zu müssen; als in einem Senatsbeschluß das griechische Wort »Emblem« vorkam, beantragte er, dies Wort zu ändern und

---

[52] Auch Augustus (vgl. Aug. 90) und Caligula (Cal. 51) hatten Angst vor Gewittern.

[53] Rhianos (um 230 v. Chr.), Euphorion (um 250 v. Chr.) und Parthenios (um 50 v. Chr.) waren Dichter einer der klassischen Richtung entgegengesetzten Strömung, die sich durch Gelehrsamkeit, Spielerei und auch Schwierigkeit, ja Dunkelheit auszeichnete. Auch Messala schreibt in ihrem Stil, und ihr Einfluß auf einige lateinische Dichter, wie z. B. Catull, war groß. Augustus verurteilte die gesuchte Ausdrucksweise des Tiberius; vgl. Aug. 86.

[54] Vgl. Tib. 46 und 56.

für das Fremdwort ein lateinisches zu suchen oder, wenn ein solches nicht gefunden werde, es durch mehrere zu umschreiben. Er verbot auch einmal einem Soldaten, der auf griechisch um eine Zeugenaussage gebeten wurde, anders als lateinisch zu antworten.

72. Nur zweimal während der ganzen Zeit, da er fern von Rom weilte, machte er den Versuch, nach der Hauptstadt zurückzukehren: das erstemal fuhr er auf einem Dreiruderer bis zu den Gärten in der Nähe der Naumachie, wobei den längs des Tiberufers aufgestellten Wachen befohlen war, die Leute, die sich bei seiner Ankunft eingefunden hatten, wegzuweisen; das zweitemal gelangte er auf der Appischen Straße bis sieben Meilen an die Stadt heran.

Aber beide Male schaute er nur auf die Mauern der Stadt, ohne diese selbst zu betreten. Der Grund dafür war das erstemal nicht klar; das zweitemal wurde er durch ein Vorzeichen erschreckt. Er hielt sich nämlich zu seinem Vergnügen eine Schlange, und als er sie wie gewöhnlich eigenhändig füttern wollte, fand er sie von Ameisen aufgefressen. Dies war ihm eine Mahnung, sich vor der Wut der Menge zu hüten. So kehrte er eilends nach Campanien zurück, erkrankte aber in Astura.

Als er sich ein wenig erholt hatte, gelangte er bis Circeii. Um ja nicht den Verdacht aufkommen zu lassen, daß er leidend sei, wohnte er dort nicht nur militärischen Spielen bei, sondern warf auch selbst von seinem Platz aus mit Wurfspeeren auf einen in die Arena gelassenen Eber. Gleich darauf spürte er einen stechenden Schmerz in der Seite, geriet, erhitzt wie er war, in Zugluft und erlitt einen schweren Rückfall.

Dennoch vermochte er noch eine Zeitlang der Krankheit zu widerstehen, obschon er bis nach Misenum weiterfuhr und seine gewohnte Lebensweise nicht aufgab, auch nicht Gelage und sonstige Vergnügen, teils aus Unmäßigkeit, teils aus Verstellung. Seinem Arzt Charikles, der sich, um eine längere Reise anzutreten, vom Tisch erhoben hatte und seine Hand zum Abschiedskuß ergriff, befahl er, im Glauben, er wolle ihm den Puls fühlen, zu bleiben und sich wieder zu setzen, und zog dann die Tafel bis tief in die Nacht hinein. Auch behielt er, sogar an diesem Abend, die Gewohnheit bei, in der Mitte des Speisesaals stehend, einen Amtsdiener zur Seite, jeden einzelnen, der von ihm Abschied nahm, persönlich zu entlassen.

73. Inzwischen hatte Tiberius in den Senatsprotokollen gelesen, daß gewisse Angeklagte ohne Verhör einfach auf freien

Fuß gesetzt worden seien – er hatte über sie ohne weitere Erklärungen nach Rom geschrieben, daß ein Angeber sie als verdächtig bezeichnet habe –, da glaubte er wütend, man treibe mit ihm seinen Spott, und beschloß, auf alle Fälle nach Capri zurückzukehren, weil er nichts zu unternehmen wagte, ohne an einem sicheren Ort zu sein. Durch widrige Winde und die Verschlimmerung seiner Krankheit wurde er aber zurückgehalten und starb wenig später in der Villa des Lucullus im Alter von achtundsiebzig Jahren, im dreiundzwanzigsten Jahr seiner Regierung, am sechzehnten März, unter dem Konsulat von Gnaeus Acerronius Proculus und Gaius Pontius Nigrinus.

Einige glauben, daß ihm Gaius (Caligula) ein langsam wirkendes, zehrendes Gift gegeben habe; andere wieder, man habe ihm, trotz seines Begehrens, während eines zufälligen Nachlassens des Fiebers die Nahrung verweigert; wieder andere, er sei mit einem Kissen erstickt worden, als er den Ring, den man ihm während einer Ohnmacht abgezogen hatte, wieder verlangte[55]; Seneca schreibt, Tiberius habe, als er eine Ohnmacht nahen fühlte, seinen Ring abgezogen, wie um ihn jemand zu übergeben, habe ihn noch ein wenig festgehalten, ihn wieder an den Finger gesteckt, die Linke fest zusammengeballt und sei lange unbeweglich so liegengeblieben; plötzlich habe er nach seinen Dienern gerufen und sich, als niemand Antwort gab, erhoben, doch hätten ihn seine Kräfte verlassen, und er sei nicht weit von seinem Lager zusammengebrochen.

74. An seinem letzten Geburtstag war ihm im Traum der Apoll von Temenos erschienen – ein in bezug auf Größe und Ausführung herrliches Kunstwerk, das Tiberius von Syrakus hatte nach Rom schaffen lassen, um es in der Bibliothek eines neuen Tempels aufzustellen – und hatte ihm verkündet, daß er nicht mehr selber die Weihung werde vornehmen können. – Wenige Tage vor seinem Tod war auch der Leuchtturm von Capri durch ein Erdbeben zerstört worden. Und in Misenum flammte plötzlich gegen Abend die von den glühenden Kohlen, die zur Erwärmung ins Speisezimmer gebracht worden waren, übriggebliebene, aber schon längst erloschene und kalte Asche hell auf und verbreitete bis tief in die Nacht hinein eine beständige Helligkeit.

75. Auf die erste Nachricht von seinem Tode hin freute sich das Volk so, daß ein Teil in den Straßen umherlief und schrie: »In den Tiber mit Tiberius!«, ein Teil zur Mutter Erde und zu den Göttern der Unterwelt flehte, dem Toten einen Platz nur unter

---

[55] Der Ring ist das Zeichen der Herrscherwürde.

den Verdammten zu gönnen; andere wieder drohten seiner Leiche mit »Haken und Gemonien«, da eine kürzlich geschehene Schandtat zur Erinnerung an alle früheren Grausamkeiten hinzugekommen war und große Erbitterung hervorgerufen hatte. Es war nämlich durch einen Senatsbeschluß bestimmt worden, daß die Hinrichtungen der zum Tode Verurteilten immer zehn Tage nach der Urteilsverkündung vollzogen würden, und so geschah es zufällig, daß für einige Angeklagte der Tag der Hinrichtung mit dem zusammenfiel, an dem das Ableben des Tiberius gemeldet wurde. Diese flehten zum Volke um Erbarmen, da Gaius (Caligula) noch abwesend und niemand vorhanden war, an den sie sich hätten wenden können, aber ihre Wächter, um nicht gegen den Befehl zu verstoßen, erdrosselten sie und warfen sie die Gemonien hinab. So war der Haß noch größer geworden, weil man glauben konnte, daß nach dem Tode des Tyrannen doch seine Grausamkeit noch geblieben sei.

Als sich der Leichenzug von Misenum in Bewegung setzen wollte, hörte man vielfach rufen, man solle Tiberius eher nach Atella bringen und ihn dort im Amphitheater etwas rösten[56]. Er wurde aber doch von Soldaten nach Rom gebracht und feierlich verbrannt und beigesetzt.

76. Tiberius hatte eine doppelte Ausfertigung seines Testaments vor zwei Jahren gemacht, eine von seiner Hand, die andere durch einen Freigelassenen; beide waren gleichlautend, und auch Leute niedrigsten Standes hatten als Zeugen unterschrieben. Als Erben setzte er zu gleichen Teilen seine Enkel Gaius, Sohn des Germanicus, und Tiberius, Sohn des Drusus, ein, und jeder war zum Nacherben des andern bestimmt. Vielen Leuten vermachte er auch Legate, so zum Beispiel den Vestalischen Jungfrauen, aber auch allen Soldaten, jedem römischen Bürger und den einzelnen Vorstehern der verschiedenen Quartiere in Rom.

[56] Der Sinn ist: man solle mit Tiberius' Leiche ein Atellanenstück aufführen.

Caligula
12–41 n. Chr.

1. Germanicus, der Vater Gaius Caesars (Caligula) und Sohn des Drusus und der jüngeren Antonia, wurde von Tiberius, seinem Onkel väterlicherseits, adoptiert. Er bekleidete die Quästur fünf Jahre vor der gesetzlichen Zeit und danach sogleich das Konsulat. Als er darauf zu dem in Germanien stehenden Heer geschickt wurde und sämtliche Legionen auf die Nachricht von Augustus' Tod hin Tiberius als neuen Kaiser aufs entschiedenste ablehnten, wollten sie ihm die höchste Macht übertragen. Germanicus unterdrückte aber diese Bewegung mit ebenso großer Pflichttreue wie Energie[1] und feierte nach der bald darauf erfolgten Niederlage des Feindes in Rom den Triumph.

Anschließend wurde er zum zweitenmal zum Konsul gewählt, aber noch vor seinem Amtsantritt mit dem Auftrag, Ruhe und Ordnung im Orient wiederherzustellen, aus Rom entfernt. Nach seinem Sieg über den König von Armenien und nachdem er Kappadokien zur römischen Provinz gemacht hatte[2], starb er im vierunddreißigsten Altersjahr nach einer langen Krankheit in Antiochia, wobei der Verdacht aufkam, er sei vergiftet worden. Denn außer den blauen Flecken, die seinen ganzen Körper bedeckten, und dem Schaum, der aus seinem Munde trat, wurde auch nach der Verbrennung der Leiche das Herz unversehrt unter den Gebeinen gefunden – dieses Organ soll nämlich die Eigenschaft haben, daß es nicht durch Feuer zerstört werden kann, wenn es mit Gift getränkt ist.

2. Nach allgemeiner Ansicht fiel er einem Anschlag des Tiberius zum Opfer, der sich der Mithilfe Gnaeus Pisos bedient hatte. Dieser war nämlich zu der Zeit Statthalter von Syrien und machte kein Hehl daraus, daß er gleichsam notwendigerweise entweder den Vater oder den Sohn zum Feind haben müsse. So überschüttete er ohne Maß und Ziel Germanicus, der damals schon krank war, in Worten und Taten mit Beleidigungen; deswegen wurde er auch vom Volke bei seiner Rückkehr nach Rom beinahe in Stücke gerissen. Der Senat aber sprach das Todesurteil über ihn aus[3].

3. Es ist eine hinreichend belegte Tatsache, daß Germanicus,

[1] Vgl. Tib. 25.
[2] Vgl. Tib. 37.
[3] Vgl. Tib. 52.

wie niemand je, alle körperlichen und geistigen Vorzüge in sich vereinigte: er war von außergewöhnlicher Schönheit und Tapferkeit, besaß hervorragendes Talent in bezug auf griechische und römische Beredsamkeit und Wissenschaften, einzigartige Liebenswürdigkeit und eine wunderbare, erfolgreiche Art, sich die Gunst der Menschen zu erwerben und ihre Liebe zu gewinnen. Nur die Schlankheit seiner Beine paßte nicht ganz zu seiner übrigen Gestalt, aber langsam nahmen auch sie durch häufiges Reiten nach dem Essen vollere Formen an.

Oft tötete Germanicus Feinde im Nahkampf. Gerichtsreden hielt er auch noch nach seinem Triumph, und unter anderen Zeugnissen seiner Gelehrsamkeit hinterließ er sogar griechische Komödien. Zu Hause und auswärts blieb er immer ein einfacher Bürger und betrat freie und verbündete Städte ohne Amtsdiener. Wo immer er ein Grab berühmter Männer fand, brachte er ihren Geistern ein Totenopfer dar. Als er die alten Überreste der in der Varusschlacht Gefallenen in einem gemeinsamen Grab beizusetzen beschloß, machte er sich als erster daran, sie eigenhändig zu sammeln und zusammenzutragen.

Selbst seinen Gegnern gegenüber – wer immer sie auch waren und aus welchem Grunde sie ihn auch angriffen – war er so milde und versöhnlich, daß er zum Beispiel Piso, der doch seine Erlasse als ungültig erklärt und seine Klienten verfolgt hatte, nicht vorher seinen Zorn fühlen ließ, als bis er erfahren hatte, daß dieser ihm sogar mit Gift und Zaubermitteln nach dem Leben trachtete; und auch dann tat er keinen weiteren Schritt, als daß er ihm nach alter Sitte die Freundschaft kündigte und seiner näheren Umgebung den Auftrag gab, ihn im Fall eines Unglücks zu rächen.

4. Diese vortrefflichen Eigenschaften trugen auch reichste Frucht; Germanicus wurde nämlich von den Seinen so geschätzt und geliebt, daß Augustus – um von seinen übrigen Verwandten ganz zu schweigen – lange zögerte, ob er ihn nicht zu seinem Nachfolger bestimmen solle. Schließlich ließ er ihn aber von Tiberius adoptieren[4]. Nach zahlreichen Berichten stand Germanicus beim Volk in solcher Gunst, daß er bei seiner Ankunft an einem Ort oder bei seiner Abreise in der Menge der ihm Entgegenkommenden oder ihn Begleitenden bisweilen sogar in Lebensgefahr geriet. Als er nach Unterdrückung des Aufruhrs aus Germanien heimkehrte, rückten sämtliche Prätorianerkohorten zu seiner Begrüßung aus, obwohl nur zwei dazu den Befehl er-

[4] Vgl. Tib. 15.

halten hatten. Das römische Volk aber, ohne Unterschied des Geschlechts, Alters oder Standes, strömte ihm bis zum zwanzigsten Meilenstein entgegen.

5. Aber noch viel besser und bestimmter waren die Urteile über ihn bei und nach seinem Ende. An seinem Todestag wurden Steine gegen die Tempel geschleudert, Altäre umgestürzt, von gewissen Leuten die Hausgötter auf die Straße geworfen und ihre an diesem Tage geborenen Kinder ausgesetzt. Ja man erzählt sogar, daß die Barbaren, die unter sich oder gegen uns Krieg führten, sich zu einem Waffenstillstand entschlossen, wie wenn einer der ihren gestorben wäre und sie mit uns zusammen trauerten; gewisse Könige kleinerer Länder hätten sich zum Zeichen größter Trauer den Bart und ihren Frauen das Haupthaar scheren lassen; auch der König der Könige habe seine Jagden und die Empfänge seiner Großen abgesagt, was bei den Parthern soviel ist wie bei uns die Unterbrechung der Gerichtsverhandlungen[5].

6. In Rom aber wartete auf die erste Kunde von seiner Erkrankung die Bürgerschaft bestürzt und traurig auf weitere Nachrichten, und als sich plötzlich gegen Abend, man wußte nicht durch wen, das Gerücht verbreitete, Germanicus habe sich erholt, lief alles mit Fackeln und Opfertieren auf dem Kapitol zusammen, wobei das Volk in seiner Ungeduld, den Göttern zu danken, die Tempeltore fast aus den Angeln hob. Tiberius wurde durch die Rufe der einander Glückwünschenden aus dem Schlafe geschreckt, und überall hörte man den Gesang:

> Heil dir Rom und heil dir Vaterland, heil ist unser
> Germanicus!

Als aber endlich bekannt wurde, daß sein Schicksal sich erfüllt habe, konnte die Trauer des Volkes mit keinen Tröstungen und keinen Edikten eingedämmt werden und dauerte auch während der Festtage im Dezember an[6].

Den Ruhm des Dahingeschiedenen und das Verlangen nach ihm vergrößerten noch die Schrecken der folgenden Zeit, denn nicht ohne Grund war jedermann der Ansicht, Tiberius habe seine Grausamkeit, die bald ausbrechen sollte, aus Achtung und Furcht vor Germanicus zurückgehalten.

---

[5] König der Könige: Titel des Partherkönigs. – Unterbrechung der Gerichtsverhandlungen: Zeichen der Staatstrauer; vgl. Tib. 52.

[6] Im Dezember finden die sogenannten Saturnalien statt.

7. Verheiratet war Germanicus mit Agrippina, der Tochter Marcus Agrippas und Iulias. Sie schenkte ihm neun Kinder, von denen zwei ganz jung schon starben, ein anderes im Knabenalter. Dieses war ein so nettes Kind gewesen, daß Livia sein Bild als Cupido im Tempel der Kapitolinischen Venus weihte und Augustus eine Kopie davon in seinem Schlafzimmer aufstellte, die er jedesmal, wenn er eintrat, küßte. Die übrigen Kinder überlebten ihren Vater: drei Töchter, Agrippina, Drusilla und Livilla, alle ein Jahr auseinander, und ebensoviele Söhne: Nero, Drusus und Gaius Caesar. Nero und Drusus erklärte der Senat auf Tiberius' Anklage hin zu Staatsfeinden[7].

8. Gaius Caesar wurde am einunddreißigsten August unter dem Konsulat seines Vaters und Gaius Fonteius Capitos geboren. Wo er das Licht der Welt erblickte, ist wegen der Verschiedenheit der Überlieferungen nicht ganz sicher. Gnaeus Lentulus Gaetulicus schreibt, er sei in Tivoli geboren, Plinius Secundus, in Ambitarvius, einem Dorfe der Treveri, oberhalb von Koblenz; als Beweis führt er auch Altäre an, die man dort noch zeigt, mit der Aufschrift: »Aus Veranlassung von Agrippinas Niederkunft« *(ob Agrippinae puerperium)*. Folgende Verse, die bald nach seiner Thronbesteigung verbreitet wurden, besagen, daß er beim Heer im Winterquartier geboren wurde:

> Mitten im Lager geboren, beim Vater im Felde erzogen,
> War dies für alle bereits Omen der künftigen Macht.

Ich dagegen finde in den offiziellen Urkunden, daß er in Anzio zur Welt gekommen ist.

Gaetulicus wird von Plinius widerlegt, der ihn der Lüge aus Schmeichelei bezichtigt; er habe nämlich sein Loblied auf den jungen Prinzen noch verstärken wollen, indem er ihn in einer dem Herkules heiligen Stadt geboren sein läßt. Gaetulicus habe sich dieser Lüge aus dem Grunde so unbekümmert bedient, weil ungefähr ein Jahr früher in Tivoli ein Sohn des Germanicus zur Welt gekommen war, der ebenfalls Gaius Caesar hieß und über dessen anmutiges Wesen und allzu frühen Tod wir oben berichtet haben.

Gegen Plinius spricht die Chronologie. Denn die Augustusbiographen stimmen darin überein, daß Germanicus nach seinem Konsulat nach Gallien gesandt wurde. Gaius war aber damals schon geboren. Auch stützt die Altarinschrift in keiner Weise

[7] Vgl. Tib. 54.

die Ansicht des Plinius, weil Agrippina zweimal in dieser Gegend mit einer Tochter niederkam und jede Geburt, ohne Unterschied des Geschlechts des Kindes, *puerperium* genannt wird, denn früher nannte man auch die Mädchen *puerae* statt *puellae* und die Knaben *puelli* statt *pueri*[8].

Ferner ist auch ein Brief des Augustus erhalten, den er wenige Monate vor seinem Tod an seine Enkelin Agrippina richtete und worin er über Gaius – es muß sich um den zukünftigen Kaiser handeln, denn damals lebte bereits kein anderes Kind dieses Namens mehr – schreibt: »Gestern habe ich mit Talarius und Asillius abgemacht, daß sie den kleinen Gaius am achtzehnten Mai, so die Götter wollen, mit sich nehmen. Außerdem schicke ich mit ihm einen meiner Sklaven, einen Arzt, den er, wie ich Germanicus geschrieben habe, behalten kann, wenn er will. Lebe wohl, meine liebe Agrippina, und trage Sorge, daß Du gesund zu Deinem Germanicus gelangst.« Wie ich glaube, geht hieraus klar hervor, daß Gaius nicht dort hat geboren werden können, wohin er von Rom aus schon fast als zweijähriges Kind gebracht wurde.

Auch die zitierten Verse verdienen aus den gleichen Gründen keinen Glauben, und das noch um so mehr, weil sie anonym sind. Man muß also der Beweiskraft der allein der Kritik standhaltenden öffentlichen Urkunden folgen, besonders auch, weil Gaius immer Anzio allen Orten und Gegenden, wohin er sich zurückzuziehen pflegte, vorzog und es wie seine Geburtsstätte liebte. Nach der Überlieferung soll er sogar aus Ekel vor Rom im Sinn gehabt haben, seinen Sitz und den Mittelpunkt des Reiches dorthin zu verlegen[9].

9. Den Beinamen Caligula verdankte Gaius einem Soldatenscherz, da er in ihrer Mitte erzogen wurde und die Uniform eines gewöhnlichen Soldaten trug[10]. Wie sehr er durch diese Gewöhnung von klein auf deren Liebe und Gunst gewann, zeigte sich besonders, als er nach Augustus' Tod die meuternden und sich wie rasend gebärdenden Soldaten ganz allein – darüber besteht kein Zweifel – und durch sein bloßes Erscheinen zur Vernunft brachte. Sie beruhigten sich nämlich nicht früher, als bis sie gemerkt hatten, daß er, um den Gefahren des Aufruhrs zu entgehen, entfernt und dem Schutz der nächsten Stadt anvertraut werden sollte. Da endlich bereuten sie ihr Verhalten, machten

---

[8] Plinius leitet anscheinend den Ausdruck *puerperium* von *puer* (Knabe) ab, also »Knabengeburt«.
[9] Vgl. Cal. 49.
[10] Caligula heißt Soldatenstiefelchen.

durch Aufhalten des Wagens die Abfahrt unmöglich und baten flehentlich, ihnen diese drohende Schmach zu ersparen.

10. Caligula begleitete seinen Vater auch auf dem syrischen Feldzug. Von dort zurückgekehrt, lebte er zuerst im Hause seiner Mutter und, als diese verbannt wurde, in dem seiner Urgroßmutter Livia Augusta. Nach dem Tode Livias hielt er – damals noch in der Knabentoga – die Leichenrede auf der Rednertribüne. Dann nahm ihn seine Großmutter Antonia auf, und in seinem neunzehnten Altersjahr wurde er von Tiberius nach Capri berufen, erhielt an einem und demselben Tag die Männertoga und schor zum erstenmal den Bart, ohne daß er irgendeiner der Ehren teilhaftig wurde, wie sie seine Brüder bei ihrer Volljährigkeit erhalten hatten[11].

Auf Capri gab er sich, obwohl er auf alle mögliche Art und Weise auf die Probe gestellt wurde, gegenüber denen, die ihn ausholen und zu Klagen veranlassen wollten, keinerlei Blößen. Caligula schien nämlich das Schicksal der Seinen gänzlich vergessen zu haben, wie wenn keinem von ihnen je etwas zugestoßen wäre, ertrug im übrigen die ihm selber zugefügten Beleidigungen mit unglaublicher Verstellung und zeigte gegenüber seinem Großvater und dessen Umgebung eine solche Unterwürfigkeit, daß nicht zu Unrecht gesagt wurde, es habe niemals einen besseren Sklaven und einen schlechteren Herrn gegeben.

11. Trotzdem konnte er auch zu dieser Zeit seine grausame und lasterhafte Natur nicht in Schranken halten; so wohnte er mit größtem Vergnügen den Hinrichtungen und Folterungen der zum Tode Verurteilten bei, suchte nachts, durch Perücke und lange Kleider unkenntlich gemacht, Kneipen und übelberüchtigte Häuser auf und war begeistert für Theater, Tanz und Gesang. Tiberius ließ dies gerne geschehen, in der Hoffnung, daß dadurch die rohe Art seines Enkels etwas gemildert werde. Der weitblickende Greis hatte ihn nämlich bis auf den Grund durchschaut und oft geäußert, Gaius lebe zu seinem und aller Verderben und er erziehe dem römischen Volk eine Natter, dem Erdball aber einen Phaëthon.

12. Nicht viel später vermählte sich Caligula mit Iunia Claudilla, der Tochter des aus ältestem Adel stammenden Marcus Silanus. Darauf wurde er an Stelle seines Bruders Drusus zum Augur ernannt, aber noch bevor er diese Stellung antrat, »auf Grund seiner hervorragenden Sohnestreue und Anlagen« zum Oberpriester befördert; da nämlich der Hof gänzlich verödet

[11] Vgl. Tib. 54.

und vereinsamt, Seianus aber bereits verdächtig war und bald seinem Verderben entgegengehen sollte, machte man ihm allmählich Hoffnung auf eine mögliche Thronfolge.

Damit diese festere Gestalt annehme, verführte Caligula nach dem Tode seiner im Kindbett verstorbenen Gattin Iunia die Frau des damaligen Prätorianerkommandanten Macro, Ennia Naevia, und versprach ihr die Ehe, wenn er sich des Thrones bemächtigt hätte; dieses Versprechen wurde auch eidlich und schriftlich bestätigt.

Nachdem er sich durch ihre Vermittlung bei Macro eingeschmeichelt hatte, brachte er, nach der Meinung verschiedener Autoren, Tiberius Gift bei, ließ dem noch Atmenden den Ring vom Finger ziehen und sogar, als dieser sich dagegen zu wehren schien, ein Kissen auf ihn werfen. Mit eigner Hand drückte er ihm dann die Kehle zu[12]. Ein Freigelassener, der über die Scheußlichkeit dieser Tat laute Schreie ausstieß, wurde sogleich ans Kreuz geschlagen.

Diese Darstellung ist nicht unwahrscheinlich, da nach mehreren Autoren er selbst später zwar nicht den vollendeten, aber doch den geplanten Mord eingestanden hat; bei Erwähnung seiner Sohnestreue habe er sich nämlich immer wieder gebrüstet, er sei, um den Mord an seiner Mutter und seinen Brüdern zu rächen, mit einem Dolch in das Gemach des schlafenden Tiberius gedrungen, habe aber aus Mitleid die Waffe von sich geworfen und sich zurückgezogen; obwohl Tiberius den Vorfall bemerkte, habe dieser nicht gewagt, eine Untersuchung anzuordnen oder eine Strafe zu verhängen.

13. So gelangte denn Caligula zur Macht und erfüllte damit die Wünsche des römischen Volkes, um nicht zu sagen, der ganzen Menschheit; er erschien nämlich der Mehrzahl der Provinzbewohner und Soldaten, von denen ihn die meisten schon als Kind gekannt hatten, als der heißersehnte Fürst. Das gleiche läßt sich aber auch von der gesamten Bevölkerung der Hauptstadt sagen, die sich an seinen Vater Germanicus erinnerte und Mitleid mit dieser fast ganz ausgerotteten Familie empfand.

Sobald er daher von Misenum aufbrach, führte ihn sein Weg, obgleich er Trauerkleidung trug und hinter der Leiche des Tiberius einherschritt, zwischen Altären, Opfertieren und brennenden Fackeln hindurch, inmitten einer dichtgedrängten, frohgestimmten Menge, die ihm alle möglichen Glückwünsche zurief und ihn »ihren Stern, ihr Hühnchen, ihr Püppchen und ihr Kindchen« nannte.

[12] Vgl. Tib. 73.

14. Nach seinem Einzug in Rom wurde ihm sogleich einstimmig vom Senat und von der ins Rathaus eingedrungenen Menge unter Mißachtung von Tiberius' letztem Willen, der testamentarisch seinen andern, noch die Kindertoga tragenden Enkel[13] zum Miterben bestimmt hatte, die unbeschränkte Regierungsgewalt übertragen. Die allgemeine Freude war so groß, daß in den nächsten, nicht einmal ganz vollen drei Monaten über hundertsechzigtausend Opfertiere getötet worden sein sollen.

Als er wenige Tage später auf die Campanien vorgelagerten Inseln fuhr, wurden Gelübde für seine glückliche Rückkehr abgelegt. Man ließ keine Gelegenheit vorbeigehen, der Teilnahme und Besorgnis für sein Wohlergehen Ausdruck zu geben. Ja, als Caligula einmal krank wurde, verbrachte alles die Nächte auf dem Palatin, und es gab Leute, die gelobten, als Gladiatoren für die Errettung des Kranken kämpfen zu wollen, und andere, die durch öffentlichen Anschlag bekanntgaben, daß sie ihr Leben für den Fall seiner Genesung zu opfern bereit seien[14].

Zu dieser schrankenlosen Hingabe seiner Mitbürger kam noch die bemerkenswerte Gunst, deren er sich auch bei den Ausländern erfreute. So bemühte sich zum Beispiel der Partherkönig Artabanus, der immer seinen Haß und seine Verachtung gegenüber Tiberius deutlich gezeigt hatte, aus freien Stücken um des Kaisers Freundschaft, kam zu einer Besprechung mit dem konsularischen Gesandten, überschritt den Euphrat und erwies den römischen Adlern und Feldzeichen sowie den Bildnissen der Kaiser seine Verehrung.

15. Caligula selbst suchte auch durch allerlei populäre Maßnahmen die Zuneigung des Volkes für sich zu gewinnen. Nachdem er, nicht ohne reichlich Tränen zu vergießen, vor allem Volke die Leichenrede auf Tiberius gehalten und ihn mit großer Prachtentfaltung beigesetzt hatte, begab er sich sogleich, damit seine Sohnesliebe so richtig zutage trete, trotz stürmischem Wetter nach Pandataria und den Pontia-Inseln, um die Asche seiner Mutter und seines Bruders nach Rom überzuführen[15]. Voll Ehrfurcht trat er ans Grab und barg die Asche mit eigener Hand in die Urnen. Mit nicht geringerem theatralischem Pomp brachte er diese auf einem Zweidecker mit einer Standarte am Heck nach Ostia, von da tiberaufwärts nach Rom und ließ sie

---

[13] Tiberius, der Sohn des Drusus.
[14] Caligula forderte später die Erfüllung dieses Gelübdes; vgl. Cal. 27.
[15] Im vorhergehenden Kapitel wurde diese Fahrt erwähnt. Auf diesen Inseln hatten seine Mutter und sein Bruder Nero in der Verbannung gelebt und den Tod gefunden; vgl. Tib. 53/54.

durch die glänzendsten Vertreter des Ritterstandes um die Mittagszeit unter großer Anteilnahme der Bevölkerung auf zwei Bahren ins Mausoleum tragen. Ferner stiftete er jährliche öffentliche religiöse Totenfeiern, dazu noch zu Ehren seiner Mutter Zirkusspiele und einen Wagen, auf dem bei der feierlichen Prozession ihr Bild mitgeführt werden sollte.

Zum Andenken an seinen Vater wurde der Monat September Germanicus genannt. Darauf ließ er in einem einzigen Senatsbeschluß seiner Großmutter Antonia alle Ehren zusprechen, die Livia Augusta je besessen hatte. Seinen Onkel Claudius, der bis dahin nur römischer Ritter gewesen, nahm er sich zum Kollegen im Konsulat. Seinen Vetter Tiberius adoptierte er am Tage seiner Volljährigkeit und ernannte ihn zum »Jugendführer«. Um seine Schwestern zu ehren, bestimmte er, daß allen Eidesformeln die Worte zugefügt werden: »Auch werde ich mich und meine Kinder nicht lieber haben als Gaius und seine Schwestern«; ebenso den Berichten der Konsuln: »Zum Heil und Glück von Gaius Caesar und seinen Schwestern.«

Im gleichen Streben nach Popularität setzte er die Verurteilten und Verbannten wieder in ihre Rechte ein und schlug alle Prozesse, die noch aus der vorhergehenden Zeit anhängig waren, nieder. Sämtliche Akten, die sich auf den Fall seiner Mutter und seiner Brüder bezogen, ließ er auf dem Forum zusammenbringen und verbrennen, damit keiner der Angeber und Zeugen für die Zukunft etwas zu fürchten hätte. Vorher beschwor er mit lauter Stimme bei den Göttern, daß er keines der Dokumente gelesen oder berührt hätte[16]. Eine Schrift, die sich mit einem Anschlag gegen sein Leben befaßte, nahm er nicht entgegen und behauptete, er habe nichts getan, womit er sich irgend jemand verhaßt gemacht. Auch sagte er, für Angeber habe er keine Ohren.

16. Die »Spintriae«, die Helfer bei den Perversitäten (des Tiberius), wollte er im Meer ertränken lassen, konnte aber endlich dazu bewogen werden, sie nur aus Rom zu verbannen. Die Schriften des Titus Labienus, Cordus Cremutius und Cassius Severus, die durch Senatsbeschluß der Vernichtung anheimgefallen waren, ließ er wieder hervorsuchen und gestattete ihre Verbreitung und Lektüre, da es ja ganz in seinem Interesse liege, wenn die Nachwelt über alles orientiert sei.

Die Veröffentlichung der Statistiken über den Staatshaushalt, die Augustus begonnen, Tiberius aber unterbrochen hatte, nahm

[16] Vgl. dagegen Cal. 30.

er wieder auf. Den Beamten stand er eine völlig freie Rechtsprechung zu, ohne daß noch an ihn appelliert werden konnte. Die Musterung der römischen Ritter führte er streng und sorgfältig, aber doch mit Rücksicht durch. Öffentlich nahm er denen das Pferd, die eine Schandtat begangen hatten oder sonst unwürdig befunden wurden, während er die, welche sich nur eines geringfügigen Vergehens schuldig gemacht hatten, beim Namenaufruf einfach überging. Um den Richtern ihre Arbeit zu erleichtern, fügte er zu den vier bestehenden eine fünfte Richterabteilung hinzu[17]. Er versuchte sogar, durch Wiedereinführung der althergebrachten Wahlversammlungen dem Volk das Wahlrecht wiederzugeben.

Die testamentarisch festgesetzten Legate des Tiberius zahlte er getreulich und ohne Schikanen aus, obschon das Testament ungültig erklärt worden war. Das gleiche geschah sogar mit den Legaten Iulia Augustas, deren letzten Willen Tiberius seinerzeit unterdrückt hatte. Für Italien verzichtete er auf die bei Versteigerungen übliche Steuer von einem halben Prozent. Vielen Brandgeschädigten ersetzte er die Verluste, und als er einigen Königen wieder zu ihrem Reich verhalf, erstattete er ihnen den in der Zwischenzeit eingegangenen vollen Steuerertrag sowie die Zinsen ihres persönlichen Besitzes zurück, wie zum Beispiel Antiochus von Kommagene hundert Millionen Sesterzen, die beschlagnahmt worden waren.

Um deutlich zu zeigen, daß er gute Taten zu belohnen wisse, beschenkte er eine Freigelassene mit achthunderttausend Sesterzen, weil sie sich trotz schwersten Folterungen keine Aussagen über ein Verbrechen ihres Patrons hatte entreißen lassen.

Aus Dankbarkeit für solche Taten wurde ihm unter anderen Ehren ein goldener Schild verliehen, den jährlich an einem bestimmten Tag die Priesterkollegien, gefolgt vom Senat und von vornehmen, ein Loblied auf Caligulas Tugenden singenden Knaben und Mädchen aufs Kapitol tragen sollten. Ferner wurde beschlossen, daß der Tag seiner Thronbesteigung »Parilia« genannt werde, wie wenn es sich um eine zweite Gründung Roms gehandelt hätte.

17. Viermal war Caligula Konsul: das erste Mal vom ersten Juli an für zwei Monate, das zweite Mal vom ersten Januar an für dreißig Tage, das dritte Mal bis zum fünfzehnten und das vierte Mal bis zum siebten Januar. Die beiden letzten Konsulate bekleidete er in aufeinanderfolgenden Jahren. Das dritte trat er ganz

---

[17] Vgl. Aug. 32.

allein in Lyon an, nicht, wie einige meinen, aus Hochmut und Nachlässigkeit, sondern weil er, von Rom abwesend, nicht hatte wissen können, daß sein Kollege am ersten Januar gestorben war.

Geldspenden verteilte er zweimal unter das Volk, und zwar je dreihundert Sesterzen pro Kopf; ebensooft gab er dem Senat und der Ritterschaft mitsamt den Frauen und Kindern beider Stände ein üppiges Festessen. Beim zweiten schenkte er überdies den Männern Staatskleider, den Frauen und Kindern purpurne und scharlachfarbene Binden. Und um die öffentlichen Lustbarkeiten für immer zu verlängern, fügte er den Saturnalien einen Tag hinzu und nannte ihn »Tag der Jugend«.

18. Gladiatorenspiele gab er mehrere, teils im Amphitheater des Taurus, teils auf dem Wahlplatz. Bei diesen Vorstellungen ließ er auch Gruppen von eigens ausgewählten afrikanischen und campanischen Faustkämpfern auftreten. Bei den Spielen führte er nicht immer selbst den Vorsitz, sondern übertrug ihn bisweilen Beamten oder Freunden. Theatervorstellungen verschiedenster Art und an den verschiedensten Orten veranstaltete er häufig, einmal sogar nachts, wobei die ganze Stadt mit Fackeln erleuchtet war. Er ließ auch verschiedenartige Geschenke unter das Volk werfen und an jedermann Körbe mit Lebensmitteln verteilen. Während einer solchen Speisung schickte er einem ihm gegenübersitzenden römischen Ritter, der mit viel Vergnügen und großem Appetit aß, noch seine eigene Portion, ja einem Senator ließ er aus dem gleichen Grund eine Urkunde überreichen, worin er ihn zum außerordentlichen Prätor ernannte.

Auch gab er zahlreiche vom Morgen bis zum Abend dauernde Zirkusspiele, in die bald eine Jagd auf afrikanische Wildtiere, bald ein Troiaspiel eingeschoben wurde. Für gewisse außergewöhnliche Vorstellungen war der Zirkus mit Menning und Malachitgrün bestreut, und nur Leute aus dem Senatorenstand waren Wagenlenker. Auch ganz unerwartet konnte er Zirkusspiele veranstalten; während er nämlich einmal vom Haus des Gelos aus die Zirkuseinrichtungen besichtigte, hatten ihn einige Leute, die auf den nächsten Balkonen standen, darum gebeten.

19. Außerdem dachte er sich ein Schauspiel ganz neuer, unerhörter Art aus: er ließ zwischen Baiae und der Mole von Puteoli über eine Strecke von ungefähr fünf Kilometern eine Brücke schlagen, indem man von überallher Lastschiffe zusammenzog, sie in zwei Reihen vor Anker legte, darüber eine Erdschicht breitete und dem Ganzen das Aussehen der Appischen Straße gab. Über diese Brücke zog er während zweier Tage hin und zu-

rück. Am ersten Tag auf reich geschirrtem Roß, mit einem Kranz aus Eichenlaub geschmückt, mit einem kleinen Schild, einem Schwert an der Seite und in einem goldenen Reitermantel; am folgenden Tag im Gewande eines Wagenlenkers auf einem Zweispänner, gezogen von berühmten Rennpferden. Vor ihm her ging der junge Darius, einer der parthischen Geiseln, er selbst war von einer Abteilung Prätorianer und seinen Freunden auf Wagen begleitet.

Ich weiß, daß die meisten Leute geglaubt haben, dieser Brückenschlag sei von Gaius ausgedacht worden, um mit Xerxes in Wettbewerb zu treten, der schon deswegen bewundert wurde, weil er den ziemlich schmaleren Hellespont überbrückt hatte[18]. Andere meinen, er habe die Germanen und Britannen, gegen die er einen Krieg plante, mit der Kunde von irgendeinem Riesenwerk schrecken wollen. Aber als kleines Kind hörte ich meinen Großvater erzählen, ihm sei der wahre Grund von Hofleuten verraten worden: der Astrolog Thrasyllus habe Tiberius, der um einen Nachfolger in Sorge war und sich fast dazu entschließen wollte, seinen eigenen Enkel (Tiberius) dazu zu machen, einmal versichert, Gaius werde ebensowenig Kaiser werden, wie er den Meerbusen von Baiae zu Pferd überqueren könne.

20. Auch außerhalb Roms gab er Schauspiele, zum Beispiel im sizilischen Syrakus Spiele nach dem Muster der athenischen und im gallischen Lyon solche verschiedenster Art. Dort veranstaltete er auch einen Wettkampf in griechischer und lateinischer Beredsamkeit, bei dem angeblich die Besiegten den Siegern die Preise stiften und Lobreden auf sie verfassen mußten. Denjenigen, die am wenigsten gefallen hätten, sei befohlen worden, mit einem Schwamm oder der Zunge ihre Schriften auszulöschen, wenn sie es nicht vorzogen, mit Ruten geschlagen oder im nächsten Fluß untergetaucht zu werden.

21. Die unter Tiberius begonnenen, aber nicht vollendeten Bauten, der Augustustempel und das Pompeiustheater, wurden von Caligula fertiggestellt. Außerdem begann er den Bau des Aquäduktes in der Gegend von Tivoli und des Amphitheaters in der Nähe des Wahlplatzes, von denen ersterer durch seinen Nachfolger Claudius zu Ende geführt[19], letzteres aufgegeben wurde. Die vor Alter verfallenen Stadtmauern und Tempel von Syrakus wurden wiederaufgebaut.

Er hatte auch im Sinn, in Samos die Königsburg des Polykrates

---

[18] Im Jahre 480 v. Chr. Der Hellespont ist nicht ganz 1 1/2 km breit.
[19] Die sog. Aqua Claudia; vgl. Claud. 20.

wiederaufzurichten, in Milet den Tempel des Didymeischen Apollo zu vollenden, hoch oben in den Alpen eine Stadt zu gründen, aber vor allem den Isthmus (von Korinth) in Griechenland zu durchstechen; bereits war ein Primipilar zur Ausmessung dorthin geschickt worden.

22. Soviel vom Kaiser Caligula, im folgenden haben wir vom Scheusal zu sprechen.

Er hatte schon mehrere Beinamen angenommen – man nannte ihn den »Frommen«, den »Sohn des Feldlagers«, den »Vater der Armee« und den »besten und größten Caesar« –, als er einmal verschiedene Könige, die nach Rom gekommen waren, um ihre Aufwartung zu machen, bei sich zu Hause während des Essens über den Adel ihrer Abkunft streiten hörte. Da rief er auf griechisch:

> Einer sei Herrscher! Einer König![20]

und es fehlte nicht viel, so hätte er sich auf der Stelle das Königsdiadem aufgesetzt und den Prinzipat in ein Königtum umgewandelt. Aber darauf aufmerksam gemacht, daß er bereits weit über allen Fürsten und Königen stehe, begann er, sich göttliche Majestät anzumaßen.

So gab er den Auftrag, alle durch ihren besonderen religiösen und künstlerischen Wert hervorragenden Götterbilder, unter anderen den Olympischen Iuppiter[21], aus Griechenland nach Rom zu bringen und ihre Köpfe gegen den seinen auszutauschen. Auch verlängerte er einen Teil des Palatiums bis zum Forum, ließ den Kastor- und Polluxtempel zur Eingangshalle seines Palastes umwandeln und stellte sich oft zwischen die göttlichen Brüder, um sich von den Besuchern anbeten zu lassen. Gewisse Leute begrüßten ihn sogar als »Iuppiter Latiaris«.

Auch seiner eigenen Gottheit stiftete er einen Tempel, Priester und ausgesucht seltene Opfertiere. Im Tempel stand sein Bild aus Gold, porträtähnlich und lebensgroß, das täglich mit dem gleichen Gewand wie er selbst bekleidet war. Die reichsten Leute setzten ihren Ehrgeiz und all ihre Geldmittel ein, in diesem Priesterkollegium ein Amt zu erhalten, wobei sie sich gegenseitig zu überbieten suchten. Opfertiere waren Flamingos, Pfauen, Auerhähne, numidische Hühner, Perlhühner und Fasane, und täglich mußte die Sorte gewechselt werden.

---

[20] Ilias II 204. Übersetzung Voß.
[21] Vgl. Cal. 57.

In den Vollmondnächten lud er regelmäßig Luna, die Mondgöttin, zu Umarmung und Beilager ein. Untertags sprach er oft heimlich mit dem Kapitolinischen Iuppiter, bald indem er ihm ins Ohr flüsterte und dann wieder ihm sein Ohr hinhielt, bald mit lauter Stimme und sogar mit Schimpfwörtern. Einmal hörte man ihn nämlich auf griechisch drohend zu Iuppiter sagen:

Hebe mich, oder ich dich[22]!

Schließlich habe er sich, wie er selbst erzählt, vom Gott erweichen und einladen lassen, bei ihm zu wohnen. Darauf baute er über den Augustustempel hinweg eine Brücke und verband so das Palatium mit dem Kapitol. Um dem Gott aber noch näher zu sein, ließ er bald darauf auf dem Platz vor dem Kapitol die Fundamente zu einer neuen Wohnung legen.

23. Caligula wollte wegen Agrippas niederer Abkunft nicht als dessen Enkel angesehen oder bezeichnet werden; und er wurde wütend, wenn man jenen in einer Rede oder einem Gedicht unter den Vorfahren der Kaiser aufzählte. Statt dessen behauptete er, seine Mutter sei aus einem Inzest Augustus' mit seiner Tochter Iulia hervorgegangen. Und nicht zufrieden mit dieser Verleumdung des Augustus, verbot er, die Siege von Aktium und bei Sizilien[23] durch Feste und Feiern zu begehen, da sie für das römische Volk unheilbringend und verderblich gewesen seien.

Seine Urgroßmutter Livia Augusta nannte er oft einen »Odysseus im Weiberrock«[24], und er wagte sogar, ihr in einem Brief an den Senat niedrige Geburt vorzuwerfen, indem er behauptete, ihr Großvater mütterlicherseits sei nur Gemeinderat in Fundi gewesen, während es doch durch öffentliche Urkunden erwiesen ist, daß Aufidius Lurco sogar in Rom Ämter innehatte.

Als seine Großmutter Antonia um eine geheime Unterredung nachsuchte, gestand er ihr eine solche nur in Gegenwart des Präfekten Macro zu, und durch solch unwürdige Behandlung und andere Gemeinheiten verursachte er ihren Tod. Einige Leute nehmen auch an, er habe ihr sogar Gift gegeben. Nach ihrem Tod erwies er ihr keinerlei Ehre und betrachtete von seinem Speisezimmer aus den in der Ferne brennenden Scheiterhaufen.

---

[22] Homer, Ilias XXIII 724. Übersetzung Voß.
[23] Die Agrippa, Iulias Gatte und Großvater Caligulas, erfochten hatte; vgl. Aug. 16/17.
[24] Um ihre Schlauheit zu brandmarken.

Seinen nichtsahnenden Vetter Tiberius ließ er unversehens durch einen zu ihm gesandten Militärtribunen umbringen. Ebenso trieb er seinen Schwiegervater Silanus zum Selbstmord; dieser durchschnitt sich mit einem Rasiermesser die Kehle. Gegen Silanus brachte er vor, dieser habe ihm bei stürmischem Wetter nicht aufs Meer hinaus folgen wollen und sei in der Hoffnung, sich Roms bemächtigen zu können, falls dem Kaiser während des Unwetters etwas zustoße, in der Stadt zurückgeblieben; Tiberius aber habe durch den Geruch seines Atems verraten, daß er Gegengift genommen hatte, um sich gegen Caligulas Gifte zu schützen. In Wirklichkeit litt Silanus unter der Seekrankheit und wollte sich nicht den Beschwerden einer Seereise aussetzen, und Tiberius hatte eines hartnäckigen, sich verschlimmernden Hustens wegen eine Medizin genommen. – Was Caligulas Onkel Claudius anbelangt, so schonte er ihn nur, um seinen Spott mit ihm treiben zu können[25].

24. Mit all seinen Schwestern trieb Caligula Unzucht und ließ sie vor aller Welt beim Essen eine nach der andern neben sich sitzen, während seine Gattin auf seiner andern Seite ihren Platz hatte. Man nimmt an, daß er, noch im Knabenalter, Drusilla, eine seiner Schwestern, verführt hat und einmal in ihren Armen von seiner Großmutter Antonia, bei der sie beide erzogen wurden, ertappt worden ist. Später heiratete diese den ehemaligen Konsul Lucius Cassius Longinus. Caligula nahm sie dann diesem wieder weg und behandelte sie öffentlich wie seine legitime Gattin. Als er krank wurde, setzte er sie sogar als Erbin und Nachfolgerin ein. Nach ihrem Tod ordnete er allgemeinen Stillstand der Geschäfte an, und es war bei Todesstrafe verboten, während dieser Zeit zu lachen, zu baden und mit Eltern, Frau oder Kindern gemeinsam zu essen. Vor Kummer litt es ihn nicht mehr am selben Ort; plötzlich floh er des Nachts aus Rom, durchirrte Campanien und gelangte nach Syrakus, von wo er wieder ebenso rasch zurückkehrte. Bart und Haupthaar hatte er unterdessen nicht mehr geschnitten. Später legte er nie mehr, selbst bei den wichtigsten Angelegenheiten, ja sogar vor dem Volk oder dem Heer, einen Eid ab, ohne bei der »Gottheit der Drusilla« zu schwören.

Seine andern Schwestern liebte er nicht mit gleicher Leidenschaft, noch bedachte er sie mit gleichen Ehren. Ja er verkuppelte sie sogar öfters an seine Lustknaben. So konnte er sie auch mit größerer Leichtigkeit im Prozeß gegen Aemilius Lepidus

[25] Vgl. Claud. 8 und Nero 6.

wegen Ehebruchs und Mitwisserschaft um eine Verschwörung gegen ihn verurteilen. Nicht nur veröffentlichte er all ihre Briefe, die er sich durch Hinterlist und Verführungskünste verschafft hatte, sondern er weihte auch drei angeblich für seine Ermordung bestimmte Schwerter mit einer Inschrift dem Mars Ultor.

25. Es ist nicht leicht zu sagen, ob er mit mehr Schamlosigkeit Ehen einging, löste oder aufrechterhielt. Zu Livia Orestillas Hochzeitsfest mit Gaius Piso erschien er persönlich, befahl aber sofort, sie zu ihm zu führen, stieß sie nach wenigen Tagen wieder von sich und verbannte sie nach zwei Jahren, weil sie angeblich den Verkehr mit ihrem früheren Gatten in der Zwischenzeit wieder aufgenommen hatte. Andere berichten, er habe beim Hochzeitsessen, zu dem er eingeladen war, dem ihm gegenübersitzenden Piso gesagt: »Mach dich nicht zu nahe an meine Gattin heran!« Darauf habe er sie sofort mit sich von der Tafel weggeführt und am nächsten Tag in einem Edikt verkündet, er sei diese Ehe nach dem Beispiel des Romulus und Augustus eingegangen[26].

Lollia Paulina, die Gattin des ehemaligen Konsuls Gaius Memmius, der gerade ein Heer kommandierte, ließ er auf die Bemerkung hin, ihre Großmutter sei einst eine sehr schöne Frau gewesen, sofort aus der Provinz herbeiholen. Ihr Gatte gestand sie Caligula zu, und dieser verband sich mit ihr. Nach kurzer Zeit aber brach er das Verhältnis wieder ab und verbot ihr auf ewig, je wieder einem Manne anzugehören.

Caesonia war weder besonders schön noch jung und bereits von einem anderen Manne Mutter dreier Töchter, aber sie besaß eine ungehemmte Genußsucht und war restlos der Ausschweifung ergeben. Caligula liebte diese Frau brennend, und sogar für längere Zeit. Oft zeigte er sie seinen Soldaten im Reitermantel, mit Schild und Helm geschmückt, wie sie neben ihm ritt, seinen Freunden aber auch ganz nackt. Später, nach ihrer Entbindung, beehrte er sie mit dem Titel einer Gemahlin und erklärte sich an einem und demselben Tage als ihr Gatte und Vater ihres Kindes. Dieses erhielt den Namen Iulia Drusilla, und Caligula trug es durch die Tempel aller Göttinnen, setzte es auf den Schoß Minervas und übertrug ihr die Pflege und Unterweisung des Kindes. Keinen Beweis, daß es wirklich von ihm stamme, hielt er für überzeugender als die Wildheit, die schon damals in ihr steckte. So versuchte sie zum Beispiel, mit den Fingern Gesicht und Augen der mit ihr spielenden Kinder zu zerkratzen.

[26] Anspielung auf den Raub der Sabinerinnen und die Heirat Augustus-Livia; vgl. Aug. 62.

26. Unwichtig und uninteressant erscheint es, danach zu erzählen, wie er seine Verwandten und Freunde behandelte, zum Beispiel Ptolemaeus, den Sohn des Königs Iuba, seinen eigenen Vetter – dieser war nämlich durch seine Mutter Selene ebenfalls ein Enkel des Marcus Antonius –, und vor allem Macro und Ennia, die ihm zum Throne verholfen hatten[27]: ihnen allen bereitete er, anstatt ihnen ihre Rechte als Verwandte einzuräumen und ihnen für ihre Verdienste dankbar zu sein, einen schrecklichen Tod.

Um nichts ehrerbietiger oder milder zeigte er sich dem Senat gegenüber. Einige Senatoren, die höchste Ehrenstellen bekleidet hatten, ließ er in der Toga einige Meilen neben seinem Wagen einherrennen oder, während er aß, hinter seinem Divan oder zu dessen Füßen, wie Sklaven mit einem Leinenschurz bekleidet, stehen. Andere, die von ihm heimlich umgebracht worden waren, ließ er dennoch weiterhin im Senat namentlich aufrufen, als ob sie noch am Leben wären, und verbreitete dann nach einigen Tagen die Lüge, sie hätten Selbstmord begangen. – Als einmal die Konsuln vergessen hatten, eine Proklamation zu seinem Geburtstag zu erlassen, enthob er sie ihres Amtes, und der Staat blieb für drei Tage ohne höchste Beamte. – Seinen Quästor, der im Zusammenhang mit einer Verschwörung genannt worden war, ließ er entkleiden und auspeitschen und dessen Kleider den Soldaten unter die Füße schieben, damit sie beim Zuschlagen einen besseren Stand hätten.

Mit ähnlichem Hochmut und ähnlicher Gewalttätigkeit behandelte er auch die andern Stände. Durch den Lärm der Leute, die im Zirkus die Freiplätze ab Mitternacht besetzt hielten, im Schlaf gestört, ließ er sie mit Stecken vertreiben. In dem dadurch entstehenden Gedränge wurden mehr als zwanzig römische Ritter, ebenso viele vornehme Damen und eine Unmenge anderer Leute totgedrückt. Um zwischen Rittern und Volk Zwistigkeiten zu schaffen, pflegte er bei Theatervorstellungen die Vergünstigungen[28] früher als gewöhnlich auszuteilen, so daß die Plätze der Ritter durch die untersten Volksklassen besetzt wurden.

Bei den Gladiatorenspielen ließ er bisweilen, wenn die Sonne am heißesten herabbrannte, die Sonnendächer zurückziehen und

---

[27] Vgl. Cal. 12.
[28] Der Sinn des lateinischen Wortes *(decimae)* ist hier nicht ganz klar (in ähnlicher Bedeutung gebraucht bei Cicero, De officiis II 17, 58). Es wird mit einem allgemeinen Ausdruck (Vergünstigungen) übersetzt. Vielleicht handelt es sich um Freiplätze.

untersagte jedermann das Verlassen der Plätze. Darauf wurde der übliche Gang der Spiele unterbrochen, und es kamen ausgemergelte Tiere, die billigsten und ältesten Gladiatoren und als besonderer »Spaß« ehrenwerte Familienväter, die aber irgendein körperliches Gebrechen hatten, in die Arena. Bisweilen schloß er auch die Kornspeicher und sagte dem Volk Hunger an[29].

27. Seine grausame Natur äußerte sich vor allem in folgenden Handlungen: als das Fleisch zur Fütterung der für die Spiele bestimmten Raubtiere zu teuer war, bezeichnete er Verbrecher, die ihnen als Nahrung vorgeworfen werden sollten. Bei der Musterung der Gefängnisse, die er zu diesem Zwecke vornahm, schaute er bei keinem der Gefangenen auf sein Strafregister, sondern stellte sich einfach mitten in der Halle auf und befahl, sie »von einem Kahlkopf zum andern« abzuführen[30].

Von dem Mann, der bei des Kaisers Errettung aus schwerer Krankheit versprochen hatte, als Gladiator aufzutreten, forderte er die Erfüllung des Gelübdes, schaute seinem Kampfe zu und entließ ihn erst, als er gesiegt hatte, nach vielen Bitten. Den andern, der aus dem gleichen Grunde zu sterben gelobt[31], übergab er, als er zögerte, seinen Sklaven und trug ihnen auf, ihn mit Zweigen und einer Opferbinde geschmückt durch die Stadt zu treiben und die Erfüllung des Gelübdes zu verlangen. Zum Schluß stürzte dieser sich dann von einem Wall herab.

Viele geachtete Männer ließ er zuerst brandmarken und verurteilte sie dann zu Zwangsarbeit in den Bergwerken, zum Straßenbau oder zum Kampf mit wilden Tieren; er sperrte sie auch wie Tiere in Käfige, worin sie sich nur auf allen vieren bewegen konnten, oder ließ sie mitten durchsägen. Und dies nicht etwa aus schwerwiegenden Gründen, sondern weil sie sich vielleicht über ein von ihm gegebenes Schauspiel geringschätzig geäußert oder niemals bei seinem Schutzgott geschworen hatten.

Väter zwang er, der Hinrichtung ihrer Söhne beizuwohnen, und als einmal einer sich aus Gesundheitsrücksichten entschuldigte, schickte er ihm eine Sänfte. Einen andern lud er direkt nach einer solchen Hinrichtung zum Essen ein und versuchte, ihn mit aller Freundlichkeit zum Lachen und Scherzen zu bringen. – Einen Aufseher über Spiele und Tierhetzen ließ er mehrere Tage hintereinander vor seinen Augen mit Ketten auspeit-

---

[29] »Spaß«: die Stelle ist verderbt und nicht ganz sicher in ihrer Bedeutung. – »Hunger ansagen«: Wortspiel mit »Krieg ansagen«.
[30] Sprichwörtlich gewordene Redensart. Die Gefangenen waren kahlgeschoren. Sinn also: alle.
[31] Vgl. Cal. 14.

schen, aber nicht vorher töten, als bis ihn der Geruch des in Verwesung übergegangenen Gehirns störte. – Der Verfasser einer Atellanenposse wurde wegen eines einzigen, einen zweideutigen Witz enthaltenden Verses mitten im Amphitheater verbrannt. – Einen römischen Ritter, der den wilden Tieren vorgeworfen wurde, sich aber mit lauter Stimme als unschuldig bezeichnete, führte er aus der Arena, ließ ihm die Zunge abschneiden und ihn dann wieder hineinführen.

28. Einen Mann, der nach vielen Jahren aus dem Exil zurückgerufen worden war, fragte Caligula einmal, was er dort getan habe. Dieser antwortete, um ihm zu schmeicheln: »Ich habe immer zu den Göttern gebetet, daß Tiberius zugrunde gehen und du auf den Thron gelangen mögest, was sich auch erfüllte.« Darauf glaubte der Kaiser, daß auch die von *ihm* Verbannten seinen Tod herbeisehnten, und schickte Leute auf alle Inseln, um sie dort samt und sonders zu töten.

Einmal wollte er einen Senator in Stücke reißen lassen und stiftete zu diesem Zweck Leute an, die ihn plötzlich beim Betreten des Rathauses mit dem Ruf »Staatsfeind« angreifen, mit ihren Schreibgriffeln durchbohren und den übrigen zum Zerreißen lassen mußten. Und nicht eher gab er sich zufrieden, als bis er mitangesehen hatte, wie Glieder und Eingeweide des Mannes durch die Quartiere geschleift und vor ihm aufgehäuft worden waren.

29. Die Grausamkeit seiner Handlungen unterstrich er noch durch zynisches Reden. So sagte er auch selbst, daß er keine seiner Anlagen mehr lobe und schätze als seine »Adiatrepsia« – das war sein eigener griechischer Ausdruck dafür –, das heißt seine Schamlosigkeit. – Auf eine Ermahnung seiner Großmutter Antonia antwortete er, wie wenn es nicht genug gewesen wäre, nicht zu gehorchen: »Denke immer daran, daß mir alles erlaubt ist und gegen alle!« – Als er daran ging, seinen Vetter (Tiberius) zu ermorden, den er im Verdacht hatte, sich aus Angst vor einer Vergiftung durch Gegengifte zu schützen[32], sagte er zu ihm: »Was, ein Gegengift gegen Caesar?« – Seinen Schwestern, die er verbannt hatte, drohte er, daß er nicht nur Inseln besitze, sondern auch Schwerter. – Ein Mann im Range eines Prätors suchte öfters von Antikyra aus, wohin er sich aus Gesundheitsrücksichten begeben hatte, um eine Verlängerung seines Urlaubs nach. Caligula gab darauf Befehl, ihn zu töten, und fügte hinzu, er scheine einen Aderlaß nötig zu haben, da

[32] Vgl. Cal. 23.

ihm nach so langer Zeit die Nieswurz noch nicht geholfen habe[33]. – An jedem zehnten Tag unterschrieb er die Liste der Gefangenen, die hingerichtet werden sollten, wobei er zu sagen pflegte, er bringe seine Rechnung ins reine. Als einmal zur gleichen Zeit mehrere Gallier und Griechen verurteilt wurden, rühmte er sich, er habe Gallo-Gräzien unterworfen.

30. Sozusagen nie ließ er jemand auf andere Art hinrichten als durch viele kleine Streiche, wobei er immer wieder die berühmt gewordene Mahnung anbrachte: »Triff so, daß er fühlt, wie er stirbt!« Als man einmal infolge einer Namenverwechslung einen andern hinrichtete als den, den er bestimmt hatte, sagte er nur, dieser habe das gleiche Schicksal verdient. Häufig prahlte er mit dem Vers des tragischen Dichters:

Mögen sie hassen, wenn sie nur fürchten![34]

Oft griff er ohne Unterschied den ganzen Senat an, nannte ihn Klienten Sejans und Angeber seiner Mutter und Brüder, indem er die Schriftstücke vorwies, von denen er behauptet hatte, er habe sie verbrannt[35]. Ferner verteidigte er Tiberius' Grausamkeit als notwendig, denn dieser habe doch so vielen Anklägern glauben müssen. Den Ritterstand tadelte er fortwährend heftig wegen seiner Vorliebe für Theater und Gladiatorenkämpfe. Wütend über die Menge, die bei einem Rennen eine andere Partei begünstigte als er, rief er aus: »Hätte doch das römische Volk nur *einen* Hals!« Als verlangt wurde, daß der Straßenräuber Tetrinius als Gladiator auftrete, sagte er, daß auch die, welche das verlangten, Tetriniusse seien.

Fünf nur mit der Tunika bekleidete Netzfechter hatten sich einmal kampflos von ebensoviel Gegnern besiegen lassen. Als das Volk ihren Tod forderte, ergriff einer der Besiegten wieder seinen Dreizack und tötete alle Sieger. Diese Tat bedauerte Caligula in einem Edikt als höchst grausam und sprach auch denen, die ein solches Schauspiel hätten mit ansehen können, seine Verachtung aus.

31. Caligula pflegte sich auch öffentlich über die Zeitläufe zu beklagen, weil sie durch keine größeren Katastrophen ausgezeichnet würden. Augustus' Herrschaft sei durch die Niederlage des Varus, die des Tiberius durch den Tribüneneinsturz bei

---

[33] Auf Antikyra wächst die Nieswurz, die gegen Geistesschwäche gebraucht wurde.
[34] Aus der Tragödie ›Atreus‹ des Dichters Accius (170–ca. 85 v. Chr.).
[35] Vgl. Cal. 15.

Fidenae berühmt geworden[36], seine eigene drohe durch Wohlstand in Vergessenheit zu geraten. Deshalb wünschte er auch immer Niederlagen von Heeren, Hungersnot, Pest, Feuersbrünste oder ein Erdbeben herbei.

32. Selbst wenn er sich beim Spiel oder bei den Mahlzeiten erholte, zeigte sich bei ihm die gleiche Grausamkeit in Wort und Tat. Oft wurden während des Essens oder eines fröhlichen Gelages peinliche Verhöre unter Anwendung der Folter angestellt, und ein Soldat, der als Meister des Köpfens galt, enthauptete Gefangene. Bei der Einweihung der Brücke von Puteoli, die er, wie wir erzählt haben, sich selbst ausgedacht hatte[37], lud er viele, die am Strand standen, zu sich ein, ließ sie dann plötzlich ins Wasser werfen und einige, die sich an den Steuerrudern festhielten, mit Stangen und Rudern ins Meer zurückstoßen.

In Rom übergab er einen Sklaven, der während eines öffentlichen Gastmahls eine silberne Platte von einem Sofa entwendet hatte, sofort dem Henker mit dem Befehl, ihm die Hände abzuhauen und sie ihm um den Hals gebunden auf die Brust herunterhangen zu lassen. So wurde er zwischen den Tischen der Speisenden herumgeführt, und eine Tafel wurde vorangetragen, auf der der Grund der Strafe angegeben war. – Einen Murmillo einer Fechterschule, der mit Holzschwertern mit ihm übte und sich absichtlich von ihm schlagen ließ, durchbohrte er mit einem eisernen Dolch und lief, wie es die Sieger zu tun pflegen, mit einem Palmzweig umher.

Einmal erschien er bei einem Altar, wo schon das Opfertier bereitstand, in der Kleidung eines Opferschlächters, mit hochgeschürzter Toga, hob die Opferaxt hoch in die Luft und schlug (statt des Opfertieres) den Opferstecher tot[38]. – Während eines Festessens brach er plötzlich in Lachen aus. Als die neben ihm sitzenden Konsuln ihn freundlich fragten, worüber er denn lache, erwiderte er: »Worüber sonst, als daß ich euch beiden auf einen Wink von mir den Kopf abhauen lassen kann?«

33. Hier einige seiner sogenannten Witze: er stellte sich einmal neben das Iuppiterstandbild und fragte den tragischen Schauspieler Apelles, welcher von beiden ihm größer erscheine. Als dieser mit der Antwort zögerte, ließ er ihn auspeitschen und lobte von Zeit zu Zeit die Stimme des um Gnade Flehenden, da sie auch im Jammer noch so süß klinge. – Jedesmal wenn er den

[36] Vgl. Aug. 23 und Tib. 40.
[37] Vgl. Cal. 19.
[38] Der Opferschlächter hatte das Tier zu töten, während der Opferstecher es zerstückelte.

Hals seiner Frau oder einer Mätresse küßte, fügte er die Worte hinzu: »Dieser schöne Kopf wird fallen, sobald ich es befehle.« – Oft prahlte er sogar, er wolle, und wäre es auf der Folter, aus seiner Caesonia herausbringen, warum er sie so sehr liebe.

34. Aus Neid und Bosheit wie aus Stolz und Grausamkeit wütete Caligula gegen fast alle Menschen aller Zeiten. Die Standbilder der berühmten Männer, die Augustus aus Raumgründen vom Kapitol auf das Marsfeld versetzt hatte, stürzte er um und verstümmelte sie derart, daß sie mit ihren Inschriften nicht wiederhergestellt werden konnten. Auch verbot er, künftig ohne seine Befragung und Erlaubnis Statuen oder Bilder lebender Personen, wo es auch sei, aufzustellen. – Er dachte auch daran, die Gedichte Homers vernichten zu lassen, indem er fragte, warum denn ihm nicht erlaubt sei, was Platon erlaubt gewesen wäre, der ihn auch aus seinem Staat verbannt hätte[39]. – Um ein Haar hätte er auch die Schriften und Bilder Vergils und des Titus Livius aus allen Bibliotheken entfernen lassen, von denen er dem einen Talentlosigkeit und Unwissenheit vorwarf, den andern als schwätzerischen und ungenauen Geschichtsschreiber schalt. – Auch über die Rechtsgelehrten äußerte er sich oft abfällig und brüstete sich, um gleichsam die Rechtswissenschaft überhaupt zu erledigen, er werde es, beim Herkules, zustande bringen, daß sie keinen Entscheid mehr fällen könnten ohne ihn.

35. Den altadligen Familien nahm er ihre Ehrenzeichen ab: Torquatus den Halsreif, Cincinnatus die Locke, Gnaeus Pompeius, der diesem alten Geschlecht angehörte, den Beinamen »der Große«. – Ptolemaeus, von dem ich berichtete[40], hatte er aus seinem Reiche zu sich gerufen und mit großen Ehren empfangen. Er ließ ihn dann aber plötzlich umbringen, und zwar einzig und allein deshalb, weil er bemerkt hatte, wie dieser beim Eintritt ins Amphitheater – Caligula führte den Vorsitz über die Spiele – durch den Glanz seines Purpurmantels aller Augen auf sich zog.

Begegnete er schönen Leuten mit starkem Haarwuchs, ließ er ihnen den Hinterkopf rasieren und verunstaltete sie so[41]. – Ein Mann namens Esius Proculus, Sohn eines Primipilaren, war wegen seiner außergewöhnlichen Größe und Schönheit »Koloß-Eros« benannt worden. Plötzlich befahl Caligula während einer

---

[39] Platon schließt in seinem ›Staat‹ (vgl. z. B. 377/78) Homer als Lektüre aus, weil er den Bürgern falsche Begriffe von den menschlichen und göttlichen Dingen gebe.
[40] Vgl. Cal. 26.
[41] Er selbst hatte eine Glatze; vgl. Cal. 50.

Vorstellung, ihn von seinem Platze zu reißen und in die Arena zu schleppen, wo er ihn zuerst einem thrakischen und dann einem schwerbewaffneten Fechter gegenüberstellte. Als Esius beide Male gesiegt hatte, ließ Caligula ihn sofort fesseln, mit Lumpen bekleidet durch die Stadt führen und den Weibern zeigen; darauf wurde er erdrosselt.

Keinen Menschen gab es endlich, sei er noch so niedriger Herkunft oder in noch so ärmlichen Verhältnissen, dem er nicht seine Vorzüge mißgönnte. Da der Hainkönig des Dianaheiligtums in der Nähe des Nemisees sein Priestertum schon jahrelang innehatte, hetzte er einen stärkeren Gegner auf ihn[42]. – Als einmal bei einem Wettspiel der Wagenkämpfer Porius nach einem glücklich bestandenen Kampf seinem Sklaven die Freiheit schenkte und deshalb vom Volk lebhaft beklatscht wurde, lief Caligula mit solcher Hast aus dem Amphitheater, daß er auf den Zipfel seiner Toga trat und kopfüber die Stufen hinunterstürzte. Voll Wut schrie er dabei, daß das Volk, das Herr über alle andern Völker sei, aus dem nichtigsten Grunde einem Gladiator mehr Ehren zolle als seinen unter die Götter aufgenommenen Fürsten oder ihm selbst, der hier anwesend sei.

36. Schamgefühl besaß er nicht, noch achtete er das der andern. So soll er mit Marcus Lepidus, dem Pantomimen Mnester und gewissen in Rom lebenden Geiseln schändlichen Verkehr gehabt haben. – Valerius Catullus, ein junger Mann aus konsularischer Familie, beklagte sich laut darüber, von Caligula geschändet und durch diesen Verkehr vollständig geschwächt worden zu sein. – Ganz abgesehen von der Unzucht mit seinen Schwestern und seiner allbekannten Leidenschaft für die Prostituierte Pyrallis, verschonte er auch sonst kaum eine unter den vornehmen Damen. Oft lud er sie mit ihren Gatten zum Essen, und wenn sie an ihm vorbeigingen, betrachtete er sie lange aufmerksam, wie das die Händler tun, hob ihnen auch das Gesicht mit der Hand in die Höhe, wenn sie es aus Scham gesenkt hielten; wann immer es ihm dann beliebte, rief er diejenige, die ihm am besten gefiel, zu sich und verließ mit ihr das Speisezimmer. Kurz darauf kam er wieder zurück, noch deutliche Spuren der Ausschweifung zeigend, und lobte oder tadelte sie vor allen Leuten, indem er einzeln die Vorzüge oder Mängel ihres Körpers und ihres Benehmens beim Verkehr aufzählte. – Gewissen Frauen schickte er im Namen ihrer nicht

---

[42] Nach alter Sitte war der Priester dieses Heiligtums ein entlaufener Sklave, Rex Nemorensis (Hainkönig) geheißen, der um seine Würde zu kämpfen hatte.

anwesenden Männer den Befehl zur Scheidung und ließ dies auch im Staatsanzeiger veröffentlichen.

37. Seine Verschwendungssucht übertraf alles bisher Dagewesene. Er erfand eine neue Art Bäder, die verrücktesten Gerichte und Speisen. So badete er zum Beispiel in warmem und kaltem Parfum, trank die wertvollsten Perlen in Essig aufgelöst, ließ seinen Gästen vergoldete Brote und Speisen vorsetzen, indem er immer wieder sagte, man müsse entweder ein sparsamer Mann oder Kaiser sein. – Während mehrerer Tage warf er eine nicht unbeträchtliche Menge Geld vom Dach der Iulischen Basilika unter das Volk.

Auch ließ er sich Jachten mit zehn Ruderbänken bauen, die am Heck mit Edelsteinen geschmückt und mit farbig schillernden Segeln versehen waren. In ihrem Innern waren große Bäder, Säulenhallen und Speisesäle und alle Sorten von Obstbäumen und Reben. Auf diesen Schiffen gab er am hellichten Tag Gelage und fuhr unter Ballettaufführungen und Musikklängen an der Küste Campaniens entlang.

Beim Bau von Palästen und Landhäusern war ihm das Wichtigste, ohne Rücksicht auf den gesunden Menschenverstand, etwas zu erstellen, was man für unmöglich hielt. So wurden Dämme angelegt, wo das Meer besonders tief und wild war, Felsen an den härtesten Stellen behauen, Ebenen durch Aufschüttungen zu Bergen, Berge durch Abtragungen zu Ebenen gemacht. Alles mußte mit unwahrscheinlicher Schnelligkeit geschehen, da auf Verzögerungen die Todesstrafe stand. Um nicht Einzelheiten aufzuzählen, will ich nur sagen, daß er neben andern ungeheuren Summen noch den ganzen Kronschatz des Kaisers Tiberius, der sich auf zwei Milliarden siebenhundert Millionen Sesterzen belief, in nicht ganz einem Jahr durchbrachte.

38. Da seine Mittel durch solches Vorgehen vollständig aufgebraucht waren und er sich in Geldnöten befand, verlegte er sich mit Hilfe verschiedener ausgeklügelter Arten von Rechtsverdrehungen, Versteigerungen und Steuern auf offensichtlichen Raub. So sprach er denjenigen das römische Bürgerrecht ab, deren Vorfahren dieses für sich und ihre Nachkommen erworben hatten, außer es handle sich um ihre direkten Söhne, denn man dürfe den Ausdruck »Nachkommen« nicht weiter als über die erste Generation ausdehnen. – Urkunden, die von den unter die Götter aufgenommenen Kaisern Iulius (Caesar) und Augustus ausgestellt waren, erklärte er für nichtig, weil veraltet und verjährt.

Wenn sich das Vermögen einer Person seit der letzten Schätzung auf irgendeine Art vergrößert hatte, so verdächtigte er sie falscher Angaben bei der letzten Veranlagung. – Die Testamente von Primipilaren, welche seit Tiberius' Thronbesteigung weder diesen noch ihn selbst zum Erben eingesetzt hatten, bezeichnete er als ungültig, weil er darin einen Akt der Undankbarkeit sah; ebenso galten solche als null und nichtig, von denen jemand behauptete, es habe beim Verstorbenen eigentlich die Absicht bestanden, den Kaiser zum Erben einzusetzen. Deshalb wurde Caligula aus Furcht sogar von gänzlich Unbekannten neben ihren Freunden und von Eltern neben ihren Kindern öffentlich zum Erben erklärt. Wenn sie nach einer solchen Erklärung noch längere Zeit lebten, so nannte er sie »schlechte Spaßvögel« und schickte vielen vergiftete Leckerbissen. Er selbst führte in solchen Fällen die Gerichtsverhandlungen, wobei er vorher die Summe, die er aus der Sache herausziehen wollte, festsetzte und nicht vorher den Gerichtshof verließ, als bis er sein Ziel erreicht hatte. Dabei duldete er keinerlei Verzögerungen und verurteilte einmal über vierzig Personen, die verschiedener Vergehen wegen angeklagt waren, in *einem* Urteilsspruch. Nachher rühmte er sich beim Erwachen Caesonias, was er alles getan hätte, während sie ihr Mittagsschläfchen hielt.

Einmal sagte er eine Auktion an und ließ Gegenstände, die von allerlei Schauspielen übriggeblieben waren, ausrufen und verkaufen, wobei er selbst die Preise festsetzte und in solche Höhen trieb, daß einige Leute, die gezwungen waren, zu solch unerhörten Preisen zu kaufen, sich die Adern öffneten, da sie nun aller Mittel entblößt waren. – Bekannt ist folgender Vorfall: als Aponius Saturninus auf einer Bank eingeschlafen war, ermahnte Caligula den Ausrufer, doch nicht einen ehemaligen Prätor zu übergehen, der durch häufiges Kopfnicken seine Kauflust bezeuge. Nicht vorher wurde diesem Spiel ein Ende gemacht, als bis dem Mann ohne sein Wissen dreizehn Gladiatoren zu neun Millionen Sesterzen zugesprochen waren.

39. Als Caligula in Gallien die Schmucksachen, den Hausrat, die Sklaven und sogar die Freigelassenen seiner verurteilten Schwestern zu ungeheuren Preisen verkauft hatte, ließ er aus Gewinnsucht noch die ganzen Einrichtungen der früheren Hofhaltungen von Rom kommen. Zum Transport wurden auch Mietwagen und Zugtiere aus den Mühlen beschlagnahmt, so daß es in Rom öfters an Brot fehlte und zahlreiche Leute

ihre Prozesse verloren, weil sie nicht rechtzeitig zum Termin erscheinen konnten.

Um alles loszuwerden, war ihm keine List und kein Lockmittel zu gering. Bald schalt er einzelne Leute wegen ihres Geizes: sie sollten sich schämen, reicher als er selbst zu sein; bald heuchelte er Reue, fürstlichen Besitz in die Hände von Privatleuten kommen zu lassen. Einmal erfuhr er, daß ein reicher Provinziale seinen Hofmeistern zweihunderttausend Sesterzen bezahlt habe, um als Gast an die kaiserliche Tafel geladen zu werden, und war hocherfreut, daß die Ehre, mit ihm zu speisen, so hoch bewertet werde. Am folgenden Tag schickte er dem Mann, der bei der Auktion anwesend war, einen ganz wertlosen Gegenstand zum Preis von zweihunderttausend Sesterzen und ließ ihm ausrichten, daß er nun auf persönliche Einladung des Kaisers bei ihm speisen dürfe.

40. Seine neuen unerhörten Steuern ließ er zuerst durch Steuerpächter und dann, weil deren Gewinne zu hoch waren, durch die Centurionen und Tribunen der Prätorianerkohorten einziehen. Keine Art von Gegenständen oder Menschen gab es, die nicht durch irgendeine Steuer erfaßt worden wären. Für alle Lebensmittel, die man in der Stadt verkaufte, wurde ein ganz bestimmter Tarif erhoben; bei allen Streitsachen und Prozessen, die irgendwo im Reich stattfanden, fiel ein Vierzigstel der Streitsumme an den Staat, und es stand eine Strafe darauf, einen Fall gütlich beizulegen oder ganz aufzugeben. Die Lastträger hatten ein Achtel ihres täglichen Verdienstes abzugeben und die Dirnen pro Tag den Gewinn aus einem Beischlaf, wobei zu diesem Gesetz ein Artikel hinzugefügt wurde, der auch frühere Dirnen und Kuppler, ja sogar jetzt verheiratete Personen dieser Vorschrift unterwarf.

41. Steuern dieser Art wurden einfach verkündet, aber nicht schriftlich angeschlagen, und so gab es viele Übertretungen, da man den genauen Wortlaut nicht kannte. Endlich ließ Caligula auf Begehren des Volkes das Gesetz zwar öffentlich anschlagen, aber in so kleiner Schrift und an einem so unzugänglichen Ort, daß niemand eine Abschrift davon machen konnte.

Um keine Art von Einnahmequelle unversucht zu lassen, richtete er auf dem Palatin ein Bordell ein, wo in mehreren abgetrennten und der Würde des Ortes entsprechend eingerichteten Kammern vornehme verheiratete Frauen und freigeborene Knaben sich prostituieren mußten. Dann schickte er einen Nomenklator auf alle Märkte und in alle Basiliken, um junge und alte

Männer zur Befriedigung ihrer Lust aufzufordern. Den Besuchern wurde auf Zins Geld geborgt, und es waren Leute angestellt, die ihre Namen öffentlich aufschrieben, weil sie halfen, die Einkünfte des Kaisers zu mehren.

Er verschmähte nicht einmal die Gewinne beim Würfelspiel, gewann aber hauptsächlich durch Falschspiel und auch Meineid. Einmal bat er einen neben ihm sitzenden Mitspieler, an seiner Stelle zu spielen, trat ins Atrium seines Palastes hinaus und befahl, zwei gerade vorübergehende, wohlhabende römische Ritter ohne Umstände zu verhaften und ihre Güter zu beschlagnahmen. Dann kehrte er vergnügt wieder zurück und rühmte sich, noch nie größeres Glück beim Spiel gehabt zu haben.

42. Als ihm aber eine Tochter[43] geboren wurde, klagte er über seine Armut, da er jetzt nicht allein Lasten als Kaiser, sondern auch als Vater zu tragen habe, und nahm Spenden für den Unterhalt und die Mitgift des Mädchens an. Ferner gab er in einem Edikt bekannt, daß er auch zu Neujahr Geschenke entgegennehmen werde, und stand am ersten Januar im Vorraum seines Palastes, um die Gaben zu sammeln, die eine Menge Leute aller Stände mit vollen Händen vor ihm ausbreitete oder aus ihren Togen schüttete. – Gegen Ende seines Lebens packte ihn eine solche Gier, das Geld richtig zu spüren, daß er oft barfuß in den in einem großen Saal ausgebreiteten, riesigen Haufen von Goldstücken umherwatete und sich wohl auch eine Zeitlang darin wälzte.

43. Nur einmal machte er sich an eine kriegerische Unternehmung, und zwar nicht einmal nach einem vorher gefaßten Plan. Als er nämlich, um den Fluß Clitumnus und den dortigen Hain zu sehen, nach Mevania gekommen war, begann er auf die Anregung hin, seine batavische Leibgarde, die er immer um sich hatte, zu ergänzen, die Vorbereitungen zu einem Feldzug gegen Germanien. Ohne Aufschub wurden von überallher Legionen und Hilfstruppen zusammengezogen, allenthalben strengste Aushebungen gemacht, ungeheure Kriegsvorräte, wie man sie in solcher Menge vorher noch nie gesehen, zusammengebracht und der Marsch begonnen. Bald marschierte er aber so rasend schnell, daß die Prätorianerkohorten ganz gegen allen Brauch gezwungen wurden, ihre Feldzeichen den Zugtieren aufzupacken, bald wieder so langsam und bequem, daß er selbst in einer Sänfte mit acht Trägern reiste und von der Bevölkerung der nächsten Städte verlangte, für ihn die Straßen zu fegen und gegen den Staub mit Wasser zu besprengen.

Vgl. Cal. 25.

44. Sowie er das Feldlager erreicht hatte, wollte er sich als tüchtiger und strenger Feldherr zeigen und entließ die Offiziere, welche die Hilfstruppen zu spät von den verschiedenen Plätzen herangebracht hatten, mit Schimpf und Schande. Darauf musterte er das Heer und enthob viele schon ältere Centurionen – einigen fehlten sogar nur noch ganz wenige Tage bis zu ihrer Entlassung aus der Armee – ihrer Stellung als Primipilare, und zwar unter dem Vorwand, sie seien zu alt und schwach. Den übrigen hielt er ihre Geldgier vor und setzte die Belohnungen für die Ausgedienten auf sechstausend Sesterzen herab.

Das einzige, was Caligula auf diesem Feldzug erreichte, war, daß er Adminius, den Sohn des Britannenkönigs Cynobellinus, der von seinem Vater verstoßen mit einer kleinen Schar Anhänger zu ihm übergetreten war, unter seinen Schutz nahm. Nach Rom schickte er aber prächtige Berichte, wie wenn er die ganze Insel unterworfen hätte. Auch ermahnte er seine Kuriere, mit ihrem Wagen direkt bis zum Forum und Rathaus zu fahren und erst im Marstempel vor vollzählig versammeltem Senat das Schriftstück den Konsuln zu überreichen.

45. Da sich keine Gelegenheit zum Kriegführen bot, befahl er einigen wenigen Germanen seiner Leibwache, über den Rhein zu setzen, sich dort verborgen zu halten und ihm dann nach der Mittagsmahlzeit in großer Aufregung zu melden, der Feind sei da. Nachdem dies auch geschehen war, stürzte er sich mit seinen Freunden und einem Teil der Prätorianerkavallerie in den nächsten Wald, ließ Bäume umhauen und diese nach Art eines Siegeszeichens aufschichten. Darauf kehrte er bei Fackelschein ins Lager zurück, schalt die Furchtsamkeit und Feigheit derer, die ihm nicht gefolgt waren, beschenkte aber seine Gefährten und Teilhaber des »Sieges« mit einer neuen Art Kronen, die auch einen neuen Namen erhielten. Er nannte diese nämlich »Späherkronen«, und sie waren mit den Bildern von Sonne, Mond und Sternen verziert.

Ein anderes Mal ließ er einige Schüler als Geiseln aus der Schule holen und schickte sie heimlich eine Strecke Wegs voraus. Plötzlich stürzte er dann vom Essen weg, verfolgte sie mit der Reiterei und führte sie in Ketten, wie wiedereingebrachte Flüchtlinge, zurück. Auch bei dieser Komödie verlor er jedes Maß und Ziel; er begab sich nämlich wieder zum Mahl und forderte die Offiziere, die ihm die Rückkehr der Truppen meldeten, auf, so wie sie waren, in ihren Panzern, mit ihm zu speisen; ja er ermahnte sie auch mit dem bekannten Verse Vergils, »auszuharren und sich für bessere Tage zu schonen«[44].

Während er solche Possen trieb, tadelte er Senat und Volk in einem sehr ungehaltenen Edikt, weil sie, während der Kaiser kämpfe und größten Gefahren ausgesetzt sei, die Gelage bis tief in die Nacht hinein zögen, den Zirkus, die Theater und ihre hübschen Landhäuser aufsuchten.

46. Zuletzt ließ er, um diesem Scheinkrieg ein rasches Ende zu setzen, das Heer an der Küste des Ozeans aufmarschieren und Schleuder- und Kriegsmaschinen auffahren, während niemand eine Ahnung hatte, was er nun beginnen werde. Plötzlich befahl er, Muscheln zusammenzulesen und Helme und Kleider damit zu füllen, indem er ausrief: »Das ist die Kriegsbeute aus dem Ozean, die wir dem Kapitol und Palatin schulden!« Zur Erinnerung an diesen »Sieg« wurde ein sehr hoher Turm errichtet, wo nachts, wie auf dem Turm von Pharos, Feuer leuchten sollten, um den Schiffen den Weg zu weisen. Den Soldaten wurde pro Kopf ein Geschenk von hundert Denaren zugesprochen, und wie wenn er damit jedes Beispiel von Freigebigkeit übertroffen hätte, sagte er zu ihnen: »Kehrt nun fröhlich und kehrt auch reich heim!«

47. Darauf galt seine Sorge der Ausgestaltung des Triumphzuges; außer Gefangenen und Überläufern der Barbaren suchte er sich die größten Leute ganz Galliens und, wie er selbst mit einem griechischen Ausdruck sagte, die »triumphwürdigsten«, unter ihnen auch einige Fürsten, für den Festzug aus. Er zwang sie, nicht nur ihr Haar rot zu färben und lang wachsen zu lassen, sondern auch Germanisch zu lernen und barbarische Namen anzunehmen. Die Dreiruderer, mit denen er auf den Ozean hinausgefahren war, ließ er zum größten Teil auf dem Landweg nach Rom bringen, und seinen Schatzmeistern schrieb er, einen Triumph vorzubereiten, der möglichst billig kommen solle, aber doch alle bisherigen übertreffen müsse; sie könnten ja über jedermanns Güter verfügen.

48. Bevor Caligula die Provinz verließ, faßte er noch einen Plan von unerhörter Grausamkeit; er wollte nämlich die Legionen, die einst nach Augustus' Tod gemeutert, niedermachen lassen, weil sie seinen Vater Germanicus, ihren Feldherrn, und ihn selbst, der damals noch ein Kind war, im Lager festgehalten hatten[45]. Mit großer Mühe hatte man ihn von diesem verrückten

---

[44] Aeneis I 207.
[45] Vgl. Cal. 1 und 9.

Gedanken abbringen können, aber nichts konnte ihn davon zurückhalten, wenigstens jeden zehnten Mann töten zu lassen. So rief er sie denn ohne Waffen, sogar ohne Schwert, zu einer Versammlung und umzingelte sie mit bewaffneter Reiterei. Aber als er sah, daß sein Plan ruchbar geworden und viele sich davonschlichen, um für den Fall eines Gewaltaktes ihre Waffen zu holen, floh er vom Versammlungsplatz und eilte auf dem schnellsten Weg nach Rom.

Er ließ jetzt seine ganze Wut am Senat aus und drohte diesem in aller Öffentlichkeit, um auf diese Weise die Gerüchte, die über seinen Schandplan in Umlauf waren, von sich abzulenken. Unter anderem beklagte er sich, daß er um seinen verdienten Triumph gebracht werde, obwohl er kurz vorher bei Todesstrafe verboten hatte, über die ihm zu erweisenden Ehren einen Antrag zu stellen.

49. Die Abgesandten des Senats, die ihm entgegengeschickt worden waren und ihn baten, seine Reise zu beschleunigen, schrie er laut an und sagte: »Ich werde kommen, ja, ich werde kommen und dies da mit mir!« Dabei schlug er wiederholt an den Griff seines Schwerts, das er an der Seite trug. Auch verkündete er, daß er zurückkehre, aber nur für die, welche seine Rückkehr wünschten, für die Ritter und das Volk; denn für die Senatoren wolle er in Zukunft weder Bürger noch Kaiser sein. Er verbat sich auch, daß irgendein Senator ihm zum Empfang entgegenkomme, verzichtete auf den Triumph – oder verschob ihn vielmehr – und zog an seinem Geburtstag nur im kleinen Triumph in der Stadt ein.

Nicht ganz vier Monate später starb Caligula, nachdem er schreckliche Taten verübt und sich noch viel schlimmere vorgenommen hatte: so hegte er den Plan, seinen Regierungssitz nach Anzio[46] und später nach Alexandria zu verlegen, vorher aber die bedeutendsten Senatoren und Ritter umzubringen. Dieses Vorhaben kann nicht bezweifelt werden, fanden sich doch in seinem Geheimarchiv zwei Büchlein, von denen das eine den Titel ›Schwert‹, das andere ›Dolch‹ trug; beide enthielten die Namen und (angeblichen) Verbrechen der zum Tode Bestimmten. – Auch eine große Kiste wurde entdeckt, voll der verschiedensten Gifte, die Claudius kurz nach Caligulas Tod im Meer versenken ließ, wodurch dieses verseucht und die toten Fische später von der Flut an die nächsten Küsten gespült worden sein sollen.

50. Caligula war hochgewachsen, sein Teint sehr bleich, sein Leib außergewöhnlich dick, Hals und Schenkel dagegen sehr

[46] Vgl. Cal. 8.

dünn, Auge und Schläfen eingefallen, die Stirn breit und finster; Haare hatte er wenig, auf dem Scheitel gar keine, die übrigen Körperteile waren stark behaart. Deshalb galt es auch als todeswürdiges Verbrechen, von oben auf ihn herabzusehen, wenn er vorüberging, oder überhaupt aus irgendeinem Grunde nur das Wort »Ziege« auszusprechen[47]. Sein Gesicht, das schon von Natur aus abschreckend und häßlich war, suchte er noch absichtlich zu entstellen, indem er vor dem Spiegel alle möglichen schrecklichen und furchterregenden Grimassen einübte.

Caligulas körperliche und seelische Gesundheit war schwankend. Als Knabe litt er an Epilepsie, als junger Mann vermochte er ziemliche Strapazen zu ertragen, konnte aber dennoch bisweilen wegen einer plötzlichen Schwäche kaum gehen, stehen oder sich soweit zusammennehmen, daß er sich aufrecht zu halten vermochte.

Seine geistige Verwirrtheit hatte er auch selbst bemerkt, und mehrmals dachte er daran, sich zurückzuziehen und eine Kur gegen seine Geisteskrankheit zu gebrauchen. Man nimmt an, daß seine Gattin Caesonia ihm einen Liebestrank gegeben, der ihn aber wahnsinnig gemacht habe[48].

Besonders litt er unter Schlaflosigkeit; er konnte nämlich nicht länger als drei Stunden schlafen und genoß auch während dieser keinen ruhigen Schlaf, sondern wurde durch merkwürdige Traumgesichte beunruhigt. So soll er unter anderem auch einmal geträumt haben, der Geist des Meeres spreche mit ihm. Deshalb pflegte er einen großen Teil der Nacht auf seinem Bette sitzend oder durch die langen Säulenhallen irrend zu verbringen, da ihm die Schlaflosigkeit und das Wachliegen zusetzten. Immer wieder rief er dann laut den Tag herbei und ersehnte den Morgen.

51. Wohl mit Recht darf ich es auf Caligulas Geisteszustand zurückführen, daß er in sich zwei völlig entgegengesetzte Fehler vereinigte, nämlich größte Unverfrorenheit und daneben übergroße Ängstlichkeit. Der gleiche Mann nämlich, der die Götter so verachtete, pflegte beim geringsten Donner oder Blitz die Augen zu schließen, sein Haupt zu verhüllen und bei heftigeren Gewittern sich sogar von seinem Lager zu erheben und unter dem Bett zu verstecken. – Auf einer Reise in Sizilien, wo er sich über die dort an vielen Orten gezeigten Wunder lustig machte,

---

[47] Wegen der dünnen Beine und der starken Körperbehaarung.

[48] Vgl. Cal. 33, wo er von Caesonia auf der Folter herausbringen will, warum er sie so liebe; vgl. auch Iuvenal, Satiren VI 616.

floh er plötzlich nachts aus Messina, weil er durch den aus dem Gipfel des Aetna aufsteigenden Rauch und das Getöse in dessen Innern erschreckt wurde.

Gegen die Barbaren stieß er zwar heftigste Drohungen aus, als er aber jenseits des Rheins im Wagen einen Engpaß, der voll von Truppen war, passierte, und jemand sagte, daß die Verwirrung nicht klein sein würde, wenn jetzt plötzlich der Feind auftauchte, bestieg er auf der Stelle ein Pferd, eilte zu den Rheinbrücken zurück und ließ sich, da er sie durch Troßknechte und Bagage verstopft fand und diese Verzögerung nicht ertragen konnte, auf den Händen der Leute über ihre Köpfe hinweg hinübertragen. – Später, als er von einem Aufstand in Germanien hörte, bereitete er seine Flucht vor und hielt dazu Schiffe bereit. Sein einziger Trost war der Gedanke, daß ihm wenigstens die überseeischen Provinzen übrigbleiben würden, wenn die Sieger die Alpengipfel zu besetzen vermöchten, wie einst die Cimbern, oder gar Rom, wie die Senonen. Daher kommt es auch – wie ich glaube –, daß seine Mörder später auf den Gedanken verfielen, bei Caligulas Soldaten, die nach seinem Tod sich erheben wollten, die Lüge zu verbreiten, er habe aus Schreck über die Nachricht von einer unglücklichen Schlacht selbst Hand an sich gelegt.

52. Seine Kleidung und Schuhe, überhaupt sein Äußeres war weder das übliche bürgerliche, noch das eines Mannes oder immer das eines Menschen. Oft trug er sogar in der Öffentlichkeit buntbestickte, mit Edelsteinen besetzte Mäntel, eine Tunika mit langen Ärmeln und dazu Armbänder; manchmal kleidete er sich in Seide und Frauengewänder; bald kam er in Sandalen oder Kothurnen daher, bald in Soldatenstiefeln, wie sie die Späher tragen, bisweilen sogar in Damenschuhen. Meist sah man ihn aber mit goldenem Bart, den Blitz, Dreizack oder Schlangenstab in Händen – alles Abzeichen der Götter; ja sogar als Venus kostümiert trat er auf. – Den Ornat eines Triumphators trug er häufig, auch schon vor seinem Feldzug, bisweilen auch den Panzer Alexanders des Großen, den er aus dessen Grab hatte nehmen lassen.

53. Von den freien Künsten galt seine Aufmerksamkeit am wenigsten der Literatur, am meisten aber der Redekunst, worin er auch eine große Leichtigkeit und Schlagfertigkeit besaß, besonders wenn er gegen jemand auftrat. Im Zorn flogen ihm Worte und Gedanken nur so zu, und auch Aussprache und Stimme wurden dann beeinflußt, so daß er vor Eifer nicht am

selben Ort stehenbleiben konnte und auch in weiter Entfernung gut verstanden wurde.

Vor einer Rede pflegte er drohend zu sagen, daß er jetzt das in nächtlicher Arbeit geschliffene Schwert ziehe. Auch verachtete er einen weichlichen und zierlichen Stil und sagte von Seneca, dem damals beliebtesten Schriftsteller, er verfasse »bare Prunkreden« und sein Stil sei wie »Sand ohne Kalk«.

Häufig verfaßte er auch Entgegnungen auf erfolgreiche Reden, bereitete Anklagen und Verteidigungen für bekannte, beim Senat angeklagte Persönlichkeiten vor, und zwar, wie es ihm gerade in die Feder kam, für oder gegen sie, und auch der Ritterstand wurde durch Edikte zum Zuhören eingeladen.

54. Aber er widmete sich auch leidenschaftlich verschiedenen Künsten anderer Art. Er war thrakischer Fechter, Wagenlenker, Sänger und Tänzer, er schlug sich mit scharfen Waffen und fuhr sein Gespann an vielen Orten im Zirkus. Seine Freude am Singen und Tanzen trieb ihn so weit, daß er sich sogar an öffentlichen Schauspielen nicht zurückhalten konnte, den gerade auftretenden Tragöden mit seiner Stimme zu begleiten und die Gesten des Schauspielers vor aller Augen lobend oder tadelnd nachzuahmen. Und aus keinem andern Grund scheint er an seinem Todestag noch eine nächtliche Feier angesagt zu haben, als um persönlich im Schutze der Nacht auf der Bühne auftreten zu können.

Gerade nachts tanzte er auch bisweilen. Einmal ließ er drei ehemalige Konsuln kurz vor Mitternacht in seinen Palast rufen und sie in großer Angst und das Schlimmste befürchtend auf einem Podium Platz nehmen. Darauf sprang er plötzlich unter lautem Getön von Flöten und Fußklappern in langem Mantel und Tunika hervor, tanzte zur Musik und verschwand wieder. – Aber er, der alles so leicht lernte, konnte nicht schwimmen.

55. Wenn Caligula zu jemandem eine Zuneigung gefaßt hatte, so grenzte die Art, wie diese Leute bevorzugt wurden, an Verrücktheit. So küßte er den Pantomimen Mnester selbst während der Vorstellungen, und wenn jemand, solange dieser tanzte, auch nur das geringste Geräusch machte, so wurde er von seinem Platz fortgeschleppt, und der Kaiser schlug ihn mit eigner Hand. Einem römischen Ritter, der einmal beim Auftritt des Künstlers Lärm verursachte, ließ er durch einen Offizier melden, er habe sich ohne Verzögerung nach Ostia zu begeben und von dort aus dem König Ptolemaeus ein Schreiben nach Mauretanien zu überbringen.

Dessen Inhalt lautete: »Dem Manne, den ich zu Dir sende, tue weder Gutes noch Böses.«

Einige thrakische Fechter stellte er an die Spitze seiner germanischen Leibwache, verschlechterte hingegen die Bewaffnung der Murmillonen. Einem von diesen, namens Columbus, der zwar im Gefecht gesiegt hatte, aber leicht verwundet worden war, ließ er Gift in die Wunde träufeln, das er dann das »Columbinische« nannte. Auf jeden Fall fand man diese Bezeichnung, von seiner Hand geschrieben, unter den Aufschriften seiner Gifte.

Der Partei der »Grünen«[49] war er restlos verschrieben. So speiste er zum Beispiel häufig in ihrem Gebäude und blieb dort auch über Nacht. Einem von ihnen, dem Wagenlenker Eutychus, gab er bei einem Gelage als Gastgeschenk zwei Millionen Sesterzen.

Am Tage vor den Rennen im Zirkus ließ er durch Soldaten in der Nachbarschaft Ruhe befehlen, damit sein Pferd »Incitatus« (Heißsporn) nicht beunruhigt würde. Außer einem Stall aus Marmor, einer Krippe aus Elfenbein, purpurnen Decken und Geschmeiden aus Edelsteinen gab er ihm auch einen eignen Palast, Sklaven und Hausrat, damit die im Namen des Pferdes eingeladenen Gäste mit besonderem Luxus empfangen werden könnten. Er soll auch beabsichtigt haben, es zum Konsul zu machen.

56. Es konnte nicht anders sein, als daß viele Leute den Plan faßten, einen Menschen, der sich zu solchen Verrücktheiten und Verbrechen verstieg, auf die Seite zu schaffen. Aber nachdem die eine und andere Verschwörung aufgedeckt worden war und andere Leute aus Mangel an Gelegenheit noch zögerten, faßten zwei Männer gemeinsam den Plan zu einem Attentat und führten ihn auch aus. Die einflußreichsten kaiserlichen Freigelassenen und Gardepräfekten waren ebenfalls eingeweiht. Diese fühlten nämlich, daß Caligula sie, weil bereits einmal, wenn auch fälschlich, als Teilnehmer einer Verschwörung bezeichnet, verdächtigte und mit seinem Haß verfolgte. Sogleich nach Entdeckung des Anschlags hatte er sie damals, um sie bei Hofe unbeliebt zu machen, auf die Seite genommen und ihnen, das gezückte Schwert in Händen, versichert, daß er sich freiwillig das Leben nehmen werde, wenn er ihnen als todeswürdig erscheine;

---

[49] Die Rennfahrer bildeten Parteien und trugen Trikots in verschiedenen Farben: die »Grünen«, »Blauen«, »Weißen« und »Roten«. Domitian (vgl. Dom. 7) fügte noch zwei hinzu, die »Goldenen« und »Purpurnen«.

und seitdem hatte Caligula nichts unterlassen, um den einen beim andern zu verdächtigen und sie alle untereinander zu verhetzen.

Es wurde beschlossen, ihn anläßlich der Palatinischen Spiele beim Verlassen des Theaters zu überfallen. Cassius Chaerea, Tribun einer Prätorianerkohorte, verlangte die Hauptrolle zu spielen, da Gaius (Caligula) diesen schon älteren Offizier als schlaffen Weichling zu bezeichnen und ihm allen möglichen Schimpf anzutun pflegte; so gab er ihm zum Beispiel als Losungsworte »Priapus« oder »Venus«, oder er reichte dem Tribun, wenn dieser ihm aus irgendeinem Grund dankte, in unzüchtiger Form und Bewegung die Hand zum Kuß.

57. Viele Vorzeichen deuteten auf Caligulas kommende Ermordung. In Olympia fing plötzlich das Iuppiterstandbild, das er auseinandernehmen und nach Rom schaffen lassen wollte, so laut zu lachen an, daß die Arbeiter von den schwankenden Gerüsten flohen. Wenig später kam ein gewisser Cassius dorthin, der behauptete, es sei ihm im Traume befohlen worden, Iuppiter einen Stier zu opfern[50]. – In Capua schlug am fünfzehnten März der Blitz im Kapitol ein, ebenso in Rom in die Wohnung des Haushofmeisters des Kaiserpalastes. Es fehlte auch nicht an Leuten, die die Vermutung aussprachen, letzteres Zeichen deute auf eine Gefahr, die dem Kaiser von seinen eignen Wächtern drohe, ersteres auf einen Mord an einer hochgestellten Persönlichkeit, wie ein solcher schon einmal am gleichen Tag geschehen war[51]. – Als Caligula den Astrologen Sulla über sein Horoskop befragte, sagte dieser ihm aufs bestimmteste ein baldiges gewaltsames Ende voraus. – Auch das Orakel von Anzio[52] mahnte ihn, sich vor Cassius in acht zu nehmen. Deshalb hatte er den Befehl gegeben, Cassius Longinus, den damaligen Statthalter von Kleinasien, zu ermorden, da er nicht daran dachte, daß auch Chaerea den Namen Cassius trage. – Am Tag vor seinem Tode träumte ihm, er stehe im Himmel neben Iuppiters Thron; dieser habe ihm mit der großen Zehe des rechten Fußes einen Stoß gegeben und ihn auf die Erde hinabgestürzt.

Zu den Vorzeichen rechnete man auch die Ereignisse, die sich zufällig am Todestag selbst kurz vor der Ermordung zutrugen. Beim Opfer wurde Caligula vom Blut eines Flamingos besprizt,

[50] Über die Demontierung der Götterbilder durch Caligula vgl. Cal. 22. – Cassius: der Mann trägt den gleichen Namen wie einer der Caesarmörder. Dies, wie auch der Befehl des Traumes, ist von böser Vorbedeutung.

[51] Caesars Ermordung am 15. März 44 v. Chr.

[52] Die *Fortunae Antiatinae*, am vermutlichen Geburtsort Caligulas; vgl. Cal. 8.

und der Pantomime Mnester tanzte die gleiche Rolle in der gleichen Tragödie, die einst der tragische Schauspieler Neoptolemus in der Aufführung, bei der Philipp, der König der Makedonen, ermordet worden war, gespielt hatte[53]; bei dem Mimusspiel ›Laureolus‹, in dem der Schauspieler sich aus einem einstürzenden Haus zu retten und Blut zu speien hat, versuchten mehrere Darsteller zweiten Ranges wetteifernd eine Probe ihrer Kunst zu geben, und die ganze Bühne schwamm im Blut. – Man bereitete auch für die Nacht ein Schauspiel vor, bei dem Szenen aus der Unterwelt durch Ägypter und Äthiopier aufgeführt werden sollten.

58. Am vierundzwanzigsten Januar, ungefähr um ein Uhr nachmittags, war Caligula noch unschlüssig, ob er seinen Platz im Theater verlassen solle, um sich zum Essen zu begeben, da sein Magen noch von den gestrigen Speisen überladen war; endlich, auf Zureden seiner Freunde hin, erhob er sich. In einem Korridor, durch den er gehen mußte, bereiteten sich eben vornehme Knaben, die man aus Kleinasien zu einer Aufführung hatte kommen lassen, auf ihren Auftritt vor. Er blieb bei ihnen stehen, um ihnen zuzuschauen und sie aufzumuntern, und wenn der Chef der Truppe nicht über Kälte geklagt hätte, wäre Caligula wieder an seinen Platz zurückgekehrt und hätte sogleich die Schaustellung beginnen lassen.

Über das, was jetzt folgte, liegen zwei verschiedene Berichte vor: die einen erzählen, daß ihn Chaerea, während des Gesprächs mit den Knaben, von hinten mit einem Schwerthieb am Hals schwer verletzte; vorher habe dieser noch gesagt: »Tu es!«[54]. Darauf durchbohrte der Tribun Cornelius Sabinus, der zweite Mitverschworene, von vorne Caligulas Brust.

Der andere Bericht lautet: Sabinus habe, nachdem die Menge durch mitverschworene Offiziere entfernt worden sei, dienstlich um Bekanntgabe der Losung gebeten. Als Gaius (Caligula) »Iuppiter« sagte, habe Chaerea ausgerufen: »So sei's denn erfüllt!« und dem Kaiser, der sich nach ihm umwandte, das Kinn gespalten. Während dieser schmerzverkrümmt am Boden lag und rief, er lebe noch, wurde er von den übrigen Verschworenen durch dreißig Hiebe erledigt. Ihre Parole war nämlich »Noch einmal!« gewesen. Einige stießen ihm sogar das Schwert durch die

---

[53] Über das Opfer von Flamingos vgl. Cal. 22. – Philipp: der Vater Alexanders des Großen, ermordet 336 v.Chr.

[54] Religiöse Formel. Der Opferschlächter fragt den Priester vor dem eigentlichen Opfer: »*agone?*« (soll ich's tun?), worauf der Priester antwortet: »*hoc age!*« (tu es!). Dieses Wort gebraucht hier Chaerea.

Schamteile. Beim ersten Lärm eilten des Kaisers Sänftenträger mit Stangen zu Hilfe, bald auch die Germanen der Leibwache, und es wurden einige der Mörder sowie auch mehrere ganz unschuldige Senatoren getötet.

59. Caligula lebte neunundzwanzig Jahre, Kaiser war er während dreier Jahre, zehn Monate und acht Tage. Seine Leiche wurde heimlich in die Gärten des Lamia gebracht, auf einem hastig errichteten Scheiterhaufen nur halb verbrannt und dann mit einer leichten Rasenschicht zugedeckt. Später ließen seine aus dem Exil zurückgekehrten Schwestern die Reste ausgraben, verbrennen und beisetzen. Es ist glaubhaft überliefert, daß vor dieser endgültigen Bestattung die Parkwächter durch Gespenster erschreckt wurden; auch in dem Raum, in dem er ums Leben kam, verging keine Nacht ohne irgendeinen Spuk, bis dieser bei einem Brand zerstört wurde.

Zugleich mit ihm starb seine Frau Caesonia, die ein Offizier mit dem Schwert durchbohrte, und seine Tochter, die gegen eine Wand geschmettert wurde.

60. Aus folgenden Geschehnissen kann man die Verhältnisse zu jener Zeit ebenfalls zur Genüge beurteilen: die Nachricht von seiner Ermordung fand nämlich nicht sofort Glauben, und es entstand der Verdacht, daß von Gaius (Caligula) selbst das Gerücht erfunden und verbreitet worden sei, um dadurch die Gesinnung der Leute ihm gegenüber zu erfahren; auch hatten die Verschworenen niemanden zur Übernahme der Regierung bestimmt; und der Senat war so sehr geneigt, die wiedergewonnene Freiheit zu behalten, daß zum Beispiel die Konsuln den Senat zuerst nicht ins Rathaus, da es nach Caesar das Iulische hieß, sondern aufs Kapitol einberiefen. Einige stellten sogar den Antrag, als sie zum Wort kamen, die Erinnerung an die Caesaren zu tilgen und ihre Tempel zu zerstören. Vor allem aber wurde bemerkt und für beachtenswert gehalten, daß alle Caesaren mit dem Beinamen Gaius durchs Schwert umgekommen seien, und zwar von demjenigen an, der zur Zeit Cinnas ermordet worden war[55].

---

[55] Gaius Iulius Caesar Strabo wurde 87 v. Chr. ermordet. Für den Vater des Diktators gilt diese Angabe nicht.

Claudius
10 v. Chr. – 54 n. Chr.

1. Drusus, der Vater des Kaisers Claudius, trug zuerst den Vornamen Decimus, dann Nero. Er war der Sohn Livias, die, als sie schon schwanger war, Augustus' Gattin wurde[1]. Sie kam mit ihm kaum drei Monate nach ihrer Verheiratung nieder, und man vermutete, daß er aus dem ehebrecherischen Verhältnis, das sie mit seinem Stiefvater unterhielt, hervorgegangen sei. Auf jeden Fall kam gleich der griechische Vers in Umlauf:

Vom Glück begünstigt, hast Dreimonatskinder du.

Dieser Drusus war als Quästor und Prätor Feldherr im Rätischen und darauf im Germanischen Krieg; er war auch der erste römische General, der den nördlichen Ozean befuhr und am rechten Rheinufer Kanäle ziehen ließ, ein heikles und ungeheures Werk, das bis heute seinen Namen trägt[2]. In vielen Schlachten schlug er den Feind, trieb ihn bis zu innerst in die Wildnis zurück und ließ nicht eher von der Verfolgung ab, als bis eine Barbarenfrau von übermenschlicher Größe in lateinischer Sprache dem Sieger verbot, weiter vorzudringen.

Auf Grund dieser Erfolge erhielt er das Recht des kleinen Triumphes und die Triumphabzeichen. Bald nach der Prätur zum Konsul gewählt, nahm er seinen Feldzug wieder auf, starb aber an einer Krankheit im Sommerlager, das man aus diesem Grunde »Verfluchtes Lager« nannte. Seine Leiche wurde von den Würdenträgern der Land- und Koloniestädte begleitet, dann von den Dekurien der Staatsschreiber auf dem Weg übernommen und nach Rom gebracht. Begraben wurde er auf dem Marsfeld. Ferner errichtete ihm das Heer einen Ehrengrabhügel, um den jedes Jahr an einem bestimmten Tag die Soldaten defilierten und bei dem die gallischen Stämme von Staats wegen Opfer darbrachten. Außerdem ließ der Senat neben vielen anderen Ehrungen an der Appischen Straße einen marmornen Triumphbogen mit Siegeszeichen für ihn errichten und verlieh ihm und seinen Nachkommen den Beinamen Germanicus.

[1] Vgl. Aug. 62.
[2] Rätischer Krieg: 15 v. Chr., mit Tiberius zusammen, vgl. Tib. 9 und Horaz, Oden IV 14. Germanischer Krieg: 12–9 v. Chr. – Kanäle = *Fossae Drusianae* (vgl. Tacitus, Annalen II 8, 1), Verbindung des Rheins mit der Zuidersee.

In Drusus waren kriegerische und bürgerliche Tugenden in gleichem Maß vereinigt; es wird nämlich berichtet, daß es ihm nicht genügte, nur Sieger zu bleiben, sondern daß er auch selbst feindliche Rüstungen erbeutete und öfters unter Lebensgefahr germanische Führer mit seinem ganzen Heer verfolgte; andrerseits soll er aber nie ein Hehl daraus gemacht haben, daß er, wenn er es könne, die einstige republikanische Staatsform wieder herbeiführen werde.

Das ist auch der Grund, wie ich glaube, daß einige Schriftsteller zu erzählen wagten, er sei Augustus verdächtig gewesen und von ihm aus der Provinz zurückgerufen worden; man habe ihn dann, da er zögerte, diesem Befehl nachzukommen, durch Gift beiseitegeschafft[3]. Das gebe ich allerdings nur wieder, um nichts zu übergehen, nicht weil ich es etwa für wahr oder auch nur wahrscheinlich hielte; solange Drusus lebte, liebte ihn nämlich Augustus so sehr, daß er ihn immer zum Miterben seiner Söhne bestimmte, was er auch im Senat einmal bestätigte; und in seiner Leichenrede vor der Volksversammlung betete er sogar zu den Göttern, sie sollten seine Caesaren[4] dem Drusus ähnlich machen und ihm selbst einmal einen so ehrenvollen Tod schenken, wie sie ihn jenem gegeben hätten. Und nicht damit zufrieden, auf Drusus' Grab einen selbstgedichteten Grabspruch in Versform einmeißeln zu lassen, verfaßte er auch Drusus' Lebensgeschichte in Prosa.

Drusus hatte von seiner Gattin Antonia der Jüngeren mehrere Kinder, von denen ihn aber nur drei überlebten: Germanicus, Livilla und Claudius.

2. Claudius wurde unter dem Konsulat des Iullus Antonius und Fabius Africanus am ersten August in Lyon geboren, am gleichen Tag, an dem man dort zum erstenmal einen Augustusaltar weihte. Er erhielt den Namen Tiberius Claudius Drusus. Als bald darauf sein älterer Bruder (Germanicus) in die Iulische Familie adoptiert wurde, nahm Claudius den Beinamen Germanicus an[5]. Schon als kleines Kind verlor er seinen Vater. Er litt fast während seiner ganzen Knaben- und Jünglingsjahre an verschiedenen hartnäckigen Krankheiten, und zwar so, daß er sowohl geistig als auch körperlich zurückblieb und

---

[3] Vgl. Tib. 50.

[4] Augustus' beide Enkelsöhne Gaius und Lucius Caesar.

[5] 4 n. Chr., vgl. Tib. 15 und Cal. 1 und 4. Als Augustus den Tiberius adoptierte, mußte dieser Germanicus adoptieren.

man ihn auch noch in höherem Alter für unfähig hielt, irgendeine öffentliche oder private Funktion auszuüben.

Lange Zeit, auch als er schon mündig geworden war, blieb er unter fremder Aufsicht und hatte einen Erzieher; er selbst beklagt sich in einer Schrift über diesen Mann – einen Barbaren und ehemaligen Stallmeister: dieser sei ihm absichtlich beigegeben worden, um ihn bei der geringsten Veranlassung aufs grausamste zu strafen.

Eben seiner schlechten Gesundheit wegen mußte er auch in einem Kapuzenmantel den Vorsitz bei einem Gladiatorenspiel führen, das er zusammen mit seinem Bruder zum Andenken an seinen Vater gab – ein noch nie dagewesenes Ereignis; und am Tage, da er die Männertoga erhielt, wurde er um Mitternacht ohne jede Feierlichkeit in einer Sänfte aufs Kapitol getragen.

3. Dennoch betrieb er seit seiner frühen Jugendzeit mit nicht geringem Eifer die freien Künste und veröffentlichte auch oft seine Versuche in den verschiedenen Disziplinen. Aber trotz allem erlangte er keinerlei Ansehen und vermochte auch nicht irgendwelche Hoffnungen auf eine glänzendere Zukunft zu erwecken.

Antonia, seine eigene Mutter, nannte ihn ein Scheusal von einem Menschen, der von der Natur nicht vollendet, sondern nur begonnen worden sei; und wenn sie jemand für besonders dumm hielt, sagte sie, er sei blöder als ihr Sohn Claudius. Augusta, seine Großmutter, verachtete ihn immer aus tiefstem Herzen; sie sprach nur höchst selten mit ihm und pflegte ihm ihre Ratschläge nur in einem bitteren kurzen Schreiben oder durch Dritte zu geben. Livilla, seine Schwester, hatte einmal gehört, daß Claudius einst Kaiser werden könnte, und klagte darauf in aller Öffentlichkeit laut über ein so ungerechtes und unwürdiges Los des römischen Staates. Was Claudius' Großonkel Augustus anbelangt, so habe ich einige Stellen aus seinen Briefen angeführt, um deutlicher erkennen zu lassen, wie er von seinen guten und schlechten Seiten dachte.

4. »Wie Du es mir aufgetragen hast, meine liebe Livia, habe ich mit Tiberius gesprochen, was Dein Enkel Tiberius (Claudius) an den Marsspielen zu tun habe. Wir sind uns beide darin einig, ein für allemal festzulegen, welche Haltung wir ihm gegenüber einnehmen wollen. Denn wenn er ›in jeder Beziehung‹ – Entschuldigung für den Ausdruck – ›normal‹ ist, warum sollten wir dann noch zögern, ihn auf denselben Sprossen und Stufen

emporsteigen zu lassen, auf denen auch sein Bruder[6] emporgestiegen ist? Wenn wir aber das Gefühl haben, daß ihm ›etwas fehle‹ und er ›sowohl körperlich als auch geistig nicht ganz auf der Höhe sei‹, dann dürfen wir den Leuten, ›die gewohnt sind, über solche Dinge zu spotten und zu kichern‹, keinen Stoff geben, jenen und uns zu verlachen. Denn ›falls wir nicht ein für allemal festgelegt haben‹, ob wir ihn überhaupt für fähig halten, Ehrenämter zu bekleiden oder nicht, werden wir bei jeder Beratung seine Laufbahn betreffend im Ungewissen über unser Vorgehen sein. Im vorliegenden Fall aber, auf den sich Deine Frage bezieht, mißfällt es uns nicht, daß er bei den Marsspielen das Festessen der Priester besorge, unter der Bedingung allerdings, daß er sich vom Sohne des Silvanus, seinem Verwandten[7], beraten lasse, damit er nichts anstellt, wodurch er unangenehm auffallen oder verspottet werden könnte. Daß er den Zirkusspielen von unserer Loge aus zusieht, gefällt uns nicht; denn an so exponierter Stelle würde er aller Augen auf sich ziehen. Wir wollen auch nicht, daß er während des Latinerfestes auf den Albanerberg gehe oder in Rom bleibe. Denn wenn er seinem Bruder auf den Berg folgen kann, warum kann er dann nicht auch das Amt eines Stadtpräfekten übernehmen? Das sind unsere Entschlüsse, meine liebe Livia, mit denen wir ein für allemal in der ganzen Angelegenheit Richtlinien gegeben haben wollen, damit wir nicht immer zwischen Hoffnung und Furcht schweben. Wenn Du willst, kannst Du auch unserer lieben Antonia diesen Teil des Briefes zu lesen geben.«

In einem anderen Brief wieder schreibt er: »Während Deiner Abwesenheit werde ich täglich den jungen Tiberius (Claudius) zum Essen einladen, damit er nicht allein mit seinem Sulpicius und Athenodorus essen muß. Ich wollte, er wählte sich mit mehr Sorgfalt und weniger ›Unüberlegtheit‹ einen Kameraden, dessen Bewegung, Haltung und Gang er nachahmen würde. Der arme Kleine ›hat kein Glück‹, denn ›in wichtigen Angelegenheiten‹, wenn sein Geist nicht verwirrt ist, wird ›der Adel seines Geistes‹ offenbar.«

In einem dritten Brief heißt es: »Meine liebe Livia, ich habe mit Vergnügen Deinen Enkel eine Rede halten hören, und Gott straf' mich, wenn ich nicht staunte; denn ich verstehe nicht, wie jemand, der so ›undeutlich‹ spricht, beim

---

[6] Germanicus. – Hier und in den folgenden Briefen sind Stellen in Anführungszeichen im Original griechische Ausdrücke.

[7] Bruder der Plautia Urgulanilla, Claudius' erster Gattin; vgl. Claud. 26.

Vortrag einer Rede alles, was er zu sagen hat, so ›deutlich‹ sagen kann.«

Die Anordnungen, die Augustus darauf getroffen hat, sind klar, hat er doch Claudius zu keinem Ehrenamt gelangen lassen, außer zur Würde eines Auguralpriesters; auch wurde er im Testament nur als Erbe dritten Grades eingesetzt, fast unter den Fremden, mit einem Sechstelanteil und einem Legat, das achthunderttausend Sesterzen nicht überschritt[8].

5. Sein Onkel Tiberius, an den er sich um eine Ehrung wandte, verlieh ihm nur die Abzeichen eines Konsuls. Als Claudius aber dringender um wirkliche Ehren nachsuchte, schrieb ihm Tiberius in einem kurzen Brief bloß zurück, er schicke ihm hier für die Saturnalien und Sigillarien vierzig Goldstücke. Da erst ließ er die Hoffnung, je eine Würde zu erlangen, sinken und gab sich ganz dem Müßiggang hin, indem er sich bald in seine Gärten, bald in sein Vorstadthaus, bald auf seinen Landsitz in Campanien zurückzog. Dabei kam er durch den Umgang mit den verworfensten Menschen in den üblen Ruf, ein Trinker und Spieler zu sein, abgesehen vom alten Vorwurf der Dummheit.

6. Trotz dieser Lebensweise ließen es weder Privatpersonen noch die Öffentlichkeit an Aufmerksamkeiten oder an der nötigen Ehrerbietung fehlen. Die Ritter wählten ihn zweimal zu ihrem Vertreter, um in ihrem Namen zu sprechen: das eine Mal, als sie die Konsuln baten, Augustus' Leichnam auf ihren Schultern nach Rom tragen zu dürfen, das andere Mal, um die Konsuln zum Sturz Sejans zu beglückwünschen. Ja, man pflegte sogar bei seinem Eintritt ins Theater aufzustehen und die Mäntel abzulegen[9].

Auch der Senat beschloß, ihn als außerordentliches Mitglied in das durchs Los gewählte Augustuspriesterkollegium aufzunehmen, und später, sein Haus, das er durch einen Brand verloren hatte, auf Staatskosten wieder aufzubauen. Ferner sollte ihm das Recht verliehen werden, unter den Senatoren konsularischen Ranges abstimmen zu können. Dieser Beschluß wurde aber von Tiberius mit der Begründung aufgehoben, daß Claudius geistesschwach sei; dafür versprach er, den Brandschaden aus eigenen Mitteln wiedergutzumachen. Auf jeden Fall bezeichnete ihn Tiberius bei seinem Tode als Erben dritten Grades mit einem Drittelanteil, bedachte ihn mit einem Legat

---

[8] Vgl. Aug. 101.
[9] Das Verbot des Augustus, einen Mantel bei offiziellen Anlässen zu tragen, scheint also nicht durchgedrungen zu sein; vgl. Aug. 40.

von ungefähr zwei Millionen Sesterzen und empfahl ihn unter ausdrücklicher Namensnennung mit seinen andern Verwandten der Armee und dem römischen Senat und Volk.

7. Erst unter Gaius (Caligula), dem Sohn seines Bruders, der zu Beginn seiner Herrschaft durch alle möglichen Liebenswürdigkeiten einen günstigen Eindruck zu erwecken suchte, wurde Claudius zu Ehrenstellen zugelassen und bekleidete mit Gaius zusammen während zweier Monate das Konsulat[10]. Als er zum erstenmal mit den Rutenbündeln das Forum betrat, geschah es, daß sich ein vorbeifliegender Adler auf seiner rechten Schulter niederließ. Auch erhielt er drei Jahre später durch das Los zum zweitenmal das Konsulat und führte als Gaius' Vertreter verschiedentlich den Vorsitz bei den Schauspielen, wobei das Volk in den Ruf ausbrach: »Glück dem Onkel des Kaisers!« oder auch: »Glück dem Bruder des Germanicus!«

8. Trotz alledem blieb er auch jetzt nicht von Kränkungen verschont. Denn wenn er einmal ein wenig zu spät zur festgesetzten Essenszeit erschien, so erhielt er nur mit Mühe, und erst nachdem er rings um den Tisch gegangen war, einen Platz; und sooft er nach dem Essen einnickte, was ihm fast immer passierte, wurde er mit Oliven- oder Dattelkernen beworfen, bisweilen auch von den Possenreißern wie zum Scherz mit Peitschen und Pritschen aufgeweckt. Sie pflegten dem Schnarchenden auch Frauenschuhe über die Hände zu ziehen, damit er sich, wenn er plötzlich erwachte, das Gesicht damit wundreibe.

9. Selbst Gefahren war er ausgesetzt. Gleich anfangs, noch während seines Konsulats, wäre er fast seines Amtes enthoben worden, weil er die Ausführung und Aufstellung der Statuen von Nero und Drusus, den Brüdern des Kaisers, vernachlässigt hatte. Sodann wurde er beständig durch verschiedene Anklagen sowohl Fremder als auch seiner Hausgenossen beunruhigt. Als aber die Verschwörung des Lepidus und Gaetulicus aufgedeckt wurde[11], sandte man ihn mit anderen Abgeordneten nach Germanien, um dem Kaiser Glückwünsche zu überbringen. Bei dieser Gelegenheit kam er sogar in Lebensgefahr, da Gaius (Caligula) in höchste Wut geriet, daß man ausgerechnet seinen Onkel geschickt hatte, wie wenn er noch ein Kind wäre, das der Aufsicht bedürfe; und es gibt auch einige Leute, die berichten, daß er Claudius gleich nach seiner Ankunft in den Kleidern in einen Fluß habe werfen lassen. Seit dieser Zeit war er immer

[10] Vgl. Cal. 15.
[11] Vgl. Cal. 24 und Galba 6.

der letzte der Konsulare, der im Senat seine Stimme abgab, da man ihn, um ihn zu kränken, erst nach allen andern befragte.

Auch eine Untersuchung wegen Fälschung eines Testamentes, das er selbst mit unterschrieben hatte, wurde gegen ihn eingeleitet. Zuletzt zwang man ihn, acht Millionen Sesterzen für seinen Eintritt in das neue Priesterkollegium[12] zu bezahlen, worauf er in solche Geldnot geriet, daß er seinen gegenüber der Staatskasse eingegangenen Verpflichtungen nicht nachkommen konnte und seine Habe gemäß einem Anschlag der Vorsteher der Staatskasse nach den geltenden Schuldbestimmungen bedingungslos zum Verkauf ausgeschrieben wurde.

10. Unter solchen und ähnlichen Verhältnissen verbrachte er den größten Teil seines Lebens, als er im Alter von fünfzig Jahren dank einem ganz wunderbaren Zufall zur Herrschaft gelangte. Da die Verschworenen ihn wie auch alle übrigen unter dem Vorwand, Gaius (Caligula) wünsche allein zu sein, vom Kaiser fernhielten, hatte er sich in einen, Hermaeum genannten, Pavillon begeben. Wenig später schlich er sich, durch das Gerücht von des Kaisers Ermordung erschreckt, auf eine nahe Terrasse und verbarg sich dort hinter den Türvorhängen.

Ein zufällig herumrennender Soldat sah seine Füße, wollte wissen, wer das sei, erkannte ihn, zog ihn aus seinem Versteck, und als sich Claudius voll Furcht vor ihm auf die Knie warf, begrüßte er ihn als Kaiser. Darauf führte er ihn zu seinen Kameraden, die noch unentschlossen waren und nichts anderes taten als Drohungen ausstoßen. Von ihnen wurde er in eine Sänfte gesetzt und abwechselnd auf ihren Schultern bis zum Lager getragen, da seine Sklaven geflohen waren. Claudius selbst war traurig und ängstlich, während die Leute, die ihnen begegneten, ihn beklagten, wie wenn man ihn, einen Unschuldigen, zur Hinrichtung führe. Im Lager angekommen, verbrachte er die Nacht unter den Wachen, immer noch kaum auf den Thron hoffend, aber wenigstens nicht mehr für sein Leben fürchtend; die Konsuln hatten nämlich, in der Absicht, allgemeine Freiheit auszurufen, mit dem Senat und den Stadtkohorten Forum und Kapitol besetzt. Er selbst wurde durch die Volkstribunen ins Rathaus berufen, um zu raten, was zu tun sei. Er werde durch Gewalt und zwingende Umstände zurückgehalten, war seine Antwort.

Am folgenden Tag aber, als der Senat einer gewissen Verstimmung wegen, die sich aus Meinungsverschiedenheiten ergeben hatte, bei der Durchführung seiner Pläne allzu langsam vorging

[12] Für den Gott Caligula; vgl. Cal. 22.

und die Menge, die das Rathaus umgab, schon *einen* Herrscher verlangte und ihn mit Namen nannte, duldete es Claudius, daß die in Waffen versammelten Soldaten auf seinen Namen schworen, und versprach jedem fünfzehntausend Sesterzen. Er war somit der erste Kaiser, der sich die Treue der Soldaten mit einer Belohnung erkaufte.

11. Nachdem er seine Herrschaft gesichert hatte, kam es ihm vor allem darauf an, die Erinnerung an diese zwei Tage, da man an einen Verfassungswechsel gedacht hatte, zu tilgen. Er verkündete deshalb vollständige Amnestie für alles, was während dieser Tage getan oder gesagt worden war, und hielt dieses Versprechen auch. Nur wenige Tribunen und Centurionen aus der Reihe der gegen Gaius Verschworenen wurden hingerichtet, einmal um ein Exempel zu statuieren, und ferner weil er erfahren hatte, daß diese auch seinen Tod gefordert hatten.

Danach war ihm daran gelegen, seine Sohnesliebe zu bezeugen, und er beschloß, keinen Schwur höher zu achten und häufiger anzuwenden, als den bei Augustus' Namen. Er war dafür besorgt, daß seiner Großmutter Livia göttliche Ehren[13] und im Zirkusumzug ein von Elefanten gezogener Wagen, ähnlich dem des Augustus, zuteil wurde; für seine Eltern ordnete er ein Staatsbegräbnis und dazu noch für seinen Vater jährlich an dessen Geburtstag zu feiernde Zirkusspiele an; seine Mutter aber erhielt einen Wagen, auf dem ihr Bild durch den Zirkus geführt wurde, und den Beinamen Augusta, den sie zu ihren Lebzeiten abgelehnt hatte. – Das Andenken an seinen Bruder wurde bei jeder Gelegenheit gefeiert, und er ließ sogar bei den Wettspielen in Neapel eine seiner griechischen Komödien[14] aufführen und gemäß dem Urteil der Richter preiskrönen. – Selbst Marcus Antonius ging nicht ohne Ehren und dankbare Erwähnung aus; Claudius erklärte nämlich einmal in einem Edikt, er bitte um so dringender, daß der Geburtstag seines Vaters Drusus festlich begangen werde, da auf den gleichen Tag auch der Geburtstag seines Großvaters Antonius falle. – Für Tiberius ließ er neben dem Pompeiustheater einen marmornen Triumphbogen errichten, dessen Bau zwar einst vom Senat beschlossen, aber dann nicht ausgeführt worden war. – Obschon er alle Erlasse Gaius' (Caligulas) für nichtig erklärte, verbot er doch, den Tag seiner Ermordung unter die Festtage aufzunehmen, obgleich es auch der Tag seines eignen Regierungsantritts war.

---

[13] Tiberius hatte dies verboten, vgl. Tib. 51, Caligula über Livia gewitzelt, vgl. Cal. 23.
[14] Über Germanicus' griechische Komödien vgl. Cal. 3. – Über die Spiele in Neapel vgl. Aug. 98.

12. Dagegen war Claudius von bürgerlicher Bescheidenheit, wenn es galt, seine persönliche Würde zu erhöhen; so nahm er den Vornamen Imperator nicht an, wies übertriebene Ehrungen zurück und beging die Verlobung seiner Tochter und den Geburtstag seines Enkels in aller Stille und nur mit einer häuslichen Feier. – Kein Verbannter wurde ohne Senatsbeschluß wieder in seine Rechte eingesetzt. – Daß er den Kommandanten der Leibgarde und ihre Tribunen als Begleitung mit sich ins Rathaus nehmen dürfe und man den richterlichen Entscheiden seiner Prokuratoren Rechtskraft zubillige, bat er sich wie eine Vergünstigung aus. – Die Konsuln ersuchte er um die Bewilligung, auf seinen Privatgütern Markttage abhalten zu können. – Untersuchungen der Beamten wohnte er häufig wie ein ganz gewöhnlicher Anwalt bei; auch stand er vor ihnen auf, wenn sie Schauspiele gaben, und bezeugte ihnen mit dem übrigen Publikum durch Rufen und Beifallklatschen seine Ehrerbietung. – Als sich einmal die Volkstribunen vor seinem Richterstuhl einfanden, entschuldigte er sich, daß sie aus Platzmangel nicht sitzen könnten und stehend ihre Sache vorbringen müßten.

Durch dieses Verhalten gewann er sich in kurzer Zeit solche Liebe und Gunst, daß auf die Nachricht hin, er sei auf einer Fahrt nach Ostia meuchlings umgebracht worden, das Volk in seiner großen Niedergeschlagenheit so lange das Heer als Verräter und den Senat als Mörder mit schrecklichen Verwünschungen überschüttete, bis einer und ein zweiter und dann mehrere Zeugen von den Behörden auf der Rednertribüne vorgeführt wurden, die bestätigten, daß der Kaiser wohlauf sei und sich der Stadt nähere.

13. Dennoch blieb er nicht immer von Nachstellungen verschont, sondern sah sein Leben sowohl durch einzelne Personen als auch durch eine ganze Partei und endlich durch einen Bürgerkrieg bedroht. Ein Mann aus dem Volke wurde mitten in der Nacht neben seinem Schlafgemach mit einem Dolch aufgegriffen. Auch zwei Angehörige des Ritterstandes wurden entdeckt, wie sie dem Kaiser auf offener Straße mit einem Stilett und einem Jagdmesser auflauerten, der eine, um ihn beim Verlassen des Theaters, der andere, um ihn während des Opfers beim Marstempel anzufallen.

Ein revolutionäres Komplott war von Gallus Asinius und Statilius Corvinus, Enkel der Redner Pollio und Messala, angezettelt worden, in das sie auch mehrere Freigelassene und Sklaven des Kaisers eingeweiht hatten.

Den Bürgerkrieg entfachte Furius Camillus Scribonianus, Statthalter in Dalmatien; dieser wurde aber schon nach fünf Tagen niedergeschlagen, da die Legionen, die ihren Eid gebrochen hatten, eines Wunderzeichens wegen reumütig wieder umkehrten; als sie nämlich den Marsch zu ihrem neuen Kaiser antreten wollten, konnten sie infolge eines Zufalls und göttlicher Fügung weder den Legionsadler schmücken noch die Feldzeichen aus dem Boden ziehen und fortbewegen.

14. Außer seinen früheren Konsulaten bekleidete Claudius noch viermal diese Würde: die ersten beiden Male ohne Unterbrechung, die folgenden in einem Abstand von vier Jahren. Das letzte dauerte sechs, die übrigen zwei Monate, das dritte aber übte er, was noch kein Kaiser getan hatte, als Nachfolger eines verstorbenen Konsuls aus.

In der Rechtsprechung war er als Konsul und auch sonst sehr eifrig tätig, sogar wenn er und die Seinen Familienfeste begingen, manchmal auch an althergebrachten Feiertagen und an Tagen, da jede öffentliche Tätigkeit aus religiösen Gründen verboten war. Nicht immer folgte er den Gesetzesvorschriften, sondern strafte bald härter, bald milder, je nach seinem Rechtsempfinden. So erlaubte er den Leuten, die vor Zivilgericht wegen zu hoher Forderungen zurückgewiesen worden waren, ihr Verfahren wieder aufnehmen zu lassen, und verschärfte andrerseits Leuten, die eines schwereren Verbrechens überführt waren, die gesetzliche Strafe und verurteilte sie zum Kampf mit wilden Tieren.

15. Bei der Untersuchung und Entscheidung der Fälle war er von einer merkwürdigen Unberechenbarkeit, bald umsichtig und scharfsinnig, bisweilen unbedacht und übereilt, manchmal leichtsinnig und einem Verrückten ähnlich.

Als Claudius die Richterdekurien für die Geschäftsverteilung musterte, entließ er einen der Gewählten mit der Begründung, er halte ihn für allzu begierig zu richten; dieser hatte nämlich verheimlicht, daß er gemäß dem Dreikinderrecht Amtsbefreiung genoß, und war trotzdem dem Appell gefolgt. Einen anderen Richter, der von seinen Gegnern wegen eines eignen Prozesses zur Rede gestellt wurde und sagte, dieser gehöre nicht vor das kaiserliche, sondern vor ein gewöhnliches Gericht, zwang Claudius, den Fall sogleich vor ihm zu entscheiden, damit er in eigner Sache ein Beispiel geben könne, welch gerechter Richter er in fremder Sache sein werde. – Eine Frau, die ihren Sohn nicht anerkennen wollte, wobei die Beweise von beiden Seiten nicht stichhaltig waren, brachte er zu einem Geständnis, indem er ihr befahl, den jungen Mann zu heiraten.

War eine Partei abwesend, so gab er leicht den Anwesenden recht und machte keinen Unterschied, ob jemand aus eigner Schuld oder dringenden Gründen den Termin versäumt hatte. – Als jemand ausrief, man solle einem Fälscher die Hände abschneiden, ließ er sofort einen Henker mit Schwert und Henkertisch rufen. – Wegen eines Ausländers, der angeklagt war, sich das Bürgerrecht angemaßt zu haben, war zwischen den Advokaten ein nichtiger Streit entbrannt, ob dieser sich in der Toga oder im griechischen Mantel verteidigen müsse. Da befahl Claudius, gleichsam um seinen unbestechlichen Gerechtigkeitssinn zu zeigen, er müsse mehrmals seine Kleidung wechseln, je nachdem man für oder gegen ihn spreche. – Man behauptet sogar, daß er bei einem Prozeß folgendes Urteil schriftlich abgegeben habe: er gebe jenen recht, die die Wahrheit gesprochen hätten.

Solcher Vorfälle wegen schwand sein Ansehen derart, daß er öfters in aller Öffentlichkeit verächtliche Bemerkungen hören mußte. Einmal entschuldigte jemand einen Zeugen, der vom Kaiser aus der Provinz herbeigerufen worden war, und sagte, dieser könne dem Ruf nicht Folge leisten. Lange wollte der Mann den Grund nicht bekanntgeben und endlich, nach langem Fragen, sagte er: »Er ist gestorben; das durfte er, nehme ich an.« – Ein anderer bedankte sich, daß der Kaiser die Verteidigung eines Angeklagten gestatte, und fügte hinzu: »Und doch ist dies ja eigentlich üblich!« – Ich hörte auch von älteren Leuten sagen, die Advokaten hätten dermaßen des Kaisers Geduld mißbraucht, daß sie ihn nicht nur, wenn er den Gerichtshof verließ, zurückriefen, sondern ihn auch am Zipfel seiner Toga packten und bisweilen am Fuß festhielten und nicht gehen ließen. – Und auch das darf niemand wundern, daß einem Griechen während einer Verhandlung in der Hitze des Gefechtes das Wort entschlüpfte: »Auch du bist ein alter Tor[15]!« – Als ein römischer Ritter wegen Unzucht mit Frauen angeklagt war – allerdings fälschlicherweise und von Gegnern, die ihm nicht anders beikommen konnten als durch eine fingierte Anklage – und sah, wie Dirnen gegen ihn als Zeuginnen aufgerufen wurden, schleuderte er, wie gut bezeugt ist, den Griffel und die Tafeln, die er in der Hand hielt, dem Kaiser ins Gesicht, so daß dieser ziemlich schwer an der Wange verletzt wurde. Dazu machte er ihm noch bittere Vorwürfe wegen seiner Dummheit und Grausamkeit.

[15] Im Original griechisch.

16. Claudius amtierte auch als Censor, ein Amt, das seit langer Zeit, seit Plancus und Paulus[16], nicht mehr bekleidet worden war; aber auch hier erwies er sich als ungerecht und unbeständig in seinen Stimmungen und Entscheidungen. Bei der Musterung der Ritter ließ er einen übelberüchtigten jungen Mann, dessen Vater behauptete, er sei mit ihm sehr zufrieden, ohne Rüge laufen und bemerkte, der habe seinen eigenen Censor. Einen andern, der durch seine Verführungen und Ehebrüche bekannt war, ermahnte er, er solle sich etwas mäßiger oder wenigstens vorsichtiger den Gelüsten seiner Jugend hingeben, und fügte bei: »Warum brauche ich denn zu wissen, wer deine Geliebte ist?« Und als er einmal auf Fürbitte seiner Freunde bei einem Ritter den seinem Namen beigefügten Verweis getilgt hatte, sagte er: »Doch soll man wenigstens die Streichung sehen!«

Einen angesehenen Mann, der in der Provinz Griechenland eine führende Rolle spielte, aber nicht lateinisch konnte, strich er nicht nur aus der Richterliste, sondern nahm ihm auch das Bürgerrecht; jedermann mußte nämlich persönlich, so gut er es konnte, ohne Beistand Rechenschaft über seine Lebensführung ablegen. Viele rügte er, zum Teil ohne daß sie es erwarteten und aus einem ganz neuartigen Grund: sie hätten zum Beispiel ohne sein Wissen und ohne Urlaub zu verlangen Italien verlassen[17]; oder einer sei in einer römischen Provinz im Gefolge eines Königs gewesen, wobei Claudius sich darauf berief, daß einst ein Verfahren wegen Hochverrats gegen Rabirius Postumus eingeleitet wurde, der Ptolemaeus nach Alexandria gefolgt war, um sein dem König geborgtes Geld zu retten.

Er versuchte noch mehr Leuten eine Rüge zu erteilen, aber meist stieß er auf Unschuldige, da die Nachlässigkeit seiner Untersuchungsbeamten groß, seine eigene Charakterlosigkeit aber noch größer war. Diejenigen nämlich, denen er Ehe- oder Kinderlosigkeit oder Armut vorwarf, die erwiesen sich als Verheiratete, Familienväter und reiche Leute; und einer, der beschuldigt wurde, sich selbst mit einem Dolch verletzt zu haben, entkleidete sich sogar und zeigte, daß sein Körper unverletzt sei.

Folgende merkwürdige Vorkommnisse wurden während seiner Censur noch verzeichnet: einen prächtig gearbeiteten silbernen Wagen, der auf dem Kunstmarkt zum Verkauf angeboten wurde, ließ er kaufen und vor seinen Augen zertrümmern; an

---

[16] Im Jahre 22 v. Chr. Claudius war im Jahre 47/48 n. Chr. Censor, zusammen mit Lucius Vitellius; vgl. Vit. 2.

[17] Vgl. Claud. 23 und Caes. 42.

einem Tage erließ er zwanzig Edikte, darunter zwei (bemerkenswerte): das eine empfahl, in Anbetracht der reichlichen Weinernte die Fässer gut zu verpichen; im anderen erinnerte er daran, daß gegen den Biß der Viper nichts so gut sei wie der Saft des Taxusbaumes.

17. Claudius unternahm nur eine kriegerische Unternehmung, und diese war recht bescheiden. Der Senat hatte ihm zwar die Triumphabzeichen zuerkannt, aber er betrachtete diesen bloßen Titel als seiner kaiserlichen Majestät nicht entsprechend und wollte auch die Auszeichnung des richtigen Triumphes besitzen. Um diese zu erhalten, wählte er sich vor allen andern Ländern Britannien aus, das seit dem unter die Götter aufgenommenen Iulius (Caesar) niemand mehr anzugreifen versucht hatte und das sich gerade in Unruhe befand, da einige Überläufer nicht ausgeliefert worden waren. Von Ostia aus fuhr er ab und erlitt zweimal infolge eines heftigen Nordweststurmes fast Schiffbruch; das eine Mal bei der Ligurischen Küste, das andere Mal in der Nähe der Stoechadischen Inseln. Deshalb legte er die Strecke von Marseille bis Gesoriacum auf dem Landweg zurück, setzte von dort aus über und unterwarf ohne jedes Gefecht oder Blutvergießen innerhalb weniger Tage einen Teil der Insel. Sechs Monate nach seiner Abfahrt kehrte er nach Rom zurück und feierte mit größtem Aufwand den Triumph.

Zu diesem Schauspiel gestattete er es nicht nur den Provinzstatthaltern, sondern auch gewissen Verbannten, nach Rom zu kommen. Außer einer feindlichen Rüstung heftete er auch neben der Bürgerkrone eine Schiffskrone an den Giebel seines Hauses auf dem Palatin, als Symbol des von ihm befahrenen und gleichsam bezwungenen Ozeans. Dem Triumphwagen folgte seine Gattin Messalina in einer Karosse; ferner begleiteten ihn diejenigen Feldherren, die in diesem Krieg die Triumphabzeichen erhalten hatten, aber zu Fuß und im gewöhnlichen Senatorengewand. Nur Marcus Crassus Frugi ritt auf einem reichgeschirrten Pferd und trug ein mit Palmen besticktes Gewand, da ihm zum zweitenmal diese Auszeichnung zuteil geworden war.

18. Um die Hauptstadt und ihre Lebensmittelversorgung kümmerte sich Claudius immer aufs angelegentlichste. Als im Aemilianischen Stadtteil ein nur schwer zu löschender Brand ausgebrochen war, verbrachte er zwei Nächte im Lokal der Stimmenzähler und ließ, da die Zahl der Soldaten und seine Dienerschaft nicht ausreichte, durch die Behörden das Volk aus allen Stadtteilen zu Hilfe rufen. Auch stellte er Körbe voll Geld vor

sich hin und forderte die Menge zur Hilfeleistung auf, indem er jeden sofort seiner Mühe entsprechend belohnte.

Als aber einmal wegen dauernder Trockenheit das Getreide ziemlich knapp war und er von der Menge mitten auf dem Forum mit Schmähungen und zugleich auch mit Brotkrusten so überschüttet wurde, daß er sich nur mit knapper Not und durch eine Hintertüre in seinen Palast retten konnte, ließ er kein Mittel unversucht, um auch während des Winters die Zufuhr zu gewährleisten; den Händlern stellte er nämlich sicheren Gewinn in Aussicht, da er, falls einem durch Stürme ein Unglück zustoßen sollten, den Verlust zu tragen bereit war. Leuten, die sich anerboten, Handelsschiffe bauen zu lassen, gewährte er große Vergünstigungen, je nach ihrer Stellung:

19. Bürgern Befreiung von den Bestimmungen des Dreikinderrechts, Latinern das Vollbürgerrecht, Frauen das Vierkinderrecht – Verordnungen, die noch heute in Kraft sind.

20. Die Bauten, die Claudius errichten ließ, waren groß und nützlich, aber nicht sehr zahlreich. Die bedeutendsten waren der von Gaius (Caligula) begonnene Aquädukt, ferner der Abflußkanal des Fucinersees und der Hafen von Ostia; diese Werke vollendete er, obgleich er von den beiden letztgenannten wußte, daß ersteres von Augustus den Marsern trotz ihrer häufigen Gesuche abgeschlagen, letzteres von dem unter die Götter aufgenommenen Iulius (Caesar) öfters geplant, aber der Schwierigkeit der Ausführung wegen aufgegeben worden war[18].

Die kalten, reichlich fließenden Quellen der Aqua Claudia, von denen die eine die »Blaue«, die andere »Curtius« und »Albudignus« heißt, wie auch den Bach »Anio novus« leitete er in einem steinernen Aquädukt nach Rom und verteilte dort ihre Wasser in viele reichgeschmückte Bassins. – Die Arbeiten am Fucinersee unternahm er nicht weniger um des Gewinnes als auch des Ruhmes willen, da gewisse Leute bereit waren, auf eigene Kosten die Ableitung zu übernehmen, wenn ihnen das trockengelegte Gebiet überlassen werde. Über eine Strecke von viereinhalb Kilometer wurde teils der Berg durchstochen, teils der Fels gesprengt. Obwohl beständig dreißigtausend Mann ununterbrochen arbeiteten, wurde der Kanal unter vielen Schwierigkeiten erst nach elf Jahren fertig. – Den Hafen von Ostia gestaltete er so, daß er rechts und links wie zwei Arme ins Meer hinausragen und bei der Einfahrt, wo das Wasser schon tief war, einen Damm

---

[18] Über den Aquädukt vgl. Cal. 21; die Trümmer sind heute noch in der Campagna zu sehen. – Fucinersee: schon Caesar plante dessen Trockenlegung; vgl. Caes. 44.

aufführen ließ. Um diesem ein festeres Fundament zu geben, wurde vorher das Schiff versenkt, das aus Ägypten den großen Obelisken gebracht hatte[19]. Darüber errichtete er auf vielen Pfeilern nach dem Beispiel des Leuchtturms von Alexandria einen sehr hohen Turm, damit die Schiffe nach dessen nächtlichen Feuerzeichen ihren Kurs richten könnten.

21. Spenden gab er dem Volke ziemlich oft. Auch viele prächtige Schauspiele veranstaltete er, und zwar nicht nur in der üblichen Art und an den gewöhnlichen Orten, sondern auch neu erdachte und solche, die er aus der Vergangenheit wiederaufleben ließ, und an Plätzen, wo noch niemand vor ihm es getan hatte.

Die Spiele zur Einweihung des Pompeiustheaters, das er nach seiner Einäscherung wieder aufgebaut hatte, leitete er von einem in der Orchestra errichteten Podium aus, nachdem er vorher bei den oberhalb des Theaters befindlichen Tempeln geopfert hatte und mitten durch die Zuschauerreihen hinabgestiegen war, während alle schweigend auf ihrem Platz sitzen blieben.

Er veranstaltete auch eine Jahrhundertfeier, unter dem Vorwand, Augustus habe hier vorgegriffen und nicht auf die richtige Zeit gewartet, obschon Claudius selbst in seinem Geschichtswerk schreibt, diese Feier sei nach einer Unterbrechung von vielen Jahren auf Grund genauester Berechnungen von Augustus wieder an die richtige Stelle eingesetzt worden. Deshalb lachte man auch über den Ruf des Herolds, der mit der üblichen feierlichen Formel zu Spielen, die niemand gesehen habe und auch niemand je wieder sehen werde, einlud; es gab nämlich noch Leute, die sie einst gesehen hatten, und einige der auftretenden Schauspieler waren auch damals aufgetreten.

Zirkusspiele veranstaltete er häufig auch auf dem Vatikan. Manchmal wurde nach fünf Rennen eine Jagd eingelegt. Den Circus Maximus schmückte er mit marmornen Schranken und vergoldeten Wendemarken – bis dahin waren diese aus Tuffstein und Holz gewesen –, und die Senatoren, die früher mitten unter dem Volk gesessen hatten, erhielten bestimmte Sitze. Außer Rennen mit Viergespannen veranstaltete er auch ein Troiaspiel und eine Jagd auf afrikanische Wildtiere, die von einer Schwadron Reiter der Leibgarde unter der persönlichen Führung ihrer Tribunen und sogar des Kommandanten erlegt wurden. Außerdem führte er auch thessalische Reiter vor, die wilde Stiere durch den Zirkus treiben, dann

[19] Dieser Obelisk steht heute vor der Peterskirche in Rom.

auf die ermatteten Tiere springen und sie an den Hörnern zu Boden ziehen.

Gladiatorenspiele gab er wiederholt und in verschiedenster Aufmachung: jährlich eines im Lager der Prätorianer, ohne Jagd und besonderen Aufwand, ein ordentliches und vollständiges auf dem Wahlplatz und am gleichen Ort ein außerordentliches, kurzes, das nur wenige Tage dauerte und das er »Sportula« zu nennen begann, da er bei dessen erstmaliger Veranstaltung in seinem Edikt geschrieben hatte, er lade das Volk wie zu einem ohne große Umstände improvisierten Imbiß ein.

Bei keiner Art von Schauspiel zeigte er sich leutseliger und aufgeräumter; so zählte er die für die Sieger bestimmten Goldstücke, wie das Volk es tut, laut an den Fingern der vorgestreckten linken Hand ab, ermahnte und bat oft das Publikum, fröhlich zu sein, sprach es immer wieder mit »meine Herren« an und flocht bisweilen fade und weithergeholte Witze ein. Einmal versprach er zum Beispiel der Menge, die nach dem Gladiator Palumbus verlangte, ihn auftreten zu lassen, sobald man ihn gefangen habe[20]. Ein anderes Mal aber war seine Bemerkung nützlich und treffend: als er unter großem, allgemeinem Beifall einem Wagenlenker, für den seine vier Söhne ein Wort einlegten, Befreiung von weiterem Auftreten gewährt hatte, ließ er sofort eine Tafel herumbieten, auf der die mahnenden Worte an das Volk standen, wie nötig es sei, Kinder großzuziehen, die, wie sie sähen, auch einem Gladiator Schutz und Hilfe gewähren könnten.

Auf dem Marsfeld ließ er auch das kriegerische Schauspiel der Belagerung und Plünderung einer Stadt sowie die Unterwerfung der Könige Britanniens aufführen. Er selbst übernahm dabei mit dem Feldherrnmantel angetan den Vorsitz. – Vor dem letzten Durchstich am Fucinersee gab er sogar eine Seeschlacht. Aber als er den Fechtern auf ihren Ruf: »Heil dir, Imperator, die, die sterben werden, grüßen dich!« antwortete: »Oder auch nicht!«, wollte keiner mehr kämpfen; sie glaubten nämlich, dies bedeute ihre Begnadigung. Da war sich Claudius lange unschlüssig, ob er nicht alle niederhauen und verbrennen lassen solle. Endlich sprang er von seinem Sitz auf, lief mit seinem häßlichen, wackelnden Gang um den ganzen See herum und trieb sie teils mit drohenden, teils ermahnenden Worten zum Kampfe an. Bei diesem Schauspiel stieß die sizilische Flotte auf die rhodische, auf jeder Seite zwölf Dreidecker, wobei ein silberner Triton, der

---

[20] Palumbus bedeutet Täuberich.

mittels einer Maschinerie mitten aus dem See aufgetaucht war, auf einer Muschel zum Angriff blies.

22. Was die religiösen Zeremonien, zivile und militärische Gebräuche sowie die Verhältnisse aller Stände in und außerhalb Roms anbelangt, so nahm er manche Verbesserung vor, rief alte Sitten wieder ins Leben oder führte neue ein. Bei Ergänzungswahlen in Priesterkollegien bezeichnete er niemanden, ohne einen Eid abgelegt zu haben (nur den Würdigsten zu nennen); er achtete streng darauf, daß nach jedem Erdbeben, das in Rom verspürt wurde, der Prätor in der Volksversammlung Gerichtsferien verkünde und daß, wenn ein Unglück verheißender Vogel auf dem Kapitol gesehen wurde, ein Bettag abgehalten werde, wobei er selbst in seiner Eigenschaft als Oberpriester von der Rednertribüne herab dem Volk die Formeln vorsprach. Die Masse der Arbeiter und Sklaven war von dieser Feier ausgeschlossen.

23. Die Gerichtssitzungen, die vorher in Winter- und Sommersessionen eingeteilt waren, ließ er ohne Unterbrechung abhalten[21]. – Die Entscheidung über Fideikommißangelegenheiten, die bisher jährlich einzelnen Magistraten, und zwar nur in Rom, anvertraut war, übertrug er für immer und auch in den Provinzen bestimmten Behörden. – Einen Artikel des Dreikinderrechts, der von Kaiser Tiberius hinzugefügt worden war und auf der Annahme beruhte, ein Sechzigjähriger könne keine Kinder mehr zeugen, hob er wieder auf. – Ferner bestimmte er, daß entgegen den bisherigen Vorschriften jedem Mündel von den Konsuln ein Vormund gegeben werden müsse und daß Leute, die von den Behörden aus den Provinzen ausgewiesen seien, auch Rom und Italien nicht betreten dürften. Er selbst führte eine neue Art Verbannung ein, indem er es gewissen Leuten verbot, weiter als bis zum dritten Meilenstein die Stadt Rom zu verlassen. – Wenn er im Senat eine wichtigere Angelegenheit behandeln wollte, nahm er zwischen den beiden Sesseln der Konsuln oder auf der Bank der Tribunen Platz. Das Recht, Urlaub zu gewähren, den man bis dahin beim Senat einzuholen pflegte, behielt er sich selbst vor.

24. Die konsularischen Auszeichnungen gewährte er auch Prokuratoren, welche ein Gehalt von zweihunderttausend Sesterzen bezogen. Diejenigen, die die Senatorenwürde zurückwiesen, enthob er auch ihrer Stellung als Ritter. Obschon er anfänglich versprochen hatte, keinen Senator zu wählen, der

[21] Immerhin so, daß im Winter und zu Jahresbeginn Ferien waren; vgl. Galba 14.

nicht Urenkel eines römischen Bürgers sei, verlieh er einmal auch dem Sohn eines Freigelassenen den senatorischen Purpurstreifen, allerdings unter der Bedingung, daß er vorher von einem römischen Ritter adoptiert werde; aber auch so noch fürchtete er einen Tadel und gab bekannt, auch der Censor Appius Caecus, der Ahnherr seines Geschlechts, habe Söhne von Freigelassenen *(libertini)* in den Senat aufgenommen. Dabei wußte aber Claudius nicht, daß zu Appius' Zeiten und auch noch später als *libertini* nicht die freigelassenen Sklaven selbst, sondern ihre freigeborenen Söhne bezeichnet wurden.

Dem Quästorenkollegium übertrug er an Stelle der Aufsicht über den Straßenbau die Veranstaltung eines Gladiatorenspiels. Ferner nahm er ihm die Verwaltung von Ostia und der Gallischen Provinz weg[22], gab ihm aber dafür die Aufsicht über das Vermögen des Saturntempels zurück, die in der Zwischenzeit die Prätoren oder, wie jetzt, die ehemaligen Prätoren innehatten.

Die Triumphabzeichen verlieh er Silanus, dem Verlobten seiner Tochter, obschon dieser noch nicht erwachsen war; ältere Personen aber wurden damit in großer Zahl geehrt. Wie leicht diese Auszeichnung erhältlich war, erhellt aus einem auf uns gekommenen Brief, worin die Legionen im Namen aller bitten, er möge den Offizieren konsularischen Ranges zugleich mit Antritt ihres Kommandos auch die Triumphabzeichen gewähren, damit sie nicht auf jede Art und Weise einen Kriegsgrund suchen müßten.

Aulus Plautius sprach er auch einen kleinen Triumph zu, ging ihm bei seinem Einmarsch in Rom entgegen und schritt bei seinem Zug aufs Kapitol hin und zurück zu seiner Linken. – Gabinius Secundus gestattete er es, nach seinem Sieg über den Germanenstamm der Cauchen den Beinamen Cauchius zu führen.

25. Den Heeresdienst der Ritter gestaltete Claudius so, daß er ihnen nach dem Kommando einer Kohorte das einer Schwadron und nach der Schwadron die Stellung eines Legionstribunen gab. Ferner ordnete er die Dienstleistungen und führte eine Art fiktiven Militärdienstes ein, den sogenannten Dienst der »Überzähligen«, wo man nur den Titel führte, ohne unter den Fahnen zu stehen. – Er verbot sogar durch einen Senatsbeschluß, daß Soldaten Häuser von Senatoren betraten, um ihnen ihre Aufwartung zu machen.

[22] Hier das Gebiet um den Po gemeint.

Freigelassenen, die sich als römische Ritter ausgaben, ließ er Hab und Gut verkaufen, auch versetzte er diejenigen, die sich als undankbar erwiesen und über die ihre Patrone Klage führten, wieder in den Sklavenstand zurück; ferner gab er den Advokaten bekannt, daß Klagen solcher Leute gegen ihre eigenen Freigelassenen nicht berücksichtigt würden. – Weil gewisse Personen ihre kranken und mit Gebrechen behafteten Sklaven auf die Aeskulap-Insel aussetzten, um sie nicht pflegen zu müssen, verordnete er, daß alle Ausgesetzten als frei zu gelten hätten und nicht wieder in den Dienst ihrer Herren zurückkehren müßten, wenn sie wiederhergestellt seien; falls aber jemand es vorzöge, seinen Sklaven zu töten statt auszusetzen, so werde er des Mordes angeklagt.

In einem Edikt verbot er den Reisenden, die italischen Städte anders als zu Fuß oder in einem Tragsessel oder in einer Sänfte zu passieren. – Nach Puteoli und Ostia legte er je eine Kohorte zur Bekämpfung von Feuersbrünsten. – Ausländern war es untersagt, römische Namen, wenigstens Geschlechtsnamen, anzunehmen. Diejenigen, die sich zu Unrecht das römische Bürgerrecht anmaßten, ließ er auf dem Esquilinischen Feld durchs Beil hinrichten.

Die Provinzen Griechenland und Makedonien, die Tiberius der kaiserlichen Verwaltung unterstellt hatte, überließ er wieder dem Senat. – Den Lykiern nahm er ihrer unheilvollen inneren Zwistigkeiten wegen die Freiheit, den Rhodiern gab er sie, da sie über ihre alten Vergehen Reue gezeigt hatten, wieder zurück. – Den Bewohnern von Troia, gleichsam als den Urvätern des römischen Volkes, erließ er auf ewig die Tribute, nachdem er einen alten, griechisch geschriebenen Brief vorgelesen hatte, worin Senat und römisches Volk dem König Seleukos Freundschaft und Bündnis unter der Bedingung versprachen, daß er ihren troianischen Blutsverwandten Freiheit von jeglicher Abgabe zugestehe. – Da die Juden unter ihrem Anführer Chrestos beständig Unruhe stifteten, vertrieb er sie aus Rom[23]. – Den Gesandten der Germanen gestattete er es, gerührt durch ihre Naivität und ihren natürlichen Stolz, in der Orchestra Platz zu nehmen. Als diese nämlich auf die für das gewöhnliche Volk bestimmten Plätze geführt wurden, die Parther und Armenier

---

[23] Die Rhodier hatten römische Bürger gekreuzigt, und Claudius hatte ihnen deshalb ihre Freiheit entzogen. Auf Fürbitte Neros erhielten sie diese wieder zurück; vgl. Nero 7. • Die Vertreibung der Juden aus Rom fällt wahrscheinlich ins Jahr 50 n. Chr.; vgl. Apostelgeschichte 18, 2. Der Name Chrestus wird natürlich vielfach auf Christus selbst bezogen, doch ist dies nicht sehr wahrscheinlich chronologischer Schwierigkeiten wegen: Christus wurde unter Tiberius gekreuzigt; vgl. Tacitus, Annalen XV, 44, 2.

aber unter den Senatoren sitzen sahen, waren sie von sich aus ebenfalls zu diesen Plätzen gegangen und sagten, ihre Tapferkeit und Stellung sei um nichts geringer als die der andern.

In Gallien verbot er die grausamen und barbarischen religiösen Gebräuche der Druiden vollkommen, an denen teilzunehmen unter Augustus nur den römischen Bürgern untersagt war; dagegen versuchte er, den Eleusinischen Mysterienkult sogar von Attika nach Rom zu verpflanzen, und war auch dafür besorgt, daß in Sizilien der alte, baufällige Tempel der Venus Erycina auf Kosten der römischen Staatskasse wiederaufgebaut werde. – Mit fremden Königen schloß er Bündnisse auf dem Forum, indem er ein Schwein opferte und die alte Formel der Fetialen gebrauchte.

Aber diese und andere ähnliche Maßnahmen, wie überhaupt zum größten Teil seine ganze Regierungstätigkeit, waren nicht so sehr sein Werk als das seiner Frauen und Freigelassenen, und er verhielt sich für gewöhnlich in allen Belangen so, wie es ihrem Interesse oder Wunsch entsprach.

26. Schon in sehr jungen Jahren hatte Claudius zwei Verlobte gehabt: Aemilia Lepida, Augustus' Urenkelin, und Livia Medullina, die auch den Beinamen Camilla trug, da sie aus dem alten Geschlecht des Diktators Camillus stammte. Die erste verstieß er noch als Jungfrau, da ihre Eltern Augustus beleidigt hatten, die andere starb an einer Krankheit am Tag, auf den die Hochzeit festgesetzt war. Darauf heiratete er Plautia Urgulanilla, deren Vater die Triumphabzeichen besaß, und später Aelia Paetina, Tochter eines ehemaligen Konsuls. Von beiden ließ er sich scheiden: von Paetina wegen kleiner Zwistigkeiten, von Urgulanilla aber, weil sie einen ausschweifenden Lebenswandel führte und auch unter Mordverdacht stand.

Dann vermählte er sich mit Valeria Messalina, der Tochter seines Vetters Barbatus Messala. Als er aber erfahren hatte, daß sie neben verschiedenen anderen Schandtaten auch Gaius Silius geheiratet hatte und sogar von den Auguren ein Kontrakt über die Mitgift aufgestellt worden war[24], ließ er sie hinrichten und erklärte in einer Versammlung vor den Prätorianern, er habe kein Glück mit seinen Ehen und werde Junggeselle bleiben; falls er das nicht einhalte, so werde er nichts dagegen haben, wenn sie ihn mit eigner Hand erstächen.

[24] Über eine angebliche Mithelferschaft des Claudius bei dieser Ehe vgl. Claud. 29. Über Silius und die ganze Affäre vgl. Tacitus, Annalen XI 12 und 26–38.

Aber er konnte es nicht unterlassen, sofort wieder in neue Eheverhandlungen zu treten, auch mit Paetina, die er einst verstoßen hatte, und mit Lollia Paulina, die mit Gaius Caesar (Caligula) verheiratet gewesen war. Allein die Verführungskünste Agrippinas, der Tochter seines Bruders Germanicus, die ihn ungeniert küssen durfte und manche Gelegenheit zu Liebkosungen hatte, vermochten seine Sinnlichkeit so zu reizen, daß er einige Senatoren anstiftete, in der nächsten Sitzung den Antrag einzubringen, man müsse den Kaiser zwingen, diese Frau zu heiraten, wie wenn das von größtem Interesse für den Staat wäre, und man solle auch allen anderen Leuten Ehen, die bis jetzt als Inzeste angesehen wurden, gestatten. Kaum einen Tag später vollzog Claudius die Hochzeit. Allerdings fand er niemand, der seinem Beispiel folgen wollte, außer einem Freigelassenen und einem Primipilar, dessen Hochzeitsfeier er persönlich mit Agrippina beiwohnte.

27. Kinder hatte er von drei Frauen: von Urgulanilla den Drusus und die Claudia, von Paetina die Antonia und von Messalina die Octavia und einen Sohn, dem er zuerst den Beinamen Germanicus und dann Britannicus gab. Drusus starb schon als Kind in Pompeii, als er im Spiel eine Birne in die Höhe warf und mit offenem Mund auffing, so daß er erstickte. Wenige Tage vorher war dieser von Claudius mit einer Tochter Sejans verlobt worden; um so mehr wundere ich mich über die Berichte einiger Schriftsteller, die behaupten, er sei von Sejan meuchlings ermordet worden. – Da Claudia in Wirklichkeit die Tochter seines Freigelassenen Boter war, ließ er sie aussetzen und nackt vor die Türe ihrer Mutter hinlegen, obschon sie vier Monate vor seiner Scheidung geboren und anfänglich als sein Kind aufgezogen worden war. – Antonia vermählte er mit Gnaeus Pompeius Magnus und später mit Faustus Sulla, zwei jungen Leuten aus ersten Familien, Octavia aber mit seinem Stiefsohn Nero, nachdem sie mit Silanus verlobt gewesen war. – Britannicus wurde geboren, als Claudius zum zweitenmal Konsul und seit zwanzig Tagen Kaiser war[25]. Schon damals empfahl er, den ganz kleinen Jungen auf den Armen haltend, seinen Sohn aufs angelegentlichste den versammelten Soldaten und zeigte ihn auch dem Volk, indem er ihn während der Schauspiele auf seinen Schoß oder vor sich hin setzte und unter den Zurufen der Menge allen Segen auf ihn herabflehte.

[25] Suetons Zeitangabe ist ungenau, da der zwanzigste Tag nach der Thronbesteigung auf den 13. Februar 41, das zweite Konsulat des Claudius ins Jahr 42 fällt.

– Von seinen Schwiegersöhnen adoptierte er Nero, während er Pompeius und Silanus nicht nur überging, sondern sogar umbringen ließ.

28. Von seinen Freigelassenen stand vor allem der Eunuch Posides bei ihm in Ansehen, den er auch anläßlich des Triumphes über Britannien zusammen mit seinen Offizieren mit einem Ehrendegen beschenkte. Nicht weniger beliebt war Felix, der zum Kohorten- und Schwadronskommandanten, ja sogar zum Statthalter von Iudaea aufstieg und mit drei Königinnen verheiratet war. Auch Harpocras gehörte dazu, dem er das Recht zugestand, sich in einer Sänfte durch Rom tragen zu lassen und öffentliche Spiele zu veranstalten. Über diesen stand noch Polybios, sein Hofgelehrter, der oft zwischen den beiden Konsuln spazierenging. Vor allen andern aber erfreuten sich Narcissus, sein Sekretär, und Pallas, sein Rechnungsführer, der kaiserlichen Gunst, denen er sogar durch Senatsbeschluß nicht nur ungeheure Belohnungen, sondern auch die quästorischen und prätorischen Abzeichen bereitwillig zusprechen ließ. Im übrigen gestattete er ihnen, so viel zusammenzuraffen und zu rauben, daß einmal, als er sich über die Ebbe in der kaiserlichen Kasse beklagte, ganz treffend gesagt wurde, er könnte im Überfluß schwimmen, wenn er von seinen zwei Freigelassenen als Teilhaber aufgenommen würde.

29. Wie gesagt[26], spielte Claudius, diesen Freigelassenen und seinen Frauen gänzlich ausgeliefert, nicht die Rolle eines Fürsten, sondern eines Untergebenen. Je nachdem es im Interesse von diesem oder jenem lag oder auch je nach deren Lust und Laune, verteilte er Ehrenstellungen, militärische Kommandos, begnadigte und strafte er, meistens sogar ohne sich darüber klar zu sein und Rechenschaft zu geben.

Um nicht jede einzelne Kleinigkeit aufzuzählen – die widerrufenen Gunstbezeugungen, die annullierten Urteilssprüche, die untergeschobenen oder auch ganz offen geänderten Ernennungsurkunden –, will ich nur folgendes berichten: Appius Silanus, den Vater seines zukünftigen Schwiegersohnes, und die beiden Mädchen namens Iulia – die eine Tochter des Drusus, die andere des Germanicus – ließ er auf Grund ganz unbestimmter Anklagen und ohne ihnen die Möglichkeit zu einer Verteidigung zu geben, hinrichten; ebenso Gnaeus Pompeius, den Gatten seiner älteren, und Silanus, den Verlobten seiner jüngeren Tochter. Pompeius wurde in den Armen eines von ihm geliebten Knaben

[26] Vgl. Claud. 25.

ermordet, Silanus gezwungen, noch am neunundzwanzigsten Dezember seiner Prätur zu entsagen und sich am Neujahrstag, der zugleich Hochzeitstag von Claudius und Agrippina war, das Leben zu nehmen. – An fünfunddreißig Senatoren und über dreihundert römischen Rittern ließ er mit solcher Unbekümmertheit das Todesurteil vollstrecken, daß er, als ihm ein Offizier meldete, das Urteil an einem Mann konsularischen Ranges sei befehlsgemäß vollzogen worden, behaupten konnte, er habe so etwas nicht befohlen. Trotzdem billigte er die Tat, als seine Freigelassenen sagten, die Soldaten hätten ihre Pflicht erfüllt, weil sie von sich aus Rache an einem Feind des Kaisers genommen hätten.

Jeder Wahrscheinlichkeit dürfte wohl folgendes Geschehnis entbehren: Claudius soll nämlich selbst für die Hochzeit Messalinas mit ihrem Geliebten Silius den Ehevertrag unterzeichnet haben, da man ihn glauben gemacht habe, das ganze sei eine absichtliche Scheinehe, um eine ihm nach gewissen Vorzeichen drohende Gefahr abzuwenden und auf jemand andern zu übertragen.

30. Seiner Gestalt fehlte es nicht an imponierender Würde, ob er stand oder saß, aber hauptsächlich, wenn er auf dem Ruhebett lag; denn er war schlank, ohne mager zu sein, hatte ein schönes Gesicht, schöne weiße Haare und einen vollen Hals. Beim Gehen aber ließen ihn seine ein wenig schwachen Kniegelenke im Stich, und beim Sprechen, sei es daß er scherzend oder ernsthaft etwas behandelte, hatte er viel Unangenehmes an sich; sein Lachen war grell, und im Zorn erschien er besonders häßlich, mit schäumendem Mund und tropfender Nase. Außerdem stotterte er und zitterte beständig mit dem Kopf, was sich bei jeder wichtigeren Tätigkeit noch steigerte.

31. Claudius' Gesundheit, die früher zu wünschen übrigließ, war während seiner Regierungszeit blühend, außer daß er Mogenschmerzen litt, die ihn nach seinen eigenen Aussagen dermaßen plagten, daß er sogar daran gedacht habe, Hand an sich zu legen.

32. Häufig gab er große Festessen, fast immer in sehr geräumigen Lokalitäten, so daß sehr oft sechshundert Gäste zugleich an der Tafel Platz nahmen. Einmal gab er sogar eines über dem Abflußkanal des Fucinersees, wo er beinahe ertrunken wäre, als nach Durchstich des Dammes das Wasser mit großer Gewalt über die Ufer trat. Bei allen Essen waren seine Kinder mit vornehmen Knaben und Mädchen zugegen, die nach

alter Sitte zu Füßen des Sofas sitzend ihre Mahlzeit zu sich nahmen.

Einen Gast, der verdächtigt worden war, tags zuvor einen goldenen Becher heimlich eingesteckt zu haben, lud er am nächsten Tag wieder ein und ließ ihm ein Gefäß aus Ton vorsetzen. – Claudius soll auch geplant haben, in einem Edikt zu gestatten, bei Tisch leisen und lauten Blähungen ihren natürlichen Lauf zu lassen, da er erfahren hatte, daß einer seiner Gäste, der sich aus Schamgefühl zurückhielt, schwer erkrankt war.

33. Zum Essen und Trinken war Claudius zu jeder Zeit und an jedem Ort aufgelegt. Als er einmal auf dem Augustusforum zu Gericht saß, wurde er durch den Geruch des Essens, das man im nahen Marstempel für die Salier zubereitete, dorthin gelockt, verließ das Tribunal, ging zu diesen Priestern hinauf und setzte sich mit ihnen zu Tisch. Nie verließ er das Speisezimmer, ohne sich vollgegessen und -getrunken zu haben, weshalb man ihm gleich nachher, während er auf dem Rücken liegend mit offenem Mund schlief, eine Feder in den Rachen einführte, um seinen Magen zu erleichtern.

Da er meist bis Mitternacht aufblieb, kam er nur zu sehr wenig Schlaf, so daß er manchmal untertags im Gericht einnickte und von den Advokaten, die absichtlich ihre Stimme erhoben, kaum aufgeweckt werden konnte.

Für Frauen hatte er eine zügellose Leidenschaft, verkehrte aber gar nicht mit Männern. – Sehr gerne würfelte er und schrieb sogar ein Buch über diese Kunst; auch pflegte er während Spazierfahrten zu spielen, wobei sein Wagen und das Würfelbrett so eingerichtet waren, daß das Spiel nicht gestört wurde.

34. Daß er von grausamer und blutdürstiger Natur war, zeigte sich im Großen wie im Kleinen. Verhöre auf der Folter und Hinrichtungen von Mördern pflegte er ohne Aufschub und in seiner Gegenwart vollziehen zu lassen. Als er einmal wünschte, in Tibur eine Hinrichtung nach alter Art zu sehen, und die Verurteilten schon an den Pfahl gebunden waren[27], aber der Henker noch fehlte, ließ er aus Rom einen holen und wartete geduldig bis zum Abend auf ihn. – Bei allen Gladiatorenkämpfen, ob *er* sie gab oder ein anderer, ließ er auch die, die zufällig hinfielen, umbringen, am liebsten die Netzfechter, um ihr Gesicht sehen zu können, wenn sie starben. – Als einmal ein Fechterpaar sich gegenseitig getötet hatte, befahl er, aus den beiden Schwertern unverzüglich zwei kleine Messer für seinen Privatgebrauch zu

[27] Zu dieser Todesart vgl. Nero 49. Sie wird auch bei Dom. 8 und 11 erwähnt.

machen. – An den Tierkämpfern und den Fechtern, die um die Mittagszeit auftraten[28], hatte er solche Freude, daß er schon ganz früh zu den Schauspielen kam und mittags, wenn das Volk zum Essen nach Hause gehen konnte, sitzenblieb; auch ließ er außer den vorgesehenen Kämpfern plötzlich aus irgendeinem nichtigen Grund andere auftreten, sogar Maschinisten, Hilfsarbeiter und ähnliche Leute, wenn zum Beispiel ein Automat, eine Maschinerie oder sonst etwas Derartiges nicht richtig funktioniert hatte. Auch einen seiner Nomenklatoren schickte er einmal, so wie er war, in der Toga, in die Arena.

35. Vor allem aber zeichnete sich Claudius durch Ängstlichkeit und Mißtrauen aus. Obschon er, wie gesagt[29], in den ersten Tagen nach seiner Thronbesteigung eine geradezu bürgerliche Einfachheit zur Schau trug, wagte er es nicht, Festessen beizuwohnen, ohne daß Leibwächter mit ihren Lanzen um ihn herumstanden und Soldaten bei Tisch aufwarteten, oder einen Krankenbesuch zu machen, ohne daß vorher das betreffende Schlafgemach abgesucht, die Kissen und Decken abgetastet und ausgeschüttelt worden waren. In der Folgezeit ließ er immer die Leute, die ihm ihre Aufwartung machten, durchsuchen, und zwar ohne Ausnahme und sehr gründlich. Erst später und auf Drängen hin wurden Frauen sowie Knaben, die noch die Kindertoga trugen, und Mädchen davon ausgenommen; auch nahm man den Begleitern und Sekretären seiner Besucher die Schreibrohr- und Griffelbüchsen nicht mehr weg.

Als Camillus in der Überzeugung, daß man den Kaiser auch ohne Waffengewalt einschüchtern könne, ihn zur Zeit seiner revolutionären Umtriebe[30] in einem Schreiben voll Beschimpfungen und frecher Drohungen aufforderte, abzudanken und ein ruhiges Leben als Privatmann zu führen, rief Claudius die ersten Männer des Staates zu einer Beratung zusammen, da er sich nicht klar war, ob er nicht der Aufforderung Folge leisten solle.

36. Mehrere unbegründete Anzeigen von Verschwörungen jagten ihm einen solchen Schrecken ein, daß er drauf und dran war, die Regierung niederzulegen. Als man jemanden, wie ich oben berichtet habe[31], verhaftet hatte, der sich, während der Kaiser opferte, mit einem Dolch bewaffnet in der Nähe aufhielt,

---

[28] Vielleicht die vom Morgen übriggebliebenen Tierkämpfer, die sich in der Mittagspause noch umzubringen hatten; vgl. Seneca, Epistulae morales 7, 3.
[29] Vgl. Claud. 12.
[30] Vgl. Claud. 13 und Otho 1.
[31] Vgl. Claud. 13.

berief er sofort durch Herolde den Senat zu einer Sitzung, bejammerte unter Tränen und lautem Klagen sein Schicksal, das ihm nie Sicherheit gönne, und blieb lange Zeit der Öffentlichkeit fern.

Auch seine leidenschaftliche Liebe zu Messalina gab er nicht so sehr aus Unwillen über ihre Unverschämtheiten als aus Angst um sein Leben auf, da er glaubte, daß sie ihren Geliebten Silius auf den Thron zu setzen trachte. Zu dieser Zeit floh er, von Furcht gepackt, schmählich ins Lager der Prätorianer und fragte auf dem ganzen Weg nach nichts anderem, als ob sein Thron noch sicher sei.

37. Jeder Verdächtigung, jedem Angeber, sei er auch noch so wenig vertrauenswürdig, wurde geglaubt; daher versetzte ihn alles in nicht geringe Unruhe und machte ihn mißtrauisch und rachsüchtig. Einmal nahm ihn ein Kläger während einer Audienz auf die Seite und versicherte ihm, er habe im Traum gesehen, wie der Kaiser von jemand ermordet werde. Wie wenn er den Mörder wiedererkenne, zeigte er ihm kurz darauf seinen eigenen Gegner vor Gericht, der dem Kaiser eben eine Bittschrift überreichen wollte, und sofort wurde dieser, wie auf frischer Tat ertappt, zur Hinrichtung geschleppt.

Auf gleiche Weise soll Appius Silanus umgekommen sein. Messalina und Narcissus hatten beschlossen, diesen ins Unglück zu stürzen, und die Rollen untereinander so aufgeteilt: vor Tagesanbruch stürzte Narcissus wie zu Tod erschrocken in das Schlafgemach seines Schutzherrn und behauptete, er habe geträumt, dem Kaiser sei von Appius Gewalt angetan worden; Messalina heuchelte Überraschung und erzählte, auch ihr erscheine schon seit einigen Nächten derselbe Traum. Kurz darauf meldete man – was ebenfalls abgemacht war – die plötzliche Ankunft des Appius, der tags zuvor aufgefordert worden war, sich zu dieser Zeit einzufinden, so daß es schien, der Traum gehe wirklich in Erfüllung. Sofort wurde der Befehl gegeben, ihn hereinzurufen und hinzurichten. Ja Claudius hatte keine Bedenken, am nächsten Tag den Hergang der ganzen Angelegenheit im Senat vorzutragen und seinem Freigelassenen zu danken, daß dieser selbst im Schlaf über seine Sicherheit wache.

38. Seiner Neigung zu Zorn- und Wutanfällen war er sich wohl bewußt und entschuldigte beide einmal in einem Edikt, indem er einen Unterschied machte und versprach, daß letztere kurz und ungefährlich, erstere nicht ungerecht sein werden. Die Einwohner von Ostia tadelte er heftig, weil sie ihm bei seiner

Einfahrt in den Tiber keine Boote zur Begrüßung entgegengeschickt hatten, und ging so weit in seiner Gehässigkeit, daß er ihnen schrieb, sie hätten ihn mit dieser Behandlung zum gemeinen Soldaten degradiert; plötzlich aber verzieh er ihnen und entschuldigte sich beinahe.

Leute, die ihn in der Öffentlichkeit zu ungelegener Zeit ansprachen, stieß er mit eigener Hand zurück. Ebenso veranlaßte er die Verbannung eines Schreibers der Quästoren und eines gewesenen Prätors, der auch Senatsmitglied war, ohne sie überhaupt anzuhören und trotz ihrer Unschuld; jenen, weil er gegen ihn, als er noch Privatmann war, bei einem Prozeß allzu heftig gesprochen, diesen, weil er als Ädil die Pächter kaiserlicher Domänen, die gegen ausdrückliches Verbot gekochte Speisen verkauften[32], bestraft und einen dazwischentretenden Verwalter ausgepeitscht hätte. – Bei dieser Gelegenheit nahm er auch den Ädilen die Polizeiaufsicht über die Schenken.

Auch seine Dummheit verschwieg Claudius nicht und erklärte in mehreren kurzen Ansprachen, er habe diese unter Gaius (Caligula) nur geheuchelt, da er anders sich nicht hätte retten können und nicht auf seinen jetzigen Posten gelangt wäre; aber er vermochte niemand zu überzeugen, und binnen kurzem wurde ein Buch mit dem griechischen Titel ›Wiederauferstehung der Toren‹ herausgegeben, das zu beweisen suchte, niemand könne Dummheit vortäuschen.

39. Unter anderm wunderte man sich besonders über seine Zerstreutheit und Unüberlegtheit, oder um mich auf griechisch auszudrücken, seine μετεωρία und ἀβλεψία. Nach der Ermordung Messalinas fragte er zum Beispiel, als er sich wenig später zu Tisch gesetzt hatte, warum die Kaiserin nicht komme. – Viele von denen, die er zum Tode verurteilt hatte, ließ er gleich am folgenden Tag zur Beratung oder zum Würfelspiel einladen und, wie wenn sie sich verspätet hätten, durch einen Boten wegen ihrer Schläfrigkeit ausschelten. – Als er sich anschickte, gegen Recht und Sitte Agrippina zu heiraten, hörte er deswegen doch nicht auf, sie in jeder Rede als seine Tochter und sein Pflegekind, das in seinen Armen geboren und aufgezogen worden sei, zu bezeichnen. – Während er aber daranging, Nero zu adoptieren – wie wenn er sich nicht genügend Vorwürfen aussetzte, daß er seinen Stiefsohn adoptiere, wo doch ein schon erwachsener Sohn vorhanden war –, äußerte

---

[32] Vgl. Tib. 34.

er immer wieder, niemand sei bisher durch Adoption in die claudische Familie aufgenommen worden.

40. In seiner Sprache und seinem Benehmen zeigte er oft solche Nachlässigkeit, daß er nicht zu wissen oder daran zu denken schien, wer er sei, zu wem oder wann und wo er spreche. Als einmal von den Metzgern und Weinhändlern die Rede war, rief er im Rathaus aus: »Ich frage euch, wer kann ohne ein Stück Wurst leben?« und dann beschrieb er die Reichhaltigkeit der Wirtshäuser von früher, wo er einst selbst seinen Wein zu holen pflegte. – Bei der Empfehlung eines Kandidaten für die Quästur führte er unter anderen Gründen auch an, daß dessen Vater ihm einmal während einer Krankheit rechtzeitig frisches Wasser gegeben habe. – Bei der Vorführung einer Zeugin im Senat sagte er: »Sie war Freigelassene und Kammerzofe meiner Mutter, aber sie betrachtete immer mich als ihren Patron. Dies sage ich deshalb, weil es noch heute in meinem Hause Leute gibt, die mich nicht für ihren Patron halten.« – Als einmal eine Delegation der Einwohner von Ostia vor seinem Tribunal im Namen ihrer Stadt eine Bitte vortrug, wurde er wütend und schrie, er habe keinen Grund, ihnen eine Gunst zu erweisen; wenn überhaupt jemand, so könne *er* noch machen, was er wolle.

Daneben hatte er auch gewisse Redensarten, die man von ihm zu jeder Stunde und bei jeder Gelegenheit hören konnte, zum Beispiel: »Wie? Hältst du mich für einen Telegenius?« oder auf griechisch: »Sprich, aber rühr mich nicht an!« und viel Derartiges, das sich auch für einen Privatmann nicht schickt und schon gar nicht für einen Kaiser, der doch wie Claudius nicht unberedt und ungebildet war, im Gegenteil sich mit großem Eifer den freien Künsten gewidmet hatte.

41. Als junger Mann machte er sich auf die Aufforderung des Titus Livius hin und sogar mit Hilfe des Sulpicius Flavus an die Geschichtsschreibung. Als er zum erstenmal vor einer zahlreichen Zuhörerschaft auftrat, konnte er kaum zu Ende lesen, da er immer wieder das Publikum durch eigene Schuld ernüchterte. Als nämlich zu Beginn der Vorlesung mehrere Bänke unter der Last eines allzu beleibten Zuhörers zusammengebrochen waren und darauf ein Gelächter entstand, konnte sich Claudius, auch nachdem wieder Ruhe hergestellt war, nicht beherrschen, von Zeit zu Zeit an den Vorfall zu denken und in Lachen auszubrechen.

Auch als Kaiser schrieb er sehr viel und ließ häufig seine Werke durch einen Vorleser vortragen. Sein Geschichtswerk begann er mit den Ereignissen nach der Ermordung des Diktators Caesar, er ging aber dann zu späteren Zeiten über und fing bei den Geschehnissen nach dem Bürgerkrieg an, da er von seiner Mutter und Großmutter oft getadelt wurde und fühlte, daß er weder offen noch wahrheitsgetreu über die früheren Zeiten schreiben könne. Über die erste von ihm behandelte Epoche hinterließ er zwei Bände, über die zweite einundvierzig.

Er verfaßte auch eine Selbstbiographie in acht Bänden, die sich weniger durch Geist als Eleganz auszeichnet, und eine ›Verteidigung Ciceros gegen die Bücher des Asinius Gallus‹, die von ziemlicher Gelehrsamkeit zeugt.

Er erfand auch drei neue Buchstaben und fügte sie als höchst notwendig der Zahl der alten hinzu. Schon als Privatmann hatte er über diese Frage ein Buch herausgegeben. Später als Kaiser hatte er dann keine Schwierigkeiten, ihren Gebrauch allgemein durchzusetzen. Diese Zeichen findet man in den meisten Büchern, im Journal und auf Gebäudeinschriften dieser Zeit[33].

42. Nicht geringeren Fleiß verwandte er auf seine Griechischstudien und betonte bei jeder Gelegenheit seine Liebe zu dieser Sprache und ihre Vorzüge. Zu einem Barbaren, der Griechisch und Lateinisch sprach, sagte er: »Da du *unsere beiden* Sprachen beherrschst ...«, und als er Griechenland den Senatoren empfahl, erklärte er, daß er diese Provinz der gemeinsamen wissenschaftlichen Beziehungen wegen liebe. Oft antwortete er auch im Senat griechischen Gesandten fließend in ihrer Sprache.

Vielfach bediente er sich sogar vor Gericht homerischer Verse. Wenn er an einem Gegner oder Verschwörer Rache genommen hatte, gab er dem Offizier der Wache, der von ihm wie üblich die Losung verlangte, meist folgenden Vers aus Homer:

Abzuwehren den Mann, der mich hohnsprechend beleidigt[34].

Er schrieb auch Geschichtswerke in griechischer Sprache, eines über die Tyrrhener in zwanzig und eines über die Karthager in acht Bänden. Aus diesem Grund wurde auch dem alten Museum in Alexandria ein neues angegliedert, das seinen Namen trug, und die Anordnung getroffen, daß jährlich im einen Gebäude die ›Geschichte der Tyrrhener‹ und im andern die ›Geschichte der Karthager‹ an bestimmten Tagen wie in einem Hörsaal von einander ablösenden Vorlesern ganz vorgetragen werden sollte.

43. Gegen Ende seines Lebens zeigten sich bei ihm verschie-

---

[33] Ein umgekehrtes Digamma ⅎ für das V zum Unterschied vom U, das Antisigma Ɔ für BS oder PS und das Zeichen ⊢ für das griechische Y.

[34] Kommt bei Homer mehrmals vor: Ilias XXIV 369; Odyssee XVI 72; XXI 133. Übersetzung Voß.

dentlich ziemlich deutliche Anzeichen von Reue über die Ehe mit Agrippina und die Adoption Neros. So erklärte er zum Beispiel, als er hörte, wie seine Freigelassenen lobend der vom Kaiser am Vortag ausgesprochenen Verurteilung einer Frau wegen Ehebruchs gedachten: auch ihm sei vom Schicksal bestimmt, daß alle seine Frauen unkeusch seien und von ihm bestraft werden müßten. Und als er gleich darauf Britannicus antraf, umarmte er ihn fest und ermahnte ihn, groß zu werden, damit der Kaiser ihm später Rechenschaft über all seine Taten ablegen könne; dazu fügte er noch auf griechisch die Worte hinzu: »Der, der dich verwundet hat, wird dich auch heilen.«[35] Als er einmal den Wunsch äußerte, dem noch ganz jungen, unerwachsenen Britannicus die Männertoga zu verleihen, da er schon die nötige Größe besitze, fügte er hinzu: »Damit das römische Volk endlich einen richtigen Kaiser bekommt.«

44. Wenig später verfaßte Claudius auch sein Testament und ließ es mit den Unterschriften aller Beamten versehen. Bevor er aber noch weitergehen konnte, kam ihm Agrippina zuvor, die sich außer durch diese Vorkommnisse auch durch ihr Gewissen und die Angeber ihrer vielen Verbrechen beunruhigt fühlte.

Man ist sich darüber einig, daß Claudius durch Gift beseitigt wurde; aber wo es ihm gegeben wurde und von wem, darüber gehen die Meinungen auseinander. Einige berichten, daß es bei einem Mahl mit den Priestern auf der Burg geschehen sei durch seinen Vorkoster, den Eunuchen Halotus; andere, bei einem Gastmahl bei ihm zu Hause durch Agrippina selbst, die ihm ein vergiftetes Pilzgericht – Pilze liebte er sehr – vorgesetzt habe.

Auch über die Ereignisse nach seiner Vergiftung gehen verschiedene Gerüchte um. Viele sagen, er habe gleich nach Genuß des Giftes die Sprache verloren, hätte während der ganzen Nacht furchtbare Schmerzen ausgestanden und sei dann gegen Morgen gestorben. Nach andern ist er zuerst eingeschlummert und hat dann, da sein Magen überladen war, alles erbrochen; darauf wurde ihm nochmals Gift beigebracht, vielleicht in einem Brei, gleichsam um den Erschöpften dadurch zu stärken, oder durch ein Klistier, um ihm angeblich so zu helfen und seinen überladenen Magen zu erleichtern.

45. Sein Tod wurde geheimgehalten, bis in bezug auf seinen Nachfolger alles geregelt war. Deshalb wurden auch, wie wenn er noch krank sei, Gelübde für ihn getan und Komödianten in

---

[35] Telephus, König von Mysien, war vom Speer des Achilles verwundet worden. Nach dem hier wiedergegebenen Orakelspruch konnte er nur durch den Rost desselben Speeres geheilt werden.

den Palast gerufen, um ihn, angeblich auf seinen Wunsch, zu erheitern.

Claudius starb am dreizehnten Oktober unter dem Konsulat des Asinius Marcellus und Acilius Aviola in seinem vierundsechzigsten Lebensjahr, im vierzehnten Jahr seiner Regierung.

Sein Leichenbegängnis fand mit dem üblichen kaiserlichen Pomp statt; auch wurde er unter die Götter aufgenommen, eine Ehrung, die Nero vernachlässigte und dann ganz fallenließ, die aber unter Vespasian wieder eingeführt wurde[36].

46. Die hauptsächlichsten Vorzeichen seines Todes waren folgende: das Erscheinen eines Haarsternes, eines sogenannten Kometen, ein Blitzschlag in das Grabmal seines Vaters Drusus und der Umstand, daß im gleichen Jahr die meisten Beamten jeden Ranges gestorben waren.

Daß sein Lebensende bevorstehe, scheint er auch selbst geahnt und nicht verheimlicht zu haben. Dafür einige Beweise: als er nämlich die Konsuln bezeichnete, bestimmte er für keinen das Amt über seinen Sterbemonat hinaus, und als er zum letztenmal in den Senat kam, ermahnte er seine Kinder zur Eintracht und empfahl ihrer Jugend wegen beide angelegentlich den Senatoren; und in seiner letzten Gerichtsverhandlung sagte er ein übers andere Mal vom Tribunal herab, daß er die Grenze des Zeitlichen erreicht habe, obschon alle, die das hörten, diese Voraussage ablehnten.

[36] Vgl. Vesp. 9.

Nero
37–68 n. Chr.

1. Vom Geschlecht der Domitier sind zwei Familien zu Berühmtheit gelangt, die Calvini und Ahenobarbi. Die Ahenobarbi bezeichnen als ihren Stammvater Lucius Domitius, von dem sie auch ihren Beinamen herleiten. Ihm sollen einmal, als er vom Feld heimkehrte, zwei Jünglinge, Zwillingsbrüder von übermenschlicher Gestalt, begegnet sein, die ihm befahlen, dem Senat und Volk einen Sieg zu melden, über den man noch im ungewissen war; und um ihm ihre Göttlichkeit zu beweisen, hätten sie ihm die Wange gestreichelt, und durch diese Berührung sei sein schwarzer Bart rötlich, ähnlich wie Erz, geworden[1]. Dieses Merkmal übertrug sich auch auf seine Nachkommen, von denen die meisten einen roten Bart hatten. Trotz sieben Konsulaten, zweifachem Triumph, zweimaliger Zensur und der Aufnahme unter die Patrizier behielten doch alle diesen Beinamen. Selbst Vornamen führten sie keine anderen als Gnaeus und Lucius; und auch hier ist eine Besonderheit bemerkenswert: bald hatten sie nämlich den gleichen Vornamen während dreier Generationen, bald wechselten sie ab. So erfahren wir, daß der erste, zweite und dritte Ahenobarbus sich Lucius, die folgenden drei wieder Gnaeus nannten, während alle übrigen abwechslungsweise Lucius oder Gnaeus hießen.

Ich halte es für richtig, mehrere Angehörige der Familie vorzustellen, damit es so eher deutlich werde, daß, wenn Nero, wenigstens in bezug auf die guten Eigenschaften seiner Ahnen, ganz aus der Art schlug, er doch die Fehler jedes einzelnen gleichsam ererbt und angeboren widerspiegelt.

2. Um etwas weiter auszuholen: Gnaeus Domitius, der Vater seines Ururgroßvaters, erbost über die Pontifices, die einen andern als ihn an seines Vaters Stelle zu ihrem Kollegen gemacht hatten, übertrug während seiner Tätigkeit als Tribun das Recht der Selbstergänzung von den Priesterkollegien auf das Volk; als Konsul ritt er nach seinem Sieg über die Allobroges und Arverni auf einem Elefanten durch die Provinz, während seine Soldaten ihm wie im Triumphzug folgten. Auf ihn bezieht sich der Ausspruch des Redners Licinius Crassus, es sei kein Wunder, wenn er einen ehernen Bart habe, da er doch einen Mund von Eisen und ein Herz von Blei besitze.

---

[1] Die Zwillinge Kastor und Pollux. – Der Sieg ist der 496 v. Chr. errungene über die Tarquinier am See Regillus bei Tusculum. – Ahenobarbus = Erzbart.

Des Gnaeus Sohn rief als Prätor Gaius Caesar nach Ablauf seines Konsulats zur Untersuchung vor den Senat, da man glaubte, Caesar habe dieses gegen Auspizien und Gesetze ausgeübt. Als Konsul versuchte er später, den Feldherrn von seinen gallischen Heeren abzuberufen; von der eigenen Partei zu Caesars Nachfolger ernannt, wurde er zu Beginn des Bürgerkriegs bei Corfinium gefangengenommen. Nach seiner Entlassung begab er sich nach Marseille und flößte den unter der Belagerung schwer leidenden Einwohnern durch seine Ankunft Mut ein. Plötzlich aber verließ er sie wieder und fiel zuletzt in der Schlacht bei Pharsalus. Er war ein Mann von zu wenig beständigem, aber trotzigem Charakter, und als seine Situation verzweifelt geworden war, suchte er in seiner Angst freiwillig den Tod, fürchtete sich dann aber so vor dem Sterben, daß er das bereits eingenommene Gift aus Reue über seinen Entschluß durch ein Brechmittel wieder von sich gab und seinem Arzt die Freiheit schenkte, weil dieser ihm in weiser Voraussicht eine ungenügende Dosis verabreicht hatte. Andrerseits war er es, der, während Gnaeus Pompeius über die Behandlung der Neutralen beratschlagte, als einziger die Ansicht vertrat, man müsse sie als Feinde betrachten[2].

3. Er hinterließ einen Sohn, der zweifellos vor allen Angehörigen dieses Geschlechts den Vorzug verdient. Dieser wurde trotz seiner Unschuld auf Grund der *lex Pedia* als Mitwisser der Verschwörung gegen Caesar verurteilt und begab sich zu Cassius und Brutus, die mit ihm nahe verwandt waren. Nach deren Tod behielt er die ihm einst anvertraute Flotte, vergrößerte sie sogar und übergab sie erst nach der vollständigen Niederlage seiner Partei freiwillig an Marcus Antonius, was ihm hoch angerechnet wurde. So bekam er denn auch als einziger von denen, die auf Grund dieses Gesetzes verurteilt worden waren, die Erlaubnis zur Rückkehr in seine Heimat und durchlief die höchsten Ehrenstellen. Als der Bürgerkrieg wieder ausbrach, war er als Stabsoffizier bei demselben Antonius, und es wurde ihm von denen, die sich wegen der Affäre des Antonius mit Kleopatra schämten, der Oberbefehl angetragen, den er aber einer plötzlichen Krankheit wegen weder einfach zu übernehmen noch auszuschlagen wagte. Da trat er zu Augustus über und starb nach wenigen Tagen; doch auch er blieb von übler Nachrede nicht verschont; Antonius behauptete nämlich, er sei aus Sehnsucht nach seiner Geliebten Servilia Naïs übergelaufen.

[2] Lucius Domitius, Gegner Caesars; vgl. Caes. 23, 24 und 34. Über die Behandlung der Neutralen vgl. Caes. 75.

4. Er hatte einen Sohn, Domitius, der später durch Augustus' Testament als dessen Vollstrecker öffentlich bekannt wurde. Dieser Domitius machte in seiner Jugend nicht weniger durch seine Geschicklichkeit als Rennfahrer als in der Folgezeit durch die im Germanischen Krieg[3] erworbenen Triumphabzeichen von sich reden. Aber er war auch anmaßend, verschwenderisch und grausam. So zwang er als Ädil den Censor Lucius Plancus, ihm auf der Straße auszuweichen. Als Prätor und Konsul brachte er römische Ritter und Damen bei einer Mimenaufführung auf die Bühne. Jagden gab er im Zirkus und in allen Stadtteilen Roms, ferner ein Gladiatorenspiel, bei dem es aber so grausam zuging, daß Augustus sich gezwungen sah, durch ein Edikt Einhalt zu gebieten, nachdem er ihn unter vier Augen vergeblich ermahnt hatte.

5. Aus der Ehe mit Antonia der Älteren hatte Domitius einen Sohn, den späteren Vater Neros, dessen Lebensführung in jeder Hinsicht verdammungswürdig war. Als dieser den jungen Gaius Caesar in den Orient begleitete, tötete er einen seiner eignen Freigelassenen, weil dieser es abgelehnt hatte, soviel zu trinken, wie ihm befohlen war; deshalb aus dem Gefolge des Prinzen entlassen, führte er sich keineswegs mäßiger auf, sondern galoppierte zum Beispiel in einer Ortschaft an der Appischen Straße plötzlich mit seinem Gespann an und überfuhr absichtlich einen Knaben; auch schlug er in Rom mitten auf dem Forum einem römischen Ritter, der ihm ziemlich ungeniert Vorwürfe machte, ein Auge aus. Außerdem war er von solcher Niederträchtigkeit, daß er nicht nur die Bankiers um die Beträge der für ihn gemachten Ankäufe, sondern auch während seiner Prätur die Rennfahrer um ihre Siegespreise betrog. Deswegen verspottete ihn auch seine Schwester; und als sich die Vorsteher der Renngesellschaften beschwerten[4], bestimmte er, daß in Zukunft die Preise sofort bar ausbezahlt werden müßten. Kurz vor Tiberius' Tod wegen Majestätsbeleidigung, wiederholten Ehebruchs und Blutschande mit seiner Schwester Lepida angeklagt, entging er infolge des Thronwechsels der Verurteilung und starb dann an Wassersucht in Pyrgi. Er hinterließ einen Sohn, namens Nero, den ihm Agrippina, die Tochter des Germanicus, geschenkt hatte.

6. Nero wurde neun Monate nach Tiberius' Tod, am fünfzehnten Dezember genau bei Sonnenaufgang in Anzio geboren, so daß er, noch bevor man ihn auf die Erde legte, fast von ihren

---

[3] Vgl. Aug. 21. Als Statthalter Illyricums kam er bis über die Elbe.
[4] Der Text ist hier nicht ganz sicher.

Strahlen getroffen wurde[5]. Der Umstände seiner Geburt wegen entstanden sofort viele furchterregende Prophezeiungen, zu denen auch das Wort seines Vaters Domitius gehörte, der auf die Glückwünsche seiner Freunde erwiderte, daß aus seiner und Agrippinas Verbindung nur etwas Hassenswertes und Staatsgefährliches habe entstehen können. Auch an dem Tage, da er seinen Namen erhielt, war ein Zeichen für seine unselige Zukunft zu beobachten; Gaius Caesar (Caligula) nämlich, der von seiner Schwester gebeten worden war, dem Kind einen Namen nach seiner Wahl zu geben, schaute auf seinen Onkel Claudius – der später, als Kaiser, Nero adoptierte – und sagte, er gebe ihm dessen Namen. Aber er meinte das nicht im Ernst, sondern scherzhaft, und es ging ganz gegen den Willen Agrippinas, da Claudius damals das Gespött des ganzen Hofes war.

Im Alter von drei Jahren verlor Nero seinen Vater. Er erbte ein Drittel der Hinterlassenschaft, bekam aber seinen Anteil nicht einmal, da sein Miterbe Gaius das gesamte Vermögen an sich riß. Und als später auch seine Mutter verbannt worden war[6], wurde er beinahe mittellos und in dürftigen Verhältnissen bei seiner Tante Lepida unter der Aufsicht zweier Hofmeister aufgezogen, von denen der eine Tänzer, der andere Barbier war. Als sich aber Claudius der Herrschaft bemächtigte, erhielt Nero nicht nur sein väterliches Vermögen zurück, sondern wurde auch durch die Erbschaft seines Stiefvaters Crispus Passienus ein reicher Mann.

Dank dem Einfluß und der Macht seiner Mutter, die wieder aus der Verbannung zurückgerufen und in ihre Rechte eingesetzt worden war, gelangte er zu solch angesehener Stellung, daß sich im Volk sogar das Gerücht verbreitete, Messalina, Claudius' Gattin, habe ihn als Nebenbuhler des Britannicus betrachtet und Leute ausgeschickt, die Nero während seines Mittagschlafs erwürgen sollten. Zu dieser Geschichte wird noch beigefügt, daß diese Leute durch einen Drachen, der sich aus den Kissen hervorstürzte, erschreckt worden seien und dann die Flucht ergriffen hätten. Dieses Gerücht entstand, weil man am Kopfkissen seines Bettes eine Schlangenhaut gefunden hatte, die er auf Wunsch seiner Mutter später eine Zeitlang in einem goldenen Medaillon am rechten Arm trug, schließlich aber, als ihm die Erinnerung an seine Mutter verhaßt wurde, wegwarf und in seiner letzten unglücklichen Zeit vergeblich wieder suchte.

---

[5] Neugeborene wurden auf die Erde gelegt, von wo sie ihr Vater zum Zeichen der Anerkennung aufhob.
[6] Vgl. Cal. 29 und 59.

7. In zartem Alter, noch kaum zum Knaben herangewachsen, nahm er mit Ausdauer und Erfolg im Zirkus am Troiaspiel teil. Zehnjährig wurde er von Claudius adoptiert und der Obhut Annaeus Senecas, der damals bereits Senator war, übergeben. Man erzählt, Seneca habe in der nächsten Nacht geträumt, er unterrichte Gaius Caesar (Caligula), und bald darauf ging der Traum insofern in Erfüllung, als Nero die Unmenschlichkeit seiner Natur durch alle möglichen Proben zu erkennen gab.

So versuchte er, seinen Bruder Britannicus, der ihn nach der Adoption nach alter Gewohnheit mit Ahenobarbus begrüßt hatte, bei seinem Vater als untergeschobenen Sohn hinzustellen. – Seine Tante Lepida aber beschuldigte er als Zeuge bei einem Prozeß in aller Öffentlichkeit, um seiner Mutter, welche die Angeklagte ins Verderben stürzen wollte, einen Dienst zu erweisen.

Bei seiner Mündigkeitserklärung auf dem Forum versprach er dem Volk eine Naturalspende, den Soldaten ein Geldgeschenk und veranstaltete mit den Prätorianern eine Parade, bei der er selbst das Kommando übernahm. Darauf hielt er auf seinen Vater im Senat eine Dankrede. Als derselbe Konsul war, sprach er vor ihm auf lateinisch als Vertreter der Einwohner von Bologna und auf griechisch für die Einwohner von Rhodos und Troia[7]. Als Stadtpräfekt während des Latinerfestes übte er das Richteramt aus, und die berühmtesten Anwälte brachten nicht, wie gewöhnlich, geringfügige und schnell zu entscheidende, sondern trotz Claudius' ausdrücklichem Verbot eine Menge wichtigster Angelegenheiten vor, wobei sie sich noch gegenseitig zu überbieten suchten. Wenig später heiratete er Octavia und gab für das Wohlergehen des Claudius Zirkusspiele und eine Jagd.

8. Als sich die Nachricht von Claudius' Ableben verbreitete, ging Nero – er war damals siebzehn Jahre alt – zwischen zwölf und ein Uhr nachmittags zu den Wachen hinaus; da der ganze Tag ein Unglückstag war, schien kein Zeitpunkt geeigneter als dieser, um die Auspizien zu vollziehen. Auf den Stufen des Palatiums wurde er als Kaiser begrüßt und in einer Sänfte in das Lager der Prätorianer und von dort nach einer kurzen Ansprache an die Soldaten ins Rathaus getragen. Erst gegen Abend kehrte er wieder zurück, nachdem er von all den ungeheuren Ehren, mit denen er überhäuft wurde, nur den Titel »Vater des Vaterlandes« seines jugendlichen Alters wegen abgelehnt hatte.

9. Darauf begann er seine Sohnesliebe zu dokumentieren, feierte auf glänzendste Weise Claudius' Leichenbegängnis, hielt

[7] Vgl. Claud. 25.

die Totenrede und ließ ihn unter die Götter aufnehmen. Dem Andenken seines Vaters Domitius erwies er die größten Ehren. Seiner Mutter übertrug er die Oberaufsicht über alle privaten und öffentlichen Angelegenheiten. Am ersten Tag seiner Regierung gab er auch dem wachhabenden Tribun als Losung »Die beste Mutter« und ließ sich in der Folge häufig mit ihr zusammen in ihrer Sänfte durchs Publikum tragen. – In Anzio gründete er eine Kolonie für Veteranen der Prätorianergarde und für die reichsten Primipilare, die ihren Wohnsitz zu diesem Zweck zu ändern hatten. Dort erbaute er auch mit großen Kosten einen Hafen.

10. Um seine guten Eigenschaften noch deutlicher ins Licht zu rücken, erklärte er, nach den Grundsätzen des Augustus regieren zu wollen, und ließ keine Gelegenheit vorbeigehen, um seine Freigebigkeit, Milde und sogar Leutseligkeit zu zeigen. Allzu schwere Steuern schaffte er ab oder verringerte sie. Die Belohnungen für Leute, die Übertretungen der das Dreikinderrecht betreffenden Vorschriften anzeigten, setzte er auf ein Viertel herab. Dem Volk ließ er pro Kopf vierhundert Sesterzen austeilen und bestimmte, daß altadligen, aber verarmten Senatoren jährliche Gehälter, manchen bis zu fünfhunderttausend Sesterzen, ausbezahlt würden; ebenso gewährte er den Prätorianerkohorten eine monatliche kostenlose Getreideverteilung. Und als er einmal daran erinnert wurde, unter ein Todesurteil wie üblich seine Unterschrift zu setzen, sagte er: »O könnte ich doch nicht schreiben!«

Leute aller Stände grüßte er oft mit Namen und nur aus dem Gedächtnis. Als ihm einmal der Senat Dank abstatten wollte, antwortete er: »Wenn ich es verdient haben werde.« Zu seinen militärischen Übungen war auch das Volk zugelassen, und öfters deklamierte er in der Öffentlichkeit; er las auch seine Gedichte vor, und zwar nicht nur bei sich zu Hause, sondern sogar im Theater. Die Freude darüber war bei allen so groß, daß nach einer solchen Vorlesung ein Dankfest beschlossen und die von ihm vorgetragenen Verse in goldenen Lettern dem Kapitolinischen Iuppiter geweiht wurden.

11. Schauspiele verschiedenster Art gab Nero in großer Zahl: Jugend- und Zirkusspiele, Theatervorstellungen und einen Gladiatorenkampf. Bei den Jugendspielen ließ er auch ältere gewesene Konsuln und betagte Damen auftreten. Im Zirkus wies er den Rittern besondere Plätze zu und ließ sogar Viergespanne von Kamelen am Rennen teilnehmen. Bei den Spielen, die er für

den ewigen Bestand des Reiches gab und die »Die Größten« genannt werden sollten, übernahmen viele Personen beider Stände und beiden Geschlechts die Rollen; ein sehr bekannter römischer Ritter ritt auf einem Elefanten über ein abwärts gespanntes Seil; des Afranius römische Komödie ›Der Brand‹ wurde aufgeführt, wobei es den Schauspielern gestattet war, das brennende Haus zu plündern und den Hausrat für sich zu behalten; jeden Tag wurden auch alle möglichen Geschenke unter das Volk geworfen: täglich tausend verschiedenartige Vögel, allerlei Eßwaren, Gutscheine für den Bezug von Getreide, Kleider, Gold, Silber, Edelsteine, Perlen, Gemälde, Gutscheine für Sklaven, Vieh und auch für gezähmte Wildtiere, zuletzt sogar für Schiffe, Miethäuser und Grundstücke.

12. Diesen Spielen schaute Nero vor der Bühne von einem erhöhten Platz aus zu.

Bei dem Gladiatorenkampf, den er in dem in der Gegend des Marsfelds innerhalb eines Jahres errichteten hölzernen Amphitheater gab, ließ er niemand töten, nicht einmal einen der zu diesen Kämpfen verurteilten Verbrecher. Dafür mußten aber vierhundert Senatoren und sechshundert römische Ritter, von denen einige ein großes Vermögen und einen untadligen Ruf besaßen, sich zum Kampf mit dem Schwert stellen. Aus diesen zwei Ständen stammten auch die Tierkämpfer und die verschiedenen andern Angestellten der Arena.

Auch eine Seeschlacht veranstaltete er, bei der Seeungeheuer im Meerwasser schwammen; ebenfalls ließ er einige pyrrhichische Waffentänze durch griechische Jünglinge aufführen, denen er allen nach vollbrachter Arbeit den römischen Bürgerbrief übergab. Zwischen diesen Tänzen wurde vorgeführt, wie ein Stier das hölzerne Bild einer Kuh besprang, in der, wie viele Zuschauer glaubten, Pasiphaë eingeschlossen war. Ein Ikarus stürzte gleich bei seinem ersten Versuch neben die Loge des Kaisers und bespritzte ihn mit seinem Blut. Allerdings pflegte Nero nur sehr selten bei den Spielen den Vorsitz zu führen; gewöhnlich lag er in seiner Loge und sah erst durch kleine Öffnungen zu, später wurde dann der ganze Balkon geöffnet.

Er führte auch als erster in Rom einen alle fünf Jahre stattfindenden Wettkampf ein, der nach griechischer Sitte drei Disziplinen umfaßte: musische, gymnastische und hippische Wettkämpfe. Diesen nannte er »Neronische Spiele«. Zu diesem Zweck erbaute er Thermen und ein Gymnasium, wo er Senatoren und Rittern das Salböl sogar unentgeltlich zur Verfügung stellte. Als

Kampfrichter für den ganzen Wettkampf wurden ehemalige Konsuln durch das Los bestimmt, die auf den Plätzen der Prätoren saßen. Darauf stieg Nero in die Orchestra hinab und setzte sich unter die Senatoren. Er erhielt den Siegeskranz für lateinische Beredsamkeit und Dichtung, um den sich die Allerbesten bewarben und den sie ihm einstimmig zuerkannten; vor dem Siegeskranz im Leierspiel, der ihm von den Preisrichtern zuerkannt worden war, verneigte er sich nur voll Verehrung und ließ ihn vor der Augustusstatue niederlegen.

Anläßlich des gymnastischen Wettkampfes, den er auf dem Wahlplatz gab, ließ er sich zum erstenmal bei einem großen Stieropfer den Bart scheren, verschloß ihn in einer goldenen, mit wertvollsten Perlen besetzten Büchse und weihte ihn auf dem Kapitol. – Zu den Kämpfen der Athleten lud er auch die Vestalinnen ein, weil es in Olympia den Cerespriesterinnen ebenfalls gestattet ist, zuzuschauen.

13. Mit Recht darf ich wohl auch unter den von Nero gegebenen Schauspielen den Einzug des Tiridates in Rom anführen. Dieser war König von Armenien, und Nero hatte ihn durch große Versprechungen dazu bewogen, nach Rom zu kommen. Als er ihn an dem durch ein Edikt bestimmten Tag dem Volk zeigen wollte, mußte dies Schauspiel wegen nebligen Wetters verschoben werden. Die Vorstellung konnte dann später unter den günstigsten Voraussetzungen stattfinden; bei den Tempeln des Forums waren die Kohorten in Waffen aufgestellt, Nero selbst saß im Gewande eines Triumphators bei der Rednertribüne auf einem Amtssessel zwischen Feldzeichen und Fahnen. Zuerst schritt der König auf das erhöhte Podium hinauf und kniete vor Nero nieder, der ihn mit der Rechten aufhob und küßte. Dann nahm er ihm auf seine Bitten die Tiara vom Haupt und setzte ihm das Diadem auf, während ein ehemaliger Prätor seine demütigen Worte der Menge übersetzte. Von dort führte er ihn ins Theater und ließ ihn, der sich ihm wieder zu Füßen warf, neben sich zur Rechten Platz nehmen. Dafür wurde Nero als Imperator begrüßt, ein Lorbeerkranz aufs Kapitol getragen und das Doppeltor des Ianustempels geschlossen, wie wenn es keinen Krieg mehr gäbe.

14. Konsul war Nero viermal: das erstemal während zwei, das zweite- und viertemal während sechs und das drittemal während vier Monaten. Die zwei mittleren Amtsperioden folgten sich unmittelbar, die beiden andern waren von diesen je durch ein Jahr getrennt.

15. Wenn er Recht sprach, erteilte er den Parteien fast immer erst am folgenden Tag Antwort, und zwar schriftlich. Bei den Verhandlungen beachtete er folgende Regel: er verbot zusammenhängende Reden und ließ jeden Punkt für sich durch beide Parteien behandeln. Jedesmal wenn er sich zur Beratung zurückzog, wurde der Fall nicht gemeinsam und offen besprochen, sondern er las schweigend die von jedem einzelnen schriftlich niedergelegten Vorschläge und verkündete dann das Urteil nach seinem Gutdünken, wie wenn es die Ansicht der Mehrheit wäre.

Lange nahm er Söhne von Freigelassenen nicht in den Senat auf und verbot den von den früheren Kaisern Aufgenommenen weitere Ehrenämter. Um Kandidaten, die überzählig waren, über ihre Zurückstellung und ihren Zeitverlust zu trösten, machte er sie zu Legionskommandanten. Das Konsulat verlieh er meist für sechs Monate, und als einmal einer der Konsuln kurz vor dem ersten Januar gestorben war, wählte er keinen Ersatzmann, da er das frühere Beispiel des Caninius Rebilus nicht billigte, der Konsul für einen Tag gewesen war[8]. – Die Triumphabzeichen verlieh er sogar Leuten quästorischen Ranges und solchen aus dem Ritterstand, und nicht nur militärischer Verdienste wegen. – Reden, die er über gewisse Gegenstände an den Senat gesandt hatte, ließ er meist durch den Konsul verlesen, unter Umgehung des Quästors, zu dessen Pflichten dies eigentlich gehörte.

16. Für die Gebäude in Rom erdachte er eine neue Bauart; vor den Miets- und Privathäusern sollten nämlich Säulenhallen sein, von deren Dächern aus man Brände bekämpfen könnte; diese ließ er dann auf seine Kosten erstellen. Er hatte auch im Sinn, die Stadtmauern bis nach Ostia vorzuschieben und von dort das Meer durch einen Kanal in die Altstadt Roms zu leiten.

Viele alte Vorschriften wurden während seiner Regierungszeit wieder eingeführt und streng gehandhabt, aber auch neue Bestimmungen getroffen: ein Gesetz zur Einschränkung des Luxus ward erlassen; die öffentlichen Festessen wurden auf kleine Imbisse beschränkt; es war verboten, in den Schenken, wo man vorher jede Mahlzeit hatte erhalten können, irgend etwas Gekochtes außer Hülsenfrüchten und Gemüse zum Verkauf anzubieten; über die Christen, Menschen, die sich einem neuen und gefährlichen Aberglauben ergeben hatten, wurde die Todesstrafe verhängt[9]; die Belustigungen der Rennfahrer untersagte man, denen

[8] Vgl. Caes. 76.
[9] Über Einschränkungen im Lebensmittelhandel vgl. Tib. 34. – Christen: bei Sueton das erste eindeutige Zeugnis; vgl. dazu Tacitus, Annalen XV 44, 2 ff.

es nach althergebrachter Sitte gestattet war, durch die Stadt zu ziehen und zu ihrem Vergnügen den Bürgern Streiche zu spielen und Gegenstände zu entwenden; die Vereinigungen der Pantomimen wurden mit all ihren Mitgliedern aus der Stadt gewiesen.

17. Gegen Fälscher fand man damals zum erstenmal folgendes Mittel: die Schreibtafeln wurden durchbohrt, mit einer dreifach durch die Löcher gezogenen Schnur versehen und dann versiegelt. Für Testamente wurde folgende Bestimmung getroffen: die ersten zwei Seiten des Testamentes trugen nur die Namen des Erblassers und wurden so den Zeugen leer zur Unterschrift vorgelegt[10]; auch war es verboten, daß jemand, der einem andern ein Testament aufsetzte, für sich darin ein Legat eintrage. Ferner wurde bestimmt, daß Prozessierende ihren Anwälten feste, angemessene Honorare zahlten, für die Gerichtskosten aber nicht aufzukommen hätten; diese übernahm die Staatskasse. Endlich sollten Steuerprozesse nicht mehr vor einer besonderen Steuerbehörde, sondern auf dem Forum vor den Rekuperatoren ausgetragen werden und alle Berufungen von den Gerichten an den Senat gehen[11].

18. Niemals hatte Nero die Absicht, oder hegte er die Hoffnung, das Reich zu vergrößern und weiter auszudehnen. Er dachte sogar daran, aus Britannien das Heer zurückzuziehen, und verzichtete nur aus Scheu, den Ruhm seines Vaters zu mindern, auf diesen Plan. Einzig das Reich von Pontus, das ihm Polemon zugestand, und das Alpenreich des Cottius machte er nach dessen Tod zur römischen Provinz.

19. Auslandsreisen unternahm er im ganzen nur zwei: eine nach Alexandria und eine nach Griechenland. Erstere gab er infolge religiöser Bedenken und beunruhigt durch eine drohende Gefahr allerdings schon am Tage der Abreise auf; denn bei einem Gang durch die Tempel hatte er sich im Vestatempel niedergesetzt, blieb beim Aufstehen zuerst mit einem Zipfel der Toga hangen, und dann entstand plötzlich ein solcher Dunst, daß er nichts mehr unterscheiden konnte.

In Griechenland begann er den Durchstich des Isthmus[12]; dabei hielt er eine Rede vor den Prätorianern, um sie zum Beginn dieses Werkes aufzufordern, ließ ein Trompetensignal geben, tat den ersten Spatenstich und trug selbst die ausgegrabene Erde in einem Korb auf seinen Schultern weg.

---

[10] So blieben der Inhalt und besonders die Namen der Erben unbekannt.
[11] Hinsichtlich der Berufungen verallgemeinert Sueton wie öfter; vgl. dazu Tacitus, Annalen XIV 28, 1.
[12] Vgl. Caes. 44, Cal. 21 und Nero 37.

Er bereitete auch eine Expedition zu den Kaspischen Toren vor, nachdem er in Italien eine neue Legion ausgehoben hatte, die nur aus Rekruten von mindestens ein Meter achtzig bestand. Dieser gab er den Namen »Alexanders des Großen Phalanx«.

All diese Dinge, die zum Teil keinen Tadel verdienen, zum Teil sogar sehr lobenswert sind, habe ich hier zusammengefaßt, um sie von seinen Schlechtigkeiten und Verbrechen zu trennen, von denen ich jetzt sprechen will.

20. In seiner Jugendzeit war Nero wie in den andern Künsten und Wissenschaften auch in der Musik unterrichtet worden. Sofort nach seiner Thronbesteigung ließ er den Kitharoeden Terpnus, den damals bedeutendsten Künstler, zu sich kommen, setzte sich während mehrerer Tage nach dem Essen bis tief in die Nacht hinein zu dem Sänger und begann allmählich selbst zu spielen und zu üben und ließ keines der Mittel, welche diese Künstler anwenden, um ihre Stimme zu erhalten oder zu kräftigen, unbeachtet. So trug er, auf dem Rücken liegend, eine Bleiplatte auf der Brust, reinigte sich mit Klistier und Erbrechen und enthielt sich der Früchte und anderer der Stimme schädlicher Speisen. Schließlich, durch einige Fortschritte geschmeichelt, begehrte er, obschon seine Stimme klein und dumpf war, auf der Bühne aufzutreten. Immer wieder zitierte er in diesem Zusammenhang vor seinen Freunden das griechische Sprichwort, Musik im Verborgenen habe keinen Wert[13].

Zum erstenmal trat er in Neapel auf, und nicht einmal ein Erdbeben, das plötzlich das Theater erschütterte, konnte ihn abhalten, das begonnene Stück zu beenden. Dort sang er noch öfters, auch während mehrerer Tage. Als er sich, um seine Stimme zu erholen, eine kurze Ruhepause gönnte, wurde er des Alleinseins überdrüssig, ging vom Bad ins Theater hinüber und speiste mitten unter den Leuten in der Orchestra, wobei er auf griechisch versprach, daß er, wenn er ein wenig getrunken habe, mit voller Stimme werde schmettern können. Geschmeichelt durch die in Musik gesetzten Beifallsbezeugungen von Alexandrinern, die in großer Zahl mit dem letzten Schiff in Neapel eingetroffen waren, ließ er noch weitere Einwohner von Alexandria kommen.

Mit gleichem Eifer sammelte er von allen Seiten junge Leute aus dem Ritterstand und mehr als fünftausend handfeste Burschen aus dem Volk, die abteilungsweise die verschiedenen Arten des Beifalls zu lernen hatten – Summen, Klatschen mit hohler und mit flacher Hand – und ihn, wenn er sang, mit ihrem Applaus

[13] Vgl. Aulus Gellius XIII 31, 3.

unterstützen mußten. Alle zeichneten sich durch vollen Haarwuchs und prächtige Kleidung aus, trugen aber den Ritterring nicht an der Linken. Ihre Anführer erhielten vierhunderttausend Sesterzen.

21. Weil er großen Wert darauf legte, auch in Rom zu singen, ließ er die Neronischen Spiele vor dem bestimmten Tag beginnen. Als alle Anwesenden seine »himmlische Stimme« zu hören begehrten, antwortete er zwar anfänglich, daß er ihnen in seinen Gärten diesen Wunsch erfüllen wolle; da aber auch die wachhabenden Soldaten die Bitten des Volkes unterstützten, versprach er gerne, jetzt gleich aufzutreten. Ohne Verzug befahl er, seinen Namen auf die Liste der auftretenden Kitharoeden zu setzen, legte wie alle übrigen sein Los in die Urne[14] und betrat, als die Reihe an ihn kam, zusammen mit den Prätorianerpräfekten, die seine Leier trugen, gefolgt von den Militärtribunen und umgeben von seinen intimsten Freunden, die Bühne. Sobald er sich bereitgemacht hatte, begann er ein Vorspiel und ließ durch den ehemaligen Konsul Cluvius Rufus verkünden, daß er die ›Niobe‹ singen werde. Dies dauerte bis ungefähr vier Uhr abends. Die Verleihung des Siegeskranzes und den Rest des Wettkampfs verschob er auf das folgende Jahr, um Gelegenheit zu haben, noch öfters zu singen. Aber da ihm auch dies zu lang währte, zögerte er nicht, immer wieder öffentlich aufzutreten.

Er dachte auch daran, an Schauspielen, die von verschiedenen Beamten auf eigne Kosten veranstaltet wurden, unter den Bühnenkünstlern aufzutreten, da ein Prätor ihm eine Million Sesterzen dafür anbot. Er sang sogar kostümiert in Tragödien, als Heros und Gott, wie auch als Heroin und Göttin, wobei die Masken seine Gesichtszüge und die seiner jeweiligen Geliebten trugen. Unter anderem trat er in ›Die Niederkunft der Kanake‹, ›Der Muttermörder Orest‹, ›Der blinde Oedipus‹ und ›Der rasende Herkules‹ als Sänger auf. Man erzählt sich, daß bei letzterer Aufführung ein junger Rekrut, der den Eingang bewachte, dem Kaiser zu Hilfe geeilt sei, als er sah, daß dieser verkleidet und in Ketten gelegt wurde, wie das Stück es verlangte.

22. Seit frühester Jugend hatte Nero eine große Leidenschaft für Pferde. Meistens drehten sich seine Gespräche, obschon man es ihm verbot, um die Zirkusspiele, und als er einst vor seinen Mitschülern einen Rennfahrer der »Grünen« beklagte, der von seinen Pferden am Boden nachgeschleift worden war, griff er auf die Vorhaltungen seines Lehrers hin zu der Ausflucht, er spreche

---

[14] Die Reihenfolge des Auftretens wurde durch das Los bestimmt.

von Hektor. Zu Beginn seiner Herrschaft vergnügte er sich täglich auf einem Spieltisch mit elfenbeinernen Viergespannen und kam zu allen, auch den unbedeutendsten Zirkusrennen von seinen Landhäusern nach Rom, zuerst heimlich, dann in aller Öffentlichkeit, so daß jedermann sicher war, er werde an einem solchen Tag anwesend sein. Auch machte er kein Hehl daraus, daß er die Zahl der Preise erhöhen wolle. Deshalb nahm die Zahl der Rennen zu, und das Schauspiel zog sich bis zum späten Abend hin; auch zeigten die Vorstände der Renngesellschaften kein Interesse mehr daran, ihre Truppe in die Bahn zu führen, wenn die Rennen nicht während des ganzen Tages stattfanden.

Bald wollte Nero persönlich den Wagen lenken und sogar öffentlich öfter auftreten. Er übte in seinen Gärten vor Sklaven und niedrigem Volk, und dann zeigte er sich auch vor aller Augen im Circus Maximus, wobei einer seiner Freigelassenen das Tuch zur Eröffnung der Spiele von der Stelle aus schwenkte, von wo dies die Beamten zu machen pflegten.

Aber nicht damit zufrieden, Proben dieser Künste in Rom gegeben zu haben, ging er, wie schon gesagt[15], nach Griechenland, und zwar vor allem aus folgendem Grund: die Städte, die musische Wettkämpfe zu veranstalten pflegen, hatten beschlossen, alle Siegeskränze für Kitharoeden Nero zu übersenden. Diese nahm er mit solcher Befriedigung entgegen, daß er die Gesandten, welche sie überbracht hatten, nicht nur vor allen andern empfing, sondern sie auch im kleinen Kreis zur Tafel lud. Da ersuchten ihn einige dieser Leute, bei Tisch etwas zu singen. Seine Darbietung wurde mit solchem Beifall aufgenommen, daß er sagte, allein die Griechen verstünden zu hören und sie allein seien seiner und seiner Kunst würdig.

So wurde die Abreise nicht weiter aufgeschoben, und sowie er in Kassiope gelandet war, sang er sofort am Altar des Iuppiter Cassius und besuchte dann der Reihe nach alle Wettkämpfe.

23. Auf seine Anordnung hin mußten nämlich sämtliche Feste, auch wenn sie in einem ganz andern Jahr hätten abgehalten werden sollen, in dieses eine Jahr zusammengedrängt, ja einige sogar zweimal gefeiert werden. Selbst in Olympia ließ er gegen jedes Herkommen einen musikalischen Wettkampf veranstalten. Und damit ihn nichts bei dieser Beschäftigung störe oder ablenke, schrieb er seinem Freigelassenen Helius, der ihn daran erinnerte, daß seine Anwesenheit in Rom nötig sei, folgendes: »Obschon Du jetzt der Ansicht bist und es wünschst, daß ich schnell zu-

[15] Vgl. Nero 19.

rückkehre, mußt Du doch eher raten und wünschen, daß ich eines Nero würdig zurückkehre.«

Während er sang, war es nicht gestattet, das Theater zu verlassen, auch nicht in dringenden Fällen. So erzählt man, daß einige Frauen sogar während der Vorstellungen geboren hätten und viele Leute, des Zuhörens und Lobens müde, entweder, da die Stadttore geschlossen wurden, heimlich von der Mauer gesprungen seien oder sich totgestellt hätten, um so herausgetragen werden zu können.

Wie aufgeregt und ängstlich Nero bei einem Wettkampf war, von welcher Eifersucht auf seine Gegner, von welcher Furcht vor den Kampfrichtern, ist kaum zu glauben. Er pflegte seine Gegner zwar ganz wie seinesgleichen zu behandeln, beobachtete sie aber heimlich, stellte ihnen Fallen, verleumdete sie, verfolgte sie auch manchmal bei einer Begegnung mit Schimpfwörtern und versuchte diejenigen, die ihm überlegen waren, zu bestechen. Die Kampfrichter aber begrüßte er, bevor er begann, aufs ehrerbietigste und sagte, daß er alles, was er habe tun können, getan habe, daß aber der Ausgang in den Händen des Schicksals liege; sie als kluge und gelehrte Männer müßten allen Zufall ausschließen. Wenn sie ihn dann ermuntert hatten, nur Mut zu fassen, trat er ruhiger zurück; aber auch so war er nicht ohne Besorgnis und hielt die Schweigsamkeit und Zurückhaltung einiger für Härte und bösen Willen und bezeichnete sie als ihm verdächtig.

24. Während des Wettkampfs hielt er sich dermaßen an die Vorschriften, daß er niemals auszuspucken wagte und sich sogar selbst mit dem Arm den Schweiß von der Stirn wischte. Und als er einmal in einem tragischen Stück das Zepter fallen ließ und es rasch wieder aufhob, war er voll Angst und fürchtete, wegen dieses Fehlers vom Wettkampf ausgeschlossen zu werden. Er konnte nicht vorher beruhigt werden, als bis sein Partner[16] schwor, der Vorfall sei unter dem Jubel und Beifallsgeschrei des Volkes unbemerkt geblieben.

Nero pflegte sich selbst als Sieger auszurufen; deswegen nahm er auch stets am Wettkampf der Herolde teil. Damit aber das Andenken und die Spur der früheren Sieger in den heiligen Spielen[17] überall getilgt werde, gab er den Befehl, all ihre Statuen und Büsten umzustürzen, mit einem Haken zu schleifen und in die Latrinen zu werfen.

---

[16] Der Pantomime, der mit Gesten den singenden Tragöden begleitete.
[17] Die Spiele waren ursprünglich religiöser Natur, deshalb die Bezeichnung »heilig«.

Mehrfach trat er auch als Rennfahrer auf, in Olympia sogar mit einem Zehngespann, obschon er dies selber bei König Mithridates in einem seiner Gedichte getadelt hatte. Als er aus dem Wagen geworfen wurde, hob man ihn zwar wieder hinein; er konnte aber nicht durchhalten, sondern mußte vor Beendigung des Laufes aufgeben – nichtsdestoweniger wurde er mit dem Siegeskranz ausgezeichnet.

Darauf beschenkte er bei seiner Abreise die ganze Provinz mit der Freiheit und zugleich seine Kampfrichter mit dem römischen Bürgerrecht und einer großen Geldsumme. Persönlich verkündete er diese Belohnungen am Tag der Isthmischen Spiele mitten im Stadion.

25. Nach seiner Rückkehr aus Griechenland zog er mit einem Gespann von weißen Rossen in Neapel ein, weil er in dieser Stadt zum erstenmal seine Kunst gezeigt hatte. Ein Teil der Mauer war zu diesem Zweck niedergelegt worden, wie das für den Einzug von Siegern in den heiligen Spielen üblich ist. Auf ähnliche Weise zog er in Anzio, Albanum und endlich in Rom ein. In Rom fuhr er außerdem noch auf dem gleichen Wagen, der einst für Augustus' Triumphzüge gedient hatte, in einem purpurnen Gewand und einem mit goldenen Sternen bestickten griechischen Mantel, den olympischen Siegeskranz auf dem Haupte, in der Rechten den Kranz der pythischen Spiele. Vor ihm schritt ein Festzug mit den übrigen Kränzen und Inschriften, die anzeigten, wo, gegen wen, mit welchem Lied und in welcher Tragödie er gesiegt hatte. Seinem Wagen folgten wie bei einem richtigen Triumph die Claqueure und riefen, sie seien die Begleiter des Augustus und die Soldaten seines Triumphes.

Darauf zog er durch den Circus Maximus, wo ein Bogen niedergerissen worden war, über das Velabrum und Forum zum Palatin und dem dortigen Apollotempel. Überall wurden unterwegs Opfertiere geschlachtet, die Straßen immer wieder mit Safran besprengt und ihm Vögel, Bänder und Süßigkeiten zugeworfen.

Seine heiligen Siegeskränze legte er in den Zimmern seines Palastes rings um die Betten, ebenso ließ er Statuen aufstellen, die ihn als Kitharoeden darstellten, und sogar Münzen mit diesem Bild prägen. Nach diesen Erfolgen war er gar nicht gesonnen, seine Kunst aufzugeben oder sie etwas hintanzustellen; im Gegenteil, um seine Stimme zu schonen, wandte er sich nur noch schriftlich an seine Soldaten oder ließ, war er selbst anwesend, einen andern sprechen. Auch sonst, wenn er etwas im

Ernst oder Scherz behandelte, stand immer ein Lehrer der Stimmbildung neben ihm, der ihn daran zu erinnern hatte, daß er seine Lungen schone und ein Tuch vor den Mund halte. Und vielen trug er seine Freundschaft an oder stellte ihnen seine Feindschaft in Aussicht, je nachdem sie ihm mehr oder weniger applaudiert hatten.

26. Neros Frechheit, Wollust, Verschwendungssucht, Habgier und Grausamkeit zeigten sich anfänglich erst vereinzelt und heimlich und wie aus einer jugendlichen Verirrung heraus; doch konnte schon damals niemand darüber im Zweifel sein, daß es sich um Laster handle, die in seiner Natur lagen und nicht nur seiner Jugend zugute gehalten werden durften. Sowie es dunkel wurde, nahm er rasch eine Mütze oder Kappe, betrat Kneipen, streifte in den Quartieren herum und verübte allerhand keineswegs harmlose Streiche; so pflegte er Leute, die von einem Essen heimkehrten, zu verprügeln und, wenn sie sich zur Wehr setzten, sogar zu verwunden und in Kloaken zu tauchen, auch Läden aufzubrechen und auszurauben. Zu Hause hatte er eine Kantine eingerichtet, wo die Beute an den Meistbietenden verkauft und der Erlös vertan wurde.

Oft lief er in solchen Raufhändeln Gefahr, das Augenlicht oder gar sein Leben zu verlieren, und von einem Mann aus dem Senatorenstand, dessen Frau er einmal belästigt und umarmt hatte, wurde er fast zu Tode geprügelt. Deshalb begab er sich auch später nie mehr zur Nachtzeit auf die Straße ohne einige Militärtribunen, die ihm in der Ferne heimlich nachfolgten. Auch bei Tag ließ er sich nur noch in aller Stille ins Theater tragen und wohnte von einem Platz auf dem oberen Teil des Proszeniums aus den Streitigkeiten bei, die sich wegen der Pantomimen ereigneten[18], wozu er allerdings auch selbst oft das Zeichen gab; und als es einmal zu einem Handgemenge gekommen war und mit Steinen und zerbrochenen Bänken gekämpft wurde, warf er selbst viele Gegenstände ins Publikum und verwundete sogar einen Prätor schwer am Kopf.

27. Allmählich steigerten sich aber seine Laster; er ließ Scherz und Heimlichkeit beiseite, gab sich keine Mühe mehr, etwas zu verbergen, und stürzte sich in aller Öffentlichkeit in größere Exzesse. Seine Bankette, während denen er sich öfters durch warme und im Sommer durch eisgekühlte Bäder erfrischte, dehnte er von Mittag bis Mitternacht aus. Manchmal speiste er

---

[18] Vgl. Nero 16 und Tacitus, Annalen XII 25, wo auch noch weitere Angaben zu den hier geschilderten Vorkommnissen zu finden sind.

auch vor vielen Leuten auf der mit Schranken umgebenen Naumachie, auf dem Marsfeld oder im Circus Maximus, und die Freudenmädchen und Flötenspielerinnen der ganzen Stadt warteten ihm auf. Wenn er auf dem Tiber nach Ostia fuhr oder den Golf von Baiae entlangsegelte, waren an den Küsten und Ufern in gewissen Abständen Schankbuden mit Bordellbetrieb aufgestellt, wo vornehme Damen die Wirtin machten und ihn bald da, bald dort zum Landen einluden. Er sagte sich auch bei seinen Freunden zum Essen an, und dem einen kamen dann die Bänder für den Kopfschmuck auf vier Millionen Sesterzen, dem andern die Rosenbuketts auf noch viel mehr zu stehen.

28. Außer seinem Verkehr mit freigeborenen Knaben und verheirateten Frauen vergewaltigte er sogar eine Vestalin namens Rubria. Es fehlte nicht viel, und er hätte die Freigelassene Akte in aller Form geheiratet, nachdem er bereits einige ehemalige Konsuln dazu angestiftet hatte, den Meineid zu schwören, sie sei von königlicher Abstammung.

Den Knaben Sporus ließ er entmannen und versuchte, ihn in ein Wesen weiblichen Geschlechts zu verwandeln. Mit Mitgift und rotem Brautschleier ließ er ihn in feierlichem Hochzeitszug unter großem Geleite in seinen Palast führen und behandelte ihn wie seine Gattin. Über dieses Verhältnis hat sich ein recht geistreicher Witz erhalten, wonach es um die Menschheit gut bestellt gewesen wäre, hätte Neros Vater Domitius eine solche Gattin gehabt. Dieser Sporus, aufgeputzt wie eine Kaiserin und in einer Sänfte getragen, folgte ihm als Begleiter zu allen Gerichtstagen und Märkten von Griechenland, und später führte ihn Nero auch in Rom bei den Sigillarien mit sich und küßte ihn immer wieder.

Niemand zweifelte auch daran, daß er nach geschlechtlichem Umgang mit seiner Mutter lüstern gewesen, aber dann von ihren Gegnern, die fürchteten, daß dieses heftige und herrschsüchtige Weib dank dieser Bevorzugung einen übermächtigen Einfluß gewinne, abgeschreckt worden sei. Auf jeden Fall steht fest, daß er später eine Dirne unter seine Konkubinen aufnahm, die angeblich eine überraschende Ähnlichkeit mit Agrippina besaß. Man sagt auch, er habe früher, wenn er mit seiner Mutter in der Sänfte fuhr, inzestuösen Verkehr mit ihr gepflogen und Flecken an seiner Kleidung hätten dies verraten.

29. Seinen eigenen Leib gab Nero so sehr preis, daß es kaum einen Körperteil an ihm gab, der nicht befleckt worden wäre. Da ersann er zuletzt noch eine neue Art von Vergnügen; bedeckt mit dem Fell eines wilden Tieres, stürzte er aus einem

Käfig, ging auf die Schamteile einiger an einen Pfahl gebundenen Männer und Frauen los und ließ sich dann, wenn er genug gewütet hatte, von seinem Freigelassenen Doryphoros »zur Strecke bringen«. Diesem vermählte er sich auch, so wie er selbst den Sporus geheiratet hatte, und ahmte das Geschrei und Gestöhn vergewaltigter Jungfrauen nach. Von verschiedenen Leuten habe ich erfahren, Nero sei fest überzeugt gewesen, daß kein Mensch keusch oder an irgendeinem Körperteil rein sei, sondern daß die meisten einfach Heuchler wären und ihre Lasterhaftigkeit schlau zu verbergen wüßten. Aus dem gleichen Grunde habe er solchen, die ihre Unkeuschheit vor ihm bekannten, auch andere Vergehen verziehen.

30. Der Sinn von Reichtum und Geld bestand seiner Ansicht nach nur darin, zu genießen und zu verschleudern. Dreckige Geizhälse, sagte er, seien die, welche über ihre Ausgaben Buch führen, aber feine und wirklich prächtige Menschen die, welche ihr Vermögen verschwenden und durchbringen. Seinen Onkel Gaius (Caligula) lobte und bewunderte er vor allem deswegen, weil er die ungeheuren, von Tiberius ihm hinterlassenen Schätze in kurzer Zeit vergeudet hatte.

So kannte Nero auch kein Maß beim Schenken und Verbrauchen. Um Tiridates zu empfangen, gab er täglich – es scheint fast unglaublich – achthunderttausend Sesterzen aus und bedachte ihn bei seinem Abschied dazu noch mit über hundert Millionen. – Den Kitharoeden Menekrates und den Murmillo Spiculus beschenkte er mit Vermögen und Häusern, wie sie Männer, welche die Triumphabzeichen erhalten haben, besitzen. Den Wucherer Paneros, genannt »Meerkatze«, der von Nero mit Gütern in Rom und auf dem Lande zum reichen Mann gemacht worden war, bestattete er mit fast königlich zu nennendem Prunk.

Kein Kleid trug er zweimal. Im Würfelspiel zählte ein Punkt vierhunderttausend Sesterzen. Beim Fischen verwendete er ein vergoldetes Netz, das durch purpurne und scharlachfarbene Seile gehalten wurde. Niemals soll er mit weniger als tausend Wagen gereist sein. Die Maultiere trugen silberne Hufschuhe, die Treiber Gewänder aus canusischer Wolle, und eine Menge Mazaker und Läufer, alle mit kostbaren Spangen und reichem Brustschmuck, begleitete ihn.

31. Nirgends aber war er verschwenderischer als beim Bauen. Er errichtete einen Palast vom Palatin bis zum Esquilin, den er zuerst »Durchgangshaus« und später, als er durch einen Brand

zerstört und dann wieder aufgebaut worden war, »Goldenes Haus« nannte. Es wird genügen über seine Ausdehnung und Ausstattung folgendes zu berichten: das Vestibül war so groß, daß darin eine Kolossalstatue Neros von fünfunddreißigeinhalb Meter Höhe Platz hatte, und der ganze Bau so ausgedehnt, daß eine Halle mit drei anderthalb Kilometer langen Säulenreihen ihn schmückte. Ferner befand sich darin ein Teich, der wie ein Meer mit Gebäuden umgeben war, die Städte vorstellten, dazu verschiedene Ländereien mit Feldern, Rebbergen, Weiden und Wäldern mit einer Menge Vieh und Wildtieren aller Art. Im übrigen war alles mit Gold, Edelsteinen und Perlmutter bedeckt. Die Speisezimmer hatten Decken aus beweglichen, durchlöcherten Elfenbeinplatten, so daß man von oben herab über die Gäste Blumen streuen oder Parfüme sprengen konnte. Der Hauptspeisesaal war rund, und seine Decke drehte sich Tag und Nacht, wie das Weltall. In die Bäder floß Meerwasser und Wasser aus den Albulaquellen. Als dieser Palast fertiggestellt war, sagte Nero, um seine Zufriedenheit auszudrücken, bei der Einweihung nur: jetzt endlich könne er anfangen, wie ein Mensch zu wohnen.

Außerdem begann er noch den Bau eines bedeckten und mit Säulenhallen umgebenen Bassins, das sich von Misenum bis zum Avernersee erstrecken und in das sämtliche warmen Quellen von Baiae geleitet werden sollten; ferner einen Kanal vom Avernersee bis nach Ostia, damit man dorthin zu Schiff gelangen könne, ohne das Meer zu benutzen. Seine Länge war auf zweihundertsiebenunddreißig Kilometer berechnet, seine Breite so, daß zwei Fünfruderer bei einer Begegnung aneinander vorbeifahren konnten. Um die Ausführung dieser Werke möglich zu machen, hatte er befohlen, alle Gefangenen des Reiches nach Italien zu schaffen und auch Schwerverbrecher nur noch zu Zwangsarbeit zu verurteilen.

Zu diesen wahnsinnigen Ausgaben trieb ihn außer dem Vertrauen auf die Hilfsmittel seines Reiches auch die plötzliche Hoffnung, ungeheure verborgene Schätze zu finden. Ein römischer Ritter hatte ihm nämlich die feste Zusicherung gegeben, daß die Reichtümer des uralten Schatzes, den die Königin Dido auf ihrer Flucht von Tyrus mit sich genommen hatte, noch in Afrika in riesigen Höhlen verborgen seien und mit Leichtigkeit ausgegraben werden könnten.

32. Aber Nero sah sich in dieser Hoffnung getäuscht, wurde ganz verzweifelt und war schon dermaßen aller Mittel entblößt,

so erschöpft und bedürftig, daß es nötig wurde, selbst die Auszahlung des Soldes an die Soldaten und der Pensionen an die Veteranen auszusetzen und zu verschieben. Da sann er auf Verleumdung und Raub.

Vor allem verordnete er, daß ihm aus den Vermögen verstorbener Freigelassener, die ohne zureichenden Grund den Namen einer der mit ihm verwandten Familien trugen, statt der Hälfte fünf Sechstel zukämen; ferner, daß der Nachlaß von Personen, die sich gegenüber dem Kaiser als »undankbar« erwiesen, an die kaiserliche Kasse falle und Rechtsgelehrte, die solche Testamente aufgesetzt hätten, nicht unbestraft blieben; dann sollte auch das Gesetz über Majestätsbeleidigung für jede Handlung und Rede, wenn sich nur ein Angeber fände, zur Anwendung gelangen[19].

Er verlangte von allen Städten, die ihm je in einem Wettkampf einen Siegeskranz verliehen hatten, die Belohnungen zurück, die er ihnen als Anerkennung gespendet hatte. Auch verbot er den Gebrauch violetter und purpurner Färbemittel, stiftete dann aber jemand an, einige wenige Gramm davon am Markttag in den Handel zu bringen, und ließ darauf die Magazine aller Kaufleute beschlagnahmen. Ja er soll sogar während eines Auftritts als Sänger eine Dame, die ein Kleid in dieser verbotenen Farbe trug, im Publikum bemerkt und sie seinen Prokuratoren gezeigt haben. Sie wurde auf der Stelle fortgeschleppt und nicht nur ihres Kleides, sondern sogar ihres ganzen Vermögens beraubt.

Niemandem übertrug er ein Amt, ohne hinzuzufügen: »Du weißt, was ich nötig habe« und: »Wir wollen sehen, daß keiner mehr etwas behält!« Zuletzt nahm er vielen Tempeln ihre Gaben und schmolz Götterbilder aus Gold und Silber ein, unter ihnen auch die der römischen Schutzgötter, die Galba später wieder ersetzte.

33. Von seinen Verwandten und anderen Personen war Claudius der erste, den er ermordete. War Nero auch nicht Ausführender bei diesem Mord, so doch Mitwisser, woraus er auch kein Hehl machte, denn er pflegte später, nach einem griechischen Sprichwort, Pilze, in denen man ja Claudius das Gift beigebracht hatte, als Göttergericht zu preisen. Auf jeden Fall verfolgte er den Toten in Worten und Taten mit jedem erdenk-

---

[19] Nachlaß von Freigelassenen: der Patron hatte einen gesetzlichen Anspruch auf die Hälfte. Nero erhöht diese Bestimmung für sich auf fünf Sechstel, dehnt sie auch alle zum Kaiserhaus gehörigen Familien aus, und es läßt sich denken, daß auch die »nicht zureichenden Gründe« leicht gefunden wurden. – Gesetz über Majestätsbeleidigung: darin außer andern Strafen auch Einziehung des Vermögens.

lichen Schimpf, indem er ihm bald seine Dummheit, bald seine Grausamkeit vorhielt. So machte er zum Beispiel den Witz zu sagen, Claudius habe aufgehört, unter den Menschen zu »weilen«; dabei sprach er aber die erste Silbe des Wortes *(morari)* lang aus[20]. Eine große Zahl von Claudius' Dekreten und Bestimmungen erklärte er für nichtig, da sie von einem Toren und Wahnsinnigen stammten. Endlich ließ er die Stätte, wo Claudius' Leiche verbrannt worden war, nur mit einer niedrigen, dünnen Lehmmauer umgeben, um so seine Mißachtung auszudrücken.

Britannicus vergiftete er aus Eifersucht auf dessen Stimme, die angenehmer war als seine eigne, und aus Angst, daß dieser einmal, dank der guten Erinnerung an seinen Vater, in der Gunst des Volkes obenausschwingen könne. Das Gift gab ihm eine gewisse Lucusta, Spezialistin auf diesem Gebiet; als es aber, seiner Meinung nach, zu langsam wirkte und nur einen Durchfall bei Britannicus hervorrief, ließ er die Frau kommen, schlug sie mit eigner Hand und beschuldigte sie, statt eines Giftes eine Arznei geschickt zu haben. Als diese zu ihrer Entschuldigung vorbrachte, sie habe ihm eine kleinere Dosis gegeben, um das Verbrechen vor der Öffentlichkeit besser zu vertuschen, sagte er: »Wahrscheinlich fürchte ich das Iulische Gesetz!« und zwang sie, vor seinen Augen in seinem Schlafgemach ein möglichst rasches, augenblicklich wirkendes Gift zu brauen. Darauf versuchte er es an einem Bock. Da dieser erst nach fünf Stunden starb, ließ er es mehrmals aufkochen und warf es einem Ferkel vor. Als dieses sofort starb, befahl er, das Gift in den Speisesaal zu bringen und es dem mit ihm zusammen speisenden Britannicus zu geben. Schon nach dem ersten Schluck brach dieser zusammen. Nero log seinen Gästen vor, dies sei einer seiner gewöhnlichen epileptischen Anfälle. Tags darauf ließ er ihn bei strömendem Regen ohne jede Feierlichkeit beisetzen. Lucusta aber gewährte er für die vollbrachte Leistung Straflosigkeit, großen Landbesitz und das Recht – Schüler zu haben.

34. Über seine Mutter, die ziemlich scharf seine Worte und Taten beobachtete und auch kritisierte, war er erbost, begnügte sich aber anfänglich damit, sie mehrmals dem Haß der Öffentlichkeit auszusetzen, indem er vorgab, ihretwegen von der Herrschaft zurücktreten und nach Rhodos gehen zu wollen. Später beraubte er sie aller äußeren Ehren und Macht, nahm ihr ihre militärische Wache und ihre germanischen Leibgardisten weg

---

[20] Über Claudius' Ermordung vgl. Claud. 44. – »weilen« = *morari*. Wird aber *mōrari* gesprochen, so hörte man das griechische Wort μῶρος = »Tor« heraus.

und verstieß sie auch aus seiner näheren Umgebung und vom Hofe. Nichts ließ er unversucht, um sie zu quälen; so stiftete er Leute an, die, weil te sie in Rom, Prozesse gegen sie anstrengten, suchte sie Erholung auf dem Lande, auf dem Land- und Wasserweg an ihrem Haus vorbeifuhren und ihr mit Schimpfwörtern und schlechten Witzen die Ruhe raubten.

Aber durch ihre Drohungen und ihre Heftigkeit erschreckt, beschloß er, sie umzubringen. Dreimal hatte er es mit Gift versucht, merkte aber, daß sie sich durch Gegengifte zu schützen wußte. Da ließ er die Decke ihres Schlafzimmers so einrichten, daß sie nachts mittels einer Maschinerie über der Schlafenden zusammenstürzen sollte. Als dieser Plan von seinen Mitwissern zu wenig geheimgehalten wurde, erdachte er ein Schiff, das nicht seetüchtig war und auf dem sie durch Schiffbruch oder Einsturz der Kajüte umkommen sollte. Er heuchelte eine Versöhnung und lud sie in einem sehr liebenswürdigen Brief ein, nach Baiae zu kommen und mit ihm zusammen die Feierlichkeiten des Minervafestes zu begehen. Den Kapitänen, die sie in einem Schnellsegler gebracht hatten, erteilte er den Auftrag, diesen wie zufällig bei einem Zusammenstoß zu havarieren; dann zog er das Festessen[21] in die Länge und bot ihr, die wieder nach Bauli zurückfahren wollte, an Stelle des unbrauchbar gewordenen Seglers jenes heimtückische Gefährt an, begleitete sie mit heiterer Miene bis zum Strand und küßte sie sogar beim Abschied auf den Busen.

Den Rest der Nacht verbrachte er wachend in großer Unruhe und wartete auf den Ausgang seines Unternehmens. Als er aber erfahren hatte, daß alles anders gekommen sei und sie sich schwimmend gerettet habe, wußte er sich nicht mehr anders zu helfen, als heimlich neben ihrem Freigelassenen Lucius Agermus, der ihm voll Freude meldete, seine Mutter sei heil und unversehrt, einen Dolch fallen zu lassen, ihn wie einen von seiner Mutter gegen ihn ausgesandten Mörder zu verhaften und in Ketten zu legen. Seine Mutter ließ er umbringen, was man dann so erklären konnte: sie habe durch Freitod der Strafe für das entdeckte Verbrechen entgehen wollen.

Noch gräßlichere Einzelheiten werden berichtet, und zwar von zuverlässigen Autoren: Nero sei herbeigeeilt, um die Leiche der Ermordeten zu besichtigen, habe ihre Glieder betastet, das eine getadelt, das andere gelobt und zwischenhinein, als er Durst bekam, getrunken.

[21] Das Essen war von Otho gegeben worden; vgl. Otho 3.

Obschon er durch die Glückwünsche von Armee, Senat und Volk beruhigt wurde, konnte er doch damals und auch später die Gewissensbisse wegen dieses Verbrechens nicht ertragen, und oft gestand er, daß er vom Geist seiner Mutter und den Geißeln und brennenden Fackeln der Furien umgetrieben werde. Ja er versuchte sogar, durch ein von Magiern veranstaltetes Opfer den Geist der Abgeschiedenen heraufzubeschwören und zu versöhnen; und während seiner Reise in Griechenland wagte er es nicht, an den Eleusinischen Mysterien teilzunehmen, wo durch Heroldsruf alle Unfrommen und Verbrecher von der Einweihung ferngehalten werden.

Auf diesen Muttermord folgte der Mord an seiner Tante. Als er die wegen einer hartnäckigen Verstopfung Bettlägerige besuchte, zupfte sie ihn an seinem keimenden Bart, wie es ältere Leute als Liebkosung wohl zu tun pflegen, und sagte: »Wenn ich den erhalten habe, will ich gern sterben.«[22] Da wandte sich Nero an seine Umgebung und sagte wie zum Scherz, daß er ihn auf der Stelle abnehmen lassen wolle, und befahl den Ärzten, die Kranke fester zu purgieren. Ohne ihren Tod abzuwarten, setzte er sich in Besitz ihrer Güter und unterschlug ihr Testament, damit ihm ja nichts entgehe.

35. Außer Octavia hatte Nero später noch zwei Gemahlinnen: Poppaea Sabina, Tochter eines ehemaligen Quästors, die vorher mit einem römischen Ritter verheiratet gewesen war, und dann Statilia Messalina, Urenkelin des Taurus, der zweimal das Konsulat bekleidet und einen Triumph gefeiert hatte. Um diese zu besitzen, ließ er ihren Gatten, den Konsul Atticus Vestinus, noch während seiner Amtszeit ermorden.

Octavias war er bald überdrüssig und antwortete seinen Freunden, die ihn deshalb tadelten, es müsse ihr genügen, wenn sie die ehelichen Abzeichen besitze[23]. Nachdem er später mehrmals vergeblich versucht hatte, sie zu erdrosseln, stieß er sie endlich unter dem Vorwand, sie sei unfruchtbar, von sich. Als das Volk diese Scheidung mißbilligte und ihn nicht mit Vorwürfen verschonte, verbannte er sie sogar und ließ sie endlich unter der Anschuldigung des Ehebruchs töten. Aber diese Anklage war so schamlos und unbegründet, daß bei der gerichtlichen Untersuchung alle Zeugen eine Schuld Octavias bestritten und Nero seinen früheren Erzieher Aniketos

---

[22] Man pflegte die ersten Barthaare als Geschenke zu verteilen und einem Gott zu weihen; vgl. Nero 12.
[23] Anspielung auf die *ornamenta triumphalia* usw., die nur Auszeichnungen sind, ohne de facto den Triumph usw. in sich zu schließen.

als Angeber dingen mußte, der eine Geschichte erfand und behauptete, sie sei von ihm auf hinterlistige Weise entehrt worden.

Poppaea, die er zwölf Tage nach der Scheidung von Octavia geheiratet hatte, liebte er heiß; dennoch tötete er auch sie, und zwar durch einen Fußtritt, da sie, schwanger und leidend darniederliegend, ihn mit Vorwürfen bedachte, als er etwas spät von einem Wagenrennen nach Hause kam. Von ihr hatte er eine Tochter Claudia Augusta, die er aber noch ganz klein verlor.

Es gibt keine Art von Verwandten, die Nero nicht auf verbrecherische Weise zu beseitigen suchte. Claudius' Tochter Antonia, die nach dem Tode Poppaeas eine Ehe mit ihm zurückwies, brachte er unter dem Vorwand um, sie habe eine Verschwörung angezettelt. Ähnlich erging es allen übrigen, die irgendwie durch Blutsverwandtschaft oder Verschwägerung mit ihm verbunden waren, unter ihnen dem jungen Aulus Plautius; diesen mißbrauchte er noch vor seinem Tode unter Anwendung von Gewalt und sagte dann: »Jetzt mag meine Mutter kommen und meinen Nachfolger küssen!« womit er andeuten wollte, daß Plautius von Agrippina geliebt worden sei und sie ihm Hoffnung auf den Thron gemacht habe. – Als Nero hörte, daß sein noch unmündiger Stiefsohn Rufrius Crispinus, ein Sohn Poppaeas, im Spiel sich immer Feldherren- und Kaiserrollen zuteile, trug er dessen eignen Sklaven auf, ihn beim Fischen im Meer zu ertränken. – Tuscus, den Sohn seiner Amme, schickte er in die Verbannung, weil er als Statthalter von Ägypten in den für den Besuch des Kaisers errichteten Bädern gebadet hatte. – Seinen Lehrer Seneca trieb er zum Selbstmord, obschon er diesem auf sein Urlaubsgesuch und Anerbieten hin, dem Kaiser seine Güter abzutreten, hoch und heilig geschworen hatte, seine Besorgnis sei unbegründet und er wolle eher sterben, als ihm ein Leid antun. – Dem Prätorianerkommandanten Burrus schickte er Gift statt der versprochenen Medizin für seinen Hals. – Seine reichen, alten Freigelassenen, die ihm einst zur Adoption, später auch zur Herrschaft verholfen hatten und dann seine Berater gewesen waren, schaffte er durch vergiftete Speisen oder Getränke beiseite.

36. Mit nicht geringerer Grausamkeit wütete er auch gegen Leute, die nicht zum Hof gehörten, und Fremde. Einmal zeigte sich während mehrerer Nächte hintereinander ein Komet, was nach dem Volksglauben den Untergang der Machthaber anzeigt. Nero ängstigte sich über diese Erscheinung, und als ihn der Astrolog Balbillus belehrte, daß Könige ein solches Unglücks-

zeichen durch die Opferung irgendeines hochstehenden Mannes zu sühnen pflegen und es so von sich auf die Häupter ihrer Großen ablenken, beschloß er die Hinrichtung der allervornehmsten Römer. Dazu kam noch, daß gerade zu der Zeit zwei Verschwörungen ruchbar geworden waren, was Nero einen legitimen Grund zu seinen Maßnahmen zu geben schien. Die zeitlich frühere und bedeutendere war die des Piso, die in Rom, die zweite die des Vinicius, die in Benevent angezettelt und entdeckt worden war. Die Verschworenen mußten sich, in dreifache Ketten gelegt, verteidigen. Einige bekannten sich unumwunden zu dem Verbrechen, andere rühmten sich sogar, daß sie anders als durch Ermordung diesem durch alle Arten von Schandtaten entehrten Menschen nicht hätten helfen können. Die Kinder der Verurteilten wurden aus Rom verwiesen und vergiftet oder dem Hungertod preisgegeben. Es steht fest, daß einige mitsamt ihren Erziehern und Capsariern an ein und demselben Mittagessen vergiftet wurden; andere hinderte man daran, sich den täglichen Lebensunterhalt zu beschaffen.

37. Von da an kannte Neros Mordlust kein Maß und Ziel mehr. Jeder beliebige wurde aus jedem beliebigen Grund umgebracht. Um nur einige Fälle zu erwähnen: man warf Salvidienus Orfitus vor, drei Läden seines Hauses am Forum an Gesandte gewisser Städte als Absteigequartier vermietet zu haben; dem blinden Rechtsgelehrten Cassius Longinus, daß er in einem alten Stammbaum seiner Familie die Bilder des Caesarmörders Gaius Cassius nicht getilgt habe; Paetus Thrasea, er mache ein verdrießliches Gesicht wie ein Lehrer.

Den zum Selbstmord Verurteilten ließ er nicht mehr als einige Stunden Zeit, und damit es ja keinen Aufschub gebe, schickte er ihnen Ärzte, die die Zaudernden sofort zu »pflegen« hatten; so nannte er nämlich das Öffnen der Adern, das zum Tode führen sollte. Man behauptet sogar, es sei sein Wunsch gewesen, einem gewissen Ägypter, einem »Allesfresser«, der gewohnt war, rohes Fleisch und was er sonst bekam, zu verschlingen, lebende Menschen zum Zerfleischen und zum Fraß vorzuwerfen.

Stolz und aufgeblasen durch solche »Erfolge«, sagte er einmal, keiner der früheren Kaiser habe gewußt, was ihm eigentlich alles erlaubt sei, und er machte häufig ziemlich eindeutige Bemerkungen, daß er auch die noch übrigen Senatoren nicht verschonen und diesen Stand eines Tages ganz aus dem Staat verschwinden lassen werde, um die Provinzen und Heere den römischen Rittern und seinen Freigelassenen anzuvertrauen. Auf jeden Fall küßte er nie einen Senator, sei es daß er von einer Reise zurückkehrte oder sich auf eine solche begab. Auch erwiderte er ihren Gruß nicht; und bei der feierlichen Eröffnung der Arbeiten am Isthmus[24] wünschte er vor einer großen Versammlung mit lauter Stimme, daß dieses Unternehmen sich für ihn und das römische Volk zum Guten wende, ohne den Senat zu erwähnen.

38. Aber selbst das Volk und die Mauern seiner Vaterstadt verschonte er nicht. Als einmal jemand in einer Unterhaltung den griechischen Vers zitierte:

> Bei meinem Tod, da geh die Erd' in Flammen auf![25]

sagte Nero: »Nein, noch solange ich lebe!« und setzte diesen Wunsch auch wirklich in die Tat um.

Denn unter dem Vorwand, die Häßlichkeit der alten Gebäude und die Enge und Gewundenheit der Straßen beleidige sein Auge, steckte er Rom in Brand. Dies geschah ganz offen, so daß verschiedene ehemalige Konsuln seine Kammerdiener, die sie mit Werg und Fackeln in ihren Häusern ertappten, nicht anzurühren wagten; und einige Getreidemagazine, die in der Nähe des Goldenen Hauses auf einem Grundstück standen, das er ganz besonders gern besessen hätte, wurden, da aus Quadersteinen erbaut, mit Kriegsmaschinen zum Einsturz gebracht und dann angezündet.

Sechs Tage und sieben Nächte wütete das Feuer. Das Volk war gezwungen, in Denkmälern und Grabstätten Zuflucht zu suchen. Damals verbrannten neben einer ungeheuren Zahl Mietwohnungen auch die Häuser der Generale von früher, noch geschmückt mit feindlichen Rüstungen, die Tempel, die von den Königen und später in den Punischen und Gallischen Kriegen gelobt und geweiht worden waren, und alles, was an Sehenswürdigkeiten und Erinnerungsstücken die Zeiten überdauert hatte.

Diesen Brand betrachtete Nero vom Turm des Maecenas aus, und erfreut, wie er sagte, »über die Schönheit der Flammen«, sang er die ›Eroberung Troias‹[26] im entsprechenden Theaterkostüm. Und damit er auch hier möglichst viel Beute und Gewinn mache, versprach er die kostenlose Wegschaffung der Leichen und des Schutts, gestattete aber niemand den Zutritt zu den

---

[24] Vgl. Nero 19.
[25] Vers aus einer unbekannten griechischen Tragödie. Sinn: *après nous le déluge*. Auch Tiberius soll dieses Zitat gebraucht haben; vgl. Dion Cassius LVIII 23, 4 und Seneca, Über die Milde II 2.
[26] Von Nero selbst komponiert; vgl. Iuvenal, Satiren VIII 221. Über den Brand Roms, 64 n. Chr., vgl. Tacitus, Annalen XV 38–41.

Trümmern seines Hauses. Nicht zufrieden mit freiwilligen Spenden, forderte er sogar solche, wodurch Provinzen und Private fast ruiniert wurden.

39. Zu diesen großen Verbrechen und Schandtaten des Kaisers kamen noch Schicksalsschläge hinzu: eine Pest, während der innerhalb eines Herbstes dreißigtausend Bestattungen in die Rechnungsbücher der Libitina eingetragen wurden; eine Niederlage in Britannien, die die Ausplünderung zweier bedeutender Städte und ein großes Blutbad unter den römischen Einwohnern und Bundesgenossen zur Folge hatte; im Orient die Schande, daß in Armenien die Legionen unter das Joch geschickt wurden und Syrien nur mit knapper Not gehalten werden konnte[27].

Merkwürdig und besonders auffallend bei all dem ist, daß Nero nichts mit größerem Gleichmut ertrug als die Schimpfreden und Schmähungen der Bevölkerung und sich gegen niemand milder zeigte als denjenigen gegenüber, die ihn durch Sprüche und Spottgedichte verunglimpft hatten. Vieles wurde auf griechisch und lateinisch angeschlagen oder sonst verbreitet, wie zum Beispiel:

Orest, Alkmeon, Nero: Muttermörder sind's!

Neuer Anschlag: Nero tötete seine eigene Mutter!

Ist denn Nero nicht der würdige Sproß des Aeneas?
Dieser den Vater einst trug, jener die Mutter vors Tor.

Unsrer spannt seine Leier, der Parther die Hörner des Bogens;
Unsrer wird heißen Paean, jener Der Treffende Schütz.

Rom soll Palast ihm werden; nach Veii wandert, ihr Bürger!
Falls nicht dieser Palast auch sich bis Veii erstreckt[28].

---

[27] Aufstand in Britannien im Jahre 61 unter der Königin Boudicca. Eroberung von Camulodunum (heute Colchester) und Verulanium (heute Old Verulam bei London). – In den Kämpfen mit Tiridates mußte im Jahre 62 kapituliert werden. – 66 n. Chr. Judenaufstand in Syrien, der 70 mit der Eroberung Jerusalems durch Vespasian (vgl. Vesp. 4–6) beendet wurde.

[28] Die ersten beiden Sprüche griechisch. Die Deutung des zweiten Spruches ist unsicher, vielleicht Spielerei mit den griechischen Buchstaben, die zugleich Zahlen sind (vgl. Bücheler in: Rheinisches Museum 61 [1906], S. 308 ff.). Auch der Rhythmus ist nicht festgelegt. Die folgenden drei Distichen lateinisch. Im ersten besteht der Witz darin, daß Aeneas seinen Vater auf den Schultern aus dem brennenden Troia trug und ihn so rettete, Nero aber trug seine Mutter vors Tor, um sie zu begraben. Im Lateinischen ist das Wort *tollere* verwendet, welches »heben«, »tragen« und »beiseiteschaffen« bedeutet; vgl. Aug. 12. Paean und Fernhintreffer sind zwei Beinamen Apollos, ersterer für Apollo, den Gott der Musik, letzterer für Apollo, den Bogenschützen, dessen Geschosse die Menschen eines plötzlichen Todes sterben lassen. Im letzten Distichon Anspielung auf den Bau des Goldenen Hauses und Neros Bauwut.

Nero ließ aber nicht nach den Verfassern suchen und verhinderte
sogar, daß einige Leute, die von einem Angeber dem Senat angezeigt worden waren, allzu schwer bestraft wurden. Eines Tages
hatte ihn der Kyniker Isidorus vor allen Leuten im Vorübergehen mit lauter Stimme gescholten, weil er des Nauplios Übel
gut besinge, aber sein eigenes Gut übel verwalte; und Datus, ein
Atellanenschauspieler, hatte in einer lyrischen Passage die griechischen Worte:

> Leb wohl, Vater! Leb wohl, Mutter!

mit Trinken und Schwimmen bedeutenden Gesten begleitet,
womit er offensichtlich auf den Tod des Claudius und der
Agrippina anspielte; und beim letzten Vers:

> Die Unterwelt zieht euch am Fuß

hatte er mit einer Gebärde auf den Senat gewiesen. Über den
Schauspieler und den Philosophen verhängte Nero keine weitere
Strafe, als sie aus Rom und Italien zu verbannen, sei es weil er jede
Verhöhnung für nichtig hielt, sei es um nicht durch Eingeständnis seines Ärgers die Gemüter noch mehr zu Spott herauszufordern.

40. Einen solchen Herrscher hatte die Welt nahezu vierzehn
Jahre ertragen, bis sie endlich von ihm abfiel. Den Anfang machten die Gallier unter Führung des Iulius Vindex, der damals als
Proprätor diese Provinz verwaltete.

Von Astrologen war einst Nero vorausgesagt worden, daß er
einmal abgesetzt würde, worauf er auf griechisch jene bekannte
Antwort gegeben hat: »Die Kunst wird uns ernähren« – wahrscheinlich um eine triftigere Entschuldigung zu haben, daß er die
Gesangskunst so eifrig betreibe, die ihm als Kaiser angenehm,
als Privatmann aber notwendig sei. Allerdings hatten ihm einige
dieser Wahrsager nach seiner Absetzung die Herrschaft über den
Orient versprochen, andere genauer das Reich von Jerusalem,
mehrere sogar die Wiedereinsetzung in seine ganzen früheren
Rechte. Er gab sich dieser Hoffnung hin, besonders nachdem er
Britannien und Armenien verloren, aber beide wieder zurückerhalten hatte, und glaubte, daß er nun das vom Schicksal verhängte Unglück hinter sich habe. Als aber bei einer Befragung
des Apollo von Delphi die Antwort kam, er solle sich vor dem
dreiundsiebzigsten Altersjahr in acht nehmen, meinte er, dann

sterben zu müssen, und dachte gar nicht an das Alter Galbas[29]. So wuchs nicht nur sein Vertrauen auf ein hohes Alter, sondern auch auf ein dauerndes und einzigartiges Glück, so daß er nach dem Verlust sehr wertvoller Gegenstände bei einem Schiffbruch unbedenklich zu seiner Umgebung sagen konnte, die Fische würden sie ihm wieder zurückbringen[30].

In Neapel erfuhr Nero am gleichen Tag, an dem er seine Mutter hatte umbringen lassen, von dem Aufstand in Gallien. Er zeigte sich nach dieser Nachricht ganz ruhig und gelassen, ja schien sich sogar darüber zu freuen, daß ihm jetzt Gelegenheit gegeben sei, gemäß Kriegsrecht diese sehr reichen Provinzen auszurauben. Gleich darauf begab er sich ins Gymnasium und schaute den Wettkämpfen der Athleten mit leidenschaftlicher Anteilnahme zu. Auch als er zur Essenszeit durch ziemlich beunruhigende Briefe gestört wurde, sagte er nur zornig, daß es den Abtrünnigen schlecht bekommen solle. Während der nächsten acht Tage machte er nicht einmal den Versuch, auf einen Brief zu antworten oder irgendeinen Auftrag oder Befehl zu erteilen, sondern begrub die ganze Angelegenheit in Stillschweigen.

41. Endlich ermahnte er, bewogen durch die häufigen beleidigenden Edikte des Vindex, den Senat in einem Schreiben, ihn und den Staat zu rächen, und entschuldigte seine Abwesenheit mit Halsweh. Nichts hatte ihn bei der ganzen Sache so gekränkt, als daß ihn Vindex einen schlechten Sänger gescholten und statt Nero Ahenobarbus genannt hatte. Darauf erklärte er, seinen alten Familiennamen, der ihm als Schmähung vorgeworfen werde, wieder annehmen und seinen Adoptivnamen ablegen zu wollen. Die übrigen Vorwürfe bezeichnete er einfach als falsch und wies sie mit einem einzigen Argument zurück: daß man ihm nämlich Unwissenheit in einer Kunst vorwerfe, die er doch mit soviel Eifer und Fleiß zu hoher Vollendung gebracht habe; und immer wieder fragte er jeden einzelnen, ob er einen besseren Künstler kenne als ihn.

Als aber eine schlimme Botschaft nach der andern eintraf, kehrte er voll Angst nach Rom zurück. Unterwegs machte ihm ein, allerdings lächerliches, Vorzeichen wieder etwas Mut: er sah nämlich an einem Denkmal ein Relief, auf dem ein gallischer Krieger von einem römischen Reiter niedergeschlagen und an den Haaren geschleift wird. Bei diesem Anblick sprang Nero vor Freude in die Höhe und betete zum Himmel.

[29] Der spätere Kaiser hatte gerade dieses Alter.
[30] Anspielung auf den Ring des Polykrates.

In Rom sprach er selbst damals nicht zum Senat oder Volk, ließ nur einige angesehene Männer zu einer kurzen Besprechung zu sich kommen und zeigte ihnen für den Rest des Tages ein ganz neues System hydraulischer Orgeln[31], indem er ihnen jeden einzelnen Teil erklärte, über den Mechanismus und die verschiedenen Schwierigkeiten einen Vortrag hielt und dann die Versicherung abgab, daß er dies alles einmal im Theater vorführen werde, wenn es Vindex erlaube.

42. Nachdem er darauf auch erfahren hatte, daß Galba und ganz Spanien abtrünnig geworden seien, brach er zusammen und blieb lange betäubt, ohne Sprache und wie halbtot liegen. Als er wieder zu sich kam, zerriß er seine Kleider, schlug sich das Haupt und sagte, jetzt sei es mit ihm aus. Seiner alten Amme, die ihn trösten wollte und behauptete, auch anderen Herrschern sei schon Ähnliches zugestoßen, antwortete er, daß er aber wie kein anderer Unerhörtes und noch nie Dagewesenes erleide, da er den Thron noch zu seinen Lebzeiten verliere.

Trotzdem gab er keine seiner luxuriösen und müßiggängerischen Gewohnheiten auf oder schränkte sich irgendwie ein, ja als eine günstige Nachricht aus den Provinzen eintraf, sang er bei einem üppigen Mahle mit entsprechenden Gebärden unanständige Spottlieder auf die abgefallenen Führer, die auch im Volk bekannt wurden. Dann ließ er sich heimlich ins Theater tragen und schickte einem Schauspieler, der sehr gefallen hatte, den Bericht, er nütze die anderweitigen Beschäftigungen des Kaisers über Gebühr aus.

43. Gleich zu Beginn des Aufstandes soll Nero viel Unmenschliches, aber seiner Natur Entsprechendes geplant haben: Nachfolger und Mörder zu allen Generalen und Provinzstatthaltern zu entsenden, wie wenn sie alle ihrer Gesinnung nach zu ein und derselben Verschwörung gehörten; überall die Verbannten und alle Gallier, die sich in Rom aufhielten, niedermachen zu lassen, erstere, damit sie sich nicht mit den Abtrünnigen verbänden, letztere, weil sie Mitwisser und Helfer ihrer Landsleute seien; ganz Gallien der Armee zur Plünderung zu überlassen; den gesamten Senat anläßlich eines Festessens zu vergiften; Rom in Brand zu stecken und dann wilde Tiere auf das Volk loszulassen, um Hilfsmaßnahmen zu erschweren.

Von diesen Vorhaben schreckte ihn zwar nicht sein Gewissen, aber die Aussichtslosigkeit der Durchführung ab. Nun hielt er einen Feldzug für notwendig, setzte die Konsuln vor der Zeit ab

[31] Von Ktesibios aus Alexandria erfundene Wasserorgel.

und vereinigte beider Machtbefugnisse auf sich, angeblich weil es vom Schicksal bestimmt sei, daß die gallischen Provinzen nur von einem Konsul besiegt werden könnten. Als er das Amt angetreten hatte und nach dem Essen aus dem Speisezimmer kam, stützte er sich auf die Schultern seiner Freunde und erklärte, er wolle, sobald er die Provinzen erreicht habe, unbewaffnet den Heeren unter die Augen treten und nichts anderes tun als weinen; dann würden die Meuterer von Reue gepackt, und am nächsten Tag könne er fröhlich unter Fröhlichen die Siegeslieder vortragen, an deren Abfassung er sogleich zu arbeiten beginnen müsse.

44. Bei der Vorbereitung des Feldzugs galt seine erste Sorge der Auswahl der Wagen, mit denen sein Bühnenapparat befördert werden sollte, ferner der Ausstattung der Mätressen, die er mit sich zu nehmen gedachte; sie wurden nach Männerart geschoren und wie Amazonen mit Streitaxt und Schild ausgerüstet. Darauf berief er die städtischen Tribus zur Ablegung des Eides; da aber kein Diensttauglicher auf den Appell antwortete, befahl er den Herren, eine bestimmte Zahl Sklaven zu stellen, nahm aber aus dem Gesinde eines jeden nur die Allerbesten an und machte selbst für Verwalter und Sekretäre keine Ausnahme.

Er befahl auch allen Ständen, einen Teil ihres Vermögens abzugeben, und dazu noch den Leuten, die in Privat- oder Miethäusern zur Miete wohnten, eine Jahresmiete an die kaiserliche Kasse abzuliefern. Dabei zeigte er sich von einer ungeheuren Peinlichkeit und Härte und forderte neue Geldstücke aus feinstem Silber und reinstem Gold, so daß viele Leute offen eine solche Beitragsleistung ablehnten und einstimmig die Forderung aufstellten, man solle eher von den Angebern die Belohnungen zurückfordern, die sie bekommen hätten.

45. Besonderen Haß zog sich Nero durch die Verteuerung des Getreides zu, aus der er sogar noch Gewinn zog. Dazu wollte es der Zufall, daß während der allgemeinen Hungersnot die Ankunft eines Schiffes aus Alexandria gemeldet wurde, das Sand für die Hofringer brachte.

So war er bei allen verhaßt, und es fehlte nicht an Schmähungen aller Art, die er über sich ergehen lassen mußte. Auf dem Scheitel einer seiner Statuen wurde ein Lockenschmuck befestigt, der mit einer griechischen Inschrift versehen war, die besagte, daß jetzt ein richtiger Kampf sei und er sich ergeben möge. Um den Hals einer andern Statue wurde ein Ledersack gebunden und eine Aufschrift angebracht: »Was kann ich dafür? Du aber hast den Sack verdient.« Auch auf Säulen wurde geschrieben, daß er mit seinem Gesang sogar die »gallischen Hähne« aufgeschreckt habe. Nachts hörte man oft Leute, die sich stellten, als hätten sie Händel mit Sklaven, und in einem fort nach einem »Vindex« riefen[32].

46. Dazu wurde er durch deutliche schlechte Vorbedeutungen im Traum, bei der Vogelschau und der Deutung von Vorzeichen geängstigt, und zwar nicht erst jetzt, sondern schon lange. Vor der Ermordung seiner Mutter pflegte er nie zu träumen, später aber sah er im Traum, wie er ein Schiff lenkte und ihm das Steuerruder aus den Händen gerissen wurde; wie ihn seine Gattin Octavia in dichteste Finsternis schleppte; wie er bald von einer Menge geflügelter Ameisen bedeckt war, bald von den am Pompeiustheater aufgestellten Bildsäulen der unterworfenen Völker umringt und am Vorwärtsschreiten gehindert wurde; endlich wie sich sein asturisches Lieblingsroß hinten in einen Affen verwandelte und nur der unverändert gebliebene Kopf ein lautes Gewieher von sich gab.

Am Mausoleum des Augustus öffneten sich die Tore von selbst, und es wurde eine Stimme gehört, die Neros Namen rief. Am ersten Januar stürzten die geschmückten Hausgötter während der Vorbereitungen zum Opfer um. Beim Opfer selbst erhielt Nero von Sporus einen Ring zum Geschenk, in dessen Stein der Raub der Proserpina geschnitten war. Als die Bürger aller Stände zur Ablegung des Gelübdes für das Wohl des Kaisers schon in großer Menge versammelt waren, konnte man lange die Schlüssel zum Kapitol nicht finden. – Während der Verlesung seiner Rede gegen Vindex im Senat wurde bei der Stelle, wo er sagte, daß die Übeltäter bestraft und in kurzer Zeit ihr verdientes Ende erreichen würden, von allen Seiten gerufen: »Du wirst es erreichen, Augustus!«[33] – Man vermerkte auch, daß Nero bei seinem letzten öffentlichen Auftreten die Rolle des »Verbannten Oedipus« sang und mit folgendem griechischen Vers schloß:

Es fordern Gattin, Mutter, Vater meinen Tod.

47. Als man Nero unterdessen die Nachricht brachte, daß auch die andern Heere abgefallen seien, zerriß er den Brief, den er wäh-

---

[32] Lockenschmuck: gehört zur Tracht der Kitharoeden. – Der Ledersack soll auf die Strafe für Vatermörder anspielen; vgl. Aug. 33. Die Deutung dieser Aufschrift ist nicht ganz klar. Ungefähr soll damit gesagt werden, daß der einfache Mann an diesen Zuständen unschuldig sei, daß aber Nero sicher diese Strafe verdient habe. – Galli = »Hähne« und »Gallier«. – Vindex = »Rächer« und Name des aufständischen Statthalters.

[33] Zweideutig: du wirst es erreichen (daß die Übeltäter ihr verdientes Ende erreichen) – und: du wirst dein verdientes Ende erreichen.

rend des Mittagessens erhalten hatte, in kleine Stücke, stieß den Tisch um und schmetterte zwei Becher, deren er sich mit Vorliebe bediente – er pflegte sie die »Homerischen« zu nennen, weil darauf Szenen aus Homers Gedichten abgebildet waren –, zu Boden, ließ sich von Lucusta ein Gift geben, barg es in einer goldenen Büchse und begab sich in die Gärten des Servilius; von dort schickte er seine treuesten Freigelassenen nach Ostia voraus, um die Flotte segelfertig zu machen, und versuchte, die Tribunen und Centurionen der Prätorianergarde zu gemeinsamer Flucht zu überreden. Als sie aber zum Teil Ausflüchte vorbrachten, zum Teil dies Ansinnen offen ablehnten und einer sogar rief:

Ist denn zu sterben so schrecklich und schwer?[34]

da überlegte er sich die verschiedensten Pläne: sollte er sich flehend an die Parther oder an Galba wenden, sollte er sich in Trauerkleidern dem Volk zeigen und von der Rednertribüne herab so mitleiderregend als möglich Verzeihung für das Vergangene erbitten, und konnte er das Volk nicht erweichen, sollte er dann darum bitten, ihm die Statthalterschaft von Ägypten zu geben? In seinem Schreibtisch fand sich später in der Tat eine in diesem Sinn ausgearbeitete Rede. Aber er ließ von diesem Vorhaben ab, wie es scheint aus Angst, daß er, bevor er überhaupt zum Forum gelange, von der Menge in Stücke gerissen würde.

So verschob er denn die Entscheidung auf den nächsten Tag. Um Mitternacht aber erwachte er, und als er erfuhr, daß die militärische Wache sich zurückgezogen habe, sprang er aus dem Bett und schickte zu seinen Freunden; weil er aber von keinem eine Antwort bekam, ging er selbst mit wenigen Begleitern und suchte bei jedem um Aufnahme nach. Er fand aber alle Türen verschlossen, und niemand antwortete ihm. Da kehrte er in sein Schlafgemach zurück, von wo sogar seine Leibwächter geflohen waren, nachdem sie zuvor noch seine Decken an sich genommen und auch die Büchse mit dem Gift gestohlen hatten. Sofort verlangte er nach dem Murmillo Spiculus oder irgendeinem andern Gladiator, durch dessen Hand er den Tod zu leiden bereit war. Als aber niemand gefunden wurde, sagte er: »Also habe ich weder Freund noch Feind?« und rannte ins Freie, wie um sich in den Tiber zu stürzen.

48. Rasch besann er sich aber wieder eines andern und verlangte nach einem geheimen Versteck, um sich sammeln zu kön-

[34] Vergil, Aeneis XII 646.

nen, und als ihm sein Freigelassener Phaon sein zwischen der Salaria und Nomentana Via, ungefähr sechs Kilometer vor der Stadt gelegenes Landgut anbot, warf Nero sich, so wie er war – barfuß und nur in der Tunika –, einen verschossenen Mantel über, bedeckte sein Haupt, hielt sich ein Taschentuch vors Gesicht und bestieg ein Pferd. Nur vier Begleiter hatte er, unter ihnen auch Sporus.

Im gleichen Augenblick wurde er durch einen Erdstoß und einen vor ihm niederfahrenden Blitz erschreckt. Er hörte auch aus dem nahen Lager die Rufe der Soldaten, die ihm Unglück und Galba Glück wünschten, sowie einen der ihnen begegnenden Reisenden, der sagte: »Diese verfolgen Nero«, und einen andern, der sie fragte: »Gibt's etwas Neues in Rom über Nero?« Plötzlich scheute sein Pferd wegen des Geruchs einer auf der Straße liegenden Leiche, das Taschentuch fiel von seinem Gesicht und er wurde von einem ausgedienten Prätorianer erkannt und begrüßt. Als sie zu einem Seitenweg kamen, ließen sie die Pferde zurück, und zwischen Gebüsch, Gestrüpp und über Röhricht gelangte er auf einem schmalen Pfad mit großer Mühe, und nur indem man unter seine (bloßen) Füße Kleider ausbreitete, zur Rückseite der Villa. Dort forderte ihn Phaon auf, inzwischen in einer Sandgrube Schutz zu suchen, er aber antwortete, er werde nicht lebend unter die Erde gehen, und wartete ein wenig, bis ein geheimer Zugang zur Villa gegraben war, schöpfte mit der Hand aus einer nahen Pfütze Wasser, um zu trinken, und sagte: »Das ist jetzt Neros Erfrischung.« Darauf wand er sich in seinem von Dornen zerrissenen Mantel durch das Gestrüpp und gelangte so, auf allen vieren sich durch ein enges, frischgegrabenes Loch zwängend, in die nächste Kammer, wo er sich auf ein Bett mit armseligem Polster legte; als Decke diente ihm ein alter Mantel. Von Hunger und erneut von Durst geplagt, wies er das ihm angebotene grobe Brot zurück, trank aber ziemlich viel lauwarmes Wasser.

49. Als darauf einer nach dem andern immer wieder in ihn drang, sobald als möglich sich dem seiner wartenden Schimpf zu entziehen, befahl er, vor seinen Augen eine Grube zu graben, die seinen Körpermaßen entsprach, zugleich um sie herum einige Marmorblöcke aufzustellen, wenn solche aufgetrieben werden könnten, und Wasser und Holz herbeizubringen, um bald seiner Leiche die letzten Ehren zu erweisen. Während dieser Vorbereitungen weinte er und sagte immer wieder: »Was für ein Künstler geht mit mir zugrunde!«

Unterdessen brachte ein Läufer Briefe für Phaon; Nero riß sie ihm aus den Händen und las, er sei vom Senat zum Staatsfeind erklärt worden und man suche nach ihm, um ihn nach Brauch der Vorfahren zu bestrafen. Er fragte, was für eine Art Strafe das sei, und als er erfahren hatte, daß man den Verurteilten nackt mit dem Hals in eine Gabel spanne und dann mit Ruten zu Tode peitsche, ergriff er voll Schrecken zwei Dolche, die er auf sich trug, prüfte bei beiden die Spitze, steckte sie dann aber wieder ein und führte zur Begründung an, die vom Schicksal bestimmte Stunde sei noch nicht gekommen.

Bald forderte er Sporus auf, die Totenklage zu beginnen, bald bat er, daß einer ihm durch sein Beispiel Mut zum Selbstmord gebe; manchmal schalt er sein feiges Zögern mit den Worten: »Mein Betragen ist entehrend und schimpflich«, dann auf griechisch: »Das ziemt sich nicht für Nero, es ziemt sich nicht. – Besonnenheit braucht es in solcher Lage. – Auf! Ermanne dich!« Schon nahten sich Reiter, die den Auftrag hatten, ihn lebend zu bringen. Als er sie hörte, sprach er zitternd den Vers aus Homer:

Schnell hertrabender Rosse Gestampf umtönt mir die Ohren[35]

und stieß sich mit Hilfe seines Sekretärs Epaphroditus den Dolch in die Kehle. Er war schon halbtot, als ein Offizier hereinstürzte und, damit Nero glaube, er wolle ihm helfen, seinen Mantel auf die Wunde drückte. Nero sprach zu ihm nichts weiter als: »Zu spät!« und: »Das ist Treue!« Mit diesen Worten verschied er; seine Augen traten aus dem Kopf und blickten so starr, daß sie allen, die das sahen, Grauen und Furcht einflößten.

Die erste und dringendste Forderung an seine Umgebung war gewesen, daß niemand sein Haupt vom Rumpfe trenne, sondern daß er auf alle Fälle ganz verbrannt würde. Dies bewilligte Icelus, ein Freigelassener Galbas, der kurz vorher aus dem Gefängnis befreit worden war, in das man ihn gleich zu Beginn des Aufstands geworfen hatte[36].

50. Beigesetzt wurde Nero mit einem Kostenaufwand von zweihunderttausend Sesterzen; seine Leiche wurde in goldbestickte, weiße Decken gehüllt, die er noch am ersten Januar verwendet hatte. Seine Überreste wurden von seinen Ammen Egloge und Alexandria zusammen mit seiner Mätresse Akte in

[35] Ilias X 535. Übersetzung Voß.
[36] Vgl. Galba 14 und 22.

der Begräbnisstätte der Domitier geborgen, die man vom Marsfeld aus auf dem Gartenhügel liegen sieht. In diesem Grabmal steht ein Sarkophag aus Porphyr, überragt von einem Altar aus carrarischem Marmor, das Ganze eingefaßt mit thasischem Stein.

51. Nero besaß eine etwa mittelgroße Figur, sein Körper war mit Flecken bedeckt und übelriechend, sein Haar hellblond, sein Gesicht eher dick als anmutig, seine Augen bläulich und schwach, sein Nacken fett, sein Bauch hervortretend, seine Beine sehr dünn, seine Gesundheit gut; obwohl er nämlich ungeheuer ausschweifend lebte, war er während seiner vierzehnjährigen Regierungszeit nur dreimal krank gewesen, und auch dann hatte er sich weder des Weines enthalten noch seine sonstigen Gewohnheiten aufgeben müssen.

Seine Kleidung und sein ganzes Auftreten waren schamlos; so trug er sein Haar immer in langen Lockenreihen und während seiner Reise in Griechenland sogar bis auf die Schultern herabwallend. Meistens zeigte er sich auch in der Öffentlichkeit in einem Hausrock, mit einem Taschentuch um den Hals, ohne Gürtel und barfuß.

52. Als Knabe hatte er sich mit fast allen freien Künsten beschäftigt. Von der Philosophie aber hielt ihn seine Mutter ab, denn sie sei, wie diese bemerkte, für einen zukünftigen Kaiser schädlich; von der Lektüre der alten Redner sein Lehrer Seneca, um ihn länger bewundernd an sich zu fesseln. So neigte Nero mehr zur Poesie, dichtete gern und mühelos und gab auch nicht, wie gewisse Leute glauben, fremde Gedichte für eigne aus. Es gelangten Schreibtafeln und Hefte in meine Hand mit einigen sehr bekannten, in seiner eignen Handschrift geschriebenen Versen, denen man es leicht ansehen konnte, daß sie nicht abgeschrieben oder nach dem Diktat einer Drittperson aufgesetzt, sondern unzweifelhaft von einem, der überlegt und aus Eignem schafft, niedergeschrieben waren, so vieles ist daran gestrichen, ergänzt und überschrieben. – Auch die Malerei und Plastik hat er mit nicht geringem Eifer betrieben.

53. Vor allem aber lag ihm an Popularität, und er war neidisch auf jeden, der auf irgendeine Weise die Gunst des Volkes zu erringen verstand. Man war allgemein der Ansicht, daß er sich nach seinen Bühnensiegen anläßlich der nächsten olympischen Spiele dazu herablassen werde, unter den Athleten mitzukämpfen. Er übte sich nämlich regelmäßig im Ringkampf und hatte in ganz Griechenland die gymnastischen Wettkämpfe nie anders betrachtet als wie ein Kampfrichter im Stadion am Boden sit-

zend; und wenn ein Paar sich zu weit aus dem Ringplatz entfernte, zog er es persönlich wieder in die Mitte.

Er hatte auch im Sinn, da man ihn im Gesang mit Apollo und im Wagenlenken mit dem Sonnengott verglich, die Taten des Herkules nachzuahmen. Man sagt, er habe einen abgerichteten Löwen besessen, den er, ganz nackt in die Arena des Amphitheaters steigend, entweder mit der Keule erschlagen oder in seinen Armen vor den Augen des Volkes erwürgen wollte.

54. Gegen Ende seines Lebens hatte er öffentlich das Gelübde abgelegt, falls ihm seine Herrschaft erhalten bleibe, bei den zu Ehren seines Sieges veranstalteten Spielen als Wasserorgel- und Flötenspieler, Dudelsackpfeifer und am letzten Tage sogar als Tänzer aufzutreten und Vergils ›Turnus‹[37] zu tanzen. Es wird auch überliefert, er habe den Tänzer und Schauspieler Paris töten lassen, weil er ihn als gefährlichen Gegner betrachtete.

55. Unsterblichkeit und ewigen Ruhm begehrte er zu erlangen, ging aber dabei unbedacht vor; so nahm er vielen Dingen und Örtlichkeiten ihre alten Namen und gab ihnen von seinem eignen abgeleitete neue; nannte zum Beispiel den Monat April »Neroneus« und hatte im Sinn, Rom in »Neropolis« umzutaufen.

56. Nero mißachtete zeitlebens jede Religion, ausgenommen nur den Kult der Syrischen Göttin. Später schätzte er aber auch diese so gering, daß er sie mit Urin besudelte; denn er war von einem andern Aberglauben erfaßt worden, dem einzigen, dem er dann für immer treu blieb. Ein ihm gänzlich unbekannter Plebeier hatte ihm nämlich eine winzig kleine Mädchenstatuette als Talisman gegen Verschwörungen geschenkt. Als kurz darauf auch wirklich eine Verschwörung aufgedeckt wurde, verehrte er diesen Talisman als höchste Gottheit, opferte ihm regelmäßig dreimal täglich und wollte seine Umgebung glauben machen, er vermöge durch Vermittlung dieser Statuette in die Zukunft zu sehen. Wenige Monate vor seinem Tod befragte er auch die Eingeweideschauer, erhielt aber nie günstige Antworten.

57. Nero starb im zweiunddreißigsten Altersjahr, an dem Tag, an dem er einst Octavia hatte umbringen lassen. Die Freude des Volkes über sein Ende war so groß, daß alles mit Freiheitsmützen auf dem Kopf in der ganzen Stadt herumlief. Trotzdem fehlte es auch nicht an Leuten, die noch lange Zeit sein Grab im Frühling und Sommer mit Blumen schmückten und bald auf der Rednertribüne mit dem Senatorengewand bekleidete Bilder von ihm

---

[37] Über die Wasserorgel vgl. Nero 41. – Der ›Turnus‹ scheint eine Pantomime über den letzten Teil der Aeneis zu sein.

aufstellten, bald Edikte zum Vorschein brachten, wie wenn er noch lebe und in kurzem zum großen Schaden seiner Gegner zurückkehren werde. Ja sogar der Partherkönig Vologaesus ließ anläßlich einer Gesandtschaft an den Senat zwecks Erneuerung des Bündnisvertrages ganz besonders darum bitten, daß das Andenken an Nero gepflegt werde. Und als endlich, zwanzig Jahre später – ich war damals ein junger Mann –, ein Mensch unbekannter Abkunft auftrat und sich als Nero ausgab, besaß dieser Name bei den Parthern einen so guten Klang, daß sie ihn mit aller Macht unterstützten und nur ungern an uns auslieferten[38].

[38] Ein gewisser Terentius Maximus, der um 80 herum auftrat. Ein erster falscher Nero war 69 erschienen; vgl. Tacitus, Historiae II 8.

Galba
5 v. Chr. – 69 n. Chr.

1. Mit Nero starb das Geschlecht der Caesaren aus. Viele Vorzeichen hatten dies angezeigt, aber zwei von ihnen machten es besonders deutlich. Als Livia einst kurz nach der Hochzeit mit Augustus ihr Gut in Veii wieder besuchte, trug ein vorbeifliegender Adler in seinen Klauen ein weißes Huhn, das einen kleinen Lorbeerzweig in seinem Schnabel hielt, und ließ es so, wie es geraubt hatte, in ihren Schoß fallen. Livia befahl, das Huhn aufzuziehen und das Reis zu pflanzen. Das Huhn bekam so viele Küchlein, daß noch heute jene Villa »Zu den Hennen« heißt, und das Reis entwickelte sich zu einem solchen Gebüsch, daß die Kaiser für ihre Triumphe dort den Lorbeer pflücken ließen. Ferner war es Sitte, gleich nach jedem Triumph andere Reiser an diesem Ort zu pflanzen. Man machte auch die Beobachtung, daß jedesmal, wenn der Todestag eines Kaisers nahe war, der von ihm gepflanzte Busch abstarb. Im letzten Lebensjahr Neros aber vertrocknete das ganze Gehölz bis auf die Wurzeln; auch gingen alle Hühner ein. Als kurz darauf der Tempel der Caesaren vom Blitz getroffen wurde, fielen die Köpfe aller Statuen gleichzeitig zu Boden, und dem Augustusstandbild wurde auch das Zepter aus den Händen geschlagen.

2. Neros Nachfolge trat Galba an, ohne irgendwie mit dem Kaiserhaus verwandt zu sein; aber ohne Zweifel war er von höchstem Adel und stammte aus einer großen und alten Familie. So ließ er immer auf die Inschriften seiner Standbilder schreiben, daß er der Urenkel des Quintus Catulus Capitolinus sei, und als Kaiser stellte er auch im Empfangsraum seines Hauses einen Stammbaum aus, in dem er die väterliche Linie auf Iuppiter und die seiner Mutter auf Pasiphaë, die Gattin des Minos, zurückführte.

3. Die Ahnen und Ehrentitel des ganzen Geschlechtes aufzuzählen, würde zu weit führen. Ich will deshalb nur kurz über seine Familie berichten.

Wer von den Sulpiciern als erster den Beinamen Galba trug, und warum und woher er ihn erhalten hat, ist nicht ganz sicher. Einige meinen, weil dieser erste Galba eine Stadt in Spanien nach langer, vergeblicher Belagerung endlich mit Fackeln, die mit *galbanum* bestrichen waren, in Brand gesteckt habe; andere, weil er bei einer langen Krankheit immer ein *galbeum* benutzte, das heißt eine Wollbinde, in die Arzneimittel eingewickelt waren; wieder andere, weil er sehr dick gewesen sei, was auf gallisch *galba* heißt; andere im Gegenteil, er sei so mager gewesen wie die kleinen Tiere, die auf Eichen leben und *galbae* genannt werden[1].

Berühmt wurde die Familie durch Servius Galba, der Konsul und der hervorragendste Redner seiner Zeit gewesen war. Von ihm wird berichtet, daß er nach seiner Prätur Spanien als Provinz erhalten und dort den Krieg mit Viriathus entfesselt habe, nachdem er dreißigtausend Lusitani hinterhältig hatte niedermachen lassen. Sein Enkel wurde wegen eines Mißerfolgs bei der Bewerbung um das Konsulat der Feind Gaius Caesars, dessen Stabsoffizier er in Gallien gewesen, und verschwor sich mit Cassius und Brutus, weswegen er dann auf Grund der *lex Pedia* verurteilt wurde. Von ihm stammen der Großvater und Vater des Kaisers Galba ab. Der Großvater war durch seine wissenschaftliche Tätigkeit bekannter als durch seine politische; er gelangte nämlich nicht weiter als bis zur Prätur, gab aber ein umfassendes und nicht uninteressantes Geschichtswerk heraus.

Galbas Vater war Konsul gewesen und entfaltete, obschon von kleiner Statur und bucklig und über eine nur mäßige Rednergabe verfügend, eine große Tätigkeit als Advokat. Verheiratet war er mit Mummia Achaica, Enkelin des Catulus und Urenkelin des Zerstörers von Korinth, Lucius Mummius, und dann mit Livia Ocellina, einer sehr reichen und schönen Frau. Sie soll ihm seines hohen Adels wegen ihre Hand selbst angetragen haben, und dies mit noch mehr Nachdruck, nachdem er sich auf ihr wiederholtes Drängen vor ihr unter vier Augen entblößt und ihr sein körperliches Gebrechen enthüllt hatte, um nicht den Anschein zu erwecken, als ob er sie absichtlich darüber in Unkenntnis gelassen habe. Achaica gebar ihm zwei Söhne, Gaius und Servius, von denen der ältere, Gaius, sein Vermögen verschleuderte, dann Rom verließ und schließlich, nachdem ihm Tiberius verboten hatte, in dem ihm zukommenden Jahr um ein Prokonsulat zu losen, Selbstmord beging.

4. Der Kaiser Servius Galba wurde im Konsulatsjahr des Marcus Valerius Messala und des Gnaeus Lentulus am vierundzwanzigsten Dezember[2] in einer Villa bei Terracina geboren – diese liegt, wenn man nach Fundi geht, links oben auf einem

---

[1] *galbanum*: harzhaltiger Gummi einer syrischen Pflanze; vgl. Plinius, Naturgeschichte XII 126. – *galbae*: Bestimmung des Tieres nicht sicher.

[2] Geburtsjahr: 3 v. Chr. Vgl. dagegen Nero 40, wo Galba bei seiner Thronbesteigung im dreiundsiebzigsten Lebensjahr steht, also 5 v. Chr. geboren wäre. Diesem Datum ist wahrscheinlich der Vorzug zu geben. Vgl. auch die Altersangabe Galbas Galba 23.

Hügel. Er wurde von seiner Stiefmutter Livia adoptiert und nahm den Namen Livius und den Beinamen Ocella an. Auch änderte er seinen Vornamen; er nannte sich nämlich bis zu seiner Thronbesteigung Lucius statt Servius.

Es steht fest, daß Augustus ihn, als er noch ein Knabe war und den Kaiser mit anderen Altersgenossen begrüßte, in die Backe kniff und zu ihm auf griechisch sagte: »Auch du, mein Kind, wirst einmal von unserer Herrschaft kosten.« Auch Tiberius, der durch eine Voraussage erfahren hatte, daß Galba einst, allerdings erst in hohem Alter, herrschen werde, sagte: »Er soll nur leben; das geht uns ja nichts mehr an!« Und als sein Großvater eine Opferhandlung gegen einen Blitzschlag vornahm und ihm ein Adler die Eingeweide des Opfertieres aus den Händen gerissen und auf eine Eiche voller Eicheln getragen hatte, wurde ihm vorausgesagt, dies bedeute für seine Familie die Herrschaft, wenn auch erst in ferner Zukunft. Darauf antwortete jener spottend: »Gewiß! Wenn eine Mauleselin geworfen haben wird!« Nichts bestärkte Galba später, zu Beginn seines Aufstands, in gleichen Maße in seinen Hoffnungen wie der Umstand, daß damals wirklich eine Mauleselin ein Junges warf; während alle andern dies als ein schreckliches, widernatürliches Vorzeichen ansahen, nahm er allein es mit großer Freude auf, in Erinnerung an das Opfer und die Äußerung seines Großvaters.

Nach Empfang der Männertoga träumte er, die Glücksgöttin sage ihm, sie stehe ganz ermüdet vor seiner Tür und werde, wenn er sie nicht rasch hereinlasse, dem ersten Besten zur Beute fallen. Wie er erwachte und die Tür zum Atrium öffnete, fand er eine etwas über eine Elle hohe eherne Statuette der Göttin neben der Schwelle; er brachte sie dann auf seinem Schoß nach Tusculum, wo er den Sommer zu verbringen pflegte, weihte ihr einen Teil des Hauses, brachte ihr jeden Monat ein Opfer dar und wachte einmal im Jahr die Nacht durch bei ihr.

Als ganz junger Mensch hielt er mit Nachdruck an der altrömischen, damals aber in Vergessenheit geratenen und nur noch in seinem Hause gepflegten Sitte fest, zweimal am Tag seine Freigelassenen und Sklaven bei sich zu versammeln, damit jeder ihm morgens »Guten Tag« und abends »Gute Nacht« wünsche.

5. Neben den übrigen Wissenschaften beschäftigte er sich mit dem Rechtsstudium.

Auch der Verpflichtung, eine Familie zu gründen, kam er nach. Aber nach dem Verlust seiner Gattin Lepida und der zwei Söhne, die sie ihm geschenkt hatte, blieb er unverheiratet und ließ sich durch keinen Antrag mehr verlocken, nicht einmal durch den Agrippinas, die durch des Domitius Tod[3] Witwe geworden war. Sie hatte den damals noch verheirateten und noch nicht verwitweten Galba auf alle erdenkliche Art und Weise umworben, so daß sie anläßlich einer Damengesellschaft von der Mutter Lepidas in einem Wortwechsel mit Vorwürfen überschüttet und sogar geschlagen wurde.

Seine Verehrung galt vor allem Livia Augusta, deren Gunst ihm zu ihren Lebzeiten sehr zustatten kam und durch deren Testament er nach ihrem Tod beinahe ein reicher Mann geworden wäre; sie vermachte ihm nämlich als Hauptnutznießer ihrer Hinterlassenschaft fünfzig Millionen Sesterzen. Da aber diese Summe nur in Zahlen, nicht auch in Worten geschrieben worden war, setzte ihr Erbe Tiberius das Legat auf fünfhunderttausend Sesterzen herab. Doch nicht einmal dieser Betrag gelangte in Galbas Hände[4].

6. Die Ämterlaufbahn begann er schon vor der gesetzlichen Zeit. Als Prätor zeigte er bei den Floralienspielen ein ganz neuartiges Schauspiel, nämlich seiltanzende Elefanten. Dann war er fast ein Jahr lang Statthalter der Provinz Aquitanien und bekleidete darauf während sechs Monaten das ordentliche Konsulat[5]. Der Zufall wollte es, daß er hierbei der Nachfolger von Neros Vater, Lucius (Gnaeus?) Domitius, war und Salvius Otho, der Vater des späteren Kaisers Otho, ihm selbst nachfolgte, was wie eine Voraussage für die Zukunft schien, lag doch Galbas Herrschaft zwischen der der Söhne dieser beiden Männer.

Von Gaius Caesar (Caligula) wurde er zum Nachfolger des Gaetulicus (in Obergermanien) bestimmt[6]. Gleich am Tag nach seiner Ankunft bei den Legionen erließ er einen Tagesbefehl, daß die Soldaten ihre Hände unter dem Mantel zu halten hätten, da sie während eines festlichen Schauspiels ihren Beifall durch Händeklatschen bezeugt hatten. Sofort hieß es im ganzen Lager:

> Lern', Soldat, soldatisch Wesen! Galba ist da, nicht
> Gaetulicus!

Mit gleicher Strenge verweigerte er Urlaubsgesuche. Ältere Soldaten wie Rekruten härtete er durch ununterbrochenen Dienst

---

[3] Vater Neros; vgl. Nero 5.
[4] Über Livias Testament vgl. Tib. 51 und Cal. 16.
[5] Die »ordentlichen« Konsuln, die ihr Amt am 1. Januar antreten, geben dem Jahr ihren Namen.
[6] Der Text dieser Stelle ist nicht ganz sicher.

ab und warf denn auch zur rechten Zeit die Barbaren, die schon bis Gallien vorgedrungen waren, wieder zurück, und als Gaius (Caligula) das Land besuchte, machte Galba und sein Heer einen so guten Eindruck, daß unter den unzähligen, aus allen Provinzen zusammengezogenen Truppenkörpern keiner glänzendere Belobigungen und Belohnungen erhielt. Er selbst zeichnete sich dabei ganz besonders aus, als er nach einer Manöverübung, die er, den Schild in der Hand, geleitet hatte, noch dreißig Kilometer neben dem Wagen des Kaisers herlief[7].

7. Als die Ermordung Gaius (Caligulas) gemeldet wurde, wollten viele Leute Galba dazu bringen, die günstige Gelegenheit zu nutzen. Er zog es jedoch vor, ruhig zu bleiben. Dies war der Grund, warum er bei Claudius so beliebt war und in den engsten Freundeskreis des Kaisers aufgenommen wurde. So sehr stand er in Gunst, daß man sogar den Tag des Aufbruchs zum Feldzug nach Britannien[8] verschob, weil ihn plötzlich ein nicht weiter gefährliches Unwohlsein befiel.

Während zweier Jahre war er als Prokonsul in Afrika. Er hatte nicht losen müssen, sondern war dazu ernannt worden, um die Ordnung in dieser durch innere Zwistigkeiten und Barbarenaufstände beunruhigten Provinz wiederherzustellen. Diese Aufgabe erfüllte er mit großer Strenge und Gerechtigkeit auch im Kleinen. So verbot er zum Beispiel, einem Soldaten, dem vorgeworfen wurde, während eines Feldzuges bei größter Lebensmittelknappheit einen von seiner Ration übriggebliebenen Scheffel Getreide für hundert Denare verkauft zu haben, auszuhelfen, falls dieser Mangel leide; und wirklich mußte er auch Hungers sterben. – Als es einmal vor Galbas Gericht um das Eigentumsrecht an einem Lasttier ging, von beiden Parteien aber keine stichhaltigen Beweise und Zeugen beigebracht wurden, so daß ein richtiger Entscheid schwer war, ordnete er an, das Tier mit verhülltem Kopf zu seiner gewohnten Tränke zu führen und ihm dort die Decke abzunehmen. Dem sollte es dann gehören, zu dem es sich, nachdem es getrunken hatte, von selbst begebe.

8. Auf Grund seiner Taten in Afrika und früher in Germanien erhielt Galba die Triumphabzeichen und die dreifache Priesterwürde; er wurde nämlich in das Fünfzehnmännerkollegium, die Brüderschaft der Titier und auch der Augustalen aufgenommen. Seit dieser Zeit bis etwa zur Hälfte von Neros Regierung lebte

[7] Diese Ereignisse fallen in die Zeit von Caligulas Feldzug in Germanien; vgl. Cal. 43/44.
[8] Vgl. Claud. 17.

er meist in größter Zurückgezogenheit. Selbst auf kleine Ausfahrten begab er sich nie, ohne in einem zweiten Wagen eine Million Sesterzen in Gold mit sich zu führen[9].

Endlich erhielt er während eines Aufenthalts in Fundi die Provinz Hispania Tarraconensis zugeteilt. Als er bei seiner Ankunft in der Provinz öffentlich in einem Tempel opferte, geschah es, daß einem jungen Sklaven, der ihm behilflich war und das Räucherfaß hielt, plötzlich auf dem ganzen Kopf die Haare weiß wurden, und es fehlte nicht an Leuten, die das Zeichen so deuteten, daß ein Regierungswechsel bevorstehe und ein alter Mann einem jungen nachfolgen werde, das heißt er selber dem Nero. Nicht viel später schlug der Blitz in einen See in Kantabrien, und es wurden dort zwölf Beile gefunden, ein untrüglicher Hinweis auf die Regierungsgewalt.

9. Acht Jahre lang verwaltete Galba diese Provinz, zeigte sich aber dabei wenig konsequent und ausgeglichen. Zuerst war er streng und energisch, bei der Bestrafung von Verbrechen sogar unmäßig hart. So ließ er zum Beispiel einem betrügerischen Geldwechsler die Hände abhauen und sie an seinen Wechslertisch annageln, und einen Vormund ans Kreuz schlagen, weil dieser sein Mündel, dessen Nacherbe er war, vergiftet hatte. Als dieser den Schutz der Gesetze anrief und beweisen konnte, daß er römischer Bürger sei[10], befahl Galba, gleichsam um ihn zu trösten und die Strafe durch eine Ehrung zu mildern, das Kreuz auszuwechseln und ein die andern weit überragendes und erst noch weißgestrichenes aufzurichten. Mit der Zeit aber wurde er lässig und träge, um nicht bei Nero Anstoß zu erregen, und, wie er zu sagen pflegte, weil niemand wegen seines Nichtstuns zur Rechenschaft gezogen werden könne.

Als er in Neukarthago Gerichtstag hielt, erfuhr er durch den Statthalter von Aquitanien, der ihn dringend um Hilfe bat, von dem Aufstand in Gallien. Dazu kamen noch Briefe des Vindex[11], worin er aufgefordert wurde, sich zum Befreier und Führer der Menschheit zu machen. Er zögerte nicht lange und nahm teils aus Furcht, teils in einer bestimmten Hoffnung diesen Vorschlag an; er hatte nämlich Geheimbefehle Neros an seine Prokuratoren aufgefangen, die seine Ermordung anordneten. Andrerseits wurde er in seiner Haltung durch sehr günstige Vorzeichen und Vorbedeutungen und auch durch die Weissagung einer edlen

---

[9] Vielleicht wollte er die nötigen Mittel zu einer Flucht immer bei sich haben.
[10] Als solcher konnte er Berufung an den Kaiser verlangen.
[11] Vgl. Nero 40.

Jungfrau bestärkt, um so mehr als ein Iuppiterpriester in Clunia, durch einen Traum gemahnt, gleichlautende Sprüche aus dem Heiligtum hervorgeholt hatte, die vor zweihundert Jahren von einem weissagenden jungen Mädchen verkündet worden waren. Die Prophezeiung ging dahin, daß einst aus Spanien der Fürst und Herr der Welt kommen werde.

10. So bestieg Galba denn das Tribunal, angeblich um eine Freilassung vorzunehmen. Vor sich hatte er möglichst viele Bilder von Leuten aufstellen lassen, die von Nero verurteilt und hingerichtet worden waren; neben ihm stand ein vornehmer Knabe, den er absichtlich aus seinem Exil von der nächsten Baleareninsel hatte kommen lassen. Dann klagte er über die jetzigen Zeiten, wurde als Kaiser begrüßt, erklärte sich aber nur zum Statthalter des Senats und des römischen Volkes. Darauf wurde Gerichtsstillstand verkündet, und er hob aus der Bevölkerung der Provinz zur Verstärkung seines alten Heeres, das aus einer Legion, zwei Kavallerieschwadronen und drei Kohorten bestand, weitere Legionen und Hilfstruppen aus. Ferner bildete er aus vornehmen, durch Erfahrung und Alter ausgezeichneten Leuten eine Art Senat, an den er sich jeweils bei wichtigeren Entscheidungen wandte. Er wählte auch junge Leute aus dem Ritterstand aus, die »Freiwillige« genannt wurden, den goldenen Ritterring aber weiterhin trugen und an Stelle von gewöhnlichen Soldaten vor seinem Zimmer Wache hielten[12]. Auch Edikte erließ er für die Provinzen, worin er jedermann aufforderte, mit ihm im Kleinen und Großen zusammenzuarbeiten und die gemeinsame Sache, jeder nach seinen Kräften, zu unterstützen.

Ungefähr zur gleichen Zeit wurde bei der Befestigung der Stadt, die er sich zum Hauptquartier gewählt hatte, ein Ring von altertümlicher Machart gefunden, auf dessen Stein die Siegesgöttin mit einem Siegeszeichen eingraviert war; und wenig später legte in Dertosa ein mit Waffen beladenes Schiff aus Alexandria an, auf dem sich aber weder Kapitän, Matrose oder irgendein Passagier befand, so daß niemand mehr im Zweifel sein konnte, daß ein gerechter und frommer und den Göttern wohlgefälliger Krieg unternommen werde.

Plötzlich aber schien ganz unerwartet fast alles wieder zunichte zu werden. Eine der beiden Schwadronen versuchte nämlich – aus Reue über ihren Eidbruch –, von Galba, als er sich dem Lager näherte, abzufallen, und konnte nur mit Mühe

---

[12] Diese Ritter hatten also eigentlich Soldatendienst zu leisten, wurden aber durch die Beibehaltung des Ritterringes besonders ausgezeichnet. Sonst berechtigte der Ritterstand zu Offiziersrang.

wieder an ihre Pflicht erinnert werden; ferner hätten ihn beinahe einige Sklaven, die von einem Freigelassenen Neros für einen Anschlag ausgebildet und ihm dann geschenkt worden waren, umgebracht, als er sich durch eine enge Gasse ins Bad begab. Man hörte aber, wie sie sich gegenseitig ermunterten, diese günstige Gelegenheit nicht vorbeigehen zu lassen, worauf man sie fragte, von welcher »Gelegenheit« sie sprächen. Auf der Folter wurde ihnen dann ein Geständnis abgezwungen.

11. Zu diesen gefährlichen Ereignissen kam noch Vindex' Tod, durch den Galba ganz und gar niedergeschlagen wurde. Wie wenn schon alles verloren wäre, war er drauf und dran, selbst Hand an sich zu legen. Als aber Nachrichten aus Rom eintrafen, die besagten, daß Nero getötet sei und alle auf ihn den Treueid geleistet hätten, legte er den Titel eines Statthalters ab und nahm den eines Caesar an; dann machte er sich auf den Weg nach Rom, bekleidet mit dem Feldherrnmantel, während ihm vom Hals auf die Brust herab ein Dolch hing. Die Toga legte er nicht eher an, als bis er einige Aufständische unschädlich gemacht hatte: in Rom den Prätorianerpräfekten Nymphidius Sabinus, in Germanien Fonteius Capito und in Afrika Clodius Macer, beide Statthalter dieser Provinzen.

12. Galba war der Ruf der Grausamkeit und Habsucht vorausgegangen, weil er verschiedene Städte Spaniens und Galliens, die sich etwas zögernd auf seine Seite geschlagen hatten, mit ziemlich schweren Tributen belegt, einige auch mit Schleifung der Mauern bestraft und die höheren Beamten und Prokuratoren mitsamt ihren Frauen und Kindern hatte hinrichten lassen. Ferner war auf seinen Befehl ein fünf Kilogramm schwerer goldener Kranz, den ihm die Einwohner von Tarragona aus dem alten Iuppitertempel geschenkt hatten, eingeschmolzen worden; und dann mußten zweiundachtzig Gramm, die am ursprünglichen Gewicht fehlten, noch eingetrieben werden.

Dieser Ruf bestätigte, ja verstärkte sich sogar gleich nach Galbas Ankunft in Rom. Als er nämlich die Matrosen, die Nero von Ruderknechten zu richtigen Soldaten befördert hatte, zwingen wollte, wieder in ihren alten Rang zurückzukehren, diese aber das Ansinnen zurückwiesen und dazu noch hartnäckig Legionsadler und Feldzeichen forderten, ließ er sie nicht nur von Kavallerie auseinandertreiben, sondern auch jeden zehnten Mann hinrichten. Ebenso entließ er die germanische Kohorte, die einst von den Kaisern als ihre Leibgarde gebildet worden war und die bei vielen Gelegenheiten Beweise ihrer großen

Treue geliefert hatte, wieder in ihre Heimat, und zwar ohne jede Entschädigung, angeblich weil sie Gnaeus Dolabella, neben dessen Gärten ihr Quartier war, ergebener sei als ihm[13].

Man erzählte sich auch zum Hohn folgende Geschichten über seinen Geiz – ob zu Recht oder Unrecht bleibe dahingestellt –: wenn man ihm ein etwas üppigeres Mahl auftrug, soll er geseufzt haben; brachte sein ordentlicher Haushofmeister eine Übersicht über die Abrechnungen, soll er ihm zur Belohnung für seinen Eifer und seine Genauigkeit eine Schüssel mit Gemüse überreicht haben; dem Flötenspieler Canus, der ihm ganz besonders gefallen hatte, habe er ganze fünf Denare geschenkt, die er persönlich aus seiner Privatkassette hervorholte.

13. Deshalb herrschte auch über seine Ankunft kein reiner Jubel, was gleich bei der ersten Theatervorstellung zum Ausdruck kam; als nämlich in einem Atellanenstück die Schauspieler das bekannte Couplet begannen:

Da kommt Onesimus von seinem Gute[14],

sangen alle Zuschauer im Chor den Rest des Liedes und wiederholten es, immer wieder mit diesem Vers beginnend, mehrmals.

14. Allerdings erfreute er sich bei seinem Regierungsantritt noch größerer Beliebtheit und höheren Ansehens als später während seiner Herrschaft, obschon er sich bei vielen Gelegenheiten als ausgezeichneter Herrscher erwies; aber dies brachte ihm nicht soviel Dankbarkeit ein als seine anderen Taten Haß.

Galba stand ganz unter dem Einfluß dreier Leute, die mit ihm zusammen im Palatium wohnten und ihm auf Schritt und Tritt folgten und die der Volksmund seine Pädagogen zu nennen pflegte. Es waren dies Titus Vinius, sein früherer Stabschef in Spanien, ein Mensch von ungeheurer Habgier; Cornelius Laco, der vom Gerichtsbeisitzer zum Prätorianerpräfekt aufgestiegen war, von unerträglicher Anmaßung und Dummheit, und der Freigelassene Icelus, der erst vor kurzem mit dem Ritterring und dem Beinamen Marcianus ausgezeichnet worden und schon für die höchsten Ehren, die ein Ritter erlangen kann, ausersehen war. Von diesen Menschen, von denen jeder einem anderen Laster ergeben war, ließ er sich so willenlos ausnützen, und ihnen hatte er sich in einem solchen Maß ergeben, daß er sich

[13] Germanische Leibgarde; vgl. Aug. 49, Cal. 43 und 58.
[14] Onesimus: sprechender griechischer Name für einen Geizhals.

selbst kaum mehr zu gleichen schien. Bald war er zu hart und zu geizig, bald zu weich und zu großzügig für einen vom Volk erwählten Kaiser, und dazu noch einen Mann seines Alters.

Einige hervorragende Leute aus dem Senatoren- und Ritterstand verurteilte er ohne Verhör auf den geringsten Verdacht hin. Das römische Bürgerrecht erteilte er nur selten, das Dreikinderrecht kaum ein- oder zweimal, und auch dann nur für eine bestimmte, zum voraus begrenzte Zeit. Das Gesuch der Richter, ihnen eine sechste Richterabteilung anzugliedern, wies er nicht nur ab, sondern hob auch die ihnen von Claudius zugestandene Vergünstigung auf, daß sie im Winter und zu Jahresbeginn nicht zu Sitzungen einberufen werden durften[15].

15. Man glaubte sogar, daß er die Dauer der Ämter der Senatoren und Ritter auf zwei Jahre beschränken und sie nur solchen geben wolle, die sie ungern nähmen oder ganz ausschlügen. Durch fünfzig römische Ritter ließ er die Schenkungen Neros bis auf ein Zehntel wieder zurückfordern und eintreiben, und zwar mit der Bestimmung, daß wenn Schauspieler und Fechter ihre Geschenke bereits verkauft hatten, diese den Käufern wieder weggenommen wurden, falls die Verkäufer den Erlös bereits durchgebracht hatten und nicht mehr in der Lage waren, ihn abzugeben.

Im Gegensatz dazu schritt er nicht ein, wenn bei seiner nächsten Umgebung und seinen Freigelassenen alles um Geld zu haben war oder nach Gutdünken vergeben wurde: Steuern, Abgabenfreiheit, Verurteilung Unschuldiger und Freisprechung Schuldiger. Ja obgleich das römische Volk von ihm die Hinrichtung des Halotus und Tigillinus forderte, ließ er beide, obschon sie Schwerverbrecher waren, als einzige von den Helfershelfern Neros ohne Strafe laufen, bedachte Halotus obendrein noch mit einer sehr einträglichen Stelle und schalt das Volk in einem Edikt sogar wegen seiner Grausamkeit Tigillinus gegenüber.

16. Durch dieses Vorgehen hatte er sich bei fast allen Ständen verhaßt gemacht; aber unter den Soldaten war die Erbitterung doch am größten. Ihre Offiziere hatten ihnen nämlich, als sie auf den abwesenden Galba den Treueid ablegten, ein größeres Geldgeschenk als gewöhnlich versprochen. Er aber löste dieses Versprechen nicht ein und brüstete sich sogar mehrmals, er sei gewohnt, seine Soldaten auszuheben, nicht zu kaufen. Dieser Ausspruch hatte alle, wo sie auch waren, sehr empört. Im

[15] Vgl. Claud. 23.

übrigen erregte er auch unter den Prätorianern Mißtrauen und Unwillen, als er plötzlich eine ganze Anzahl von ihnen entließ, da sie verdächtig und Gesinnungsfreunde des Nymphidius seien. Am stärksten war aber die Unzufriedenheit im obergermanischen Heer, das sich um die Belohnungen für seine Unterstützung gegen die Gallier und Vindex betrogen sah[16]. Deshalb waren sie die ersten, die es wagten, den Gehorsam aufzukünden, und sich weigerten, am ersten Januar jemand anderem als dem Senat Treue zu schwören. Sofort beschlossen sie, eine Delegation zu den Prätorianern zu schicken mit folgender Botschaft: der in Spanien gewählte Kaiser sei nicht nach ihrem Geschmack; sie sollten selbst einen wählen, den die ganze Armee anerkennen könne.

17. Auf diese Nachricht hin glaubte Galba, daß ihm weniger sein hohes Alter als seine Kinderlosigkeit zum Vorwurf gemacht werde; da nahm er plötzlich Piso Frugi Licinianus, einen trefflichen jungen Mann aus vornehmer Familie, den er schon seit langem sehr schätzte und auch immer in seinem Testament als Erben seines Vermögens und Namens eingesetzt hatte, mitten aus der Menge, die sich zu des Kaisers Begrüßung eingefunden hatte, bei der Hand, nannte ihn seinen Sohn, führte ihn ins Lager und adoptierte ihn vor den versammelten Soldaten, machte aber auch damals keine Anspielung auf ein zu erwartendes Geldgeschenk – ein Umstand, der es Marcus Salvius Otho sehr erleichterte, seine Pläne in den sechs der Adoption folgenden Tagen auszuführen.

18. Zahlreiche bedeutungsvolle Vorzeichen hatten Galba schon von Anbeginn seiner Herrschaft seinen Untergang, wie er dann auch wirklich erfolgte, angezeigt. Während seines ganzen Marsches (nach Rom) wurden in jeder Stadt rechts und links des Weges Opfertiere geschlachtet; aber einmal hatte ein vor dem Beilhieb scheuender Stier seine Fesseln zerrissen und sich auf den Wagen des Kaisers gestürzt, war mit den Beinen hinaufgesprungen und hatte ihn über und über mit Blut bespritzt. Als Galba aus dem Wagen steigen wollte, hätte ihn beinahe ein Wachsoldat, der von der Menge gestoßen wurde, mit der Lanze verletzt. Bei seinem Einzug in Rom und in den Kaiserpalast empfing ihn ein Erdbeben und ein Geräusch, ähnlich dem Brüllen eines Stieres.

Aber es folgten noch deutlichere Zeichen. Aus allen seinen

---

[16] Das obergermanische Heer war Nero treu geblieben und hatte gegen Vindex gekämpft, konnte also von Galba nichts erwarten.

Schätzen hatte er ein Halsband aus Perlen und Edelsteinen ausgewählt, um damit seine Glücksgöttin in Tusculum[17] zu schmücken; als ihm dieser Schmuck aber plötzlich eines erhabeneren Platzes würdig schien, weihte er ihn der Venus auf dem Kapitol. Da hatte er in der nächsten Nacht einen Traum, in dem ihm die Glücksgöttin erschien, sich beklagte, daß sie um dieses ihr zugedachte Geschenk betrogen worden sei, und ihm drohte, auch sie werde nun ihm entreißen, was sie ihm gegeben habe. Voll Schrecken eilte er bei Tagesgrauen nach Tusculum, um die ihm im Traum angezeigte Gefahr durch ein Sühnopfer abzuwenden – Leute waren bereits vorausgeschickt, die alles zum Opfer bereit machen mußten –, fand aber dort nichts als etwas erkaltende Asche auf dem Altar und daneben einen Greis in Trauerkleidung, der Weihrauch in einem Glasgefäß und ungemischten Wein in einem Tonbecher hielt.

Man beobachtete auch, daß beim Opfer am ersten Januar der Kranz von Galbas Haupt fiel und bei der Vogelschau die Hühner davonflogen. Am Tage der Adoption (Pisos) aber, als er die Ansprache an die Soldaten halten wollte, hatten seine Diener vergessen, wie üblich den Feldstuhl auf das Tribunal zu bringen, und im Senat war sein Amtssessel verkehrt hingestellt worden.

19. Kurz vor seiner Ermordung mahnte ihn morgens beim Opfer der Eingeweideschauer immer wieder, sich vor einer Gefahr in acht zu nehmen, denn die Mörder seien nicht weit. Wenig später erfuhr er, daß Otho das Lager (der Prätorianer) in seiner Gewalt habe, und als ihm die meisten anrieten, sobald als möglich dorthin zu gehen, da er durch sein Ansehen und seine bloße Gegenwart noch die Oberhand gewinnen könne, beschloß er nichts weiter, als sich im Palast zu halten und zum Schutz mit Legionären zu umgeben, die voneinander getrennt an verschiedenen Orten in Garnison gelegen waren. Er zog sich nur einen Leinenpanzer über, obschon er sich im klaren war, daß dieser gegen so viele Dolche wenig nützen werde.

Falsche Gerüchte, von den Verschwörern absichtlich in Umlauf gesetzt, um ihn auf die Straße zu locken, verleiteten ihn, den Palast zu verlassen. Einige wenige Leute behaupteten nämlich ohne allen Grund, die Sache sei erledigt, die Aufständischen überwältigt und zahlreiche Leute kämen, um ihn zu beglückwünschen und ihrer Ergebenheit zu versichern. Da ging er ihnen so vertrauensvoll entgegen, daß er einem Soldaten, der sich rühmte, er habe Otho umgebracht, antwortete: »Auf wessen

[17] Vgl. Galba 4.

Befehl?« und sich weiter bis zum Forum begab. Dort trieben Reiter, die den Auftrag zu des Kaisers Ermordung hatten, die Zivilbevölkerung auseinander, stutzten aber ein wenig, als sie ihn von Ferne sahen. Dann gaben sie ihren Pferden die Sporen und hieben den von seiner Umgebung im Stich Gelassenen nieder.

20. Es wird überliefert, Galba habe beim ersten Angriff ausgerufen: »Was macht ihr, Kameraden? Ich bin der Eure und ihr die Meinen!« Auch ein Geldgeschenk habe er versprochen. Die meisten aber berichten, er habe selbst seinen Hals hingehalten und sie aufgefordert, sie sollten es nur tun[18] und zustoßen, wenn es ihnen so gut scheine.

Wirklich merkwürdig ist es aber, daß keiner der Anwesenden den Versuch machte, dem Kaiser zu Hilfe zu kommen, und alle Truppen, die herbeigerufen worden waren, dem Befehl nicht Folge leisteten, außer einer Abteilung Germanen. Diese eilten ihm aus Dankbarkeit für eine erst kürzlich erwiesene Wohltat zu Hilfe; Galba hatte sie nämlich, als sie krank und schwach waren, pflegen lassen. Sie kamen aber zu spät, da sie, mit den örtlichen Verhältnissen zu wenig vertraut, einen Umweg machten, der ihre Ankunft verzögerte.

Ermordet wurde Galba am Curtiussee, und man ließ ihn, so wie er war, liegen, bis ein gewöhnlicher Soldat, der vom Proviantfassen zurückkehrte, seine Last ablegte und ihm den Kopf abhieb. Da er ihn nicht am Haar fassen konnte[19], barg er ihn in seiner Toga; dann stieß er ihm den Daumen in den Mund und brachte ihn so zu Otho. Jener schenkte das Haupt den Marketendern und Troßknechten, die es auf einen Spieß gesteckt unter allerlei Witzen um das Lager trugen und immer wieder riefen: »Galba, Liebesgott, genieß dein Alter!« Was sie besonders zu solch frechen Scherzen antrieb, war der Umstand, daß vor wenigen Tagen das Gerücht in die Öffentlichkeit gedrungen war, Galba habe einem Manne, der des Kaisers Gestalt als noch blühend und jugendfrisch gepriesen hatte, mit dem Verse Homers geantwortet:

Noch hab ich die Stärke der Jugend[20].

Ein Freigelassener des Patrobius Neronianus kaufte den Kopf für hundert Goldstücke von ihnen zurück und schmiß ihn an die Stelle, wo einst sein Patron auf Befehl Galbas hingerichtet wor-

---

[18] Vgl. Cal. 58.
[19] Galba war vollkommen kahl; vgl. Galba 21.
[20] Homer, Ilias V 254 und Odyssee XXI 426. Übersetzung Voß.

den war. Spät erst bestattete der Haushofmeister Galbas, Argivus, das Haupt und auch den Rumpf des Kaisers in dessen Privatgärten an der Aurelischen Straße.

21. Galba war von durchschnittlicher Größe gewesen, hatte einen ganz kahlen Kopf, blaue Augen, eine gebogene Nase; seine Hände und Füße waren von der Gicht so verkrümmt, daß er weder einen Schuh tragen konnte noch ein Schriftstück zu entrollen oder überhaupt zu halten vermochte. Dazu hatte er auf der rechten Seite einen fleischigen Auswuchs, der so stark hervortrat, daß er kaum durch Bandagen zusammengehalten werden konnte.

22. Er soll sehr viel gegessen und im Winter sogar schon vor Tagesgrauen etwas zu sich genommen haben. Die Hauptmahlzeit aber war so reichlich, daß er die auf den Händen der Diener aufgehäuften Reste noch einmal herumreichen und zuletzt an die Aufwartenden verteilen lassen konnte.

In seinem Triebleben neigte er mehr zum männlichen Geschlecht, und zwar ausschließlich zu sehr starken, erwachsenen Männern. Man erzählte sich, er habe in Spanien Icelus, einen seiner alten Lieblinge, als dieser ihm den Tod Neros meldete, nicht nur vor aller Augen leidenschaftlich abgeküßt, sondern ihn auch gebeten, sich auf der Stelle die Haare auszupfen zu lassen, und ihn beiseite geführt.

23. Galba starb im dreiundsiebzigsten Lebensjahr[21], im siebten Monat seiner Herrschaft. Der Senat hatte, sobald es ihm möglich war, die Ehrung angeordnet, daß des Kaisers Standbild an der Stelle des Forums, wo er ermordet worden war, auf einer mit Schiffsschnäbeln geschmückten Säule errichtet würde. Aber Vespasian hob den Beschluß auf, da er glaubte, Galba habe heimlich von Spanien Mörder gegen ihn nach Iudaea ausgeschickt[22].

[21] Vgl. Galba 4.
[22] Vespasian führte das Kommando gegen die aufständischen Juden; vgl. Nero 39 und Vesp. 4.

Otho
32—69 n. Chr.

1. Die Vorfahren Othos stammten aus der Stadt Ferentium; die Familie war alt und angesehen und zählte zu den vornehmsten Etruriens. Sein Großvater Marcus Salvius Otho, Sohn eines römischen Ritters und einer Frau niederen Standes, vielleicht nicht einmal einer Freigeborenen, wurde durch die Gunst Livia Augustas, in deren Haus er aufwuchs, zum Senator gemacht, gelangte aber nicht über die Prätur hinaus.

Des Kaisers Vater, Lucius Otho, dessen Mutter aus einem sehr berühmten, mit vielen bedeutenden Familien verwandten Haus stammte, war dem Kaiser Tiberius so lieb und auch äußerlich so ähnlich, daß die meisten Leute ihn für dessen Sohn hielten. Seine Ämter in Rom, das Prokonsulat in Afrika und mehrere außerordentliche Kommandos übte er mit großer Strenge aus. In Illyrien wagte er es sogar, einige Soldaten, die ihre Teilnahme an dem Aufstand des Camillus gegen Claudius bereut und ihre Vorgesetzten als Anstifter umgebracht hatten, mit dem Tode zu bestrafen, und zwar vor seinem Hauptquartier und in seiner Gegenwart, obschon er wußte, daß sie gerade dieser Tat wegen von Claudius befördert worden waren. Seinen Ruhm mehrte er zwar dadurch, verlor aber die Gunst des Kaisers. Doch rasch erlangte er diese wieder durch Aufdeckung eines von einem römischen Ritter geplanten Anschlags[1]; die Sklaven dieses Mannes hatten ihm nämlich verraten, daß ihr Herr dem Claudius nach dem Leben trachte. Der Senat bedachte ihn hierfür mit einer äußerst seltenen Ehrung, einer Statue im Kaiserpalast, und Claudius erhob ihn in den Patrizierstand und sagte in seiner sehr anerkennenden Lobrede unter anderem folgendes: »Er ist ein Mann, wie ich mir selbst meine Kinder nicht besser wünschen kann.« Seine Gattin Albia Terentia, eine Frau aus sehr vornehmer Familie, schenkte ihm zwei Söhne, Lucius Titianus und später einen Marcus mit dem gleichen Beinamen wie sein Vater. Er hatte auch eine Tochter, die er in noch kaum heiratsfähigem Alter dem Drusus, Sohn des Germanicus, versprach.

2. Der Kaiser Otho wurde am achtundzwanzigsten April im Konsulatsjahr des Camillus Arruntius und Domitius Ahenobarbus geboren[2]. Von früher Jugend an war er verschwenderisch

[1] Vgl. Claud. 13.
[2] Vater Neros; vgl. Nero 5 und Galba 5 und 6.

und frech, so daß er oft von seinem Vater Prügel erhielt. Er soll auch nachts umhergestreift sein und schwächliche oder angetrunkene Leute, denen er auf der Straße begegnete, angehalten und auf einem ausgespannten Mantel geprellt haben.

Nach seines Vaters Tod versuchte er, eine bei Hof gern gesehene Freigelassene zu gewinnen, und ging so weit, echte Liebe zu heucheln, obwohl es sich um eine alte, abgelebte Frau handelte. Durch ihre Vermittlung vermochte er sich bei Nero einzuschmeicheln und wurde, da sein Charakter mit dem des Kaisers übereinstimmte, bald einer seiner engsten Freunde – wie gewisse Autoren behaupten, spielte auch gegenseitige geschlechtliche Willfährigkeit eine Rolle. Sein Einfluß war so groß, daß er einen wegen Erpressung verurteilten ehemaligen Konsul, der ihm eine ungeheure Belohnung versprach, ohne zu zögern, noch bevor er seine gänzliche Begnadigung erwirkt hatte, wieder in den Senat einführte, damit er sich für seine Wiederaufnahme bedanken könne.

3. Da Otho in alle Pläne und Geheimnisse des Kaisers eingeweiht war, war er es auch, der an dem von Nero für die Ermordung seiner Mutter ausersehenen Tage beiden ein Essen gab, bei dem ein ausgesucht höflicher Ton herrschte. Ebenso war er es, dem Poppaea Sabina, die damalige Geliebte Neros, die ihrem Mann weggenommen worden war, anvertraut wurde und der sie unter dem Vorwand, sie heiraten zu wollen, bei sich aufnahm[3]. Aber seine Leidenschaft hatte er durch ihre Verführung nicht zu befriedigen vermocht, sondern er liebte sie dermaßen, daß er nicht einmal Nero als Nebenbuhler dulden wollte. Wenigstens behauptet man, er habe nicht nur die Leute, die der Kaiser ausgeschickt hatte, um sie zu holen, nicht empfangen, sondern auch Nero selbst, als dieser einst vor seiner Tür stand und vergebens unter Bitten und Drohen das anvertraute Gut zurückforderte, nicht eingelassen. So trennte denn Nero die Ehe und schickte Otho mit dem Titel eines Statthalters nach Lusitanien. Diese Maßnahme schien genügend, damit nicht durch eine zu harte Strafe die ganze Komödie ans Licht käme – was dann aber trotzdem durch dieses Distichon geschah:

> Wißt ihr, warum ins Exil mit erlogenen Ehren zog Otho?
> Buhle der eigenen Frau hatte gewagt er zu sein.

Die Provinz verwaltete er im übrigen im Range eines Quästors

---

[3] Über die Ermordung von Neros Mutter vgl. Nero 34. Über Poppaea vgl. Nero 35.

während zehn Jahren mit einzigartiger Milde und Uneigennützigkeit.

4. Als sich endlich Gelegenheit zur Rache bot, war Otho der erste, der sich den Unternehmungen Galbas anschloß. Zu gleicher Zeit hegte er die feste Hoffnung auf den Thron, einmal der allgemeinen Zeitumstände wegen, vor allem aber auf Grund der Aussagen des Astrologen Seleukos. Dieser hatte ihm nämlich einst versichert, er werde Nero überleben, und war jetzt ganz unerwartet von selbst mit dem zusätzlichen Versprechen zu ihm gekommen, er werde in Kürze auch Herrscher sein.

Deshalb ließ er es sich immer angelegen sein, jemandem einen Dienst zu erweisen oder zu schmeicheln. Jedesmal, wenn er den Kaiser bei sich zum Essen hatte, gab er jedem Mann der wachhabenden Kohorte ein Goldstück und machte sich auch bei den andern Soldaten auf alle mögliche Art und Weise beliebt. So kaufte er einmal, als ihn einer in einem Grenzstreit mit seinem Nachbarn als Schiedsrichter rief, das ganze Nachbargut und gab es ihm zu freiem Besitz, so daß es kaum mehr jemand gab, der nicht der Meinung war und sie auch laut äußerte, er sei der einzig würdige Thronfolger.

5. Er hatte auch gehofft, von Galba adoptiert zu werden, und wartete täglich darauf. Als ihm aber Piso vorgezogen wurde[4] und er sich in dieser Hoffnung getäuscht sah, entschloß er sich zur Anwendung von Gewalt. Dazu verleitete ihn nicht nur die erlittene Enttäuschung, sondern auch die Höhe seiner Schulden. Unverhohlen pflegte er nämlich zu äußern, daß es ihm, wenn er nicht Kaiser würde, nichts ausmache, ob er im Felde von Feindeshand oder auf dem Forum von seinen Gläubigern getötet werde. Wenige Tage vorher hatte er einem Sklaven des Kaisers eine Million Sesterzen erpreßt, da Otho ihm eine Stelle als Verwalter zu verschaffen wußte. Diese Summe bildete den ganzen Grundstock zu einem so großen Unternehmen. Zuerst vertraute er seine Pläne fünf Leibwächtern an, dann zehn anderen, nachdem die ersten je zwei Kameraden mitgebracht hatten. Allen gab er zehntausend Sesterzen, und weitere fünfzigtausend versprach er ihnen. Diese Verschworenen gewannen noch andere, aber nicht sehr viele, da sie sicher waren, daß bei der Erhebung selbst sich noch mehr finden würden.

6. Er hatte ursprünglich im Sinn gehabt, gleich nach der Adoption (Pisos) sich des Prätorianerlagers zu bemächtigen und Galba während des Essens im Palast zu überfallen. Aber aus

[4] Vgl. Galba 17.

Rücksicht auf die wachhabende Kohorte, welche die gleiche war, die auch Dienst getan hatte, als Gaius (Caligula) ermordet und Nero im Stich gelassen wurde, gab er diesen Plan auf, um sie nicht noch mehr der allgemeinen Verachtung auszusetzen. Religiöse Bedenken und Warnungen des Seleukos ließen nochmals einige Zeit verstreichen.

Am bestimmten Tage endlich befahl er den Verschworenen, sich auf dem Forum vor dem Saturntempel beim Goldenen Meilenstein bereitzuhalten, und machte frühmorgens Galba seine Aufwartung. Er wurde wie gewöhnlich mit einem Kuß empfangen, war auch beim Opfer zugegen und hörte die Prophezeiungen[5] des Eingeweideschauers. Als darauf ein Freigelassener meldete, die Architekten seien da – dies war das abgemachte Zeichen –, ging er weg, wie um ein zum Kauf angebotenes Haus zu besichtigen, und eilte durch eine Hinterpforte des Palatiums zum vorbestimmten Platz. Andere berichten, er habe einen Fieberanfall vorgetäuscht und den neben ihm Stehenden aufgetragen, ihn damit zu entschuldigen, falls nach ihm gefragt werde. Darauf ließ er sich, in einer Frauensänfte verborgen, rasch zum Prätorianerlager bringen. Als den Trägern die Kräfte versagten, stieg er aus und lief zu Fuß weiter. Dabei ging ihm ein Schuh auf, er mußte stehenbleiben, und als dies zu lange dauerte, wurde er von seinen Begleitern auf die Schultern gehoben, als Kaiser begrüßt und gelangte unter den glückverheißenden Rufen der Soldaten, die ihn mit gezücktem Schwert begleiteten, zum Hauptquartier. Wer ihm entgegenkam, schloß sich ihm an, wie wenn er sein Mitverschworener und Helfershelfer sei. Von dort schickte er Leute aus, die Galba und Piso umbringen sollten; und um die Gunst der Soldaten zu gewinnen, begnügte er sich statt einer Ansprache, ihnen zu versprechen, daß er nur das behalten werde, was sie ihm übrigließen.

7. Erst gegen Abend betrat er den Senat und hielt eine kurze Rede: man habe ihn gleichsam von der Straße weggeholt und mit Gewalt gezwungen, die Herrschaft zu übernehmen; er werde sie nach dem Willen aller ausüben. Darauf begab er sich in den Palast.

Außer allen möglichen Schmeicheleien der ihn beglückwünschenden und umwerbenden Menge wurde er vom niederen Pöbel auch »Nero« genannt, ohne seinerseits dagegen irgendwie zu protestieren, vielmehr fügte er, wie berichtet wird, auch in den von ihm ausgefertigten Ernennungen und den ersten Briefen

[5] Vgl. Galba 19.

an die Provinzstatthalter den Beinamen Nero zu seiner Unterschrift. Jedenfalls ließ er auch Neros Bilder und Statuen wieder aufstellen und setzte dessen Verwalter und Freigelassene wieder in ihre alten Ämter ein; auch war seine erste Amtshandlung die Unterschrift für einen Kredit von fünfzig Millionen Sesterzen zur Vollendung des Goldenen Hauses.

Angeblich hat er in der ersten Nacht, durch einen Traum erschreckt, laute Seufzer ausgestoßen und wurde von den Leuten, die herbeieilten, auf dem Boden vor seinem Bett liegend gefunden; durch alle möglichen Versöhnungsopfer habe er dann versucht, sich die Manen Galbas geneigt zu machen, der ihm im Traum erschienen sei und ihn beunruhigt und vom Lager gestoßen habe. Am nächsten Tag soll er auch, als während des Opfers ein Gewitter losbrach, einen schweren Fall getan und öfters auf griechisch vor sich hin gemurmelt haben: »Was brauchte ich auch die lange Flöte?«[6]

8. Ungefähr zur gleichen Zeit hatten die Heere in Germanien dem Vitellius Treue gelobt[7]. Als Otho dies erfuhr, verlangte er vom Senat, daß eine Gesandtschaft zu den Soldaten geschickt werde mit dem Auftrag, ihnen mitzuteilen, daß schon ein Kaiser gewählt sei, und sie zur Ruhe und Eintracht zu mahnen. Trotzdem bot er sich Vitellius durch Unterhändler und in Briefen als Mitregenten und Schwiegersohn an.

Aber der Krieg war nicht mehr zu vermeiden, und die Führer und Truppen, die Vitellius vorausgeschickt hatte, näherten sich schon. Da erhielt Otho einen Beweis der treuen Gesinnung der Prätorianer, der allerdings fast zur Vernichtung des Senatorenstandes geführt hätte. Otho hatte nämlich befohlen, daß Marinesoldaten Waffen transportieren und zu Schiff fortbringen sollten[8]. Als diese Waffen nachts im Lager gefaßt wurden, vermuteten einige Soldaten Verrat und schlugen Lärm. Plötzlich rannten alle ohne eigentliche Führung zum Palast, forderten den Tod der Senatoren, stießen einige Tribunen, die sie aufzuhalten suchten, zurück, töteten sogar etliche, drangen, blutbespritzt wie sie waren, mit dem Rufe, wo denn der Kaiser sei, in den Speisesaal ein und gaben sich nicht zufrieden, als bis sie ihn gesehen hatten.

Den Feldzug unternahm Otho mit Energie, aber auch etwas übereilig, sich nicht einmal durch religiöse Bedenken zurück-

---

[6] Griechisches Sprichwort für Leute, die etwas über ihre Kräfte Gehendes machen und davon keinen Nutzen haben.

[7] Vgl. Vit. 8.

[8] Die Stelle bei Sueton ist nicht ganz klar. Die Szene ist bei Tacitus, Historiae I 80, genauer geschildert und hier in Anlehnung an Tacitus übersetzt worden.

halten lassend; die heiligen Schilde waren zwar schon durch die Straßen Roms getragen, aber noch nicht wieder verwahrt worden, ein Zeitpunkt, der seit alters für unglückbringend angesehen wird; auch brach er gerade an dem Tag auf, an dem die Priester der Göttermutter ihre Trauergesänge und Wehklagen anzustimmen pflegen. Außerdem waren die übrigen Vorzeichen sehr ungünstig; ein Pluto dargebrachtes Opfertier wies nämlich gute Vorbedeutungen auf, während doch Eingeweide, die das Gegenteil anzeigen, bei diesem Opfer besser sind; und zu Beginn seines Auszuges aus Rom wurde er durch Tiberüberschwemmungen aufgehalten, und beim zwanzigsten Meilenstein war die Straße durch einen Häusereinsturz versperrt.

9. Mit gleichem Übereifer beschloß er, sobald als möglich eine Entscheidungsschlacht zu liefern, sei es, daß er nicht länger in Ungewißheit bleiben wollte und hoffte, er könne vor Vitellius' Ankunft die Hauptmacht schlagen, oder daß er nicht fähig war, die Begeisterung seiner kampflustigen Soldaten zu zügeln. Denn niemand konnte darüber im Zweifel sein, daß man den Krieg in die Länge ziehen müsse, weil der Feind von Hunger geplagt und durch die Geländeverhältnisse in seiner Bewegungsfreiheit eingeengt war. Otho selbst nahm an keiner Schlacht teil, sondern blieb in Brixellum zurück.

In drei, allerdings kleineren Gefechten, am Fuß der Alpen, bei Placentia und »beim Kastor« – so heißt die Ortschaft – blieb er Sieger, doch in dem letzten und größten, bei Betriacum, wurde er mit List geschlagen; da nämlich Aussicht auf Friedensverhandlungen bestand, hatte man die Soldaten, wie bei einem Waffenstillstand, aus dem Lager geführt. Im Moment der Begrüßung wurden sie plötzlich angegriffen und mußten kämpfen.

Sofort faßte Otho den Entschluß zu sterben; nach der nicht unbegründeten Meinung vieler, mehr da er sich scheute, die Herrschaft unter so großen Gefahren für das Reich und die Soldaten zu behalten, als aus Verzweiflung oder weil er seinen Truppen nicht mehr traute; standen doch noch die Legionen, die er in der Hoffnung auf einen leichten Sieg bei sich behalten hatte, vollständig zur Verfügung. Auch kamen noch andere aus Dalmatien, Pannonien und Moesien, und die besiegten waren noch nicht so niedergeschlagen, daß sie nicht, um ihre Schande zu tilgen, von sich aus und sogar allein jede Gefahr auf sich genommen hätten.

10. Mein Vater Suetonius Laetus nahm an diesem Kriege bei der dreizehnten Legion als Tribun aus dem Ritterstand[9] teil. Er pflegte später zu erzählen, Otho habe, schon bevor er Kaiser geworden war, den Bürgerkrieg dermaßen verabscheut, daß er bei einem Essen, an dem jemand den Tod des Cassius und Brutus erwähnte, vor Entsetzen schauderte; er hätte sich auch nicht gegen Galba erhoben, wenn er nicht der festen Überzeugung gewesen wäre, die Angelegenheit ohne Blutvergießen erledigen zu können. Nach der Schlacht von Betriacum aber habe ihn das Beispiel eines gemeinen Soldaten ermuntert, auch sein Leben geringzuachten. Als nämlich dieser Soldat die Niederlage des Heeres melden wollte, ihm aber niemand Glauben schenkte und er bald der Lüge, bald der Furcht geziehen wurde – man vermutete, er sei aus der Schlacht geflohen –, stürzte er sich vor Othos Füßen in das Schwert. Wie dieser das sah, so sagte mein Vater, habe er ausgerufen, er wolle so tapfere und so verdiente Männer nicht länger Gefahren aussetzen.

Darauf ermahnte Otho seinen Bruder, dessen Sohn und jeden einzelnen seiner Freunde, jeder solle nach Möglichkeit an seine Rettung denken, und entließ alle, indem er sie umarmte und küßte. Dann zog er sich zurück und schrieb zwei Briefe, einen an seine Schwester, um sie zu trösten, und einen an Messalina, die Witwe Neros, die er hatte heiraten wollen, und empfahl ihr seine sterblichen Reste und sein Andenken. Was er sonst noch an Briefschaften bei sich hatte, verbrannte er, damit sie niemanden beim Sieger einer Gefahr aussetzen oder kompromittieren sollten. Auch verteilte er seinem Gesinde das Geld, das er bei sich trug.

11. Während er so zu sterben bereit und entschlossen war, entstand eine Unruhe, und er merkte, daß die, welche wegzugehen begannen, gleichsam als Deserteure abgefaßt und zurückbehalten wurden. Da sagte er genau mit diesen Worten: »Wir wollen unserem Leben noch diese Nacht hinzufügen« und verbot, jemandem Gewalt anzutun; bis spät in die Nacht hinein ließ er sein Schlafgemach offenstehen und gab jedem, der es wollte, die Gelegenheit, ihn zu sehen. Dann stillte er seinen Durst mit einem Trunk kalten Wassers, nahm zwei Dolche zu sich, prüfte beider Schärfe, und nachdem er den einen unter seinem Kissen versteckt hatte, ließ er die Türen schließen und schlief tief und fest. Wie er endlich bei Tagesgrauen erwachte, durchbohrte er sich

---

[9] Diese waren Berufsoffiziere im Gegensatz zu den Offizieren aus dem Senatorenstand, die nur zeitweise Dienst leisteten.

mit einem Stoß unterhalb der linken Brust. Auf das erste Stöhnen hin stürzten seine Leute in das Zimmer; er starb, seine Wunde bald verbergend, bald aufdeckend. Rasch wurde er begraben, denn so hatte er es befohlen, siebenunddreißig Jahre alt, am fünfundneunzigsten Tag seiner Regierung.

12. Einem solchen Mut entsprach das Äußere und das ganze Gehaben Othos keineswegs. Er soll nämlich klein gewesen sein, schlecht zu Fuß, krummbeinig und fast von weiblicher Eitelkeit; so habe er sich die Körperhaare auszupfen und sich der Spärlichkeit seines Haupthaars wegen eine Perücke so anpassen und befestigen lassen, daß es niemand merken konnte; ja er soll sich sogar täglich das Gesicht rasiert und mit feuchtem Brot abgerieben haben, und zwar seit sich der erste Flaum gezeigt hatte, damit er nie einen Bart bekomme; den Isisfeierlichkeiten habe er oft in einem leinenen Kultgewand öffentlich beigewohnt[10]. Dies waren die Gründe, glaube ich, daß die Art seines Todes, die so gar nicht mit der seines sonstigen Lebens zusammenstimmte, um so größeres Staunen erregte.

Nachdem viele der anwesenden Soldaten unter heißen Tränen Hände und Füße des Toten geküßt und ihn als einen sehr tapferen Mann und einzigartigen Kaiser gepriesen hatten, gaben sie sich auf der Stelle, nicht weit von Othos Scheiterhaufen, den Tod. Auch viele der nicht unmittelbar Anwesenden kämpften nach Erhalt der Todesnachricht aus Kummer mit den Waffen gegeneinander bis zum gegenseitigen Untergang. Kurz, die meisten Leute, die den Lebenden verwünscht hatten, lobten jetzt den Toten über alles, so daß man auch verschiedentlich hören konnte, Galba sei von Otho nicht so sehr um des Thrones willen getötet worden, als um Republik und Freiheit wiederherzustellen.

---

[10] Trotz den Maßnahmen des Tiberius (vgl. Tib. 36) gewann dieser orientalische Kult immer mehr Anhänger; vgl. Dom. 1.

Vitellius
15 – 69 n. Chr.

1. Über die Herkunft der Vitellier bestehen zahlreiche, einander widersprechende Überlieferungen. Teils behauptet man, sie seien ein altes vornehmes Geschlecht, teils, sie seien junger, dunkler, ja sogar niedriger Abstammung. Dies würde ich für Meinungen von Schmeichlern, beziehungsweise Neidern des Kaisers Vitellius halten, wenn nicht schon früher die Ansichten über den Stand der Familie auseinandergegangen wären.

Es gibt eine Schrift von Quintus Elogius an Quintus Vitellius, Quästor unter dem zu den Göttern aufgenommenen Augustus, worin er die Vitellier von dem König der Aborigines, Faunus, und der vielenorts göttliche Ehren genießenden Vitellia abstammen läßt und behauptet, sie hätten über ganz Latium geherrscht; die letzten Abkömmlinge seien vom Sabinerland nach Rom zugewandert und unter die Patrizier aufgenommen worden; Spuren dieses Geschlechts hätten sich lange erhalten, zum Beispiel die Vitellische Straße, die vom Janiculum bis zum Meer führte, und eine Kolonie gleichen Namens, deren Verteidigung gegen die Aequiculi die Vitellier einst mit ihren Leuten übernommen hätten; zur Zeit des Samnitenkrieges endlich sei eine Besatzung nach Apulien gesandt worden, bei welcher Gelegenheit sich einige Vitellier in Nuceria festsetzten. Deren Nachkommen seien erst nach langer Zeit nach Rom zurückgekehrt und hätten ihren Platz unter den Senatoren wieder eingenommen.

2. Andrerseits berichteten mehrere Autoren, beim Stammvater der Familie handle es sich um einen Freigelassenen. Cassius Severus und andere mehr behaupten, dieser sei ein Flickschuster gewesen, dessen Sohn durch Aufkauf staatlich beschlagnahmter Güter und als Agent des Fiskus ein größeres Vermögen gemacht und eine Dirne geheiratet habe, die Tochter eines gewissen Antiochus, der den Beruf eines Bäckers ausübte; ihr Sohn sei römischer Ritter geworden. Über diese sich widersprechenden Berichte möge jeder selbst urteilen.

Sicher ist, daß Publius Vitellius[1] aus Nuceria stammte – sei es aus jener alten Familie, oder daß er sich seiner Eltern und Voreltern zu schämen hatte –, römischer Ritter und Vermögensverwalter des Augustus war und vier Söhne hinterließ, alle gleichen

[1] Großvater des Kaisers.

Namens, nur durch ihre Vornamen unterschieden: Aulus, Quintus, Publius und Lucius.

Alle vier gelangten zu großer Würde. Aulus starb während seines Konsulates, das er mit Domitius, dem Vater Kaiser Neros, zusammen ausübte[2]; ein prachtliebender Mann, besonders durch die Üppigkeit seiner Tafel berühmt. Quintus verlor die Würde eines Senators, als auf Tiberius' Veranlassung alle weniger geeigneten Senatoren aus dem Senat ausgeschlossen und entfernt wurden. Publius gehörte zum Gefolge des Germanicus, klagte Gnaeus Piso als dessen Feind und Mörder an und bewirkte seine Verurteilung[3]; nach der Prätur wurde er als Mitverschworener des Seianus verhaftet und seinem Bruder in Gewahrsam gegeben; er öffnete sich mit einem Federmesser die Adern, ließ sich aber weniger aus Angst vor dem Tod, als wegen der Bitten der Seinen die Wunde verbinden und pflegen, starb dann allerdings doch noch in der Haft an einer Krankheit.

Lucius wurde nach dem Konsulat Statthalter Syriens und brachte den Partherkönig Artabanus durch seine Diplomatenkünste nicht nur dazu, mit ihm zu unterhandeln, sondern auch den Legionsfeldzeichen zu huldigen; später übte er mit Kaiser Claudius zusammen noch zwei ordentliche Konsulate und die Censur aus; es wurden ihm auch während der Abwesenheit des Kaisers in Britannien die Regierungsgeschäfte übertragen[4]; er war ein ehrlicher, fleißiger Mann, aber verrufen wegen seiner Leidenschaft zu einer Freigelassenen, deren Speichel mit Honig vermischt er nicht etwa heimlich und gelegentlich, sondern täglich und in aller Öffentlichkeit als Heilmittel für seinen Rachenkatarrh verwendete; mit einem bewundernswerten Talent zu schmeicheln begabt, war er es, der als erster die Sitte einführte, Gaius Caesar (Caligula) als Gott zu verehren; als er nämlich aus Syrien zurückkehrte, wagte er es nicht, anders vor ihn zu treten, als mit verhülltem Haupt, wobei er sich herumdrehte und dann zu Boden warf[5]. Da er Claudius gänzlich seinen Frauen und Freigelassenen ergeben sah und sich bei ihm um jeden Preis beliebt machen wollte, bat er sich von Messalina als höchste Gunst aus, ihr die Schuhe ausziehen zu dürfen; den rechten Schuh trug er dann immer zwischen Toga und Tunika und küßte ihn bisweilen. Auch verehrte er goldene Bilder des Narcissus und Pallas unter

---

[2] Vgl. Galba 6 und Otho 2. Er war nach Camillus Konsul geworden.
[3] Vgl. Tib. 52 und Cal. 2.
[4] Über die Verhandlungen mit den Parthern vgl. Cal. 14. Über die Zensur mit Claudius vgl. Claud. 16. Über den Feldzug nach Britannien vgl. Claud. 17.
[5] Kombination des römischen Gebetes und der orientalischen Proskynese (Zu-Boden-Werfen).

seinen Hausgöttern. Er war es auch, der Claudius anläßlich der Jahrhundertfeier mit den Worten beglückwünschte: »Mögest du sie noch oft begehen!«

3. Von einem Schlaganfall getroffen, starb er einen Tag später. Er hinterließ zwei Söhne, die ihm Sextilia, eine sehr geachtete Frau aus guter Familie, geschenkt hatte. Beide sah er noch das Konsulat bekleiden, und zwar im gleichen Jahr und während der ganzen Dauer desselben, da der jüngere nach sechs Monaten der Nachfolger des älteren wurde. Der Senat ehrte den Toten durch ein Staatsbegräbnis und eine Statue vor der Rednertribüne mit der Inschrift: »Von unerschütterlicher Treue gegen seinen Kaiser.«

Der Kaiser Aulus Vitellius, Sohn des Lucius, wurde am vierundzwanzigsten, oder wie andere berichten, am siebten September im Konsulatsjahr des Drusus Caesar und Norbanus Flaccus geboren. Sein von Astrologen gestelltes Horoskop erschreckte seine Eltern derart, daß der Vater immer sehr darauf bedacht war, daß sein Sohn, wenigstens zu seinen Lebzeiten, keine Provinz bekam; die Mutter begann sogleich laut zu jammern – wie wenn es um ihn geschehen wäre –, als er ein Legionskommando erhielt und später als Kaiser ausgerufen wurde.

Seine Kindheit und den Beginn seiner Jugendjahre verbrachte er auf Capri unter Tiberius' Lustknaben. Sein Leben lang war er deshalb mit dem Beinamen »Spintria« gebrandmarkt, und man glaubte, daß seine körperlichen Reize Anfang und Ursache der Beförderungen des Vaters gewesen seien.

4. Auch später war er allen Lastern ergeben und hielt bei Hof eine hervorragende Stelle inne: der Freund Gaius (Caligulas) wegen seiner Leidenschaft fürs Wagenlenken, und der des Claudius, da er wie dieser dem Würfelspiel frönte; am beliebtesten aber war er bei Nero, einmal obenerwähnter Fertigkeiten wegen, dann aber noch wegen eines ganz besonderen Verdienstes; er hatte nämlich als Vorsitzender der Neronischen Spiele den Kaiser, der unter den Kitharoeden aufzutreten wünschte, es aber trotz allgemeiner Begeisterung nicht zu tun wagte und das Theater verlassen hatte, wieder zurückgeholt, gleichsam als Wortführer des auf seinem Wunsch bestehenden Volkes, und ihm so Gelegenheit gegeben, den Bitten des Publikums zu willfahren.

5. Durch die Gunst dreier Herrscher nicht nur mit den höchsten Staatsämtern, sondern auch Priesterstellen ausgezeichnet, verwaltete er das Prokonsulat in Afrika und führte darauf die

Oberaufsicht über die öffentlichen Bauten. Beide Aufgaben löste er mit ungleicher Hingabe, und so lautete auch das Urteil darüber verschieden. In der Provinz bewies er zwei Jahre hintereinander – denn er blieb dort im Stab seines Bruders, der sein Nachfolger geworden war – eine einzigartige Uneigennützigkeit; bei seinem städtischen Amt hingegen soll er Weihgeschenke und Wertsachen aus den Tempeln entfernt und ausgetauscht und Gold und Silber durch Zinn und Messing ersetzt haben[6].

6. Aus seiner Ehe mit Petronia, der Tochter eines ehemaligen Konsuls, hatte er einen Sohn, Petronianus, der auf einem Auge blind war. Da Petronia diesen unter der Bedingung zum Erben eingesetzt hatte, daß er aus der väterlichen Gewalt entlassen würde, erklärte ihn Vitellius für mündig, ließ ihn aber, wie angenommen wird, kurze Zeit darauf umbringen und behauptete dann noch, dieser habe ihm nach dem Leben getrachtet und das für dieses Verbrechen vorbereitete Gift aus Gewissensbissen selbst getrunken. Später heiratete er Galeria Fundana, deren Vater Prätor gewesen war. Auch von ihr hatte er Kinder, und zwar einen Knaben und ein Mädchen[7]; der Sohn aber litt an einem Sprachfehler und konnte kaum ein Wort hervorbringen.

7. Von Galba wurde Vitellius wider Erwarten nach Niedergermanien geschickt[8]. Man glaubt, daß dies mit Unterstützung des Titus Vinius geschah, der damals großen Einfluß besaß und mit Vitellius schon lange die gemeinsame Vorliebe für die Partei der »Blauen« teilte. Weil aber Galba erklärt hatte, niemand sei weniger zu fürchten als die, welche nur ans Essen dächten, und Vitellius könne mit den Reichtümern der Provinz seinen unersättlichen Magen füllen, ist es einleuchtend, daß er mehr aus Verachtung als aus Gunst für diesen Posten ausersehen wurde.

Auf jeden Fall steht fest, daß Vitellius bei seinem Weggang sogar das Reisegeld fehlte. Sein Vermögen war so gering, daß er Frau und Kinder, die er in Rom zurückließ, in einer Mietwohnung unterbringen und sein eigenes Haus für den Rest des Jahres vermieten mußte; seiner Mutter nahm er sogar eine Perle vom Ohr und verpfändete sie, um die Unkosten seiner Reise bestreiten zu können. Die Masse seiner Gläubiger, die ihm auflauerten und ihn zurückzuhalten suchten – darunter Leute aus Sinuessa

---

[6] Wahrscheinlich auf Befehl Neros; vgl. Nero 32.
[7] Über die Tochter vgl. Vesp. 14. Der Sohn starb im gleichen Jahr wie sein Vater; vgl. Vit. 18.
[8] Als Nachfolger des Fonteius Capito; vgl. Galba 11.

und Formiae, deren Steuereinkünfte er unterschlagen hatte –, konnte er nur dadurch von sich fernhalten, daß er ihnen mit falschen Anklagen drohte; und tatsächlich, als ein Freigelassener ziemlich dringend von ihm die Bezahlung seiner Schulden forderte, strengte er gegen ihn ein Verfahren wegen Beleidigung an, behauptete, jener habe ihm einen Fußtritt gegeben, und zog die Klage nicht eher zurück, als bis er ihm fünfzigtausend Sesterzen erpreßt hatte.

Bei seiner Ankunft empfing ihn das Heer, das auf den Kaiser schlecht zu sprechen war und zur Meuterei neigte, freudig und mit offenen Armen, wie ein Geschenk der Götter, ihn, dessen Vater dreimal Konsul gewesen war, der selbst im besten Alter stand und ein umgängliches und freigebiges Wesen zeigte. So hatte man schon lange über ihn gesprochen, und er hatte es verstanden, diesen Ruf gerade jetzt noch zu mehren; auf dem Weg küßte er sogar gemeine Soldaten, die ihm begegneten, war in den Ställen und Herbergen mit Maultiertreibern und Reisenden außergewöhnlich freundlich, fragte jeweils am Morgen früh jeden einzelnen, ob er schon gefrühstückt, und bezeugte durch Rülpsen, daß er es bereits getan habe.

8. Einmal im Lager, versagte er niemandem einen Wunsch, ja hob von sich aus Ehrenstrafen auf, nahm Angeklagten ihre Lumpen ab[9] und erließ bereits Verurteilten ihre Strafen. So kam es, daß er nach kaum einem Monat plötzlich – man achtete nicht auf Tag und Stunde – abends, so wie er war, in seinem Hausrock von den Soldaten aus dem Schlafzimmer herausgeholt, als Kaiser begrüßt und auf den Schultern durch die belebtesten Straßen getragen wurde, in der Hand das Schwert des unter die Götter aufgenommenen Iulius (Caesar), das aus dem Marsheiligtum geholt und ihm von jemandem bei der ersten Beglückwünschung überreicht worden war. Erst als man in seinem Quartier das Speisezimmer, das durch den Kamin Feuer gefangen hatte, brennen sah, kehrte er zurück. Zu den Soldaten, die bestürzt und voller Angst darin ein böses Vorzeichen erblickten, sagte er: »Seid guten Mutes! Es hat uns geleuchtet!« Das war alles, was er zu ihnen sprach.

Als ihn darauf auch das Heer in Obergermanien, das vorher von Galba abgefallen war und sich unter die Obhut des Senates gestellt hatte[10], anerkannte, nahm er mit Freude den ihm von allen Seiten angetragenen Beinamen Germanicus an, lehnte aber

---

[9] Angeklagte pflegten in Lumpen einherzugehen, um Mitleid zu erwecken; vgl. Tib. 2.
[10] Vgl. Galba 16.

die Bezeichnung Augustus vorläufig ab und wies für alle Zeiten den Titel Caesar zurück.

9. Unmittelbar auf die Nachricht von Galbas Ermordung brachte er die Angelegenheiten in Germanien in Ordnung und teilte seine Truppen in zwei Abteilungen; die eine schickte er gegen Otho voraus, die andere wollte er selbst führen. Dem vorausgesandten Heere begegnete ein glückliches Vorzeichen; von rechts flog plötzlich ein Adler herbei, umkreiste die Feldzeichen und flog dann dem marschierenden Heer langsam voran. Als er hingegen selbst aufbrach, stürzten die ihm zu Ehren an vielen Orten aufgestellten Reiterstatuen alle auf einmal zusammen, da plötzlich ihre Beine sie nicht mehr trugen, und der Lorbeerkranz, den er sich unter Beobachtung aller religiösen Vorschriften aufs Haupt gesetzt hatte, fiel ihm in einen Bach. Später in Vienna, als er vom Tribunal herab Recht sprach, flog ihm ein Hahn zuerst auf die Schulter und dann auf den Kopf[11]. Die Ereignisse bestätigten diese Vorzeichen; denn seine Generale erkämpften ihm den Thron, den er selbst nicht zu behaupten vermochte.

10. Vom Sieg bei Betriacum und Othos Tod hörte er, als er noch in Gallien war. Unverzüglich entließ er durch ein einziges Edikt sämtliche Prätorianerkohorten, da sie ein schimpfliches Beispiel gegeben hätten[12], und befahl ihnen, ihre Waffen den Tribunen abzugeben. Hundertzwanzig Mann aber, von denen man bei Otho Eingaben gefunden hatte, worin sie für die Ermordung Galbas eine Belohnung verlangten, ließ er aufspüren und hinrichten. Gewiß eine edle und großzügige Tat, die auf einen ausgezeichneten Kaiser hätte hoffen lassen, wenn nicht all seine übrigen Handlungen mehr seinem Charakter und seinem früheren Leben als kaiserlicher Majestät entsprochen hätten.

Auf seinem Marsch zog er nämlich wie ein Triumphator durch die Städte und setzte in mit allerlei Kränzen geschmückten und aufs verschwenderischste mit Proviant versehenen Luxusbooten über die Flüsse. Weder seine Sklaven noch die Soldaten hielten Disziplin, da er ihre Diebstähle und Ausschweifungen ins Lächerliche zog. Nicht zufrieden mit der ihnen überall aus öffentlichen Mitteln gewährten Verpflegung, schenkten sie nach Belieben Sklaven die Freiheit und hieben, schlugen, verwundeten oft, ja töteten sogar manchmal Leute, die sich ihnen widersetzten.

[11] Zur Deutung dieses Vorzeichens; vgl. Vit. 18.
[12] Bestrafung der Kohorten wegen der Ereignisse bei der Ermordung Galbas; vgl. Galba 19/20.

Als man zu den Schlachtfeldern gelangte, schauderten einige vor den verwesenden Leichen zurück; da wagte es Vitellius, ihnen mit den verabscheuungswürdigen Worten Mut zu machen: ein erschlagener Feind rieche sehr gut, ein erschlagener Mitbürger aber noch besser. Trotzdem trank er gegen den furchtbaren Gestank vor aller Augen eine große Menge ungemischten Wein und ließ auch seiner Umgebung davon ausschenken.

Mit gleicher Überheblichkeit und Frechheit betrachtete er den Stein mit der Inschrift »Dem Andenken Othos« und sagte, dieser Mann sei eines solchen »Mausoleums« würdig gewesen. Den Dolch, mit dem Otho sich umgebracht hatte, schickte er nach Colonia Agrippinensis als Weihgeschenk für den Marstempel. Auf den Höhen des Apennin feierte er sogar ein nächtliches Dankfest.

11. Rom betrat er unter Trompetenschall, im Feldherrnmantel, das Schwert an der Seite, umgeben von Feldzeichen und Fahnen, seine Begleiter in Militärmänteln, die Soldaten mit der blanken Waffe.

Mehr und mehr mißachtete er göttliche und menschliche Satzungen, übernahm am Tag der Niederlage an der Allia das Amt des Oberpriesters, ließ die Wahlen für zehn Jahre vornehmen und machte sich selbst zum Konsul auf Lebenszeit. Und damit niemand darüber im unklaren sei, welches Vorbild er sich für seine Regierung gewählt habe, veranstaltete er im Beisein aller Staatspriester mitten auf dem Marsfeld eine Totenfeier für Nero, forderte beim anschließenden Festessen einen Kitharoeden, der seinen Beifall gefunden hatte, auf, auch etwas aus dem ›Dominicus‹[13] vorzutragen, und als der Künstler die Gesänge Neros anstimmte, war Vitellius der erste, der begeistert Beifall klatschte.

12. Dies war der Beginn seiner Herrschaft. Zum größten Teil übte er sie dann auf Grund von Ratschlägen und Launen der ersten besten Komödianten und Rennfahrer aus und überließ sie vor allem seinem Freigelassenen Asiaticus, den er als ganz jungen Burschen mißbraucht hatte. Dieser floh dann aus Ekel, wurde aber in Puteoli als Limonadenverkäufer aufgegriffen, in Fesseln gelegt, bald jedoch wieder freigelassen und erneut zu seinem Liebling gemacht. Vitellius ärgerte sich später ein zweites Mal über seine Widerspenstigkeit und seinen Trotz und verkaufte ihn an einen umherziehenden Fechtmeister. Als Asiaticus jedoch am Ende eines Gladiatorenkampfes auftreten sollte, ließ

---

[13] Wahrscheinlich eine Sammlung von Neros Werken, den man mit *dominus* (Herr) ansprach.

er ihn plötzlich entführen, gab ihm aber erst nach Übernahme des Kommandos in Germanien die Freiheit. Am ersten Tag seiner Herrschaft beschenkte er ihn beim Essen mit dem goldenen Ritterring, obschon er dies noch am Morgen, als ihn alle um diese Gunst für Asiaticus baten, als einen Makel für den Ritterstand aufs entschiedenste abgelehnt hatte.

13. Seine größten Laster waren Schlemmerei und Grausamkeit. Regelmäßig nahm er drei Mahlzeiten, bisweilen sogar vier zu sich: Frühstück, Mittagessen, Abendessen, und dann folgte oft noch ein Gelage; und bei allen konnte er leicht seinen Mann stellen, da er Brechmittel einzunehmen pflegte[14]. Er sagte sich am gleichen Tag bei verschiedenen Bekannten zum Essen an, und nie waren die Ausgaben seiner Gastgeber für eine solche Mahlzeit geringer als vierhunderttausend Sesterzen. Am berühmtesten war das Bankett, das sein Bruder ihm zu Ehren bei seiner Ankunft in Rom gab und bei dem zweitausend der seltensten Fische und siebentausend Vögel auf den Tisch gekommen sein sollen. Er selbst übertraf noch dieses Essen anläßlich der Einweihung einer Schüssel, die er wegen ihrer ungeheuren Ausmaße »Schild der Städteschirmerin Minerva« zu nennen pflegte[15]. Darin wurden Lebern von Papageifischen, Hirne von Fasanen und Pfauen, Flamingozungen und Milch von Muränen, die seine Kapitäne und Dreiruderer vom Partherreich bis zur Meerenge von Gibraltar zusammengesucht hatten, aufgetischt.

Sein Appetit kannte keine Grenzen, war an keine Zeit gebunden und wirkte geradezu unanständig. So konnte er sich nicht einmal während eines Opfers oder einer Reise zurückhalten, Eingeweide und Opferkuchen fast aus dem Feuer zu reißen und sogleich vor dem Altar zu verzehren und in den Gasthäusern an den Landstraßen noch dampfende Gerichte oder solche vom Vortag, obwohl sie schon halb verzehrt waren, hinunterzuschlingen.

14. Ohne viel Umstände ließ er jedermann aus jedem beliebigen Grund hinrichten und foltern. Männer aus dem Adel, seine Mitschüler und Altersgenossen, die er durch alle möglichen Schmeicheleien beinahe hatte glauben machen, sie könnten an seiner Herrschaft teilhaben, schaffte er auf verschiedene, ge-

---

[14] Vgl. Claud. 33. – Die meisten Römer begnügten sich mit zwei Mahlzeiten, da das Frühstück, vielfach nur aus einem Glas Wasser bestehend, kaum als solche gewertet werden kann. Auch das Mittagessen war im allgemeinen bescheiden. Das Nachtessen bildete, wie heute noch im Süden, die Hauptmahlzeit.

[15] Über diese Schüssel vgl. Plinius, Naturgeschichte XXXV 163 ff., wo die Kosten mit einer Million Sesterzen angegeben sind und erzählt wird, daß zu ihrer Herstellung ein eigener Schmelzofen auf freiem Felde errichtet wurde. – Das Wort »Städteschirmerin« ist im Original griechisch.

meine Art und Weise beiseite. Einem tat er sogar eigenhändig Gift in einen Trunk kalten Wassers, um den dieser während eines Fieberanfalls gebeten hatte. Es gab kaum einen Bankier, Gläubiger oder Zollpächter, den der Kaiser, falls jemals in Rom von ihm eine Schuld oder auf einer Reise Zoll eingefordert wurde, verschont hätte. Einen von ihnen ließ er, gerade als dieser ihm seine Aufwartung machen wollte, zur Richtstätte führen, holte ihn dann aber sofort wieder zurück, und als man allgemein seine Milde lobte, befahl er, ihn vor seinen Augen zu töten, und sagte, er wolle »seine Augen weiden«. Als die beiden Söhne eines anderen Mannes versuchten, für ihren Vater Fürbitte einzulegen, mußten auch sie sterben. Ja er zwang sogar einen römischen Ritter, der, als er zum Richtplatz geschleppt wurde, ausrief: »Du bist ja mein Erbe«, sein Testament vorzulegen, und wie er darin las, daß ein Freigelassener dieses Mannes sein Miterbe sei, befahl er, ihn zusammen mit dem Freigelassenen zu erdrosseln. Auch einige Leute aus dem niederen Volk mußten ihr Leben lassen, nur weil sie sich über die »Blauen« mit lauter Stimme abfällig geäußert hatten; er vermutete nämlich, sie hätten dies aus Mißachtung seiner Person und in der Hoffnung auf einen baldigen Umsturz zu sagen gewagt.

Ganz besonders rücksichtslos ging er aber gegen schlechte Spaßmacher und Astrologen vor. Auf bloße Anzeige hin wurde jeder ohne Verhör mit dem Tode bestraft. Er war nämlich sehr erbittert, daß nach seinem Edikt, worin er befohlen hatte, daß bis zum ersten Oktober alle Astrologen Rom und Italien zu verlassen hätten, sogleich ein Anschlag gemacht wurde, des Inhalts: auch die Chaldaeer brächten zur Kenntnis, daß Vitellius Germanicus bis zum gleichen ersten Oktober nirgends mehr sein werde.

Man verdächtigte ihn auch des Mordes an seiner Mutter und behauptete, er habe verboten, ihr während einer Krankheit zu essen zu geben, weil eine Chattenfrau, auf die er wie ein Orakel hörte, prophezeite, er werde erst dann sicher und lange regieren, wenn er seine Mutter überlebt habe. Andere überliefern, sie habe von sich aus, angeekelt von der Gegenwart und aus Angst vor der Zukunft, von ihrem Sohne Gift verlangt und auch ohne große Schwierigkeiten erhalten.

15. Im achten Monat seiner Regierung fielen die Heere in Moesien und Pannonien und – von den Heeren in Übersee – die in Iudaea und Syrien von ihm ab und leisteten Vespasian den Treueid, teils in dessen Abwesenheit, teils vor ihm per-

sönlich[16]. Um sich die Sympathie und Gunst derjenigen, die ihm geblieben waren, zu erhalten, erfüllte Vitellius ohne jedes Maß von Staats wegen und privat jeden Wunsch. Er führte auch in Rom eine Aushebung durch, wobei er den Freiwilligen nicht nur nach dem Siege die Entlassung, sondern sogar die Vorteile, die Veteranen nach einer ordentlichen Dienstzeit zustehen, versprach.

Als ihn der Feind zu Wasser und zu Land hart bedrängte, stellte er ihm dort seinen Bruder mit einer Flotte, einer Truppe Rekruten und einer Schar Gladiatoren entgegen, hier die siegreichen Heere und Generale von Betriacum. Aber überall geschlagen oder verraten, ließ er sich von Flavius Sabinus, dem Bruder Vespasians, das Leben und hundert Millionen Sesterzen garantieren. Sogleich verkündete er den versammelten Soldaten von den Stufen des Palatiums herab, er trete von der Regierung zurück, die er ja nur ungern übernommen habe. Als aber alle aufbegehrten, verschob er sein Vorhaben, ließ eine Nacht verstreichen, stieg beim ersten Morgengrauen in Trauerkleidung zur Rednertribüne aufs Forum hinunter und gab unter Tränen die gleiche Erklärung ab, die er jedoch diesmal von einem Manuskript ablas. Als die Soldaten und das Volk wiederum Einspruch erhoben, ihn baten, nicht abzudanken, und sich in Hilfsversprechungen überboten, faßte er wieder Mut, ließ plötzlich Sabinus und die übrigen, an nichts Böses mehr denkenden Anhänger der Flavischen Partei überfallen und auf dem Kapitol zusammentreiben, wo man, um sie zu vernichten, den Tempel des Iuppiter Optimus Maximus in Brand steckte. Er selbst speiste im Palast des Tiberius und sah von dort aus dem Kampf und Feuer zu.

Wenig später reute ihn diese Tat, und er wälzte die Schuld auf andere, berief eine Versammlung ein und legte selbst den Schwur ab – auch alle übrigen zwang er zu schwören –, nichts liege ihm mehr am Herzen als die öffentliche Ruhe. Dann löste er den Dolch[17] von seiner Seite, reichte ihn zuerst dem Konsul, dann auf dessen Weigerung den andern Beamten, zuletzt den einzelnen Senatoren, und als niemand ihn annehmen wollte, entfernte er sich unter dem Vorwand, ihn im Tempel der Concordia (Eintracht) niederlegen zu wollen. Als einige riefen, er selbst sei ja die Eintracht, kehrte er wieder zurück und erklärte, er wolle nicht nur den Dolch behalten, sondern auch den Beinamen Concordia annehmen.

---

[16] Über den Aufstand vgl. Vesp. 6.
[17] Symbol der kaiserlichen Macht; vgl. Galba 11.

16. Er riet auch dem Senat, eine Abordnung in Begleitung der Vestalischen Jungfrauen zu entsenden und um Frieden oder wenigstens um eine Frist für Verhandlungen zu bitten.

Als er am nächsten Tag auf Antwort wartete, wurde ihm durch einen Kundschafter gemeldet, der Feind nähere sich. Sofort verbarg er sich in einer Sänfte und begab sich mit nur zwei Begleitern, seinem Bäcker und seinem Koch, heimlich auf den Aventin in sein väterliches Haus, um von dort aus nach Campanien zu fliehen. Bald darauf ließ er sich aber auf das ungewisse und vage Gerücht hin, der Friede sei ihm gewährt worden, wieder in den Palast tragen. Als er dort alles verlassen fand und auch seine Begleiter sich aus dem Staube machten, schnallte er einen mit Goldstücken gefüllten Gürtel um und flüchtete in die Kammer seines Pförtners, band den Hund draußen an und verrammelte mit einem Bett und einer Matratze die Tür.

17. Schon brachen die Soldaten der feindlichen Vorhut in den Palast ein und durchsuchten, da sich ihnen niemand entgegenstellte, alle Räume, wie das so üblich ist. Von ihnen wurde Vitellius aus seinem Versteck gezogen; man fragte, wer er sei – denn sie kannten ihn nicht – und ob er wisse, wo Vitellius sich aufhalte. Zuerst konnte er sie durch Lügen täuschen, dann wurde er aber erkannt und bat sie immer wieder flehentlich, ihn mittlerweile in einem Kerker in Gewahrsam zu halten, da er gewisse, das Leben Vespasians betreffende Aussagen zu machen habe.

Doch sie banden ihm die Hände auf den Rücken, legten ihm einen Strick um den Hals und schleppten ihn mit zerrissenen Kleidern, halbnackt aufs Forum, während man der Sacra Via entlang seinen Spott in Worten und Taten mit ihm trieb: man zog ihm an den Haaren den Kopf nach hinten, wie man das bei Verurteilten zu machen pflegt, und hielt ihm die Spitze eines Schwertes unter das Kinn, damit er sein Gesicht zeigen mußte und nicht senken konnte; einige bewarfen ihn mit Mist und Dreck, andere schalten ihn Brandstifter und Freßsack, und ein Teil des Pöbels verhöhnte ihn sogar seiner körperlichen Gebrechen wegen; er war nämlich überaus groß, hatte ein rotes Gesicht – zur Hauptsache vom übermäßigen Weingenuß –, einen hervorstehenden Bauch und zog das eine Bein etwas nach, seit er einst als Gaius (Caligulas) Helfer beim Wettfahren von einem Viergespann angefahren worden war[18]. Zuletzt wurde er bei den Gemonien durch unzählige kleine Stiche zu Tode gefoltert und nach seinem Ende mit einem Haken in den Tiber geschleift.

[18] Vgl. Vit. 4.

18. Vitellius starb im siebenundfünfzigsten Altersjahr, zugleich mit ihm sein Bruder und sein Sohn. Und die Auslegung jener erwies sich als richtig, die bei dem Vorzeichen in Vienna, von dem wir gesprochen haben, gesagt hatten, dies bedeute nichts anderes, als daß er in die Hände eines Mannes von gallischer Abkunft fallen werde. Tatsächlich wurde er von Antonius Primus, einem der gegnerischen Feldherrn, überwältigt, der in Toulouse geboren war und in seiner Jugend den Beinamen Beccus getragen hatte, was »Hahnenschnabel« bedeutet[19].

[19] Alter des Vitellius tatsächlich 55; vgl. Vit. 3. Vorzeichen: vgl. Vit. 9. – *Gallus* = Gallier und Hahn. – Zu Beccus vgl. französisch *bec*, Schnabel.

Vespasian
9–79 n. Chr.

1. Die Herrschaft über das Römische Reich, die durch die gewaltsame Erhebung und Ermordung dreier Kaiser lange Zeit unbeständig und gewissermaßen in der Schwebe gewesen war, übernahm und festigte endlich die Familie der Flavier; allerdings eine Familie von dunkler Abstammung und ohne bedeutende Ahnen, aber der Staat hatte es nicht zu bereuen – wenn auch immerhin feststeht, daß Domitian die gerechte Strafe für seine Habsucht und Grausamkeit erlitten hat.

Titus Flavius Petro, Bürger von Reate, war im Bürgerkrieg als Centurio oder freiwillig Dienst leistender Veteran auf seiten des Pompeius gewesen, entkam nach der Schlacht von Pharsalus und zog sich in seine Heimat zurück, wo er Begnadigung und Entlassung aus dem Heeresdienst erlangte und sich als Einzüger bei Versteigerungen betätigte. Sein Sohn, mit Beinamen Sabinus, leistete keinen Kriegsdienst – wenn auch einige Autoren überliefern, er sei Primipilar gewesen, andere, er habe als Centurio aus Gesundheitsrücksichten den Abschied erhalten –, sondern war Einnehmer des »Vierzigsten«[1] in Asien, wo noch lange Statuen zu sehen waren, die ihm zu Ehren von den Städten errichtet die griechische Inschrift trugen: »Dem redlichen Zollbeamten«. Später betrieb er ein Bankgeschäft bei den Helvetiern und starb dort[2]. Er hinterließ Vespasia Polla, Mutter seiner beiden Söhne, von denen es der ältere, Sabinus, bis zur Präfektur von Rom, der jüngere, Vespasianus, bis zum Kaiserthron brachte.

Polla stammte aus Nursia; sie war aus guter Familie, und ihr Vater, Vespasius Pollio, war dreimal Militärtribun und dann Lagerkommandant gewesen; ihr Bruder war Senator im Range eines Prätors. Heute noch heißt ein Ort auf einer Anhöhe beim sechsten Meilenstein – wenn man von Nursia nach Spoleto geht – Vespasiae, wo mehrere Denkmäler der Vespasier erhalten sind, als deutlicher Beweis für Berühmtheit und Alter der Familie.

Ich möchte es nicht unterlassen zu berichten, daß einige behauptet haben, der Vater Petros, aus dem Transpadanischen stammend, sei Vermieter von Tagelöhnern gewesen, die jährlich zur Feldarbeit von Umbrien nach dem Sabinerland zu wandern

---

[1] Hafengeld in der Höhe von 2,5% der Ladung.

[2] Vespasian verbrachte wahrscheinlich einen Teil seiner Jugend in Helvetien, und zwar in Aventicum-Avenches; vgl. Staehelin, Die Schweiz in römischer Zeit, 3. Aufl. Basel 1948, S. 197.

pflegen; er habe sich dann in Reate niedergelassen und auch dort geheiratet. Ich selber konnte davon trotz sorgfältigster Nachforschung keine Spur finden.

2. Vespasian wurde im Sabinerland in einem bescheidenen Dorf oberhalb von Reate, namens Falacrinae, geboren, und zwar abends am siebzehnten November im Konsulatsjahr von Quintus Sulpicius Camerinus und Gaius Poppaeus Sabinus, fünf Jahre vor Augustus' Tod. Erzogen wurde er bei Tertulla, seiner Großmutter väterlicherseits, auf ihrem Landgut in Cosa. Das ist der Grund, weshalb er auch als Kaiser häufig diesen Ort, wo seine Wiege stand, besuchte und das Landhaus in seinem ursprünglichen Zustand beließ, damit er den gewohnten Anblick immer wiederfände. Auch war ihm das Andenken an seine Großmutter so teuer, daß er bei Feiern und an Festtagen immer aus ihrem kleinen, silbernen Becher zu trinken pflegte.

Nach Empfang der Männertoga wollte er lange den breiten Purpurstreifen nicht annehmen, obschon ihn sein Bruder bereits erhalten hatte. Einzig seine Mutter konnte ihn dazu bewegen, um diese Gunst nachzusuchen, und zwar brachte sie es mehr durch spöttische Bemerkungen als durch Bitten oder Befehle soweit; sie nannte ihn nämlich immer wieder zum Hohn den Lakaien seines Bruders[3].

Vespasian kämpfte in Thrakien als Militärtribun. Als Quästor erhielt er durch das Los die Provinz Kreta und Kyrene. Dann bewarb er sich um das Amt eines Ädilen und später um die Prätur, wobei er jenes erst, nachdem er einmal durchgefallen war, erlangte, und auch dann nur mit Mühe und als Sechster, diese aber sogleich beim ersten Versuch und in den vordersten Rängen. Als Prätor wollte er sich auf jede Art und Weise bei Gaius (Caligula) beliebt machen, der auf den Senat sehr schlecht zu sprechen war. Er verlangte deshalb vom Senat außerordentliche Spiele für den »Sieg« des Kaisers in Germanien und beantragte, die Strafe der Verschwörer dadurch zu verschärfen, daß sie unbegraben liegenbleiben sollten[4]. Auch dankte er dem Kaiser vor der gleichen hohen Körperschaft, weil er ihn einer Einladung zum Essen gewürdigt habe.

3. Zu dieser Zeit heiratete er Flavia Domitilla, frühere Geliebte des römischen Ritters Statilius Capella aus Sabrata in

---

[3] Vgl. Aug. 38. Diese Auszeichnung wurde, wie hier, auch auf Söhne angesehener Ritter ausgedehnt. Auch der Dichter Ovid ist ein Beispiel dafür; vgl. Tristia IV 10, 28 ff.

[4] Caligulas Verhältnis zum Senat; vgl. Cal. 48/49. Kämpfe in Germanien; vgl. Cal. 45. Verschwörung; gl. Claud. 9.

Afrika, die eigentlich nur das latinische Bürgerrecht besaß, später aber durch Spruch der Rekuperatoren zur freigeborenen römischen Bürgerin erklärt wurde, da Flavius Liberalis, der selber aus Ferentium stammte und nur Schreiber eines Quästors war, sie als seine Tochter anerkannte. Sie schenkte ihm drei Kinder: Titus, Domitianus und Domitilla. Vespasian überlebte Frau und Tochter, und zwar verlor er beide, bevor er Kaiser geworden war. Nach dem Tode seiner Gattin rief er seine frühere Mätresse Caenis, Freigelassene und Sekretärin Antonias[5], wieder zu sich ins Haus, und sie nahm, auch als er auf den Thron gelangt war, fast die Stelle einer rechtmäßigen Gattin ein.

4. Unter Kaiser Claudius wurde er auf Empfehlung des Narcissus als Legionskommandant nach Germanien geschickt. Von dort ging er nach Britannien, wo er an dreißig Schlachten teilnahm. Er unterwarf zwei der mächtigsten Völkerschaften, mehr als zwanzig Städte und die nahe bei Britannien gelegene Insel Vectis, teils unter dem Kommando des konsularischen Legaten Aulus Plautius, teils unter dem des Claudius selbst. Für diese Leistungen erhielt er die Triumphabzeichen und kurz darauf zwei Priesterstellen, außerdem noch das Konsulat, das er während der zwei letzten Monate des betreffenden Jahres ausübte. Die Zeit bis zu seinem Prokonsulat verlebte er aus Angst vor Agrippina, die bei ihrem Sohn (Nero) immer noch großen Einfluß besaß und Vespasian als Freund des Narcissus auch über dessen Tod hinaus haßte, in Muße und Zurückgezogenheit.

Später erhielt er durch das Los Afrika als Provinz, verwaltete diese mit größter Uneigennützigkeit und erwarb sich so die Achtung aller, außer daß er einmal in Hadrumetum bei einem Aufruhr mit Rüben beworfen wurde. Auf jeden Fall kehrte er zurück, ohne sich in irgendeiner Form bereichert zu haben, sah er sich doch gezwungen, da sein Kredit fast ganz zusammengeschrumpft war, all seine Güter seinem Bruder zu verpfänden und zur Wahrung seiner Stellung sich dazu zu erniedrigen, als Maultierhändler sein Geld zu verdienen. Aus diesem Grund pflegte man ihn auch im Volk »Maultiertreiber« *(mulio)* zu nennen. Es wird auch behauptet, er sei überführt worden, einem jungen Manne zweihunderttausend Sesterzen erpreßt zu haben, dem er gegen den Willen seines Vaters den breiten Purpurstreifen verschafft hatte; Vespasian soll dafür einen strengen Verweis erhalten haben.

Auf der Griechenlandreise Neros befand er sich im Gefolge

---

[5] Mutter des Claudius.

des Kaisers; da er sich aber bei dessen Gesang öfters entfernte oder, wenn er blieb, einschlief, fiel er vollständig in Ungnade und wurde nicht nur aus der näheren Umgebung des Kaisers, sondern auch von den öffentlichen Empfängen bei Hofe ausgeschlossen. Er zog sich deshalb in eine kleine, abgelegene Stadt zurück, bis ihm, der in seinem Versteck die schwersten Strafen fürchtete, eine Provinz mit einem militärischen Kommando übertragen wurde.

Im ganzen Orient war der alte, sich hartnäckig behauptende Glaube verbreitet, es sei vom Schicksal bestimmt, daß zu dieser Zeit Leute aus Iudaea die Herrschaft erlangen würden[6]. Wie die Ereignisse nachher zeigten, bezog sich diese Voraussage auf einen römischen Kaiser; die Juden bezogen sie aber auf sich, machten einen Aufstand, töteten ihren Statthalter und schlugen den mit Hilfstruppen herbeieilenden konsularischen Legaten von Syrien in die Flucht, wobei ihnen auch ein Legionsadler in die Hände fiel. Da man, um diesen Aufstand niederzuschlagen, ein größeres Heer und einen energischen Führer brauchte, dem man aber unbesorgt für die eigene Sicherheit eine so wichtige Sache übertragen durfte, fiel die Wahl in erster Linie auf Vespasian, dessen Tüchtigkeit bereits erprobt war und den man seiner niedrigen Abstammung und unbekannten Herkunft wegen nicht zu fürchten hatte. Seine Streitkräfte wurden durch zwei Legionen, acht Schwadronen und zehn Kohorten verstärkt; unter seine Kommandanten nahm er seinen älteren Sohn (Titus) auf und gewann, sowie er den Boden der Provinz betrat, auch das Vertrauen der Nachbarländer, stellte sofort strenge Disziplin her und bewies im einen und andern Gefecht große Tapferkeit; so wurde er bei der Belagerung einer Festung durch einen Steinwurf am Knie verwundet, und sein Schild war von mehreren Pfeilen durchbohrt.

5. Als nach Neros und Galbas Tod Otho und Vitellius um den Thron stritten, wuchs in Vespasian die Hoffnung auf die Herrschaft, die er schon lange auf Grund folgender Vorzeichen in seinem Herzen genährt hatte: in einem Besitz der Flavier draußen vor der Stadt stand eine alte, Mars geweihte Eiche, die plötzlich, jeweils bei den drei Geburten Vespasias, einen neuen Ast trieb – zweifellos als Zeichen für das zukünftige Schicksal eines jeden Kindes; der erste Ast war schwach und verdorrte bald, und so wurde denn auch das Mädchen, das zur Welt gekommen war, nicht einmal ein Jahr alt; der zweite war sehr stark und lang

[6] Die jüdische Messiashoffnung; vgl. auch Tacitus, Historiae V 13.

und versprach großes Glück; der dritte aber glich einem ganzen Baum. Deshalb soll Vespasians Vater Sabinus, nachdem er noch durch den Spruch eines Eingeweideschauers in seiner Ansicht bestärkt worden war, seiner Mutter gemeldet haben, ihr sei ein Enkel geboren, der einst Kaiser werden würde; sie aber habe nur laut gelacht und sich gewundert, daß ihr Sohn schon wirr sei, während sie noch ihren klaren Verstand besitze.

Als später einmal Gaius Caesar (Caligula) gegen den gerade als Ädil amtierenden Vespasian aufgebracht war, da dieser nicht dafür gesorgt hatte, daß die Straßen gewischt wurden, ließ er ihm seine Amtstoga von Soldaten mit Dreck füllen. Es fehlte nicht an Leuten, die dieses Ereignis so deuteten, daß eines Tages der mit Füßen getretene und infolge innerer Unruhen verwahrloste Staat sich in Vespasians Schutz begeben und gleichsam in seinen Schoß flüchten werde. – Einst brachte ihm während des Mittagessens ein fremder Hund eine an einem Kreuzweg gefundene Menschenhand und legte sie unter den Tisch. Ein anderes Mal drang ein Ochse, der sein Joch abgeworfen hatte, in Vespasians Speisezimmer ein, als dieser gerade beim Abendessen saß; während die Diener die Flucht ergriffen, legte sich das Tier, wie plötzlich ermattet, zu Füßen von Vespasians Lager nieder und bot ihm seinen Nacken dar. – Eine Zypresse auf einem Gut seiner Familie, die, ohne daß ein Gewitter getobt hätte, entwurzelt zu Boden gestürzt war, richtete sich am nächsten Tag frischer und kräftiger als zuvor wieder auf. – In Griechenland aber träumte er, sein und seiner Familie Glück werde seinen Anfang nehmen, wenn Nero ein Zahn gezogen würde. Da geschah es, daß am folgenden Tag ein Arzt ins Zimmer trat und Vespasian einen Zahn zeigte, den er eben dem Kaiser gezogen hatte. – Als er in der Nähe von Iudaea das Orakel des Gottes Carmelus besuchte, bestärkte ihn die Antwort der Lose sehr in seinem Glauben; versprachen sie ihm doch, daß jeder Gedanke und Wunsch, sei er auch noch so groß, in Erfüllung gehen werde. Auch einer der vornehmen Kriegsgefangenen, Iosephus, beteuerte, als man ihn in Fesseln legte, immer wieder, er werde binnen kurzem vom gleichen Vespasian wieder befreit werden, aber dann sei dieser bereits Kaiser[7].

Aus Rom wurden ebenfalls Vorzeichen gemeldet: Nero sei während der letzten Tage in einem Traum aufgefordert worden, den Wagen des Iuppiter Optimus Maximus aus seinem Heiligtum zu holen, um ihn in das Haus Vespasians und von dort in

[7] Vgl. Iosephus, Jüdischer Krieg III 8/9.

den Zirkus zu führen; als kurz darauf Galba die Volksversammlung für sein zweites Konsulat eröffnete, hätte sich die Statue des unter die Götter aufgenommenen Iulius (Caesar) von selbst gen Osten gewendet; und vor Beginn der Schlacht von Betriacum sollen zwei Adler vor aller Augen miteinander gekämpft haben; nachdem der eine besiegt war, sei ein dritter von Osten her gekommen und habe den Sieger verjagt[8].

6. Trotz der Bereitschaft und dem Drängen seiner Umgebung unternahm Vespasian nichts, bis ihm eine zufällige Sympathiekundgebung von Soldaten, die er nicht einmal kannte und die auch weit weg von ihm in Garnison lagen, zuteil wurde. Als von der Armee in Moesien je zweitausend Mann aus den drei Legionen Otho zu Hilfe geschickt wurden und diese zu Beginn ihres Zuges Othos Niederlage und Selbstmord erfuhren, setzten sie dennoch den Marsch bis nach Aquileia fort, wie wenn sie dem Gerücht keinen Glauben schenkten[9]. Sie fanden dort eine günstige Gelegenheit, sich in voller Ungebundenheit ihrer Raubgier hinzugeben, fürchteten aber, sie müßten bei ihrer Rückkehr Rechenschaft ablegen und würden dann bestraft werden; deshalb faßten sie den Entschluß, selbst einen Kaiser zu wählen und zu ernennen, seien sie doch nicht weniger wert als die spanische Armee, die Galba, oder die Prätorianer, die Otho, oder die Heere in Germanien, die Vitellius auf den Thron gehoben hätten. Sie stellten deshalb eine Liste aller damals irgendwo tätigen konsularischen Legaten auf, und während sie an allen übrigen irgend etwas auszusetzen hatten, lobten einige Soldaten aus der dritten Legion, die gegen Ende von Neros Herrschaft von Syrien nach Moesien verschoben worden war, Vespasian ganz besonders. Alle stimmten bei und schrieben unverzüglich seinen Namen auf sämtliche Feldzeichen. Die Angelegenheit nahm damals allerdings keinen weiteren Umfang an, da die Soldaten für kurze Zeit wieder zum Gehorsam gebracht wurden. Dennoch hatte sich das Gerücht von dem Vorfall verbreitet, und als erster ließ der Präfekt von Ägypten, Tiberius Alexander, am ersten Juli seine Legionen auf den Namen Vespasians schwören – später wurde dieses Datum als der offizielle Tag der Thronbesteigung gefeiert. Darauf leistete ihm am elften Juli sein eigenes Heer in Iudaea den Treueid.

Am meisten trug zum Erfolg des Unternehmens die Verbreitung eines echten, vielleicht auch gefälschten Briefes des verstorbenen Kaisers Otho an Vespasian bei, worin dieser ihn aufs

---

[8] Das hier erwähnte Wunderzeichen wird bei Tacitus, Historiae II 50, in anderer Form erzählt.
[9] Vgl. Otho 9 und Vit. 15.

dringendste beschwor, ihn zu rächen, und ihn bat, sich des Staates anzunehmen. Ferner verbreitete sich zu gleicher Zeit das Gerücht, Vitellius habe nach seinem Sieg beschlossen, die Winterlager der Legionen zu verlegen und die germanischen in den Orient zu verschieben, wo sie einen weniger gefährlichen und anstrengenden Dienst hätten. Dazu kam noch, daß von den Provinzstatthaltern Licinius Mucianus und von den auswärtigen Königen der Parther Vologaesus auf Vespasians Seite traten; ersterer vergaß seine Feindschaft, die er bis dahin aus Eifersucht Vespasian gegenüber offen zur Schau getragen hatte, und versprach ihm die Unterstützung der syrischen Armee, letzterer vierzigtausend Bogenschützen.

7. So begann denn Vespasian den Bürgerkrieg, schickte Generale und Truppen nach Italien voraus und ging selbst inzwischen nach Alexandria, um sich der ägyptischen Schlüsselstellung zu bemächtigen. Als er dort, um ein Orakel über den sicheren Bestand seiner Herrschaft zu holen, ohne Begleitung ganz allein den Serapistempel betrat und nach langem Gebet sich endlich zum Gehen anschickte, glaubte er seinen Freigelassenen Basilides zu erblicken, der ihm nach dem dortigen Brauch heilige Kräuter, Kränze und Opferkuchen brachte[10]. Dabei stand es fest, daß dieser von niemandem hereingelassen worden war, ja sogar schon seit langer Zeit wegen eines Nervenleidens kaum mehr gehen konnte und außerdem sich weit entfernt von diesem Ort befand. Kurz darauf kam ein Brief mit dem Bericht, daß Vitellius' Truppen bei Cremona geschlagen und er selbst in Rom ermordet worden sei.

Noch fehlte Vespasian das nötige Ansehen und gleichsam die von Gott bestätigte Majestät, da er wider Erwarten und erst seit kurzem zum Kaiser erhoben worden war. Aber auch dies wurde ihm zuteil. Zwei Männer aus dem Volke, der eine blind, der andere mit einem lahmen Bein, kamen miteinander zu ihm, als er auf seinem Tribunal saß, und baten ihn, zu ihrer Heilung zu tun, was ihnen Serapis im Traum gezeigt habe: Vespasian werde dem Blinden das Augenlicht wiedergeben, wenn er dessen Augen mit seinem Speichel benetze, das Bein des Lahmen heilen, wenn er geruhe, es mit seiner Ferse zu berühren. Da kaum eine Hoffnung bestand, daß die Sache irgendwie von Erfolg begleitet sein könnte, wollte der Kaiser nicht einmal einen Versuch wagen. Auf Zureden seiner Freunde unterzog er sich endlich vor

---

[10] Vgl. hierzu auch Tacitus, Historiae IV 82. Der Name Basilides = Königssohn wurde auf die Erlangung der Herrschaft gedeutet.

versammeltem Volke dem Experiment, und der Erfolg blieb beidemal nicht aus. Zu gleicher Zeit wurden in Tegea in Arkadien nach Angaben der Seher an einem heiligen Ort Ausgrabungen vorgenommen, wobei man Gefäße von alter Machart fand, auf denen ein Bild war, dessen Ähnlichkeit mit Vespasian verblüffte.

8. So stand es um Vespasian und seinen Ruhm, als er nach Rom zurückkehrte und den Triumph über die Juden feierte. Seinem ersten Konsulat fügte er noch acht weitere bei, übernahm auch die Censur und richtete während der ganzen Zeit seiner Herrschaft sein Augenmerk vor allem darauf, den zerrütteten, fast dem Untergang nahen Staat zu festigen und ihm dann auch äußeren Glanz zu verleihen.

Die Soldaten, teils durch den Sieg übermütig geworden, teils betrübt über ihre schmachvolle Niederlage, hatten sich alle möglichen Freiheiten und Rechte herausgenommen; aber auch die Provinzen und freien Städte, ja sogar einige Königreiche lagen miteinander im Streit. Deshalb entließ Vespasian die Mehrzahl von Vitellius' Soldaten und hielt die übrigen in strenger Zucht; den Truppen aber, die an seinem Sieg teilhatten, gewährte er keinerlei außerordentliche Vergünstigung, ja ließ sie sogar lange auf ihre rechtmäßige Entschädigung warten. Und um sich keine Gelegenheit entgehen zu lassen, die Disziplin wieder herzustellen, wies er einen nach Parfum duftenden jungen Mann, der ihm für die Gewährung eines militärischen Kommandos seinen Dank abstatten wollte, nicht nur mit verächtlicher Gebärde von sich, sondern fuhr ihn auch wütend mit den Worten an: »Es wäre mir lieber, du röchest nach Knoblauch!« Zugleich machte er die Ernennung rückgängig. – Die Matrosen, die abwechslungsweise von Ostia und Puteoli zu Fuß nach Rom zu gehen haben und den Antrag stellten, er möge ihnen eine Entschädigung in Form einer »Schuhzulage« gewähren, schickte er nicht nur ohne Antwort wieder fort, sondern befahl sogar, daß sie von jetzt an barfuß zu marschieren hätten – und seitdem marschieren sie so.

Griechenland, Lykien, Rhodos, Byzanz und Samos wurden ihrer Freiheit beraubt und wie das Rauhe Kilikien und Kommagene, die bisher selbständige Königreiche gewesen waren, zu römischen Provinzen gemacht. Nach Kappadokien legte er der häufigen Barbareneinfälle wegen einige Legionen zur Verstärkung und bestimmte an Stelle eines römischen Ritters einen Mann konsularischen Ranges zum Statthalter.

Spuren alter Brände und baufällige Gebäude hatten Rom unansehnlich gemacht. Deshalb erlaubte er es jedermann, die freien Plätze zu belegen und darauf zu bauen, falls die eigentlichen Besitzer nichts unternähmen. Er selbst machte sich an den Wiederaufbau des Kapitols, legte als erster bei der Räumung der Trümmer Hand an und trug auf seinem Nacken einige Lasten weg[11]. Auch unternahm er es, dreitausend bei dem Brand geschmolzene Erztafeln nach überall zusammengesuchten Kopien wiederherzustellen; es war dies das schönste und älteste Archiv des Reiches gewesen, worin die Senats- und Volksbeschlüsse über Verträge und Bündnisse sowie über irgend jemandem gewährte Privilegien fast seit der Gründung Roms enthalten waren.

9. Er errichtete auch neue Bauten: einen Tempel des Friedens, nahe beim Forum, einen weiteren für den unter die Götter aufgenommenen Claudius auf dem Caeliushügel, der von Agrippina begonnen, von Nero aber wieder fast gänzlich niedergerissen worden war; ferner mitten in der Stadt ein Amphitheater, was – wie er wußte – bereits Augustus geplant hatte[12].

Die beiden oberen Stände, die durch zahlreiche Hinrichtungen starke Einbuße erlitten und durch langjährigen Schlendrian ihr Ansehen verloren hatten, säuberte und ergänzte er, indem er Senat und Ritterschaft musterte, die Unwürdigsten ausschloß und durch ehrenhafte Männer aus Italien und den Provinzen ersetzte. Und damit allgemein bekannt würde, daß die beiden sich nicht so sehr durch irgendein Vorrecht als im Rang voneinander unterscheiden, fällte er in einem Streit zwischen einem Senator und einem römischen Ritter den Entscheid, daß man einen Senator nicht beschimpfen dürfe, aber jeder Bürger das Recht habe, auf eine Beschimpfung zu antworten.

10. Die Liste der Prozesse war überall in ungewöhnlichem Maße angeschwollen, da die alten durch Unterbrechung der Rechtspflege liegengeblieben waren und viele neue infolge der unruhigen Zeit hinzukamen. Vespasian bestimmte deshalb durch das Los ein Richterkollegium, das geraubtes Kriegsgut wieder zurückzuerstatten und die Prozesse vor dem Centumviralgericht, deren Entscheidung die streitenden Parteien sonst kaum mehr erlebt hätten, auf außerordentlichem Wege zu erledigen und auf ein Mindestmaß zu beschränken hatte.

11. Unsittlichkeit und Luxus waren wieder eingerissen, da niemand dagegen auftrat. Deshalb erließ Vespasian einen Senats-

---

[11] Unter Vitellius abgebrannt; vgl. Vit. 15.
[12] Das sogenannte Kolosseum; vgl. Vesp. 18 mit Anm. 20.

beschluß, daß jede Frau, die sich mit einem fremden Sklaven eingelassen hatte, als Sklavin angesehen würde und daß Wucherer, die noch unter väterlicher Gewalt stehenden Söhnen Geld leihen, nie mehr, das heißt nicht einmal nach dem Tode der Väter der Betreffenden, das Recht hätten, dieses Geld wieder einzufordern.

12. Im übrigen erwies er sich vom Anfang bis zum Ende seiner Herrschaft als bürgerlich schlicht und milde, verbarg nie seine frühere einfache Stellung, ja rühmte sich ihrer sogar häufig. Als gewisse Leute versuchten, den Ursprung der Flavischen Familie auf die Gründer von Reate und auf einen Gefährten des Herkules, dessen Denkmal an der Salaria Via noch heute zu sehen ist, zurückzuführen, lachte er als erster darüber. So wenig war er auf äußere Ehrungen erpicht, daß er am Tage seines Triumphes, ermüdet und gelangweilt von der Länge des Festzugs, offen gestand, ihm geschähe diese Strafe recht; sei er doch so dumm gewesen, als alter Mann noch einen Triumph zu begehren, wie wenn er diesen seinen Ahnen geschuldet oder für sich je erhofft hätte. Selbst die tribunizische Gewalt (und) den Titel »Vater des Vaterlandes« nahm er erst spät an. Sogar während des Bürgerkriegs hatte er den Brauch, die zur Audienz Vorgelassenen zu durchsuchen, aufgegeben[13].

13. Freimütige Äußerungen seiner Freunde, versteckte Anspielungen der Advokaten und Anrempelungen der Philosophen ertrug er mit größter Gelassenheit. Licinius Mucianus war von bekannter Sittenlosigkeit, aber er konnte sich auf Verdienste dem Kaiser gegenüber berufen, wenn er es an der nötigen Ehrerbietung fehlen ließ[14]. Vespasian tadelte ihn niemals öffentlich und begnügte sich damit, als er einmal bei einem gemeinsamen Freund über ihn klagte, am Schluß hinzuzufügen: »Ich bin wenigstens ein Mann.« – Anläßlich der Verteidigung eines reichen Angeklagten wagte es Salvius Liberalis zu sagen: »Was geht es den Kaiser an, wenn Hipparchus hundert Millionen Sesterzen besitzt?« und Vespasian erteilte ihm hierfür sogar ein Lob. – Den Kyniker Demetrius, der nach seiner Verurteilung dem Kaiser auf einer Reise begegnete und es nicht einmal für nötig fand aufzustehen und zu grüßen, ja sogar noch irgendeine Unverschämtheit gegen ihn knurrte, nannte er einfach »Hund«[15].

---

[13] Der Text im vorhergehenden Satz ist verderbt. Untersuchung bei der Audienz vgl. Claud. 35.
[14] Vgl. Vesp. 6.
[15] Der Name Kyniker wird vielfach abgeleitet von griechisch κύων = Hund, wozu dann auch der betont einfache und den Bürger schockierende Lebensstil gehört; vgl. den kynischen Philosophen Diogenes im Faß.

14. Beleidigungen und Feindschaften vergaß er sehr rasch und war gar nicht nachträgerisch. So verheiratete er die Tochter seines Gegners Vitellius aufs glänzendste[16] und gab ihr auch eine Mitgift und Aussteuer. – Als ihm unter Nero der Zutritt zu Hofe untersagt war und er zaghaft fragte, was er jetzt tun solle oder wohin er zu gehen habe, hatte ihm ein Kammerherr mit den Worten »Zum Teufel!« die Türe gewiesen[17]. Dieser Mann bat ihn später um Verzeihung. Der Kaiser wurde nicht weiter zornig, sondern wiederholte einfach fast die gleichen Worte. – Nie ließ er sich durch irgendeinen Verdacht oder auch aus Angst dazu bringen, jemand ins Verderben zu stürzen, und als ihn einmal seine Freunde zur Vorsicht vor Mettius Pompusianus mahnten, da allgemein angenommen wurde, sein Horoskop verheiße ihm den Thron, machte er den Mann sogar noch zum Konsul und bemerkte, Mettius werde sich einmal dieser Gunst erinnern.

15. Man wird kaum jemand finden, der unschuldig verurteilt wurde, außer wenn der Kaiser abwesend war oder nichts davon wußte – oder dann geschah es zum mindesten gegen seinen Willen und infolge eines Irrtums. Helvidius Priscus hatte als einziger den Kaiser nach seiner Rückkehr aus Syrien nur mit dessen einfachem Namen Vespasian begrüßt und es auch als Prätor unterlassen, in seinen Edikten irgendeine ehrenvolle Erwähnung anzuführen, ja ihn überhaupt nur zu nennen. Trotzdem wurde Vespasian erst gegen ihn aufgebracht, als er von ihm in einem Wortwechsel auf ganz unverschämte Art und Weise geradezu seines Rangs verlustig erklärt wurde[18]. Obschon er Helvidius zuerst verbannt und dann auch den Befehl zu seiner Hinrichtung gegeben hatte, versuchte er doch, ihn um jeden Preis zu retten, und schickte sogar Leute aus, die die Vollstrecker des Urteils zurückrufen sollten. Die Rettung wäre auch gelungen, wenn man dem Kaiser nicht fälschlicherweise gemeldet hätte, das Urteil sei bereits vollzogen. Kurz, nie (zeigte er Freude) an der Hinrichtung irgendeiner Person, und auch gerechte Todesurteile rührten ihn zu Tränen und ließen ihn aufseufzen[19].

16. Der einzige Fehler, den man ihm mit Recht vorhalten konnte, war seine Habgier. Nicht damit zufrieden, die unter Galba aufgehobenen Steuern wieder einzuführen, fügte er neue drückende Abgaben hinzu, vergrößerte, ja verdoppelte zum

[16] Vgl. Vit. 6.
[17] Vgl. Vesp. 4. – »Zum Teufel!«: freie Übersetzung des lateinischen Ausdrucks *abire Morboviam* = nach Krankenland *(morbus)* gehen.
[18] Über Helvidius Priscus vgl. Tacitus, Historiae IV 5/6.
[19] Der Text ist hier nicht ganz sicher.

Teil die Tributleistungen der Provinzen und trieb in aller Öffentlichkeit Geschäfte, deren sich sogar ein Privatmann hätte schämen müssen; so kaufte er gewisse Waren en gros auf, um sie nachher im Einzelhandel mit großem Gewinn wieder loszuschlagen. Er scheute auch nicht davor zurück, Ämter an Kandidaten oder Freisprüche an Angeklagte, ob diese schuldig oder unschuldig waren, zu verkaufen. Man sagte ihm ebenfalls nach, er habe absichtlich gerade seine habsüchtigsten Steuerbeamten zu höheren Ämtern befördert, um diese nachher, wenn sie noch reicher waren, verurteilen zu können; es hieß allgemein, daß er sich ihrer wie Schwämme bediene, weil er sie, wenn sie trocken sind, gleichsam anfeuchte und dann, vollgesogen, ausdrücke.

Gewisse Leute behaupten, diese große Habgier sei in seinem Charakter begründet gewesen und das sei ihm auch von einem alten Rinderhirten vorgeworfen worden; als dieser nämlich den Kaiser inständig um die Freiheit ohne Bezahlung der Loskaufsumme bat, soll er nach einer abschlägigen Antwort laut gerufen haben, der Fuchs wechsle seinen Balg, aber nicht seine Art. Andere wiederum glauben, er sei durch die schwierige Lage des Staatsschatzes und der kaiserlichen Kasse notgedrungen zu ungesetzlichem Gewinn und Raub gezwungen worden, was er sogleich zu Beginn seiner Herrschaft bezeugt habe, als er sagte, der Staat brauche vierzig Milliarden Sesterzen, um leben zu können. Diese zweite Ansicht gewinnt noch an Wahrscheinlichkeit, wenn man bedenkt, daß er auch das nicht rechtmäßig Erworbene nur für die besten Zwecke verwendete.

17. Gegen jede Art von Menschen war er überaus freigebig. Gewissen Senatoren gab er die Summe, die ihnen noch zu dem ihrem Stand entsprechenden Vermögen fehlte; ehemalige in Not geratene Konsuln unterstützte er durch eine jährliche Pension von fünfhunderttausend Sesterzen, zahlreiche Städte im ganzen Reich, die durch ein Erdbeben oder einen Brand gelitten hatten, baute er großzügiger als vorher wieder auf. Seine besondere Liebe aber galt talentierten Leuten und den Künsten.

18. Als erster setzte er aus der kaiserlichen Kasse den lateinischen und griechischen Rhetoren eine jährliche Pension von hunderttausend Sesterzen aus. Begabte Dichter und Künstler, wie die Restauratoren der Venus von Kos und des Nerokolosses, erhielten von ihm fürstliche Geschenke und hohen Lohn[20].

[20] Der erste lateinische Rhetor, der diese Pension erhielt, war Quintilian. – Venus von Kos: es ist nicht ganz sicher, um welches Werk es sich hier handelt. – Nerokoloß: die bei Nero 31 erwähnte Kolossalstatue, die beim Amphitheater (vgl. Vesp. 9) ihre Aufstellung fand. Daher der spätere Name Kolosseum für dieses Theater.

Einen Ingenieur, der ihm versprach, für wenig Geld riesige Säulen aufs Kapitol zu schaffen, beschenkte er für seine Erfindung mit einer beträchtlichen Summe, ließ dann aber die Ausführungen des Projektes fallen mit der Bemerkung, er möge ihm gestatten, auch das arme Volk verdienen zu lassen.

19. Anläßlich der Spiele, die zur Feier der Wiederherstellung des Marcellustheaters abgehalten wurden, hatte er auch die alten Künstler wieder auftreten lassen. Dabei gab er dem Tragöden Apellaris vierhunderttausend, den Kitharoeden Terpnus und Diodorus je zweihunderttausend, einigen andern hunderttausend, den übrigen mindestens vierzigtausend Sesterzen außer einer großen Anzahl goldener Kränze. Auch liebte er es, schöne Feste zu geben – meist große, reichliche Essen –, um den Lebensmittelhändlern Verdienst zu verschaffen. An den Saturnalien beschenkte er die Männer, am ersten März die Frauen[21].

Aber auch so vermochte er den alten Ruf der Habgier nicht zu tilgen. Die Alexandriner fuhren nämlich fort, ihn »Kybiosaktes« zu nennen[22] – Beiname einer ihrer Könige, der für seinen schmutzigen Geiz bekannt gewesen war. Selbst bei des Kaisers Begräbnis fragte der Oberpantomime Favor, der Vespasians Maske trug und, wie es Brauch ist, seine Gesten und Reden nachahmte, vor allen Leuten die Prokuratoren, wieviel das Begräbnis und der Leichenzug kosteten. Als diese ihm antworteten, zehn Millionen Sesterzen, rief er aus, sie sollten ihm hunderttausend Sesterzen geben und ihn dann seinetwegen in den Tiber werfen.

20. Vespasian besaß eine mittelgroße Figur, feste, kräftige Glieder und hatte im Gesicht einen Zug, wie wenn er sich beständig anstrenge. Das ist der Grund, warum ein Witzbold auf die Aufforderung des Kaisers, auch über ihn einmal einen Witz zu machen, sagte: »Das werde ich tun, sobald du fertig bist mit Drücken.« – Vespasians Gesundheit war blühend, obgleich er zu ihrer Erhaltung nichts anderes tat, als daß er sich den Hals und die anderen Körperteile im Ballspielsaal des Bades eine bestimmte Zahl von Malen selbst frottierte und jeden Monat einen Fasttag einschaltete.

21. Seine Tagesordnung war etwa folgende: als Kaiser pflegte er früh, noch vor Tagesanbruch, aufzustehen, darauf las er die Korrespondenz und die Rapporte aller Ämter, um dann seine Freunde vorzulassen. Während dieser Audienz zog er sich selber

---

[21] Tag des Frauenfestes, *Matronalia*.
[22] D. h. Hausierer mit gesalzenen Fischen.

Schuhe und Kleider an. Nach Erledigung aller fälligen Geschäfte machte er eine Spazierfahrt und schlief dann etwas, wobei eine der Nebenfrauen, deren er sich nach dem Tode der Caenis mehrere genommen hatte, bei ihm ruhte. Von seinem Zimmer aus begab er sich ins Bad und dann zu Tisch. Um diese Zeit soll er am zugänglichsten und mildesten gewesen sein, weshalb auch seine Hofbeamten mit Vorliebe diesen Augenblick benützten, um irgendein Anliegen vorzubringen.

22. Bei Tisch wie auch bei anderen Gelegenheiten war Vespasian immer leutselig und erledigte vieles mit einem Scherz. Er liebte es nämlich sehr, Witze zu machen, die allerdings oft albern und unflätig waren; ja sogar vor Zoten schreckte er nicht zurück. Trotzdem erzählt man sich von ihm einige sehr geistreiche Worte, wie etwa folgende: den ehemaligen Konsul Mestrius Florus, der den Kaiser darauf aufmerksam gemacht hatte, daß man besser *plaustra* statt *plostra* sage, begrüßte er am nächsten Tage mit *Flaurus*[23]. – Als er dem Drängen einer Frau, die sich für sterblich in ihn verliebt erklärte, nachgegeben hatte und ihr nach genossener Gunst vierhunderttausend Sesterzen auszahlen ließ, fragte ihn sein Kassenverwalter, unter welchem Titel er diese Summe in die Rechnungsbücher eintragen solle, worauf er zur Antwort gab: »Für leidenschaftliche Liebe zu Vespasian.«[24]

23. Er verstand es auch, griechische Verse recht passend anzubringen. So zitierte er in bezug auf einen hochgewachsenen Mann, der mit einem übermäßig großen Glied ausgestattet war, den homerischen Vers:

Wandelt' er mächtigen Schritts und schwang die erhabene
Lanze[25].

Und über seinen sehr reichen Freigelassenen Kerylos, der sich, um sein Vermögen einst dem Fiskus zu entziehen, als Freigeborener ausgab und begann, seinen Namen zu ändern und sich Laches zu nennen, sagte er auf griechisch:

---

[23] *plaustra* = Wagen. Die Aussprache des *au* = *o* galt als unfein (vgl. über Claudius/Clodius Tib., Anm. 1), hatte sich aber immer mehr durchgesetzt. Die Bezeichnung Flaurus weckte zugleich noch Assoziationen mit dem griechischen Wort, welches »wertlos, unangenehm« bedeutet.

[24] Eine neue Deutung dieses Witzes findet sich in: The Classical Review, NS I (1951), S. 10: anstatt mit der Frau zu schlafen, gab er ihr das Geld und ließ es unter dem Titel »Für die Keuschheit Vespasians« eintragen; *adamato* wird hier als griechisches Wort aufgefaßt: »unbezwungen«, »jungfräulich«.

[25] Ilias VII 213. Übersetzung Voß.

> O Laches, Laches,
> Wenn tot du bist, so wirst du dennoch wieder sein,
> Der alte Kerylos[26].

Mit Vorliebe machte er aber Witze über seine schändlichen Gewinne, um durch einen Scherz den schlechten Eindruck zu verwischen und die Sache ins Lächerliche zu ziehen. Als einer seiner liebsten Diener für jemand, den er als seinen Bruder ausgab, um eine Verwalterstelle bat, verschob Vespasian die Angelegenheit und ließ den Bewerber selbst zu sich kommen. Nachdem er sich die Summe hatte auszahlen lassen, die dieser mit seinem Bittsteller abgemacht hatte, setzte er ihn ohne Verzug in die Stelle ein, und als später der Diener wieder bei ihm anfragte, sagte er ihm: »Suche dir einen anderen Bruder! Der, den du für den deinen ansiehst, ist meiner.« – Als auf einer Reise der Maultiertreiber abstieg, um seine Tiere zu beschlagen, vermutete Vespasian, dieser habe das getan, um einem Kläger Möglichkeit und Zeit zu geben, vor ihn zu treten. Er fragte ihn, was er bei diesem Beschlagen verdiene, und bedang sich einen Teil des Gewinnes aus. – Sein Sohn Titus machte ihm Vorwürfe, daß er auf die Idee gekommen sei, auch den Urin zu besteuern[27], da hielt ihm Vespasian die ersten Geldstücke aus dieser Steuer unter die Nase und wollte wissen, ob der Geruch ihn störe, und als dieser verneinte, sagte er: »Und doch kommen sie vom Urin.« – Einer Abordnung, die ihm mitteilte, daß ihm von Staats wegen eine kostspielige Kolossalstatue zugedacht sei, befahl er, sie sofort zu errichten, hielt die hohle Hand hin und sagte, die Basis dazu sei bereit.

Nicht einmal Furcht und unmittelbare Todesgefahr konnten ihn davon abbringen, Witze zu machen. Als nämlich neben anderen Vorzeichen auch das Mausoleum sich plötzlich öffnete und ein Komet am Himmel erschien, sagte er, das erstere beziehe sich auf Iunia Calvina aus der Familie des Augustus, das zweite auf den Partherkönig, der lange Haare trage; und bei den ersten Anzeichen seiner Krankheit rief er aus: »O weh, ich glaube, ich werde ein Gott!«

24. Während seines neunten Konsulates wurde er in Campanien von leichten Fieberanfällen gepackt, begab sich schleu-

---

[26] Aus einer sonst nicht bekannten Komödie Menanders (über ihn vgl. Caes. 32). Aus den Hinterlassenschaften Freigelassener fiel ein Teil dem Patron, also hier dem Kaiser zu.

[27] Als Grundstoff zum Gerben. Zu Ehren des Erfinders dieser Steuer heißen die Bedürfnisanstalten in Frankreich vespasiennes.

nigst nach Rom, von dort nach Cutiliae und auf sein Landgut in Reate, wo er alljährlich seinen Sommeraufenthalt zu nehmen pflegte. Obschon sich dort sein Zustand verschlimmerte und er sich durch den häufigen Gebrauch des kalten Wassers auch noch ein Darmleiden zugezogen hatte, besorgte er wie gewohnt seine Regierungsgeschäfte und hörte sogar Abordnungen zu Bette liegend an. Plötzlich verursachte ein Durchfall die völlige Abnahme seiner Kräfte. Da sagte er, ein Kaiser müsse stehend sterben, und während er sich bemühte aufzustehen, verschied er in den Armen derer, die ihn stützen wollten, am dreiundzwanzigsten Juni im Alter von neunundsechzig Jahren, sieben Monaten und sieben Tagen.

25. Alle sind darin einig, daß er immer großes Vertrauen in sein Horoskop und das der Seinen setzte; deshalb habe er es auch gewagt, trotz den zahlreichen Verschwörungen gegen sein Leben[28], vor dem Senat zu behaupten, entweder würden seine Söhne ihm nachfolgen oder niemand. Er soll auch einmal im Traum gesehen haben, wie eine mitten im Vorhof seines Palastes aufgestellte Waage sich vollkommen im Gleichgewicht befand, auf deren einer Schale Claudius und Nero standen, auf der andern er selbst und seine Söhne. Und dieses Traumbild trog nicht, haben doch beide Teile während gleichviel Jahren eine völlig gleiche Zeit hindurch regiert.

[28] Vgl. Tit. 6.

Titus
39–81 n. Chr.

1. Titus, der den gleichen Beinamen wie sein Vater führte, war der Liebling und das Entzücken des Menschengeschlechts. So sehr war er durch sein Naturell, seine Geschicklichkeit oder das Schicksal befähigt, sich – was das schwierigste ist – sogar als Kaiser die Zuneigung aller Menschen zu gewinnen, nachdem er als Privatmann und auch solange sein Vater herrschte, verhaßt und dem öffentlichen Tadel ausgesetzt war.

Er wurde am dreißigsten Dezember des denkwürdigen Jahres, in dem Gaius (Caligula) durch Mörderhand fiel, geboren, nahe beim Septizonium, in einem kleinen, dunklen Zimmer eines ärmlichen Hauses, das noch heute so besteht und gezeigt wird[1].

2. Zusammen mit Britannicus wurde er am Kaiserhof erzogen und in den gleichen Fächern und von den gleichen Lehrern wie dieser unterrichtet. Man sagt, daß zu dieser Zeit von Narcissus, dem Freigelassenen des Claudius, ein Physiognom gerufen worden sei, um Britannicus zu beurteilen. Dieser habe zuversichtlich erklärt, jener werde niemals auf den Thron gelangen, hingegen aber sicher Titus, der damals gerade in der Nähe stand. Beide waren so eng miteinander befreundet, daß man annimmt, auch Titus, der neben Britannicus lag, habe von dem Gift, an dem dieser starb, getrunken und sei deshalb längere Zeit schwer krank gewesen[2]. Zum Andenken an dieses Ereignis errichtete Titus später im Kaiserpalast eine goldene Statue für Britannicus und weihte eine zweite, ihn zu Pferd darstellend, aus Elfenbein, die noch heute im Umzug im Zirkus mitgetragen wird und die Titus das erstemal persönlich begleitete.

3. Schon bei dem Knaben zeigten sich glänzende körperliche und geistige Gaben, die sich mit zunehmendem Alter immer mehr entwickelten: hervorragende Schönheit, in der sich Würde und Anmut vereinigten; außergewöhnliche Körperkraft, obschon er nicht groß war, sondern eher etwas dick; ein einzigartiges Gedächtnis und Anlagen zu fast allen Künsten des Krieges wie des Friedens. Er führte meisterhaft die Waffen, ritt vorzüglich, war fähig, lateinische und griechische Reden zu halten und in beiden Sprachen zu dichten, und zwar mit einer Leichtig-

---

[1] Ermordung Caligulas im Jahre 41. Sueton berechnet aber Titus' Alter auf 41 Jahre (vgl. Tit. 11), also ist als Geburtsjahr das Jahr 39 anzusehen.
[2] Tod des Britannicus; vgl. Nero 33.

keit, die bis zur Improvisation ging; aber auch in der Musik war er bewandert, denn er sang und spielte die Leier gefällig und mit Verstand. Von mehreren Gewährsmännern habe ich erfahren, daß er auch mit größter Geschwindigkeit zu stenographieren pflegte, worin er sich oft zum Scherz und Spaß mit seinen Sekretären maß; ferner gelang es ihm, jede Handschrift, die er sah, nachzuahmen, was ihn oft veranlaßte zu sagen, er hätte der größte Fälscher sein können.

4. Als Militärtribun wirkte er in Germanien und Britannien, wo er sich durch seinen Eifer und seine Bescheidenheit größten Ruhm erwarb, wie die Menge der Statuen und Bilder von ihm mit ihren Inschriften in beiden Provinzen bezeugt. Nach dem Militärdienst war er auf dem Forum tätig, zwar mehr ehrenhalber als berufsmäßig.

Zu dieser Zeit heiratete er Arrecina Tertulla, Tochter eines römischen Ritters, der immerhin eine Zeitlang die Prätorianergarde befehligt hatte. Nach deren Tod vermählte er sich mit Marcia Furnilla, einer Frau vornehmster Abstammung, von der er sich nach Geburt einer Tochter trennte[3].

Nach der Quästur erhielt er ein Legionskommando und unterwarf in Iudaea die beiden sehr starken Städte Tarichaeae und Gamala. In einem dieser Kämpfe wurde ihm sein Pferd unter dem Leib getötet, worauf er ein anderes bestieg, dessen Reiter neben ihm im Gefecht gefallen war.

5. Als Galba später Kaiser wurde, sandte man Titus aus, um ihm Glück zu wünschen, und wo er unterwegs durchkam, lenkte er die Aufmerksamkeit der Leute auf sich, weil man glaubte, Galba habe ihn zur Adoption gerufen.

Aber sobald Titus erfuhr, daß neue Unruhen ausgebrochen seien[4], kehrte er wieder um und begab sich zum Orakel der Venus von Paphos, um sich über den Ausgang seiner Seefahrt zu vergewissern. Die Antwort war günstig und bestärkte ihn zugleich in seiner Hoffnung auf den Thron. – Das Orakel sollte bald in Erfüllung gehen.

Zur vollständigen Unterwerfung des Landes in Iudaea zurückgeblieben, tötete er bei der letzten Belagerung von Jerusalem zwölf feindliche Kämpfer mit ebensoviel Pfeilschüssen und nahm die Stadt am Geburtstag seiner Tochter ein. So groß war die Freude und die Begeisterung der Soldaten, daß sie ihn bei der Beglückwünschung mit »Imperator« be-

---

[3] Diese Tochter Iulia wurde später die Geliebte Domitians; vgl. Dom. 22.
[4] Erhebung Othos.

grüßten⁵ und, als er die Provinz verlassen wollte, zurückhielten und flehentlich, ja sogar unter Drohungen baten, entweder zu bleiben oder sie alle mit sich zu nehmen. Daher entstand der Verdacht, er habe von seinem Vater abfallen und sich zum König des Orients machen wollen. Dieser Verdacht verstärkte sich noch, als er auf dem Wege nach Alexandria anläßlich der Weihe eines Apisstiers in Memphis ein Diadem trug, was allerdings nur der Sitte und dem Ritus dieser alten Religion entsprach; es fehlte aber nicht an Leuten, die das anders auslegten. Deshalb beeilte er sich, nach Italien zu kommen, fuhr auf einem Lastschiff nach Regium, von dort nach Puteoli und gelangte dann in größter Eile nach Rom, wo er seinen überraschten Vater, gleichsam um die Grundlosigkeit der gegen ihn ausgesprengten Gerüchte zu beweisen, mit den Worten begrüßte: »Hier bin ich, Vater, hier bin ich!«

6. Seit dieser Zeit hatte er an der Regierung seines Vaters teil und war seine Stütze. Zusammen mit ihm feierte er den Triumph und bekleidete er die Censur, auch war er sein Kollege im tribunizischen Amt und in sieben Konsulaten⁶. Er übernahm ferner fast alle Regierungsgeschäfte, diktierte im Namen seines Vaters selbst die Briefschaften, verfaßte Edikte, verlas im Senat an Stelle des Quästors die kaiserlichen Ansprachen und übernahm auch das Kommando der Prätorianergarde, das bis jetzt immer nur ein römischer Ritter innegehabt hatte. Auf diesem Posten zeigte er sich ziemlich tyrannisch und gewalttätig, denn er ließ jeden, der ihm verdächtig war, ohne Zögern aus dem Wege schaffen, indem er Leute dang, die in den Theatern und Militärlagern deren Bestrafung gleichsam im Namen aller forderten. Unter diesen befand sich auch Aulus Caecina, ein gewesener Konsul, den er zu sich zur Tafel bat und gleich bei Verlassen des Speisezimmers niederstechen ließ; allerdings stand hier eine unmittelbare Gefahr bevor, da man sogar das Manuskript der Rede, die Caecina vor den Soldaten halten wollte, gefunden hatte. Diese Handlungsweise verschaffte Titus einerseits genügend Sicherheit für die Zukunft, andrerseits zog er sich für den Augenblick größten Haß zu, so daß kaum jemals jemand auf den Thron gelangte, dem so viel Schlechtes nachgesagt wurde und der so unbeliebt gewesen wäre wie er.

7. Außer seiner Grausamkeit warf man ihm auch liederlichen Lebenswandel vor, da er mit seinen ausgelassensten Freunden

⁵ D. h. »siegreicher Feldherr«, nicht »Kaiser«.
⁶ Vgl. Vesp. 8.

die Gelage bis tief in die Nacht hinein ausdehnte. Nicht weniger tadelte man seine Wollust der Scharen seiner Lieblinge und Eunuchen wegen; dazu kam noch seine heftige Leidenschaft für die Königin Berenike, der er sogar die Heirat versprochen haben soll. Ferner beschuldigte man ihn der Habsucht, weil er bekanntermaßen mit den Gerichtsentscheiden seines Vaters Handel zu treiben pflegte und Bestechungen annahm. Kurz, allgemein hielt man ihn für einen zweiten Nero und sprach dies auch offen aus.

Aber dieser schlechte Ruf schlug zu seinen Gunsten um; man hörte nur noch die höchsten Lobsprüche und fand keinen Fehler mehr an ihm, sondern im Gegenteil die größten Tugenden. Seine Einladungen wußte er eher heiter als verschwenderisch zu gestalten. Er suchte sich Männer zu Freunden aus, denen auch seine Nachfolger auf dem Thron gewogen blieben und die sie, da für sie selber und den Staat unentbehrlich, in erster Linie heranzogen. Berenike schickte er sogleich von Rom weg – ein für beide Teile schwerer Entschluß. Einige seiner erklärten Lieblinge überschüttete er nicht mehr mit seiner Gunst, ja unterließ es sogar, ihnen bei einem öffentlichen Auftreten zuzuschauen, obschon sie Tänzer ersten Ranges waren, die bald die Bühne beherrschten. Keinem Bürger nahm er etwas weg. Wie kein zweiter hielt er fremdes Gut heilig und nahm nicht einmal die erlaubten und gewohnten Geschenke an[7]. Trotzdem stand er an Freigebigkeit keinem seiner Vorgänger nach, denn bei der Einweihung des Amphitheaters, neben dem er noch in großer Schnelligkeit hatte Bäder errichten lassen[8], gab er ein prächtiges, reiches Schauspiel. Er veranstaltete auch ein Seegefecht in der alten Naumachie, wo er sogar einen Gladiatorenkampf und eine Jagd durchführen ließ, bei der an einem Tag fünftausend wilde Tiere aller Arten zu sehen waren.

8. Von Natur aus sehr gütig, war Titus der erste, der alle von den vorhergehenden Kaisern erteilten Privilegien in einem einzigen Edikt wieder bestätigte und nicht zuließ, daß man ihn darum bat; bisher hatten nämlich nach einem von Tiberius eingeführten Grundsatz die Kaiser die von ihren Vorgängern zugestandenen Privilegien als nichtig betrachtet, wenn sie diese nicht selbst auf ein erneutes Ansuchen hin den gleichen Personen wieder verliehen hatten. Bei allen übrigen Gesuchen, die ihm vorgetragen wurden, hielt er strengstens darauf, niemand ohne

---

[7] Vgl. Cal. 42.

[8] Das Kolosseum (vgl. Vesp. 9) mit den Titusthermen, in deren Nähe die Laokoongruppe gefunden wurde.

Hoffnung zu entlassen; ja als ihn seine Höflinge darauf aufmerksam machten, daß er mehr verspreche, als er halten könne, sagte er, es gehe nicht an, daß jemand traurig scheide, wenn er mit seinem Kaiser gesprochen habe. Als er sich einmal bei Tisch erinnerte, daß er während des ganzen Tages niemandem einen Wunsch erfüllt habe, sprach er dieses denkwürdige, mit Recht gepriesene Wort: »Freunde, ich habe einen Tag verloren!«

Vor allem das Volk in seiner Gesamtheit behandelte er bei jeder Gelegenheit so leutselig, daß er einmal bei der Ankündigung eines Gladiatorenkampfes sagte, er werde sich dabei nicht nach seinem Geschmack, sondern nach dem der Zuschauer richten. Und wirklich machte er es so; denn er schlug den Anwesenden keine Bitte ab, sondern forderte sie noch von sich aus auf, zu verlangen, was sie wollten. Da er seine Vorliebe für die thrakischen Fechter[9] offen zur Schau trug, neckte er sich deswegen oft in Worten und Gesten mit dem Volke, ohne damit seine kaiserliche Majestät oder die Gerechtigkeit zu verletzen. Um keine Gelegenheit, dem Volke zu gefallen, vorbeigehen zu lassen, gestattete er diesem bisweilen den Zutritt zu seinen Thermen, wenn er badete.

Während Titus' Regierungszeit ereigneten sich einige schwere Katastrophen: der Vesuvausbruch in Campanien[10], ein Brand in Rom, der drei Tage und drei Nächte lang wütete, und eine Pest, wie sie mit dieser Heftigkeit noch nie aufgetreten war. Bei all diesen zahlreichen, schweren Heimsuchungen bewies er nicht nur die Fürsorge eines Herrschers, sondern auch das einzigartige Mitgefühl eines Vaters, indem er durch Edikte Trost zusprach und auch, soweit es in seinen Kräften stand, Hilfe brachte. Aus der Zahl der ehemaligen Konsuln wählte er durchs Los eine Kommission für die Hilfeleistung in Campanien; den Besitz von Leuten, die beim Vesuvausbruch umgekommen waren und keine Erben besaßen, wies er den heimgesuchten Städten zum Wiederaufbau zu. Bei der Feuersbrunst in Rom sagte er, der Staat habe keine Verluste erlitten[11], bestimmte alle Kunstgegenstände seiner Landhäuser zur Ausschmückung der Gebäude und Tempel und machte mehrere Ritter dafür verantwortlich, daß alles rasch ausgeführt werde. Zur Behebung und Linderung der Pest ließ er keine göttliche

---

[9] Die gleiche Vorliebe hatte Caligula; vgl. Cal. 54/55.

[10] Der berühmte Ausbruch des Jahres 79, durch den Pompeii und Herkulaneum zerstört wurden und bei dem Plinius der Ältere den Tod fand.

[11] Da Titus alle Kosten auf sich nahm.

und menschliche Hilfe unversucht und wandte jede Art von Opfern und Heilmitteln an.

Zu den Plagen dieser Zeit gehörten auch die Angeber und Zuträger, die sich seit langem breitgemacht hatten. Diese ließ er häufig auf dem Forum mit Peitschen- und Stockhieben züchtigen und zuletzt durch die Arena des Amphitheaters führen. Teils wurden sie als Sklaven verkauft, teils auf den unwirtlichsten Inseln ausgesetzt. Um für alle Zukunft Leute, die Ähnliches im Sinn hätten, abzuschrecken, verbot er beispielsweise, auf die gleiche Sache unter Berufung auf andere Gesetze zurückzukommen und über den sozialen Stand eines Verstorbenen nach einer gewissen Zahl von Jahren eine Untersuchung anzustellen[12].

9. Das Amt eines Oberpriesters erklärte er nur darum anzunehmen, um seine Hände von Blut rein halten zu können. Und er hielt Wort; denn von da an wurde niemand mehr auf seinen Befehl oder auch mit seinem Wissen hingerichtet, obschon es bisweilen an einem Grund zu solcher Bestrafung nicht gefehlt hätte. Aber er hatte geschworen, lieber wolle er sterben als einen andern sterben lassen. Zwei Patrizier, die überführt worden waren, nach der Herrschaft gestrebt zu haben, ermahnte er nur, von ihrem Vorhaben abzulassen, und belehrte sie, daß der Thron vom Schicksal verliehen werde; wenn sie noch etwas wünschten, so werde er es ihnen gerne zugestehen. Sogleich schickte er zu der Mutter eines dieser Männer, die weit entfernt von Rom lebte, einen Läufer ab, um der bekümmerten Frau zu melden, ihr Sohn sei wohlauf. Ferner zog er beide zu seiner Tafel im engsten Kreise bei, ließ sie am folgenden Tag bei einem Gladiatorenkampf absichtlich in seiner Nähe sitzen, und als man ihm die Waffen der Kämpfer zeigte, reichte er sie ihnen, damit sie sie prüfen könnten. Titus soll auch, als er ihr Horoskop erfuhr, gesagt haben, es drohe beiden eine Gefahr, aber später und nicht von ihm, was dann auch eintraf.

Seinen Bruder, der unentwegt gegen ihn intrigierte, sozusagen in aller Öffentlichkeit die Heere aufwiegelte und immer zur Flucht bereit war[13], ließ er weder töten noch verbannen, ja nicht einmal in seinen Ehren einschränken, sondern genau wie am ersten Tag seiner Herrschaft bezeichnete er ihn weiterhin als seinen Mitregenten und Nachfolger. Nur zuweilen bat er ihn insgeheim flehentlich und unter Tränen, endlich seine brüderliche Liebe mit Gleichem zu vergelten.

---

[12] Ob freigeboren, freigelassen oder Sklave. Wichtige Frage bei Testamenten.
[13] Vgl. Dom. 2.

10. Mitten aus seiner Tätigkeit wurde Titus durch einen vorzeitigen Tod gerissen, eher ein Unglück für die Menschheit als für ihn selbst. Nach einem Schauspiel, bei dessen Ende er vor aller Augen bitterlich geweint hatte, ging er ins Sabinerland, noch trauriger, weil beim Opfer das Opfertier geflohen war und es aus heiterem Himmel gedonnert hatte. Gleich im ersten Nachtquartier bekam er einen Fieberanfall, und während er seine Reise in einer Sänfte fortsetzte, soll er häufig die Vorhänge zurückgeschlagen und gen Himmel geblickt haben, wobei er sich bitter beklagte, daß ihm das Leben unverdient entrissen werde; denn er habe keine seiner Handlungen zu bereuen, außer einer einzigen. Auf die Frage, welche er damit meine, gab er selbst damals keine Antwort, und für einen Außenstehenden war es nicht leicht zu erraten. Einige sind der Ansicht, er habe an das ehebrecherische Verhältnis gedacht, das er mit der Frau seines Bruders gehabt haben soll. Domitia[14] aber schwur hoch und heilig, ein solches habe nicht bestanden; und doch hätte sie es nicht abgestritten, wenn etwas an der Sache gewesen wäre, ja hätte sich sogar noch damit gebrüstet, da sie sonst ohne weiteres bereit war, mit all ihren Ausschweifungen zu prahlen.

11. Titus starb im gleichen Landhaus wie sein Vater, am dreizehnten September, zwei Jahre, zwei Monate und zwanzig Tage nachdem er die Nachfolge desselben angetreten hatte, im zweiundvierzigsten Lebensjahr[15]. Als sich die Todesnachricht in der Öffentlichkeit verbreitete, war die Trauer allgemein nicht geringer, als wenn ein Todesfall in der eignen Familie eingetreten wäre. Der Senat eilte, noch bevor er durch ein Edikt einberufen war, im Rathaus zusammen, ließ die noch geschlossenen Tore öffnen und zeigte sich dem Toten gegenüber von solcher Dankbarkeit und erwies ihm solche Ehren, wie Titus sie selbst zu Lebzeiten und solange er unter ihnen weilte, nie erhalten hatte.

[14] Vgl. Dom. 3.
[15] 13. September 81. Die Todesursache ist unbekannt, u. a. wurde auch Vergiftung durch Domitian vermutet.

Domitian
51–96 n. Chr.

1. Domitian wurde in dem Jahre, in dem sein Vater zum Konsul ernannt wurde, einen Monat vor Amtsbeginn, nämlich am vierundzwanzigsten Oktober geboren, und zwar im sechsten Stadtbezirk in einem Hause der Granatapfelstraße, das er später in den Tempel der Flavischen Familie umwandelte. Seine Jugend- und ersten Jünglingsjahre soll er in solch beschämender Armut verbracht haben, daß er kein einziges Silbergefäß im Gebrauch hatte. So viel ist sicher, daß der ehemalige Prätor Clodius Pollio, gegen den das Gedicht Neros ›Der Einäugige‹ gerichtet ist, einen eigenhändig geschriebenen Brief Domitians aufbewahrt und auch hin und wieder gezeigt hat, worin dieser ihm eine Nacht versprach. Es gab ebenfalls Leute, die behaupteten, Domitian sei auch von seinem späteren Nachfolger Nerva mißbraucht worden.

Im Krieg gegen Vitellius floh er mit seinem Onkel Sabinus und einem Teil der vorhandenen Truppen auf das Kapitol. Als aber die Gegner eindrangen und der Tempel in Flammen stand[1], brachte er die Nacht heimlich bei dem Tempelhüter zu. Am nächsten Morgen verkleidete er sich als Isispriester, mischte sich unter die Opferpriester verschiedener Religionen und begab sich mit nur einem Begleiter zur Mutter eines Schulkameraden auf das andere Tiberufer, wo er sich so gut verborgen hielt, daß er von den Häschern, die seinen Spuren gefolgt waren, nicht ausfindig gemacht werden konnte. Nach dem Siege seines Vaters kam er endlich aus seinem Versteck hervor, wurde als Caesar begrüßt[2] und übernahm das Amt eines Stadtprätors mit konsularischer Gewalt, doch nur dem Namen nach, da er die Ausübung der Rechtspflege seinem nächsten Kollegen übertrug.

Im übrigen benützte er seine mächtige Stellung zur Ausübung schrankenloser Willkür, so daß man schon damals einen Vorgeschmack der Zukunft bekam. So verführte er – um nur einige Beispiele anzuführen – eine große Zahl verheirateter Frauen. Domitia Longina, die mit Aelius Lamia verheiratet war, nahm er sogar ihrem Gatten weg, um sie zu ehelichen; und an *einem* Tag verteilte er über zwanzig Ämter in Rom und in den Provinzen, so daß Vespasian sagte, er wundere sich, daß er nicht auch ihm einen Nachfolger schicke.

[1] Vgl. Vit. 15.
[2] Die ganze kaiserliche Familie trug diesen Titel.

2. Er begann auch unnötigerweise und gegen den Rat der Freunde seines Vaters einen Kriegszug gegen Gallien und die germanischen Provinzen, und zwar einzig aus dem Grund, weil er nicht an Macht und Würde hinter seinem Bruder (Titus) zurückstehen wollte. Dadurch zog er sich einen Verweis zu, mußte seitdem, um sich eher seines Alters und seiner Stellung bewußt zu bleiben, bei seinem Vater wohnen und, sooft dieser und sein Bruder sich in der Öffentlichkeit zeigten, in einer Sänfte ihrem Tragsessel folgen. Am Tage ihres gemeinsamen Triumphes über Iudaea begleitete er sie auf einem Schimmel. Von seinen sechs Konsulaten war nur ein einziges ein ordentliches[3], und auch dieses hatte er nur dank der Unterstützung seines Bruders erhalten, der ihm seinen Platz überließ.

Domitian heuchelte mit wunderbarer Verstellungskunst Bescheidenheit und vor allem Interesse für die Poesie, mit der er sich vorher nie abgegeben hatte und die er später mit Verachtung von sich wies. Er las sogar seine Verse öffentlich vor. Als aber der Partherkönig Vologaesus um Hilfstruppen gegen die Alanen und um einen von Vespasians Söhnen als Führer bat, setzte Domitian nichtsdestoweniger alles daran, daß man gerade ihn mit dieser Aufgabe betraue. Da sich aber die ganze Sache zerschlug, versuchte er, durch Geschenke und Versprechungen andere orientalische Könige zu bewegen, die gleiche Forderung zu stellen.

Nach dem Tode seines Vaters war er lange unschlüssig, ob er nicht den Soldaten ein doppelt so großes Geldgeschenk (wie Titus) anbieten solle, und scheute sich nie, öffentlich zu erklären, er sei in Vespasians Testament als Mitregent bezeichnet worden, man habe es aber gefälscht. Seit dieser Zeit hörte er nicht auf, gegen seinen Bruder im geheimen und offen zu intrigieren[4], und als dieser schwer krank darniederlag, befahl er, noch bevor Titus sein Leben ausgehaucht hatte, ihn ohne Hilfe, wie wenn er bereits gestorben wäre, liegen zu lassen. Als der Tod eingetreten war, würdigte er den Bruder außer der Vergöttlichung keiner besonderen Ehrung und verspottete ihn auch oft in hämischen Reden und Edikten.

3. Zu Beginn seiner Regierung pflegte er sich täglich für Stunden zurückzuziehen und nichts anderes zu tun, als Fliegen fangen und mit einem spitzen Griffel aufspießen, so daß Vibius Crispus einmal auf die Frage, ob jemand drinnen beim Kaiser

[3] Vgl. S. 273, Anm. 5.
[4] Vgl. Tit. 9.

sei, nicht ohne Witz antworten konnte: »Nein, nicht einmal eine Fliege.«

Später verlieh er seiner Gattin Domitia, die ihm während seines zweiten Konsulats einen Sohn geboren hatte, ... im zweiten Jahr (seiner Regierung) den Titel Augusta[5]. Als sie sich Hals über Kopf in den Schauspieler Paris verliebte, verstieß er sie, war aber der Trennung nach kurzer Zeit überdrüssig und nahm sie, angeblich vom Volke dazu gedrängt, wieder bei sich auf.

In der Ausübung seiner Regierungsgewalt zeigte er sich eine Zeitlang sehr unbeständig, und seine Fehler und Vorzüge hoben einander auf, bis auch die Vorzüge sich in Fehler verkehrten; soweit man vermuten kann, wurde er, abgesehen von seiner natürlichen Anlage, raubgierig aus Not und grausam aus Furcht.

4. Prächtige und kostspielige Schauspiele gab er häufig, und zwar nicht nur im Amphitheater, sondern auch im Zirkus, wo er außer den üblichen Rennen der Zwei- und Viergespanne auch zwei Gefechte veranstaltete, das eine zwischen Reitern, das andere zwischen Fußtruppen. Im Amphitheater ließ er auch ein Seetreffen aufführen. Jagden und Gladiatorenkämpfe gab es sogar nachts bei Fackelschein, und zwar nicht nur zwischen Männern, sondern auch zwischen Frauen. Außerdem hatte er die Spiele der Quästoren, die seit langer Zeit in Vergessenheit geraten waren[6], wieder eingeführt und besuchte sie regelmäßig. Bei diesen erlaubte er dem Volke, zwei Fechterpaare aus der kaiserlichen Truppe zu erbitten, die er zum Abschluß mit höfischem Prunk in die Arena treten ließ. Während der ganzen Dauer der Gladiatorenkämpfe stand ein in Scharlach gekleideter Knabe mit einem ungewöhnlich kleinen, mißgestalteten Kopf zu seinen Füßen, mit dem er sich lebhaft unterhielt, manchmal auch über ernsthafte Dinge. Auf jeden Fall hörte man ihn diesen einmal fragen, ob er wisse, warum er beschlossen habe, bei der letzten Ämterverteilung Mettius Rufus als Präfekten von Ägypten einzusetzen.

Er gab Seegefechte, an denen fast vollständige Flotten teilnahmen, in einem in der Nähe des Tiber ausgegrabenen und ringsum mit Sitzreihen versehenen Bassin und folgte trotz stärkstem Regen diesem Schauspiel von Anfang bis zum Ende. – Auch eine Jahrhundertfeier führte er durch, wobei er bei der Zeitrechnung nicht von der letzten unter Claudius, sondern von der einst unter Augustus veranstalteten

---

[5] Der Text ist hier nicht sicher.
[6] Auftreten von Frauen vgl. Nero 11. Spiele der Quästoren vgl. Claud. 24.

ausging[7]. Bei dieser ließ er am Tage der Wettrennen im Zirkus, um leichter mit den hundert Rennen fertigzuwerden, bei jedem Rennen nur fünf statt sieben Runden fahren.

Außerdem stiftete Domitian zu Ehren des Kapitolinischen Iuppiter einen alle fünf Jahre stattfindenden Wettkampf, der aus drei Teilen bestand: musische Künste, Wagenrennen und Gymnastik, mit bedeutend mehr Preisträgern als heute. Die Konkurrenz umfaßte nämlich auch griechische und lateinische Prosa und außer den Kitharoeden auch Leierspieler, die nur Begleitspieler oder nur Solisten waren[8]. In der Kampfbahn liefen auch junge Mädchen um die Wette. Domitian führte den Vorsitz, mit Sandalen an den Füßen und in einer purpurnen Toga nach griechischem Schnitt, auf dem Haupt eine goldene Krone mit dem Bild Iuppiters, Iunos und Minervas; ihm zur Seite saßen in gleichem Aufzug der Iuppiterpriester und das Flavische Priesterkollegium, außer daß auf deren Kronen auch das Bild des Kaisers war. Er feierte auch alljährlich in seiner Villa auf dem Albanerberg das Minervafest, wofür er ein besonderes Priesterkollegium einsetzte, aus dessen Reihen durch das Los bestimmte Mitglieder die Leitung zu übernehmen und prächtige Jagden, Bühnenspiele und dazu noch Wettbewerbe für Redner und Dichter zu veranstalten hatten.

Dreimal spendete er dem Volk ein Geldgeschenk von dreihundert Sesterzen pro Kopf, und anläßlich des »Festes der sieben Hügel« ließ er während der Gladiatorenkämpfe ein üppiges Mahl servieren; der Senat und die Ritter erhielten ihren Teil in großen Brotkörben, das Volk in kleinen Körbchen, und er selbst machte mit dem Essen den Anfang[9]. Am nächsten Tag ließ er Gutscheine für alle möglichen Gegenstände unter die Zuschauer werfen, und weil der größte Teil auf die Bänke des Volkes gefallen war, gab er bekannt, daß noch je fünfzig Gutscheine für die einzelnen Ränge der Ritter und Senatoren zur Verteilung kämen.

5. Sehr viele und sehr große durch Brand zerstörte Gebäude ließ Domitian wiederherstellen, darunter das Kapitol, das wieder durch Feuer gelitten hatte[10]; aber auf alle wurde nur sein Name gesetzt, ohne jede Erwähnung des ursprünglichen Erbauers. Andrerseits errichtete er neu einen Tempel auf dem Kapitol für

---

[7] Vgl. Claud. 21 und Aug. 31.
[8] Die Wettkämpfe stellen eine Erneuerung der Neronischen Spiele dar; vgl. Nero 12.
[9] Vgl. Cal. 18 und Martial, Epigramme VIII 50.
[10] Vgl. Tit. 8 und Vesp. 8.

»Iuppiter den Wächter«, das Forum, welches jetzt den Namen Nervas trägt, den Tempel der Flavischen Familie, ein Stadion, ein Odeon und die Naumachie, aus deren Gemäuer später die abgebrannten Seitenwände des Circus Maximus wieder aufgebaut wurden.

6. Kriegszüge unternahm er teils aus eignem Antrieb, teils notgedrungen; freiwillig den gegen die Chatten, gezwungenermaßen einen gegen die Sarmaten, die eine Legion mit ihrem General niedergemetzelt hatten, und zwei gegen die Daker: den ersten nach der Niederlage des ehemaligen Konsuls Oppius Sabinus, den zweiten nach der des Prätorianerpräfekten Cornelius Fuscus, dem er den Oberbefehl in diesem Krieg übertragen hatte. Über die Chatten und Daker feierte er nach mehreren Gefechten von wechselndem Erfolg einen doppelten Triumph; nach dem Sieg über die Sarmaten begnügte er sich damit, im Tempel des Kapitolinischen Iuppiter einen Lorbeerkranz niederzulegen.

Ein von Lucius Antonius, dem Statthalter Obergermaniens, angezettelter Bürgerkrieg erledigte sich dank eines erstaunlichen Zufalls, ohne daß Domitian Rom zu verlassen brauchte; der zugefrorene Rhein taute nämlich zur Stunde der Entscheidungsschlacht plötzlich auf, was die Truppen der Barbaren, die über den Fluß setzen wollten, hinderte, zu Antonius überzutreten. Von diesem Sieg erfuhr der Kaiser durch Vorzeichen, noch bevor Botschaften eintrafen, da am Tage der Schlacht ein großer Adler in Rom seine Statue mit den Flügeln umfaßte und laute fröhliche Schreie ausstieß. Wenig später verbreitete sich die Nachricht von Antonius' Ermordung mit solcher Bestimmtheit, daß viele Leute sogar behaupteten, sie hätten gesehen, wie sein Kopf nach Rom gebracht worden sei.

7. Domitian führte auch viele Neuerungen im täglichen Leben ein. Die öffentlichen Lebensmittelverteilungen hob er auf und rief die Gewohnheit, ganze Mahlzeiten zu stiften, wieder ins Leben[11]. Zwei neue Renngesellschaften fügte er zu den vier alten hinzu, die »Goldenen« und die »Purpurnen«. Gewissen Schauspielern untersagte er das Auftreten auf der Bühne, gestand ihnen aber das Recht zu, in Privathäusern ihre Kunst auszuüben. Ferner erließ er ein Verbot, Personen männlichen Geschlechts zu kastrieren, und setzte die Preise für die bei den Sklavenhändlern noch vorhandenen Eunuchen herab.

In einem Jahr, da es eine Überfülle von Wein, aber zu wenig

[11] Vgl. Nero 16

Getreide gegeben hatte, war er der Meinung, durch übertriebenen Weinbau komme der Ackerbau zu kurz, und erließ eine Verordnung, daß niemand mehr in Italien neue Rebberge anlegen dürfe und in den Provinzen mindestens die Hälfte der Reben vernichtet werden müsse. Er bestand dann aber nicht auf der Ausführung dieses Ediktes[12].

Einige der höchsten Ämter vergab er an Freigelassene und römische Ritter. Ferner verbot er das Zusammenlegen zweier Legionen in ein gemeinsames Lager, und kein Soldat durfte mehr als tausend Sesterzen bei der Legionskasse hinterlegen, da es sich herausgestellt hatte, daß Lucius Antonius, der zwei Legionen in einem Winterlager vereinigt hatte, seinen Aufstand auch aus dem Grund zu unternehmen wagte, weil die Summe der hinterlegten Gelder eine sehr ansehnliche war. Die Besoldung der Soldaten erhöhte er um eine vierte Auszahlung von drei Goldstücken.

8. In der Rechtsprechung war er sorgfältig und eifrig und hielt häufig auf seinem Tribunal auf dem Forum außerordentliche Sitzungen ab. Parteiische Entscheide des Centumviralgerichts hob er auf. Immer wieder ermahnte er die Rekuperatoren, sich nicht auf oberflächliche und schikanöse Begründungen bei Prozessen einzulassen. Richter, die sich als bestechlich erwiesen hatten, bestrafte er samt ihrem ganzen Kollegium mit einem Verweis. Er veranlaßte auch die Volkstribunen, einen Ädil, der schmutzige Geschäfte getrieben hatte, wegen Unterschlagung anzuklagen und seine Verurteilung beim Senat zu beantragen. Die Behörden in Rom und die Statthalter in den Provinzen hielt er so fest im Zaum, daß es zu keiner Zeit ehrlichere und gerechtere Beamte gab, während wir es erlebten, daß nach Domitian viele Magistraten aller möglichen Verbrechen angeklagt wurden.

Er nahm auch eine Verbesserung der Sitten an die Hand und schaffte den Mißbrauch ab, daß die Zuschauer im Theater sich ungeniert auf die Plätze der Ritter setzten. Schmähschriften, die im Publikum verbreitet wurden, um angesehene Männer und Frauen zu verleumden, ließ er vernichten, nicht ohne die Verfasser mit einer Ehrenstrafe belegt zu haben. Einen ehemaligen Quästor schloß er vom Senat aus, weil er ein leidenschaftlicher Pantomime und Tänzer war. Frauen von zweifelhaftem Lebenswandel verbot er, Sänften zu benutzen, und nahm ihnen das Recht, Legate und Erbschaften anzutreten. Einen römischen

[12] Vgl. Dom. 14.

Ritter, der die Frau, die er verstoßen und gegen die er einen Prozeß wegen Ehebruchs angestrengt hatte, wieder bei sich aufnahm, strich er aus der Richterliste. Einige Senatoren und Ritter verurteilte er auf Grund des Scantinischen Gesetzes.

Keuschheitsvergehen der Vestalischen Jungfrauen, denen von seinem Vater und Bruder keine Bedeutung beigemessen worden war, bestrafte er auf verschiedene Weise, und zwar streng: anfänglich mit gewöhnlicher Todesstrafe, später nach alter Sitte[13]. Während er nämlich den Schwestern Oculata und der Varronilla die Wahl ihrer Todesart noch freigestellt hatte und ihre Verführer nur verbannte, ließ er später die Oberpriesterin Cornelia, die einst freigesprochen und nun nach langer Zeit erneut angeklagt und auch überführt worden war, lebendig begraben, ihre Liebhaber aber auf dem Versammlungsplatz zu Tode peitschen. Ausgenommen hiervon wurde nur sein ehemaliger Prätor, den er zu Verbannung begnadigte, da er sein Verbrechen zugegeben hatte, bevor der Fall ganz aufgeklärt war und Untersuchungen und Folterungen zu einem Ergebnis geführt hatten[14]. Und damit keine Entweihung religiöser Einrichtungen ungestraft bleibe, ließ er das Grabmal für den Sohn eines seiner Freigelassenen durch Soldaten zerstören und die darin enthaltenen Gebeine und Reste im Meer versenken, weil es aus Steinen errichtet war, die man zum Aufbau des Tempels des Kapitolinischen Iuppiter bestimmt hatte.

9. Anfänglich schreckte Domitian vor jedem Blutvergießen zurück. Als er sich zur Zeit, da sein Vater noch fern von Rom war, einmal des Verses von Vergil erinnerte:

> Ehe der ruchlose Mensch von getöteten Stieren sich nährte[15],

wollte er ein Edikt erlassen, wonach Rinder nicht mehr geopfert werden dürften. Auch der Habsucht und Raubgier wurde er kaum je verdächtigt, weder als Privatmann noch lange Zeit als Kaiser; er gab im Gegenteil sogar verschiedentlich Beweise nicht nur seiner Uneigennützigkeit, sondern auch seiner Freigebigkeit. Sehr großzügig gegenüber seiner Umgebung, ermahnte er sie in erster Linie nachdrücklich, keine schmutzigen Geschäfte zu machen. Erbschaften, die ihm von Leuten hinterlassen wurden, die noch Kinder hatten, nahm er nicht an. Ein Legat aus

---

[13] Männer wurden zu Tode gepeitscht; vgl. Nero 49 und unten, Frauen lebendig begraben, siehe unten.
[14] Ein vernichtendes Urteil über diesen Prozeß bei Plinius dem Jüngeren, Briefe IV 11.
[15] Vergil, Georgica II 537.

dem Testament des Rustius Caepio, der bestimmt hatte, daß sein Erbe alljährlich den Senatoren beim Betreten des Rathauses Mann für Mann eine bestimmte Summe zu bezahlen habe, erklärte er für ungültig. Angeklagte, deren Namen noch nach Ablauf von fünf Jahren beim Schatzhaus angeschlagen waren, befreite er alle von der Anklage[16] und gestattete die Wiederaufnahme des Prozesses nur innerhalb Jahresfrist und dazu noch unter der Bedingung, daß der Ankläger, falls er den Prozeß verliere, mit Verbannung bestraft werde. Den Schreibern der Quästoren, die nach alter Gewohnheit Handel trieben, was den Bestimmungen des Clodischen Gesetzes widersprach, gewährte er eine Amnestie für vergangene Gesetzesübertretungen. Die bei der Äckerverteilung an die Veteranen da und dort übriggebliebenen Landparzellen gestand er ihren alten Besitzern auf Grund des Verjährungsrechts wieder zu. Angebereien bei den Steuerbehörden trat er durch scharfe Strafen für die betreffenden Angeber entgegen, und man erzählte sich diesen Ausspruch Domitians: »Ein Kaiser, der Zuträger nicht züchtigt, reizt sie an.«

10. Aber er behielt diese Haltung voll Milde und Uneigennützigkeit nicht bei. Allerdings verfiel er bedeutend rascher in den Fehler der Grausamkeit als in den der Habsucht. Einen Schüler des Pantomimen Paris, der damals noch nicht erwachsen war und gerade schwer krank darniederlag, tötete er, nur weil sein Spiel und Aussehen nicht unähnlich demjenigen seines Lehrers zu sein schien. Dasselbe Schicksal ereilte Hermogenes von Tarsos wegen gewisser Anspielungen in seinem Geschichtswerk. Die Schreiber, die das Werk kopiert hatten, ließ er sogar ans Kreuz schlagen. Ein Familienvater, der im Zirkus gesagt hatte, ein thrakischer Kämpfer sei wohl einem Murmillo gewachsen, aber nicht dem Veranstalter der Spiele[17], wurde von seinem Platz weg in die Arena geschleift und den Hunden vorgeworfen, wobei man eine Tafel mit der Inschrift: »Ein Schildknappe der Thraker, der eine Majestätsbeleidigung ausgesprochen hat«, anbrachte.

Eine ganze Reihe Senatoren, zum Teil ehemalige Konsuln, ließ er umbringen; unter ihnen Civica Cerealis noch während dessen Prokonsulat in Asien, Salvidienus Orfitus und Acilius Glabrio im Exil, und zwar unter dem Vorwand, sie planten eine Erhebung. Die übrigen ereilte ihr Schicksal aus irgendeinem nichtigen Grund: Aelius Lamia wegen allerdings zweideutiger,

---

[16] Das heißt, daß deren Fälle innerhalb von fünf Jahren nicht erledigt worden waren.
[17] Domitian war Liebhaber der Murmillonen; vgl. dazu im Gegenteil Cal. 54/55 und Tit. 8.

aber langverjährter, unschuldiger Witze; er hatte nämlich nach der Entführung seiner Frau durch Domitian[18] zu jemandem, der seine Stimme lobte, gesagt: »Ich lebe eben enthaltsam« und Titus, der ihn zu einer zweiten Ehe aufforderte, auf griechisch geantwortet: »Willst du vielleicht auch heiraten?« – Salvius Cocceianus wurde hingerichtet, weil er den Geburtstag seines Onkels, des Kaisers Otho, gefeiert hatte; Mettius Pompusianus, weil es sich herumgesprochen hatte, sein Horoskop sage ihm den Thron voraus, und weil er eine auf Pergament gemalte Weltkarte und eine Sammlung der Reden der Könige und Feldherren aus Titus Livius mit sich herumtrage und seinen Sklaven die Namen Mago und Hannibal gegeben habe; Sallustius Lucullus, der Legat von Britannien, weil er erlaubt hatte, Lanzen neuer Art »lukullische« zu nennen; Iunius Rusticus, weil er eine Lobschrift auf Paetus Thrasea und Helvidius Priscus veröffentlicht und sie die rechtschaffensten Männer genannt hatte – dieser Prozeß bot Domitian zugleich noch die Gelegenheit, alle Philosophen aus Rom und Italien auszuweisen. Er tötete auch den Sohn des Helvidius, angeblich weil er im Nachspiel zu einer Komödie unter der Gestalt des Paris und der Oenone die Scheidung Domitians von seiner Gattin kritisiert habe[19]. Flavius Sabinus, einer seiner beiden Vettern, wurde ermordet, weil der Herold am Tage der Konsulwahlen diesen nach erfolgter Wahl versehentlich dem Volk nicht als Konsul, sondern als Kaiser vorgestellt hatte.

Nach seinem Sieg im Bürgerkrieg steigerte sich seine Grausamkeit, und um die noch verborgenen Mitwisser herauszufinden, unterzog er die meisten Anhänger der Gegenpartei einer neuen Art von Folter; er ließ ihnen nämlich die Schamteile verbrennen; einigen wurden auch die Hände abgehauen. Tatsache ist, daß er nur zwei der hauptsächlichsten Teilnehmer begnadigte, einen Tribunen aus dem Senatorenstand[20] und einen Centurio, die, um leichter ihre Unschuld zu offenbaren, nachgewiesen hatten, daß sie widernatürlich veranlagt seien und deshalb weder beim Feldherrn noch bei den Soldaten irgendwelchen Einfluß hätten ausüben können.

11. Seine Grausamkeit war aber nicht nur groß, sondern auch heimtückisch und unberechenbar. Am Tage bevor Domitian einen seiner Kassenbeamten ans Kreuz schlagen ließ, rief er ihn

---

[18] Vgl. Dom. 1.

[19] Oenone: erste Gattin des Paris, die er nach der Eroberung von Troia wieder zu sich nahm. Domitian sah darin eine Anspielung auf seine Scheidung und Wiederverheiratung mit Domitia.

[20] Bürgerkrieg gegen Antonius vgl. Dom. 6. Tribunen aus dem Senatorenstand vgl. Otho 10.

in sein Schlafgemach, hieß ihn neben sich aufs Bett sitzen und entließ ihn mit dem beglückenden Gefühl der Sicherheit, ja schickte ihm sogar Speisen von der kaiserlichen Tafel. Den ehemaligen Konsul Arrecinus Clemens, einen seiner Vertrauten und Spione, dessen Todesurteil bereits feststand, behandelte er mit gleicher, ja sogar noch größerer Freundlichkeit, bis er ihm einmal auf einer gemeinsamen Fahrt in einer Sänfte seinen Ankläger zeigte und ihn fragte: »Wünschest du, daß wir diesen nichtsnutzigen Sklaven morgen anhören?«

Um die Geduld der Menschen noch unverschämter zu mißbrauchen, verkündete er nie einen seiner harten Urteilssprüche, ohne zu Beginn seine Milde zu betonen, so daß kein anderes Zeichen sicherer auf ein grausames Urteil hindeutete als diese Sanftmut am Anfang. Einige wegen Majestätsbeleidigung Angeklagte hatte er ins Rathaus führen lassen und dabei die Bemerkung vorausgeschickt, heute werde er erproben, wie teuer er dem Senat sei, und es so leicht fertiggebracht, daß diese Leute sogar zum Tode nach der Sitte der Vorfahren verurteilt wurden[21]. Voll Schreck über die Schärfe der Strafe schritt er darauf, um sich nicht zu verhaßt zu machen, mit folgenden Worten ein – ich halte es für zweckmäßig, den Wortlaut wiederzugeben: »Erlaubt mir, Senatoren, von eurer treuen Ergebenheit etwas zu fordern, was ihr mir allerdings, wie ich weiß, nur ungern zugestehen werdet, nämlich, daß ihr den Verurteilten die freie Wahl ihrer Todesart zugesteht; denn dadurch werdet ihr euren Augen ein schreckliches Schauspiel ersparen und alle werden erkennen, daß ich an der Senatssitzung teilgenommen habe.«

12. Als Domitian infolge seiner Aufwendungen für Bauten und Spiele und der den Soldaten gewährten Soldzulage[22] finanziell vollständig ruiniert war, versuchte er die militärischen Ausgaben durch eine Reduktion des Heeres herabzusetzen. Da er aber sah, daß er sich dadurch Barbareneinfällen aussetzen und trotzdem nicht aus seinen Geldschwierigkeiten herauskommen werde, scheute er sich nicht mehr, auf jede Art und Weise auf Raub auszugehen. Der Besitz der Lebenden und Gestorbenen wurde auf die geringste Anschuldigung irgendeines Anklägers hin ohne weiteres beschlagnahmt. Es genügte schon der Vorwurf irgendeiner Tat oder eines Wortes gegen die Majestät des Kaisers. Man konfiszierte Erbschaften ganz fremder Personen, wenn auch nur *einer* auftrat, der sagen konnte, er habe gehört,

[21] Vgl. Do. 8 mit Anm. 13.
[22] Vgl. Dom. 7.

wie der Verstorbene zu seinen Lebzeiten den Kaiser zum Erben bestimmt habe.

Besonders hart verfuhr man beim Eintreiben der Judensteuer; ihr wurden Leute unterworfen, die entweder, ohne sich zur jüdischen Religion zu bekennen, doch nach jüdischem Ritus lebten[23] oder die ihre Abstammung verheimlicht und so die ihrem Volk auferlegten Abgaben nicht entrichtet hatten. Ich erinnere mich, als ganz junger Mann dabei gewesen zu sein, wie bei einem neunzigjährigen Greis vom Steuerbeamten zusammen mit einem zahlreichen Kollegium geprüft wurde, ob er beschnitten sei.

Von Jugend an war Domitian hochmütig, unverschämt und maßlos in Wort und Tat. Als Caenis, die Mätresse seines Vaters, aus Istrien zurückkehrte und ihm wie gewohnt die Wange zum Begrüßungskuß bot, reichte er ihr nur die Hand zum Kusse hin. Unwillig darüber, daß der Schwiegersohn seines Bruders ebenfalls weißgekleidete Diener hatte, zitierte er den homerischen Vers:

Niemals frommt Vielherrschaft im Volk[24].

13. Als er dann zur Herrschaft gelangt war, trug er kein Bedenken, im Senat zu behaupten, er habe sowohl seinem Vater als auch seinem Bruder den Thron gegeben und jene hätten ihm diesen nur zurückerstattet, und bei Gelegenheit der Wiederverheiratung mit seiner geschiedenen Frau in einem Edikt zu verkünden, er habe sie wieder auf seinen Göttersitz zurückgerufen. Er hörte es auch gern, daß man im Amphitheater am Tage eines öffentlichen Festschmauses in den Jubelruf ausbrach: »Heil unserem Herrn und unserer Herrin!« Als aber beim Kapitolinischen Wettkampf[25] alle einmütig baten, er möge Palfurius Sura, der einst aus dem Senat gestoßen worden war, jetzt aber den Siegeskranz im Wettstreit der Redner erhalten hatte, wieder in den Senat aufnehmen, würdigte er das Volk keiner Antwort, sondern gebot ihm nur durch den Mund des Herolds zu schweigen. Mit gleicher Anmaßung begann er ein amtliches Rund-

---

[23] Judensteuer: Steuer im Betrag von zwei Drachmen, die frühere Tempelsteuer nach Jerusalem, die von Titus auf den Kapitolinischen Iuppiter übertragen worden war; ihr wurden nun auch die Proselyten und vielleicht die Christen unterworfen.

[24] Schwiegersohn des Bruders: Flavius Sabinus; vgl. Dom. 10. – Der Vers aus Homer, Ilias II 204; vgl. auch das Zitat Cal. 22. Übersetzung Voß.

[25] Über die Bedeutung von *dominus*, Herr, vgl. Aug. 53 und Tib. 27. Kapitolinischer Wettkampf vgl. Dom. 4.

schreiben, das er im Namen seiner Steuerbeamten diktierte, mit den Worten: »Unser Herr und Gott befiehlt folgendes.« Daher wurde es Brauch, ihn später schriftlich und mündlich nie anders anzureden.

Auf dem Kapitol ließ er sich nur goldene und silberne Statuen errichten, die ein bestimmtes Gewicht haben mußten. Riesige verdeckte Durchgänge und Triumphbögen, bekrönt mit Viergespannen und Triumphabzeichen, erbaute er in allen Gegenden Roms in solcher Zahl, daß man einmal an einen auf griechisch schrieb: »Genug!«[26]

Siebzehnmal war Domitian Konsul, so oft, wie es vor ihm niemand gewesen war; von diesen Konsulaten folgten die sieben mittleren einander in ununterbrochener Reihenfolge. Alle aber übte er nur dem Namen nach aus und nur bis zum ersten Mai, die meisten sogar nur bis zum dreizehnten Januar. Nach zwei Triumphen nahm er den Beinamen Germanicus an und taufte die Monate September und Oktober nach seinen eigenen Namen in Germanicus und Domitianus um, weil er im einen Monat die Herrschaft übernommen hatte und im andern geboren worden war[27].

14. So war er denn allen ein Gegenstand des Schreckens und des Hasses und fiel endlich einer Verschwörung seiner Freunde und bevorzugten Freigelassenen, denen sich auch seine Gattin anschloß, zum Opfer. Das Jahr und den Tag seines Todes ahnte er schon lange, ja sogar die Stunde und die Todesart. Chaldaeer hatten ihm einst in seiner Jugend alles vorausgesagt, und auch sein Vater hatte ihn einmal beim Essen, als er keine Pilze nehmen wollte, vor allen Leuten verspottet und zu ihm gesagt, er scheine sein Los nicht zu kennen, weil er sich nicht eher vor Eisen in acht nehme. Deshalb war er immer furchtsam und ängstlich und ließ sich durch den kleinsten Verdacht übermäßig in Aufregung versetzen. Als er das Edikt über die Abholzung der Weinberge widerrufen ließ, war wahrscheinlich der Hauptgrund der, daß eine Schmähschrift verbreitet wurde, worin folgende griechische Verse zu lesen waren:

> Frißt du mich auch bis zur Wurzel, genug trag ich immer noch Früchte,
> Um dir zu spenden den Wein, wirst einst geopfert du, Bock[28].

---

[26] Wortspiel mit griechisch ἀρκεῖ (es genügt) und lateinisch *arcus* (Bogen).

[27] Thronbesteigung: 13. 9. 81; vgl. Tit. 11. Geburtstag: 24. 10. 51; vgl. Dom. 1.

[28] Berühmtes Epigramm des Euenos von Askalon (Anthologia Palatina IX 75). – Über das Edikt vgl. Dom. 7.

Aus gleicher Furcht lehnte er auch eine ihm vom Senat angebotene, neuartige und eigens für ihn ausgedachte Ehrung ab, obschon er sonst auf solche Dinge sehr erpicht war. Es sollte nämlich beschlossen werden, daß jedesmal, wenn er das Konsulat bekleide, ihm durch das Los bestimmte römische Ritter, mit Prachtmänteln angetan und mit Lanzen in den Händen, zwischen den Liktoren und Amtsdienern voranschritten.

Als aber die Zeit der vermuteten Gefahr heranrückte, wurde er Tag für Tag unruhiger und ließ die Wände der Säulenhallen, in denen er spazierenzugehen pflegte, mit Spiegelstein verkleiden, um in ihrem Widerschein sehen zu können, was sich in seinem Rücken abspiele. Gefangene verhörte er nur noch insgeheim unter vier Augen, indem er ihre Ketten mit der Hand festhielt. Und um seiner Dienerschaft zu zeigen, daß man an seinen Herrn nicht Hand anlegen dürfe, auch nicht unter Berufung auf ein bewährtes Beispiel, verurteilte er seinen Sekretär Epaphroditus zum Tode, da man annahm, dieser sei Nero persönlich behilflich gewesen, sich, nachdem er von allen verlassen worden war, den Tod zu geben[29].

15. Schließlich ließ er seinen Vetter Flavius Clemens, einen Mann von berüchtigter Interesselosigkeit (gegenüber allen staatlichen Belangen)[30], dessen damals noch ganz kleine Söhne Domitian öffentlich zu seinen Nachfolgern bestimmt hatte und deren frühere Namen in Vespasian und Domitian geändert worden waren, ganz plötzlich auf den leisesten Verdacht hin, fast noch während dessen Amtszeit als Konsul, umbringen. Diese Untat trug am meisten zu des Kaisers raschem Ende bei.

Während acht Monaten hintereinander gab es so viele Blitze, daß Domitian ausrief: »Es soll nur treffen, wen es will!« Getroffen wurde das Kapitol, der Tempel des Flavischen Geschlechts, der Palast auf dem Palatin, und zwar sein eigenes Schlafzimmer; auch die Inschrift auf dem Sockel seiner Triumphstatue wurde von der Gewalt des Sturmes fortgerissen und auf ein in der Nähe befindliches Denkmal geschleudert. Der Baum, der zur Zeit, als Vespasian noch Privatmann war, nach einem Sturz sich wieder aufgerichtet hatte, stürzte von neuem plötzlich zusammen[31]. Das Orakel der Fortuna von Palestrina, von dem ihm während seiner ganzen Regierungszeit immer, wenn er der Fürsorge der

---

[29] Vgl. Nero 49.
[30] Flavius Clemens: Bruder des Dom. 10 und 12 erwähnten Flavius Sabinus. Nach Dion Cassius LXVII 14 waren er und seine Familie Christen, worauf auch der hier gebrauchte Vorwurf der Interesselosigkeit *(inertia)* am Staat hinzudeuten scheint.
[31] Vgl. Vesp. 5.

Göttin ein neues Jahr anempfohlen hatte, eine glückverheißende, stets gleichlautende Antwort zuteil geworden war, sagte ihm für dieses letzte lauter Unheil voraus und erwähnte auch etwas von Blut. Ihm träumte auch, daß Minerva, die er abergläubisch verehrte, ihr Heiligtum verlasse und es ablehne, ihn weiterhin zu schützen, da sie von Iuppiter entwaffnet worden sei[32].

Nichts bewegte ihn aber so, wie die Antwort und das Schicksal des Astrologen Ascletarion. Dieser war nämlich beim Kaiser angezeigt worden, das, was er dank seiner Kunst in der Zukunft gelesen hatte, verbreitet zu haben – was er auch gar nicht in Abrede stellte. Da wollte der Kaiser wissen, welches Schicksal ihm, Ascletarion selbst, bevorstehe, und als dieser behauptete, er werde in kurzer Zeit von Hunden zerfleischt werden, ließ der Kaiser ihn zwar ohne Verzug hinrichten, befahl aber, ihn aufs sorgfältigste zu begraben, um so die Nichtigkeit seiner Kunst zu beweisen. Während man noch diese Anordnungen ausführte, brach plötzlich ein heftiger Sturm los, der den Scheiterhaufen umwarf, worauf Hunde den halbverbrannten Leichnam zerrissen. Dies wurde dem Kaiser während des Essens durch den Mimusschauspieler Latinus, der zufällig dort vorbeigegangen war und die Sache mitangesehen hatte, neben andern Tagesneuigkeiten erzählt.

16. Als man ihm am Tage vor seiner Ermordung gewisse Früchte[33] anbot, befahl er, diese auf den morgigen Tag aufzusparen, und fügte hinzu: »Falls ich sie dann noch essen kann«; und zu seinen Freunden gewandt sagte er, daß am nächsten Tag der Mond sich im Wassermann blutig färben und irgendeine Tat geschehen werde, von der die Menschen auf der ganzen Welt sprechen würden. Um Mitternacht packte ihn eine solche Angst, daß er vom Bett aufsprang.

Frühmorgens verhörte er dann einen aus Germanien geschickten Eingeweideschauer, der, über einen Blitzschlag befragt, einen Regierungswechsel vorausgesagt hatte, und verurteilte ihn zum Tode. Als er eine entzündete Warze auf der Stirn allzu heftig kratzte, fing diese stark zu bluten an, und er sagte: »Wäre das doch alles!« Dann fragte er nach der Zeit, und man sagte ihm absichtlich, es sei zwölf Uhr, da er sich vor den Stunden vor Mittag fürchtete. Erfreut, daß die Gefahr schon vorüber sei, eilte er ins Bad. Sein Kammerdiener Parthenios rief ihn aber zurück und meldete, es sei jemand da mit einer

---

[32] Der Text ist nicht ganz sicher.
[33] Lateinisch *tubures*; vgl. Plinius, Naturgeschichte XV 14, 47.

höchst wichtigen, keinen Aufschub duldenden Botschaft. Da ließ er alle Leute entfernen, zog sich in sein Schlafzimmer zurück und wurde dort ermordet.

17. Über die näheren Umstände der Verschwörung und der Ermordung wurde etwa folgendes bekannt: die Verschworenen waren noch unschlüssig, wann und wie sie den Kaiser überfallen sollten, das heißt im Bad oder bei Tisch, als Stephanus, der Verwalter Domitillas, damals wegen Unterschlagung von Geldern angeklagt, Rat und Hilfe anbot. Um jeden Verdacht abzuwenden, verband er sich während mehrerer Tage den linken Arm mit Wollbinden, wie wenn er verletzt wäre, und versteckte darin zu gegebener Stunde einen Dolch. Da er behauptete, einen Beweis für eine Verschwörung zu haben, wurde er vorgelassen und stieß dem Kaiser, während dieser mit Schrecken das ihm überreichte Schriftstück las, den Dolch in den Unterleib. Trotz seiner Verwundung setzte er sich noch zur Wehr, als die Ordonnanz Clodianus, ferner Maximus, ein Freigelassener des Parthenios, Satur, der oberste Kammerdiener, und einige Gladiatoren über ihn herfielen und ihn mit sieben Hieben niederstreckten. Ein Knabe, der wie gewöhnlich den Dienst beim Hausaltar des Schlafzimmers versah, war bei der Ermordung anwesend und erzählte noch, er habe von Domitian sofort bei der ersten Verwundung den Befehl erhalten, einen unter seinem Kopfkissen verborgenen Dolch hervorzuholen und seine Diener zu rufen, habe aber unter dem Kissen nichts als den Griff des Dolches gefunden und außerdem seien alle Türen geschlossen gewesen. Domitian habe sich unterdessen auf Stephanus gestürzt und ihn zu Boden gerissen, wo er lange mit ihm rang und versuchte, ihm bald die Waffe zu entwinden, bald trotz seinen verletzten Fingern die Augen auszukratzen.

Ermordet wurde Domitian am achtzehnten September, in seinem fünfundvierzigsten Lebensjahr und im fünfzehnten Jahr seiner Regierung. Sein Leichnam wurde auf einer ganz gewöhnlichen Bahre von Totengräbern hinausgetragen, und seine Amme Phyllis erwies ihm in ihrer Villa an der Latinischen Straße die letzten Ehren. Seine Reste brachte sie heimlich in den Tempel des Flavischen Geschlechts und mischte sie unter die Asche Iulias, der Tochter des Titus, die sie ebenfalls aufgezogen hatte.

18. Domitian war schlank gewachsen, sein Gesicht hatte einen bescheidenen Ausdruck und war gerötet. Er hatte große, aber etwas schwache Augen. Besonders in seiner Jugend war

sein Körperbau schön und stattlich gewesen, mit Ausnahme der Füße, deren Zehen zu kurz waren.

Später entstellte ihn eine Glatze, dazu kamen ein dicker Bauch und zu dünne Beine, die allerdings erst während einer langen Krankheit so abgemagert waren. Er war sich wohl bewußt, wie die Bescheidenheit seines Gesichtsausdrucks zu seinen Gunsten sprach, so daß er sich auch einmal vor dem Senat rühmte: »Bis jetzt habt ihr doch sicher meine Gesinnung und mein Gesicht gebilligt.« Seine Kahlköpfigkeit verdroß ihn dermaßen, daß er es als eine persönliche Beleidigung auffaßte, wenn dieser Schönheitsfehler einem anderen im Scherz oder bei einem Streit vorgehalten wurde. Dennoch schob er in einer von ihm verfaßten und einem Freund gewidmeten Schrift ›Die Haarpflege‹ zu dessen und seiner Tröstung folgende Worte ein:

> »Siehest du nicht, wie ich selber so schön und groß an Gestalt bin[34]?

und doch erwartet dasselbe Schicksal meine Haare, und tapfer trage ich es, daß sie schon in der Jugend alt werden. Wisse, daß es nichts Angenehmeres, aber auch nichts Vergänglicheres gibt als die Schönheit.«

19. Strapazen ertrug er nicht gut und dachte kaum je an einen Spaziergang durch die Stadt. Auf Märschen und im Feld ritt er nur selten, sondern ließ sich fast immer in einer Sänfte tragen. Waffenübungen liebte er nicht, dagegen sehr das Bogenschießen. Auf seinem Landsitz in den Albanerbergen[35] erlegte er oft Hunderte von verschiedenen wilden Tieren, wie viele Leute selbst gesehen haben, und zielte zuweilen absichtlich so auf ihren Kopf, daß zwei Treffer gleichsam zwei Hörner ergaben. Manchmal schoß er aus einiger Entfernung einem jungen Sklaven, der als Ziel seine rechte Hand ausstrecken mußte, so geschickt zwischen den ausgespreizten Fingern durch, daß keiner verletzt wurde.

20. Zu Beginn seiner Regierung kümmerte er sich nicht sehr um die freien Künste, wenn er auch dafür besorgt war, daß die durch Brände zerstörten Bibliotheken mit großem Aufwand wiederhergestellt wurden; er ließ von überallher Exemplare (der vernichteten Werke) zusammensuchen und schickte

[34] Homer, Ilias XXI 108. Übersetzung Voß. Der Vers im Original griechisch, das Folgende lateinisch.
[35] Auch Titus war ein guter Bogenschütze; vgl. Tit. 5. Landsitz in den Albanerbergen vgl. Dom. 4.

auch Leute nach Alexandria[36], die die Texte abzuschreiben und nach den dortigen Originalen zu verbessern hatten. Dennoch nahm er sich nie die Mühe, die Geschichte, die Poesie oder auch nur die nötigsten stilistischen Regeln zu studieren. Außer den Denkwürdigkeiten und den Akten des Kaisers Tiberius[37] las er nichts. Seine Briefe, Reden und Edikte ließ er durch andere abfassen. Trotzdem war er im Gespräch nicht unelegant, und bisweilen gelang ihm auch ein bemerkenswerter Ausspruch; so sagte er einmal: »Ich wollte so schön sein, wie Maetius zu sein glaubt« und über das Haar eines Mannes, das rot und weiß gesprenkelt war, es sei wie mit Limonade übergossener Schnee.

21. Von der Stellung der Fürsten sagte er, sie sei erbärmlich, da man ihnen eine entdeckte Verschwörung nicht glaube, bis sie umgebracht seien.

In seinen Mußestunden unterhielt er sich mit Würfelspiel, auch an Werktagen und am frühen Morgen. Er pflegte am Morgen zu baden und aß sich mittags vollständig satt, so daß er abends kaum mehr als einen Matius-Apfel und einen kleinen Trunk aus einer Karaffe zu sich nahm. Größere Festessen gab er häufig, aber sie dauerten selten lange, auf jeden Fall nicht länger als bis Sonnenuntergang, und es folgte ihnen keine Zecherei; denn bis zum Schlafengehen pflegte er nur noch auf einem abgeschiedenen Platz ganz allein einen Spaziergang zu machen.

22. Domitian war von einer übermäßigen Wollust und betrachtete seinen fortgesetzten Geschlechtsverkehr wie eine Art Turnübung, die er mit einem griechischen Ausdruck »Bettgymnastik« nannte. Man sagte auch, er enthaare seine Mätressen eigenhändig und bade mit den gemeinsten Dirnen zusammen.

Die Tochter seines Bruders (Iulia) war ihm noch ganz jung zur Ehe angetragen worden; er wies sie aber aufs entschiedenste ab, noch völlig seiner Gattin Domitia ergeben. Als sie wenig später mit einem andern verheiratet worden war, verführte er sie, und zwar noch zu Titus' Lebzeiten. Später, nachdem sie Vater und Gatten verloren hatte, liebte er sie aufs heftigste und machte auch kein Geheimnis daraus. Ja, er war sogar an ihrem Tode schuldig, da er sie zwang, sich das Kind, das sie von ihm empfangen hatte, abtreiben zu lassen.

[36] Dort berühmte Bibliothek, die während Caesars Feldzug abgebrannt war, aber sich auch später noch eines guten Rufes erfreute.
[37] Über Domitians Verhältnis zur Poesie vgl. Dom. 2. Denkwürdigkeiten des Tiberius vgl. Tib. 61.

23. Nach Domitians Ermordung verhielt sich das Volk gleichgültig, die Soldaten aber waren sehr erbittert, versuchten sofort, seine Aufnahme unter die Götter durchzusetzen, und wären sogar bereit gewesen, ihn zu rächen, wenn es nicht an Führern gefehlt hätte. Sie erreichten allerdings wenig später ihr Ziel, indem sie hartnäckig auf Bestrafung der Mörder bestanden. Im Gegensatz dazu zeigten die Senatoren die größte Freude, eilten um die Wette in das Rathaus und konnten sich nicht beherrschen, dem ermordeten Kaiser die schmachvollsten und bittersten Beschimpfungen nachzurufen, auch Leitern bringen zu lassen, um seine Ehrenschilde und Bilder vor aller Augen herunterzureißen und an Ort und Stelle auf dem Boden zu zerschmettern. Zuletzt wurde noch beschlossen, überall auf den Inschriften seinen Namen zu tilgen und jede Erinnerung an ihn auszulöschen[38].

Wenige Monate vor seiner Ermordung hatte eine Krähe auf dem Kapitol auf griechisch gekrächzt: »Es wird alles gut gehen«, und es fand sich jemand, der dies Vorzeichen mit folgendem Vers deutete:

Neulich die Krähe, die auf dem Tarpeischen Felsen gesessen,
Konnte nicht sagen: »Gut geht's!« Sprach nur die Worte:
»Es wird!«[39]

Man sagt auch, daß Domitian geträumt habe, es sei ihm hinten am Nacken ein goldener Buckel herausgewachsen, und er habe als sicher angenommen, das bedeute, daß nach ihm eine glücklichere und bessere Zeit für den Staat anbreche – wie es auch bald geschah durch die Uneigennützigkeit und das Maßhalten der folgenden Kaiser[40].

[38] Zu der ganzen Schilderung vgl. Plinius der Jüngere, Panegyricus auf Trajan 52.
[39] Aus dem Gekrächze wurden die griechischen Worte ἔσται πάντα καλῶς herausgehört.
[40] Nerva, Trajan, Hadrian, Antoninus Pius, Marc Aurel (96–180), die eine neue Blüte und ruhige Zeiten heraufführten.

Nachwort

Sueton. Leben und Persönlichkeit

»Mein Freund (Suetonius) Tranquillus möchte ein Stück Land erwerben, das anscheinend ein Freund von Dir zu verkaufen hat. Ich bitte Dich, dafür besorgt zu sein, daß dieser Kauf zu einem anständigen Preis getätigt werden kann. Nur so wird er sich nämlich freuen können, es gekauft zu haben. Denn ein schlechter Kauf ist immer unangenehm, besonders deshalb, weil er dem Käufer seine Dummheit vorzuwerfen scheint. Bei diesem Stück Land nun – sofern nur auch der Preis verlockend ist – reizen viele Dinge den Appetit meines lieben Tranquillus: die Nähe der Stadt, die günstigen Zufahrtsmöglichkeiten, die bescheidene Größe des Hauses, der mäßige Umschwung, der eher Ablenkung als Arbeit schafft. Den gelehrten Herren, wie der einer ist, genügt es ja reichlich, soviel Land zu besitzen, daß sie den Kopf auslüften, die Augen erfrischen, ihrem Besitz entlangschlendern, immer auf dem gleichen Weg spazierengehen können, daß sie all ihre Rebstöckchen kennen und ihre Bäumchen zählen. Ich habe Dir das erklärt, damit Du begreifst, wie sehr der Mann mir und ich Dir zu Dank verpflichtet sein werden, wenn er dieses kleine Grundstück, das sich durch solche Vorzüge empfiehlt, so günstig kaufen kann, daß ein Reuegefühl gar nicht aufzukommen vermag.«

So schreibt Plinius der Jüngere an einen seiner Bekannten (I 24), um seinem Freund und Schützling Gaius Suetonius Tranquillus beim Kauf eines Grundstücks behilflich zu sein. Dies ist eine der spärlichen, aber dafür sympathischsten Nachrichten, an Hand deren wir uns über Suetons Leben und Persönlichkeit ein Bild machen können, steht doch nicht einmal sein genaues Geburts- und Todesjahr fest. Zwei Stellen in seinem Werk geben uns immerhin einen Anhaltspunkt, nämlich einmal der Bericht, daß er zwanzig Jahre nach dem Tode Neros, also im Jahr 88 n. Chr., als *adulescens*, junger Mann, vom Auftreten eines falschen Nero gehört habe (Nero 57), und das andere Mal im 12. Kapitel der Biographie Domitians, nach dem er als *adulescentulus*, ganz junger Mann, einem Ereignis, das ungefähr in die Mitte der neunziger Jahre anzusetzen ist, beigewohnt hat. Beide Angaben führen uns also auf ein ungefähres Geburtsjahr 70, wenn es auch begreiflich ist, daß die Meinungen bei solch vagen Anhaltspunkten stark auseinandergehen; so schwanken denn auch die Ansätze zwischen den Jahren 69 (Macé) und 77 (Mommsen). Selbstverständlich kommen noch einige andere Gesichtspunkte dazu, auf die wir hier nicht eingehen können; doch glaube ich, daß wir unter Berücksichtigung aller Umstände das Geburtsjahr um das Jahr 70 herum anzusetzen haben.

Über Suetons Familie erfahren wir nur, daß der Vater zum Ritterstand gehörte, als Berufsoffizier unter Kaiser Otho gegen Galba kämpfte und anscheinend gern aus seinen Erinnerungen erzählte (Otho). Der Großvater wird einmal erwähnt (Cal. 19).

Es ist anzunehmen, daß Sueton, wenn nicht überhaupt in Rom geboren, schon sehr früh dort gelebt hat. Über seine Erziehung und gendzeit vernehmen wir außer durch eine kleine Notiz (Einleitung zu den Grammatikern) nichts, doch ist aus seinem späteren Schaffen zu schließen, daß bald in ihm der Drang zu wissenschaftlicher Betätigung geweckt worden ist und er sicher eine gute und vielseitige Bildung genossen hat.

Aus Suetons Mannesjahren sind uns hingegen einige hübsche Stellen aus den Briefen des Plinius erhalten, die manches über Sueton erschließen lassen. Plinius, ein Mäzen aufstrebender Talente – »gibt es doch fast niemand, der die Literatur liebt und nicht zugleich auch mich« (I 13) –, hat sich Suetons verschiedentlich angenommen, besonders auch in Fragen des täglichen Lebens, in denen anscheinend unser Autor nicht sehr gewandt war und wo er sich gerne der Fürsprache seines Gönners bediente. So erklärt sich Plinius einmal (I 18) bereit, für seinen Schützling die Verschiebung eines Prozesses um einige Tage zu ermöglichen, da dieser Angst vor einem Traum hat. Sueton war also – wie eigentlich nicht anders zu erwarten – als Advokat tätig und unterschied sich auch darin nicht von den meisten seiner Zeitgenossen, daß er abergläubisch war, was wir in seinen Kaiserbiographien bestätigt sehen, wo Träume, Wunderzeichen, Orakel usw. einen großen Platz einnehmen.

Ungefähr im Jahre 112 erwirkt Plinius für Sueton von Kaiser Trajan das sogenannte Dreikinderrecht, ursprünglich eine Unterstützung für Familien mit drei Kindern, später oft einfach eine Pension und Auszeichnung, die unter anderen Vorteilen auch die Annahme von Legaten gestattete. Plinius schreibt (X 94): »Gnädigster Herr, Suetonius Tranquillus, diesen sehr rechtschaffenen, achtbaren und gelehrten Mann, dessen Leben und Schaffen ich verfolge, habe ich seit langem in meinen Freundeskreis aufgenommen und um so mehr schätzen gelernt, je mehr ich seither Gelegenheit hatte, ihn aus der Nähe zu beobachten. Aus zwei Gründen ist für ihn das Dreikinderrecht eine Notwendigkeit; er zeigt sich nämlich würdig, von seinen Freunden testamentarisch bedacht zu werden, und ist in seiner Ehe leider kinderlos geblieben und muß also durch unsere Vermittlung von Deiner Güte erflehen, was ihm die Böswilligkeit des Schicksals versagt hat. Ich weiß, gnädigster Herr, welch große Gunst ich erbitte, aber ich erbitte sie von Dir, dessen Huld ich bei allen meinen Anliegen erfahren darf. Du kannst aber schon daraus ersehen, wie sehr ich dies wünsche, weil ich ohne persönliche Fühlungnahme nicht vorstellig würde, wenn ich es nur mit halbem Herzen wünschte.« Die Antwort Trajans (X 95) lautete zustimmend, wenn auch der Kaiser betont, daß er diese Vergünstigung nur sparsam zu vergeben pflege. Die Verfügung wurde wie üblich ins Hofjournal aufgenommen. Wir ersehen aus dieser Bemühung des Plinius, daß die finanziellen Verhältnisse Suetons jedenfalls nicht rosig waren, was sich auch aus dem Empfehlungsschreiben den Grundstückskauf betreffend erkennen ließ.

Plinius war auch bestrebt, Sueton eine Offiziersstelle zu verschaffen, wie uns der Brief III 8 zeigt, der ungefähr aus dem Jahr 101 stammt. Sueton möchte aber diesen Posten nicht annehmen, sondern bittet darum, ihn seinem Verwandten Caesennius Silvanus zu geben, was

Plinius bereitwilligst verspricht – dem stillen Gelehrten war anscheinend wenig an militärischen Ehren gelegen. Das herzliche Verhältnis der beiden Schriftsteller kommt noch in dem Brieflein IX 34 zum Ausdruck, worin Plinius Sueton in scherzhaftem Ton fragt, ob er ihm anrate, bei einer Vorlesung seine Verse selbst zu rezitieren, obschon er nicht gerade ein glänzender Rezitator sei.

Nach Plinius' Tod (ca. 113) hören die direkten Nachrichten über Sueton vollständig auf, doch wissen wir aus anderen Quellen von dem entscheidenden Ereignis seiner Laufbahn, der Ernennung zum Kanzleisekretär *(ab epistulis)* des Kaisers Hadrian (Regierungszeit 117–138), ein hochangesehenes Amt, das ihm natürlicherweise Zutritt zu allen Archiven verschaffte – deren Wiederherstellung unter Vespasian er warm begrüßt hatte (Vesp. 8) – und ihm sicher eine Menge Material für seine Arbeiten bot. Im Jahre 122 wurde er allerdings seines Amtes enthoben, im Zuge der Maßnahmen, die der Kaiser während seines Aufenthaltes in Britannien ergriff und die etlichen Höflingen ihre Stellung kosteten. Während des Kaisers Abwesenheit scheint sich die Hofetikette gelockert und ein für den Geschmack des Kaisers allzu freier Ton besonders der Kaiserin Sabina gegenüber geherrscht zu haben. Den Reformen Hadrians, der übrigens Sueton geschätzt haben muß, stellte er doch dessen Geschenk, eine Augustusstatuette, in seinem Schlafgemach auf (Aug. 7), fiel somit auch Sueton zum Opfer. Wie lange er dann noch seinen Studien in aller Zurückgezogenheit leben konnte, ist wiederum nicht sicher, doch hat er dem Ausmaß seines Werkes nach ein ziemlich hohes Alter erreicht: als Todesjahr wird annähernd das Jahr 130 angesetzt.

Das literarische Werk

Bleibt auch Suetons persönliches Schicksal zum größten Teil in Dunkel gehüllt, so können wir doch schon aus dem Umfang und der Art seines literarischen Werkes sagen, daß er ein typischer Gelehrter war, Sammler von Kuriositäten, fleißiger Arbeiter in Archiven, Dokumentensammlungen und Bibliotheken, wobei ihn eigentlich alles interessierte und alles, was er irgendwo fand, in einem seiner Werke eingereiht werden konnte. Worüber schrieb er doch nicht alles! Biographische Arbeiten wie die ›Berühmten Männer‹ und die ›Kaiser‹ stehen neben antiquarischen, philologischen und naturhistorischen Arbeiten: ›Könige‹, ›Berühmte Dirnen‹, ein Kommentar zu Ciceros Buch über den Staat, ›Spiele der Griechen‹, ›Das römische Jahr‹, ›Bezeichnung und Art der Kleidungsstücke‹, ›Sitten und Gebräuche Roms‹, ›Schimpfworte und ihre Herkunft‹ und ein Sammelwerk über naturhistorische Fragen, wobei hier nicht einmal alle Titel aufgezählt sind, die uns das Suda-Lexikon (um 950 n. Chr.) fast vollständig vermittelt. Daß ein Teil dieser Arbeiten in griechischer Sprache verfaßt ist, mag hier noch nebenbei vermerkt werden.

Ist auch fast nichts von dieser Gelehrsamkeit direkt erhalten, außer einigen Bruchstücken aus den ›Berühmten Männern‹, so weiß man doch, daß vieles in Werken seiner Nachfolger verarbeitet wurde und daß Suetons Wirken sehr geschätzt war. Es gelang ihm sogar durch seine Aufarbeitung des Stoffes, den älteren Polyhistor Varro (116–27 v. Chr.), den er sich wohl zum Vorbild genommen, zu verdrängen. Doch wollen wir nicht in den Fehler verfallen, von dem zu sprechen, was wir nicht mehr haben – an sich ganz interessant, aber auch immer hypothetisch –, sondern von dem, was wir bis auf ein ganz kleines Stück vollständig lesen können, die Kaiserbiographien. Diese sind wohl nicht später als 122, dem Jahr der Entlassung Suetons aus kaiserlichen Diensten, erschienen, da sie dem damaligen Prätorianerpräfekten Septicius Clarus gewidmet sind – diesem sind übrigens auch Plinius' Briefe zugeeignet –, der anläßlich der Säuberung des Hofes durch Hadrian ebenfalls seines Amtes enthoben wurde und sich anscheinend nach Plinius' Tod Suetons angenommen hatte. Was für dieses Werk gilt, wird wohl *mutatis mutandis* für die andern Arbeiten Suetons ebenfalls seine Richtigkeit haben; und ferner darf man annehmen, daß manche Notiz aus andern Werken auch in den Kaiserbiographien Verwendung finden konnte, überschneiden sich doch die Interessengebiete mannigfach (Feste, Chronologie, Spiele usw.).

Die Kaiserbiographie als literarische Gattung

Zuallererst muß gesagt werden, daß wir es nicht mit Biographien im modernen Sinn zu tun haben, will doch die moderne Biographie eine Persönlichkeit in ihrer Entwicklung zeigen, diese aus Umwelt, Anlage und eigenem Wollen erklären und so ein abgerundetes Bild des Menschen vor unseren Augen erstehen lassen. Diese Wirkung tritt bei Sueton nicht ein – soll und kann auch gar nicht eintreten –, da er jede seiner Gestalten nach einem ganz bestimmten Schema, das kaum variiert wird, behandelt. Grosso modo sieht dieses Schema folgendermaßen aus (als Beispiel diene die Augustusbiographie): Geschlecht und Familie – Geburt – Erziehung – Jugendjahre – militärische und politische Tätigkeit – Privatleben – Vorzeichen bei Geburt und Tod – Tod – Begräbnis – Testament; oder wie dies Ausonius (Caesaren I 4) in knappen Worten aussprach:

... Suetonius hat einst
Namen und Taten und Leben und Tod der Kaiser beschrieben.

Diese einzelnen Abschnitte lassen sich unterscheiden in mehr chronologisch entwickelnde (Geburt bis Thronbesteigung und dann wieder Erzählung des Todes) und in die von diesen gleichsam eingeklammerten, thematisch geordneten über militärische, politische, private Tätigkeit, Äußeres, Gewohnheiten, Tugenden und Laster. Daß Sueton diese zwei Arten der Darstellung bewußt voneinander trennt, zeigt uns zum Beispiel die Biographie des Augustus (9), wo er sagt: »Nachdem ich so gewissermaßen einen Überblick über sein (Augustus') Leben gegeben habe, will ich jetzt einzeln die Abschnitte behandeln, allerdings nicht zeitlich *(tempora)*, sondern thematisch *(species)* geordnet, damit die Darstellung und das Verständnis um so klarer werde.« In diese Kapitel wird nun eingearbeitet, was Sueton in seinen Quellen, in Originaldokumenten, Sammlungen kaiserlicher Erlasse, ja auch vom Hörensagen Passendes gefunden hat. Stichwortartig steht am Anfang jedes Abschnittes, wovon er jetzt zu sprechen gedenkt, und dann folgen die Beispiele, oft nicht in chronologischer Reihenfolge, sondern durch Assoziation, Gegensatz, ja Ironie verbunden, ihrer Bedeutung nach von unterschiedlichstem Wert: wichtige Zeugnisse neben Bagatellen, Frühes neben Spätem, Verbürgtes neben Unverbürgtem. Doch dürfen wir bei einer gerechten Beurteilung nicht vergessen, daß dem römischen Leser die geschichtlichen Zusammenhänge ganz anders gegenwärtig waren, daß für ihn das rein Faktische, das uns manchmal unwesentlich oder gar überflüssig erscheinen mag, mit ganz anderen Gefühls- und Tatsachenwerten erfüllt war als für uns. Das Faktische hat in sich seinen Reiz, besonders wenn, wie Steidle zuletzt gezeigt hat, ein gutes historisches Grundgerüst vorhanden ist und dieses sinnvoll benutzt wird.

Diese Art der Biographie stellt mehr Ansprüche, als man bis jetzt zu glauben geneigt war, da man sich die Perlen – und solche gibt es – selbst herauszusuchen oder, mit anderen Worten, Sueton selbst zu interpretieren hat. Es liegt ihm fern, die großen Zusammenhänge darzustellen, die Wendepunkte zu markieren, das Zusammenspiel von Innen- und Außenpolitik zu zeigen oder auf soziale Umwälzungen einzugehen, wie wir es von unserem Standpunkt aus erwarten, obwohl er in der von ihm behandelten Epoche Gelegenheiten genug dazu hätte. Man denke, wie der Übergang Caesars über den Rubico, ein weltgeschichtliches Ereignis, dargestellt wird (Caes. 31). Es wird wohl erzählt, sogar recht romantisch, aber ohne jede Reflexion darüber, was dieser Schritt für Roms Schicksal bedeutete. Man lese daneben etwa Mommsens Darstellung, um einen Begriff zu bekommen, was aus dieser Szene ein reflektierender Autor zu machen versteht. Doch das wäre nach antiken Begriffen nicht mehr Biographie gewesen, sondern Geschichtsschreibung – und da besitzen wir ja, wenigstens für einen Teil dieser Epoche, ein Musterbeispiel im Werk des Tacitus, dem, wie einmal gesagt wurde, das Werk Suetons als eine Art biographische Ergänzung zur Seite tritt (Leo).

Sueton hatte sich einer Richtung der Biographie angeschlossen, wie sie bisher besonders für die Lebensbeschreibung literarischer Größen vorherrschend war, nämlich einer in hellenistischer Zeit entwickelten, fast wahllosen, handwerksmäßigen Gelehrsamkeit, die die großen, umfassenden Gesichtspunkte verloren hatte. Daneben bestand die letzten Endes von Aristoteles und seiner Schule ausgebildete Richtung, die besonders für die Schilderung politischer Größen maßgeblich wurde und unserem Begriff der Lebensbeschreibung eher entgegenkommt. Ein hervorragendes Beispiel haben wir dafür in Tacitus' Würdigung seines

Schwiegervaters Agricola und auch in den in ihrer Art vollendeten Lebensbeschreibungen Plutarchs, über deren Absichten dieser uns folgendermaßen aufklärt: »... die Leser mögen uns keinen Vorwurf machen, wenn wir nicht alles berichten und jedes berühmte Ereignis bis in jede Einzelheit ausführen, sondern meistens nur eine knappe Zusammenfassung geben. Wir schreiben nämlich nicht Geschichte, sondern Biographien, und gerade in den hervorragendsten Taten ist nicht immer Tugend oder Laster deutlich sichtbar, sondern irgendeine unbedeutende Handlung, ein Ausspruch oder Scherz geben oft besser Aufschluß über den Charakter als Schlachten mit Tausenden von Toten, die größten Aufmärsche und Belagerungen. Wie die Maler die Ähnlichkeit aus dem Gesicht und dem Ausdruck um die Augen, aus denen sich der Charakter lesen läßt, zu gewinnen suchen und sich um die andern Körperteile fast gar nicht kümmern, so ist es unsere Aufgabe, uns mehr in die Äußerungen der Seele zu vertiefen und auf Grund von diesen das Lebensbild des Menschen zu gestalten, anderen aber die Beschreibung der Heldentaten und Schlachten zu überlassen« (Leben Alexanders des Großen, Kap. 1). Charakterschilderung, Tugenden und Laster zu zeigen, Seelisches anzudeuten und zu erklären, darin sieht Plutarch seine Aufgabe, die er nach Art des frei mit seinem Stoff umgehenden Künstlers zu erfüllen sucht. Sein Ziel ist also ein letzten Endes moralisches und pädagogisches.

Suetons Arbeitsweise ist aber nicht die des Künstlers, sondern die des Gelehrten. Deshalb hat er – grob gesprochen – die Methode der alexandrinischen, literarischen Biographie auf die peripatetische, politische übertragen und so eine neue Gattung, die ›Kaiserbiographie‹, geschaffen, wenn auch nach den neuesten Forschungen (Steidle) feststeht, daß sich für die Form der suetonischen Biographie noch weitere Anknüpfungspunkte in der alten griechischen und besonders römischen Tradition der Leichen- und Lobrede finden lassen; auch darf das spezifisch römische Interesse an historisch-biographischen Einzelheiten nicht vergessen werden, das uns die Inschriften und, auf dem Gebiet der bildenden Kunst, die römischen Porträts so packend veranschaulichen.

Nicht in einem großen Wurf, sondern in mühsamer Sammeltätigkeit, die eigentlich nie ein Ende finden kann, entstand dieses Werk. Das mag sich auch darin zeigen, daß Sueton nur sehr schwer eine seiner Arbeiten herausgab, wie es bei zu großer Gelehrsamkeit zu geschehen pflegt. Plinius schreibt (V 10) an ihn: »Löse endlich das Wort meiner Elfsilbler ein, die sich unseren gemeinsamen Freunden gegenüber für Deine Schriften verbürgt haben! Sie werden täglich zur Rede gestellt, mit Forderungen überschüttet, und bereits besteht die Gefahr, daß man sie gerichtlich zwinge, den Streitgegenstand herauszugeben. Ich bin selbst auch ein Zauderer bei der Veröffentlichung meiner Werke, Du hast jedoch sogar mein Zögern und meine Langsamkeit noch übertroffen. Deshalb höre jetzt mit Deinem langweiligen Zuwarten auf oder nimm Dich in acht, daß Dir nicht die gleichen Werke, die Dir unsere Elfsilbler mit Schmeicheleien nicht entlocken können, durch beißende Hinkjamben abgepreßt werden! Die Arbeit ist ja vollendet und abgeschlossen und bekommt durch Feilen keinen Glanz mehr, sondern wird höchstens abgeschabt. Laß mich das Titelblatt mit Deinem Namen sehen, laß mich hören, daß die Bücher meines lieben Tranquillus abgeschrieben, gelesen, verkauft werden! Es ist billig, daß ich bei unserer so auf Gegenseitigkeit beruhenden Liebe der gleichen Freude von Dir teilhaftig werde, wie Du sie von mir genießest.« Leider wissen wir nicht, um welches Werk es sich handelt, aber bei der Art der Produktion Suetons wird es wohl immer so gewesen sein.

Suetons Quellen

Was läßt sich nun über den historischen Wert dieses Materials sagen, das da thematisch geordnet vor uns ausgebreitet wird? »Ein reichhaltiges, teils wertvolles, teils brauchbares Gut, das gewissenhaft gesammelt und meist unparteiisch behandelt ist nach direkten Quellen oder der besten literarischen Überlieferung, allerdings nicht ohne Flüchtigkeiten und Unrichtigkeiten oder Fehler« (Funaioli). Da uns diese Quellenschriften fast ganz fehlen, bleibt für eine Beurteilung nur die Möglichkeit eines Vergleichs mit zeitgenössischen Schriftstellern, wie Tacitus und Plutarch, oder mit späteren Autoren, wie zum Beispiel Cassius Dio (Anfang des 3. Jh. n. Chr.). »Unbestritten ergibt sich, daß Sueton viele wichtige Übereinstimmungen mit Tacitus und Plutarch zeigt« und daß alle drei »unabhängig voneinander eine gemeinsame Quelle gebraucht haben, was freilich nicht bedeuten wird, daß etwa Sueton die Historien eines Tacitus, des Intimus seines besten Freundes Plinius, gänzlich beiseite gelassen oder sogar nicht gekannt habe« (Funaioli). Als Quellen kommen in Frage: die Werke der Kaiser selbst, von denen wir auch in den Biographien hören, die kaiserlichen Archive, die biographische und geschichtliche Literatur der Zeit, Briefsammlungen (zum Beispiel die des Augustus), Memoiren, politische Flugschriften und genealogische Werke. Was nun bei der Benutzung dieser Quellen Sueton vor allen antiken Geschichtsschreibern auszeichnet, ist die Genauigkeit, mit der er zitiert – für uns eine Selbstverständlichkeit, für den damaligen Schriftsteller fast eine Unmöglichkeit, weil er damit das literarische Gesetz der Einheit des Stils aufs schwerste verletzen würde. Gerade die, man möchte sagen, unliterarische Art des Sueton erlaubte dies – zu unserem Vergnügen: »*il a le culte du document*« (Ailloud).

Diese Quellen werden ausgiebig benutzt bis etwa zu Nero. Nachher, besonders für die Flavier, scheint Sueton die literarischen Quellen weniger berücksichtigt zu haben, wenigstens erwähnt er solche nicht mehr – sie flossen auch spärlicher oder waren aus verschiedenen Gründen verfälscht: »... Glück und Unglück des römischen Volkes in vergangenen Tagen ist von berühmten Schriftstellern dargestellt worden, und auch für die Beschreibung des Augusteischen Zeitalters fehlte es nicht an hervorragenden Geistern, bis diese durch die immer mehr um sich greifende Liebedienerei davon abgeschreckt wurden; unter Tiberius, Gaius

(Caligula), Claudius und Nero wurde die Geschichte zu Lebzeiten der Kaiser aus Angst gefälscht und nach ihrem Tod von neuerwachtem Haß diktiert« (Tacitus, Annalen I 1). Mehr Gewicht wird jetzt auf die mündliche Überlieferung gelegt, die sich immer mehr persönlich färbt (Erinnerungen des Großvaters für Caligula, des Vaters für Otho) und schließlich in die eignen Erinnerungen Suetons für die Zeit Domitians ausmündet.

Exaktheit und Freude am Detail

Eine weitere Frage ist die, wie Sueton sich diesen mannigfachen Quellen gegenüber verhält: wie weit läßt sich bei ihm ein historischkritischer Sinn feststellen? Daß er kritisch veranlagt war, sehen wir an manchen Stellen, geradezu mustergültig in der Biographie des Caligula (8), doch wird sein Blick durch ein geheimes Wohlgefallen an der Anekdote, der Pikanterie, dem Romanhaften öfters getrübt, so daß die Sache wohl mehr um ihrer selbst als ihrer historischen Richtigkeit willen erzählt zu sein scheint. Gerade seine Exaktheit und seine Freude am Detail lassen uns aber manchen Vorgang, der zum Beispiel bei Tacitus nur bestreift wird, genauer erkennen.

Sine ira et studio schreibt er sicher, und wissentlich hat er die Wahrheit wohl nicht verletzt, aber seine Blickrichtung ist so sehr auf die eine Person des Kaisers eingestellt, daß nur ihr allein Gutes und Böses zufällt, ohne Berücksichtigung der Umstände oder der oft ebenso schändlichen, wenn nicht noch schändlicheren Umgebung des Kaisers, aber auch ohne die Absicht, in die Psyche dieser Menschen tiefer einzudringen, wie es Tacitus, der in seiner ganzen Geschichtsauffassung stark von griechischem Gedankengut beeinflußt ist, als politisch-historisch gegebene Aufgabe der zeitgenössischen Geschichtsschreibung postuliert (Annalen IV 33). Ein Faktum wird vermerkt, meist ohne den Versuch, es irgendwie zu werten, oder der Absicht, den Leser in irgendeine gewollte Richtung zu lenken. Man vergleiche hierzu etwa die Darstellung des Brandes von Rom bei Tacitus (Annalen XV 38) und Sueton (Nero 38), wo Tacitus für den Zufall wenigstens noch ein Türchen öffnet, während bei Sueton mit Sicherheit Nero als der Urheber erscheint. Was vor oder nach einem bestimmten Ereignis liegt, ist nicht mehr Suetons Sache. Er steht nicht über den Dingen, sondern in den Dingen drin – wieder im Gegensatz zu Tacitus oder dem genialen Spötter Petron –, aber er folgt damit einer aufs Faktisch-Reale gerichteten, eminent römischen Tradition, die vielleicht auf dem Gebiet der bildenden Kunst, im römischen Porträt, das ganz der exakten Bestandsaufnahme der individuellen Erscheinungsform dient, am meisten ins allgemeine Bewußtsein gedrungen ist.

Dieses, man könnte sagen, beobachtende Unbeteiligtsein zeigt sich auch darin, daß sich kein politisches, religiöses, ethisches oder moralisches Glaubensbekenntnis aus den Biographien herausarbeiten läßt.

Daß Sueton bei einem solchen Verhalten aber auch nicht schmeichelt, was zu seiner Zeit viel sagen will, ergibt sich eigentlich von selbst, soll aber doch ausdrücklich festgehalten werden.

Auch im Stil spiegelt sich diese Betrachtungsweise wider. Wohl gelingt es Sueton manchmal, eine gewisse Größe zu erzielen – ich denke hier vor allem an die Schilderung von Caesars Ermordung (Caes. 81 ff.) und von Neros Ende (Nero 40 ff.) – oder mit einer gewissen Wärme zu schreiben, wie zum Beispiel in der Biographie des Titus: doch bleibt er im allgemeinen nüchtern, anspruchslos, dafür aber klar und ungekünstelt – ganz im Gegensatz zum Geschmack seiner Zeit, aber in Übereinstimmung mit den Tendenzen dieser Art der hellenistischen Biographie. Man könnte vielleicht sagen, der Stil schmecke etwas nach Kanzlei und Archiv, entgehe aber mit Geschick den Klippen der Altertümelei und des gesuchten Modernismus, in dem Sinn etwa, wie Augustus sein Stilideal formuliert (Aug. 86).

Wert und Wirkung der »Faktenbiographie«

Was Sueton aber von unschätzbarem Wert macht, und warum ihn auch die Leser gern haben müssen, die mit Voraussetzungen an ihn herantreten, die er gar nicht erfüllen will, das sind die tausend Kleinigkeiten, die Intimitäten des täglichen Lebens, die Bonmots, die Anekdoten und das Hofgeflüster, das er uns in reicher Fülle übermittelt. »Sueton bedeutet für unsere Caesar-Kenntnis, was Pompeji für unsere Altertumskunde überhaupt: gleichsam die privaten Anmerkungen, die den öffentlichen Text seiner (Caesars) Geschichte belegen, auch hie und da erweitern« (Gundolf). Scheinbar wahllos sind diese Anmerkungen, aber vielleicht gerade deshalb wertvoll, haben wir doch von den Psychologen gelernt, auch auf die geringsten Äußerungen des Menschen zu achten und sie oft als aufschlußreicher als sein »offizielles Gesicht« zu werten. Und vergessen wir nicht, daß gerade diese Faktenbiographie, deren Wesen und Methoden wir hier kurz darzulegen versuchten, auf dem ihr eigentümlichen Weg oft sehr nahe an die so problematische »historische Wahrheit« heranzuführen vermag, was der viel stärker subjektiv gefärbten, reflektierenden Darstellung nicht immer in gleichem Maß beschieden ist.

Suetons ›Caesaren‹ bieten zugleich auch eine Sittengeschichte des kaiserzeitlichen Rom, der man höchstens vorwerfen kann, daß sie uns nichts vorenthält. Daß wir von der »grandeur et décadence des Romains« vor allem letztere zu spüren bekommen, mag bedauerlich sein, doch wird der aufmerksame Leser, dem nichts Menschliches fremd ist, noch genug entdecken, was das Bild nicht zu einseitig werden läßt. Und auch hier kommt uns ja wieder eines Zeitgenossen Werk zu Hilfe, die Briefe des jüngeren Plinius, in denen wir den Edelmut, die Hilfe für den Mitmenschen, den reizvollen Verkehr der vornehmen Welt in anmutiger, liebenswürdiger Form kennenlernen.

Daß Suetons Werk einem Bedürfnis der damaligen Zeiten entgegen-

kam, mag daraus erhellen, daß die von ihm begründete Gattung der
»Kaiserbiographie« für Jahrhunderte als Muster kaiserlicher Lebensbeschreibung ihre Geltung behält. Ganz abgesehen von den »scriptores
historiae augustae« des vierten Jahrhunderts, deren einer bekennt, er
wolle nicht »die sehr beredten Männer Livius, Tacitus, Trogus« nachahmen, sondern Sueton und seine Nachfolger, die der Nachwelt ein Bild
der Geschichte überlieferten, »nicht so beredt, aber dafür wahrheitsgetreu«, arbeitet noch Einhard, der Biograph Karls des Großen, nach
dem suetonischen Schema. Sogar Petrarcas Werk ›De viris illustribus‹
steht stark unter seinem Einfluß. Ja noch mehr: »In der römischen Geschichtsschreibung ist durch Sueton die Biographie an die Stelle der
Historie getreten; Ammian bildet die einzige nennenswerte Ausnahme,
fast drei Jahrhunderte nach Tacitus und Sueton« (Leo). Sueton war so
sehr unbestrittener Kaiserdarsteller, daß ihm sogar Caesars ›Bellum
Gallicum‹ zugeschrieben wurde!

Zur Textüberlieferung

Die ›Caesaren‹ (De vita Caesarum) waren ursprünglich in acht Bücher
eingeteilt (1–6: iulisch-claudische Kaiser; 7: Drei-Kaiser-Jahr 69; 8: die
drei Flavier). Die Kapiteleinteilung stammt von Erasmus (Basler Ausgabe von 1518), und die beste Handschrift ist der ›Codex Memmianus‹
des neunten Jahrhunderts, der in Paris aufbewahrt wird und auf den sich
unsere Ausgaben zu stützen haben – übrigens weist er schon die Lücke
am Anfang auf. Die zwei ersten gedruckten Ausgaben erschienen im
Jahre 1470 in Rom, und bis ins Jahr 1829 zählte man über zweihundert
Suetonausgaben. Unsere Übersetzung basiert auf der Textausgabe von
M. Ihm und der von H. Ailloud mit französischer Übersetzung und Anmerkungen. An weiteren Übertragungen wurden konsultiert: die letzte
deutsche von Max Heinemann – allerdings keine Neuübersetzung, sondern eine Bearbeitung der Verdeutschungen von A. Stahr und J. Sarrazin – mit Abbildungen, Anmerkungen (denen wir viel verdanken) und
einem Vorwort von R. Till; ferner die englische von A. Thomson und
T. Forester (London 1901). Weitere benutzte Werke finden sich im
Literaturverzeichnis, wozu noch für verschiedene Detailfragen die einschlägigen Handbücher kommen.

Zu dieser Ausgabe

Die Anmerkungen und die Erklärungen des Registers wenden sich an ein weiteres Publikum und sollen gerade dem Nichtfachmann alles Wissenswerte bieten. Daß sie ein so großes Ausmaß angenommen haben, erklärt sich aus der Art der suetonischen Biographien von selbst. Verzichtet wurde, außer auf ein paar wichtigeren Stellen, auf die Anführung von Parallelen bei anderen Autoren, was ins Uferlose geführt hätte, doch war ich darauf bedacht, die Querverbindungen in Sueton selbst möglichst vollständig zu geben, die, falls nicht in den Anmerkungen verzeichnet, mit Hilfe des Registers leicht hergestellt werden können. Daß diese sehr zahlreich sind, erklärt sich ebenfalls leicht aus der thematischen Arbeitsweise Suetons, die dazu führt, daß viele Personen und Ereignisse an verschiedenen Stellen, nur in anderem Zusammenhang, wieder erwähnt werden. Die Anführung moderner gelehrter Literatur zu einzelnen Stellen wurde bewußt unterlassen, um nicht die Zahl der Anmerkungen noch mehr vergrößern zu müssen. Das Register erstrebt möglichste Vollständigkeit, um besonders die Arbeit des Historikers zu erleichtern; auch die Stammtafel des iulisch-claudischen Kaiserhauses und die Zeittafel mögen dem Leser Hilfe und Orientierung bieten.

Für die Anmerkungen und das Register wurden folgende Abkürzungen verwendet:

Aug. = Augustus	Dom. = Domitian	Tit. = Titus
Caes. = Caesar	Galba = Galba	Tib. = Tiberius
Cal. = Caligula	Nero = Nero	Vit. = Vitellius
Claud. = Claudius	Otho = Otho	Vesp. = Vespasian

Klammern im Text bedeuten Zusätze, die das Verständnis erleichtern sollen; auf Schwierigkeiten des Urtextes wird jeweils in den Anmerkungen hingewiesen. Gewichte, Distanzen, Zeitangaben werden direkt in die uns geläufigen umgesetzt. Eine Ausnahme macht das Geldwesen, bei dem die alten Einheiten belassen wurden, da eine Umrechnung äußerst problematisch ist und vom eigentlich ausschlaggebenden Moment, dem Kaufwert, keinen Begriff gibt; ferner die Ortsnamen, außer einigen der bekanntesten (z. B. Marseille–Massilia).

Meinem Vater, Max Lambert, und meiner lieben Frau, die beide das Erscheinen dieser Ausgabe nicht mehr erleben durften, bin ich zu größtem Dank verpflichtet für nie erlahmende Mitarbeit bei den Korrekturen.

André Lambert

Das iulisch-claudische Haus

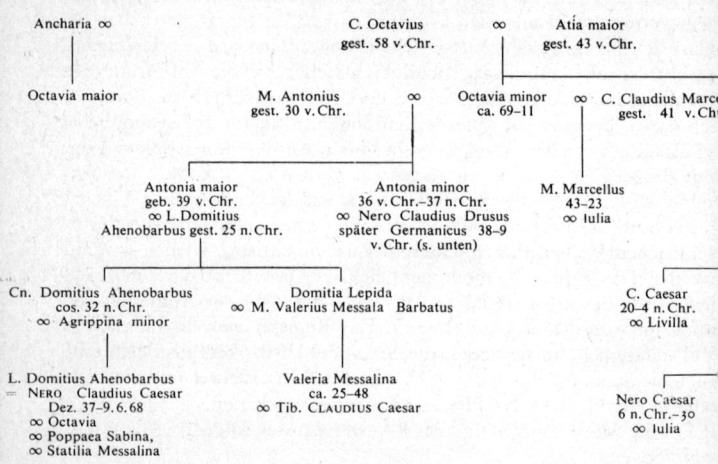

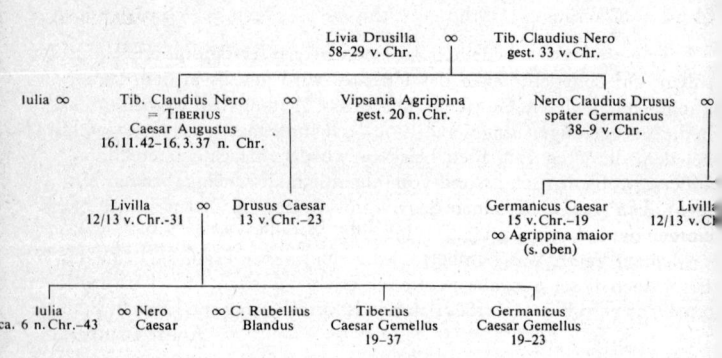

Von Karl Christ
Aus: dtv-Lexikon der Antike IV, 2.

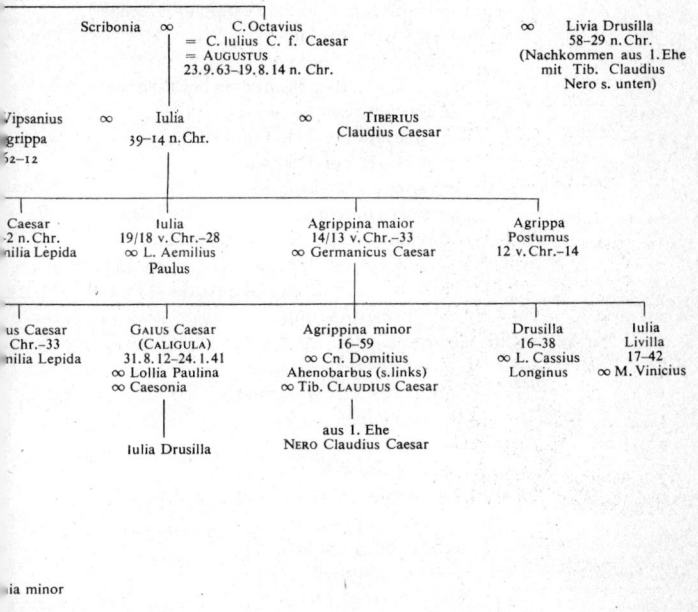

Zeittafel

100 v. Chr.	Geburt Caesars
68	Caesar Quästor
63	Geburt des Augustus
62	Caesar Prätor
60	1. Triumvirat (Caesar, Pompeius, Crassus)
59	Caesars 1. Konsulat
58–51	Eroberung Galliens
48	Sieg Caesars über Pompeius bei Pharsalus
48/47	Caesar in Ägypten
47	Sieg Caesars bei Zela
46	Sieg Caesars bei Thapsus
45	Sieg Caesars bei Munda
44	Caesars Ermordung
43	Octavians (Augustus') 1. Konsulat
43–32	2. Triumvirat (Octavian, Antonius, Lepidus)
42	Schlacht bei Philippi; Geburt des Tiberius
31	Schlacht bei Aktium
30 v. Chr.–14 n. Chr.	*Kaiser Augustus*
20	Geburt des Gaius Caesar
17	Geburt des Lucius Caesar
5	Geburt Galbas
2 n. Chr.	Tod des Lucius Caesar
4	Tod des Gaius Caesar
9	Niederlage im Teutoburger Wald; Geburt Vespasians
10	Geburt des Claudius
12	Geburt Caligulas
14	Tod des Augustus
14–37	*Kaiser Tiberius*
15	Geburt des Vitellius
31	Sturz des Sejan
32	Geburt Othos
37	Tod des Tiberius; Geburt Neros
37–41	*Kaiser Caligula*
39	Geburt des Titus
41–54	*Kaiser Claudius*
51	Geburt Domitians
54–68	*Kaiser Nero*
59	Ermordung Agrippinas
64	Brand von Rom
65	Verschwörung Pisos
68	Tod Neros
69	Dreikaiserjahr: *Galba, Otho, Vitellius*

69–79	*Kaiser Vespasian*
70	Zerstörung von Jerusalem durch Titus
79–81	*Kaiser Titus*; Vesuvausbruch
81–96	*Kaiser Domitian*
96–98	Kaiser Nerva
98–117	Kaiser Trajan

Literaturhinweise
(außer Handbüchern und Literaturgeschichten)

Über die antike Biographie:

F. Leo, Die griechisch-römische Biographie. Leipzig 1901.
W. Steidle, Sueton und die antike Biographie (Zetemata I). 2. Aufl. München 1963.

Über Sueton:

A. Macé, Essai sur Suétone. Paris 1900.
G. Funaioli, Artikel ›Sueton‹ in: Pauly-Wissowa, Realencyclopädie der classischen Altertumswissenschaft (1931).
G. Funaioli, I Cesari di Suetonio. In: Studi di Letteratura Antica, Band II 2. Bologna 1947, S. 147 ff.
H. Ailloud, Vorwort zur Suetonausgabe. Paris 1931, s. u.
R. Till, Vorwort zur Suetonübersetzung von M. Heinemann. 4. Aufl. Stuttgart 1951.
Letzter Fachbericht über Sueton in: Bursians Jahresbericht über die Fortschritte der klassischen Altertumswissenschaft 273 (1941), von Penndorf.
H. A. Sanders, Suetonius in the Civil Service under Hadrian. In: American Journal of Philology 65 (1944), S. 113 ff.

Ausgaben der ›Caesaren‹:

M. Ihm, 1. Aufl. Leipzig 1907.
H. Ailloud, 1. Aufl. Paris 1931, mit französischer Übersetzung und Anmerkungen.
J. C. Rolfe, London 1928–1930, mit englischer Übersetzung.

Ausgaben der Fragmente:

A. Reifferscheid, Leipzig 1860.
G. Brugnoli, C. Suetonii Tranquilli de grammaticis et rhetoribus liber. Leipzig 1963.
A. Rostagni, De poetis e biografi minori. Turin 1944.

Übersetzungen:

s. o. Till, Ailloud, Rolfe.

Index:

A. A. Howard und C. N. Jackson, Index verborum C. Suetonii Tranquilli stilique eius proprietarum nonnullarum. Cambridge/Mass. 1922.

Allgemeines:

L. Friedländer, Darstellungen aus der Sittengeschichte Roms. 10. Aufl. Leipzig 1922.
J. Carcopino, La vie quotidienne à Rome à l'apogée de l'empire. 1. Aufl. Paris 1939; deutsche Übersetzung: So lebten die Römer während der Kaiserzeit. Stuttgart 1959.
U. E. Paoli, Das Leben im alten Rom. 6. Aufl. Bern 1961.
F. Poulsen, Römische Kulturbilder. Kopenhagen 1949.
H. Dessau, Geschichte der römischen Kaiserzeit. Berlin 1924–26.
E. Kornemann, Römische Geschichte. 3. Aufl. Stuttgart 1954.

Im Nachwort wird ferner zitiert aus F. Gundolf, Caesar. Geschichte seines Ruhmes. Berlin 1924.

Register

Die Namen bekannter Persönlichkeiten erscheinen unter der gebräuchlichsten Form, also Marcus Tullius Cicero unter Cicero und nicht unter Tullius, Gaius Iulius Caesar unter Caesar und nicht unter Iulius. Alle andern sind unter ihrem Familiennamen zu finden (im allgemeinen kenntlich an der Endung -ius), während Vor- und Beiname, soweit sie im Text vorkommen oder zur Unterscheidung dienen, in Klammern beigefügt sind. Beispiel: Munatius (Lucius Plancus).

Bei den Kaisern sind nur die Stellen aufgenommen, an denen sie außerhalb ihrer eigenen Biographie erwähnt werden. Sehr häufig vorkommende Bezeichnungen, besonders Beamtentitel, werden nur erklärt, ohne Stellenangabe.

Aborigines, sagenhafte Urbevölkerung Latiums. Vit. 1

Acerronius (Gnaeus Proculus), Konsul 37 n. Chr. Tib. 73

Achill, soll, um seinem Schicksal vor Troia zu entgehen, von seiner Mutter in Mädchenkleider gesteckt und unter Mädchen aufgezogen worden sein. Tib. 70

Acilius (Aviola), Konsul 54 n. Chr. Claud. 45

Acilius (Gaius), Soldat Caesars. Caes. 68

Acilius (Glabrio). Dom. 10

Actius, Schauspieler. Tib. 47

Actorius (Marcus Naso), Historiker. Caes. 9, 52

Adminius, Sohn des Britannenkönigs Cynobellinus. Cal. 44

Adria. Caes. 34, 44, Aug. 125, Tib. 16

Ädil, Polizeibeamter, auch verantwortlich für Lebensmittelversorgung und öffentliche Spiele

Aegisth, Buhle Klytämnestras. Gemeinsam mit ihr erschlug er den von Troia heimkehrenden Agamemnon. Dieser wurde später von Orestes gerächt. Caes. 50

Ägypten. Caes. 11, 13, 35, 52, Aug. 17, 18, 66, 93, Claud. 20, Nero 35, 47, Vesp. 6, Dom. 4
- Einwohner. Cal. 57, Nero 37
- Flotte. Caes. 39
- Königsschatz. Aug. 41
- Religion. Tib. 36

Aelia (Paetina), zweite Gattin des Claudius. Claud. 26, 27

Aelius (Lamia), erster Gatte Domitias (Longinas), der späteren Gemahlin Domitians. Dom. 1, 10
- Gärten des Lamia, in der Nähe der Gärten Mäzens, nach ihrem ersten Besitzer Aelius (Lucius Lamia) genannt. Cal. 59

Aemilia (Lepida), Verlobte des Claudius, Urenkelin des Augustus; ihre Mutter Iulia wurde von Augustus verbannt, ihr Vater, Aemilius (Lucius Paulus), Sohn des Censors, verschwor sich gegen Augustus. Claud. 26

Aemilianischer Stadtteil, Lage nicht genau bekannt. Claud. 18

Aemilius (Aelianus). Aug. 51

Aemilius (Lucius Paulus), Sohn des Censors Paulus, Gatte von Augustus' Enkelin Iulia. Aug. 16, 19, 64

Aemilius (Mamercus). Caes. 1

Aemilius (Marcus Lepidus), zweiter Gatte der Drusilla, machte sich Hoffnungen auf die Nachfolgerschaft Caligulas; 39 n. Chr. hingerichtet. Cal. 24, 36, Claud. 9

Aemilius (Papus), Feldherr im Zweiten Punischen Krieg. Aug. 2

Aemilius (Paulus), Konsul, Bruder des Triumvirn Marcus Lepidus. Caes. 29

Aenaria, heißt die Insel Ischia. Aug. 92

Aeneas, entfloh dem brennenden Troia und siedelte sich nach einem Aufenthalt bei Dido in Latium an. Stammvater von Romulus und Remus, den Gründern Roms. Nero 39

Aequiculi, Stamm in den Sabinerbergen. Vit. 1

Aeserninus, Enkel des Asinius Pollio. Aug. 43

Aeskulap, Bild des. Aug. 59
- Insel, die Isola Tiberina in Rom, auf der heute noch Spitäler stehen. Claud. 25

Äthiopien. Caes. 52
- Bewohner. Cal. 57

Aetna. Cal. 51

Aetolien, Gebirgslandschaft in Mittelgriechenland. Aug. 17

Afranius, Dichter sogenannter »togatae«, national-römischer Lustspiele, geboren ca. 150 v. Chr. Nero 11

Afranius (Lucius), Feldherr des Pompeius. Caes. 34, 75

Afrika. Caes. 35, 36, 59, 70, Aug. 16, 47, Tib. 31, Nero 31, Galba 7, 8, 11, Otho 1, Vit. 5, Vesp. 3, 4
- Bewohner. Aug. 4
- Faustkämpfer. Cal. 18
- Tiere. Cal. 18, Claud. 21
- Triumph über. Caes. 37, Aug. 8

›Afrikanischer Krieg‹, Schrift Caesars. Caes. 56

Agamemnon, s. Aegisth. Tib. 61

Agermus (Lucius), Freigelassener Agrippinas d. J. Nero 34

Agrippa, Enkel des Augustus, von ihm adoptiert, später verbannt. Aug. 19, 51, 64, 65, Tib. 15, 22, 25

Agrippa (Marcus), 62–12 v. Chr., Freund und Schwiegersohn des Augustus, sein hauptsächlichster General und seit 18 v. Chr. Mitinhaber der tribunizischen Gewalt. Errichtete viele

Bauten in Rom (u. a. das erste Pantheon an der Stelle des jetzigen) und in der Provinz. Aug. 16, 25, 29, 35, 42, 63, 64, 66, 94, 97, Tib. 7, 10, Cal 7, 23

Agrippina, Tochter des Marcus Agrippa, erste Gemahlin des Tiberius. Tib. 7

Agrippina die Ältere, Enkelin des Augustus, Gattin des Germanicus, Mutter Caligulas, starb 33 n. Chr. in der Verbannung. Aug. 64, 86, Tib. 53, Cal. 7, 8, 10, 12, 15, 23, 30

Agrippina die Jüngere, Tochter Agrippinas der Älteren und des Germanicus, Gemahlin des Domitius, Mutter Neros, später Gemahlin des Claudius, dessen Nichte sie war. Cal. 7, 15, 24, 29, 36, 59, Claud. 26, 29, 39, 43, 44, Nero 5, 6, 7, 9, 28, 34, 35, 39, 40, 46, Galba 5, Vesp. 4, 9

Ahenobarbi, Familie der Nero 1

›Ajax‹, Tragödie des Augustus. Aug. 85

Akte, Freigelassene und Geliebte Neros. Nero 28, 50

Aktium, nordwestliches Vorgebirge von Akarnanien, am Eingang des ambrakischen Meerbusens, heute Golf von Arta, 31 v. Chr. Schauplatz der Entscheidungsschlacht zwischen Augustus und Marcus Antonius. Aug. 9, 17, 18, 96, Cal. 23
– Triumph über, 29 v. Chr. Aug. 22, Tib. 6

Alanen, nomadisches Reitervolk nördlich des Kaukasus. Dom. 2

Albanerberge. Claud. 4, Dom. 4, 19

Albanerbergstein. Aug. 72

Albanum, Villenort in den Albanerbergen, heute Albano. Nero 25, Dom. 4, 19

Albia (Terentia), Mutter Othos. Otho 1

Albudignus, Zufluß der Aqua Claudia. Claud. 20

Albulaquellen, Schwefelquellen in der Nähe von Tivoli. Aug. 82, Nero 31

Alexander der Große, 356–323 v. Chr. Caes. 7, Aug. 18, 50, 94, Cal. 52, Nero 19

Alexandria. Caes. 35, 64, 76, 79, Aug. 17, 71, Tib. 4, 52, Cal. 49, Claud. 16, Nero 19, Vesp. 7, Tit. 5, Dom. 2
– Einwohner von. Caes. 11, Nero 20, Vesp. 19
– Leuchtturm von. Claud. 20
– Museum von. Claud. 42
– Schiff von. Aug. 98, Nero 45, Galba 10
– Schrift Caesars, ›Alexandrinischer Krieg‹. Caes. 56
– Triumph über. Caes. 37, Aug. 22
– Waren von. Aug. 98

Alexandria, Amme Neros. Nero 50

Alkmeon, tötete auf Befehl seines Vaters die Mutter und wurde darauf wahnsinnig. Nero 39

Allia, Nebenfluß des Tiber in der Nähe Roms, wo die Römer am 18. Juli 387 v. Chr. eine vernichtende Niederlage durch die Gallier erlitten. Vit. 11

Allobroges, gallischer Stamm. Nero 2

Alpen. Caes. 25, 56, Aug. 79, Cal. 21, 51, Nero 18, Otho 9
– Völker. Aug. 21, Tib. 9

Amazonen. Caes. 22, Nero 44

Ambitarvius, Dorf der Treveri. Cal. 8

Ambrones, wahrscheinlich keltischer Stamm, der sich den Cimbern und Teutonen angeschlossen hatte. Caes. 9

Ampius (Titus), Schriftsteller. Caes. 77

Ancharia, erste Gattin von Augustus' Vater. Aug. 4

Ancus Marcius, vierter König von Rom. Caes. 6

Aniketos, Erzieher Neros. Nero 35

Anio, Nebenfluß des Tiber. Tib. 1

Anio novus, Zufluß der Aqua Claudia. Claud. 20

Annius (Cimber), Schriftsteller. Aug. 86

Antikyra, Hafenstadt am Nordufer des Golfes von Korinth, bekannter Kurort. Cal. 29

Antiochia. Tib. 49, Cal. 1

Antiochus, König von Kommagene. Cal. 16

Antiochus, angeblicher Vorfahr des Vitellius. Vit. 2

Antistius, Arzt. Caes. 82

Antistius (Labeo), berühmter Jurist, geb. 50 v. Chr. Aug. 54

Antistius (Lucius), Volkstribun. Caes. 23

Antonia, Tochter des Claudius und Aelias (Paetinas), vermählt mit Pompeius (Gnaeus Magnus) und Sulla (Faustus); von Nero, dessen Hand sie ausschlug, 65 n. Chr. getötet. Claud. 27, 29, Nero 35

Antonia die Ältere, Tochter des Triumvirn Marcus Antonius und Octavias, der Schwester des Augustus; Schwester Antonias der Jüngeren, Gemahlin (30 v. Chr.) des Domitius, der Großvaters Neros. Nero 5

Antonia die Jüngere, Schwester Antonias der Älteren, Gemahlin des Drusus, Mutter des Germanicus und Claudius. Cal. 1, 10, 15, 23, 24, 29, Claud. 1, 3, 4, 11, 40, 41, Vesp. 3

Antonius, Sohn des Triumvirn Marcus Antonius. Aug. 17, 63

Antonius (Gaius), Onkel des Triumvirn, Konsul 63 v. Chr. Aug. 5

Antonius (Gaius), Offizier Caesars, Bruder des Triumvirn. Caes. 36

Antonius (Iullus), Sohn des Triumvirn, Konsul 10 v. Chr. Claud. 2

Antonius (Lucius), Bruder des Triumvirn, Konsul 41 v. Chr. Aug. 9, 14, 15, 68, Tib. 4, 5

Antonius (Lucius), Statthalter Obergermaniens. Dom. 6, 7

Antonius (Marcus), 82–30 v. Chr., zuerst Parteigänger Caesars, nach dessen Tod schließt er 43 v. Chr. das zweite Triumvirat mit Augustus und Lepidus, gerät unter den Einfluß Kleopatras, was zum Bruch mit Augustus beiträgt. 31 bei Aktium geschlagen, 30 Selbstmord in Alexandria. Caes. 52, 79, 82, 84, Aug. 2, 4, 7, 8, 9, 10, 12, 13, 16, 17, 20, 21, 28, 49, 62, 63, 68, 86, Tib. 4, 59, Cal. 26, Claud. 11, Nero 3
– Söhne des. Aug. 17, 63

Antonius (Musa), Arzt des Augustus. Aug. 59, 81

Antonius (Primus). Vit. 18
Anzio (Antium), an der Küste südlich von Rom. Aug. 58, Tib. 38, Cal. 8, 49, Nero 6, 9, 25
- Orakel von. Cal. 57
Apellaris, Schauspieler. Vesp. 19
Apelles, Schauspieler. Cal. 33
Apennin. Caes. 44, Vit. 10
Apisheiligtum, in Memphis in Ägypten. Aug. 93
Apisstier, das heilige Tier der Ägypter. Tit. 5
Apollo. Aug. 70, 94, Nero 39, 53
- in Delphi. Nero 40
- Palatinischer. Aug. 31, 52
- Sandaliarius, nach seinem Standort im »vicus Sandaliarius«, Sandalenmachergasse. Aug. 57
- der Schinder, als Vollzieher der Strafe an Marsyas. Aug. 70
- von Temenos, Stadtteil von Syrakus. Tib. 74
- Tempel des, bei Aktium. Aug. 18
- - didymeischen, in Milet, nach dem berühmten Heiligtum in Didyma bei Milet. Cal. 21
- - auf dem Palatin. Aug. 29, Nero 25
Apollodor, ca. 100–20 v. Chr. Lehrer des Augustus. Aug. 89
Apollonia, im südlichen Illyrien. Aug. 8, 10, 89, 94, 95
Apollonius Molon. Caes. 4
Apollophanes, Feldherr des Sextus Pompeius. Aug. 16
Aponius (Saturninus). Cal. 38
Aponusquelle, heiße Schwefelquelle bei Padua, heute Bad Abano. Tib. 14
Appische Straße, angelegt von Claudius (Appius Caecus), führt von Rom über Capua, Benevent bis Brindisi. Tib. 72, Cal. 19, Claud. 1, Nero 5
Appius (Caecus), s. Claudius (Appius Caecus)
- (Pulcher), s. Claudius (Pulcher)
Appuleius (Sextus), Konsul 14 n. Chr. Aug. 100
Apragopolis, Name für eine Insel in der Nähe Capris. Aug. 98
Apulien. Vit. 1
Aqua Claudia, Aquädukt des Claudius, der über eine Strecke von 60 km Wasser nach Rom brachte. Claud. 20
Aquileia, an der Nordküste des Adriatischen Meeres. Aug. 20, Tib. 7, Vesp. 6
Aquilius (Niger). Aug. 11
Aquitanien, Gebiet von Südwestfrankreich. Aug. 21, Galba 6, 9
Archelaus, König von Kappadokien. Tib. 8, 37
Areios, stoischer Philosoph. Aug. 89
Argivus, Haushofmeister Galbas. Galba 20
Aricia, alte Stadt Latiums in der Nähe des Nemisees. Aug. 4
Arkadien, Landschaft der Peloponnes. Vesp. 7
Arles (Arelate), in Südfrankreich. Tib. 4
Armenien. Aug. 21, Tib. 9, 11, 41, Cal. 1, Nero 13, 39, 40
- Bewohner. Claud. 25
- Klein-Armenien, angrenzend an das Gebiet von Pontus, durch den Euphrat von Groß-Armenien geschieden. Caes. 44
Arrecina (Tertulla), erste Gemahlin des Titus. Tit. 4
Arrecinus (Clemens), Bruder der Arrecina (Tertulla). Dom. 11
Artabanus, Partherkönig. Tib. 66, Cal. 14, Vit. 2
Arverni, gallischer Stamm. Nero 2
As, kleinste Kupfermünze
Ascletarion, Astrolog. Dom. 14
Asellius (Sabinus). Tib. 42
Asiaticus, Freigelassener des Vitellius. Vit. 12
Asien s. Kleinasien
Asiatische Redner. Aug. 86
Asillius. Cal. 8
Asinius (Epicadus). Aug. 19
Asinius (Gallus), 40 v.-33 n. Chr., Sohn des Asinius (Pollio), bedeutender Redner, der in seinen Schriften seinen Vater über Cicero stellte. Claud. 41
Asinius (Gallus), Enkel des Asinius Pollio, Verschwörer gegen Claudius. Claud. 13
Asinius (Marcellus), Konsul 54 n. Chr. Claud. 45
Asinius (Pollio), 76 v.–4 n. Chr., berühmter Geschichtsschreiber der Bürgerkriege und Kunstkritiker. Seine Werke gingen verloren, wurden aber von späteren Historikern stark benützt. Schuf die erste öffentliche Bibliothek in Rom und unterstützte die Dichter Vergil und Horaz. Caes. 30, 55, 56, Aug. 29, 43, Claud. 13
Asklepiades, Verfasser von ›Theologischen Schriften‹. Aug. 94
Astura, Küstenstädtchen in Latium. Caes. 97, Tib. 72
Asturien, Landschaft Nordspaniens, berühmt für seine Pferdezucht. Nero 46
Asylrecht, in Tempeln und heiligen Bezirken konnten Verbrecher und politisch Verfolgte Zuflucht finden; von Tiberius abgeschafft. Tib. 37
Atalante, Geliebte des Meleager. Tib. 44
Atella, zwischen Neapel und Capua, Herkunftsort des Atellanenspiels. Tib. 75
Atellanenspiel, altitalische Stegreifposse. Tib. 45, Cal. 27, Nero 39, Galba 13
Athen. Aug. 60, 93
- Spiele. Cal. 20
Athenodorus, Freund des Claudius. Claud. 4
Atia, Mutter des Augustus, Nichte Caesars, Gemahlin des Octavius, gestorben 43 v. Chr. Aug. 8, 61, 94
Atilius, röm. Dramatiker des 2. Jh. v. Chr., übersetzte die ›Elektra‹ des Sophokles. Caes. 79
Atius (Marcus Balbus), Großvater des Augustus, Gemahl Iulias, der Schwester Caesars. Aug. 4
Atrium, Empfangsraum des römischen Hauses
Atticus (Vestinus), Konsul, Gatte der Statilia (Messalina). Nero 35
Attika. Claud. 25
Audasius (Lucius). Aug. 19

Aufidius (Lurco), Großvater der Livia Drusilla. Cal. 23
Augur, s. Auspicien
Augurium, s. Auspicien
Augusta, s. Livia (Drusilla)
Augustalen, besorgten den Kult der unter die Götter aufgenommenen Mitglieder des Kaiserhauses. Claud. 6, Galba 8
Augustus, 63 v.–14 n.Chr., heißt ursprünglich Gaius Octavius, später Gaius Iulius Caesar Octavianus, seit 27 v.Chr. Imperator Caesar Augustus. Caes. 55, 56, 83, 88, Tib. 4, 6, 7, 8, 10, 11, 12, 13, 15, 16, 17, 20, 21, 22, 23, 42, 46, 47, 48, 50, 51, 57, 58, 61, 68, 70, Cal. 1, 4, 7, 8, 16, 23, 25, 31, 34, 38, 48, Claud. 1, 3, 4, 6, 11, 20, 21, 25, 26, Nero 4, 10, 25, 46, Galba 1, 4, Vit. 1, 2, Vesp. 2, 9, 23, Dom. 4
Augustusaltar. Claud. 2
– -forum. Claud. 33
– -hügel, s. Caeliushügel
– -statue. Tib. 53, 58, Nero 12, Galba 1
– -tempel, in Nola. Tib. 40
– – in Rom Tib. 47, Cal. 21
Aurelia, Mutter Caesars. Caes. 13, 26, 74
Aurelische Straße, Küstenstraße von Rom nordwärts durch Etrurien über Genua nach Marseille. Galba 20
Aurelius (Cotta). Caes. 1
Aurunculeius, Offizier Caesars. Caes. 25
Auspicien, Beobachtung des Flugs, des Fressens und der Laute der Vögel, um daraus die Zukunft zu lesen. Die hierfür bestimmten Beamten heißen Augurn. Zum Namen vgl. Aug. 7
Autronius (Lucius). Caes. 9
Aventin, einer der sieben Hügel Roms. Vit. 16
Avernersee, in der Nähe von Baiae. Aug. 16, Nero 31
Axius. Caes. 9

Bacchus. Aug. 94
Baiae, größtes Seebad des Altertums, in der Nähe von Neapel. Aug. 16, 64, Tib. 6, Cal. 19, Nero 27, 31, 34
Balbillus, Astrolog. Nero 36
Balearen. Galba 10
Basilides, Freigelassener Vespasians. Vesp. 7
Basilika, Markt- und Gerichtshalle. Caes. 10, Aug. 100, Cal. 41
– des Caesar (Gaius) und Caesar (Lucius). Aug. 29
– Iulische, am Forum. Cal. 37
Bataver, Bewohner des jetzigen Holland. Cal. 43
Bato, Pannonierhäuptling. Tib. 20
Bauli, in der Nähe von Baiae. Nero 34
Beccus, Beiname des Antonius (Primus). Vit. 18
Benevent. Aug. 97, Nero 36
Berenike, Schwester des Judenkönigs Herodes Agrippa II., hörte Paulus in Caesarea (Apostelgeschichte 25/26), folgte Titus, dessen Geliebte sie war, nach Rom. Tit. 7

Bessi, wilder Stamm im thrakischen Bergland. Aug. 3
Betriacum, zwischen Cremona und Mantua, Schlachtenort 69 n.Chr. Otho 10, Vit. 10, 15, Vesp. 5
Biberius, Übername des Tiberius. Tib. 42
Bibulus (Marcus), Kollege Caesars als Konsul 59 v.Chr. Caes. 9, 10, 19, 20, 21, 49
Bithynien, Landschaft im nordwestlichen Kleinasien. Caes. 2, 39, 49
»Blaue«, fons Caeruleus, Zufluß der Aqua Claudia. Claud. 20
»Blaue«, Partei der Rennfahrer. Vit. 7, 14
Bogud, König von Mauretanien. Caes. 52
Bologna (Bononia). Aug. 17, 96, Nero 7
Boter, Freigelassener des Claudius, angeblich Vater Claudias, der Tochter des Kaisers. Claud. 27
Bovillae, an der Appischen Straße, ungefähr 15 km vor Rom. Aug. 100
Breuker, Volk in Pannonien. Tib. 9
Brindisi (Brundisium). Caes. 34, 58, Aug. 17
Britannicus, Sohn des Claudius und der Messalina. Trug auch den Beinamen Germanicus. Claud. 27, 43, Nero 6, 7, 33, Tit. 2
Britannien. Caes. 25, 47, 58, Claud. 17, 21, Nero 18, 39, 40, Vesp. 4, Tit. 4, Dom. 10
– Bewohner. Caes. 25, Cal. 19, 44
– Feldzug nach. Galba 7, Vit. 2
– Triumph über. Claud. 28
Brixellum, heute Brescello am Po. Otho 9
Brukterer, Angehöriger eines der germanischen Stämme, die sich unter Arminius erhoben hatten. Tib. 19
Brutus (Decimus), einer der Caesarmörder. Caes. 80, 81, 83, Aug. 10
Brutus (Lucius), hatte ca. 500 v.Chr. den letzten König Roms vertrieben. Caes. 80
Brutus (Marcus), Mörder Caesars. Caes. 49, 50, 80, 82, 85, Aug. 10, 13, 85, Tib. 61, Nero 3, Galba 3, Otho 10
›Brutus‹, Schrift Ciceros. Caes. 55, 56
Bürgerkrone, Auszeichnung für die Lebensrettung eines römischen Bürgers. Caes. 2, Tib. 26, Claud. 17
Burg, auf dem nördlichen Gipfel des Kapitols. Claud. 44
Burrus, Prätorianerkommandant, zusammen mit dem Philosophen Seneca in den ersten Jahren Neros eigentlicher Leiter des Reiches, gestorben 62 n.Chr. Nero 35
Byzanz. Vesp. 8

Caecilius (Atticus), 109–32 v.Chr., Freund, Verleger und Bankier Ciceros; ihr reger Briefwechsel ist erhalten. Tib. 7
Caecilius (Quintus Metellus), Volkstribun. Caes. 16, 55
Caecilius (Quintus Metellus Macedonicus), Censor 131 v.Chr. Aug. 89

Caecina (Aulus), Freund Ciceros, Gegner Caesars. Caes. 75

Caecina (Aulus), von Galba zu Vitellius übergetreten, Sieger bei Betriacum, nachher zu Vespasian übergegangen, von Titus hingerichtet. Tit. 6

Caeliushügel, einer der sieben Hügel Roms, von Tiberius Augustushügel genannt. Tib. 48, Vesp. 9

Caenis, Geliebte Vespasians. Vesp. 3, 21, Dom. 12

Caesar (Gaius), Enkel des Augustus, von ihm als Sohn adoptiert, stirbt 4 n. Chr. in Lykien, geboren 20 v. Chr. Aug. 26, 29, 43, 56, 64, 65, 67, 93, Tib. 11, 12, 13, 15, 23, Claud. 1, Nero 5

Caesar (Gaius), Sohn des Germanicus, Bruder Caligulas, früh verstorben. Cal. 7, 8

Caesar (Gaius Iulius), 100–44 v. Chr., s. auch Iulische. Aug. 2, 4, 8, 10, 13, 15, 17, 29, 31, 35, 45, 68, 94, 95, 96, 100, Tib. 4, Cal. 38, 60, Claud. 17, 20, 41, Nero 2, 3, 37, Galba 3, Vit. 8, Vesp. 5

Caesar (Lucius), Enkel des Strabo (Caesar). Caes. 75

Caesar (Lucius), Enkel des Augustus, von ihm als Sohn adoptiert, stirbt 2 n. Chr. in Marseille, geboren 17 v. Chr. Aug. 26, 29, 43, 55, 64, 65, Tib. 11, 15, 23, 70, Claud. 1

Caesarea, Name verschiedener Städte, zu Ehren des Augustus. Aug. 60

Caesaren, die beiden Enkel des Augustus, Caesar (Gaius) und Caesar (Lucius), s. d.
– Geschlecht der, d. h. das iulisch-claudische Kaiserhaus. Galba 1
– Herrschaft der. Tib. 14
– Park der, auf dem linken Tiberufer, benannt nach den beiden Enkeln des Augustus. Aug. 43
– Tempel der, d. h. der iulisch-claudischen Kaiser. Cal. 60, Galba 1

Caesarianer, Anhänger Caesars. Caes. 75

Caesarion, angeblicher Sohn Caesars und Kleopatras. Caes. 52, Aug. 17

Caesetius (Flavus), Volkstribun. Caes. 79, 80

Caesonia, Gattin Caligulas, ermordet 41 n. Chr. Cal. 25, 33, 38, 50, 59

Caesonius (Titus Priscus), Ritter, Vergnügungsmeister des Tiberius. Tib. 42

Calagurritani, spanische Leibwache des Augustus aus dem Ebrotal. Aug. 49

Caldius, Übername des Tiberius. Tib. 42

Caligula, 12–41 n. Chr., vor der Thronbesteigung (37 n. Chr.) Gaius Iulius Caesar, nachher Imperator Gaius Caesar Augustus Germanicus. Über seinen Beinamen Caligula vgl. Cal. 9. Tib. 54, 55, 62, 73, 75, 76, Claud. 7, 9, 10, 11, 20, 28, 38, Nero 6, 7, 30, Galba 6, 7, Otho 6, Vit. 2, 4, 17, Vesp. 2, 5, Tit. 1

Calpenus (Quintus). Caes. 39

Calpurnia, Tochter des Lucius Piso, Gemahlin Caesars. Caes. 21, 81

Calvini, Familie der. Nero 1

Calvus, s. Licinius (Calvus)

Camillus, soll die Senonen bei ihrem Abmarsch von Rom besiegt haben. Tib. 3, Claud. 26

Camillus s. Furius (Camillus Scribonianus)

Camillus (Arruntius), s. Furius (Camillus Scribonianus Arruntius)

Campanien. Caes. 20, Aug. 4, 72, 98, Tib. 11, 39, 72, Cal. 14, 24, 37, Claud. 5, Vit. 16, 24, Tit. 8

Campanische Faustkämpfer. Cal. 18

– Straße, Abzweigung der Appischen Straße. Aug. 94

Caninius (Rebilus), der »eintägige Konsul«, am 31. 12. 45 v. Chr. Nero 15 (vgl. Caes. 76)

Canus, Flötenspieler. Galba 12

Canusium, heute Canosa, Stadt in Apulien, wo die feinste Wolle hergestellt wurde. Nero 30

Capri (Capreae), noch in römischer Zeit von Griechen besiedelt. Aug. 72, 92, 98, Tib. 40, 41, 43, 60, 62, 65, 73, 74, Cal. 10, Vit. 3

Caprineus, Übername des Tiberius. Tib. 43

Capsarier, Sklave, der Bücher und Schreibgerät der vornehmen Kinder auf dem Schulweg in einer »Kapsel« (capsa) nachtrug. Nero 36

Capua. Caes. 81, Tib. 40, Cal. 57

Capys, sagenhafter Gründer von Capua. Caes. 81

Carinen, »bei den Schiffskielen«, an der Südspitze des Esquilin. Tib. 15

Carmelus, Gott und Gebirge in Palästina. Vesp. 5

Carnulus. Tib. 61

Carrarischer Marmor, im Original »lunensisch«, nach dem Hafen Luna in Etrurien, heute Luni. Nero 50

Casca, einer der Caesarmörder. Caes. 82

Cassius. Cal. 57

Cassius (Chaerea), Mörder Caligulas. Cal. 56, 57, 58

Cassius (Gaius), einer der Caesarmörder. Caes. 80, 85, Aug. 9, Tib. 61, Nero 3, 37, Galba 3, Otho 10

Cassius (Longinus), Rechtsgelehrter. Nero 37

Cassius (Lucius), Gegner Caesars. Caes. 63

Cassius (Lucius Longinus), Gatte der Drusilla. Cal. 24, 57

Cassius von Parma, einer der Caesarmörder. Aug. 4

Cassius (Patavinus). Aug. 51

Cassius (Scaeva), Offizier Caesars. Caes. 68

Cassius (Severus), republikanisch eingestellter Redner. Aug. 56, Cal. 16, Vit. 2

Castricius. Aug. 56

Catilina, Haupt der Verschwörung 63 v. Chr. Caes. 14, 17, Aug. 3, 94

Cato, 239–149 v. Chr., Urgroßvater des Cato (Marcus Porcius), erster eigentlicher Prosaschriftsteller Roms (Origines, ›Urgeschichte‹, und ein Werk über den Ackerbau), wird zum Musterbeispiel römischer Tugenden. Aug. 86

Cato (Marcus Porcius), Gegner Caesars, Vertreter altrömischer Lebensart, Selbstmord 46 v. Chr. bei Utica in der Nähe von Karthago. Caes. 14, 19, 20, 30, 53, 56, Aug. 13, 85

Catullus (Gaius Valerius), 84–54 v. Chr., einer der geistreichsten Dichter der caesarischen Epoche und einer der größten römischen Dichter überhaupt. Caes. 73

Catulus (Quintus Capitolinus), Gegner Caesars, Urgroßvater Galbas. Caes. 15, Aug. 94, Galba 2, 3

Cauchen, oder Chauken, germanischer Stamm zwischen Ems- und Elbemündung. Claud. 24

Cauchius, s. Gabinius (Secundus)

Celadus, Freigelassener des Augustus. Aug. 67

Censor, oberster Steuerbeamter, stellt Bürgerverzeichnisse auf und nimmt Einteilung der Bürger in Stände vor; auch oberster Sittenrichter

Centumviralgericht, uralte Gerichtsbehörde von 105 Mitgliedern für Privatprozesse. Aug. 36, Vesp. 10, Dom. 8

Centurie, Einteilung der Bürgerschaft für die Wahlen und Unterabteilung der Legion

Centurio, höherer Unteroffizier, führt eine Centurie = Hundertschaft

Ceres = Demeter, die Hauptgottheit der eleusinischen Mysterien. Aug. 93, Nero 12

Cevennen. Caes. 25

Chaerea, s. Cassius (Chaerea)

Chaldaeer, orientalische Astrologen. Vit. 14, Dom. 14

Charikles, Arzt des Tiberius. Tib. 73

Chatten, germanischer Stamm im heutigen Hessen. Vit. 14, Dom. 6

Chios, Insel im Ägäischen Meer. Tib. 8

Chrestos, Anführer der Juden. Claud. 25

Christen. Nero 16

Cicero (Marcus Tullius), 106–43 v. Chr., der große Redner und Schriftsteller, Konsul 63 v. Chr., im Jahre der Catilinarischen Verschwörung. Caes. 9, 17, 20, 30, 42, 49, 50, 55, 56, Aug. 3, 5, 94, Tib. 2, 7, Claud. 41

Cicero (Quintus Tullius), Bruder des Marcus. Caes. 14, Aug. 3

Cimbern, germanischer Stamm, der mit den Teutonen nach Süden vordrang, 101 v. Chr. durch Marius bei Vercellae (zwischen Mailand und Turin) entscheidend geschlagen. Caes. 11, Aug. 23, Cal. 51

Cincinnatus, Beiname des im 5. Jh. v. Chr. vom Pfluge weg zur Diktatur berufenen Lucius Quinctius Cincinnatus (»der Lockenkopf«). Cal. 35

Cinna (Lucius Cornelius), Schwiegervater Caesars, mit Marius 86 v. Chr. Konsul, 84 v. Chr. von meuternden Soldaten erschlagen. Caes. 1, Cal. 60

Cinna (Lucius), Sohn Cinnas, Schwager Caesars. Caes. 5, 85

Circeii, Küstenstadt in Latium. Aug. 16, Tib. 72

Circus Maximus, unter Nero beim Brand Roms vernichtet, von Trajan wieder aufgebaut. Claud. 21, Nero 22, 25, 27, Dom. 5

Civica (Cerealis). Dom. 10

Claudia, erste Gattin des Augustus, Tochter Fulvias aus ihrer Ehe mit Publius Clodius. Aug. 62

Claudia, Schwester des Claudius Pulcher, Tochter des Claudius (Appius Caecus). Tib. 2

Claudia, Enkelin des Claudius (Appius Caecus). Tib. 2

Claudia, Vestalin. Tib. 2

Claudia, Tochter des Claudius und Plautias (Urgulanillas). Claud. 27

Claudia (Augusta), Tochter Neros und der Poppaea Sabina. Nero 35

Claudier, Familie der. Tib. 1, 2, 6, Claud. 39

Claudius, 10 v.–54 n. Chr., vor der Thronbesteigung Tiberius Claudius Drusus Nero Germanicus, nachher Tiberius Claudius Caesar Augustus Germanicus. Cal. 15, 21, 23, 49, Nero 6, 7, 8, 9, 33, 35, 39, Galba 7, 14, Otho 1, Vit. 2, 4, Vesp. 4, 9, 24, Tit. 2, Dom. 4
– Tempel des. Vesp. 9

Claudius (Appius Caecus), ca. 350 bis 280 v. Chr., Erbauer der Appischen Straße. Tib. 2, 3, Claud. 24

Claudius (Atta), Urahn der claudischen Familie. Tib. 1

Claudius (Caudex), 264 v. Chr. Sieger über die Karthager. Tib. 2

Claudius (Drusus), Vorfahre des Tiberius. Tib. 2

Claudius (Marcus Marcellus), Konsul 51 v. Chr. Caes. 28, 29

Claudius (Nero), 207 v. Chr. mit Livius (Marcus Salinator) Sieger am Metaurus gegen Hasdrubal. Tib. 2

Claudius (Pulcher), Sohn des Claudius (Appius Caecus), Konsul 249 v. Chr., unterlag in einer Seeschlacht gegen die Karthager. Tib. 2, 3

Claudius (Regillianus), Mitglied des Zehnmännerkollegiums. Tib. 2

Clemens, Sklave Agrippas. Tib. 25

Clitumnus, Fluß in Umbrien, dessen Tal berühmt war wegen seiner Schönheit und Fruchtbarkeit. Cal. 43

Clodianus, Ordonnanz Domitians. Dom. 17

Clodisches Gesetz, sonst unbekannt. Dom. 9

Clodius (Macer), Statthalter in Afrika, wollte Galba nicht anerkennen und versuchte, von Afrika aus die Getreidezufuhr Roms zu sperren. Galba 11

Clodius (Pollio). Dom. 1

Clodius (Publius), berüchtigte Persönlichkeit zur Zeit Caesars, setzte die Verbannung Ciceros durch, besaß eine Bande, mit der er Rom tyrannisierte; durch Milos Bande 52 v. Chr. ermordet. Caes. 6, 20, 26, 74, Aug. 62, Tib. 2

Clunia, am Oberlauf des Duero. Galba 9

Cluvius (Rufus), Konsul. Nero 21

Codeta, wahrscheinlich auf dem Marsfeld gelegen. Caes. 39

Colonia Agrippinensis, heute Köln. Vit. 10

Columbus, Murmillo. Cal. 55
– nach diesem benanntes Gift, das »Columbinische«. Cal. 55

Como. Caes. 28

367

Concordia, Göttin der Eintracht
- Beiname des Vitellius. Vit. 15
- Tempel der. Tib. 20, Vit. 15
Cordova, in Spanien. Aug. 51
Corfinium, in Mittelitalien (Samnium), am Aternus. Caes. 34, Nero 2
Cornelia, Tochter des Cinna (Lucius Cornelius), Gattin Caesars. Caes. 1, 6
Cornelia, Oberpriesterin der Vesta. Dom. 8
Cornelier. Caes. 59
Cornelisches Gesetz, Gesetz des Diktators Sulla über Urkundenfälschung. Aug. 33
Cornelius, ein Centurio des Augustus. Aug. 26
Cornelius (Balbus), Vertrauensmann Caesars. Caes. 78, 81, Aug. 29
- Theater des. Aug. 29
Cornelius (Cinna), s. Cinna (Lucius)
Cornelius (Dolabella). Caes. 4, 49, 55
Cornelius (Fuscus), Prätorianerkommandant. Dom. 6
Cornelius (Gallus), talentierter Dichter; an ihn ist die 10. Ekloge Vergils gerichtet. Aug. 66
Cornelius (Laco), Vertrauter Galbas, Prätorianerpräfekt. Galba 14
Cornelius (Nepos), ca. 100–25 v. Chr., Verfasser einer Reihe Biographien berühmter Männer. Caes. 55, Aug. 77
Cornelius (Phagita), Caes. 74
Cornelius (Sabinus), Mörder Caligulas. Cal. 58
Cornficius (Lucius). Aug. 29
Corvinus (Messala), s. Valerius (Messala Corvinus)
Cosa, Küstenstadt in Etrurien. Vesp. 2
Cosmus, Sklave des Augustus. Aug. 67
Cossutia, Verlobte Caesars. Caes. 1
Cotiso, König der Geten. Aug. 63
- Tochter des. Aug. 63
Cotta (Lucius). Caes. 79
Cottius, König eines unabhängigen Reiches in den »Cottischen Alpen«, das erst unter Nero zur Provinz wurde. Tib. 37, Nero 18
Crassus (Marcus Frugi). Claud. 17
Crassus (Marcus Licinius), 115–53 v. Chr., schloß mit Pompeius und Caesar 60 das erste Triumvirat, 53 bei Karrhae von den Parthern geschlagen. Caes. 9, 19, 21, 24, 50, Aug. 21, Tib. 9
Cremona. Vesp. 7
Cremutius (Cordus), Geschichtsschreiber der Bürgerkriege, Verherrlicher der Caesarmörder. Aug. 35, (Tib. 61), Cal. 16
Cupido, Sohn der Venus, Liebesgott. Cal. 7, Galba 20
Curio (Gaius, der Ältere). Caes. 9, 49, 52
Curio (Gaius, der Jüngere). Caes. 29, 36
Curio (Vater und Sohn). Caes. 50
Curius (Quintus). Caes. 17
Curtius, Zufluß der Aqua Claudia. Claud. 20
Curtiussee, auf dem Forum. Dorthinein war nach der Sage Marcus Curtius zu Pferde und in voller Rüstung gesprungen, um einen Orakelspruch zu erfüllen. Aug. 57, Galba 20

Cutiliae, Mineralbad in der Nähe von Reate. Vesp. 24
Cynobellinus, Britannenkönig. Cal. 44

Daker, Volk im heutigen Rumänien. Ihre Unterwerfung gelang erst unter Trajan, 106 n. Chr. Caes. 44, Aug. 8, 21, Tib. 41, Dom. 6
- Triumph über. Dom. 6
Dalmatien. Aug. 20, Claud. 13, Otho 9
- Bewohner. Tib. 9
- Krieg in. Aug. 20
- Triumph über. Aug. 22
Darius, parthischer Geisel. Cal. 19
Datus, Schauspieler. Nero 39
Dekurie, Richterabteilung, auch Berufseinteilung der unteren Beamtenschaft
Delphi. Nero 40
Demetrius, kynischer Philosoph. Vesp. 13
Demochares, Feldherr d. Sext. Pompeius. Aug. 16
Denar = 4 Sesterzen
Dertosa, heute Tortosa am Ebro. Galba 10
Diana, Heiligtum beim Nemisee. Cal. 35
- Tempel der. Aug. 29
Dido, sagenhafte Königin Karthagos. Nero 31
Didymeischer Apollo, s. Apollo
Diodorus, Kitharoede. Vesp. 19
Diogenes, Grammatiker. Tib. 32
Diomedes, Verwalter des Augustus. Aug. 67
Dionysios, Sohn des Areios. Aug. 89
Dioskurides, berühmtester Steinschneider der Zeit, von Augustus aus Kleinasien nach Rom gerufen; einzelne seiner Werke sind noch erhalten. Aug. 50
Dolabella, s. Cornelius
Dolabella (Gnaeus), Verwandter Galbas, von Vitellius zum Tode verurteilt; seine Gärten lagen vielleicht am heutigen Monte Pincio in Rom. Galba 13
Dolabella (Publius), Offizier Caesars. Caes. 36
Domitia (Longina), Gemahlin des Aelius (Lamia), nachher Domitians. Tit. 10, Dom. 1, 3, 10, 13, 14, 22
Domitian, 51–96 n. Chr., heißt Titus Flavius Domitianus, als Kaiser Imperator Caesar Domitianus Augustus. Vesp. 1, 3, 25, Tit. 9, 10
Domitian, Sohn des Flavius (Clemens), von Domitian zum Nachfolger ausersehen. Dom. 15
Domitier, Geschlecht der. Nero 1
- Begräbnisstätte der. Nero 50
Domitilla, Tochter Vespasians. Vesp. 3
Domitilla, Gattin des Flavius (Clemens), Enkelin Vespasians, später angeblich als Christin verbannt. Dom. 17
Domitius, Großvater Neros, ca. 45 v.–25 n. Chr. Nero 4
Domitius (Gnaeus), Urahn Neros, Vater des Domitius (Lucius), Konsul 96 v. Chr. Nero 2
Domitius (Gnaeus), Urgroßvater Neros, Konsul 32 v. Chr. Aug. 17, Nero 2

Domitius (Gnaeus Ahenobarbus), Vater Neros, verheiratet 28 n. Chr. mit Agrippina der Jüngeren, gestorben 40 n. Chr. Nero 5, 6, 7, 9, 28, Galba 5, 6, Otho 2, Vit. 2

Domitius (Gnaeus Calvinus), Offizier Caesars. Caes. 36

Domitius (Lucius), Stammvater der Ahenobarbi. Nero 1

Domitius (Lucius), ca. 100–48 v. Chr., Prätor, Ururgroßvater Neros, Konsul 54 v. Chr., Gegner Caesars. Caes. 23, 24, Nero 2

Donau. Tib. 16

Dorisch, griechischer Dialekt. Tib. 56

Doryphoros, Freigelassener Neros. Nero 29

Drausus. Tib. 3

Dreikinderrecht, lex Papia Poppaea, Vergünstigungen für Familien mit drei Kindern (entsprechend auch Vierkinderrecht), später oft Formsache geworden, vgl. auch Nachwort S. 346 Unverheiratete und Eltern ohne diese Kinderzahl waren andrerseits verschiedenen Sanktionen ausgesetzt. Claud. 15, 19, 23, Nero 10, Galba 14

Druiden, gallische Priester, die noch das Menschenopfer kannten; dies wurde von Claudius verboten. Claud. 25

Drusilla, Tochter Agrippinas der Älteren und des Germanicus, Schwester Caligulas. Cal. 7, 15, 24, 29, 36, 39, 59

Drusilla, s. Livia (Drusilla)

Drusus, Großvater des Tiberius. Tib. 7

Drusus, Sohn des Germanicus, verhungert 33 n. Chr. Tib. 52, 54, 55, 61, 65, Cal. 7, 12, Claud. 9, Otho 1

Drusus, Sohn des Claudius und Plautias (Urgulanillas). Claud 27

Drusus, s. Livius (Drusus)

Drusus (Caesar), Sohn des Tiberius, 23 n. Chr. auf Anstiften Sejans von seiner Gattin Livilla vergiftet. Aug. 100, 101, Tib. 7, 15, 23, 25, 39, 52, 54, 55, 62, 76, Claud. 29, Vit. 3

Drusus (Gaius), Schriftsteller. Aug. 94

Drusus (Nero), Bruder des Tiberius, Gemahl Antonias der Jüngeren, Vater des Germanicus und des Kaisers Claudius, gestorben 9 v. Chr. Aug. 71, 99, Tib. 4, 8, 20, 50, Cal. 1, 2, Claud. 1, 2, 11, 46

Dyrrhachium, an der griechischen Westküste, heute Durazzo. Caes. 36, 58, 68

Egloge, Amme Neros. Nero 50

Egnatius (Marcus). Aug. 19

Eingeweideschauer, Priester, der aus den Eingeweiden, besonders der Leber, der geschlachteten Opfertiere die Zukunft deutet

Elbe. Aug. 21

Elektra, Tochter Agamemnons, Schwester des Orestes und der Iphigenie, s. Atilius

Elephantis, Verfassername nicht mehr erhaltener Werke erotischen Inhalts. Tib. 43

Eleusinische Mysterien, Geheimkult, gefeiert in Eleusis in Attika, der seit dem 6. Jh. v. Chr. eine große Rolle in der antiken Welt spielt. Claud. 25, Nero 34

Elogius (Quintus). Vit. 1

Ennia (Naevia), Geliebte Caligulas, Gemahlin Macros. Cal. 12, 26

Ennius, 239–169 v. Chr., der erste bedeutende Epiker Roms, dessen Werke aber nur in Fragmenten erhalten sind. Er behandelte in seinen ›Annalen‹ die Geschichte Roms von Aeneas bis auf seine Zeit. Aug. 7
– Zitat. Aug. 21

Epaphroditus, Sekretär Neros. Nero 49, Dom. 15

Epidius (Marullus), Volkstribun. Caes. 79, 80

Erde, Mutter (Terra Mater). Tib. 75

Eros, Koloß-, Übername des Esius (Proculus). Cal. 35

Esius (Proculus). Cal. 35

Esquilin, einer der sieben Hügel Roms. Tib. 15, Nero 31

Esquilinisches Feld, vor dem Esquilinischen Tor, im Osten Roms. Claud. 25

Etrurien. Caes. 47, Otho 1
– Bewohner. Claud. 42

Etruskische Sprache. Aug. 97

Eunoë, Gattin des Maurenkönigs Bogud, Geliebte Caesars. Caes. 52

Euphorion, griechischer Dichter um 250 v. Chr. Tib. 70

Euphrat. Cal. 14

Euripides, ca. 480–406 v. Chr., der große griechische Tragiker. Caes. 30
– Zitat. Aug. 25

Eutychus, Eseltreiber. Aug. 96
– Wagenlenker. Cal. 55

Fabia, s. Tribus

Fabius (Africanus), Konsul 10 v. Chr. Claud. 2

Falacrinae, in der Nähe von Reate, Geburtsort Vespasians. Vesp. 2

Fannius (Caepio). Aug. 19, Tib. 8

Faunus, Feldgott, König der Aborigines. Vit. 1

Faustus, s. Sulla

Favonius (Marcus). Aug. 13

Favor, Pantomime. Vesp. 19

Felix, Freigelassener des Claudius. Claud. 28

Ferentium, in Südetrurien, heute Ferento. Otho 1, Vesp. 3

Fest der sieben Hügel, das im Dezember stattfindende »septimontium« zur Erinnerung der Einbeziehung der sieben Hügel in das Gebiet Roms. Dom. 4

Fetialen, altes Priesterkollegium aus der Königszeit, das den Rechtsverkehr von Volk zu Volk regelte. Claud. 25

Fidenae, Vorort von Rom. Tib. 40, Cal. 31

Flamines, Priester bestimmter Gottheiten, besonders der unter die Götter aufgenommenen Kaiser. Tib. 26

369

Flaminia Via, von Rom nach Rimini. Aug. 30, 100
Flavia (Domitilla), Gemahlin Vespasians, Mutter des Titus und Domitians. Vesp. 3
Flavier, Besitz der. Vesp. 5
– Familie der. Vesp. 1, 12
– Partei der. Vit. 15
– Priesterkollegium. Dom. 4
– Tempel der, der sog. Vespasianstempel, von dem noch heute 3 Säulen auf dem Forum beim Aufgang zum Kapitol zu sehen sind. Dom. 1, 5, 15, 17
Flavius (Clemens), Bruder des Flavius (Sabinus), Vetter Domitians. Dom. 15
Flavius (Liberalis), Schwiegervater Vespasians. Vesp. 3
Flavius (Sabinus), Vater Vespasians. Vesp. 1, 5
Flavius (Sabinus), Bruder Vespasians. Vit. 15, Vesp. 1, 2, 4, Dom. 1
Flavius (Sabinus), Vetter Domitians, Gatte von Titus' Tochter Iulia. Dom. 10, 12, 22
Flavius (Titus Petro), Großvater Vespasians. Vesp. 1
Floralienspiele, von Augustus wieder eingeführtes Fest zu Ehren der Pflanzengöttin Flora, das vom 28. April–3. Mai begangen wurde. Galba 6
Fonteius (Capito), Statthalter Germaniens. Galba 11
Fonteius (Gaius Capito), Konsul 12 n. Chr. Cal. 8
Formiae, an der Appischen Straße im südlichen Latium, heute Formia. Vit. 7
Fortuna, Glücksgöttin. Galba 4, 18
– von Palestrina. Dom. 15
Forum Appii, von Claudius (Appius Caecus) an der Appischen Straße in Latium angelegt. Tib. 2
– Augustus –. Aug. 29, 31, 56, Claud. 33
– Caesar –. Caes. 26
– Nerva –. Dom. 5
Freiheitsgöttin (Libertas), Tempel der. Aug. 29
Friedenstempel. Vesp. 9
Fucinersee, Apenninensee östlich von Rom. Caes. 44, Claud. 20, 21, 32
Fünfzehnmännerkollegium, bewahrte die Sibyllinischen Bücher und mußte sie auf Verlangen des Senates konsultieren. Caes. 79, Galba 8
Fulvia, Gattin des Marcus Antonius, nach erster Ehe mit Clodius (Publius) und zweiter mit Caesars Helfer, Curio dem Jüngeren. Aug. 17, 62
Fundi, an der Appischen Straße, heute Fondi. Tib. 5, Cal. 23, Galba 4, 8
Furien, Rachegöttinnen. Nero 34
Furius (Camillus Scribonianus Arruntius), Konsul 32 n. Chr., Statthalter Dalmatiens, begann einen Aufstand gegen Claudius. Claud. 14, 35, Otho 1, 2
Furius (Leptinus). Caes. 39

Gabinius (Aulus). Caes. 50
Gabinius (Secundus), brachte den letzten Legionsadler des Varus, der noch in germanischem Besitz war, nach Rom zurück; erhielt den Beinamen Cauchius. Claud. 24
Gadara, Stadt im Ostjordanland. Tib. 57
Gades, heute Cadiz. Caes. 7
Gaetulicus, s. Lentulus (Gnaeus Gaetulicus)
Gaius, s. Caesar (Gaius)
Gaius (Caesar), Sohn des Germanicus, s. Caligula
Galba, 5 v. Chr.–69 n. Chr., heißt zuerst Servius oder Lucius Sulpicius Galba, durch Adoption Lucius Livius Ocella, als Kaiser Servius Galba Imperator Caesar Augustus. Nero 32, 40, 42, 47, 48, 49, Otho 4, 5, 6, 7, 10, 12, Vit. 7, 9, 10, Vesp. 5, 6, 16, Tit. 5
– sein Vater und Großvater. Galba 3, 4
Galba (Gaius), Bruder Galbas, beging 36 n. Chr. Selbstmord. Galba 3
Galeria (Fundana), zweite Gemahlin des Vitellius. Vit. 6
Gallia Cisalpina oder Citerior = Gallia Togata = diesseitiges Gallien = Oberitalien. Caes. 22, 29, 56
– Transalpina = Gallia Comata = jenseitiges Gallien = Südfrankreich. Caes. 22, 24, 29, Tib. 9
– Transpadana, Gegend nördlich des Po. Caes. 9, Vesp. 1
Gallien. Caes. 22, 24, 25, 28, 49, 51, 54, Aug. 21, Tib. 3, 9, 41, 49, Cal. 8, 20, 39, 47, Claud. 24, 25, Nero 40, 43, Galba 3, 6, 9, 12, Vit. 10
– Bewohner. Caes. 76, 80, Aug. 40, 79, Cal. 29, Claud. 1, Nero 40, 41, 43, Galba 16, Vit. 18
– Heere in. Nero 2
– Triumph über. Caes. 37, 49, 51
Gallische Kleidung. Caes. 58
– Kriege. Caes. 69, Nero 38, Dom. 1
– Namen. Caes. 24, Galba 3, Vit. 18
›Gallischer Krieg‹, Schrift Caesars. Caes. 56
Gallius (Marcus), Senator, adoptierte den jungen Tiberius. Caes. 6
Gallius (Quintus), Prätor. Aug. 27
Gallo-Gräzien, Name für Galatien in Kleinasien, um das heutige Ankara herum, besiedelt von Griechen und Galliern, die zu den Stämmen gehörten, die 279 v. Chr. Delphi bedrohten. Dies Gebiet hatte lange den Römern getrotzt und war erst 25 v. Chr. von Augustus zur Provinz gemacht worden. Cal. 29
Gamala, Stadt in Iudaea, am See Genezareth. Tit. 4
Gartenhügel, heute Monte Pincio in Rom. Nero 50
Gelos. Cal. 18
Gemonien, »Seufzertreppe«, über die die Leichen gemeiner Verbrecher gestürzt wurden, um dann mit Haken in den Tiber geschleift zu werden. Tib. 53, 61, 75, Vit. 19
Gergovia, bei Clermont-Ferrand, 52 v. Chr. von Caesar belagert und durch die Gallier heldenhaft verteidigt. Caes. 25
Germanicus, Großneffe des Augustus, Sohn des Drusus, Vater Caligulas, Gatte Agrippinas der

Älteren, hatte neun Kinder, 19 n. Chr. in Syrien gestorben. Aug. 34, 64, 101, Tib. 15, 25, 39, 52, 53, 54, 55, 61, 76, Cal. 1, 2, 3, 4, 6, 7, 8, 13, 15, 48, Claud. 1, 2, 4, 7, 11, 26, 30, Nero 5, Otho 1, Vit. 2
- seine Kinder. Aug. 34, 101, Tib. 52, 54, 61, Cal. 7
Germanicus, s. Britannicus
- Beiname des Claudius. Claud. 2
- - - Vitellius. Vit. 8, 14
- - - Domitian. Dom. 13
Germanien. Caes. 58, Aug. 23, Tib. 7, 17, 18, 20, 25, Cal. 4, 51, Claud. 9, Galba 8, 11, Vit. 9, 12, Vesp. 2, 4, Tit. 4, Dom. 16
- Nieder-. Vit. 7
- Ober-. Galba 6, Dom. 6
- Bewohner. Caes. 25, Aug. 21, 49, Tib. 17, 37, 41, Cal. 19, 45, 55, 58, Claud. 1, 24, 25, Nero 34, Galba 12, 20
- Heere in. Tib. 25, Cal. 1, Otho 8, Vesp. 6
- Heere in Ober-. Galba 16, Vit. 8
- Kriege mit. Aug. 20, Tib. 9, 17, 18, Cal. 43, Claud. 1, Nero 4, Dom. 2
- Sieg über. Vesp. 2
- Sprache. Cal. 47
Geryon, Orakel des, bei Padua. Es handelt sich hier wahrscheinlich um einen Lokalgott, der mit dem von Herkules besiegten dreileibigen Rinderhirten Geryon identifiziert wurde. Tib. 14
Gesoriacum, heute Boulogne-sur-Mer. Claud. 17
Geten, Volk an der unteren Donau. Aug. 63
Gibraltar, Meerenge von. Vit. 13
Glückseligkeitsgöttin (Felicitas). Tib. 5
Glücksgöttin, s. Fortuna
Glykias, Amtsdiener des Claudius (Pulcher). Tib. 2
Glykon, Arzt. Aug. 11
Göttermutter, s. Kybele
»Goldene«, Partei der Rennfahrer. Dom. 7
»Goldenes Haus«, Palast Neros. Nero 31, 38, 39, Otho 7
Goldener Meilenstein auf dem Forum, auf dessen Überzug aus vergoldeter Bronze die Entfernungen von Rom nach den großen Städten Italiens und der Provinz angegeben waren. Otho 6
Gracchen, soziale Reformer Roms 133–121 v. Chr. Tib. 3
Granatapfelstraße, auf dem Quirinal, Geburtsort Domitians. Dom. 1
Griechenland. Caes. 28, 34, Tib. 4, 6, 49, Cal. 21, 22, Claud. 25, 42, Nero 19, 22, 25, 28, 34, 51, 53, Vesp. 4, 5, 8
- Einwohner. Caes. 48, 68, Aug. 40, 98, Tib. 11, 46, Cal. 29, Claud. 15, 42, Nero 11, 22
Griechisch, Beredsamkeit. Cal. 3, 20
- Bibliotheken. Caes. 54, Aug. 29
- Faustkämpfer. Aug. 45
- Gesellschafter. Tib. 56
- Inschrift. Nero 45, Vesp. 1
- Jünglingsvereine. Aug. 98

- Kalenden. Aug. 87
- Kleidung. Aug. 98, Tib. 13, Claud. 15, Nero 25, Dom. 4
- Komödien. Cal. 3, Claud. 11
- Orakelbücher. Aug. 31
- Rhetoren. Vesp. 18
- Schrift. Caes. 81
- Schriftsteller. Caes. 52
- Sprache. Caes. 81, Aug. 89, 98, Tib. 70, 71, Cal. 22, Claud. 25, 40, 42, 43, Nero 7, 20, Tit. 3, Dom. 4
- Sprichwort. Tib. 38, Nero 20, 33
- Vers. Aug. 98, 99, Tib. 53, Nero 38, 46, Vesp. 23, Dom. 14
- Wettkämpfe. Aug. 45, Nero 12
- Wort. Tib. 71, Cal. 29, 47, Claud. 39, Nero 39, 40, Dom. 13, 22
»Grüne«, Partei der Rennfahrer. Cal. 55, Nero 22

Hadrian, 76–138 n. Chr., vgl. Nachwort S. 347 f. Caes. 7
Hadrumetum, in der Nähe des heutigen Sousse in Tunis. Vesp. 4
Halotus, Eunuch. Claud. 44, Galba 15
Hannibal, Todfeind Roms im 2. Punischen Krieg 218–201 v. Chr., 202 von Scipio bei Zama geschlagen, begeht 183 im Exil in Kleinasien Selbstmord. Tib. 2, Dom. 10
Harpocras, Freigelassener des Claudius. Claud. 28
Hasdrubal, Bruder Hannibals, 207 v. Chr. am Metaurus geschlagen, nach glänzenden Erfolgen in Spanien. Tib. 2
Haterius (Quintus). Tib. 29
Hausgötter, Laren. Aug. 7, Cal. 5, Nero 46, Vit. 2, Dom. 17
Heilige Schilde, unter König Numa soll der Sage nach ein Schild vom Himmel gefallen sein. Er ließ elf genau gleiche Schilde machen, damit niemand wisse, welcher der echte sei. Vom 1. März an wurden sie von den Saliern (s. d.) durch die Stadt getragen und gegen Ende des Monats wieder im Marstempel aufbewahrt. Die Tage, an denen die Schilde nicht im Tempel waren, galten als unglückbringend. Otho 8
Hektor, trojanischer Held, wurde von Achill getötet und um die Mauern Troias geschleift. Tib. 52, Nero 22
Hekuba, Gattin des Priamos, Königs von Troia. Tib. 70
Helius, Freigelassener Neros. Nero 23
Hellespont. Caes. 63, Cal. 19
Helvetier. Vesp. 1
Helvidius (Priscus). Vesp. 15, Dom. 10
- - Sohn des. Dom. 10
Helvius (Cinna), Volkstribun. Caes. 52, 85
Hennen, zu den, Villa der Livia, Fundort des Augustus von Primaporta. Galba 1
Herkules. Cal. 8, 34, Nero 21, 53
- Lob des, Schrift Caesars. Caes. 56

371

Herkules-Tempel. Aug. 29
– – in Gades. Caes. 7
– – in Tivoli. Aug. 72
Hermaeum, Pavillon. Claud. 10
Hermogenes, Schriftsteller. Dom. 10
Hiempsal, König von Numidien, Vater Iubas. Caes. 71
Hilarion, Freigelassener des Augustus. Aug. 101
Hipparchus. Vesp. 13
Hirtius (Aulus), Freund Caesars, Konsul 43 v. Chr. Caes. 56, Aug. 10, 11, 68, Tib. 5
Hispania Tarraconensis, s. Spanien
Homer. Cal. 34, Claud. 42, Nero 47
– Zitate. Aug. 65, Tib. 21, Cal. 22, Claud. 42, Nero 50, Galba 21, Vesp. 23, Dom. 12, 18
Hortalus, Enkel des Hortensius (Quintus). Tib. 47
Hortensius (Quintus), Redner und Zeitgenosse Ciceros. Aug. 72, Tib. 47
Hylas, Pantomime. Aug. 45

Jahrhundertfeier, von Augustus 17 v. Chr. durchgeführt (Horaz dichtete dazu das Festlied), wiederholt von Claudius 47 n. Chr. und Domitian 88 n. Chr. Aug. 31, Claud. 21, Vit. 2, Dom. 4
Ianiculum, einer der Hügel Roms am rechten Tiberufer, heute Gianicolo. Vit. 1
Ianus, sein Tempel hatte offenzustehen, wenn irgendwo Krieg geführt wurde. Nero 14
– Quirinus. Aug. 22
Icelus, Freigelassener Galbas. Nero 49, Galba 14, 22
Idaeische Göttermutter, s. Kybele
Jerusalem (Hierosolyma). Aug. 93, Nero 40, Tit. 5
Ikarus, Sohn des Daedalus, der ihm Schwingen gebaut hatte. Bei ihrer gemeinsamen Flucht von Kreta kam Ikarus zu nahe an die Sonne, seine Flügel schmolzen, und er stürzte ins Meer. Nero 12
Ilerda, heute Lérida in Spanien am Segre. Caes. 75
Illyricum, Illyrien, Gebiet von der Ostküste des Adriatischen Meeres bis nach Dalmatien. Caes. 22, 29, 36, Aug. 21, 25, 97, Tib. 14, 16, 17, 21, 25, Otho 1
– Bewohner. Caes. 19
– Heer in. Caes. 19
Incitatus, »Heißsporn«, Pferd Caligulas. Cal. 55
Inder. Aug. 21
Io-Villa, Villa des Tiberius, die vielleicht nach einem dort befindlichen Gemälde, Io, die Geliebte des Zeus, darstellend, die von Hera in eine Kuh verwandelt und von einer Bremse geplagt durch die Welt getrieben wurde, den Namen trägt. Tib. 65
Iosephus, 37–ca. 97 n. Chr., Kriegsgefangener Vespasians, jüdischer Geschichtsschreiber, von Vespasian später als Titus Flavius Iosephus mit dem Bürgerrecht beschenkt. Vesp. 5
Isidorus, Kyniker. Nero 39

Isis, ägyptische Göttin
– Kult. Otho 12
– Priester. Dom. 1
Isthmus von Korinth, Durchstich geplant von Caesar, später unter Caligula und Nero in die Tat umgesetzt, doch ohne dauernden Erfolg. Caes. 44, Cal. 21, Nero 19, 37
Isthmische Spiele. Nero 24
Istrien, Grenzgebiet Illyriens. Dom. 12
Italien. Caes. 28, 38, 42, 54, 75, 79, 81, Aug. 13, 17, 46, 59, Tib. 2, 8, 16, 37, Cal. 16, Claud. 16, 23, 25, Nero 19, 31, 39, Vit. 14, Vesp. 7, 9, Tit. 5, Dom. 7, 10
Iuba, König von Numidien, Gegner Caesars, bei Thapsus, südöstlich von Karthago, 46 v. Chr. geschlagen. Caes. 35, 59, 66, 71, Cal. 16
Iudaea. Aug. 93, Claud. 28, Galba 23, Vesp. 4, 6, Tit. 4, 5
– Heere in. Vit. 15, Vesp. 6
Juden. Caes. 84, Aug. 76, Tib. 36, Claud. 25, Vesp. 4
– Religion. Tib. 36, Dom. 12
– -steuer. Dom. 12
– Triumph über die. Vesp. 8, Dom. 2
Jugendspiele. Nero 11
Iugurtha, König von Numidien, von Marius nach langwierigem Krieg besiegt und 104 v. Chr. in Rom erdrosselt. Caes. 11
Iulia, Tante Caesars. Caes. 6
Iulia, Schwester Caesars, Großmutter des Augustus. Caes. 74, Aug. 4, 8, 94
Iulia, Tochter Caesars, 59 v. Chr. mit Pompeius (Gnaeus Magnus) verheiratet, gestorben 54 v. Chr. Caes. 1, 21, 26, 51, 84, Aug. 95
Iulia, Tochter des Augustus und der Scribonia, verheiratet mit Marcellus, Marcus Agrippa und dem späteren Kaiser Tiberius, gestorben 14 n. Chr. Aug. 19, 63, 64, 65, 71, 101, Tib. 7, 10, 11, 50, Cal. 7, 23
Iulia, Tochter Agrippas und Iulias, Enkelin des Augustus. Aug. 19, 64, 65, 72, 73, 101
Iulia, Tochter des Drusus, des Sohnes des Tiberius, und Livillas, der Schwester des Claudius; von diesem hingerichtet. Claud. 29
Iulia, Tochter des Germanicus, s. Livilla (Iulia)
Iulia, Tochter des Titus, Gemahlin des Flavius (Sabinus), später Domitians Geliebte. Tit. 4, 5, Dom. 17, 22
Iulia (Augusta), s. Livia (Drusilla)
Iulia (Drusilla), Tochter Caligulas und Caesonias, ermordet 41 n. Chr. Cal. 25, 42, 59
Iulische Basilika, große Halle am Forum. Cal. 37
– Familie. Caes. 6, Claud. 2
– Gesetz über Landverteilung. Caes. 20, 81, Aug. 4
– Gesetz, enthielt auch einen Artikel über Giftmord. Nero 33
– Hafen, in der Nähe von Baiae. Aug. 16
– Rathaus. Cal. 60
– Tempel, zu Ehren Caesars. Aug. 100

Iulius (Marathus), Freigelassener und Hofhistoriograph des Augustus. Aug. 79, 94

Iulius (Saturninus), Schriftsteller, Zeitgenosse Suetons. Aug. 27

Iulius (Vindex), s. Vindex (Iulius)

Iulus, sagenhafter Ahnherr der Iulier. Caes. 81

Iunia (Calvina), Enkelin Iulias, der Enkelin des Augustus; sie war Schwester des Silanus (Lucius). Vesp. 23

Iunia (Claudilla), Tochter des Marcus Silanus, erste Gattin Caligulas. Cal. 12

Iunius (Novatus). Aug. 51

Iunius (Rusticus). Dom. 10

Iuno. Dom. 4

Iuppiter. Caes. 81, Aug. 70, 94, Cal. 33, 57, 58, Galba 2, 12, Dom. 4, 15

– Cassius, spezieller Kult in Kassiope. Nero 22

– Kapitolinischer. Caes. 84, Aug. 26, 30, 91, 94, Tib. 53, Cal. 22, Nero 10, Dom. 4, 6, 8

– Latiaris, Iuppiter in seiner Eigenschaft als Schutzpatron Latiums. Cal. 22

– Olympischer, in Athen. Aug. 60

– – in Olympia, ein Werk des Phidias. Cal. 22, 57

– Optimus Maximus. Caes. 79, Aug. 23, 94, Vit. 15, Vesp. 5

– Priester des. Caes. 1, Aug. 31, Galba 9, Dom. 4

– Tonans, der »Donnerer«. Aug. 29, 91

– Tragoedus. Aug. 57

– der »Wächter«. Dom. 5

Kallippides, Übername des Tiberius. Tib. 38

Kanake, Tochter des thessalischen Königs Aeolus, wurde von einem ihrer Brüder geschändet. Aeolus sandte ihr ein Schwert, mit dem sie sich tötete. Nero 21

Kantabrien, in Nordwestspanien. Aug. 21, 81, Galba 8

– Krieg gegen, 29–25 und 22–19 v. Chr. Aug. 20, 29, 85, Tib. 9

Kapitol. Caes. 10, 15, 37, 54, 79, Aug. 29, 57, 59, 91, 94, Tib. 1, 2, 3, 20, Cal. 6, 16, 22, 34, 46, 60, Claud. 2, 10, 22, 24, Nero 12, 13, 46, Vit. 15, Vesp. 8, 18, Dom. 1, 5, 13, 15, 23

– von Capua. Tib. 40, Cal. 57

Kapitolinisch, Iuppiter, s. Iuppiter

– Venus, s. Venus

– Wettkampf. Dom. 4, 13

Kappadokien, im Osten Kleinasiens, zwischen Bithynien und Armenien. Cal. 1, Vesp. 8

– Bewohner. Tib. 2

Karthager, die Erbfeinde Roms, s. Punische Kriege. Tib. 2, Claud. 42

Kaspische Tore, südlich des Kaspischen Meeres, östlicher Zugang zu Armenien. Nero 19

Kassiope, im Norden der Insel Korfu. Nero 22

Kastor. Nero 1

– »beim Kastor«, Ortschaft östlich von Cremona. Otho 9

– Tempel des. Caes. 10, Tib. 20, Cal. 22

Keraunisches Gebirge, Gebirgszug, der Epirus von Illyrien trennt. Aug. 17

Kerylos, Freigelassener Vespasians. Vesp. 23

Kilikien, Landschaft im Südosten Kleinasiens. Caes. 3, 8

– das Rauhe, westlicher Teil Kilikiens. Vesp. 8

Kinaria, eine der Sporadeninseln. Tib. 56

Kitharoede, Sänger, der sich auf der Leier (Kithara) selbst begleitet. Nero 20, 21, 22, 25, 30, Vit. 4, 11, Vesp. 19, Dom. 4

Kleinasien. Caes. 2, 4, 22, 28, 39, 63, Aug. 3, 17, 26, Tib. 48, Cal. 57, 58, Vesp. 1

Kleopatra, Königin von Ägypten. Caes. 35, 52, Aug. 15, 17, 69, Nero 3

Klient, Bürger, der in einem besonderen Pietäts- und Abhängigkeitsverhältnis zu seinem »Patron« steht. Der Patron mit seinen Klienten bildet das, was wir heute als Partei bezeichnen würden; er wird von ihnen in den Wahlkämpfen unterstützt. Der Klient läßt sich seinerseits vom Patron im öffentlichen Leben, besonders vor Gericht, vertreten und genießt allerlei Unterstützung, zum Teil Bezahlung und Anstellung durch den Patron. Ganze Städte und Provinzen treten in ein solches Verhältnis mit römischen Vornehmen

Koblenz (Confluentes). Cal. 8

Kohorte, Unterabteilung einer Legion (10 Kohorten = 1 Legion)

Kommagene, nördlichste Landschaft von Syrien, an Kilikien nach Osten anschließend. Cal 16, Vesp. 8

Kompitalienfest, religiöse Feiern der einzelnen Quartiere in Rom. Aug. 31

Konsular, gewesener Konsul

Korinth. Galba 3

– Gefäße aus, sehr geschätztes Bronzegeschirr. Aug. 70, Tib. 34

Kos, Insel im Aegaeischen Meer. Vesp. 18

Kothurn, hoher Stiefel, wie er auf der Bühne getragen wird. Cal. 52

Kreta. Vesp. 2

Kybele, »Große Mutter«, orientalische Göttin, deren Kult während des 2. Punischen Krieges in Rom eingeführt wurde. Aug. 68, Tib. 2, Otho 8

Kybiosaktes, Übername Vespasians. Vesp. 19

Kynegirus, Bruder des Dichters Aischylos. Caes. 68

Kyniker. Nero 39, Vesp. 13

Kyrene. Vesp. 2

Kyros, König der Perser, gestorben 529 v. Chr. Caes. 87

Kyzikos, auf der Insel Artonesos, an der Südküste des Marmarameers. Tib. 37

Laberius (Decimus), Mimendichter. Caes. 39

Labienus (Titus), bekannter Redner der augusteischen Zeit, pompejanisch gesinnt. Cal. 16

Laches. Vesp. 23

373

Laetorius (Gaius), junger Patrizier. Aug. 5
Lakedaemonier. Spartaner. Tib. 6
Lamia, Gärten des, s. Aelius (Lamia)
Lanuvium, heute Cività Lavinia, in der Nähe Roms. Aug. 72
Laodikea, Stadt in Lydien. Tib. 8
Lateinisch, Beredsamkeit. Tib. 70, Cal. 20, Nero 12
– Bibliothek. Caes. 44, Aug. 29
– Dichtung. Nero 12
– Orakelbücher. Aug. 31
– Redner. Vesp. 18
– Sprache. Aug. 88, 89, 98, Tib. 71, Claud. 1, 16, 42, Nero 7, 39, Tit. 3, Dom. 4
Latinerfest, große Feier auf dem Albanerberg, an der sämtliche Beamte teilnahmen. In Rom blieb ein spezieller Stadtpräfekt zurück. Es war das ein Posten, der als Sprungbrett für später diente und vielfach den Beginn der Ämterlaufbahn darstellte. Caes. 79, Claud. 4, Nero 7
Latinisch, Faustkämpfer. Aug. 45
– Recht, Vorstufe des römischen Bürgerrechts. Caes. 8, Aug. 47, Claud. 19, Vesp. 3
– Straße, von der Appischen Straße abzweigend nach dem Albanerbergen. Dom. 17
Latinus, Schauspieler. Dom. 15
Latium. Vit. 1
Laureolus, Titel eines Mimus. Cal. 57
Lavicum, Stadt in Latium, südöstlich von Rom. Caes. 83
Legat, höherer Offizier im Stabe des Oberkommandierenden, oft auch selbständiger Kommandant einer Legion. Die Provinzstatthalter haben Legaten unter sich, vor allem für die Rechtsprechung
Legionstribun, s. Militärtribun
Lentulus (Gnaeus), Konsul 3 v. Chr. Galba 4
Lentulus (Gnaeus Augur). Tib. 49
Lentulus (Gnaeus Gaetulicus), Historiker und Dichter, 39 n. Chr. auf Befehl Caligulas im Zusammenhang mit der Verschwörung des Aemilius (Marcus Lepidus) hingerichtet. Cal. 8, Claud. 9, Galba 6
Lepida, Tante Neros. Nero 5, 6, 7, 34
Lepida, Gattin des Quirinius. Tib. 49
Lepida, Gattin Galbas. Galba 5
Lepidus, Sohn des Triumvirn. Aug. 19
Lepidus (Marcus), s. Aemilius (Marcus Lepidus)
Lepidus (Marcus), Vater des Triumvirn. Caes. 3, 5
Lepidus (Marcus Aemilius), Anhänger und Adjutant Caesars, nach dessen Tod Oberpriester und Triumvir zusammen mit Augustus und Antonius (Marcus), gestorben 13 oder 12 v. Chr. Caes. 82, 87, Aug. 8, 12, 16, 27, 31, 54, Tib. 5
Libitina, Göttin für Bestattungen; in ihrem Tempel wurden die Toten registriert, auch konnten dort alle Utensilien für Bestattungen gemietet werden. Nero 39
Libo, s. Scribonius (Lucius Libo)
Licinius (Gaius Calvus), gehört zum Dichterkreis Catulls. Caes. 49, 73, Aug. 72

Licinius (Crassus), bedeutender Redner, Censor 92 v. Chr. Nero 2
Licinius (Mucianus). Vesp. 6, 13
Licinus, Freigelassener des Augustus. Aug. 67
Ligurien, Küstengebiet um Genua. Claud. 17
Liktor, Amtsdiener der höheren Beamten
Livia, s. Livia (Drusilla)
– (Augusta), s. Livia (Drusilla)
Livia (Drusilla), 58 v.–29 n. Chr., dritte Gemahlin des Augustus, in erster Ehe mit Tiberius (Claudius Nero) verheiratet, Mutter des Kaisers Tiberius, sollte nach Augustus' Tod Mitregentin des Tiberius werden. Aug. 29, 40, 45, 62, 63, 69, 71, 73, 84, 99, 101, Tib. 3, 4, 6, 7, 10, 12, 13, 14, 21, 22, 50, 51, 59, 61, Cal. 7, 10, 15, 16, 23, Claud. 1, 3, 4, 11, Galba 1, 5, Otho 1
Livia (Medullina Camilla), Verlobte des Claudius. Claud. 26
Livia (Ocellina), Stiefmutter Galbas. Galba 3
Livia (Orestilla), Gattin des Gaius Piso. Cal. 25
Livier, Familie der. Tib. 3
Livilla, Tochter Antonias der Jüngeren, Schwester des Germanicus und Claudius, Gemahlin des Drusus, des Sohnes des Tiberius. Aug. 99, Tib. 62, Claud. 1, 3
Livilla (Iulia), Tochter Agrippinas der Älteren und des Germanicus, Schwester Caligulas, von Claudius hingerichtet. Cal. 7, 24, 29, 39, Claud. 30
Livius (Drusus) und seine Familie. Tib. 3
Livius (Lucius Ocella), Name Galbas nach der Adoption durch Livia (Ocellina). Galba 4
Livius (Marcus Salinator), 207 v. Chr. mit Claudius (Nero) Sieger am Metaurus gegen Hasdrubal, führte 204 v. Chr. eine Salzsteuer ein, daher sein Beiname. Tib. 3
Livius (Titus), Geschichtsschreiber zur Zeit des Augustus, 59 v.–17 n. Chr. Cal. 34, Claud. 41, Dom. 10
Lokri, griechische Kolonie an der Ostküste des heutigen Calabrien. Aug. 16
Lollia, Geliebte Caesars. Caes. 50
Lollia (Paulina), Gattin des Gaius Memmius, später Caligulas, versuchte nach dem Tode Messalinas Claudius zu heiraten, wurde aber von Agrippina umgebracht. Cal. 25, Claud. 26
Lollius (Marcus), Feldherr des Augustus, erlitt schwere Niederlage in Germanien 16. v. Chr. Aug. 23, Tib. 12, 13
Luca, heute Lucca in Oberitalien. Caes. 24
Lucceius (Lucius). Caes. 19
Lucius, s. Caesar (Lucius)
Lucrinersee, in der Nähe von Baiae. Aug. 16
Lucullus (Lucius), vor 106–56 v. Chr., glänzender Feldherr gegen Mithridates, von Pompeius verdrängt, durch seine üppige Lebenshaltung bekannt. Caes. 20
– Villa des, am Golf von Neapel. Tib. 73
Lucusta, Giftmischerin. Nero 33, 47
Luna, Mondgöttin. Cal. 22
Luperci, Priester des Pan. Caes. 76

Luperkalienfest, Fest des Pan. Caes. 79, Aug. 31
Lusitanien, das heutige Portugal. Otho 3
– Bewohner. Caes. 54, Galba 3
Lycius, ein Zwerg. Aug. 43
Lykien, Landschaft in der Südwestecke Kleinasiens. Aug. 65, Vesp. 8
– Bewohner. Claud. 25
Lyon (Lugudunum). Cal. 17, 20, Claud. 2

Macro, nach dem Sturz Sejans, 31 n. Chr., Prätorianerkommandant, 38 n. Chr. von Caligula zum Selbstmord gezwungen. Cal. 12, 23, 26
Maecenas, Freund und Berater des Augustus, hielt sich aber ganz der aktiven Politik fern, bekannt vor allem als Freund und Gönner des Vergil und Horaz. Aug. 66, 86
– Gärten des, auf dem Esquilin. Tib. 15
– Haus des. Aug. 72
– Turm des, in den Gärten. Nero 38
Maetius. Dom. 20
Magier, altiranische Priester, deren Tätigkeit in Rom eigentlich verboten war. Nero 34
Mago, Bruder Hannibals. Dom. 10
Mailand (Mediolanium). Aug. 20
Makedonien. Caes. 35, Aug. 3, 4, Tib. 14, 16, Claud. 25
– Bewohner. Cal. 57
Mallia. Aug. 70
Mallonia. Tib. 45
Mamurra, Günstling Caesars. Caes. 73
Manen, Geister der Abgeschiedenen. Cal. 3, Nero 34, Otho 7
Marcellus (Gaius), Konsul 49 v. Chr., Vetter des Konsuls Claudius (Marcus Marcellus). Caes. 29
Marcellus (Gaius), Gemahl Octavias, der Schwester des Augustus. Caes. 27
Marcellus (Marcus), 43–23 v. Chr., Sohn von Augustus' Schwester Octavia, verheiratet mit Iulia, der Tochter des Augustus. War zu Augustus' Nachfolger ausersehen. Aug. 63, 66, Tib. 6, 10
– dessen Schwestern. Aug. 63
Marcellustheater, von Augustus errichtet zu Ehren des Marcellus (Marcus); die Reste heute noch eindrücklich sichtbar. Aug. 29, 43, Vesp. 19
Marcia (Furnilla), zweite Gemahlin des Titus. Tit. 4
Marcianus, Beiname des Icelus. Galba 14
Marcius (Philippus), Stiefvater des Augustus. Aug. 8, 29
Marcius (Rex). Caes. 6
Marius (Gaius), 156–86 v. Chr. Vertreter der Volkspartei, Sieger über die Cimbern und Teutonen, Reformator des römischen Heeres, von Sulla geächtet, kehrt wieder nach Rom zurück und nimmt schreckliche Rache. Caes. 1, 11, Tib. 59
Marobodus, Germanenkönig. Tib. 37
Mars. Aug. 1, 18, Vesp. 5

Marsfeld. Caes. 39, 80, 84, Aug. 3, 43, 97, 100, Cal. 34, Claud. 1, 21, Nero 12, 27, 50, Vit. 11
– -spiele. Claud. 4
– -tempel. Caes. 44, Aug. 29, Cal. 44, Claud. 13, 33, Vit. 8, 10
– Ultor, der »Rächer«. Aug. 21, 29, Cal. 24
Marseille (Massilia). Caes. 34, 68, Aug. 65, Claud. 17, Nero 2
Marser, italischer Stamm. Aug. 20
– Krieg gegen die, sog. Bundesgenossenkrieg (91–88 v. Chr.), wurde durch die Verleihung des Bürgerrechts an die Italiker beendet. Aug. 23
Marullus, s. Epidius (Marullus)
Masgaba, Freund des Augustus. Aug. 98
Masintha, von Caesar verteidigt. Caes. 71
Matius (Gaius), Freund Caesars, Verfasser eines Buches über die Kochkunst. Caes. 52
– -Apfel, nach Matius (Gaius) benannte Sorte. Dom. 21
Mauerkrone, Auszeichnung für tapferes Verhalten bei Erstürmung eines feindlichen Lagers oder einer Stadt. Aug. 25
Mauretanien. Aug. 83, Cal. 55
– Bewohner. Caes. 52
Mausoleum, von Augustus als Grab der Kaiserfamilie errichtet, diente allen Kaisern bis auf Trajan, heute wieder freigelegt. Aug. 100, 101, Cal. 15, Nero 46, Vit. 10, Vesp. 23
Maximus, Freigelassener des Parthenios. Dom. 17
Maximus (Quintus), 45 v. Chr. Ersatzkonsul. Caes. 80
Mazaker, mauretanische Reiter. Nero 30
Meile, ca. 1 $^{1}/_{2}$ km
Meleager, Gestalt der griechischen Sage, erlegte den Kalydonischen Eber. Tib. 44
Memmius (Gaius), Prätor. Caes. 23, 49, 73
Memmius (Gaius), Gatte der Lollia (Paulina). Cal. 25
Memphis, in Ägypten. Tit. 5
Menas, Flottenführer des Sextus Pompeius. Aug. 74
Mendes, Stadt im Nildelta, deren Einwohner wegen ihres Aberglaubens berüchtigt waren. Aug. 94
Menekrates, Kitharoede. Nero 30
Mero, Übername des Tiberius. Tib. 42
Messala, s. Valerius (Messala Corvinus)
Messala (Barbatus), Vater der Messalina (Valeria) Claud. 26
Messalina, s. Statilia (Messalina)
Messalina (Valeria), Tochter des Messala (Barbatus), dritte Gemahlin des Claudius. Claud. 17, 26, 27, 29, 36, 37, 39, Nero 6, Vit. 2
Messina (Messana). Cal. 51
– Meerenge von. Tib. 2
Mestrius (Florus). Vesp. 22
Metellus (Quintus), s. Caecilius (Quintus Metellus)
Mettius (Pompusianus). Vesp. 14, Dom. 10
Mettius (Rufus), Präfekt von Ägypten. Dom. 4

375

Mevania, heute Bevagna in Umbrien. Cal 43
Milet, Stadt an der kleinasiatischen Küste. Cal. 21
Militärtribun, Offiziersstelle, Kommandant einer Legion oder dem Stab eines Generals zugeteilt
Milo, Volkstribun, Mörder des Clodius (Publius), nachher von Cicero verteidigt, zu dessen Rückberufung aus der Verbannung er 57 v. Chr. entscheidend beigetragen hatte. Caes. 30
Mimus, derbe Posse, bringt Szenen aus dem Volksleben und Parodien auf die Mythologie zur Darstellung, oft obszönen Charakters. Aug. 53, Cal. 57, Nero 4
– -schauspieler. Dom. 15
Minerva. Cal. 25, Dom. 4, 15
– -fest, vom 19. bis 23. März (quinquatrus). Aug. 71, Nero 34, Dom. 4
– »Städteschirmerin«. Vit. 13
Minos, sagenhafter König von Kreta. Tib. 70, Galba 2
Misenum, westlich von Neapel. Aug. 49, Tib. 72, 74, 75, Cal. 13, Nero 31
Mithridates VI. Eupator (132–63 v. Chr.), gefährlichster Feind der Römer im Osten, König von Pontus am Schwarzen Meer. Caes. 4, 19, 35, Tib. 37, Nero 24
Mnester, Pantomime. Cal. 36, 55, 57
Moesien, an der unteren Donau. Tib. 41, Otho 9, Vesp. 6
– Heer im. Vit. 15, Vesp. 6
Morraspiel, heute noch in Italien viel gespielt; man muß im Moment, wo der andere seine Hand öffnet, erraten, wie viele Finger er ausstreckt. Aug. 13
Mucia, Gattin des Pompeius, Geliebte Caesars. Caes. 50
Mummia (Achaica), Mutter Galbas. Galba 3
Mummius (Lucius), Zerstörer Korinths 146 v. Chr. Galba 3
Munatius (Lucius Plancus), Helfer Caesars, Gründer der Städte Augusta Raurica (Augst, Baselland) und Lugudunum (Lyon). Aug. 7, 29, Tib. 5, Claud. 16, Nero 4
Munda, nahe bei Cordova, Ort der Schlacht zwischen Caesar und den Söhnen des Pompeius 45 v. Chr. Caes. 56, Aug. 94
Murena, s. Varro (Murena)
Murmillo, bestimmte Art von Gladiatoren, Gegner der Netzfechter. Cal. 32, 55, Nero 30, 47, Dom. 10
Murrhinischer Kelch, sehr teure und gesuchte Gefäße, aus einem orientalischen Halbedelstein geschliffen. Aug. 71
Musen, Tempel der. Aug. 29
Mutina, heute Modena, 44/43 v. Chr. Schauplatz des Kampfes von Antonius (Marcus) gegen Brutus (Decimus) und Hirtius und Pansa. Aug. 9, 10, 12, 77, 84
Mylae, an der Nordküste Siziliens, beim heutigen Messina. Aug. 16

Mytilene, Stadt auf der Insel Lesbos. Caes. 2, Aug. 66, Tib. 10

Narbonne (Narbo), in Südfrankreich. Tib. 4
Narcissus, Freigelassener und Sekretär des Claudius. Claud. 28, 29, 37, Vit. 2, Vesp. 4, Tit. 2
Naso, s. Actorius (Marcus Naso)
Naulochus, an der Nordküste Siziliens, beim heutigen Messina. Aug. 16
Naumachie, ein von Augustus künstlich geschaffener See in der Nähe des Parkes der Caesaren (s. d.) zur Aufführung von Seeschlachten. Aug. 43, Tib. 72, Nero 27, Tit. 9
– von Domitian errichtet. Dom. 4, 5
Nauplios, Vater des durch eine List des Odysseus umgekommenen Palamedes; rächte sich dadurch, daß er bei der Heimkehr der Griechen ihre Schiffe in einen Hinterhalt lockte. Nero 39
Neapel. Aug. 93, 98, Tib. 4, 6, Claud. 11, Nero 20, 25, 40
Nemisee, am Fuß des Albanerberges, südöstlich von Rom. Caes. 46, Cal. 35
Neoptolemus, Schauspieler. Cal. 57
Neptun. Aug. 16, 18
Nero, 37–68 n. Chr., hieß zuerst Lucius Domitius Ahenobarbus, 50 n. Chr. durch Adoption Nero Claudius Drusus Germanicus Caesar, als Kaiser (54 n. Chr.) Nero Claudius Caesar Augustus Germanicus. Claud. 27, 39, 43, 45, Galba 1, 2, 6, 8, 9, 10, 11, 15, 22, Otho 3, 4, 6, 7, 10, Vit. 2, 4, 11, Vesp. 4, 5, 6, 9, 14, 25, Tit. 7, Dom. 1, 14
Nero, Beiname der Claudier. Tib. 1
Nero, Sohn des Germanicus, beging Selbstmord 30 n. Chr. Tib. 54, 55, 61, Cal. 7, Claud. 9
– s. Tiberius (Claudius Nero)
– Koloß, Kolossalstatue Neros, neben dem nach ihr benannten »Kolosseum« aufgestellt. Nero 31, Vesp. 18
Neronische Spiele. Nero 12, 21, Vit. 4
Nerulum, Stadt in Lukanien an der Straße von Capua nach Regium. Aug. 4
Nerva, Nachfolger Domitians, ca. 35–98 n. Chr. Dom. 1
Nervaforum, zwischen Forum Romanum, Forum Caesars, Augustus- und Vespasiansforum. Dom. 5
Netzfechter, »retiarii«, hatten ihre Gegner, die »secutores«, durch Überwerfen eines Netzes zu fangen und dann mit dem Dreizack zu töten; trugen keine Kopfbedeckung. Cal. 30, Claud. 34
Neukarthago (Carthago nova), heute Cartagena in Spanien. Galba 9
Nigidius (Publius), pythagoreischer Mystiker. Aug. 94
Nikanor, Sohn des Areios. Aug. 89
Nikomedes, König von Bithynien. Caes. 2, 49
Nikon, ein Esel. Aug. 96
Nikopolis, »Siegesstadt«, Gründung des Augustus in der Nähe von Aktium. Aug. 18

Nil. Aug. 18

Nitues (Nemausum), Tib. 13

›Niobe‹, Gesangsstück Neros. Nero 21

Nola, zwischen Benevent und Neapel. Aug. 98, 100, Tib. 40

Nomenklator, »Namennenner«, hatte die Gäste im Hause anzumelden und ihnen die Plätze anzuweisen, ferner auf Gängen durch die Stadt und bei anderen Gelegenheiten die Namen der Begegnenden zu nennen. Aug. 19, Cal. 41, Claud. 34

Nomentana Via, führt von Rom in nordöstlicher Richtung nach Nomentum. Nero 48

Nonen, der fünfte oder siebte Tag des Monats. Aug. 92

Nonius (Asprenas Torquatus), von Augustus mit einem Halsreif (torques) beschenkt, daher der Beiname Torquatus (s. d.). Aug. 43, 56

Norbanus (Flaccus), Konsul 15 n. Chr. Vit. 3

Noricum, Königreich, umfaßt etwa das heutige Österreich. Tib. 16

Novius (Niger), Quästor. Caes. 17

Nuceria, heute Nocera östlich von Pompeii. Vit. 1, 2

Numidien, Hühner aus. Cal. 22

– Marmor aus. Caes. 85

Nundinen, der neunte Tag. Aug. 93

Nursia, im Sabinerland. Aug. 12, Vesp. 1

Nymphen. Tib. 43

Nymphidius (Sabinus), Prätorianerpräfekt. Galba 11, 16

Nysa, Tochter des Königs Nikomedes von Bithynien. Caes. 49

Octavia, Tochter des Claudius und Messalinas, erste Gemahlin Neros, vorher Verlobte des Silanus (Lucius). Claud. 12, 24, 27, 29, Nero 7, 35, 46, 57

Octavia die Ältere, Stiefschwester des Augustus. Aug. 4

Octavia die Jüngere, 61–11 v. Chr., Schwester des Augustus, Gattin des Gaius Marcellus, später des Marcus Antonius, der sich 32 v. Chr. von ihr scheiden ließ, was mit zum Bruch zwischen Augustus und Antonius beitrug. Caes. 27, Aug. 4, 29, 61, 63, 64, 73, Tib. 6

Octavier, Familie des Augustus. Aug. 1, 2

Octavius, Quartier von Velitrae. Aug. 1

Octavius. Caes. 49

Octavius (Gaius), s. Augustus

Octavius (Gaius), Vater des Augustus. Aug. 3, 7, 8, 27, 70, 94, 100

Oculata, Schwestern. Dom. 8

Odeon, von Domitian auf dem Marsfeld errichtetes Gebäude für Konzerte. Dom. 5

Odysseus. Cal. 23

›Oedipus‹, Tragödie Caesars. Caes. 56

– Gesangsstück Neros. Nero 21

Oenone, erste Gattin des Paris, die zugunsten Helenas von ihm verstoßen wird. Dom. 10

Olympia, s. auch Iuppiter. Cal. 57, Nero 12, 23, 24, 25, 53

Onesimus. Galba 13

Oppius (Gaius), Freund Caesars. Caes. 52, 53, 56

Oppius (Sabinus), Feldherr Domitians. Dom. 6

Optimaten, Senats- und Adelspartei. Caes. 1, 11, 15, 19, 45, Aug. 10, 12, Tib. 2

Orchestra, halbrunder Platz vor der Theaterbühne. Caes. 39, 76, Aug. 44, Claud. 21, 25, Nero 12, 20

Orcus, Unterwelt. Aug. 35

Orest. Nero 21, 39

Orient. Aug. 13, Tib. 9, 12, Cal. 1, Nero 5, 39, 40, Vesp. 4, 6, Tit. 5

– Könige. Dom. 2

Ostia, Hafen Roms. Claud. 15, 55, Claud. 12, 17, 20, 24, 25, Nero 16, 27, 31, 47, Vesp. 8

– Einwohner von. Claud. 38, 40

Otho, 32–69 n. Chr., heißt Marcus Salvius Otho, als Kaiser Marcus Otho Caesar Augustus. Galba 6, 17, 19, 20, Vit. 9, 10, Vesp. 5, 6, Dom. 10

– seine Schwester. Otho 1, 10

Ozean. Cal. 46, 47, Claud. 17

– nördlicher, Nordsee. Claud. 1

Paconius. Tib. 61

Pacuvius, 220–ca. 130 v. Chr., römischer Tragiker, der im ›Waffengericht‹ den Streit des Odysseus und Ajax um die Waffen Achills schildert. Caes. 84

Padua (Patavium). Tib. 14

Paean, Beiname des Apollo. Nero 39

Paetina, s. Aelia (Paetina)

Paetus (Thrasea), 66 n. Chr. von Nero verurteilt. Nero 37, Dom. 10

Palatin, einer der sieben Hügel Roms; auf ihm die Kaiserpaläste, daher Palatium = Palast. Aug. 5, 29, 57, 72, Tib. 5, 54, Cal. 14, 22, 41, 46, 54, 57, Claud. 17, 18, Nero 8, 25, 31, Galba 14, 18, Otho 1, 6, 7, 8, Vit. 15, 16, Vesp. 25, Tit. 2, Dom. 15

Palatinisch, Apollo, s. Apollo

– Spiele, von Livia zu Augustus' Ehren gestiftet. Cal. 56

Palatium, s. Palatin

Palestrina (Praeneste). Aug. 72, 82, Tib. 4

– Fortuna von. Dom. 15

– Orakellose. Tib. 63

Palfurius (Sura). Dom. 13

Pallas, Rechnungsführer des Claudius. Claud. 28, Vit. 2

Palumbus, Gladiator. Claud. 21

Pan. Tib. 43

– -priester, s. Luperci

Pandataria, Insel im Golf von Gaëta, Verbannungsort Iulias und Agrippinas. Aug. 65, Tib. 53, Cal. 15

Paneros, Wucherer. Nero 30

Pannonicus, Beiname des Tiberius. Tib. 17

Pannonien, Gebiet zwischen Ostalpen, Save und Donau. Aug. 21, Otho 9, Vit. 15
– Bewohner. Tib. 17, 20
– Krieg in. Aug. 20, Tib. 9
Pansa, Konsul 43 v. Chr., Kollege des Hirtius, bei Mutina tödlich verwundet. Aug. 10, 11, Tib. 5
Pantomimenschauspieler. Aug. 45, Cal. 36, 55, 57, Nero 16, 26, Dom. 10
Paphos, an der Westküste Cyperns. Tit. 5
Parilia, Fest zum Andenken an die Gründung Roms, wird heute noch am 21. April gefeiert. Cal. 16
Paris, Entführer Helenas. Dom. 10
– Schauspieler zur Zeit Neros. Nero 54
– Schauspieler zur Zeit Domitians, später von diesem umgebracht. Dom. 3, 10
Parma. Aug. 4
Parrhasios, um 400 v. Chr., Rivale des Malers Zeuxis, wegen seiner naturalistischen Darstellungsweise berühmt. Tib. 44
Parthenios, griechischer Dichter um 50 v. Chr. Tib. 70
– Kämmerdiener Domitians. Dom. 16
Parther, iranisches Reitervolk, mit dem Rom schwerste Kämpfe auszufechten hatte. Caes. 44, 79, Aug. 8, 21, 43, Tib. 9, 16, 41, 50, 66, Cal. 5, 14, 19, Claud. 25, Nero 39, 47, 57, Vit. 2, Vesp. 6, 24, Dom. 2
– -reich. Vit. 13
Pasiphaë, Gattin des Königs Minos von Kreta, liebte einen Stier und gebar dann den Minotaurus. Nero 12, Galba 2
Passienus (Crispus), Stiefvater Neros. Nero 6
Patrobius (Neronianus), Freigelassener Neros. Galba 21
Patron, Schutzherr des Klienten (s. d.)
Paulus, s. Aemilius (Lucius Paulus)
Paulus (Aemilius), Censor 22 v. Chr. Aug. 16, Claud. 16
Pedia lex, das von Pedius (Quintus) 43 v. Chr. gegen die Caesarmörder eingebrachte Gesetz. Nero 3, Galba 3
Pedius (Quintus), Großneffe Caesars. Caes. 83
Peloponnes. Aug. 17
Pergamon, Stadt im nordwestlichen Kleinasien. Aug. 89
Perusia, heute Perugia, 41/40 v. Chr. Schauplatz des Kampfes zwischen Augustus und Lucius Antonius, dem Bruder des Marcus. Aug. 9, 14, 15, 96, Tib. 4
Petreius (Marcus), Feldherr des Pompeius. Caes. 34, 75
Petronia, erste Gemahlin des Vitellius. Vit. 6
Petronianus, Sohn des Vitellius. Vit. 6
Pfund, römisches = 327 g
Phaëthon, Sohn des Sonnengottes, versuchte den Sonnenwagen zu lenken, geriet dabei zu nahe an die Erde und verursachte einen Weltbrand. Cal. 11
Phaon, Freigelassener Neros. Nero 48, 49

Pharmacussa, Insel nahe der kleinasiatischen Küste, auf der Höhe von Milet. Caes. 4
Pharnakes, Sohn des Mithridates. Caes. 35
Pharos, Leuchtturm von Alexandria, eines der Sieben Weltwunder. Cal. 46, Claud. 20
Pharsalus, in Thessalien, Ort der Entscheidungsschlacht zwischen Caesar und Pompeius 48 v. Chr. Caes. 30, 35, 63, 75, Nero 2, Vesp. 1
Philemon, Sekretär Caesars. Caes. 74
Philipp, König von Makedonien, Vater Alexanders des Großen, ermordet 336 v. Chr. Cal. 57
Philippi, am Pangaiongebirge in Makedonien, 42 v. Chr. Schauplatz der Entscheidungsschlacht zwischen Augustus und den Caesarmördern. Aug. 9, 13, 22, 29, 91, 96, Tib. 5, 14
Phoebe, Freigelassene. Aug. 65
Phyllis, Amme Domitians. Dom. 17
Picenum, das Gebiet um die heutige Stadt Ancona. Caes. 34
Pinarius, röm. Ritter. Aug. 27
Pinarius (Lucius), Großneffe Caesars. Caes. 83
Piso, Haupt der 65 n. Chr. aufgedeckten Verschwörung gegen Nero, zum Selbstmord verurteilt. Nero 36
Piso (Frugi Licinianus), Adoptivsohn Galbas, geboren 38 n. Chr., mit Galba ermordet. Galba 17, 18, Otho 5, 6
Piso (Gaius), Gemahl der Livia (Orestilla). Cal. 25
Piso (Gnaeus). Caes. 9
Piso (Gnaeus), Legat von Syrien, Schwiegersohn des Munatius (Lucius Plancus). Tib. 52, Cal. 2, 3, Vit. 2
Piso (Lucius), Schwiegervater Caesars. Caes. 21, 22, 83
Piso (Lucius), Freund des Tiberius, Präfekt von Rom. Tib. 42
Pitholaus, Historiograph des Pompeius. Caes. 75
Placentia, Stadt am Po, heute Piacenza. Caes. 69, Otho 9
Plancus (Lucius), s. Munatius (Lucius Plancus)
Plancus (Lucius), Konsul 13 n. Chr., Sohn des Munatius (Lucius Plancus). Aug. 101
Platon, der griechische Philosoph. Cal. 34
Plautia (Urgulanilla), erste Gattin des Claudius, Schwester des Silvanus. Claud. 26, 27
Plautius (Aulus), Leiter der Operationen in Britannien vor Ankunft des Claudius. Claud. 24, Vesp. 4
Plautius (Aulus). Nero 35
Plautius (Rufus). Aug. 19
Plinius (Gaius Secundus) der Ältere, 23–79 n. Chr., Verfasser der Naturalis Historia (Naturgeschichte) und einer uns nicht erhaltenen Geschichte der Germanenkriege. Sein Tod beim Vesuvausbruch (Verschüttung von Pompeii), vgl. S. 324 mit Anm. 10, wird uns von seinem Neffen, Plinius dem Jüngeren, eindrücklich geschildert. Cal. 8
Plotius. Caes. 5
Pluto, Herr der Unterwelt. Otho 8

Polemon, König von Pontus. Nero 18
Pollentia, heute Pollenza in Piemont. Tib. 37
Pollio, s. Asinius (Pollio)
Pollux. Caes. 10, Nero 1
– Tempel des. Tib. 20, Cal. 22
Polus, Freigelassener des Augustus. Aug. 67
Polybios, Freigelassener des Augustus. Aug. 101
– Hofgelehrter des Claudius. Claud. 28
Polykrates, Tyrann von Samos. Cal. 21
Pompeia, Gemahlin Caesars, Tochter des Quintus Pompeius, Enkelin Sullas. Caes. 6, 74
Pompeia, Schwester des Sextus Pompeius, Tochter des Gnaeus. Tib. 6
Pompeii, verschüttet durch den Vesuvausbruch von 79 n. Chr. Claud. 27
Pompeius, röm. Ritter. Tib. 57
Pompeius (Gnaeus Magnus), 106–48 v. Chr., glänzender Feldherr 67 gegen die Seeräuber, 66 gegen Mithridates, schließt 60 mit Caesar und Crassus das erste Triumvirat. Bei der unvermeidlichen Auseinandersetzung mit Caesar wird er 48 bei Pharsalus geschlagen und auf der Flucht bei der Landung in Ägypten ermordet. Caes. 19, 20, 21, 22, 24, 26, 27, 28, 29, 30, 34, 35, 36, 37, 49, 50, 54, 56, 68, 69, 75, 83, Aug. 4, 8, 9, 31, Tib. 15, Nero 2, Vesp. 1
– seine Söhne. Caes. 35, 37, Aug. 8
– Rathaus des. Caes. 80, 81, 84, 88, Aug. 31
– -theater. Aug. 31, Tib. 47, Cal. 21, Claud. 11, 21, Nero 46
Pompeius (Gnaeus Magnus), Gemahl Antonias, der Tochter des Claudius, von diesem 46 oder 47 n. Chr. umgebracht. Cal. 35, Claud. 27, 29
Pompeius (Macer), Bibliothekar. Caes. 56
Pompeius (Quintus). Caes. 6
Pompeius (Sextus), Sohn des Triumvirn. Aug. 9, 16, 47, 68, 74, Tib. 4, 6
Pompeius (Sextus), Konsul 14 n. Chr. Aug. 100
Pomponius (Flaccus), Freund des Tiberius, Statthalter von Syrien. Tib. 42
Pontia, heute Insel Ponza vor der latinischen Küste, Verbannungsort Neros, Caligulas Bruder. Tib. 54, Cal. 15
Pontifex, Mitglied der Behörde, die die Aufsicht über das gesamten Kultus führt; ihr Vorsteher der Pontifex maximus (Oberpriester); dessen Amtshaus die Regia (s. d.)
Pontinische Sümpfe, südlich von Rom. Caes. 44
Pontius (Aquila), Volkstribun. Caes. 78
Pontius (Gaius Nigrinus), Konsul 37 n. Chr. Tib. 73
Pontus, Königreich an der Südküste des Schwarzen Meeres. Caes. 35, 36, 44, Nero 18
– Triumph über. Caes. 37
Poppaea (Sabina), von ihrem zweiten Gatten, dem späteren Kaiser Otho, 62 n. an Nero abgetreten, von diesem 65 n. Chr. getötet. Nero 35, Otho 3
Poppaeus (Gaius Sabinus), Konsul 9 n. Chr., Großvater Poppaeas (Sabinas). Vesp. 2

Porius, Wagenkämpfer. Cal. 35
Posides, Freigelassener des Claudius. Claud. 28
Postumia, Geliebte Caesars. Caes. 50
Prätor, hoher Richter, folgt im Range den Konsuln. Der gewesene Prätor bekommt als Statthalter oft eine Provinz
– Stadt-, praetor urbanus, für Prozesse zwischen Römern, daneben Fremdenprätor, praetor peregrinus, für Prozesse zwischen Fremden oder zwischen Römern und Fremden
Prätorianer, kaiserliche Leibgarde. Aug. 99, 101, Tib. 25, 37, 48, 60, Cal. 4, 12, 19, 40, 43, 45, 56, Claud. 12, 21, 26, 36, Nero 7, 8, 9, 10, 19, 21, 35, 47, 48, Galba 11, 14, 16, 19, Otho 6, 8, Vit. 10, Vesp. 6, Tit. 4, 6, Dom. 6
Priamus, König von Troia. Tib. 62
Priapus, Fruchtbarkeitsgott, dessen Bildnisse, meist mit übergroßem Schamglied versehen, in den römischen Gärten standen. Cal. 56
Primipilar, höherer Unteroffizier
Prokonsul, Titel des Konsuls oder Prätors nach seinem Amtsjahr, wenn er die Statthalterschaft in einer Provinz übernimmt
Prokurator, Finanzbeamter
Proprätor, gewesener Prätor
Proserpina, wurde von Hades, dem Gott der Unterwelt, geraubt. Nero 46
Psylli, Volk in Afrika, das Schlangen beschwören und die von ihnen verursachten Wunden heilen konnte. Aug. 17
Ptolemaeer, Gruft der. Aug. 18
Ptolemaeus, Sohn des Königs Iuba. Cal. 26, 35, 55
– (Auletes), der Flötenspieler, König von Ägypten. Caes. 54, Claud. 16
– Sohn des Ptolemaeus (Auletes). Caes. 35
Punische Kriege: 1. 264–241 v. Chr., ging um die Insel Sizilien; 2. 218–201 v. Chr., hauptsächlich in Spanien und Italien, endigte mit dem Sieg Scipios gegen Hannibal 202 bei Zama; 3. 149 bis 146 v. Chr., vollständige Zerstörung Karthagos, besonders aus handelspolitischen Gründen. Aug. 2, Tib. 16, Nero 38
»Purpurne«, Partei der Rennfahrer. Dom. 7
Puteoli, bei Neapel. Aug. 44, 98, Cal. 19, 32, Claud. 25, Vit. 12, Vesp. 8, Tit. 5
Pylades, Schauspieler. Aug. 45
Pyrallis, Prostituierte. Cal. 36
Pyrenäen. Caes. 25
Pyrgi, Küstenstadt in Etrurien, heute Santa Severa. Nero 5
Pyrrhische Waffentänze, ursprünglich dorische Kriegstänze. Caes. 39, Nero 12
Pyrrhus, König von Epirus, griff Italien an und wurde schließlich nach verlustreichen »Pyrrhussiegen« 275 v. Chr. bei Benevent geschlagen. Tib. 2
Pythische Spiele. Nero 25

Quästor, Finanz- und Archivbeamter
Quirinius, ehemaliger Konsul. Tib. 49

Rabirius (Gaius), angeblicher Mörder des Lucius Saturninus, 63 v. Chr. von Caesar angeklagt, von Cicero verteidigt. Caes. 12
Rabirius (Postumus). 54 v. Chr. von Cicero verteidigt; die Rede ist noch erhalten. Claud. 16
Rätien, das heutige Tirol, Graubünden und Rheintal bis Bodensee. Aug. 21
– Krieg in. Tib. 9, Claud. 1
– Wein von. Aug. 77
Ravenna, einst am Meer gelegen, heute durch die Versandung des Po 10 km von der Küste entfernt. Caes. 30, Aug. 20, 49, Tib. 20
Reate, im Sabinerland, heute Rieti. Vesp. 1, 2, 12, 24
Regia, das Amtslokal des Oberpriesters. Aug. 76
Regium, heute Reggio an der Meerenge von Messina. Aug. 16, Tit. 5
Regilli, Sabinerstadt. Tib. 1
Rekuperatoren, hatten Prozesse bis zu einer bestimmten Streitsumme zu entscheiden; ursprünglich waren sie zur Schlichtung von Rechtshändeln zwischen Bürgern und Nichtbürgern befugt. Nero 17, Vesp. 3, Dom. 8
Rhaskypolis, Thrakerkönig. Tib. 37
Rhein. Caes. 25, Aug. 21, 25, Tib. 9, 18, Cal. 45, 51, Claud. 1, Dom. 6
Rhianos, griechischer Dichter um 230 v. Chr. Tib. 70
Rhodos. Caes. 4, Tib. 11, 12, 13, 14, 32, 59, Nero 34, Vesp. 8
– Einwohner. Tib. 32, 56, 62, Claud. 25, Nero 7
– Flotte. Claud. 21
Rhone. Caes. 25
Rimini (Ariminum). Aug. 30
Rinderköpfen, bei den (ad Capita bubula), in der Gegend des Palatins, Geburtsstätte des Augustus. Aug. 5
Ringmachertreppe (scalae anulariae), in der Nähe des Forums, Wohnung des Augustus. Aug. 72
Rom, die Stadt, passim
Roma, Göttin. Aug. 52
Römer, passim
Römisch, Bürgerrecht. Caes. 8, 24, Aug. 40, Cal. 38, Claud. 19, 24, 25, Nero 12, 24, Galba 9, 14, Vesp. 3
– Kleidung. Aug. 40, 98
Romulus, sagenhafter Gründer Roms. Aug. 7, 95, Tib. 1, 59, Cal. 25
Rubico, kleiner Apenninenfluß, der die Grenze zwischen Italien und Gallia Cisalpina bildet. Seine genaue Lokalisierung ist bis heute nicht gelungen. Caes. 31, 81
Rubria, Vestalin. Nero 28
Rufilla, Geliebte des Augustus. Aug. 69
Rufio, Vertrauter Caesars. Caes. 76
Rufrius (Crispinus), Stiefsohn Neros. Nero 35
Rufus (Gaius), Vorfahr des Augustus. Aug. 2
– (Gnaeus und Gaius), Söhne des Gaius Rufus. Aug. 2

Rustius (Caepio). Dom. 9
Rutilius, Konsul 105 v. Chr. Aug. 89

Sabbat. Aug. 76, Tib. 32
Sabiner, italischer Stamm. Tib. 1, Vit. 1, Vesp. 2, Tit. 10
Sabinus, s. Flavius (Sabinus)
Sabrata, westlichste der drei Städte von Tripolis. Vesp. 3
Sacra Via, Heilige Straße, ausgehend vom heutigen Titusbogen; an ihr standen zahlreiche Heiligtümer; ihr entlang schritten die Prozessionen und Triumphzüge bis zum Tempel des Iuppiter Capitolinus. Caes. 46, 80, Vit. 17
Salaria Via, Salzstraße, führt vom Meer über Rom ins Sabinerland und an die Adria. Nero 48, Vesp. 12
Salassi, Volk im heutigen Val d'Aosta. Aug. 21
Salier, Priesterschaft, die Mars zu Ehren Kriegstänze aufführt und dazu ein uraltes Lied singt; sie gelten als Feinschmecker. Claud. 33
Salinator, s. Livius (Marcus Salinator)
Sallustius (Crispus), 86–ca. 35 v. Chr., berühmter Geschichtsschreiber, verfaßte u. a. ein Werk über die Catilinarische Verschwörung und den Krieg gegen Iugurtha. Aug. 86
Sallustius (Lucullus), Legat von Britannien. Dom. 10
Salvia (Titisenia), Geliebte des Augustus. Aug. 69
Salvidienus (Orfitus), von Nero verurteilt. Nero 37
Salvidienus (Orfitus), von Domitian umgebracht. Dom. 10
Salvidienus (Rufus). Aug. 66
Salvito (Cornelius Scipio). Caes. 59
Salvius (Cocceianus), Neffe Othos. Otho 10, Dom. 10
Salvius (Liberalis). Vesp. 13
Salvius (Lucius Otho), Vater Othos. Galba 6, Otho 1, 2
Salvius (Marcus Otho), Großvater Othos. Otho 1
Samnitenkrieg: in zahlreichen Kämpfen hatte Rom um seine Anerkennung durch diesen kriegerischen Stamm zu ringen; erst um 290 v. Chr. wurde er endgültig unterworfen, doch blieb er Rom stets feindlich gesinnt. Vit. 1
Samos. Aug. 17, 26, Tib. 12, Cal. 21, Vesp. 8
Sardinien. Aug. 47
– Bewohner. Caes. 55
Sarmaten, Volk in der Ukraine. Tib. 41, Dom. 6
Satur, Kammerdiener Domitians. Dom. 17
Saturn. Tib. 59
– Tempel des. Aug. 29, Claud. 24, Otho 6
Saturnalien, ein Fest größter Ausgelassenheit im Dezember. Aug. 75, Cal. 17, Claud. 5, Vesp. 19
Sarturninus (Lucius), Volkstribun, 100 v. Chr. anläßlich eines Aufstandes ermordet. Caes. 12
Scantinisches Gesetz, altes Gesetz gegen widernatürliche Unzucht. Dom. 8

Scaptia, s. Tribus
Scheffel, römische = 8¾ l
Schiffskrone, Auszeichnung für tapferes Verhalten auf hoher See. Claud. 17
Scipio (Publius), Gegner Caesars. Caes. 35, 59, Tib. 4
Scipionen. Caes. 59
Scribonia, zweite Gemahlin des Augustus, 40/39 v. Chr. Aug. 62, 63, 69
Scribonius, Astrolog. Tib. 14
Scribonius (Lucius Libo), Neffe der Scribonia. Tib. 25
Scutarius, Klient des Augustus. Aug. 56
Seianus (Lucius Aelius), ca. 20 v.–31 n. Chr., allmächtiger Prätorianerkommandant, der als einziger außer den Mitgliedern der kaiserlichen Familie das Recht besaß, seine Bilder in den Lagerheiligtümern aufstellen zu lassen. Tib. 48, 55, 61, 62, 65, Cal. 12, 30, Claud. 6, 27, Vit. 2
Selene, Gattin des Königs Iuba von Numidien, stammte aus dem Verhältnis des Marcus Antonius mit Kleopatra. Cal. 26
Seleukos, Astrolog. Otho 4, 6
Seleukos, Grammatiker. Tib. 56
Seleukos, König. Claud. 25
Semiramis. Caes. 22
Seneca (Lucius Annaeus), ca. 54 v.–ca. 39 n. Chr., Vater des Philosophen Seneca, Rhetor und Geschichtsschreiber. Tib. 73
Seneca (Lucius Annaeus), 4. v. Chr.–65 n. Chr., Sohn des Redners, berühmter Philosoph, Dichter und Staatsmann, Erzieher Neros, zum Selbstmord gezwungen, da im Verdacht stehend, Mitwisser der Pisonischen Verschwörung zu sein, an der auch sein Neffe, der Dichter Lucan, teilgenommen hatte. Cal. 53, Nero 7, 35, 52
Senonen, gallischer Stamm, der nach der traditionellen Datierung 387 v. Chr. Rom zerstörte. Tib. 3, Cal. 51
Septizonium, unbekanntes Gebäude, wahrscheinlich für die sieben Planetengötter. Nicht zu verwechseln mit dem Septizonium des Septimius Severus am Palatin. Tit. 1
Serapis, ägyptischer Gott. Vesp. 7
Sertorius, Anhänger des Marius, entfachte in Spanien einen Aufstand gegen die Senatspartei, der trotz Pompeius' Eingreifen erst durch die Ermordung des Sertorius 72 v. Chr. ein Ende fand. Caes. 5
Servius (Galba), Konsul 144 v. Chr., als hervorragender Redner erwähnt bei Cicero, Vorfahr des Kaisers Galba. Galba 3
Servilia, Mutter des Marcus Brutus, Geliebte Caesars. Caes. 50
Servilia (Naïs), Geliebte des Domitius (Gnaeus), des Urgroßvaters Neros. Nero 3
Servilius, Gärten des, im Süden Roms, auf dem Weg nach Ostia. Nero 47
Servilius (Caepio), Verlobter Iulias, der Tochter Caesars. Caes. 21

Servilius (Isauricus). Caes. 3
Servilius (Publius Isauricus), 48 v. Chr. Mitkonsul Caesars, 41 v. Chr. zum zweitenmal Konsul. Aug. 62, Tib. 5
Servius (Tullius), sechster König von Rom. Aug. 2
Sesterz, die niedrigste und gebräuchlichste Silbermünze
Sestius (Gallus). Tib. 42
Sextilia, Mutter des Vitellius. Vit. 3, 7, 14
Sibyllinische Bücher, Orakelsammlung. Caes. 79, Aug. 31
Siegesgöttin (Victoria). Aug. 100, Galba 10
Sigambri, Stamm im heutigen Ruhrgebiet. Aug. 21
Sigillarien, 21./22. Dezember, Fortsetzung der Saturnalien; man schickte sich zu diesem Fest kleine Statuetten (sigilla), daher der Name. Claud. 5, Nero 28
Silanus (Appius), Stiefvater des Sulla (Faustus), von Claudius hingerichtet. Claud. 29, 37
Silanus (Decimus), Stiefvater des Brutus (Marcus). Caes. 14
Silanus (Lucius), Verlobter Octavias, der Tochter des Claudius, beging 49 n. Chr. Selbstmord. Claud. 24, 27, 29
Silanus (Marcus), Vater der Iunia Claudilla, der ersten Gemahlin Caligulas, 38 n. Chr. von Caligula zum Selbstmord gezwungen. Cal. 12, 23
Silius (Gaius), der ältere, Konsul 13 n. Chr. Aug. 71, 101
Silius (Gaius), Geliebter Messalinas. Claud. 26, 29, 36
Silvanus. Claud. 4
Sinuessa, an der Appischen Straße im südlichen Latium, heute Mondragone. Vit. 7
Sirenen, sie lockten die Seefahrer durch ihren süßen Gesang vom rechten Weg ab. Tib. 70
Sizilien. Aug. 2, 16, 25, 47, Tib. 2, 4, 6, Cal. 20, 51, Claud. 25
– Flotte. Claud. 21
– Krieg in, 38–36 v. Chr. zwischen Augustus und Sextus Pompeius, Sohn des Gnaeus. Aug. 9, 16, 22, 70, 96
– Sieg bei. Cal. 23
›Sizilien‹, Gedicht des Augustus. Aug. 85
Skythen. Aug. 21
Sonnengott (Sol). Nero 53
Sophist, Name für Grammatiker und Rhetoren. Tib. 11
Sorrento (Surrentum), am Golf von Neapel. Aug. 65
Sosius (Gaius), Konsul 32 v. Chr. Aug. 17
Spanien. Caes. 8, 9, 28, 34, 35, 36, 38, 54, 55, 71, Aug. 8, 68, Tib. 2, 41, 49, Nero 42, Galba 3, 9, 12, 22, 23
– (Hispania Tarraconensis) Nord- und Ost-. Galba 8
– Süd-. Caes. 7, 18, 56
– Triumph über. Caes. 37
›Spanischer Krieg‹, Schrift Caesars. Caes. 56

381

Spanische Armee. Vesp. 6
- Leibgarde. Caes. 86
- Wort. Aug. 82
Spartacus, Führer des Sklavenaufstandes von 73 v. Chr. Aug. 3
Sphinx, Siegel des Augustus. Aug. 50
Spiculus, Murmillo. Nero 30, 47
Spiegelstein, marmorähnliches Gestein aus Kappadokien. Dom. 14
Spintriae, Mädchen und Lustknaben des Tiberius; der Ausdruck wahrscheinlich nach einem griechischen Wort gebildet, das dem Sinne nach dem lateinischen »cinaedus« entspricht. Tib. 43, Cal. 16, Vit. 3
Spoleto (Spoletium). Vesp. 1
Sportula, eigentlich Körbchen, das Eßwaren für die weniger angesehenen Gäste enthielt, die nicht am Tisch Platz nahmen. Dann Bedeutung: Imbiß und kleine Geldsumme, die z. B. ein Klient von seinem Patron regelmäßig erhält. Oft werden auch solche kleinen Imbisse während Vorstellungen unter das Volk verteilt, vgl. Cal. 18, Nero 16, Dom. 4, 7. Cal. 21
Sporus, Geliebter Neros. Nero 28, 29, 46, 48, 49
Spurinna, Seher. Caes. 81
Stadtpräfektur, eine Art Polizeipräsidium bei Abwesenheit der Konsuln, zur Kaiserzeit ständiges Amt. Aug. 37, Tib. 42, Claud. 4, Nero 7, Vesp. 1
Stadtprätor, s. Prätor. Aug. 33
Statilia (Messalina), dritte Gattin Neros, auch von Otho umworben, Urenkelin des Statilius (Taurus). Nero 35, Otho 10
Statilius (Capella), Geliebter Flavias (Domitillas). Vesp. 3
Statilius (Corvinus), Enkel des Valerius (Messala Corvinus), Verschwörer gegen Claudius. Claud. 13
Statilius (Taurus). Aug. 29, Nero 35
- Amphitheater des. Aug. 29, Cal. 18
Stella (campus Stellatis), fruchtbare Gegend in Campanien. Caes. 20
Stephanio, Schauspieler. Aug. 45
Stephanus, Verwalter Domitillas. Dom. 17
Stimmenzähler, Lokal der, auf dem Marsfeld. Claud. 18
Stoechadischen Inseln, heute die Iles d'Hyères vor Toulon. Cal. 8
Strabo (Caesar), berühmter Redner um 100 v. Chr. Caes. 55
Subura, ziemlich übelberüchtigtes Quartier zwischen Esquilin und Viminal. Caes. 46
Suebi, Volk in Südwestdeutschland. Aug. 21
Suetonius. Aug. 7, Nero 57, Dom. 12
- Erwähnung des Großvaters des Schriftstellers. Cal. 19
- (Laetus), Vater des Schriftstellers. Otho 10
Sulla, Astrolog. Cal. 57
Sulla (Faustus), Sohn des Diktators Sulla. Caes. 27, 75

Sulla (Faustus), Nachkomme des Diktators Sulla, Bruder Messalinas, der Gattin des Claudius, Gemahl Antonias, der Tochter des Claudius, von Nero 62 n. Chr. getötet. Claud. 27
Sulla (Lucius Cornelius), 138–78 v. Chr. Vertreter der Adelspartei, erbitterter Feind des Marius, Diktator auf unbestimmte Zeit, legt Diktatur 79 v. Chr. nieder. Caes. 1, 3, 5, 6, 11, 45, 74, 75, 77, Tib. 59
- Gesetze des. Caes. 11
Sulla (Publius), Neffe des Diktators Sulla. Caes. 9
Sulpicier, Familie der. Galba 3
Sulpicius (Flavus), Freund des Claudius. Claud. 4, 41
Sulpicius (Quintus Camerinus), Konsul 9 n. Chr. Vesp. 2
Sulpicius (Servius), Konsul. Caes. 29, 50
Syrakus. Tib. 74, Cal. 20, 21, 24
- Bezeichnung für Augustus' Arbeitszimmer. Aug. 72
Syrien. Caes. 22, 35, Aug. 17, Tib. 14, 39, 41, 42, 49, 52, Cal. 2, Nero 39, Vit. 2, Vesp. 4, 6, 15
- Bewohner. Aug. 83
- Heere in. Tib. 48, Vit. 15, Vesp. 6
- Krieg gegen. Cal. 10
Syrische Göttin, Astarte. Nero 56

Talarius. Cal. 8
Talent, höchste Rechnungseinheit im Geldverkehr
Tanusius (Geminus). Caes. 9
Tarichaeae, Stadt in Iudaea, am See Genezareth. Tit. 4
Tarpeischer Felsen, am Südabhang des Kapitols. Caes. 44, Dom. 23
Tarquinius (Priscus), fünfter König von Rom. Aug. 2
Tarragona (Tarraco). Aug. 26, Galba 12
Tarsos, Hauptstadt von Kilikien. Dom. 10
Tatius (Titus), Mitregent des Romulus. Tib. 1
Taurus, s. Statilius (Taurus)
Tedius (Afer). Aug. 27
Tegea, Stadt in Arkadien. Vesp. 7
Telegenius, unbekannte Persönlichkeit, wahrscheinlich sprichwörtlich gewordener Narr. Claud. 40
Telephus, Nomenklator. Aug. 19
Temenos, Stadtteil von Syrakus. Tib. 74
Terentia, Gemahlin des Maecenas, Geliebte des Augustus, Schwester des Verschwörers Varro Murena. Aug. 66, 69
Terentilla, s. Terentia
Terpnus, Kitharoede, Lehrer Neros. Nero 20, Vesp. 19
Terracina (Tarracina), Hafenstadt an der Via Appia im südlichen Latium. Tib. 39, Galba 4
Terrinius (Gallus), Senator. Aug. 53
Tertia, Schwester des Marcus Brutus. Caes. 50
Tertulla, Gemahlin des Crassus (Marcus Licinius), Geliebte Caesars. Caes. 50

Tertulla, Geliebte des Augustus. Aug. 69

Tertulla, Großmutter Vespasians väterlicherseits. Vesp. 2, 5

Tetrinius, Straßenräuber. Cal. 30

Teutonen, s. Cimbern. Caes. 11

Thallus, Sekretär des Augustus. Aug. 67

Thasischer Stein, Marmor von der Insel Thasos im Aegaeischen Meer. Nero 50

Theodorus, Rhetoriklehrer des Tiberius. Tib. 57

Theogenes, Astrologe. Aug. 94

Thermus (Marcus). Caes. 2

Thessalien, Bewohner. Aug. 96, Tib. 8, Claud. 21

Thrakien, das Gebiet zwischen Makedonien, Schwarzem Meer und Donau. Caes. 44, Aug. 94, Tib. 16, Vesp. 2

– Bewohner. Aug. 3, Tib. 37

Thrakischer Fechter, Gladiator mit kleinem, rundem Schild und sichelförmigem Schwert. Cal. 35, 54, 55, Tit. 8, Dom. 10

Thrasyllus, bekannter Platonforscher, Lehrer des Tiberius. Aug. 98, Tib. 14, 62, Cal. 19

Thurii, griechische Gründung am Golf von Tarent; erbaut an Stelle des zerstörten Sybaris. Aug. 2, 3, 7

Thurinus, Beiname des Augustus. Aug. 7

Thyatira, Stadt in Lydien. Tib. 8

Tiara, Kopfbedeckung der orientalischen Könige. Nero 13

Tiber. Caes. 44, 83, Aug. 30, 37, 43, 100, Tib. 2, 72, 75, Cal. 15, Claud. 38, Nero 27, 47, Otho 8, Vit. 17, Vesp. 19, Dom. 1, 4

Tiberius, 42 v.–37 n. Chr., heißt ursprünglich Tiberius Claudius Nero, durch Adoption (4 n. Chr.) Tiberius Iulius Caesar, als Kaiser 14 n. Chr. Tiberius Caesar Augustus. Aug. 40, 51, 63, 65, 71, 76, 85, 86, 92, 97, 98, 100, 101, Cal. 1, 2, 4, 6, 7, 10, 11, 12, 14, 16, 19, 21, 28, 30, 31, 37, 38, Claud. 4, 5, 6, 11, 23, 25, Nero 5, 6, 30, Galba 3, 4, 5, Otho 1, Vit. 2, 3, 15, Tit. 8, Dom. 20

Tiberius (Alexander), Präfekt von Ägypten. Vesp. 6

Tiberius (Caesar), Sohn des Drusus, Enkel des Kaisers Tiberius, von Caligula 37 n. Chr. getötet. Tib. 54, 55, 63, 64, 76, Cal. 15, 19, 23, 29

Tiberius (Claudius Nero), erster Gatte der Livia (Drusilla), der späteren Gemahlin des Augustus, Vater des Kaisers Tiberius. Aug. 62, Tib. 3, 4, 6, 7

Tiberius (Nero), Sohn des Claudius (Appius Caecus). Tib. 3

Tigillinus, Prätorianerpräfekt unter Nero, ging zu Galba über, von Otho zum Selbstmord gezwungen. Galba 15

Tigranes, König von Armenien. Tib. 9

Tillius (Cimber), einer der Caesarmörder. Caes. 82

Tiridates, parthischer Prinz, der auch König von Armenien war, kam 66 n. Chr. nach Rom, um sich von Nero als Vasall einsetzen zu lassen, wo er das 63 v. Chr. den Römern übergebene Diadem zurückerhielt. Nero 13, 30

Titianus (Lucius), Bruder Othos. Otho 1, 10

Titier, Brüderschaft zur Pflege gewisser Riten, die durch den König Titus Tatius in Rom eingeführt worden waren. Galba 8

Titurius, Offizier Caesars. Caes. 25, 67

Titus, 39–81 n. Chr., heißt zuerst Titus Flavius Vespasianus, als Kaiser Imperator Titus Flavius Vespasianus Augustus. Vesp. 3, 4, 23, 25, Dom. 2, 8, 10, 12, 13, 17, 22

Tivoli (Tibur). Aug. 72, 82, Cal. 8, 21, Claud. 34

Toranius, Sklavenhändler. Aug. 69

Toranius (Gaius), Vormund des Augustus. Aug. 27

Torquatus, Nachkomme des sagenhaften Helden Titus Manlius Torquatus, der um 361 v. Chr. einem gallischen Häuptling im Zweikampf einen Halsreif (torques) abnahm, s. auch Nonius (Asprenas Torquatus). Cal. 35

Toulouse (Tolosa). Vit. 18

Tralles, Stadt in Lydien. Tib. 8

Transpadani, s. Gallia (Transpadana)

Trebatius (Gaius). Caes. 78

Trebiae, Städtchen in Umbrien. Tib. 31

Treveri, Germanenstamm; nach ihnen hat das heutige Trier den Namen. Cal. 8

Tribun, s. Militär- und Volkstribun

Tribus, Wahlbezirk

Tribus Fabia und Scaptia; Augustus gehörte zur Fabia durch Adoption, zur Scaptia durch Geburt. Aug. 40

Triton, Meergottheit. Claud. 21

Triumph, großer, Einzug des siegreichen Feldherrn in Rom auf dem von vier Schimmeln gezogenen Prunkwagen, auf dem Haupte den Lorbeerkranz

– kleiner (ovatio), zu Fuß oder Pferd, mit einem Myrtenkranz

Triumphabzeichen, zur Kaiserzeit ist das Recht auf Triumph im allgemeinen auf Mitglieder der kaiserlichen Familie beschränkt; siegreiche Feldherren erhalten statt dessen die Triumphabzeichen, die sie bei bestimmten Anlässen tragen dürfen

Triumvirat, Dreimännerkollegium. 1. Caesar, Pompeius, Crassus, geschlossen 60 v. Chr. 2. Augustus, Marcus Antonius, Marcus Lepidus, geschlossen 43 v. Chr.

Triumvir, Mitglied des Triumvirats

Troia. Caes. 79, Nero 38

– Bewohner. Tib. 52, Claud. 25, Nero 7

– -spiel, besondere Art Pferderennen, verbunden mit einem Scheingefecht. Caes 39, Aug. 43, Tib. 6, Cal. 18, Claud. 21, Nero 7

Tubero (Quintus). Caes. 83

Turnus, angebliches Stück Vergils. Nero 54

Tusculum, beim heutigen Frascati. Galba 4, 18

Tuscus, Statthalter von Ägypten. Nero 35

Tyrisch = phönikisch. Caes. 39

Tyrrhener = Etrusker, s. Etrurien

383

Tyrrhenisches Meer. Aug. 49
Tyrus, uralte phoenikische Stadt. Nero 31

Umbrien. Caes. 34, Vesp. 1
Urgulanilla, s. Plautia (Urgulanilla)

Valerius (Catullus). Cal. 36
Valerius (Marcus Messala), Konsul 3 v. Chr. Galba 4
Valerius (Messala Corvinus), um 64 v. Chr. bis 13 n. Chr., bedeutender Redner und Schriftsteller, auch Dichter, Gönner zeitgenössischer Dichter, z. B. des Tibull. Aug. 58, 74, Tib. 70, Claud. 13
Varro (Marcus), 116–27 v. Chr., größter Gelehrter seiner Zeit. Erhalten ist sein Werk über den Landbau (De re rustica) und ein Teil des Werkes über die lateinische Sprache (De lingua Latina) sowie zahlreiche Fragmente, vgl. auch Nachwort S. 348. Caes. 34, 44
Varro (Murena), Verschwörer gegen Augustus, Bruder der Terentia, der Gemahlin des Maecenas. Aug. 19, 56, 66, Tib. 8
Varronilla, Vestalin. Dom. 8
Varus (Quinctilius), Feldherr des Augustus, erlitt 9 n. Chr. eine schwere Niederlage im Teutoburgerwald. Aug. 23, 49, Tib. 17, 18, Cal. 3, 31
Vatikan, Hügel Roms auf der Westseite des Tiber. Claud. 21
Vatinius. Caes. 22, 28
Vectis, heute Isle of Wight. Vesp. 4
Veii, Stadt in Südetrurien. Nero 39, Galba 1
Velabrum, Marktplatz Roms, zwischen Forum, Palatin und Kapitol. Caes. 37, Nero 25
Velitrae, Stadt in Latium, heute Velletri. Aug. 1, 6, 94
Venus. Caes. 6, 49, Tib. 43, Cal. 52, 56
– Erycina, Venustempel auf dem Berg Eryx bei Drepanum (heute Trapani) in Sizilien, soll von Aeneas gegründet worden sein. Claud. 25
– Genetrix. Caes. 61, 78, 84
– Kapitolinische. Cal. 7, Galba 18
– von Kos. Vesp. 18
– von Paphos. Vesp. 5
Venuswurf beim Würfelspiel. Aug. 71
Veranius (Flaccus), Schriftsteller. Aug. 86
Vergil, 70–19 v. Chr., der berühmte römische Dichter, Freund des Augustus und Maecenas. Cal. 34, 45, Nero 54, Dom. 9
– Zitate. Aug. 40, Cal. 45, Nero 47, Dom. 9
Versammlungsplatz (comitium), auf dem Forum. Caes. 10, Aug. 43, Dom. 8
Vespasia (Polla), Mutter Vespasians. Vesp. 1, 2, 5
Vespasiae, Ortschaft. Vesp. 1
Vespasier, Denkmäler der. Vesp. 1
Vespasian, 9–79 n. Chr., heißt zuerst Titus Flavius Vespasianus, als Kaiser Imperator Caesar Vespasianus Augustus. Claud. 45, Galba 23, Vit. 15, 17, Tit. 1, 5, 6, 7, 11, Dom. 1, 2, 8, 9, 12, 13, 14, 15

Vespasian, Sohn des Flavius (Clemens), von Domitian zum Nachfolger ausersehen. Dom. 15
Vespasius (Pollio), Großvater mütterlicherseits des Vespasian. Vesp. 1
Vesta, Tempel. Tib. 50, Nero 19
Vestalische Jungfrauen, Priesterinnen der Vesta, Hüterinnen des heiligen Feuers, zur Keuschheit verpflichtet. Caes. 1, Aug. 31, 44, 101, Tib. 2, 76, Nero 12, 28, Vit. 16, Dom. 8
– Oberpriesterin. Caes. 83, Dom. 8
Vesuv. Tit. 8
Vettius (Lucius). Caes. 17
Vibius (Crispus). Dom. 3
Vienna, heute Vienne, südlich Lyon. Vit. 9, 18
Vierkinderrecht, s. Dreikinderrecht. Claud. 19
Vindelici, Volk auf der schwäbisch-bayerischen Hochebene, zwischen Donau, Inn und Alpen. Aug. 21
– Krieg gegen. Tib. 9
Vindex (Iulius), gallischer Prinz, dessen Familie von Caesar das römische Bürgerrecht erhalten hatte; Aufstand gegen Nero 68 n. Chr.; nimmt sich nach der Niederlage gegen den Statthalter Obergermaniens das Leben. Nero 40, 41, 45, 46, Galba 9, 11, 16
Vinicius, Verschwörer gegen Nero. Nero 36
Vinicius (Lucius). Aug. 64, 71
Vinius (Titus), Vertrauter Galbas. Galba 14, Vit. 7
Vinius (Titus Philopoemen). Aug. 27
Viriathus, Führer der Lusitani in einem erbitterten Kleinkrieg gegen Rom, 139 v. Chr. ermordet. Galba 3
Vitellia, Göttin. Vit. 1
Vitellier, Familie der. Vit. 1
Vitellische Kolonie. Vit. 1
– Straße. Vit. 1
Vitellius, 15–69 n. Chr., zuerst Aulus Vitellius, als Kaiser Vitellius Imperator Germanicus, dann Aulus Vitellius Imperator Germanicus Augustus. Otho 8, 9, Vesp. 5, 6, 7, 8, 14, Dom. 1
– Bruder des Kaisers. Vit. 3, 5, 15, 18
– Söhne des Kaisers. Vit. 6, 18
– Tochter des Kaisers. Vit. 6, Vesp. 14
Vitellius (Aulus), Onkel des Vitellius. Vit. 2
Vitellius (Lucius), Vater des Vitellius. Vit. 2, 3
Vitellius (Publius), Großvater des Kaisers. Vit. 2
Vitellius (Publius), Onkel des Vitellius. Vit. 2
Vitellius (Quintus), Onkel des Vitellius. Vit. 2
Vitellius (Quintus), Quästor. Vit. 1
Volkstribun, Beamter zum Schutze des Volkes mit Vetorecht gegen sämtliche behördliche Maßnahmen, besitzt persönliche Unverletzlichkeit
Vologaesus, König der Parther, Bruder des Tiridates. Nero 57, Vesp. 6, Dom. 2
Vonones, Partherkönig. Tib. 49

Wahlplatz (saepta), anfänglich auf dem Forum, dann auf das Marsfeld verlegt. Aug. 43, Tib. 17, Cal. 18, 21, Claud. 21, Nero 12

Wallkrone, s. Mauerkrone. Aug. 25

Xenon, Gesellschafter des Tiberius. Tib. 56
Xenophon, griechischer Schriftsteller, ca. 430 bis 354 v. Chr. Caes. 87
Xerxes, Perserkönig. Cal. 19

Zehnmännerkollegium (decemviri legibus scribundis), verfertigten das 12-Tafel-Gesetz, die älteste Gesetzessammlung Roms. Tib. 2
– (stlitibus iudicandis), alte Gerichtsbehörde, erhält unter Augustus den Vorsitz über das Centumviralgericht. Aug. 36

Lexikon der römischen Kaiser

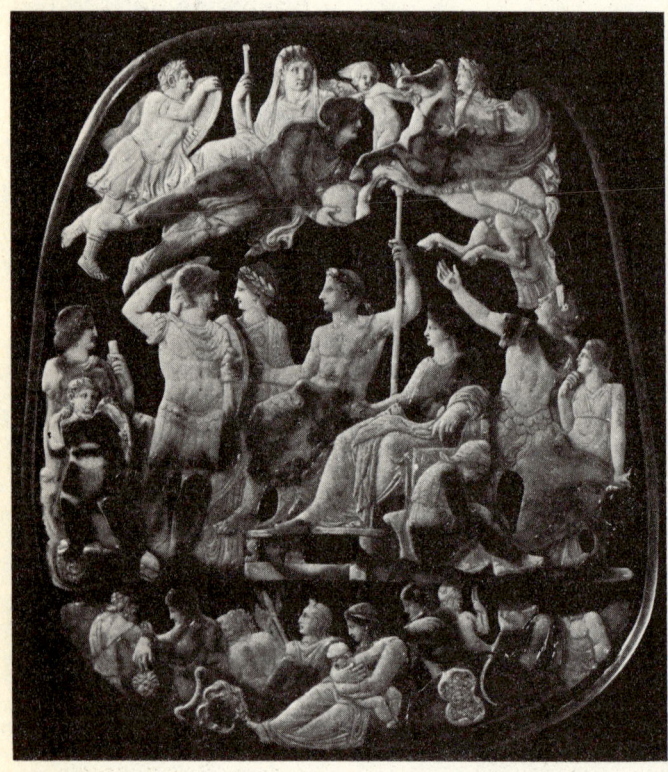

Alles Wissenswerte über die 158 Kaiser von Augustus bis Justinian. Kenntnisse, die bisher nur mit viel Mühe in mehrbändigen Handbüchern zu ermitteln waren, finden Sie jetzt kurzgefasst und verlässlich in einem handlichen Bändchen der Reihe „Lebendige Antike". Bearbeitet von Otto Veh, 96 Seiten, 6 Stammtafeln.

Artemis Verlag Zürich und München

Klassische Romane und Erzählungen in Dünndruck-Ausgaben

Honoré de Balzac
Tolldrastische
Geschichten

Mit 425 Illustrationen von
Gustave Doré

dtv
Dünndruck-Ausgabe

**Honoré de Balzac:
Tolldrastische
Geschichten**
Vollständige Ausgabe
Mit 425 Illustrationen
von Gustave Doré zur
französischen Ausgabe
von 1855
Nachwort von
Walter Widmer
1104

**Honoré de Balzac:
Verlorene Illusionen**
Roman
2006

**Charles de Coster:
Thyl Ulenspiegel**
Mit 150 Holzschnitten
von Frans Masereel
Nachwort von
Romain Rolland
2010

**Fjodor M. Dostojewskÿ:
Der Idiot**
Vollständige Ausgabe
Nachwort von
Werner Bergengruen
2011

Maxim Gorki
Autobiographische
Romane

dtv
Dünndruck-Ausgabe

**Maxim Gorki:
Autoblographische
Romane**
Nachwort von
Helene Imendörffer
2007

Klassische Romane und Erzählungen in Dünndruck-Ausgaben

Grimmelshausen
Simplicius
Simplicissimus

dtv
Dünndruck-Ausgabe

**Hans Jakob Christoffel von Grimmelshausen:
Der Abenteuerliche Simplicissimus Teutsch**
Vollständige Ausgabe nach den ersten Drucken des ‚Simplicissimus Teutsch' und der ‚Continuatio' von 1669
Herausgegeben und mit Anmerkungen versehen von Alfred Kelletat
2004

**Nikolai Leskow:
Die Lady Macbeth von Mzensk und andere Erzählungen**
Vorwort und Nachwort von Bodo Zelinsky
1105

**Alexander S. Puschkin:
Erzählungen**
Nachwort von Dimitrij Tschižewskij
2009

**Stendhal:
Rot und Schwarz
Chronik des 19. Jahrhunderts**
Nachwort von Franz Blei
2005

**William M. Thackeray:
Jahrmarkt der Eitelkeit oder Ein Roman ohne Held**
Mit 185 Illustrationen des Autors zur Erstausgabe von 1848
1111

**Emile Zola:
Nana**
Nachwort von Rita Schober
2008